Programmatische Dokumente der deutschen Sozialdemokratie

Herausgegeben und eingeleitet von
Dieter Dowe und Kurt Klotzbach

Mit einem Vorwort von
Johannes Rau

Verlag J.H.W. Dietz Nachf.
Berlin/Bonn

CIP-Kurztitelaufnahme der Deutschen Bibliothek

Programmatische Dokumente der deutschen Sozialdemokratie / hrsg. u. eingel. von Dieter Dowe u. Kurt Klotzbach. Mit e. Vorw. von Johannes Rau. – 2., überarb. u. aktualisierte Aufl. – Berlin; Bonn: Dietz, 1984
ISBN 3-8012-0100-7

NE: Dowe, Dieter [Hrsg.]

Godesberger Allee 143, D-5300 Bonn 2
Umschlag: Karl Debus, Bonn
Druck und Verarbeitung: Mohndruck Gütersloh

Printed in Germany 1984

Inhalt

Johannes Rau

Vorwort

Mit diesem Band werden die „Programmatischen Dokumente der deutschen Sozialdemokratie“, von Dieter Dowe und Kurt Klotzbach sorgfältig bearbeitet, neu vorgelegt. Das läßt sich gut begründen.

Ein Grund liegt in der vom Verlag gewiß zu Recht erwarteten Nachfrage nach diesem Buch. Die Sozialdemokratische Partei Deutschlands, die sich in den vergangenen fünfzehn Jahren tiefgreifend verändert hat, gewinnt ihre Identität immer wieder durch Rückbesinnung auf die historischen Wurzeln des demokratischen Sozialismus und auf ihren Entwicklungsprozeß von der Mitte des 19. Jahrhunderts bis heute.

Diese Entwicklung spiegelt sich in den hier zusammengestellten programmatischen Dokumenten. Die jüngeren, neu zu uns gekommenen Mitglieder können hier Zugang zu der großen Gesinnungs- und Erfahrungsgemeinschaft SPD finden. Vielen älteren Parteimitgliedern können diese Dokumente als Beleg dafür gelten, daß die SPD mit Stolz auf ihre Geschichte als größte und beständigste demokratische Kraft in unserem Volk verweisen kann.

Ein zweiter Grund liegt in der Erkenntnis der aktuellen politischen Auseinandersetzungen zwischen den konservativen und rückwärtsgewandten Elementen und dem demokratischen Sozialismus in der Bundesrepublik. Rascher und deutlicher, als viele das erwartet haben, zeigt sich das Ungenügen konservativer Politik: Eine Kombination von stückweiser Demontage des Sozialstaates, ständigem Gesundbeten der Wirtschaft und einer Politik des Nichtstuns, des Abwartens angesichts sich zuspitzender ökonomischer und ökologischer Krisen löst keine Probleme, sondern verschärft sie. Freilich wäre es ein verhängnisvoller Irrtum, als Reaktion auf diese längst sichtbar gewordene Politik automatischen Stimmenzuwachs für die Sozialdemokratie abzuleiten. Wenn aus den Wählern, die der CDU/CSU/F.D.P.-Koalition jetzt enttäuscht den Rücken kehren, (wieder) Wähler der SPD werden sollen, dann müssen und wollen wir durch überzeugende programmatische Alternativen und durch eine bessere politische Praxis in den von uns regierten Ländern und Gemeinden glaubwürdig beweisen, daß wir die neuen Probleme unserer Gesellschaft lösen können.

Für diese Aufgabe ist eine kritische Durchsicht unserer programmatischen Positionen unverzichtbar. Manches, was heute unser Problembewußtsein prägt, haben wir 1959 bei Verabschiedung des Godesberger Programms nicht sehen können; etwa die vorrangige Aufgabe, Frieden mit der Natur zu schließen. Andere Aussagen im Godesberger Programm sind aus einem Bewußtsein entstanden, das wir heute zunehmend in Zweifel ziehen müssen. Dazu gehören unter anderem der noch vor zwei Jahrzehnten ungebrochene Wachstumsoptimismus und die vergleichsweise unkritischen Erwartungen an die Nutzung der Kernenergie.

Wir haben deshalb damit begonnen, unsere Programmatik zu überprüfen. Wir müssen Lücken, „weiße Flecken" ausfüllen und Unverträglichkeiten beseitigen. Inhaltliche Schwerpunkte dieses Denk- und Veränderungsprozesses müssen Wirtschafts-, Sozial- und Umweltpolitik sein.

Dabei kommt es uns entscheidend darauf an, Verknüpfungen zwischen den unterschiedlichen Problembereichen zu erkennen und dafür geeignete politische Lösungen zu entwickeln und anzubieten. Es geht darum, ressortspezifische Aufteilung einerseits, Wirtschaftspolitik andererseits, davon getrennte Umweltpolitik und wiederum getrennte Sozialpolitik zu überwinden und die Zusammenhänge von Arbeit und Umwelt, von sozialer Sicherung und freiheitlicher Ausgestaltung unseres Gemeinwesens deutlich zu machen.

Willy Brandt hat für den Bereich Nord-Süd-Politik das Denkmuster der „mutual interests", der gemeinsamen Interessen, vorgedacht. Diesen Gedanken müssen wir uns zu eigen machen und lernen, daß vielfach eine Politik, die den Menschen in den armen Ländern des Südens nutzt, zugleich die beste Politik für uns ist. Das gilt auch umgekehrt. Wir wollen damit die Verteilungskonflikte in unserer Welt nicht hinwegdefinieren. Wir erkennen vielmehr, daß diese Einsicht auch für andere Politikbereiche zutrifft. Ein wichtiges Ziel unserer programmatischen Debatten ist es deshalb, solche gemeinsamen Interessen aufzuspüren, sie zu verdeutlichen und unter diesem Eindruck an sozialverträglichen Problemlösungen zu arbeiten.

Das ist und wird eine anstrengende Arbeit. Wir lassen uns dabei von der Verpflichtung leiten, unsere Gesellschaft als friedliches, freiheitliches Gemeinwesen zu erhalten, das von Gerechtigkeit und Solidarität durchdrungen sein soll. Wo Veränderungen unabweisbar und nötig sind, wollen wir sie bewirken. Wo Ausgrenzung, Spaltung der Gesellschaft in neue Klassen, wo Ellenbogen-Mentalität und Sozialdarwinismus erneut zu einem ideologischen Bollwerk zusammengefügt werden, muß die Sozialdemokratie sich als jene politische Kraft bewähren, die den Zusammenhalt der Gesellschaft schützt und pflegt.

Die programmatischen Dokumente der deutschen Sozialdemokratie können dabei helfen, uns für diese Aufgabe zu rüsten: Wir dürfen jene Gedanken und Entwürfe nicht vergessen und dem Staub der Vergangenheit preisgeben, die den Aufbruch des demokratischen Sozialismus geprägt und bewegt haben. Was damals gedacht und erarbeitet wurde, gilt es vielmehr in unser Bewußtsein zurückzuholen, erneut zu durchdenken, weiter zu entwickeln und da, wo es nötig ist, zu verändern. Wir nehmen diesen Auftrag an und vertrauen heute wie damals auf die Grundwerte und Grundforderungen des demokratischen Sozialismus. Sie waren die Eckpfeiler sozialdemokratischer Politik damals, sie bleiben es auch heute.

Vorbemerkung der Herausgeber zur 2. Auflage

Auf vielfachen Wunsch haben wir uns zu einer Neuauflage der vor elf Jahren erstmals herausgebrachten und seit längerem vergriffenen „Programmatischen Dokumente der deutschen Sozialdemokratie“ entschlossen. Zu diesem Zweck wurden Einleitung und Dokumentation durchgesehen und ergänzt. Die Ergänzungen beziehen sich in erster Linie auf die Organisationsstatuten der Sozialistischen Arbeiterpartei Deutschlands (Gotha 1875) und den im November 1975 verabschiedeten Orientierungsrahmen '85. Die Auswahlbibliographie wurde dem seit 1973 fortgeschrittenen Forschungsstand entsprechend modernisiert.

Dieter Dowe schrieb die Seiten 13–34 der Einleitung und besorgte die Herausgabe der Dokumente Nr. I–XIII mit den jeweiligen Vorbemerkungen. Kurt Klotzbach schrieb die Seiten 34–56 der Einleitung und besorgte die Herausgabe der Dokumente Nr. XIV–XXIV mit den jeweiligen Vorbemerkungen. Die Herausgeber wählten in der Dokumentation durchweg die heute übliche Schreibweise. Orthographie-, Interpunktions- und grammatikalische Fehler in den herangezogenen Vorlagen wurden stillschweigend verbessert, Hervorhebungen in den Quellen durchweg nicht berücksichtigt.

Bonn, im April 1984

Dieter Dowe
Kurt Klotzbach

Einleitung

I.

Die Entwicklung der deutschen Sozialdemokratie von einer proletarischen Klassenpartei mit revolutionärem Anspruch zu einer breite Schichten des Bürgertums erfassenden reformorientierten Volkspartei soll mit dieser Sammlung von Programmen und programmatischen Verlautbarungen schwerpunktartig beleuchtet werden. Dabei ist zur Beurteilung der abgedruckten Dokumente auf die dreifache Funktion von Parteiprogrammen hinzuweisen: Einmal sind sie ein Reflex bereits vollzogener theoretischer Entwicklung, zum anderen geben sie ihrerseits wiederum Anstöße zu einer weiteren gedanklichen Durchdringung. In bestimmten politischen und sozialpsychologischen Situationen kann außerdem die Möglichkeit hinzutreten, mit Hilfe einer der tatsächlichen Parteipraxis nicht entsprechenden offiziellen Programmatik immer stärker auseinanderstrebende Parteiflügel zu integrieren und die organisatorische Einheit zu bewahren.

Der Begriff „Sozialdemokratie" ist seit der Mitte des 19. Jahrhunderts mit durchaus entgegengesetzten Inhalten gefüllt worden. In den verschiedenen Phasen hat er sowohl revolutionäre als auch reformistische Bedeutung erhalten. Bereits 1848 hatten sich die Männer der ersten großen deutschen Arbeiterorganisation, der „Arbeiterverbrüderung", „Sozial-Demokraten" genannt, um zu dokumentieren, daß auf der Grundlage der Demokratie soziale Verbesserungen erzielt werden sollten. Im März 1850 bestritt Marx u. a. auch diesen „republikanischen Kleinbürgern" das Recht, sich „sozialdemokratisch" zu nennen, und unterlegte diesem Begriff einen proletarisch-revolutionären Sinn, den dieser — in der Theorie — bis zum 1. Weltkrieg behielt. J. B. von Schweitzer, nach Lassalles Tod der führende Kopf im 1863 gegründeten Allgemeinen Deutschen Arbeiterverein (ADAV), nannte das von ihm redigierte ADAV-Organ „Der Social-Demokrat" und betrieb die Begründung einer „sozialdemokratischen Partei". Zum erstenmal tauchte das Adjektiv 1869 offiziell im Namen der Eisenacher Partei auf, wurde jedoch beim Gothaer „Vereinigungs-Congress der Sozialdemokraten Deutschlands" (so der Protokolltitel) 1875 durch das zu dieser Zeit inhaltlich identische Wort „sozialistisch" ersetzt, aber nach Auslaufen des Sozialistengesetzes 1890 endgültig wieder in den Parteinamen aufgenommen.

Diese Sammlung beschränkt sich bewußt nicht auf die Zeit seit der Gründung des ADAV durch Lassalle, sondern bezieht den von Marx und Engels geprägten geheimen „Bund der Kommunisten" sowie die „Allgemeine Deutsche Arbeiterverbrüderung" Stephan Borns mit ein, da von ihnen, wenn auch in unterschiedlichem Maße, personelle und sachliche Kontinuitätslinien von der 48er Revolution über die Zeit eines fast völligen organisatorischen Vakuums bis hin zum Jahre 1863 führen. Beide in diesem Jahre gegründeten konkurrierenden Arbeiterorganisationen, der ADAV wie auch, mit einer Phasenverschiebung, der Vereinstag der Deutschen Arbeitervereine, knüpften an Programmpunkte der „Verbrüderung" an, und zwar an die genossenschaftlichen Pläne — der ADAV sogar mit Übernahme der Forderung nach Staatskrediten zu diesem Zwecke —, an das Ziel der Demokratisierung von Staat und Gesellschaft, an das Streben nach dem „freien Volksstaat". Dem Bund der Kommunisten wiederum, der sich bis zur Revolution als Propagandagesellschaft, nach deren Niederwerfung als Kaderorganisation verstand, gelang es bis zu seiner Auflösung im Jahre 1852, eine kleine Schar von klassenbewußten Arbeitern heranzuziehen, die 1863 auf lokaler und regionaler Ebene innerhalb des ADAV Führungspositionen übernehmen konnten, und zwar vor allem in der preußischen Rheinprovinz, wo der ADAV immerhin etwa die Hälfte seiner Mitglieder rekrutierte. Das Programm des Bundes der Kommunisten, das Kommunistische Manifest, hatte zunächst kaum irgendwelche direkte Wirkung, da es nur in sehr geringer Auflage zirkulierte. Sein berühmter Kampfruf „Proletarier aller Länder, vereinigt euch!" kam 1864 mit der Inauguraladresse der Internationalen Arbeiterassoziation, der sog. I. Internationale, in aller Munde. Erst seit den Neuauflagen der 70er Jahre trat das „Manifest" in Deutschland seinen Siegeszug an und wurde zu einer der wichtigsten Schriften für die in theoretischen Fragen wenig geschulten einfachen Parteimitglieder, die — neben einigen Popularisierungen — vor allem hieraus ihre Kenntnis der Marxschen Lehre bezogen.

Im „Manifest" verkündeten Marx und Engels ihre These vom

Klassencharakter aller bisherigen Geschichte und ihre aus den Entwicklungstendenzen der bürgerlich-kapitalistischen Gesellschaft abgeleitete Prognose von dem Sturz der kapitalistischen Gesellschaft und der Aufhebung aller Klassengegensätze durch das zum Bewußtsein seiner selbst gelangte Proletariat, das nach erfolgreicher Revolution eine „Assoziation" schaffen werde, in der „die freie Entwicklung eines jeden die Bedingung für die freie Entwicklung aller ist." Diesen Prozeß der Bewußtseinsbildung voranzutreiben war in erster Linie die Aufgabe des Bundes der Kommunisten, der bis zur Revolution von 1848 „keine besondere Partei gegenüber den Arbeiterparteien" sein, sondern „stets das Interesse der Gesamtbewegung" vertreten wollte. Die Kommunisten hatten dem „Manifest" zufolge zwar „theoretisch vor der übrigen Masse des Proletariats die Einsicht in die Bedingungen, den Gang und die allgemeinen Resultate der proletarischen Bewegung voraus", bildeten jedoch zunächst keine revolutionäre Kaderpartei einer Minderheit. Wenn im „Manifest" von der kommunistischen „Partei" die Rede ist, so ist damit weniger eine spezielle politische Parteiorganisation im modernen Sinne gemeint, sondern eher eine weltanschauliche Bewegung. Daher schreibt das „Manifest" den Kommunisten nicht die Aufgabe zu, die Arbeiterschaft zu organisieren, vielmehr sollten sie durch ihre Propaganda an der geschichtlichen Selbsttätigkeit des Proletariats teilnehmen, ohne ihm bestimmte Rezepte vorzuschreiben. Entsprechend war die als kurze Übergangsstufe zur klassenlosen Gesellschaft vorgesehene (erst im März 1850 so genannte) Diktatur des Proletariats nicht als Minderheitsdiktatur gedacht, sondern als Diktatur „der ungeheuren Mehrzahl im Interesse der ungeheuren Mehrzahl". Erst nach der Niederwerfung der Revolution vertrat Marx aus Enttäuschung über das Versagen des Bürger- und Kleinbürgertums sowie letztlich auch der Arbeiterschaft die später von Lenin aufgegriffene Konzeption einer hierarchischen, streng zentralisierten Kaderorganisation zur Durchsetzung der „Revolution in Permanenz". Hierbei handelte es sich jedoch nur um eine kurze Episode, die mit dem Auflösungsprozeß des Bundes 1851/52 abgeschlossen wurde.

Zielte die Hauptforderung des Kommunistischen Manifests auf die revolutionäre politische Aktion zum Umsturz der bestehenden Gesellschaftsordnung, so lag das Schwergewicht der „Verbrüderung" in dem Bemühen, auf organisatorisch legaler und abgesicherter Basis ihre sozialen und politischen Forderungen in systemimmanenter Reformarbeit durchzusetzen. Engels hat Stephan Born später rückwirkend vorgeworfen, er habe in seiner Agitation Auffassungen des Kommunistischen Manifests mit Zunfterinnerungen und Anklängen an utopische Sozialisten verquickt. Dieses Urteil ist bis zu einem gewissen Grade berechtigt, ändert aber nichts an der Tatsache, daß Born an die Vorstellungen der Handwerksgesellen und qualifizierten Fabrikarbeiter, die sich vom Proletariat abgehoben sahen und sich mit „Herr" anredeten, anknüpfen mußte, wenn er die Arbeiterschaft organisieren wollte. (Engels gab selbst im April 1848 zu, die 17 „Forderungen", das Aktionsprogramm des Kommunistenbundes, seien zu radikal für die Agitation in seiner Heimat.) Wenn das Zentralkomitee der „Verbrüderung" auch in einem Rundschreiben Anfang Oktober 1848 erklärte, die Arbeiter müßten sich bemühen, „eine politische Macht im Staate zu werden", so erstreckte sich die Verbandsarbeit und -publizistik doch bis Ende 1848 vorwiegend auf ökonomische und soziale Probleme und wandte sich erst mit Fortschreiten der Reaktion politischen Fragen zu, forderte schließlich vor und während der Reichsverfassungskampagne sogar offenen Kampf zur Abwehr der Konterrevolution. Betrachtet man die sozialen Forderungen der „Verbrüderung", so finden sich hier neben manchem alten zünftlerischen Zopf viele Punkte, die in spätere sozialdemokratische Programme eingingen: u. a. Unentgeltlichkeit des Unterrichts, Beseitigung der indirekten Steuern, Einführung progressiver Einkommensteuer, Sorge für Arbeitsunfähige, volle Freizügigkeit, Verkürzung der Arbeitszeit, Koalitionsfreiheit, Produktivassoziationen mit Staatskredit. Alle diese Forderungen sollten mit Hilfe des allgemeinen und gleichen (allerdings, im Gegensatz zum Kommunistenbund, indirekten) Wahlrechts durchgesetzt werden. Vergleicht man die Programme des nur wenige hundert Mitglieder umfassenden Kommunistenbundes und der etwa 15 000 Mitglieder starken „Arbeiterverbrüderung", so zeigt sich bereits in dieser frühen Phase der deutschen Arbeiterbewegung jener Dualismus von sozialer Revolution und sozialer Reform, von proletarischem Klassenbewußtsein und an bürgerlichen Wertvorstellungen orientiertem Standesbewußtsein, der in den späteren Auseinandersetzungen eine so wichtige Rolle gespielt hat.

In diesem Spannungsverhältnis standen auch die nach einigen

Jahren von der Reaktion erzwungener Ruhepause 1863 gegründeten Arbeiterorganisationen, der ADAV Lassalles und der im Gegenzug dazu von den Liberalen initiierte und dominierte Vereinstag (später: Verband) Deutscher Arbeitervereine, auf den weiter unten noch eingegangen wird.
Im Gegensatz zur Bevormundung der Arbeiterschaft durch die Liberalen setzte Ferdinand Lassalle ganz auf die Emanzipationsbestrebungen innerhalb der Arbeiterschaft und legte mit der Gründung des ADAV den Grundstein jenes Prozesses der Loslösung der proletarischen von der bürgerlichen Demokratie, der 1869/70 mit der Konstituierungsphase der Eisenacher Partei seinen Abschluß fand. Lassalle, der zwar nicht Mitglied des Kommunistenbundes gewesen war, sich aber doch zu der „Partei" der von Marx 1848/49 herausgegebenen „Neuen Rheinischen Zeitung" und zu Marx' Vertrauten zählte, gelang es, die 1862 einsetzende, in der Tradition der „Arbeiterverbrüderung" stehende Arbeiterkongreßbewegung umzufunktionieren und das Leipziger Zentralkomitee für die Bildung eines politischen Agitationsvereins zur Vertretung von Arbeiterinteressen zu gewinnen, der sich zur ersten modernen deutschen Arbeiterpartei entwickelte. Der ADAV sollte der trotz des Verfassungskonflikts mit Bismarck faktisch anpassungsbereiten Fortschrittspartei als wirklich revolutionsbereite Partei entgegentreten, deren Hauptforderung die Ersetzung des reaktionären preußischen Drei-Klassen-Wahlrechts durch das allgemeine, gleiche und direkte Wahlrecht war, mit dessen Hilfe die politische Macht in Preußen errungen und die Demokratisierung des Staates erreicht werden sollte. In Anpassung an die bestehenden Vereinsgesetze, aber auch als Ausdruck von Lassalles jakobinischem Demokratieverständnis war der ADAV streng zentralistisch aufgebaut, von oben nach unten, ohne Querverbindungen auf den einzelnen Ebenen, so daß innerparteiliche Konflikte und persönliche Rivalitäten nur schwer ausgetragen werden konnten. Gefährlich für die Entwicklung des demokratischen Selbstbewußtseins der Mitglieder war die starke Präsidialgewalt, die nach Lassalles eigenen Worten „so diktatorisch als möglich organisiert sein" müsse. Aus einer „Diktatur der Einsicht" wurde bei ihm eine Diktatur über den „Unverstand der Massen", wie es im ADAV-Bundeslied heißt. Hier berührt sich Lassalles Theorie mit Elementen der heutigen sog. „Volksdemokratien". Während Marx den bestehenden Staat als Instrument der

bürgerlichen Klassenherrschaft begriff, der von der klassenlosen Gesellschaft abgelöst werde, hatte Lassalle in Hegelschem Sinne eine positive Auffassung vom Wesen des Staates, der die „Erziehung des Menschengeschlechts zur Freiheit" wahrnehmen müsse. Diese Glorifizierung des Staates führte zu manchen Mißverständnissen, zumal Lassalle sich nicht scheute, mit Bismarck in Verhandlungen zu treten und schließlich sogar die Konzeption eines „sozialen Königtums" zu vertreten, sich also zumindest auf ein sehr gefährliches Gleis zu begeben, um durch Kooperation mit dem reaktionären preußischen Staat sein Hauptziel, das allgemeine, gleiche und direkte Wahlrecht, zu erreichen. Dieses sollte die Voraussetzungen bieten für den zweiten wichtigen Programmpunkt Lassalles, der wahrscheinlich nur aus taktischen Gründen vorgebracht wurde, um den in der Arbeiterschaft geschätzten Selbsthilfeassoziationen des Liberalen Schulze-Delitzsch entgegenzuwirken: die Gründung von Produktivassoziationen mit Staatskredit. Die Hoffnung, mit Hilfe dieser staatlich unterstützten fabrikmäßigen Großproduktion auf kooperativer Basis das „eherne Lohngesetz" zu durchbrechen und für sich den „vollen Arbeitsertrag" ohne Abzug des Unternehmergewinns erlangen zu können, die Lassalle einer ganzen Generation von Arbeitern einflößte, wurde erst seit den 80er Jahren durch die Ausbreitung des Marxismus allmählich verdrängt. Weniger lang währte die Wirkung der Lassalleschen Ablehnung der Gewerkschaften, die ja bei einem „ehernen", unwandelbaren Lohnniveau keine Existenzberechtigung hatten. J. B. v. Schweitzer nahm in dieser Frage eine flexiblere Haltung als Lassalle ein. Abgesehen vom allgemeinen Wahlrecht, das ab 1863 eine zentrale Forderung der deutschen Sozialdemokratie blieb, hatte die stärkste Nachwirkung die durch die Auseinandersetzungen der Gründungsphase bedingte enorme Hochschätzung der Organisation, an der um jeden Preis festzuhalten sei. Nach Lassalles Tod verursachte diese seine testamentarische Forderung in Verbindung mit der besonderen Organisationsstruktur des Vereins ständige Wirren und Kämpfe seiner Nachfolger und war schließlich eine der Hauptursachen für die erst so spät erfolgende Einigung der deutschen Arbeiterbewegung. Aber auch der spätere „Organisationsfetischismus" der deutschen Sozialdemokratie hat hier letztlich seine Wurzeln.

Für Lassalle und die frühe deutsche Arbeiterbewegung insgesamt waren „Freiheit nach innen“ als Demokratie und Sozialismus sowie „Freiheit nach außen“ als Nationalismus eine dialektische Einheit. Das „Prinzip der freien, unabhängigen Nationalität“ war bei Lassalle die Basis des Begriffs der Demokratie. Daher sollte die Arbeiterschaft mit der Demokratie zugleich die nationale Einigung erkämpfen und die Gestaltung des künftigen deutschen Einheitsstaates nicht der Bourgeoisie überlassen. Wenn Lassalle und mit ihm der ADAV auch grundsätzlich für „Großdeutschland moins les dynasties“ waren, so bewirkten die Konzentration des Vereins in Preußen sowie seine grundsätzlich positive Staatsauffassung doch die praktische Hinneigung zur Lösung des preußisch-österreichischen Dualismus zugunsten Preußens. Vor allem der aus taktischen Gründen im Frühjahr 1866 gestellte Antrag Preußens beim Deutschen Bund, ein aus allgemeinen direkten Wahlen hervorgehendes Reformparlament einzuberufen — ein Versuch zur Ausbootung Österreichs —, konnte den Lassalleanern wie die nachträgliche Vollstreckung des innenpolitischen Testaments Lassalles erscheinen. Ohne sich über Bismarcks Motive Illusionen zu machen, wollte Schweitzer auf keinen Fall diese wichtige Waffe zurückweisen, weshalb der ADAV während des preußisch-österreichischen Krieges eine intensive Wahlrechtskampagne vorbereitete. Da nach dem Krieg die alte Forderung der 1848er Revolution nach gleichzeitiger Erringung von Einheit und Freiheit sich als nicht realisierbar erwies, stellte sich der ADAV auf den Boden der durch den Krieg geschaffenen Tatsachen und akzeptierte die Existenz des Norddeutschen Bundes. In seinem im Dezember 1866 beschlossenen Erfurter Programm formulierte er nun das Postulat „Durch Einheit zur Freiheit“, was zunächst gleichbedeutend mit einem Verzicht auf die sofortige Verwirklichung der Freiheit war. Aber schon bald zeigten sich im ADAV Ansätze zu einer nüchterneren und kritischeren Haltung, so daß auf der Braunschweiger Generalversammlung des Jahres 1867 auf Initiative Schweitzers wieder die programmatische Fixierung der Einheit beider Forderungen gelang: Der ADAV „will das ganze Deutschland zu einem einheitlichen und freien Volksstaat verbunden wissen“. (Dennoch war die Praxis des ADAV von einer stark ausgeprägten Anerkennung des Status quo bestimmt.) Gleichzeitig erschien hier zum erstenmal in einem deutschen Parteiprogramm der Hinweis auf „die Gemeinsamkeit der Arbeiterinteressen in al-

len Kulturländern", ein Ergebnis des Wirkens der 1864 gegründeten Internationalen Arbeiterassoziation (IAA).
In dieser sog. I. Internationale waren die verschiedensten sozialistischen Strömungen vertreten, Anhänger Fouriers, Cabets, Proudhons, Bakunins, Marx', englische Gewerkschaftler, desgleichen Gefolgsleute Mazzinis und auch Freimaurer: Richtungen, die natürlich nur unter dem Banner eines ganz vage formulierten, vorwiegend mit moralischen Kategorien wie der Gerechtigkeit begründeten Sozialismus zusammengehalten werden konnten. Grundlage der Arbeit der IAA war die These, der Wegfall der Klassengegensätze im Innern eines Landes werde auch die nationalen Gegensätze beseitigen. Aber weder über die theoretische Begründung noch über die praktische Ausarbeitung eines Weges zu diesem Ziel konnte Einigkeit erlangt werden. Daher kam es zu gemeinsamen Aktionen vorwiegend als Reaktion auf soziale Konflikte, so daß die IAA als Ausgangspunkt der internationalen Gewerkschaftsbewegung anzusehen ist. Marx, der in der IAA eine führende Rolle spielte und deren Spitze, den Generalrat, faktisch leitete, zudem die meisten Resolutionen und Manifeste der IAA entwarf, zeigte zunächst die nötige Flexibilität, um so divergierende Fraktionen ohne ein dezidiertes Programm im Griff zu behalten. Auf die Dauer waren jedoch die auseinanderstrebenden nationalen Kräfte zu stark, um den Widerspruch von nationaler Loyalität und internationalem Bekenntnis lösen zu können, zumal die IAA nicht als dirigistische Organisation konzipiert war, die die nationalen Arbeiterparteien und -organisationen im Geiste des proletarischen Internationalismus politisch und ideologisch einheitlich hätte lenken können. Der Versuch von Marx nach Engels' Eintritt in den Generalrat, die lockere föderalistische Organisation stärker zu zentralisieren, ließ die latenten Spaltungstendenzen aufbrechen, die besonders in den Auseinandersetzungen der Marx-Engelsschen Fraktion mit den Bakunisten zum Ausdruck kamen und schließlich zum Ende der IAA führten.
Aus vereinsrechtlichen Gründen hatte die IAA in Deutschland keine korporativen, sondern nur persönliche Mitglieder. J. B. v. Schweitzer sprach ihr zwar seit 1866 seine Sympathien aus, konnte sich jedoch nicht zum Beitritt entschließen, während August Bebel und Wilhelm Liebknecht Mitglieder der IAA wurden. Diese Zugehörigkeit zur I. Internationale bedeutete aber

nicht, daß sie weniger national eingestellt waren als Schweitzer und der ADAV, wenn sie auch in der nationalen Frage eine völlig andere Haltung einnahmen als die Lassalleaner. Sie waren aber nicht gewillt, eine durch den preußischen Polizeistaat geschaffene deutsche Zwangseinheit ohne Freiheit zu akzeptieren. Besonders für Liebknecht, der sich seit der Niederwerfung der Reichsverfassungskampagne vom Mai 1849 einen ausgesprochenen Preußenhaß bewahrt hatte, war erst der Fall Preußens die Voraussetzung zum Sieg der deutschen Revolution. Zu diesem Zwecke verbündeten sich Bebel und Liebknecht mit den in der Deutschen Volkspartei organisierten großdeutschen, antipreußischen und konsequent freiheitlichen Liberalen Süddeutschlands, an die sich die von ihnen geschaffene Sächsische Volkspartei (SVP) anlehnte. Um das Bündnis mit den Demokraten nicht zu gefährden, zum Teil aber auch aus Rücksicht auf die Mentalität der die Basis der SVP bildenden sächsischen Arbeiterbildungsvereine, gaben sie ihrer im August 1866 in Chemnitz gegründeten Partei ein demokratisches, kein sozialistisches Programm, sondern beschränkten sich auf sozialem Gebiet auf allgemeine Forderungen wie die nach Verbesserung der Lage der arbeitenden Klasse und Ausgleich des Gegensatzes zwischen Kapital und Arbeit. Auch nach Errichtung des Norddeutschen Bundes weigerten sich Bebel und Liebknecht, die Ansätze der „Reichseinigung von oben“ anzuerkennen, und forderten die Annullierung alles seit 1866 Geschehenen. Wie schroff die Gegensätze zwischen dem ADAV und der Bebel-Liebknechtschen Richtung waren, zeigen plastisch zwei Äußerungen im September/Oktober 1867 im Norddeutschen Reichstag. Während Schweitzer lobend hervorhob, „daß der preußische Machtkern unser deutsches Vaterland [...] dem Auslande gegenüber endlich zur Geltung und Ehre gebracht hat“, verurteilte Liebknecht die „Blut- und Eisenpolitik, [...] der wir es verdanken, daß Deutschland jetzt so zerrissen und ohnmächtig nach außen ist.“ Diese mangelnde Anpassung an die neue Lage wurde von Marx und Engels keineswegs gebilligt, die vor allem Liebknechts süddeutsche und österreichische Neigungen für völlig unrealistisch hielten und wie Schweitzer dem Fürstenpartikularismus gegenüber das nun geschaffene „Großpreußen“ für einen Fortschritt hielten, das als erweiterte „Operationsbasis“ für die Arbeiterbewegung zu nutzen sei. Da sie alle Ereignisse und Prozesse nach ihrem Stellenwert für die Beschleunigung der sozialen Revolution beurteilten, waren sie der Auffassung, man müsse, wie Engels Ende Juli 1866 an Marx schrieb, „das Faktum einfach akzeptieren, ohne es zu billigen“, und die sich jetzt bietenden „größeren Facilitäten zur nationalen Organisation und Vereinigung des deutschen Proletariats benutzen, soweit wir können“. Marx und Engels konnten jedoch Bebels und Liebknechts Einstellung mit ihrer Argumentation nicht erschüttern. Erst der deutsch-französische Krieg von 1870/71 beseitigte die Differenzen innerhalb der deutschen Arbeiterbewegung über die nationale Frage.

Unmittelbar nach der Gründung des ADAV hatte sich am 7. Juni 1863 als konkurrierende Arbeiterorganisation der „Vereinstag der deutschen Arbeitervereine“ gebildet, der von seinen bürgerlichen Protegés mit Bedacht föderalistisch aufgebaut wurde und zunächst ohne festumrissenes Programm blieb, sondern nur allgemein bestrebt war, „durch einen lebendigen persönlichen Austausch von Ansichten und Erfahrungen unter den Arbeitern selbst das Verständnis ihrer wahren Interessen zu erweitern“. Gemäß den Interessen der Liberalen, die die Arbeiter zwar zur Durchsetzung ihrer nationalen Einheitsziele benötigten, aber gleichzeitig ihre Politisierung und Verselbständigung zu verhindern suchten, stand im Mittelpunkt der Arbeit in den Vereinen des Vereinstages der von bürgerlichen Honoratioren erteilte, politische Probleme vermeidende Unterricht in gewerblichen und technischen Fächern, um das Streben nach persönlichem sozialen Aufstieg aufgrund eigener Kraftanstrengung zu fördern und dem Aufkommen von Klassenkampfideen zu begegnen. Dem entsprach die Förderung der von Schulze-Delitzsch vertretenen Idee der Selbsthilfe der Handwerker durch Spar- und Kreditkassen und Beteiligung an Konsumgenossenschaften. Durch diese ideellen und finanziellen Hilfen sollten sich die Mitglieder der Arbeiter(bildungs)vereine allmählich zu wirtschaftlicher Selbständigkeit hocharbeiten können, die ihnen als Voraussetzung für politische Verantwortung vorgehalten wurde. Die anfänglich bestimmende Position der Liberalen wurde jedoch im Laufe der nächsten Jahre durch zunehmende Emanzipationstendenzen, die teils durch Übertritte aus dem ADAV, teils durch die Konkurrenzsituation gegenüber dieser damals einzigen deutschen Arbeiterpartei verstärkt wurden, stark erschüttert. Auch ein gut Teil lassalleanischen Gedankengutes (mit Ausnahme der zentralistischen Organisation) wurde von den Mitgliedern des Vereinstages übernommen. Wie sehr sich innerhalb dieses Verbandes die Kräfteverhältnisse änderten, zeigt die Wahl August Bebels 1867 zum Präsidenten des Vereinstages. Mit Hilfe des die Verbandsgeschäfte besorgenden Leipziger Vereins konnte Bebel, der 1866 der IAA beigetreten war, schließlich erreichen, daß sich der Nürnberger Vereinstag 1868 den Bestrebungen der IAA anschloß und damit die Schlußphase der Trennung der proletarischen von der bürgerlichen Demokratie einleitete, ein entscheidender Schritt zur Gründung der Sozialdemokratischen Arbeiterpartei (SDAP) 1869 in Eisenach in Verbindung mit einer Oppositionsgruppe des ADAV.

Das Eisenacher Programm ist eine Kombination der Forderungen des Chemnitzer und des Nürnberger Programms (und damit der Statuten der IAA) mit einem wesentlichen Zusatz lassalleanischer Vorstellungen und Forderungen, die von ehemaligen ADAV-Mitgliedern eingebracht wurden (der „volle Arbeitsertrag", „Staatskredit für freie Produktivgenossenschaften", aber „unter demokratischen Garantien"). Das Eisenacher Programm und mit ihm die Eisenacher Partei sind keineswegs als marxistisch zu bezeichnen. Dies belegt deutlich die Tatsache, daß die kurz nach Eisenach tagende Landesversammlung der Bayerischen Volkspartei nur gegen einen Punkt des Programms Bedenken hatte, gegen die lassalleanischen Produktivassoziationen mit Staatskrediten, und alle anderen Forderungen als lediglich demokratisch und sozial akzeptierte. Liebknecht hatte lange versucht, „nicht vorzeitig mit der süddeutschen Volkspartei in Krakehl zu geraten" (Liebknecht an Bonhorst, Okt. 1869). Die in stärker proletarischer Tradition stehenden ehemaligen Lassalleaner drängten jedoch in Eisenach auf eine endgültige Trennung von den bürgerlichen Demokraten, ein Prozeß, der erst mit dem Jahreskongreß der SDAP 1870 seinen Abschluß fand. Im Gegensatz zum ADAV wurde die Eisenacher Partei demokratisch von unten nach oben aufgebaut. Die Spitze bildete ein fünfköpfiger Parteiausschuß, dem eine elfköpfige Kontrollkommission an die Seite gestellt wurde.

Was die Programmatik anbetraf, so bestanden Anfang der 1870er Jahre keine grundsätzlichen Unterschiede zwischen den beiden deutschen Arbeiterparteien. Hemmend standen einer als Bedürfnis empfundenen Vereinigung mehrere Faktoren im Wege, die im Laufe der nächsten Jahre entfielen. Die unterschiedliche Haltung in der nationalen Frage — hier großdeutsch, dort kleindeutsch — verlor ihre Brisanz nach den Ereignissen des deutsch-französischen Krieges und der endgültigen „Reichseinigung von oben", die auch von ihren Gegnern als unwiderruflich angesehen wurde. Mit dem Abtritt J. B. von Schweitzers von der politischen Bühne verlor der ADAV seine überragende Führerpersönlichkeit, und mit ihm entfiel auch eine personelle Barriere für die Vereinigung. Schweitzers organisatorische Eigenmächtigkeiten diskreditierten zudem in gewissem Grade die so starren zentralistischen Organisationsprinzipien des ADAV. Auch den Reichstagsfraktionen der beiden Parteien stellte sich ständig das Problem der Notwendigkeit einer Zusammenarbeit. Den eigentlichen Anstoß zur Vereinigung gaben jedoch die gemeinsamen Erfahrungen des verschärften Klassenkampfes im Gefolge der in den 1870er Jahren in Deutschland ausgebrochenen Wirtschaftskrise sowie der verstärkten polizeilichen Unterdrückung beider Parteien in dieser Periode.

Der Entwurf für das auf dem Gothaer Vereinigungsparteitag 1875 beschlossene Parteiprogramm hatte vorher schärfste Kritik von Marx und Engels erfahren, die bei seiner Annahme sogar die neue Partei zu desavouieren drohten, ohne sich jedoch durchsetzen zu können. Marx' „Randglossen zum Programm der deutschen Arbeiterpartei" wurden sogar von der Parteiführung geheimgehalten und erst, auf Engels' Drängen, 1891 im Zusammenhang mit den Vorberatungen zum Erfurter Programm veröffentlicht. Kurz zusammengefaßt, setzten Marx und Engels an dem Programmentwurf aus, er bestehe einmal aus lassalleanischen Phrasen, sodann aus vulgärdemokratischen Forderungen, zum dritten aus dem Kommunistischen Manifest entlehnten, angeblich kommunistischen Sätzen, die in der vorliegenden Formulierung nichts als „Blödsinn" seien. Trotz ihres Widerspruchs wurde eine Reihe von lassalleanischen Parolen in das Gothaer Programm aufgenommen: die Formel von der „einen reaktionären Masse" aller anderen Klassen der Arbeiterklasse gegenüber (eine These, die angesichts der staatlichen Repressionen und der Diffamierung durch die anderen Parteien nur verständlich war, aber potentielle, auch taktische, Bündnisse mit anderen Parteien verhinderte); die Produktivgenossenschaften mit Staatshilfe als einziges soziales Postulat, allerdings, wie schon im Eisenacher Programm, „unter demokratischer Kontrolle"; das in Marx' „Kapital" längst widerlegte, auch von Lassalle vorwiegend aus agitatorischen Gründen aufgestellte „eherne Lohngesetz"; das allgemeine gleiche und direkte Wahlrecht als erste der Grundlagen des Staates. Marx und Engels irrten sich, wenn sie den Programmentwurf ein Attentat auf das Bewußtsein der Arbeiter der Eisenacher Partei nannten, die nach Mitgliederstruktur und sozialer Zielsetzung immer noch weniger proletarisch war als der ADAV. Das Gothaer Programm entsprach durchaus ihrem Denken, das von einer Mischung aus alten demokratischen Formeln und hie und da übernommenen Marxschen und Lassalleschen Begriffen geprägt war, und zwar hinauf bis zu Parteiführern wie Liebknecht. Die von Marx gerade in seinen „Randglossen" so meisterhaft demonstrierte Klarheit und Schärfe der Begrifflichkeit ging den Eisenachern ebenso wie den Lassalleanern ab. Beide Richtungen waren auch weniger an theoretischer Reinheit interessiert, als vielmehr an der lange erstrebten organisatorischen Einheit, die der aktuelle politische Kampf notwendig machte.

Was die Organisation der neuen Sozialistischen Arbeiterpartei Deutschlands (SAP) betrifft, so hatten die Lassalleaner schon bei der ersten Einigungsverhandlung keine Bedingungen gestellt. Aufgrund der negativen Erfahrungen mit der lassalleanischen Präsidialdiktatur standen auch von dieser Seite her kaum Hindernisse einer Strukturierung der SAP gemäß demokratischen Prinzipien entgegen. Unter den Bedingungen des Vereinsgesetzes und ab 1878 des Sozialistengesetzes ergab sich ohnehin die Notwendigkeit einer elastischeren Anpassung, so daß zwar die äußere Organisation, nicht aber der innere Zusammenhalt verlorenging.

Das Sozialistengesetz stempelte die Sozialdemokraten zu Parias und stellte sie außerhalb des Staates, für den sie sich seit 1848 ebenso eingesetzt hatten wie das Bürgertum. An die Stelle der auf Lassalle zurückgehenden Hochschätzung des Staates trat nun als Ausfluß der Verbitterung und Empörung der Arbeiterschaft eine ausgeprägte Staatsfeindlichkeit. Die mehr oder minder völlige Isolierung auf allen Gebieten bewirkte eine Radikalisierung der Arbeiter, die diese erst empfänglich machte für die Lehren des Marxismus, der ihnen neben dem Kommunistischen Manifest vor allem in Engels' Anti-Dühring und Karl Kautskys Popularisierung des ersten Bandes von Marx'

„Kapital" nahegebracht wurde. Die Radikalisierung der Arbeiter war also keine Folge der Rezeption des Marxismus als der richtungweisenden Theorie der deutschen Sozialdemokratie, sondern es verhielt sich genau umgekehrt. Erleichtert wurde die Durchsetzung des Marxismus durch das geistige Vakuum, das das Verbot der Parteipresse und -literatur bewirkt hatte, sowie durch die Tatsache, daß es keine konkurrierende Theorie in der Partei mehr gab, mit der man der Situation hätte begegnen können. Den von Staat und Gesellschaft Ausgestoßenen wurde ihr Los erträglicher gemacht durch die Gewißheit des zwangsläufigen Zusammenbruchs der bürgerlichen Gesellschaft und des naturnotwendigen Sieges des Sozialismus. Ihre Überzeugung wurde gefestigt, daß die Arbeiterschaft keine Bundesgenossen habe, daß vielmehr, wie es im Gothaer Programm heißt, die „Befreiung der Arbeiterklasse" „das Werk der Arbeiterklasse" sein müsse. Die Verweigerung der Gleichberechtigung nach außen wurde von nun an kompensiert durch eine Fülle von Vereinen und Organisationen politischer, kultureller und sportlicher Art, die die Arbeiter von der Wiege (Arbeiterkindergarten) bis zur Bahre (Feuerbestattungsverein) begleiteten und ihnen eine Atmosphäre der Geborgenheit boten und das fehlende Selbstgefühl innerhalb der eigenen Reihen vermittelten. Die Folge davon war ein „Organisationspatriotismus", der im wesentlichen ein Ausgleich für gesellschaftliche und politische Machtlosigkeit war und später, unter Berufung auf eine potentielle Gefährdung der Organisation, jede effektive politische Aktion zur Machterweiterung der Partei verhinderte.

Gleichzeitig mit der Radikalisierung der Arbeiter erfolgte eine immer stärkere Betonung der Legalität. Zwar wurde auf dem Wydener Parteikongreß 1880 der Satz des Gothaer Programms, die SAP erstrebe „mit allen gesetzlichen Mitteln den freien Staat und die sozialistische Gesellschaft", durch die Streichung des Wortes „gesetzlich" stark modifiziert, aber nur um zu zeigen, daß die Partei auch in der Illegalität weiterarbeiten wolle. Für die Praxis der Partei galt nach wie vor der Satz des ersten illegalen Flugblatts aus dem Jahre 1878: „An unserer Gesetzlichkeit müssen unsere Feinde zugrunde gehen." Die Führung der Partei ging auf die Reichstagsfraktion über, die als einziges „Organ" der Partei nicht verboten worden war. Innerhalb der Fraktion verstärkte sich der ohnehin vorhandene Trend zur Intensivierung der parlamentarischen Arbeit, zumal nach anfänglichen Mißerfolgen die sozialdemokratischen Wählerstimmen sprunghaft anstiegen (1878: 437 000, 1881: 311 000, 1884: 550 000, 1887: 763 000, 1890: 1 427 000). Der parlamentarische Weg erschien so mehr und mehr als der richtige und am ehesten erfolgversprechende Weg zur Machtgewinnung, und selbst Engels glaubte 1884, daß aufgrund der Wahlergebnisse der Partei „der Zeitpunkt ihres schließlichen Sieges sich schon jetzt mathematisch berechnen läßt".

Nach Auslaufen des Sozialistengesetzes im Jahre 1890 erhielt die Partei auf dem Parteitag in Halle ein den veränderten Bedingungen angepaßtes neues Organisationsstatut und nahm den Namen „Sozialdemokratische Partei Deutschlands" an. Dem gewandelten Selbstverständnis entsprechend beschloß die SPD auf dem Erfurter Parteitag 1891 ein neues Programm, das bis 1921 in Kraft blieb. Hatten Marx und Engels die Annahme des Gothaer Programms nicht verhindern können, so konnte Engels nun befriedigt feststellen, daß ihre damalige Kritik in Erfurt „komplett durchgeschlagen hat". Der in Abstimmung mit Engels verfaßte erste, allgemeine Teil des Erfurter Programms, der zum erstenmal eine kausale Verknüpfung von Analyse und Prognose der Gesellschaftsentwicklung mit der sozialistischen Zielsetzung und mit den Mitteln der Naturgesetzlichkeit bot, stammte von Karl Kautsky, der nach Engels wie kaum ein anderer die Herausbildung des Marxismus als universaler Weltanschauung auf materialistischer Grundlage beeinflußt hat, und war im Grunde eine Paraphrasierung des 7. Abschnitts aus dem 24. Kapitel des Marxschen „Kapital". Die im Marxschen Hauptwerk festgestellten Bewegungsprinzipien des Kapitalismus wurden von Kautsky jedoch unter dem Einfluß Engels, aber auch des Darwinismus zu allgemeingültigen Quasi-Naturgesetzen („Naturnotwendigkeit"), so daß der Zusammenbruch der kapitalistischen Gesellschaft, mit dem der Revolutionsbegriff seit den 80er Jahren zunehmend identifiziert wurde, immer stärker als ein Ereignis erschien, das ohne eine direkte revolutionäre Aktion des Proletariats eintreten werde, für das das Proletariat jedoch gerüstet sein müsse. In dieser Richtung hatte sich Kautsky schon 1881 geäußert: „Unsere Aufgabe ist es nicht, die Revolution zu organisieren, sondern uns für die Revolution zu organisieren; nicht die Revolution zu machen, sondern sie zu benutzen." Folge dieser Abkehr von der Marxschen revolutionären Dialektik, in der der abstrakte Gegensatz von Revolution und Evolution überwunden worden war, waren einmal ein Verlust von Marx' Aktivismus und ein zunehmender Fatalismus. (Engels' Auffassung, in Deutschland könnten „wir die Hände in den Schoß legen [...] und unsere Feinde für uns arbeiten lassen", wurde hier übernommen, ohne zu berücksichtigen, daß Engels an dem Wachsen der Wählerzahlen gleichsam den Zeitpunkt ablesen zu können glaubte, zu dem auch die „Kernregimenter" der preußischen Armee zur Sozialdemokratie überliefen, daß er letztlich also eine revolutionäre Perspektive besaß.) Zum anderen bedingte diese Abkehr eine Verstärkung der ohnehin aufgrund der bereits genannten sozialpsychologischen Momente virulenten Tendenz zum Organisationsfetischismus.

Dem ersten, grundsätzlichen Teil des Erfurter Programms folgte ein von Eduard Bernstein verfaßter praktischer Teil, in dem die nächsten Forderungen der SPD formuliert waren. Nicht zu übersehen ist der Dualismus zwischen der Ablehnung des bestehenden Staates, die dem 1. Teil zugrunde liegt, und seiner Anerkennung, ohne die die im 2. Teil aufgestellten Forderungen sinnlos waren. Dieser Dualismus weist auf die späteren Auseinandersetzungen über das Problem von geschichtsphilosophischem Determinismus und ethischem Voluntarismus hin. Begründet war er in dem mangelnden Verständnis der deutschen Sozialdemokratie für die dialektische Einheit von Theorie und Praxis bei Marx und der verstärkten Betonung des evolutionären Moments.

Trotz ihres revolutionären Pathos blieb die SPD bis 1914 eine Partei mit reformistischer Praxis, ja ihr ideologischer Radikalismus diente als permanente Verhüllung ihres nichtrevolutionären Charakters, wenn er auch erst seit der Propagierung des „Zentrismus" durch Kautsky die direkte Funktion einer Integrationsideologie erhielt. Der Grund für dieses Auseinanderklaffen von Theorie und Praxis war das Dilemma, daß die Arbeiter im Wilhelminischen Reich zwar einerseits seit den 80er Jahren ökonomisch zunehmend besser gestellt waren (rasches Ansteigen der Reallöhne, Sozialgesetzgebung) und sich begrenzte Tendenzen zur rechtlichen und auch faktischen Verbesserung ihrer Lage zeigten, daß ihnen andererseits jedoch grundsätzlich die gleichberechtigte Einbeziehung in Staat und Gesellschaft verweigert wurde und sie auch weiterhin ökono-

mischer Ausbeutung sowie politischer und gesellschaftlicher Unterdrückung ausgesetzt waren. In diesem gegenläufigen Prozeß von Isolierung und Integration ließen die integrierenden Momente die von den repressiven Elementen geweckten Aggressionen der Arbeiter nur so weit anschwellen, daß sie noch durch (einen Umsturz abwartende) Revolutionshoffnung und Verbalradikalismus abreagiert werden konnten und nicht jene Reizschwelle erreichten, jenseits derer die revolutionäre Aktion begann, die ohnehin die in jenem Gefühl der Ohnmacht einzig feste Bastion, die Organisation, hätte gefährden können.
Kristallisationspunkte legaler und reformistischer Praxis waren die Reichstags- und Landtagsfraktionen sowie die Gewerkschaften, die in immer größerer Zahl in den Parlamentsfraktionen vertreten waren. (1893 waren 11,6% der Reichstagsfraktion Gewerkschaftler, 1912 32,7%.) Während die Partei zumindest tendenziell auf die Umgestaltung der Gesellschaft gerichtet war, standen die Gewerkschaften fest auf dem Boden der gegebenen Verhältnisse, mußten sie in ihrer täglichen Arbeit doch ständig auf dieser Basis operieren. In jahrelanger mühevoller Arbeit hatten sie ihre Organisationen aufgebaut und sich mit ihren Kassen ein starkes Unterstützungspotential geschaffen, das sie unter keinen Umständen durch irgendwelche politischen Aktionen und die entsprechenden behördlichen Unterdrückungsmaßnahmen gefährden lassen wollten, da von ihrer organisatorischen Stärke der Erfolg ihrer Arbeit abhing. Mit zunehmendem Einfluß der Gewerkschaften ließ auch die Bereitschaft ihrer Führer nach, sich weiterhin der Partei unterzuordnen. 1906 setzten sie schließlich auf dem Parteitag eine Resolution durch, in der anerkannt wurde, daß die Gewerkschaften „an Wichtigkeit hinter der sozialdemokratischen Partei nicht zurückstehen". Die Parteiführung wurde verpflichtet, sich bei allen den gewerkschaftlichen Bereich tangierenden Fragen mit den Gewerkschaften rechtzeitig zu verständigen.
Aber auch Nichtgewerkschaftler besonders in den süddeutschen Landtagsfraktionen lehnten die revolutionäre Attitüde ab und suchten statt einer Politik des Alles oder Nichts eine Politik der kleinen Reformschritte zur Verbesserung der Lage der Arbeiterschaft zu verfolgen, ohne dabei sogar vor Bündnissen mit fortschrittlichen bürgerlichen Parteien zurückzuschrecken. Anstelle quietistischen Abwartens auf den irgendwann einmal erfolgenden Zusammenbruch der bürgerlichen Gesellschaft setz-

ten sie sich über die theoretischen Prognosen und Postulate hinweg und gingen den Möglichkeiten konkreten politischen Handelns unter den freilich stark begrenzten Bedingungen des Kaiserreiches nach.

Nicht zu verwechseln mit diesen mehr oder minder untheoretischen bzw. theorielosen Reformisten wie dem bayerischen SPD-Führer Georg von Vollmar und den jede theoretische Auseinandersetzung um der Parteieinheit willen bewußt ablehnenden Praktizisten wie dem Parteisekretär Ignaz Auer sind jene Männer um Eduard Bernstein, die seit Ende der 90er Jahre eine Revision des Theoriegebäudes des kautskyanisch geprägten Marxismus in Angriff nahmen. Obwohl die Revisionisten keine ideologisch einheitliche Gruppe waren, soll hier doch nur exemplarisch die Person Bernsteins hervorgehoben werden. Bernsteins Revisionismus ist vor allem zu verstehen als Reaktion auf die in der SPD verbreiteten vulgärmarxistischen Dogmen sowie das Auseinanderklaffen von radikal-revolutionärer Phraseologie und sozialreformerischer Praxis der Partei, die er als „demokratisch-sozialistische Reformpartei" ansah. Diese Kluft von Theorie und Praxis wollte er durch Angleichung der Theorie an die Praxis überbrücken, während die Linken um Rosa Luxemburg und Karl Liebknecht genau die entgegengesetzte Zielsetzung verfolgten. Aufgrund der Entwicklung der kapitalistischen Wirtschaft glaubte Bernstein wichtige Dogmen der Parteiideologie revidieren zu müssen, die er fälschlich in dieser Verkrustung Marx zuschrieb, bei dem sie jedoch nur Entwicklungstendenzen gewesen waren, während Engels und Kautsky sie zu Quasi-Naturgesetzen gemacht hatten: die „Naturnotwendigkeit" der zunehmenden Konzentration des Kapitals, der Verschärfung der Klassengegensätze, der fortschreitenden Verelendung des Proletariats und des baldigen Zusammenbruchs der bürgerlichen Gesellschaft. Überzeugt von den Anpassungsmöglichkeiten der kapitalistischen Gesellschaft an die ökonomische Entwicklung, wandte sich Bernstein gegen einen angeblich in der SPD vorherrschenden Revolutionarismus, wobei er nicht sah, daß das Wort Revolution in der Partei längst nicht mehr im Sinne einer direkten Aktion, sondern in dem einer radikalen Evolution gebraucht wurde, und forderte die SPD auch zur theoretischen Revision ihrer offiziellen Ideologie auf. Ignaz Auer, der die starke Integrationskraft der radikalen Theorie angesichts der politisch-sozialpsychologischen

Verhältnisse erkannte, warf Bernstein vor: „Mein lieber Ede, das, was du verlangst, so etwas beschließt man nicht, so etwas sagt man nicht, so etwas tut man. Unsere ganze Tätigkeit — sogar auch unter dem Schandgesetz [Sozialistengesetz] — war die Tätigkeit einer sozialdemokratischen Reformpartei. Eine Partei, die mit Massen rechnet, kann auch gar nichts anderes sein. Redensarten, nichts als Redensarten ist der ganze Radikalismus, wie er in den verschiedensten Blättern verzapft wird [...] Die Masse folgt dem in Tatsächlichkeit vorgehenden Wandel ohne Widerrede, weil sie dem konkreten Fall gegenüber die Vernünftigkeit der Wandlung einsieht. Sie aber theoretisch von der Notwendigkeit solcher Wandlungen zu überzeugen, ist fast immer unmöglich [...]."

Hatte Bernstein ursprünglich systemimmanent auf dem Boden der Marxschen Theorie bzw. des Marxismus argumentiert, so ging er spätestens 1901 durch die Aufgabe der These vom wissenschaftlichen Sozialismus darüber hinaus. Wissenschaft, so sagte er in Anknüpfung an den Neukantianismus, ist wertfrei, tendenzfrei und kann keine Ziele setzen. Der Sozialismus hingegen wird vom Interesse geleitet, ist also eine unendliche Bewegung, die nicht wissenschaftlich, sondern ethisch begründet ist. Diese in etwa in Richtung auf den demokratischen Sozialismus des Godesberger Programms weisende Argumentation entsprach zwar in gewissem Maße einer traditionellen Grundeinstellung der Parteimitgliedschaft, bei der der ethische Impuls des Kampfes gegen Ungerechtigkeit und Unterdrückung stets ein Hauptmoment ihres Sozialismus gewesen war, kam jedoch in Konflikt mit dem infolge der politischen und sozialen Ohnmacht der Partei vorherrschenden Glauben an die Wissenschaftlichkeit ihrer eschatologischen Erwartungen. So bestand eine fatale Wechselwirkung zwischen der programmatischen Starrheit der SPD und der politischen Intransigenz der herrschenden Schichten, die die Parteimitglieder zusehends erbitterte und den Orthodoxen und Radikalen ständig neue Argumente lieferte. Bernstein überschätzte bei der Propagierung seiner demokratisch-sozialistischen Theorie die Erfolgschancen einer in seinem Sinne umgewandelten SPD zur Durchsetzung eines grundlegenden gesellschaftlichen und politischen Strukturwandels unter den Bedingungen des Scheinkonstitutionalismus im Kaiserreich und erkannte nicht klar genug, daß die Partei ohne vorhergehende Verfassungskämpfe keine Chance

für eine wirkliche Teilnahme an der politischen Macht oder gar deren Erringung hatte.
Sowohl das Parteizentrum um Bebel und Kautsky als auch die sich in dieser Zeit herausbildende Linke um Rosa Luxemburg und Karl Liebknecht wandten sich auf mehreren Parteitagen und in der Publizistik gegen Bernsteins Versuche einer theoretischen Revision des Erfurter Programms. Höhepunkt dieser Auseinandersetzung war der Parteitag in Dresden 1903, auf dem die revisionistischen Bestrebungen formell verurteilt wurden. Die Resolution war jedoch so zweideutig formuliert, daß ihr neben Vollmar und den Reformisten selbst einige Revisionisten zustimmten, da sie sich und ihre Politik durch den Wortlaut nicht getroffen fühlten. Zudem war zwar die Gefahr einer Änderung des Erfurter Programms gebannt, die Revisionisten wurden jedoch an einer Verbreitung ihrer Ideen nicht gehindert. Dieses Vorgehen gegen den Revisionismus änderte im Grunde nichts an dem zunehmenden Einfluß des Revisionismus, erst recht nichts an der im großen ganzen reformistischen Praxis der Partei. Denn einflußreicher als die revisionistischen Akademiker waren die reformistischen Praktiker, die die tägliche Arbeit in Partei und Gewerkschaften sowie den übrigen parteinahen Organisationen leisteten, zumal sie ständig direkten Umgang mit der Arbeiterschaft hatten. Unter Beibehaltung revolutionärer Phraseologie setzten sie sich in der Praxis kontinuierlich für Reformen ein.
Ebenso wie die Revisionisten suchten auch die Vertreter der radikalen Linken nach einem theoretischen Ausweg aus dem Dilemma, daß die offizielle Parteiideologie zum Fatalismus führte und die politische Aktion verhinderte. Ihre Suche nach dem verlorengegangenen Marxschen dynamischen Aktivismus ging jedoch in entgegengesetzte Richtung. In Auseinandersetzung mit den Thesen Bernsteins hatte Rosa Luxemburg 1899 in ihrer Schrift „Sozialreform oder Revolution?“ als einzigen Weg zur Durchsetzung der sozialistischen Gesellschaft den „Hammerschlag der Revolution“ hervorgehoben, die sie sich als „eine Folge des zähen und unablässigen revolutionären Kampfes einer großen klassenbewußten Volksmasse“ vorstellte. Das Proletariat könne die Ergreifung der Staatsgewalt „nicht künstlich herbeiführen“; diese setze vielmehr „einen bestimmten Reifegrad der ökonomisch-politischen Verhältnisse voraus“. Das Proletariat könne „erst im Laufe jener

politischen Krise, die seine Machtergreifung begleiten wird, erst im Feuer langer hartnäckiger Kämpfe den erforderlichen Grad der politischen Reife erreichen", „der es zur endgültigen großen Umwälzung befähigen wird." Während sie 1899 noch durchaus praktische Reformarbeit als Instrument zur revolutionären Schulung des Proletariats akzeptierte, verlagerte sie mit der radikalen Linken aus Furcht vor einer Beschränkung des Reichstagswahlrechts sowie unter dem Eindruck der russischen Revolution von 1905 und der wachsenden Identifizierung der SPD mit dem bestehenden Staat das Schwergewicht ihrer Arbeit auf die Propagierung des politischen Massenstreiks und des Aufstandes.

Die Gewerkschaften waren durch die Debatten um diese Frage in zweifacher Hinsicht betroffen. Einmal befürchteten sie eine Gefährdung ihrer Massenorganisationen durch den politischen Massenstreik, zum andern war ihre selbstbewußt gewordene Führung mit Erfolg bemüht, ihre Selbständigkeit und Gleichberechtigung mit der Partei durchzusetzen. Trotz eines negativen Votums des Kölner Gewerkschaftskongresses setzten die Linken kurz darauf durch, daß der Jenaer Parteitag von 1905 „die umfassendste Anwendung der Massenarbeitseinstellung" als eines der wirksamsten defensiven Kampfmittel zur Verteidigung des Reichstagswahlrechts und des Koalitionsrechts anerkannte. Gedroht wurde mit der Anwendung dieser Waffe jedoch nicht. Daß es sich hier in erster Linie um einen „Formulierungserfolg" der Linken handelte, zeigte sich an der Reaktion der Generalkommission der Gewerkschaften, die diese Resolution dem Sinn nach gar nicht so weit von dem Kölner Gewerkschaftsbeschluß ansiedelte. Dies stellte auch der nächste Parteitag (Mannheim 1906) auf Druck der Gewerkschaften tatsächlich fest. Der Parteivorstand wurde verpflichtet, sich vor einer eventuellen Ausrufung des politischen Massenstreiks mit der Gewerkschaftsführung zu verständigen. Zudem wurden die materiellen Gegenwartsinteressen mit dem Ideal des Sturzes des Kapitalismus gleichgestellt, eine Bestätigung der innerhalb der Partei bereits vollzogenen Entwicklung. Auch auf den Kongressen der II. Internationale versuchten die Linken einen Beschluß nicht nur über die defensive, sondern auch offensive Anwendung des politischen Massenstreiks bzw. Generalstreiks, vor allem zur Verhinderung von Kriegen, durchzusetzen, waren jedoch auf den Kongressen in Stuttgart (1907), Kopenhagen (1910) und Basel (1912), die sich scharf gegen den Militarismus der europäischen Großmächte wandten, insbesondere aufgrund des Widerstands der SPD-Führung wenig erfolgreich. Ebenso erging es ihnen auf dem letzten Vorkriegsparteitag der SPD 1913 in Jena, wo der „Massenstreik als unfehlbares und jederzeit anwendbares Mittel zur Beseitigung sozialer Schäden" verworfen wurde und statt dessen den Parteigenossen der „Ausbau der politischen und gewerkschaftlichen Organisationen" zur Pflicht gemacht wurde. Der Versuch, mit Hilfe der Idee des politischen Massenstreiks revolutionäre Dynamik in die Partei zu tragen, war also gescheitert, mußte auch scheitern, weil die Grundvoraussetzung dazu fehlte: Entgegen der Ansicht der Gruppe um Rosa Luxemburg und Karl Liebknecht waren die Arbeitermassen trotz ihrer zeitweiligen spontanen Bereitschaft zu Massendemonstrationen keineswegs revolutionär eingestellt. Bereits 1903 hatte der österreichische Sozialistenführer Victor Adler an Bebel geschrieben: „In der Arbeiterschaft selber stekken Tendenzen und entwickeln sich mehr und mehr, neben dem bleibenden revolutionären Instinkt das Gewonnene ruhig zu genießen, einmal leben zu können wie die anderen." Am Vorabend des ersten Weltkrieges hatten die Arbeiter, und zwar nicht nur die sog. „Arbeiteraristokratie" und das Kleinbürgertum, mehr zu verlieren als ihre Ketten. Ihre politischen und sozialen Errungenschaften erschienen ihnen durchaus als verteidigungswert und hatten sie fortschreitend dem Bazillus des Nationalismus ausgesetzt.

II.

Im Laufe der Weltkriegsjahre 1914—1918 verlor die Integrationsideologie des Parteizentrums zunehmend an praktisch-politischer Bedeutung. Die Haltung der sozialdemokratischen Spitze zur reichsoffiziellen Kriegspolitik und den diese Politik forcierenden Kräften des kaiserlichen Deutschland, die Verschärfung der innenpolitischen Situation auf Kosten der breiten Arbeitermassen und äußere Wirkfaktoren wie vor allem die russischen Revolutionen des Jahres 1917 führten zur organisatorischen Zersplitterung und zur Neuformation der Kräfte innerhalb des sozialistischen Lagers. Damals und noch lange danach galt der 4. August 1914 als Symbol- und Zäsurdatum.

Eine derartige Einschätzung traf freilich mitnichten den Kern der Problematik. Die mit der Kriegskreditbewilligung demonstrierte Bereitschaft zur nationalen Verteidigung lag auf der Linie marxistisch-sozialistischer Tradition. Ebensowenig dürfte zu bestreiten sein, daß sich die Reichstagsfraktion mit ihrer Entscheidung, die von der ehrlichen Überzeugung, es handele sich um einen Verteidigungskrieg, getragen wurde, im Konsens mit der großen Mehrheit der Arbeiterschaft befand. Wesentlich gravierender war die mit dem Landesverteidigungsvotum nicht notwendigerweise gekoppelte Burgfriedenspolitik, der sich die Sozialdemokratische Partei — und die Gewerkschaften, die den Burgfrieden schon am 2. August 1914 akzeptiert hatten — länger und fester als jede andere Gruppierung verpflichtet fühlte. Die SPD knüpfte an diese Taktik die Erwartung, daß gewichtige innenpolitische Reformwünsche, besonders die Ablösung des preußischen Dreiklassenwahlrechts, verwirklicht würden.

Die Kooperation mit dem bestehenden bürgerlich-konservativen Staat, in deren Verlauf die Sozialdemokraten die reformerische Umgestaltung zu einer parlamentarisch-demokratischen Ordnung intendierten, hatte zur Folge, daß die Partei, der verbalen Aufrechterhaltung scheinradikaler Thesen und marxistischer Programmatik zum Trotz, immer stärker in diesen Staat hineinwuchs. Die Resonanz, welche die im April 1917 gegründete Unabhängige Sozialdemokratische Partei an der proletarischen Basis fand, und die in den letzten Kriegsjahren ausbrechenden großen Streiks machten die Gefahr offenkundig, daß sich die SPD von den Massen isolierte. Das politische Reformziel der Mehrheitssozialdemokratie, insbesondere des Parteivorsitzenden Friedrich Ebert, schien mit dem Parlamentarisierungsfortschritt im Oktober 1918 und dem Eintritt in die Regierung des Prinzen Max von Baden fast erreicht zu sein. Als im Monat darauf die alte Ordnung zerbrach, erwies sich, daß die MSPD-Spitze auf einen Umsturz praktisch nicht vorbereitet und außerstande war, der revolutionären Bewegung offensive politische Ziele zu setzen und mit konkreten sozialistischen Konzepten voranzugehen. Die mehrheitsozialdemokratischen Mitglieder des Rates der Volksbeauftragten, dem bis Ende 1918 auch Vertreter der USPD angehörten, übten im wesentlichen, gestützt auf die überkommenen Ordnungsmächte des monarchischen Systems, Rettungsfunktionen aus. Sie werteten als vorrangige Aufgaben die Wahrung der Reichseinheit und die Erhaltung der staatlichen Verwaltungs- und Exekutivautorität, die Verhinderung eines allgemeinen Chaos, zumal auf wirtschaftlichem Gebiet. Hinzu kam das Bemühen, so schnell wie möglich die Wahl einer verfassunggebenden Nationalversammlung durchzusetzen. Dabei ging die Führung der Mehrheitssozialdemokratie von Alternativvorstellungen aus, die großenteils den Gegebenheiten nicht entsprachen. Entweder parlamentarische Demokratie, die mit der Wahl der Nationalversammlung einzuleiten sei, oder am bolschewistischen Beispiel orientierte Rätediktatur — mit einer solchen Gegenüberstellung verkannten die SPD-Verantwortlichen den Charakter der meisten im November/Dezember 1918 bestehenden Räteorganisationen und die demokratische Chance, die eine Integration der Räte in den politischen Aufbau- und Willensbildungsprozeß bei prinzipieller Wahrung der Parlamentarismuskonzeption hätte bieten können. Daß die zuletzt genannte Alternative nicht zum Tragen kam, war allerdings nicht nur der Intransigenz der SPD zuzuschreiben, sondern auch mangelndem Führungs- und Durchsetzungswillen auf seiten des rechten USP-Flügels.

Nach dem Scheitern der demokratisch-sozialistischen Revolutionspolitik, wie sie die rechte USPD im November/Dezember 1918 vertreten hatte und der wahrscheinlich auch breite Kreise der mehrheitssozialdemokratischen Mitgliederschaft gefolgt wären, ergab sich 1919 eine weitere Polarisierung. Die Unabhängigen, deren Mitgliederzahl im Frühjahr und Sommer beträchtlich anstieg und deren rechter Flügel in dieser Zeit fast zur Bedeutungslosigkeit herabsank, fixierten das Räteprinzip in mehreren programmatischen Verlautbarungen. Während die „Programmatische Kundgebung" des außerordentlichen Berliner Parteitages vom März 1919, die im Hinblick auf das Mittel-Zweck-Verhältnis und die Trennung zwischen grundsätzlichen und taktischen Fragen nicht die von vielen erwünschte Klarheit brachte, noch „die Einordnung des Rätesystems in die Verfassung" forderte, traten im neun Monate später verabschiedeten Leipziger Aktionsprogramm die Räte eindeutig an die Stelle der bürgerlich-demokratischen Institutionen. Politische Arbeiterräte und revolutionärer Rätekongreß sollten die politischen Entscheidungs- und Herrschaftsinstrumente des Kapitalismus, wirtschaftliche Räte die kapitalistische Wirtschaftsanarchie ablösen. Der Parteivorsitzende Artur Crispien betonte in Leipzig, die Arbeiterräte könnten sich zwecks Erfüllung ihrer revolutionären Funktion „nur als freie unabhängige Organisationen entwickeln, die so viel revolutionäres Recht aus eigener Kraft besitzen werden, wie sie Macht haben". Das Abrücken von einer konstitutionellen Einordnung des Rätesystems wurde mit der seit März veränderten innenpolitischen Situation begründet. Auf die erneute Etablierung der bürgerlich-konservativen Kräfte und die in der Arbeiterschaft um sich greifende Resignation war nach Ansicht der USPD nunmehr ein unmißverständlich revolutionäres Programm, das über die proletarische Diktatur die sozialistische Rätedemokratie erstrebte, die einzig adäquate Antwort.

Der in der USPD parteipolitisch formierte revolutionäre Sozialismus, in den Reichstagswahlen vom Juni 1920 mit mehr als 5 Millionen Stimmen und 83 Mandaten eindrucksvoll bestätigt, wurde nur vier Monate später, auf dem Parteitag in Halle, als Massenbewegung erledigt. Der USP-interne Streit über das Problem des Beitritts zur III. Internationale endete, nachdem das Rededuell Sinowjew-Hilferding in Halle nochmals einen dramatischen Höhepunkt gebracht hatte, mit der Spaltung. Die Mehrheit entschloß sich für die KPD, die damit in kürzester Zeit zur Massenpartei aufstieg. Für die verbleibende Minderheit wurde die Frage der Wiedervereinigung mit den Mehrheitssozialdemokraten akut.

Zu einem Zeitpunkt, als die Einigung „schon in der Luft lag" (Friedrich Stampfer) und eine linke, marxistische Reprofilierung der Gesamtpartei zu erwarten war, entschied sich die SPD gleichwohl für ein neues Programm, das dem Erfurter zwar in der Form — allgemeine Grundsatzerklärung und daran anschließender Forderungskatalog — ähnelte, inhaltlich aber erheblich von seinem Vorgänger abwich. Im Görlitzer Programm vom September 1921 präsentiert sich die Sozialdemokratie als Volkspartei, in der alle „körperlich und geistig Schaffenden, die auf den Ertrag eigener Arbeit angewiesen sind, zu gemeinsamen Erkenntnissen und Zielen, zur Kampfgemeinschaft für Demokratie und Sozialismus" zusammengeführt werden sollen. Obwohl die analytische Basis des Erfurter Programms nicht abgelehnt wird, ist sie zumindest doch „verdunkelt" (Karl Kautsky). Immerhin spricht das Görlitzer Programm nicht mehr vom naturnotwendigen Untergang des

Kleinbetriebes, auch nicht von systemimmanenten Entwicklungstendenzen des Kapitalismus, die sich unter allen Umständen durchsetzen müßten. Charakteristisch ist die einen ethischen Imperativ anfügende Formulierung zum Klassenkampf. Diesen habe die kapitalistische Wirtschaft „für die Befreiung des Proletariats zur geschichtlichen Notwendigkeit und zur sittlichen Forderung gemacht". Die Sozialdemokratische Partei stellt sich im Görlitzer Programm entschlossen auf den Boden der demokratischen Republik, die sie als ein Staatswesen anerkennt, in dem sich der Sozialismus partiell schon kräftig eingerichtet hat. Mit der demokratischen Republik sieht die SPD eine Übergangsphase erreicht, in der sie sich als Staatspartei und als sozialistische Offensivkraft gleichermaßen zu bewähren hat. Der Inhalt sozialistischer Erneuerungspolitik wird im Görlitzer Programm jedoch nur vage umrissen. Das Grundsatzpostulat lautet: „Überführung der großen konzentrierten Wirtschaftsbetriebe in die Gemeinwirtschaft und darüber hinaus die fortschreitende Umformung der gesamten kapitalistischen Wirtschaft zur sozialistischen, zum Wohl der Gesamtheit betriebenen Wirtschaft." Die Aufzählung zur Wirtschaftspolitik im besonderen Teil ergänzt dies, enthält aber keine präzisierenden Angaben.

Die Delegierten des Nürnberger Einigungsparteitages von 1922 folgten dem Vorschlag der Parteiführungen von MSPD und USPD, für die wiedervereinigte Sozialdemokratie ein neues Programm erarbeiten zu lassen, das den veränderten innerparteilichen Konstellationen Rechnung zu tragen habe. Spätes Ergebnis des theoretischen Prozesses, der an der Parteibasis insgesamt nur geringe Resonanz fand, war ein Programm, das im grundsätzlichen Teil die Rückkehr zum Marxismus von Erfurt bedeutete. Im großen und ganzen hatte sich die Programmkommission dem Entwurf ihres Vorsitzenden Karl Kautsky, der zeitweilig Mitglied der USPD gewesen war, angeschlossen. Das Heidelberger Programm von 1925 entspricht dem Erfurter von 1891 hinsichtlich der Analyse der kapitalistischen Entwicklung weitgehend. Eine wichtige Ergänzung bilden die Thesen zum Finanzkapital, in denen die Erkenntnisse des ebenfalls aus der USPD kommenden Rudolf Hilferding berücksichtigt wurden. Das Heidelberger Programm behauptet in Anlehnung an das Erfurter Dokument ein gesetzmäßiges Erstarken des Großbetriebes. Es erkennt zwar die wachsende

Zahl und Bedeutung der Angestellten und Intellektuellen, ordnet diese Schichten aber in traditioneller Methode der Arbeiterklasse zu. Die Klassenkampfposition hat sich gegenüber der Görlitzer Aussage wieder verhärtet. Dagegen ist die Stellungnahme zur Demokratie, im grundsätzlichen Teil wie im folgenden Aktionsprogramm, weit weniger verbindlich als 1921 ausgefallen. Das Heidelberger Programm fordert wie das Erfurter die Vergesellschaftung des kapitalistischen Privateigentums an Produktionsmitteln, ohne den Modus eines solchen Eingriffs und das Problem der neuen, sozialistischen Produktionsgestaltung zu klären. Aus dem besonderen Teil ist hervorzuheben, daß sich die Sozialdemokratie hier erstmals programmatisch „für die aus wirtschaftlichen Ursachen zwingend gewordene Schaffung der europäischen Wirtschaftseinheit, für die Bildung der Vereinigten Staaten von Europa" einsetzt, dies vor allem auch, wie Hilferding in seiner Heidelberger Programmrede bekräftigte, mit Blick auf den „Prozeß des Erwachens der geschichtslosen Nationen", den die Sozialisten „bis zu einem gewissen Grade zu beeinflussen, zu überwachen und zu lenken" hätten, „damit dieser Prozeß sich nicht wieder in einer katastrophalen, kriegerischen Weise vollziehe, die heute bei der Entwicklung der Kriegstechnik die ganze europäische Zivilisation dem Untergange aussetzen würde".
Ein Vergleich der meisten Gegenwartsforderungen des aktionsprogrammatischen Teils, den zu entwerfen ursprünglich nicht Aufgabe der Programmkommission war, mit der grundsätzlichen Einführung macht den Widerspruch anschaulich, der für die SPD bis 1933 charakteristisch bleiben sollte. Es war der Widerspruch zwischen Theorie und Praxis, zwischen programmatischer Selbstdarstellung als marxistischer Klassenkampfpartei und aktivem praktisch-politischen Engagement auf den verschiedensten Ebenen des bürgerlich-demokratischen Staates, das die Partei etwa auch in jenen Jahren der republikanischen Konsolidierung, als sie nicht in den Reichskabinetten vertreten war, mit der Ausübung zahlreicher Regierungs- und Verwaltungsämter in den Ländern, Provinzen, Bezirken, Kreisen und Kommunen bewies. Der skizzierte Zwiespalt blockierte letztlich beides: sowohl eine staatskonstruktive, sachlich überzeugende und ausstrahlungskräftige Politik als auch eine klare, konsequente Theorie. Originelle sozialistische Theoriediskussionen wurden in der Mittel- und Endphase der Republik fast

nur noch von kleinen elitären Rand- und Splittergruppen geführt, Diskussionen, welche die Leitung und das Gros der sozialdemokratischen Massenpartei kaum mehr anregten.
Auf dem Kieler Parteitag von 1927 verständigte sich die SPD auf eine politische Konzeption, die Hilferding im Referat über den „organisierten Kapitalismus“ dargelegt hatte. Den organisierten Kapitalismus definierte Hilferding als „den prinzipiellen Ersatz des kapitalistischen Prinzips der freien Konkurrenz durch das sozialistische Prinzip planmäßiger Produktion“. Nach dieser Auffassung war die moderne, planmäßig geleitete Wirtschaft in weitaus höherem Maße als der bisherige Kapitalismus vom Staat abhängig. Mit Hilfe des Staates sollte die von den Unternehmern organisierte und geleitete Wirtschaft in eine durch den demokratischen Staat gelenkte Wirtschaft verwandelt werden. Hilferdings Thesen beeinflußten die künftigen Ökonomiedebatten ebenso wie das politische Verhalten der Partei. Während der folgenden Jahre trat die vormals dominierende Sozialisierungsforderung hinter den Ideen der Planwirtschaft und der Wirtschaftsdemokratie, die kurz auch schon das Heidelberger Programm erwähnt hatte, zurück. Dem Anliegen Hilferdings entsprach auf politischem Sektor der Koalitionskurs, den die Sozialdemokratie nach dem Wahlsieg von 1928 auf Reichsebene einschlug. Mit dem Ende der zwanziger/Anfang der dreißiger Jahre beginnenden wirtschaftlichen und politischen Krisenprozeß wurde jene Konzeption, die von der Annahme allgemeiner Stabilisierung ausging, freilich hinfällig. Das Übergreifen der weltwirtschaftlichen Depression auf Deutschland wirkte sich in einer unerträglichen Verschärfung der sozialen Konflikte aus, die Große Koalition unter Hermann Müller-Franken brach auseinander, der Faschismus wurde zur republikzersetzenden Massenbewegung. In der Phase der Tolerierung des autoritären Brüning-Regimes 1930—1932 geriet die Sozialdemokratie in eine fast ausweglose Defensive. Der 20. Juli 1932, dic unrühmliche Kapitulation der preußischen Regierung Braun-Severing vor Papens Staatsstreich, beendete eine Ära der Versäumnisse und undeutlichen Kompromisse, in der es der SPD nicht gelungen war, in den eigenen Reihen und nach außen Klarheit über ihren Standort in der Republik sowie über Verpflichtung und Möglichkeiten der Sozialdemokratie als linker demokratischer Staatspartei zu schaffen.
Wirklichkeitsferne und Ohnmacht der auf die traditionellen

Normen des Legalismus, des Institutionalismus und der historischen Determiniertheit eingeschworenen Selbsterhaltungsstrategie wurden spätestens nach der Ernennung Hitlers zum Reichskanzler eklatant. Während unter dem Druck der nationalsozialistischen Machtergreifung die politischen und organisatorischen Möglichkeiten der Sozialdemokratie, vor allem in der Folge des Reichstagsbrandes, nach den Märzwahlen und der Verabschiedung des Ermächtigungsgesetzes immer mehr schrumpften, klammerte sich der überwiegende Teil des sozialdemokratischen Funktionärskorps an Illusionen. Viele hielten lediglich eine Neuauflage der Pressionen, die noch aus den Jahren des Sozialistengesetzes in Erinnerung waren, für möglich und glaubten an entsprechende Chancen der Selbstbehauptung. Daß Hitler an der wirtschaftlichen Krise scheitern würde, galt als nahezu sicher. Nicht zuletzt rechnete man mit einer außenpolitischen Isolierung des neuen Regimes. Auch ein so mutiger Akt wie Otto Wels' Reichstagsrede und die Ablehnung des Ermächtigungsgesetzes am 23. März vermochten über den generellen Zustand passiven Abwartens nicht hinwegzutäuschen und die politische Demoralisierung innerhalb des Apparats und der Mitgliederschaft nicht aufzuhalten. Doch schon in der Halblegalitätsphase, bis zum Verbot am 22. Juni, bildeten sich — weniger im Kern der Partei als in linken Randgruppen sowie in Kreisen junger Sozialisten und Reichsbannerleute — einzelne Widerstandszirkel, die zu illegaler, konspirativer Aktion bereit waren. Während der Sommer- und Herbstmonate des Jahres 1933 entstanden im gesamten Reichsgebiet auf Initiative ehemaliger Mitglieder der Sozialdemokratischen Partei bzw. sozialistischer Nebenorganisationen mehr oder minder locker strukturierte Gruppen. Die Frage, wie Aufkommen und Machtergreifung des Faschismus möglich gewesen seien, führte diese Gruppen immer wieder zur Diskussion der politischen Fehlentscheidungen und Fehlentwicklungen seit 1918 sowie zum radikalen Zweifel an der reformistischen Parteitradition. Als wichtigste Ursachen der Niederlage traten die völlig unzulängliche Fundierung und Absicherung der Demokratie 1918 bis 1920, der mangelnde sozialistische Gestaltungswille der SPD und vor allem die Spaltung der Arbeiterbewegung ins Blickfeld.

Der Sopade, dem von Prag aus tätigen Exilvorstand, konnte auf Grund vielfältiger Untergrundkontakte mit Inlandsgruppen die weit verbreitete revolutionäre Grundstimmung, die Disposition zu radikaler Selbstkritik und zum entschlossenen Überdenken der Frage eines Bündnisses mit den Kommunisten, nicht entgehen. Sie erkannte die politisch-programmatische und die taktische Aufgabe — letzteres in bezug auf die innerparteiliche Opposition und die verschiedenen linken Splittergruppen —, das neue revolutionäre Bewußtsein zu berücksichtigen. Ergebnis dieser Rezeption war das wenige Tage vor dem ersten Jahrestag der nationalsozialistischen Machtergreifung veröffentlichte Prager Manifest. Mit ihm trennte sich die Sozialdemokratie offiziell von Reformismus und Legalität. Die Fehler und Unterlassungen von 1918 werden ausdrücklich genannt. Die proklamierte Eroberung der Staatsmacht erfordere revolutionären Kampf einer revolutionären Organisation. Im Prager Manifest ist von den Faktoren, die bis zuletzt den erbitterten Auseinandersetzungen innerhalb der Arbeiterbewegung zugrunde lagen, nicht mehr die Rede. Nach der neuen Version erzwingt die jüngste historische Entwicklung die Einigung der Arbeiterklasse „in einer politischen Partei des revolutionären Sozialismus“: „Ob Sozialdemokrat, ob Kommunist, ob Anhänger der zahlreichen Splittergruppen, der Feind der Diktatur wird im Kampf durch die Bedingungen des Kampfes selbst der gleiche sozialistische Revolutionär.“ Die vereinigte revolutionäre Partei soll den Kampf gegen den Nationalsozialismus im Bündnis mit den antifaschistischen Kräften des Mittelstandes führen.

Das im Prager Manifest entworfene Programm beruhte auf der Erwartung, daß sich unter der NS-Diktatur die ökonomisch-sozialen Krisen verschärfen und von daher die Bedingungen für einen revolutionären Kampf einstellen würden, dessen Erfolg überdies wesentlich von einer Quarantäne der Westmächte gegen Hitler-Deutschland abhing. Die praktisch-politische Entwicklung verlief jedoch anders. Binnen kurzem gelang es den Nationalsozialisten, ihre Herrschaft fest zu verankern. England und Frankreich nahmen die deutsche Wiederaufrüstung hin. Der Untergrundkampf gegen die Diktatur zeitigte kaum nennenswerte propagandistische, geschweige denn weiterreichende Effekte. So blieb die Prager Erklärung im wesentlichen Dokument eines kurzfristigen, an eine bestimmte geschichtliche Lage und bestimmte Konstellationen innerhalb der sozialistischen Arbeiterbewegung gebundenen revolutionären Willens.

Sie wurde zwar in der Folgezeit nicht widerrufen, hatte andererseits aber keine handlungsleitende Bedeutung. Auch den Konkurrenzkampf zwischen der Sopade und den oppositionellen Linksgruppen, die von einer echten Neuorientierung des Prager Vorstandes ohnehin nicht überzeugt waren, vermochte das Manifest auf längere Sicht nicht zu mildern oder gar zu verhindern. Der zentrale Programmpunkt, die Einigung der Arbeiterklasse in einer neuen revolutionären Partei, rückte angesichts der katastrophalen Umstände und Resultate der kommunistischen Widerstandspraxis und bei realistischer Würdigung der kommunistischen Kampfprogrammatik — auch nach dem offiziellen Komintern- und KPD-Umschwung im Jahre 1935 — in unerreichbare Ferne. Die sozialdemokratische Argumentation für die Demokratie als Prinzip und Ziel, gegen die Herabwertung zum taktischen Instrument wie bei der KP, ließ die fundamentalen Unterschiede deutlich werden, besonders anläßlich der Prager Einheitsfrontverhandlungen im November 1935. Nicht das Drängen in eine Einheits- und Volksfront war für den demokratischen Sozialismus der Exiljahre nach 1935 charakteristisch, sondern eine intensive Neubesinnung auf die liberaldemokratischen Freiheits- und Humanitätsideen des Westens, deren Realisierung und konsequente radikaldemokratisch-sozialistische Weiterentwicklung zur Aufgabe der künftigen freien Arbeiterbewegung erklärt wurden.

Bei dem Problem einer vereinigten sozialistischen Partei, das gegen Ende des Zweiten Weltkrieges von den Londoner Exilgruppen, in der „Union deutscher sozialistischer Organisationen in Großbritannien", wieder verstärkt debattiert wurde, ging es ebenfalls nicht um die Fusion von Sozialisten und Kommunisten. Vielmehr sollten jetzt die programmatische Einigung und der festere organisatorische Zusammenschluß der einzelnen sozialistischen Gruppen herbeigeführt und der Aufbau einer von diesen Kräften gebildeten neuen Inlandspartei vorbereitet werden — in den Grenzen, die das Rollenverständnis der Emigrierten und die Umstände der Emigration von vornherein setzten. Für die Mitte Oktober 1942 eröffnete Diskussion bot die Sopade im Dezember mit Erich Ollenhauers Referat über „Möglichkeiten und Aufgaben einer geeinten sozialistischen Partei in Deutschland" eine Basis an, die von den beteiligten Richtungen im wesentlichen akzeptiert werden konnte. Ollenhauer geht in diesem Beitrag auf die dem Sturz der Hitler-Diktatur unmittelbar folgende revolutionäre Übergangsperiode ein und umreißt in knappen Zügen Formen und Substanz der neuen Demokratie wie auch der neuen sozialistischen Partei. Exponiertes Gewicht haben die Forderungen nach einem tiefen Eingriff in die überkommene ökonomisch-soziale Struktur und das Bekenntnis zum militant antinationalistischen Charakter der Nachkriegsdemokratie. Die neue Partei ist nach Ollenhauer eine Volkspartei. Dem „Wesen einer demokratisch und freiheitlich orientierten sozialistischen Partei" gemäß muß sie ständig danach streben, „immer neue Schichten der Bevölkerung für ihre Ansichten und Aufgaben zu gewinnen und sie von der Richtigkeit ihrer Vorstellungen und Zielsetzungen zu überzeugen". Ollenhauer sieht die zentrale sozialistische Führungsrolle nur dann gewährleistet, wenn die sozialistische Partei „gegenüber weltanschaulichen, religiösen oder anderen philosophischen Motivierungen einer fortschrittlichen sozialen Einstellung des einzelnen tolerant ist". Für diese „Partei eines freiheitlich-demokratischen Sozialismus", welche die innerparteiliche Demokratie als „die entscheidende Grundlage ihres Organisationslebens" begriff, kam ein Zusammenschluß mit der zentralistisch gelenkten und außerdem fremdgesteuerten KPD nicht in Frage.

Zwischen 1943 und 1945 wurde im Exil eine Fülle politischer, wirtschaftlicher und administrativer Vorschläge erarbeitet, allerdings kein in sich geschlossenes, Grundsätze und Gegenwartsforderungen voneinander abhebendes Programm. Immerhin waren die im Laufe des Jahres 1945 von London aus bekanntgegebenen Empfehlungen und Leitsätze konkret genug und in der politischen Tendenz hinreichend deutlich, um den neuen inländischen Führungskreis um Kurt Schumacher erkennen zu lassen, daß ein Optimum an politisch-programmatischer Übereinstimmung zwischen der Sopade und den Genossen im Lande bestand. Es war daher nur konsequent, daß Ollenhauer und Fritz Heine, einer Absprache vom Oktober 1945 folgend, im Februar 1946 nach Deutschland zurückkehrten und in Schumachers zentralem Hannoveraner Büro Führungsfunktionen übernahmen.

Eines der frühesten und aussagestärksten Zeugnisse der politischen Vorstellungswelt Kurt Schumachers sind die „Politischen Richtlinien" vom August 1945. Obwohl ausdrücklich „nicht

als Ersatz für ein Programm", „sondern als Hinweis für eine einzuschlagende Taktik" gedacht, bieten diese Richtlinien doch wesentlich mehr als nur eine auf Tagespolitik bezogene Aktionsanleitung oder auf kurze Sicht bemessene Orientierungshilfen. Neben Erklärungen, die in konkreter Relation zur politischen Lage im Sommer 1945 stehen, enthalten sie eine geschichtlich motivierte, weit ausgreifende ideenpolitische Ausrichtung von stellenweise grundsatzprogrammatischer Qualität. Mit scharfem Akzent stellt Kurt Schumacher besonders folgende Thesen und Probleme heraus: die unauflösbare Verquickung von Sozialismus und Demokratie — der Einfluß u. a. des Görlitzer Programms von 1921, auf das sich Schumacher schon fast 20 Jahre zuvor in seiner Dissertation zum Thema „Der Kampf um den Staatsgedanken in der deutschen Sozialdemokratie" berufen hatte, ist hier unverkennbar —; der Bau eines Parteienstaates anstelle des autoritären Obrigkeits- bzw. Beamtenstaates; der sozialdemokratische Führungsanspruch; die Gewinnung des alten wie des neuen Mittelstandes für die Demokratie und für die Zusammenarbeit mit der Arbeiterschaft in einer neuen Sozialdemokratischen Partei; die strikte Absage an eine Einheitsfront und eine Einheitspartei mit den deutschen Kommunisten, die er an die imperialistischen Interessen Sowjetrußlands gekettet sieht und deren jüngste Bekenntnisse zur Demokratie nicht glaubwürdig seien; endlich der Appell an die mittlere und ältere Generation, die Integration der Jugend in die Parteiarbeit tatkräftig zu fördern.
Die Formulierung des letzten Anliegens sollte die Partei auf den Weg des Neubaus weisen, den Schumacher bei anderen Gelegenheiten und in den folgenden Jahren immer wieder leidenschaftlich gegen die Tendenzen zur Restauration der Sozialdemokratie nach Weimarer Vorbild vertrat. Schumacher hat dieses Postulat und wesentliche Bestandteile seiner allgemeinen innen- und außenpolitischen Konzeption nicht verwirklichen können. Im Organisationsleben und in der Selbstdarstellung der Sozialdemokratie nach außen kamen recht bald wieder die Abschließungsmentalität und die traditionelle Diktion zur Geltung, welche die politische Erziehung der Parteimehrheit in den Jahren der ersten Republik geprägt hatten. Das zur Zeit der Niederschrift der „Politischen Richtlinien" noch schwer überschaubare deutsche Parteienfeld gruppierte sich ab 1946 entgegen den Wünschen und Voraussagen des sozialdemokratischen

Parteiführers. Mit der CDU/CSU war eine bürgerliche Sammlungsbewegung aufgekommen, die trotz aller innerparteilichen Konflikte in entscheidenden Momenten erstaunlich bindekräftig blieb und bei Wählern aller Bevölkerungsschichten großen, von Schumacher nicht erwarteten, Anklang fand. Besonders seit 1948 trieben die in der CDU/CSU dominanten Kräfte bürgerlich-konservativer Herkunft, unterstützt von maßgebenden Stellen und Persönlichkeiten der amerikanischen Besatzungsmacht, mit Erfolg eine der Privateigentumsideologie verpflichtete „freie" Marktwirtschaftspolitik, während die Chancen, über Sozialisierung und Planwirtschaft zu einer Neufundamentierung der gesellschaftlichen und politischen Ordnung zu kommen, angesichts des Kalten Krieges und der innerdeutschen Kräfteverlagerung immer geringer wurden. — Wer die politische Wirklichkeit der Nachkriegsjahre 1945—1949 an den zu Beginn von Schumacher entworfenen Richtlinien mißt, kommt um die Feststellung nicht herum, daß die westzonale Sozialdemokratie ihre Grundsätze nur in zwei Fällen dauerhaft realisieren konnte. Dies allerdings waren Wegmarkierungen von kaum überschätzbarem partei- und nationalpolitischem Rang. Wir meinen erstens die Erhaltung und Konsolidierung einer demokratisch-sozialistischen Partei 1945/46, gegen die internen und externen Versuche, eine sozialistisch-kommunistische Einheitspartei zu gründen; und zweitens das unbeirrte Festhalten am Prinzip einer funktionsfähigen bundesstaatlichen Ordnung im Frühjahr 1949, als die SPD der alliierten Intervention entgegentrat und ihren Standpunkt substantiell durchsetzte.

In den ersten Jahren des Wiederaufbaus hielt Schumacher die Ausarbeitung eines neuen Parteiprogramms nicht für sinnvoll und opportun. Die Voraussetzungen für eine Selbstverständigung über die theoretische Basis des demokratischen Sozialismus schienen ihm noch nicht gegeben zu sein, der Nachholbedarf an soziologisch-wirtschaftswissenschaftlichen und anthropologischen Studien war seiner Ansicht nach zu groß. Diese Zurückhaltung hinderte ihn jedoch nicht, programmatische Leitsätze zu verkünden und die Neubaupolitik theoretisch-analytisch zu untermauern. Die „Politischen Richtlinien" lieferten hierfür Beispiele. Die im Sommer 1945 vorgetragene Argumentation hat Schumacher anläßlich vieler parteiinterner und öffentlicher Reden profiliert und ergänzt. Besonderen Wert legte er auf die mehrmals in der Parole „Anschluß an die Welt" zusammengefaßte Forderung nach Rezeption des liberaldemokratischen Humanismus, die Anerkennung einer Pluralität der Motive für die Entscheidung, sich dem demokratischen Sozialismus anzuschließen, sowie auf die Beibehaltung der marxistischen Sozialanalyse und den Versuch einer Neuordnung des Verhältnisses zu den Kirchen. Schumacher wollte die Debatte über neue Erkenntnisse und Ansätze vorerst offenhalten und von einer programmatischen Konkretisierung Abstand nehmen, wie sie zum Beispiel Willi Eichler auf dem Hannoveraner Parteitag 1946 verlangte.

Es war nicht offiziell der Parteivorsitzende oder das Gremium des Parteivorstandes, sondern die Sozialistische Kulturzentrale unter Arno Hennig, die sich um eine Koordinierung der überall in Gang gekommenen Programmdiskussionen bemühte. Im August 1947 trafen auf der Kulturpolitischen Konferenz in Ziegenhain mehr als 80 Personen zu einer Aussprache über den geistigen Standort der sozialistischen Bewegung zusammen. Die von ihnen einstimmig gebilligte Entschließung bedeutete vor allem insofern eine radikale Wende, als jegliche monokausale Deutung des historischen Prozesses unmißverständlich abgewiesen wurde. Unter Berücksichtigung des neueren soziologisch-anthropologischen Erkenntnisniveaus, aber auch der geschichtlichen Erfahrung des Faschismus, die den Glauben an einen zwangsläufigen Sieg des Sozialismus gründlich erschüttert hatte, ließ sich der historische Materialismus nach Meinung der Delegierten nicht länger aufrechterhalten. So wenig die Sozialdemokratie auch in Zukunft auf die marxistische Gesellschaftsanalyse und -kritik werde verzichten können, so notwendig sei es andererseits, die „geistige Freiheit des Menschen und seine sittliche Verantwortlichkeit als gestaltende Faktoren auch des geschichtlichen Prozesses" anzuerkennen. Demgemäß hingen sozialistische Politik und Verwirklichung des Sozialismus nicht nur von sozialökonomischen Entwicklungsbedingungen ab, sondern entscheidend vom Bewußtsein humaner Verpflichtung und von einem autonomen sittlichen Willen.

Wer erwartet oder gewünscht hatte, Ziegenhain werde nachhaltig und verpflichtend die Gesamtpartei beeinflussen, so daß die SPD in Kürze ein neues Programm vorlegen könne, wurde allerdings enttäuscht. Zwar blieb die Programmfrage in den folgenden Jahren auf der Tagesordnung, so mit dem Beschluß des Düsseldorfer Parteitages von 1948, der Vorstand habe unverzüglich eine Programmkommission einzusetzen, und mit Carlo Schmids Rede auf dem Hamburger Parteitag 1950 über die SPD „vor der geistigen Situation unserer Zeit", in der er die Illusion zu zerstören suchte, die Partei könne eine „geistige Heimat" bieten, und in der er von der Sozialdemokratie kein Dogma, wohl hingegen eine „Doktrin" verlangte, „ein System von Zielsetzungen und von Methoden, das die Möglichkeit gibt, je und je in der Auseinandersetzung mit den verschiedenen konstanten und beweglichen Faktoren der Wirklichkeit die konkrete Situation auf ein Koordinatensystem zu beziehen". Aber die Mehrheit der Parteiführung hielt die Programmfrage offenbar nicht für vorrangig. Im Zuge der Teilstaatsgründung und nach der Bundestagswahl 1949 beherrschten andere Probleme die national- und parteipolitische Szene. Die SPD Kurt Schumachers kämpfte in rigoroser Opposition gegen eine Regierung, die nach sozialdemokratischer Ansicht die Restauration traditioneller großkapitalistischer Herrschaftsverhältnisse betrieb und auf einen autoritär-präfaschistischen Obrigkeitsstaat zusteuerte. Der reaktionären Innenpolitik entspreche die Zustimmung zum konservativ-klerikal-kapitalistischen Kleineuropa des Schuman-Plans, der jede künftige sozialistische Neubaupolitik blockiere und einen unverzichtbaren Grundsatz europäischer Gemeinschaftspolitik, die Gleichberechtigung aller Vertragspartner, für die Bundesrepublik außer Kraft setze. Das zuletzt genannte Argument verwendete die SPD anfangs auch primär in ihrer Opposition gegen die Remilitarisierungspolitik, die ab 1951 jedoch stärker unter Herausstellung des absoluten Vorrangs der deutschen Wiedervereinigung bekämpft wurde. Das folgende Zitat aus Schumachers Vorwort zum Dortmunder Aktionsprogramm gibt einen Eindruck vom Ausmaß der Konfrontation in allen entscheidenden Fragen der Staats- und Gesellschaftsgestaltung, der Deutschland- und Europapolitik seit 1948/49: „Es ist eine verantwortungslose Propagandaparole, heute zu behaupten, daß die Sozialdemokratie in der Regierung dieselbe Politik machen würde wie die jetzige Bundesregierung. Die Sozialdemokratie geht von ganz anderen Voraussetzungen aus und strebt auf anderen Wegen auch anderen Zielen zu. Für uns ist die deutsche Einheit kein Fernziel, sondern das Nahziel."

Die Härte der Kontroversen zwischen SPD und regierenden Bürgerblockparteien schien zeitweilig alle Energien zu beanspruchen. Erst die Prinzipienerklärung, die vom Frankfurter Kongreß zur Neukonstituierung der Sozialistischen Internationale Ende Juni/Anfang Juli 1951 verabschiedet wurde, belebte die Programmarbeit innerhalb der deutschen Sozialdemokratie aufs neue. In der Deklaration über „Ziele und Aufgaben des demokratischen Sozialismus" verurteilen die Mitgliedsparteien der Internationale den ausbeuterischen Kapitalismus ebenso wie den terroristisch-imperialistischen Kommunismus. Was hier über das Wesen des Sozialismus und die Motivierung sozialistischer Aktion ausgeführt wird, gehörte seit 1945 zum geistigen Rüstzeug der Schumacher-SPD: daß der Sozialismus „nur durch die Demokratie verwirklicht, die Demokratie nur durch den Sozialismus vollendet werden" könne; daß alle Sozialisten, ob von gesellschaftswissenschaftlicher Einsicht, religiöser Überzeugung oder humanitärem Grundsatz geleitet, ein gemeinsames Ziel erstrebten, „eine Gesellschaftsordnung der sozialen Gerechtigkeit, der höheren Wohlfahrt, der Freiheit und des Weltfriedens"; daß die Verwirklichung des Sozialismus nicht quasi naturgesetzlich vorgegeben sei, sondern die Bemühung aller seiner Anhänger erfordere. Der Abschnitt über wirtschaftliche Demokratie empfiehlt eine flexible, feingestufte Politik zur Erreichung der sozialistischen Wirtschaftsziele. Planung und demokratische Kontrolle erscheinen als bevorzugte Mittel, die Vorstellung vielfältiger Formen von Gemeineigentum ersetzt pauschale Vergesellschaftungspostulate. Die Größe des Abstandes von einer ökonomistisch verengten Perspektive wird erkennbar, wenn es heißt, daß wirtschaftliche und soziale Fortschritte „ihre moralische Rechtfertigung in dem Maße" finden, „in dem sie der Befreiung und Entfaltung der menschlichen Persönlichkeit dienen", und daß der demokratische Sozialismus den Kapitalismus nicht nur aus wirtschaftlich-materiellen Erwägungen heraus bekämpft, sondern weil dieser „das sittliche Empfinden verletzt".
Die deutsche Sozialdemokratie beschied sich im darauffolgenden Jahr mit der Vorlage eines Aktionsprogramms. In dem vom Dortmunder Parteitag im September 1952 verabschiedeten Dokument führte die SPD nochmals in extensiver Form alle konzeptionellen Ansätze und praktischen Forderungen zur Außen-, Deutschland- und Innenpolitik auf, die die Partei in

der Vergangenheit geleitet hatten und die für absehbare Zeit gültig bleiben sollten. Es war als Richtlinie für eine künftige sozialdemokratische Bundesregierung gedacht und hatte zugleich die Funktion, den deutschen Wählern und dem Ausland einen möglichst präzisen und umfassenden Eindruck von dem zu vermitteln, was eine SPD-Regierung ändern und initiieren würde. Die langatmige, mit argumentativen Exkursen zusätzlich gefüllte Aufreihung von geplanten Maßnahmen zu möglichst allen als politisch bedenkenswert erscheinenden Fragen erzielte indessen nicht die von den Autoren gewünschte Publizitätswirkung. Die in Dortmund beschlossene Version wurde kaum besser als der zuvor erarbeitete Entwurf dem Maßstab gerecht, den Arno Hennig auf dem Parteitag so kennzeichnete: „Ein Aktionsprogramm muß ein Appell sein, muß etwas sein wie eine konzentrierte Rede, eine warmherzige Ansprache an den Menschen, an jeden, der dieses Programm in die Hand nimmt." Wie tief das Unvermögen zu einer öffentlichkeitsorientierten Selbstdarstellung saß, wird in der Tatsache offenkundig, daß selbst die hohe Niederlage der SPD im September 1953, nach einem weniger plakativ und werbepsychologisch als argumentativ geführten Wahlkampf, und die Parteireformdiskussion Ende 1953/Anfang 1954 keinen gründlichen Wandel auslösten. Auch das vor und auf dem Berliner Parteitag — vor allem im außenpolitischen Teil — stark umgearbeitete Aktionsprogramm blieb eine spröde formulierte, wenig übersichtliche Denkschrift. Es lag wohl wesentlich an der monströsen Gesamtkonzeption des Programms, daß die prägnanten Ausführungen zur sozialdemokratischen Wirtschaftspolitik unter dem von Karl Schiller ausgegebenen Motto „Wettbewerb soweit wie möglich, Planung soweit wie nötig", mit der Bejahung echten Leistungswettbewerbs und dem Hinweis auf Notwendigkeit und Chancen konjunkturpolitischer Steuerung, nicht den durchschlagenden und dauerhaften Effekt hatten, der angemessen gewesen wäre.

Einen substantiellen Fortschritt bot das Berliner Programm von 1954 in der Präambel „Ziele und Aufgaben". Sie ging besonders auf Vorarbeiten der im März 1953 gebildeten Studienkommission sozialdemokratischer Wissenschaftler zurück, die auf ihrer Mehlemer Klausurtagung im April 1954 Thesen zur sozialdemokratischen Standortbestimmung entwickelt hatte, in denen der Einfluß des von Gerhard Weisser repräsentierten

„freiheitlichen Sozialismus“ überwog. Die Berliner Präambel liefert eine knappe zeitanalytische Skizze und versucht die philosophischen Ursprünge und „Grundanliegen“ (Weisser) des demokratischen Sozialismus zu formulieren. Danach steht die Menschheit an der Schwelle des Atomzeitalters vor der Entscheidung: entweder sich in kriegerischer Auseinandersetzung und durch Unterwerfung unter totalitäre Herrschaftssysteme selbst zu zerstören oder aber mit Hilfe von Wissenschaft und Technik und aus einem ethischen Verantwortungsbewußtsein heraus für die „Befreiung des Menschen aus unwürdiger sozialer Abhängigkeit und geistiger Hörigkeit“, für eine „Gesellschaft des Friedens und der Gerechtigkeit“ zu wirken. Die neue, von Ausbeutung und Unterdrückung freie Gesellschaft sei nicht historisch determiniert. Laut Berliner Präambel wird man sich nur „durch zielklares und verantwortungsbewußtes Handeln“ dem Ideal einer besseren Gesellschaft nähern. Dabei gilt: „Der Sozialismus wird [...] stets Aufgabe bleiben.“ Die Behauptung, in Europa seien „Christentum, Humanismus und klassische Philosophie geistige und sittliche Wurzeln des sozialistischen Gedankengutes“, nimmt eine der am heftigsten umstrittenen Thesen des Godesberger Programms vorweg. Schließlich wird festgestellt, daß die Sozialdemokratie eine „Partei des Volkes“ geworden sei, deren Mitglieder- und Wählerkern die Arbeiterschaft bilde.
Der Berliner Parteitag stimmte dem Vorstandsbeschluß zu, eine Grundsatzprogramm-Kommission einzusetzen. Die im März 1955 beginnende Ausschußarbeit zog sich über mehr als vier Jahre hin. In dieser Zeit gelang es dem christlich-demokratischen Gegner, seine Herrschaftsstellung auf Bundesebene zu einem politischen Machtmonopol auszubauen. Bei der Bundestagswahl 1957 errang Adenauers Union die absolute Mehrheit der Stimmen, während die Sozialdemokraten ihre 30 %-Marke nur unwesentlich überschritten. Im Bewußtsein der großen Wählermajorität und der Öffentlichkeit des westlichen wie des neutralen Auslandes war der Parteiname CDU/CSU Synonym für soliden wirtschaftlichen und politischen Aufstieg, für Wohlstand, Sicherheit und wiedererworbenes Vertrauen. Der in der Tat oft überkomplizierten und unscharfen Argumentation der SPD für eine aktive deutsche Wiedervereinigungspolitik und die Schaffung eines kollektiven Sicherheitssystems wollte und konnte sich lediglich eine Minderheit anschließen. Die Polemi-

ken der Kanzlerpartei und der ihr ergebenen Publizistik, die Sozialdemokratie betreibe Opposition um jeden Preis und spiele eine gesellschaftlich-politische Außenseiterrolle, aber auch die Tatsache, daß sich die SPD weniger durch ihre sozialen, innerstaatlichen Reformpläne und -maßnahmen als durch die Darstellung von Alternativen zur National- und Bündnispolitik Adenauers zu exponieren vermochte, hatten zur Folge, daß Selbstverständnis und Funktion der Sozialdemokratie als linker demokratischer Volkspartei vom überwiegenden Teil der deutschen Öffentlichkeit nicht begriffen und schon gar nicht anerkannt wurden.

Nur mit dem dürftigen Stand der Informationen über programmatische Ansätze und politische Grundkonzeptionen der SPD nach 1945 ist der Tenor zu erklären, der die Presse Ende des Jahres 1959 und in den folgenden Monaten beherrschte, nachdem die Partei das seit der Wahlkatastrophe von 1957 immer massiver geforderte Grundsatzprogramm verabschiedet hatte. Was die meisten als große Wende interpretierten, war in Wirklichkeit nicht mehr und nicht weniger als eine Konsequenz der sozialdemokratischen Diskussionen und Erklärungen der vergangenen anderthalb Jahrzehnte. Das Godesberger Programm vollzieht den Abschied vom Sozialismus als Weltanschauung und von der Verabsolutierung bestimmter Methoden zur Verwirklichung des Sozialismus. Das Ziel sei — wie in der Vergangenheit — „eine Gesellschaft, in der jeder Mensch seine Persönlichkeit in Freiheit entfalten und als dienendes Glied der Gemeinschaft verantwortlich am politischen, wirtschaftlichen und kulturellen Leben der Menschheit mitwirken kann“. Freiheit, Gerechtigkeit und Solidarität sind im Godesberger Programm die unterschiedlich motivierbaren „Grundwerte“, an denen alle demokratischen Sozialisten ihren fortwährenden Kampf um eine neue Gesellschaft orientieren. Aus der Bindung an diese Grundwerte erwachsen politische, wirtschaftliche und kulturelle „Grundforderungen“, die sich um den Satz gruppieren: „Sozialismus wird nur durch die Demokratie verwirklicht, die Demokratie durch den Sozialismus erfüllt.“ In der konkreten historischen Anwendung folgt daraus die uneingeschränkte Bejahung des parlamentarisch-demokratischen Rahmens, den das Bonner Grundgesetz statuiert hat, und die Aufgabe, das dort entworfene Gemeinwesen im Sinne eines Rechts-, Sozial- und Kulturstaates politisch zu realisieren. Die Vergesellschaftung von Produktionsmitteln hat den Rang eines unabdingbaren Mittels zur Erreichung sozialistischer Ziele verloren. Sie ist auch nach dem Godesberger Programm dann zweckmäßig und notwendig, wenn andere Instrumente zur Gewährleistung sozial gerechter und freiheitlicher Wirtschaftsverhältnisse wirkungslos bleiben. Als zentral erscheint im übrigen nicht die Eigentumsfrage, sondern das Problem wirtschaftlicher Machtzusammenballung und die demokratische Pflicht, Wettbewerbsblockade sowie Mißbrauch wirtschaftlicher Macht zu politischen Zwecken zu verhindern. Die im Programm angeführten oder angedeuteten Kontroll- und Lenkungsmaßnahmen basieren auf den Erkenntnissen, die in der Sozialdemokratie spätestens seit Anfang der fünfziger Jahre zum Durchbruch gelangt waren.

Im Grundsatzprogramm von 1959 stellte sich die SPD klar und konsequent wie nie zuvor „als eine kämpferisch demokratische Freiheitsbewegung" (Willy Brandt) dar. Es käme einer Überschätzung dieser Aussage wie von Programmen überhaupt gleich, wollte man die Erfolge der SPD in den sechziger Jahren, sei es bei der wahl- und organisationspolitisch wirksamen gesellschaftlichen Öffnung, sei es hinsichtlich der Entkrampfung des Verhältnisses zur katholischen Kirche und zur Bundeswehr, allein auf Godesberg zurückführen. Andererseits kann nicht geleugnet werden, daß es den Sozialdemokraten in Bund, Ländern und Gemeinden auf Grund des neuen Programms künftig leichter war, Vorurteile gegen die SPD schrittweise abzubauen, die soziologischen Wandlungsprozesse der Nachkriegszeit zu berücksichtigen und im politischen Kräftespiel pragmatisch und flexibel zu agieren. Von dieser Feststellung wird allerdings die grundsätzliche Kritik, die seinerzeit und nachher immer wieder — nicht nur von Marxisten — gegen das Godesberger Dokument vorgebracht wurde, nicht berührt. Sie richtete sich besonders scharf und überzeugend gegen den vollständigen Verzicht auf eine Zeitanalyse, die der erste Entwurf noch enthalten hatte, gegen die optimistische Hingabe an die herrschende Pluralismuseuphorie und gegen das Verschweigen des Marxismus beim Rückblick auf die historischen Ursprünge der sozialistischen Bewegung.

Insgesamt freilich war für die Jahre nach Godesberg eine starke Abnahme, zeitweise gar ein Verebben grundsatzpolitischer Diskussionen, damit einhergehend die Betonung sach- und sektoren-

bezogener systemimmanenter Reformpolitik zu beobachten: ein Vorgang, der das später von etlichen innerparteilichen Richtungen beklagte „Theoriedefizit“ entstehen ließ. Die Anstöße zur Behebung dieses Defizits kamen von außerhalb. In der zweiten Hälfte der sechziger Jahre trugen im wesentlichen die Studentenbewegung und die sich aus ihr formierende Neue Linke dazu bei, daß Probleme der gesellschaftlich-wirtschaftlichen Machtkonzentration und der Verkrustung im staatlichen Herrschaftsapparat sowie der Ruf nach politisch-soziologischer Fundamentaldemokratisierung wachsende öffentliche Resonanz fanden. Sieht man von extremen Zuspitzungen ab, die sich in einer radikalen Ablehnung der geistig-institutionellen Bedingungen und Ausprägungen westlicher Demokratiesysteme festliefen, so ist doch nicht zu verkennen, daß es nicht zuletzt die politischen Innovationsschübe aus der linken akademischen Szene waren, die jenes reformgünstige Klima vorbereiteten, an das die sozialdemokratisch geführte Bundesregierung 1969 – nach der knapp drei Jahre währenden Zwischenphase der Großen Koalition – anknüpfen konnte. Im sozialliberalen Bündnis, zunächst unter Willy Brandt, ab 1974 unter Helmut Schmidt, gelangen der SPD eindrucksvolle Realisierungen der Wert- und Zielvorgaben, die sie 1959 grundsatzprogrammatisch verankert hatte. Neben der auf Entspannung der Blöcke zielenden Deutschland- und Ostpolitik hatten die vielfältigen Gesetzgebungsinitiativen in der Justiz-, Wirtschafts-, Sozial-, Bildungs-, Regional- und Umweltpolitik zur Folge, daß das Gemeinwesen Bundesrepublik an innerer Freiheitlichkeit, Toleranz, Aufgeschlossenheit und friedenspolitischer Glaubwürdigkeit, vor allem aber auch, etwa hinsichtlich der Verantwortung für Unterprivilegierte und Minderheiten, an solidarischer Qualität gewann.
Zu diesen unbestreitbaren Erfolgen und gesellschaftspolitischen Fortschritten standen die linken Akzente der innerparteilichen Theoriedebatte, die 1969 – ungefähr zeitgleich mit der sozialdemokratischen Regierungsübernahme – von den Jungsozialisten ausgelöst wurde und während der siebziger Jahre heftige organisationsinterne Konflikte bis hin zur akuten Spaltungsgefahr heraufbeschwor, in eigentümlichem Gegensatz. Daß die prinzipielle Kritik am „System“ ausgerechnet in einer Periode einsetzte und sich entfaltete, als dieses System seine Fähigkeit zur Wandlung, Öffnung und Reform nachdrücklich unter Beweis stellte, bleibt ebenso ein Phänomen wie die Tatsache, daß

sich die jungsozialistische Argumentation – wir lassen hier die Fraktionskämpfe zwischen Bundesvorstand, Stamokap und Antirevisionisten außer Betracht – am Marxismus orientierte, einem ideenpolitisch-gesellschaftskritischen Instrumentarium also, das man lange weithin wegen seiner schematistisch-verkürzten Denk- und Problematisierungsansätze, der zahlreichen Fehlprognosen und negativen historischen Umsetzungsergebnisse für überwunden gehalten hatte. Bis 1973 konnte sich die sozialdemokratische Jugendorganisation beträchtliche Einflußmöglichkeiten in der Gesamtpartei verschaffen. Diese schwanden hernach, je mehr sich die Jungsozialisten in einer begrifflichen und sprachlichen Esoterik verloren und je deutlicher sich herausstellte, wie dürftig die Verwendbarkeit der eigenen Thesen angesichts der politischen Praxiserfordernisse war und wie weit sich die radikalen Emanzipations- und Demokratisierungsutopismen von den tatsächlichen Problemen einer modernen industriellen Demokratie entfernten.
Immerhin jedoch bleibt es das Verdienst der Jungsozialisten, die Grundsatzdebatte in der SPD wiederbelebt und generell die Einsicht in die Notwendigkeit theoretischer Vorarbeit zur Lösung dringender politischer Zukunftsaufgaben gefördert zu haben. Das gestärkte Theoriebewußtsein der Sozialdemokratie im ganzen demonstrierte besonders eindringlich der auf dem Mannheimer Parteitag von 1975 verabschiedete „Ökonomisch-politische Orientierungsrahmen für die Jahre 1975–1985“. Mit diesem Dokument, das als „Zwischenstück zwischen Tagespolitik und Grundsatzprogramm“ (Willy Brandt) aufgefaßt wurde, versuchte die SPD als erste und bislang einzige deutsche Partei, sich über mittelfristig im nationalen und globalen Maßstab bedeutsame Probleme und Handlungsmaximen für Wirtschaft und Politik klarzuwerden. Der Orientierungsrahmen ’85 widmet sich sechs Schwerpunktbereichen, darunter Modernisierung der Wirtschaft als Grundlage langfristiger Arbeitsplatzsicherung, Humanisierung der Arbeitswelt, Reform des Gesundheitswesens und Gleichstellung der Frauen. Als wohl herausragendste Ergebnisse der theoretisch-politischen Bemühung von Mannheim sind die Kritik des herkömmlichen Leistungsbegriffs, die pointierte Feststellung der weltwirtschaftlichen Interdependenzen und des wechselseitigen Bedingungsverhältnisses von qualifiziertem Wirtschaftswachstum und erfolgreicher Reformpolitik, die Bejahung der gewachsenen Verantwortung des Staates für die

Bewältigung gesellschaftlicher und wirtschaftlicher Probleme und der Appell zur Intensivierung sozialdemokratischer Vertrauensarbeit in der Bevölkerung anzusehen. Neben seiner sachpolitischen Wegweisungsaufgabe erfüllte der Orientierungsrahmen '85 zum Zeitpunkt seiner Verabschiedung eine wichtige innerparteiliche Integrationsfunktion. In den folgenden Jahren hat er freilich nicht die prägende und verpflichtende Wirkung erlangt, die ihm eigentlich zugedacht war. Einen Grund für das mangelnde Echo wird man gewiß in der komplizierten, fachwissenschaftlichen Diktion, in der das Dokument über weiteste Strecken gehalten ist, finden können. Dieses Manko hat auch die 1976 vorgelegte populäre „Einführung" nicht ausgeglichen. Gravierender dürften indes die weiteren Änderungen der weltwirtschaftlichen und weltpolitischen Rahmendaten und die rasch fortschreitende Verlagerung in der politischen Schwerpunktthematik sein. Jedenfalls kommt seit Ende der siebziger Jahre den umwelt- und friedenspolitischen Problemen eine Bedeutung zu, die im Orientierungsrahmen '85 nur erst in Umrissen aufschien. Im Spannungsfeld zwischen ökologischer Alternativszene, Friedensbewegung und Neokonservatismus, zwischen industriegesellschaftlicher Realität und Herausforderungen des aufziehenden postindustriellen Zeitalters muß die Sozialdemokratische Partei, die sich seit Herbst 1982 in bundespolitischer Opposition befindet, ihren Standort neu definieren. Die sog. Grundwertekommission, die sich auf einen Auftrag des Parteivorstandes vom Oktober 1974 stützt, leistete hierzu bisher bemerkenswerte Vorarbeiten in Richtung einer vertieften, moderne Praxisprobleme einbeziehenden Interpretation der klassischen demokratisch-sozialistischen Normen und einer umfassenden Grundlegung des partizipativen Demokratiekonzepts. In den Veröffentlichungen dieser Kommission wie auch schon im Orientierungsrahmen '85 und jüngst in Anträgen zum Münchener Parteitag des Jahres 1982 zeichnen sich Konturen eines Grundsatzprogramms ab, das auf der Wert- und Zielbasis von Godesberg den politischen, wirtschaftlichen und kulturellen Gegebenheiten und Ansprüchen einer neuen Welt wird Rechnung tragen müssen.

Dokumente

I. Karl Marx/Friedrich Engels: Manifest der Kommunistischen Partei, 1848

Vorbemerkung des Herausgebers

Auf dem Gründungskongreß des „Bundes der Kommunisten" (Juni 1847), der unter maßgeblichem Einfluß von Karl Marx und Friedrich Engels aus dem „Bund der Gerechten", einem Geheimbund deutscher Handwerker in England, Frankreich und der Schweiz, hervorging, wurde als vorläufiges Ergebnis intensiver Programmdebatten ein „Entwurf des Kommunistischen Glaubensbekenntnisses" verabschiedet, in den Engels bereits einige Elemente der von Marx und ihm entwickelten Anschauungen einbringen konnte. Im weiteren Verlauf der Diskussionen innerhalb des Bundes verfaßte Engels im Oktober/November 1847 die „Grundsätze des Kommunismus", die von einem Teil der Bundesgemeinden angenommen wurden. Auf dem 2. Bundeskongreß vom 29. November bis 8. Dezember 1847 in London konnten sich Marx und Engels schließlich mit ihrer Lehre vollständig durchsetzen. Der Kongreß akzeptierte die von ihnen entworfenen neuen Bundesstatuten, in denen an die Stelle der alten Forderung nach Einführung der Gütergemeinschaft als „Zweck des Bundes" klar ausgesprochen war: „der Sturz der Bourgeoisie, die Herrschaft des Proletariats, die Aufhebung der alten, auf Klassengegensätzen beruhenden bürgerlichen Gesellschaft und die Gründung einer neuen Gesellschaft ohne Klassen und ohne Privateigentum". Außerdem wurden Marx und Engels von dem Kongreß beauftragt, das endgültige Programm des Bundes zu formulieren, das im Februar 1848 in London veröffentlichte „Manifest der kommunistischen Partei", das in wissenschaftlicher Form die Grundfragen der von Marx und Engels entwickelten materialistischen Geschichtsauffassung sowie die Taktik und Strategie des Bundes herausarbeitete.

Ein Gespenst geht um in Europa — das Gespenst des Kommunismus. Alle Mächte des alten Europa haben sich zu einer heiligen Hetzjagd gegen dies Gespenst verbündet, der Papst und der Zar, Metternich und Guizot, französische Radikale und deutsche Polizisten.

Wo ist die Oppositionspartei, die nicht von ihren regierenden Gegnern als kommunistisch verschrien worden wäre, wo die Oppositionspartei, die den fortgeschritteneren Oppositionsleuten sowohl wie ihren reaktionären Gegnern den brandmarkenden Vorwurf des Kommunismus nicht zurückgeschleudert hätte?

Zweierlei geht aus dieser Tatsache hervor.

Der Kommunismus wird bereits von allen europäischen Mächten als eine Macht anerkannt.

Es ist hohe Zeit, daß die Kommunisten ihre Anschauungsweise, ihre Zwecke, ihre Tendenzen vor der ganzen Welt offen darlegen und den Märchen vom Gespenst des Kommunismus ein Manifest der Partei selbst entgegenstellen.

Zu diesem Zweck haben sich Kommunisten der verschiedensten Nationalität in London versammelt und das folgende Manifest entworfen, das in englischer, französischer, deutscher, italienischer, flämischer und dänischer Sprache veröffentlicht wird.

I. Bourgeois und Proletarier

Die Geschichte aller bisherigen Gesellschaft ist die Geschichte von Klassenkämpfen.

Freier und Sklave, Patrizier und Plebejer, Baron und Leibeigner, Zunftbürger und Gesell, kurz, Unterdrücker und Unterdrückte standen in stetem Gegensatz zueinander, führten einen ununterbrochenen, bald versteckten, bald offenen Kampf, einen Kampf, der jedesmal mit einer revolutionären Umgestaltung der ganzen Gesellschaft endete oder mit dem gemeinsamen Untergang der kämpfenden Klassen.

In den früheren Epochen der Geschichte finden wir fast überall eine vollständige Gliederung der Gesellschaft in verschiedene Stände, eine mannigfaltige Abstufung der gesellschaftlichen Stellungen. Im alten Rom haben wir Patrizier, Ritter, Plebejer,

Sklaven, im Mittelalter Feudalherren, Vasallen, Zunftbürger, Gesellen, Leibeigene, und noch dazu in fast jeder dieser Klassen wieder besondere Abstufungen.

Die aus dem Untergange der feudalen Gesellschaft hervorgegangene moderne bürgerliche Gesellschaft hat die Klassengegensätze nicht aufgehoben. Sie hat nur neue Klassen, neue Bedingungen der Unterdrückung, neue Gestaltungen des Kampfes an die Stelle der alten gesetzt.

Unsere Epoche, die Epoche der Bourgeoisie, zeichnet sich jedoch dadurch aus, daß sie die Klassengegensätze vereinfacht hat. Die ganze Gesellschaft spaltet sich mehr und mehr in zwei große feindliche Lager, in zwei große einander direkt gegenüberstehende Klassen — Bourgeoisie und Proletariat.

Aus den Leibeigenen des Mittelalters gingen die Pfahlbürger der ersten Städte hervor; aus dieser Pfahlbürgerschaft entwickelten sich die ersten Elemente der Bourgeoisie.

Die Entdeckung Amerikas, die Umschiffung Afrikas schufen der aufkommenden Bourgeoisie ein neues Terrain. Der ostindische und chinesische Markt, die Kolonisierung von Amerika, der Austausch mit den Kolonien, die Vermehrung der Tauschmittel und der Waren überhaupt gaben dem Handel, der Schiffahrt, der Industrie einen nie gekannten Aufschwung, und damit dem revolutionären Element in der zerfallenden feudalen Gesellschaft eine rasche Entwicklung.

Die bisherige feudale oder zünftige Betriebsweise der Industrie reichte nicht mehr aus für den mit den neuen Märkten anwachsenden Bedarf. Die Manufaktur trat an ihre Stelle. Die Zunftmeister wurden verdrängt durch den industriellen Mittelstand; die Teilung der Arbeit zwischen den verschiedenen Korporationen verschwand vor der Teilung der Arbeit in der einzelnen Werkstatt selbst.

Aber immer wuchsen die Märkte, immer stieg der Bedarf. Auch die Manufaktur reichte nicht mehr aus. Da revolutionierten der Dampf und die Maschinerie die industrielle Produktion. An die Stelle der Manufaktur trat die moderne große Industrie, an die Stelle des industriellen Mittelstandes traten die industriellen Millionäre, die Chefs ganzer industriellen Armeen, die modernen Bourgeois.

Die große Industrie hat den Weltmarkt hergestellt, den die Entdeckung Amerikas vorbereitete. Der Weltmarkt hat dem Handel, der Schiffahrt, den Landkommunikationen eine unermeßliche Entwicklung gegeben. Diese hat wieder auf die Ausdehnung der Industrie zurückgewirkt, und in demselben Maße, worin Industrie, Handel, Schiffahrt, Eisenbahnen sich ausdehnten, in demselben Maße entwickelte sich die Bourgeoisie, vermehrte sie ihre Kapitalien, drängte sie alle vom Mittelalter her überlieferten Klassen in den Hintergrund.

Wir sehen also, wie die moderne Bourgeoisie selbst das Produkt eines langen Entwicklungsganges, einer Reihe von Umwälzungen in der Produktions- und Verkehrsweise ist.

Jede dieser Entwicklungsstufen der Bourgeoisie war begleitet von einem entsprechenden politischen Fortschritt. Unterdrückter Stand unter der Herrschaft der Feudalherren, bewaffnete und sich selbst verwaltende Assoziationen in der Kommune, hier unabhängige städtische Republik, dort dritter steuerpflichtiger Stand der Monarchie, dann zur Zeit der Manufaktur Gegengewicht gegen den Adel in der ständischen oder in der absoluten Monarchie und Hauptgrundlage der großen Monarchien überhaupt, erkämpfte sie sich endlich seit der Herstellung der großen Industrie und des Weltmarktes im modernen Repräsentativstaat die ausschließliche politische Herrschaft. Die moderne Staatsgewalt ist nur ein Ausschuß, der die gemeinschaftlichen Geschäfte der ganzen Bourgeoisklasse verwaltet.

Die Bourgeoisie hat in der Geschichte eine höchst revolutionäre Rolle gespielt.

Die Bourgeoisie, wo sie zur Herrschaft gekommen, hat alle feudalen, patriarchalischen, idyllischen Verhältnisse zerstört. Sie hat die buntscheckigen Feudalbande, die den Menschen an seinen natürlichen Vorgesetzten knüpften, unbarmherzig zerrissen und kein anderes Band zwischen Mensch und Mensch übriggelassen als das nackte Interesse, als die gefühllose „bare Zahlung". Sie hat die heiligen Schauer der frommen Schwärmerei, der ritterlichen Begeisterung, der spießbürgerlichen Wehmut in dem eiskalten Wasser egoistischer Berechnung ertränkt. Sie hat die persönliche Würde in den Tauschwert aufgelöst und an die Stelle der zahllosen verbrieften und wohlerworbenen Freiheiten die eine gewissenlose Handelsfreiheit gesetzt. Sie hat, mit einem Wort, an die Stelle der mit religiösen und politischen Illusionen verhüllten Ausbeutung die offene, unverschämte, direkte, dürre Ausbeutung gesetzt.

Die Bourgeoisie hat alle bisher ehrwürdigen und mit frommer Scheu betrachteten Tätigkeiten ihres Heiligenscheins entkleidet.

Sie hat den Arzt, den Juristen, den Pfaffen, den Poeten, den Mann der Wissenschaft in ihre bezahlten Lohnarbeiter verwandelt.

Die Bourgeoisie hat dem Familienverhältnis seinen rührend-sentimentalen Schleier abgerissen und es auf ein reines Geldverhältnis zurückgeführt.

Die Bourgeoisie hat enthüllt, wie die brutale Kraftäußerung, die die Reaktion so sehr am Mittelalter bewundert, in der trägsten Bärenhäuterei ihre passende Ergänzung fand. Erst sie hat bewiesen, was die Tätigkeit der Menschen zustande bringen kann. Sie hat ganz andere Wunderwerke vollbracht als ägyptische Pyramiden, römische Wasserleitungen und gotische Kathedralen, sie hat ganz andere Züge ausgeführt als Völkerwanderungen und Kreuzzüge.

Die Bourgeoisie kann nicht existieren, ohne die Produktionsinstrumente, also die Produktionsverhältnisse, also sämtliche gesellschaftlichen Verhältnisse fortwährend zu revolutionieren. Unveränderte Beibehaltung der alten Produktionsweise war dagegen die erste Existenzbedingung aller früheren industriellen Klassen. Die fortwährende Umwälzung der Produktion, die ununterbrochene Erschütterung aller gesellschaftlichen Zustände, die ewige Unsicherheit und Bewegung zeichnet die Bourgeoisepoche vor allen früheren aus. Alle festen, eingerosteten Verhältnisse mit ihrem Gefolge von altehrwürdigen Vorstellungen und Anschauungen werden aufgelöst, alle neugebildeten veralten, ehe sie verknöchern können. Alles Ständische und Stehende verdampft, alles Heilige wird entweiht, und die Menschen sind endlich gezwungen, ihre Lebensstellung, ihre gegenseitigen Beziehungen mit nüchternen Augen anzusehen.

Das Bedürfnis nach einem stets ausgedehnteren Absatz für ihre Produkte jagt die Bourgeoisie über die ganze Erdkugel. Überall muß sie sich einnisten, überall anbauen, überall Verbindungen herstellen.

Die Bourgeoisie hat durch die Exploitation des Weltmarkts die Produktion und Konsumtion aller Länder kosmopolitisch gestaltet. Sie hat zum großen Bedauern der Reaktionäre den nationalen Boden der Industrie unter den Füßen weggezogen. Die uralten nationalen Industrien sind vernichtet worden und werden noch täglich vernichtet. Sie werden verdrängt durch neue Industrien, deren Einführung eine Lebensfrage für alle zivilisierten Nationen wird, durch Industrien, die nicht mehr einheimische Rohstoffe, sondern den entlegensten Zonen angehörige Rohstoffe verarbeiten und deren Fabrikate nicht nur im Lande selbst, sondern in allen Weltteilen zugleich verbraucht werden. An die Stelle der alten, durch Landeserzeugnisse befriedigten Bedürfnisse treten neue, welche die Produkte der entferntesten Länder und Klimate zu ihrer Befriedigung erheischen. An die Stelle der alten lokalen und nationalen Selbstgenügsamkeit und Abgeschlossenheit tritt ein allseitiger Verkehr, eine allseitige Abhängigkeit der Nationen voneinander. Und wie in der materiellen, so auch in der geistigen Produktion. Die geistigen Erzeugnisse der einzelnen Nationen werden Gemeingut. Die nationale Einseitigkeit und Beschränktheit wird mehr und mehr unmöglich, und aus den vielen nationalen und lokalen Literaturen bildet sich eine Weltliteratur.

Die Bourgeoisie reißt durch die rasche Verbesserung aller Produktionsinstrumente, durch die unendlich erleichterten Kommunikationen alle, auch die barbarischsten Nationen in die Zivilisation. Die wohlfeilen Preise ihrer Waren sind die schwere Artillerie, mit der sie alle chinesischen Mauern in den Grund schießt, mit der sie den hartnäckigsten Fremdenhaß der Barbaren zur Kapitulation zwingt. Sie zwingt alle Nationen, die Produktionsweise der Bourgeoisie sich anzueignen, wenn sie nicht zugrunde gehen wollen; sie zwingt sie, die sogenannte Zivilisation bei sich selbst einzuführen, d. h. Bourgeois zu werden. Mit einem Wort, sie schafft sich eine Welt nach ihrem eigenen Bilde.

Die Bourgeoisie hat das Land der Herrschaft der Stadt unterworfen. Sie hat enorme Städte geschaffen, sie hat die Zahl der städtischen Bevölkerung gegenüber der ländlichen in hohem Grade vermehrt und so einen bedeutenden Teil der Bevölkerung dem Idiotismus des Landlebens entrissen. Wie sie das Land von der Stadt, hat sie die barbarischen und halbbarbarischen Länder von den zivilisierten, die Bauernvölker von den Bourgeoisvölkern, den Orient vom Okzident abhängig gemacht. Die Bourgeoisie hebt mehr und mehr die Zersplitterung der Produktionsmittel, des Besitzes und der Bevölkerung auf. Sie hat die Bevölkerung agglomeriert, die Produktionsmittel zentralisiert und das Eigentum in wenigen Händen konzentriert. Die notwendige Folge hiervon war die politische Zentralisation. Unabhängige, fast nur verbündete Provinzen mit ver-

schiedenen Interessen, Gesetzen, Regierungen und Zöllen wurden zusammengedrängt in eine Nation, eine Regierung, ein Gesetz, ein nationales Klasseninteresse, eine Douanenlinie.
Die Bourgeoisie hat in ihrer kaum hundertjährigen Klassenherrschaft massenhaftere und kolossalere Produktionskräfte geschaffen als alle vergangenen Generationen zusammen. Unterjochung der Naturkräfte, Maschinerie, Anwendung der Chemie auf Industrie und Ackerbau, Dampfschiffahrt, Eisenbahnen, elektrische Telegrafen, Urbarmachung ganzer Weltteile, Schiffbarmachung der Flüsse, ganze aus dem Boden hervorgestampfte Bevölkerungen — welch früheres Jahrhundert ahnte, daß solche Produktionskräfte im Schoß der gesellschaftlichen Arbeit schlummerten.
Wir haben aber gesehen: Die Produktions- und Verkehrsmittel, auf deren Grundlage sich die Bourgeoisie heranbildete, wurden in der feudalen Gesellschaft erzeugt. Auf einer gewissen Stufe der Entwicklung dieser Produktions- und Verkehrsmittel entsprachen die Verhältnisse, worin die feudale Gesellschaft produzierte und austauschte, die feudale Organisation der Agrikultur und Manufaktur, mit einem Wort die feudalen Eigentumsverhältnisse den schon entwickelten Produktivkräften nicht mehr. Sie hemmten die Produktion, statt sie zu fördern. Sie verwandelten sich in ebensoviele Fesseln. Sie mußten gesprengt werden, sie wurden gesprengt.
An ihre Stelle trat die freie Konkurrenz mit der ihr angemessenen gesellschaftlichen und politischen Konstitution, mit der ökonomischen und politischen Herrschaft der Bourgeois-Klasse.
Unter unsren Augen geht eine ähnliche Bewegung vor. Die bürgerlichen Produktions- und Verkehrsverhältnisse, die bürgerlichen Eigentumsverhältnisse, die moderne bürgerliche Gesellschaft, die so gewaltige Produktions- und Verkehrsmittel hervorgezaubert hat, gleicht dem Hexenmeister, der die unterirdischen Gewalten nicht mehr zu beherrschen vermag, die er heraufbeschwor. Seit Dezennien ist die Geschichte der Industrie und des Handels nur noch die Geschichte der Empörung der modernen Produktivkräfte gegen die modernen Produktionsverhältnisse, gegen die Eigentumsverhältnisse, welche die Lebensbedingungen der Bourgeoisie und ihrer Herrschaft sind. Es genügt, die Handelskrisen zu nennen, welche in ihrer periodischen Wiederkehr immer drohender die Existenz der ganzen bürgerlichen Gesellschaft in Frage stellen. In den Handelskri-

sen wird ein großer Teil nicht nur der erzeugten Produkte, sondern sogar der bereits geschaffenen Produktivkräfte regelmäßig vernichtet. In den Krisen bricht eine gesellschaftliche Epidemie aus, welche allen früheren Epochen als ein Widersinn erschienen wäre — die Epidemie der Überproduktion. Die Gesellschaft findet sich plötzlich in einen Zustand momentaner Barbarei zurückversetzt; eine Hungersnot, ein allgemeiner Verwüstungskrieg scheinen ihr alle Lebensmittel abgeschnitten zu haben; die Industrie, der Handel scheinen vernichtet, und warum? Weil sie zu viel Zivilisation, zu viel Lebensmittel, zu viel Industrie, zu viel Handel besitzt. Die Produktivkräfte, die ihr zur Verfügung stehen, dienen nicht mehr zur Beförderung der bürgerlichen Zivilisation und der bürgerlichen Eigentumsverhältnisse; im Gegenteil, sie sind zu gewaltig für diese Verhältnisse geworden, sie werden von ihnen gehemmt, und sobald sie dies Hemmnis überwinden, bringen sie die ganze bürgerliche Gesellschaft in Unordnung, gefährden sie die Existenz des bürgerlichen Eigentums. Die bürgerlichen Verhältnisse sind zu eng geworden, um den von ihnen erzeugten Reichtum zu fassen. — Wodurch überwindet die Bourgeoisie die Krisen? Einerseits durch die erzwungene Vernichtung einer Masse von Produktivkräften; andererseits durch die Eroberung neuer Märkte und die gründlichere Ausbeutung der alten Märkte. Wodurch also? Dadurch, daß sie allseitigere und gewaltigere Krisen vorbereitet und die Mittel, den Krisen vorzubeugen, vermindert.

Die Waffen, womit die Bourgeoisie den Feudalismus zu Boden geschlagen hat, richten sich jetzt gegen die Bourgeoisie selbst.

Aber die Bourgeoisie hat nicht nur die Waffen geschmiedet, die ihr den Tod bringen; sie hat auch die Männer gezeugt, die diese Waffen führen werden — die modernen Arbeiter, die Proletarier.

In demselben Maße, worin sich die Bourgeoisie, d. h. das Kapital, entwickelt, in demselben Maße entwickelt sich das Proletariat, die Klasse der modernen Arbeiter, die nur so lange leben, als sie Arbeit finden, und die nur so lange Arbeit finden, als ihre Arbeit das Kapital vermehrt. Diese Arbeiter, die sich stückweise verkaufen müssen, sind eine Ware wie jeder andere Handelsartikel und daher gleichmäßig allen Wechselfällen der Konkurrenz, allen Schwankungen des Marktes ausgesetzt.

Die Arbeit der Proletarier hat durch die Ausdehnung der Ma-

schinerie und die Teilung der Arbeit allen selbständigen Charakter und damit allen Reiz für den Arbeiter verloren. Er wird ein bloßes Zubehör der Maschine, von dem nur der einfachste, eintönigste, am leichtesten erlernbare Handgriff verlangt wird. Die Kosten, die der Arbeiter verursacht, beschränken sich daher fast nur auf die Lebensmittel, die er zu seinem Unterhalt und zur Fortpflanzung seiner Rasse bedarf. Der Preis einer Ware, also auch der Arbeit, ist aber gleich ihren Produktionskosten. In demselben Maße, in dem die Widerwärtigkeit der Arbeit wächst, nimmt daher der Lohn ab. Noch mehr, in demselben Maße, wie Maschinerie und Teilung der Arbeit zunehmen, in demselben Maße nimmt auch die Masse der Arbeit zu, sei es durch Vermehrung der Arbeitsstunden, sei es durch Vermehrung der in einer gegebenen Zeit geforderten Arbeit, beschleunigten Lauf der Maschinen usw.
Die moderne Industrie hat die kleine Werkstube des patriarchalischen Meisters in die große Fabrik des industriellen Kapitalisten verwandelt. Arbeitermassen, in der Fabrik zusammengedrängt, werden soldatisch organisiert. Sie werden als gemeine Industriesoldaten unter die Aufsicht einer vollständigen Hierarchie von Unteroffizieren und Offizieren gestellt. Sie sind nicht nur Knechte der Bourgeois-Klasse, des Bourgeois-Staates, sie sind täglich und stündlich geknechtet von der Maschine, von dem Aufseher und vor allem von dem einzelnen fabrizierenden Bourgeois selbst. Diese Despotie ist um so kleinlicher, gehässiger, erbitternder, je offener sie den Erwerb als ihren letzten Zweck proklamiert.
Je weniger die Handarbeit Geschicklichkeit und Kraftäußerung erheischt, d.h. je mehr die moderne Industrie sich entwickelt, desto mehr wird die Arbeit der Männer durch die der Weiber und Kinder verdrängt. Geschlechts- und Altersunterschiede haben keine gesellschaftliche Geltung mehr für die Arbeiterklasse. Es gibt nur noch Arbeitsinstrumente, die je nach Alter und Geschlecht verschiedene Kosten machen.
Ist die Ausbeutung des Arbeiters durch den Fabrikanten so weit beendigt, daß er seinen Arbeitslohn bar ausgezahlt erhält, so fallen die anderen Teile der Bourgeoisie über ihn her, der Hausbesitzer, der Krämer, der Pfandverleiher usw.
Die bisherigen kleinen Mittelstände, die kleinen Industriellen, Kaufleute und Rentiers, die Handwerker und Bauern, alle diese Klassen fallen ins Proletariat hinab, teils dadurch, daß

ihr kleines Kapital für den Betrieb der großen Industrie nicht ausreicht und der Konkurrenz mit den größeren Kapitalisten erliegt, teils dadurch, daß ihre Geschicklichkeit von neuen Produktionsweisen entwertet wird. So rekrutiert sich das Proletariat aus allen Klassen der Bevölkerung.

Das Proletariat macht verschiedene Entwicklungsstufen durch. Sein Kampf gegen die Bourgeoisie beginnt mit seiner Existenz. Im Anfang kämpfen die einzelnen Arbeiter, dann die Arbeiter einer Fabrik, dann die Arbeiter eines Arbeitszweiges an einem Ort gegen den einzelnen Bourgeois, der sie direkt ausbeutet. Sie richten ihre Angriffe nicht nur gegen die bürgerlichen Produktionsverhältnisse, sie richten sie gegen die Produktionsinstrumente selbst; sie vernichten die fremden konkurrierenden Waren, sie zerschlagen die Maschinen, sie stecken die Fabriken in Brand, sie suchen sich die untergegangene Stellung des mittelalterlichen Arbeiters wieder zu erringen.

Auf dieser Stufe bilden die Arbeiter eine über das ganze Land zerstreute und durch die Konkurrenz zersplitterte Masse. Massenhafteres Zusammenhalten der Arbeiter ist noch nicht die Folge ihrer eigenen Vereinigung, sondern die Folge der Vereinigung der Bourgeoisie, die zur Erreichung ihrer eigenen politischen Zwecke das ganze Proletariat in Bewegung setzen muß und es einstweilen noch kann. Auf dieser Stufe bekämpfen die Proletarier also nicht ihre Feinde, sondern die Feinde ihrer Feinde, die Reste der absoluten Monarchie, die Grundeigentümer, die nichtindustriellen Bourgeois, die Kleinbürger. Die ganze geschichtliche Bewegung ist so in den Händen der Bourgeoisie konzentriert; jeder Sieg, der so errungen wird, ist ein Sieg der Bourgeoisie.

Aber mit der Entwicklung der Industrie vermehrt sich nicht nur das Proletariat; es wird in größeren Massen zusammengedrängt, seine Kraft wächst, und es fühlt sie mehr. Die Interessen, die Lebenslagen innerhalb des Proletariats gleichen sich immer mehr aus, indem die Maschinerie mehr und mehr die Unterschiede der Arbeit verwischt und den Lohn fast überall auf ein gleich niedriges Niveau herabdrückt. Die wachsende Konkurrenz der Bourgeois unter sich und die daraus hervorgehenden Handelskrisen machen den Lohn der Arbeiter immer schwankender; die immer rascher sich entwickelnde, unaufhörliche Verbesserung der Maschinerie macht ihre ganze Lebensstellung immer unsicherer; immer mehr nehmen die Kollisionen zwischen dem einzelnen Arbeiter und dem einzelnen Bourgeois den Charakter von Kollisionen zweier Klassen an. Die Arbeiter beginnen damit, Koalitionen gegen die Bourgeois zu bilden; sie treten zusammen zur Behauptung ihres Arbeitslohnes. Sie stiften selbst dauernde Assoziationen, um sich für diese gelegentlichen Empörungen zu verproviantieren. Stellenweise bricht der Kampf in Emeuten aus.

Von Zeit zu Zeit siegen die Arbeiter, aber nur vorübergehend. Das eigentliche Resultat ihrer Kämpfe ist nicht der unmittelbare Erfolg, sondern die immer weiter um sich greifende Vereinigung der Arbeiter. Sie wird befördert durch die wachsenden Kommunikationsmittel, die von der großen Industrie erzeugt werden und die Arbeiter der verschiedenen Lokalitäten miteinander in Verbindung setzen. Es bedarf aber bloß der Verbindung, um die vielen Lokalkämpfe von überall gleichem Charakter zu einem nationalen, zu einem Klassenkampf zu zentralisieren. Jeder Klassenkampf aber ist ein politischer Kampf. Und die Vereinigung, zu der die Bürger des Mittelalters mit ihren Vizinalwegen Jahrhunderte bedurften, bringen die modernen Proletarier mit den Eisenbahnen in wenigen Jahren zustande.

Diese Organisation der Proletarier zur Klasse, und damit zur politischen Partei, wird jeden Augenblick wieder gesprengt durch die Konkurrenz unter den Arbeitern selbst. Aber sie ersteht immer wieder, stärker, fester, mächtiger. Sie erzwingt die Anerkennung einzelner Interessen der Arbeiter in Gesetzesform, indem sie die Spaltungen der Bourgeoisie unter sich benutzt. So die Zehnstundenbill in England.

Die Kollisionen der alten Gesellschaft überhaupt fördern mannigfach den Entwicklungsgang des Proletariats. Die Bourgeoisie befindet sich in fortwährendem Kampf, anfangs gegen die Aristokratie, später gegen die Teile der Bourgeoisie selbst, deren Interessen mit dem Fortschritt der Industrie in Widerspruch geraten, stets gegen die Bourgeoisie aller auswärtigen Länder. In allen diesen Kämpfen sieht sie sich genötigt, an das Proletariat zu appellieren, seine Hilfe in Anspruch zu nehmen und es so in die politische Bewegung hineinzureißen. Sie selbst führt also dem Proletariat ihre eigenen Bildungselemente, d.h. Waffen gegen sich selbst, zu.

Es werden ferner, wie wir sahen, durch den Fortschritt der Industrie ganze Bestandteile der herrschenden Klasse ins Pro-

letariat hinabgeworfen oder wenigstens in ihren Lebensbedingungen bedroht. Auch sie führen dem Proletariat eine Masse Bildungselemente zu.
In Zeiten endlich, wo der Klassenkampf sich der Entscheidung nähert, nimmt der Auflösungsprozeß innerhalb der herrschenden Klasse, innerhalb der ganzen alten Gesellschaft, einen so heftigen, so grellen Charakter an, daß ein kleiner Teil der herrschenden Klasse sich von ihr lossagt und sich der revolutionären Klasse anschließt, der Klasse, welche die Zukunft in ihren Händen trägt. Wie daher früher ein Teil des Adels zur Bourgeoisie überging, so geht jetzt ein Teil der Bourgeoisie zum Proletariat über, und namentlich ein Teil der Bourgeoisideologen, welche zum theoretischen Verständnis der ganzen geschichtlichen Bewegung sich hinaufgearbeitet haben.
Von allen Klassen, welche heutzutage der Bourgeoisie gegenüberstehen, ist nur das Proletariat eine wirklich revolutionäre Klasse. Die übrigen Klassen verkommen und gehen unter mit der großen Industrie, das Proletariat ist ihr eigenstes Produkt.
Die Mittelstände, der kleine Industrielle, der kleine Kaufmann, der Handwerker, der Bauer, sie alle bekämpfen die Bourgeoisie, um ihre Existenz als Mittelstände vor dem Untergang zu sichern. Sie sind also nicht revolutionär, sondern konservativ. Noch mehr, sie sind reaktionär, denn sie suchen das Rad der Geschichte zurückzudrehen. Sind sie revolutionär, so sind sie es im Hinblick auf den ihnen bevorstehenden Übergang ins Proletariat, so verteidigen sie nicht ihre gegenwärtigen, sondern ihre zukünftigen Interessen, so verlassen sie ihren eigenen Standpunkt, um sich auf den des Proletariats zu stellen.
Das Lumpenproletariat, diese passive Verfaulung der untersten Schichten der alten Gesellschaft, wird durch eine proletarische Revolution stellenweise in die Bewegung hineingeschleudert, seiner ganzen Lebenslage nach wird es bereitwilliger sein, sich zu reaktionären Umtrieben erkaufen zu lassen.
Die Lebensbedingungen der alten Gesellschaft sind schon vernichtet in den Lebensbedingungen des Proletariats. Der Proletarier ist eigentumslos; sein Verhältnis zu Weib und Kindern hat nichts mehr gemein mit dem bürgerlichen Familienverhältnis; die moderne industrielle Arbeit, die moderne Unterjochung unter das Kapital, dieselbe in England wie in Frankreich, in Amerika wie in Deutschland, hat ihm allen nationalen Charak-

ter abgestreift. Die Gesetze, die Moral, die Religion sind für ihn ebensoviele bürgerliche Vorurteile, hinter denen sich ebensoviele bürgerliche Interessen verstecken.
Alle früheren Klassen, die sich die Herrschaft eroberten, suchten ihre schon erworbene Lebensstellung zu sichern, indem sie die ganze Gesellschaft den Bedingungen ihres Erwerbs unterwarfen. Die Prolatarier können sich die gesellschaftlichen Produktivkräfte nur erobern, indem sie ihre eigene bisherige Aneignungsweise und damit die ganze bisherige Aneignungsweise abschaffen. Die Proletarier haben nichts von dem Ihrigen zu sichern, sie haben alle bisherige Privatsicherheit und Privatversicherungen zu zerstören.
Alle bisherigen Bewegungen waren Bewegungen von Minoritäten oder im Interesse von Minoritäten. Die proletarische Bewegung ist die selbständige Bewegung der ungeheuren Mehrzahl im Interesse der ungeheuren Mehrzahl. Das Proletariat, die unterste Schicht der jetzigen Gesellschaft, kann sich nicht erheben, nicht aufrichten, ohne daß der ganze Überbau der Schichten, die die offizielle Gesellschaft bilden, in die Luft gesprengt wird.
Obgleich nicht dem Inhalt, ist der Form nach der Kampf des Proletariats gegen die Bourgeoisie zunächst ein nationaler. Das Proletariat eines jeden Landes muß natürlich zuerst mit seiner eigenen Bourgeoisie fertig werden.
Indem wir die allgemeinsten Phasen der Entwicklung des Proletariats zeichneten, verfolgten wir den mehr oder minder versteckten Bürgerkrieg innerhalb der bestehenden Gesellschaft bis zu dem Punkt, wo er in eine offene Revolution ausbricht und durch den gewaltsamen Sturz der Bourgeoisie das Proletariat seine Herrschaft begründet.
Alle bisherige Gesellschaft beruhte, wie wir gesehen haben, auf dem Gegensatz unterdrückender und unterdrückter Klassen. Um aber eine Klasse unterdrücken zu können, müssen ihr Bedingungen gesichert sein, innerhalb deren sie wenigstens ihre knechtische Existenz fristen kann. Der Leibeigene hat sich zum Mitglied der Kommune in der Leibeigenschaft herangearbeitet, wie der Kleinbürger zum Bourgeois unter dem Joch des feudalistischen Absolutismus. Der moderne Arbeiter dagegen, statt sich mit dem Fortschritt der Industrie zu heben, sinkt immer tiefer unter die Bedingungen seiner eigenen Klasse herab. Der Arbeiter wird zum Pauper, und der Pauperismus entwickelt sich

noch rascher als Bevölkerung und Reichtum. Es tritt hiermit offen hervor, daß die Bourgeoisie unfähig ist, noch länger die herrschende Klasse der Gesellschaft zu bleiben und die Lebensbedingungen ihrer Klasse der Gesellschaft als regelndes Gesetz aufzuzwingen. Sie ist unfähig zu herrschen, weil sie unfähig ist, ihrem Sklaven die Existenz selbst innerhalb seiner Sklaverei zu sichern, weil sie gezwungen ist, ihn in eine Lage herabsinken zu lassen, wo sie ihn ernähren muß, statt von ihm ernährt zu werden. Die Gesellschaft kann nicht mehr unter ihr leben, d. h. ihr Leben ist nicht mehr verträglich mit der Gesellschaft.

Die wesentlichste Bedingung für die Existenz und für die Herrschaft der Bourgeoisklasse ist die Anhäufung des Reichstums in den Händen von Privaten, die Bildung und Vermehrung des Kapitals. Die Bedingung des Kapitals ist die Lohnarbeit. Die Lohnarbeit beruht ausschließlich auf der Konkurrenz der Arbeiter unter sich. Der Fortschritt der Industrie, dessen willenloser und widerstandsloser Träger die Bourgeoisie ist, setzt an die Stelle der Isolierung der Arbeiter durch die Konkurrenz ihre revolutionäre Vereinigung durch die Assoziation. Mit der Entwicklung der großen Industrie wird also unter den Füßen der Bourgeoisie die Grundlage selbst weggezogen, worauf sie produziert und die Produkte sich aneignet. Sie produziert vor allem ihre eigenen Totengräber. Ihr Untergang und der Sieg des Proletariats sind gleich unvermeidlich.

II. Proletarier und Kommunisten

In welchem Verhältnis stehen die Kommunisten zu den Proletariern überhaupt?

Die Kommunisten sind keine besondere Partei gegenüber den anderen Arbeiterparteien.

Sie haben keine von den Interessen des ganzen Proletariats getrennten Interessen.

Sie stellen keine besonderen Prinzipien auf, wonach sie die proletarische Bewegung modeln wollen.

Die Kommunisten unterscheiden sich von den übrigen proletarischen Parteien nur dadurch, daß einerseits sie in den verschiedenen nationalen Kämpfen der Proletarier die gemeinsamen, von der Nationalität unabhängigen Interessen des gesamten Proletariats hervorheben und zur Geltung bringen, andererseits dadurch, daß sie in den verschiedenen Entwicklungsstufen, welche der Kampf zwischen Proletariat und Bourgeoisie durchläuft, stets das Interesse der Gesamtbewegung vertreten.

Die Kommunisten sind also praktisch der entschiedenste, immer weiter treibende Teil der Arbeiterparteien aller Länder, sie haben theoretisch vor der übrigen Masse des Proletariats die Einsicht in die Bedingungen, den Gang und die allgemeinen Resultate der proletarischen Bewegung voraus.

Der nächste Zweck der Kommunisten ist derselbe wie der aller übrigen proletarischen Parteien: Bildung des Proletariats zur Klasse, Sturz der Bourgeoisieherrschaft, Eroberung der politischen Macht durch das Proletariat.

Die theoretischen Sätze der Kommunisten beruhen keineswegs auf Ideen, auf Prinzipien, die von diesem oder jenem Weltverbesserer erfunden oder entdeckt sind.

Sie sind nur allgemeine Ausdrücke tatsächlicher Verhältnisse eines existierenden Klassenkampfes, einer unter unseren Augen vor sich gehenden geschichtlichen Bewegung. Die Abschaffung bisheriger Eigentumsverhältnisse ist nichts den Kommunismus eigentümlich Bezeichnendes.

Alle Eigentumsverhältnisse waren einem beständigen geschichtlichen Wechsel, einer beständigen geschichtlichen Veränderung unterworfen.

Die französische Revolution z. B. schaffte das Feudaleigentum zugunsten des bürgerlichen ab.

Was den Kommunismus auszeichnet, ist nicht die Abschaffung des Eigentums überhaupt, sondern die Abschaffung des bürgerlichen Eigentums.

Aber das moderne bürgerliche Privateigentum ist der letzte und vollendetste Ausdruck der Erzeugung und Aneignung der Produkte, die auf Klassengegensätzen, die auf der Ausbeutung der einen durch die anderen beruht.

In diesem Sinn können die Kommunisten ihre Theorie in dem einen Ausdruck: Aufhebung des Privateigentums zusammenfassen.

Man hat uns Kommunisten vorgeworfen, wir wollten das persönlich erworbene, selbsterarbeitete Eigentum abschaffen; das

Eigentum, welches die Grundlage aller persönlichen Freiheit, Tätigkeit und Selbständigkeit bilde.
Erarbeitetes, erworbenes, selbstverdientes Eigentum! Sprecht Ihr von dem kleinbürgerlichen, kleinbäuerlichen Eigentum, welches dem bürgerlichen Eigentum vorherging? Wir brauchen es nicht abzuschaffen, die Entwicklung der Industrie hat es abgeschafft und schafft es täglich ab.
Oder sprecht Ihr vom modernen bürgerlichen Privateigentum?
Schafft aber die Lohnarbeit, die Arbeit des Proletariers ihm Eigentum? Keineswegs. Sie schafft das Kapital, d.h. das Eigentum, welches die Lohnarbeit ausbeutet, welches sich nur unter der Bedingung vermehren kann, daß es neue Lohnarbeit erzeugt, um sie von neuem auszubeuten. Das Eigentum in seiner heutigen Gestalt bewegt sich in dem Gegensatz von Kapital und Lohnarbeit. Betrachten wir die beiden Seiten dieses Gegensatzes. Kapitalist sein, heißt nicht nur eine rein persönliche, sondern eine gesellschaftliche Stellung in der Produktion einnehmen.
Das Kapital ist ein gemeinschaftliches Produkt und kann nur durch eine gemeinsame Tätigkeit vieler Mitglieder, ja in letzer Instanz nur durch die gemeinsame Tätigkeit aller Mitglieder der Gesellschaft in Bewegung gesetzt werden.
Das Kapital ist also keine persönliche, es ist eine gesellschaftliche Macht.
Wenn also das Kapital in gemeinschaftliches, allen Mitgliedern der Gesellschaft angehöriges Eigentum verwandelt wird, so verwandelt sich nicht persönliches Eigentum in gesellschaftliches. Nur der gesellschaftliche Charakter des Eigentums verwandelt sich. Es verliert seinen Klassencharakter.
Kommen wir zur Lohnarbeit.
Der Durchschnittspreis der Lohnarbeit ist das Minimum des Arbeitslohnes, d.h. die Summe der Lebensmittel, die notwendig sind, um den Arbeiter als Arbeiter am Leben zu erhalten. Was also der Lohnarbeiter durch seine Tätigkeit sich aneignet, reicht bloß dazu hin, um sein nacktes Leben wieder zu erzeugen. Wir wollen diese persönliche Aneignung der Arbeitsprodukte zur Wiedererzeugung des unmittelbaren Lebens keineswegs abschaffen, eine Aneignung, die keinen Reinertrag übrigläßt, der Macht über fremde Arbeit geben könnte. Wir wollen nur den elenden Charakter dieser Aneignung aufheben, worin der Arbeiter nur lebt, um das Kapital zu vermehren,

nur so weit lebt, wie es das Interesse der herrschenden Klasse erheischt.

In der bürgerlichen Gesellschaft ist die lebendige Arbeit nur ein Mittel, die aufgehäufte Arbeit zu vermehren. In der kommunistischen Gesellschaft ist die aufgehäufte Arbeit nur ein Mittel, um den Lebensprozeß der Arbeiter zu erweitern, zu bereichern, zu befördern.

In der bürgerlichen Gesellschaft herrscht also die Vergangenheit über die Gegenwart, in der kommunistischen die Gegenwart über die Vergangenheit. In der bürgerlichen Gesellschaft ist das Kapital selbständig und persönlich, während das tätige Individuum unselbständig und unpersönlich ist.

Und die Aufhebung dieses Verhältnisses nennt die Bourgeoisie Aufhebung der Persönlichkeit und Freiheit! Und mit Recht. Es handelt sich allerdings um die Aufhebung der Bourgeoispersönlichkeit, -selbständigkeit und -freiheit.

Unter Freiheit versteht man innerhalb der jetzigen bürgerlichen Produktionsverhältnisse den freien Handel, den freien Kauf und Verkauf.

Fällt aber der Schacher, so fällt auch der freie Schacher. Die Redensarten vom freien Schacher wie alle übrigen Freiheitsbravaden unserer Bourgeois haben überhaupt nur einen Sinn gegenüber dem gebundenen Schacher, gegenüber dem geknechteten Bürger des Mittelalters, nicht aber gegenüber der kommunistischen Aufhebung des Schachers, der bürgerlichen Produktionsverhältnisse und der Bourgeoisie selbst.

Ihr entsetzt Euch darüber, daß wir das Privateigentum aufheben wollen. Aber in Eurer bestehenden Gesellschaft ist das Privateigentum für 9 Zehntel ihrer Mitglieder aufgehoben; es existiert gerade dadurch, daß es für 9 Zehntel nicht existiert. Ihr werft uns also vor, daß wir ein Eigentum aufheben wollen, welches die Eigentumslosigkeit der ungeheuren Mehrzahl der Gesellschaft als notwendige Bedingung voraussetzt.

Ihr werft uns mit einem Wort vor, daß wir Euer Eigentum aufheben wollen. Allerdings das wollen wir.

Von dem Augenblick an, wo die Arbeit nicht mehr in Kapital, Geld, Grundrente, kurz, in eine monopolisierbare gesellschaftliche Macht verwandelt werden kann, d. h. von dem Augenblick, wo das persönliche Eigentum nicht mehr in bürgerliches umschlagen kann, von dem Augenblick an erklärt Ihr, die Person sei aufgehoben.

Ihr gesteht also, daß Ihr unter der Person niemanden anders versteht als den Bourgeois, den bürgerlichen Eigentümer. Und diese Person soll allerdings aufgehoben werden.
Der Kommunismus nimmt keinem die Macht, sich gesellschaftliche Produkte anzueignen, er nimmt nur die Macht, sich durch diese Aneignung fremde Arbeit zu unterjochen.
Man hat eingewendet, mit der Aufhebung des Privateigentums werde alle Tätigkeit aufhören und eine allgemeine Faulheit einreißen.
Hiernach müßte die bürgerliche Gesellschaft längst an der Trägheit zugrunde gegangen sein; denn die in ihr arbeiten, erwerben nicht, und die in ihr erwerben, arbeiten nicht. Das ganze Bedenken läuft auf die Tautologie hinaus, daß es keine Lohnarbeit mehr gibt, sobald es kein Kapital mehr gibt.
Alle Einwürfe, die gegen die kommunistische Aneignungs- und Produktionsweise der materiellen Produkte gerichtet werden, sind ebenso auf die Aneignung und Produktion der geistigen Produkte ausgedehnt worden. Wie für den Bourgeois das Aufhören des Klasseneigentums das Aufhören der Produktion selbst ist, so ist für ihn das Aufhören der Klassenbildung identisch mit dem Aufhören der Bildung überhaupt.
Die Bildung, deren Verlust er bedauert, ist für die enorme Mehrzahl die Heranbildung zur Maschine.
Aber streitet nicht mit uns, indem Ihr an Euren bürgerlichen Vorstellungen von Freiheit, Bildung, Recht usw. die Abschaffung des bürgerlichen Eigentums meßt. Eure Ideen selbst sind Erzeugnisse der bürgerlichen Produktions- und Eigentumsverhältnisse, wie Euer Recht nur der zum Gesetz erhobene Wille Eurer Klasse ist, ein Wille, dessen Inhalt gegeben ist in den materiellen Lebensbedingungen Eurer Klasse.
Die interessierte Vorstellung, worin Ihr Eure Produktions- und Eigentumsverhältnisse aus geschichtlichen, in dem Lauf der Produktion vorübergehenden Verhältnissen in ewige Natur- und Vernunftgesetze verwandelt, teilt Ihr mit allen untergegangenen herrschenden Klassen. Was Ihr für das antike Eigentum begreift, was Ihr für das feudale Eigentum begreift, dürft Ihr nicht mehr begreifen für das bürgerliche Eigentum.
Aufhebung der Familie! Selbst die Radikalsten ereifern sich über diese schändliche Absicht der Kommunisten.
Worauf beruht die gegenwärtige, die bürgerliche Familie? Auf dem Kapital, auf dem Privaterwerb. Vollständig entwickelt

existiert sie nur für die Bourgeoisie; aber sie findet ihre Ergänzung in der erzwungenen Familienlosigkeit der Proletarier und der öffentlichen Prostitution.

Die Familie des Bourgeois fällt natürlich weg mit dem Wegfallen dieser ihrer Ergänzung, und beide verschwinden mit dem Verschwinden des Kapitals.

Werft Ihr uns vor, daß wir die Ausbeutung der Kinder durch ihre Eltern aufheben wollen? Wir gestehen dies Verbrechen ein. Aber, sagt Ihr, wir heben die trautesten Verhältnisse auf, indem wir an die Stelle der häuslichen Erziehung die gesellschaftliche setzen.

Und ist nicht auch Eure Erziehung durch die Gesellschaft bestimmt? Durch die gesellschaftlichen Verhältnisse, innerhalb deren Ihr erzieht, durch die direktere oder indirektere Einmischung der Gesellschaft vermittelst der Schule usw.? Die Kommunisten erfinden nicht die Einwirkung der Gesellschaft auf die Erziehung; sie verändern nur ihren Charakter, sie entreißen die Erziehung dem Einfluß einer herrschenden Klasse.

Die bürgerlichen Redensarten über Familie und Erziehung, über das traute Verhältnis von Eltern und Kindern werden um so ekelhafter, je mehr infolge der großen Industrie alle Familienbande für die Proletarier zerrissen und die Kinder in einfache Handelsartikel und Arbeitsinstrumente verwandelt werden.

Aber Ihr Kommunisten wollt die Weibergemeinschaft einführen, schreit uns die ganze Bourgeoisie im Chor entgegen.

Der Bourgeois sieht in seiner Frau ein bloßes Produktionsinstrument. Er hört, daß die Produktionsinstrumente gemeinschaftlich ausgebeutet werden sollen, und kann sich natürlich nicht anders denken, als daß das Los der Gemeinschaftlichkeit die Weiber gleichfalls treffen wird.

Er ahnt nicht, daß es sich eben darum handelt, die Stellung der Weiber als bloßer Produktionsinstrumente aufzuheben.

Übrigens ist nichts lächerlicher als das hochmoralische Entsetzen unserer Bourgeois über die angebliche offizielle Weibergemeinschaft der Kommunisten. Die Kommunisten brauchen die Weibergemeinschaft nicht einzuführen, sie hat fast immer existiert.

Unsere Bourgeois, nicht zufrieden damit, daß ihnen die Weiber und Töchter ihrer Proletarier zur Verfügung stehen, von der offiziellen Prostitution gar nicht zu sprechen, finden ein

Hauptvergnügen darin, ihre Ehefrauen wechselseitig zu verführen.
Die bürgerliche Ehe ist in Wirklichkeit die Gemeinschaft der Ehefrauen. Man könnte höchstens den Kommunisten vorwerfen, daß sie an der Stelle einer heuchlerisch versteckten eine offizielle, offenherzige Weibergemeinschaft einführen wollen. Es versteht sich übrigens von selbst, daß mit Aufhebung der jetzigen Produktionsverhältnisse auch die aus ihnen hervorgehende Weibergemeinschaft, d. h. die offizielle und nichtoffizielle Prostitution, verschwindet.
Den Kommunisten ist ferner vorgeworfen worden, sie wollten das Vaterland, die Nationalität abschaffen.
Die Arbeiter haben kein Vaterland. Man kann ihnen nicht nehmen, was sie nicht haben. Indem das Proletariat zunächst sich die politische Herrschaft erobern, sich zur nationalen Klasse erheben, sich selbst als Nation konstituieren muß, ist es selbst noch national, wenn auch keineswegs im Sinne der Bourgeoisie.
Die nationalen Absonderungen und Gegensätze der Völker verschwinden mehr und mehr schon mit der Entwicklung der Bourgeoisie, mit der Handelsfreiheit, dem Weltmarkt, der Gleichförmigkeit der industriellen Produktion und der ihr entsprechenden Lebensverhältnisse.
Die Herrschaft des Proletariats wird sie noch mehr verschwinden machen. Vereinigte Aktion wenigstens der zivilisierten Länder ist eine der ersten Bedingungen seiner Befreiung.
In dem Maße, wie die Exploitation des einen Individuums durch das andere aufgehoben wird, wird die Exploitation einer Nation durch die andere aufgehoben.
Mit dem Gegensatz der Klassen im Innern der Nationen fällt die feindliche Stellung der Nationen gegeneinander.
Die Anklagen gegen den Kommunismus, die von religiösen, philosophischen und ideologischen Gesichtspunkten überhaupt erhoben werden, verdienen keine ausführlichere Erörterung.
Bedarf es tiefer Einsicht, um zu begreifen, daß mit den Lebensverhältnissen der Menschen, mit ihren gesellschaftlichen Beziehungen, mit ihrem gesellschaftlichen Dasein auch ihre Vorstellungen, Anschauungen und Begriffe, mit einem Worte, auch ihr Bewußtsein sich ändert?
Was beweist die Geschichte der Ideen anders, als daß die geistige Produktion sich mit der materiellen umgestaltet. Die

herrschenden Ideen einer Zeit waren stets nur die Ideen der herrschenden Klasse.
Man spricht von Ideen, welche eine ganze Gesellschaft revolutionieren; man spricht damit nur die Tatsache aus, daß sich innerhalb der alten Gesellschaft die Elemente einer neuen gebildet haben, daß mit der Auflösung der alten Lebensverhältnisse die Auflösung der alten Ideen gleichen Schritt hält.
Als die alte Welt im Untergehen begriffen war, wurden die alten Religionen von der christlichen Religion besiegt. Als die christlichen Ideen im 18. Jahrhundert den Aufklärungsideen unterlagen, rang die feudale Gesellschaft ihren Todeskampf mit der damals revolutionären Bourgeoisie. Die Ideen der Gewissens- und Religionsfreiheit sprachen nur die Herrschaft der freien Konkurrenz auf dem Gebiet des Gewissens aus.
Aber, wird man sagen, religiöse, moralische, philosophische, politische, rechtliche Ideen usw. modifizierten sich allerdings im Lauf der geschichtlichen Entwicklung. Die Religion, die Moral, die Philosophie, die Politik, das Recht erhielten sich stets in diesem Wechsel.
Es gibt zudem ewige Wahrheiten wie Freiheit, Gerechtigkeit usw., die allen gesellschaftlichen Zuständen gemeinsam sind. Der Kommunismus aber schafft die ewigen Wahrheiten ab, er schafft die Religion ab, die Moral, statt sie neu zu gestalten, er widerspricht also allen bisherigen geschichtlichen Entwicklungen.
Worauf reduziert sich diese Anklage? Die Geschichte der ganzen bisherigen Gesellschaft bewegte sich in Klassengegensätzen, die in den verschiedenen Epochen verschieden gestaltet waren.
Welche Form sie aber auch immer angenommen, die Ausbeutung des einen Teils der Gesellschaft durch den anderen ist eine allen vergangenen Jahrhunderten gemeinsame Tatsache. Kein Wunder daher, daß das gesellschaftliche Bewußtsein aller Jahrhunderte aller Mannigfaltigkeit und Verschiedenheit zum Trotz in gewissen gemeinsamen Formen sich bewegt, Formen, Bewußtseinsformen, die nur mit dem gänzlichen Verschwinden des Klassengegensatzes sich vollständig auflösen.
Die kommunistische Revolution ist das radikalste Brechen mit den überlieferten Eigentumsverhältnissen, kein Wunder, daß in ihrem Entwicklungsgange am radikalsten mit den überlieferten Ideen gebrochen wird.

Doch lassen wir die Einwürfe der Bourgeoisie gegen den Kommunismus.

Wir sahen schon oben, daß der erste Schritt in der Arbeiterrevolution die Erhebung des Proletariats zur herrschenden Klasse, die Erkämpfung der Demokratie ist.

Das Proletariat wird seine politische Herrschaft dazu benutzen, der Bourgeoisie nach und nach alles Kapital zu entreißen, alle Produktionsinstrumente in den Händen des Staats, d. h. des als herrschende Klasse organisierten Proletariats, zu zentralisieren und die Masse der Produktionskräfte möglichst rasch zu vermehren.

Es kann dies natürlich zunächst nur geschehen vermittelst despotischer Eingriffe in das Eigentumsrecht und in die bürgerlichen Produktionsverhältnisse, durch Maßregeln also, die ökonomisch unzureichend und unhaltbar erscheinen, die aber im Lauf der Bewegung über sich selbst hinaustreiben und als Mittel zur Umwälzung der ganzen Produktionsweise unvermeidlich sind.

Diese Maßregeln werden natürlich je nach den verschiedenen Ländern verschieden sein.

Für die fortgeschrittensten Länder werden jedoch die folgenden ziemlich allgemein in Anwendung kommen können:

1. Expropriation des Grundeigentums und Verwendung der Grundrente zu Staatsausgaben.
2. Starke Progressivsteuer.
3. Abschaffung des Erbrechts.
4. Konfiskation des Eigentums aller Emigranten und Rebellen.
5. Zentralisation des Kredits in den Händen des Staats durch eine Nationalbank mit Staatskapital und ausschließlichem Monopol.
6. Zentralisation alles Transportwesens in den Händen des Staats.
7. Vermehrung der Nationalfabriken, Produktionsinstrumente, Urbarmachung und Verbesserung der Ländereien nach einem gemeinschaftlichen Plan.
8. Gleicher Arbeitszwang für alle, Errichtung industrieller Armeen besonders für den Ackerbau.
9. Vereinigung des Betriebs von Ackerbau und Industrie, Hinwirken auf die allmähliche Beseitigung des Gegensatzes von Stadt und Land.

10. Öffentliche und unentgeltliche Erziehung aller Kinder. Beseitigung der Fabrikarbeit der Kinder in ihrer heutigen Form. Vereinigung der Erziehung mit der materiellen Produktion usw., usw.

Sind im Laufe der Entwicklung die Klassenunterschiede verschwunden und ist alle Produktion in den Händen der assoziierten Individuen konzentriert, so verliert die öffentliche Gewalt den politischen Charakter. Die politische Gewalt im eigentlichen Sinn ist die organisierte Gewalt einer Klasse zur Unterdrückung einer anderen. Wenn das Proletariat im Kampfe gegen die Bourgeoisie sich notwendig zur Klasse vereint, durch eine Revolution sich zur herrschenden Klasse macht und als herrschende Klasse gewaltsam die alten Produktionsverhältnisse aufhebt, so hebt es mit diesen Produktionsverhältnissen die Existenzbedingungen des Klassengegensatzes der Klassen überhaupt und damit seine eigene Herrschaft als Klasse auf.

An die Stelle der alten bürgerlichen Gesellschaft mit ihren Klassen und Klassengegensätzen tritt eine Assoziation, worin die freie Entwicklung eines jeden die Bedingung für die freie Entwicklung aller ist.

III. Sozialistische und kommunistische Literatur

1. Der reaktionäre Sozialismus

a) Der feudale Sozialismus

Die französische und englische Aristokratie war ihrer geschichtlichen Stellung nach dazu berufen, Pamphlete gegen die moderne bürgerliche Gesellschaft zu schreiben. In der französischen Julirevolution von 1830, in der englischen Reformbewegung war sie noch einmal dem verhaßten Emporkömmling erlegen. Von einem ernsten politischen Kampfe konnte nicht mehr die Rede sein. Nur der literarische Kampf blieb ihr übrig. Aber auch auf dem Gebiete der Literatur waren die alten Redensarten der Restaurationszeit unmöglich geworden. Um Sympathie zu erregen, mußte die Aristokratie scheinbar ihre Interessen aus den Augen verlieren und nur noch im Interesse der exploitierten Arbeiterklasse ihren Anklageakt gegen die Bourgeoisie formulieren. Sie bereitete sich so die Genugtuung vor, Schmählieder auf ihren neuen Herrscher singen und mehr oder minder unheilschwangere Prophezeiungen ihm ins Ohr raunen zu dürfen.

Auf diese Art entstand der feudalistische Sozialismus, halb Klagelied, halb Pasquill, halb Rückhall der Vergangenheit, halb Dräuen der Zukunft, mitunter die Bourgeoisie ins Herz treffend durch bitteres, geistreich zerreißendes Urteil, stets komisch wirkend durch gänzliche Unfähigkeit, den Gang der modernen Geschichte zu begreifen.

Den proletarischen Bettlersack schwenkten sie als Fahne in der Hand, um das Volk hinter sich her zu versammeln. Sooft es ihnen aber folgte, erblickte es auf ihrem Hintern die alten feudalen Wappen und verlief sich mit lautem und unehrerbietigem Gelächter.

Ein Teil der französischen Legitimisten und das junge England gaben dies Schauspiel zum besten.

Wenn die Feudalen beweisen, daß ihre Weise der Ausbeutung anders gestaltet war als die bürgerliche Ausbeutung, so vergessen sie nur, daß sie unter gänzlich verschiedenen und jetzt überlebten Umständen und Bedingungen ausbeuteten. Wenn sie nachweisen, daß unter ihrer Herrschaft nicht das moderne Proletariat existiert hat, so vergessen sie nur, daß eben die moderne Bourgeoisie ein notwendiger Sprößling ihrer Gesellschaftsordnung war.

Übrigens verheimlichen sie den reaktionären Charakter ihrer Kritik so wenig, daß ihre Hauptanklage gegen die Bourgeoisie eben darin besteht, unter ihrem Regime entwickele sich eine Klasse, welche die ganze alte Gesellschaftsordnung in die Luft sprengen werde.

Sie werfen der Bourgeoisie mehr noch vor, daß sie ein revolutionäres Proletariat, als daß sie überhaupt ein Proletariat erzeugt.

In der politischen Praxis nehmen sie daher an allen Gewaltmaßregeln gegen die Arbeiterklasse teil, und im gewöhnlichen Leben bequemen sie sich, allen ihren aufgeblähten Redensarten zum Trotz, die goldenen Äpfel aufzulesen und Treue, Liebe, Ehre mit dem Schacher in Schafswolle, Runkelrüben und Schnaps zu vertauschen.

Wie der Pfaffe immer Hand in Hand ging mit dem Feudalen, so der pfäffische Sozialismus mit dem feudalistischen.

Nichts leichter, als dem christlichen Asketismus einen sozialistischen Anstrich zu geben. Hat das Christentum nicht auch gegen das Privateigentum, gegen die Ehe, gegen den Staat geeifert? Hat es nicht die Wohltätigkeit und den Bettel, das Zölibat und die Fleischesertötung, das Zellenleben und die Kirche an ihre Stelle gepredigt? Der heutige Sozialismus ist nur das Weihwasser, womit der Pfaffe den Ärger des Aristokraten einsegnet.

b) Kleinbürgerlicher Sozialismus

Die feudale Aristokratie ist nicht die einzige Klasse, welche durch die Bourgeoisie gestürzt wurde, deren Lebensbedingungen in der modernen bürgerlichen Gesellschaft verkümmerten und abstarben. Das mittelalterliche Pfahlbürgertum und der kleine Bauernstand waren die Vorläufer der modernen Bourgeoisie. In den weniger industriell und kommerziell entwickelten Ländern vegetiert diese Klasse noch fort neben der aufkommenden Bourgeoisie.

In den Ländern, wo sich die moderne Zivilisation entwickelt hat, hat sich eine neue Kleinbürgerschaft gebildet, die zwischen dem Proletariat und der Bourgeoisie schwebt und als ergänzender Teil der bürgerlichen Gesellschaft stets von neuem sich bildet, deren Mitglieder aber beständig durch die Konkurrenz ins Proletariat hinabgeschleudert werden, ja selbst mit der Entwicklung der großen Industrie einen Zeitpunkt herannahen sehen, wo sie als selbständiger Teil der modernen Gesellschaft gänzlich verschwinden und im Handel, in der Manufaktur, in der Agrikultur durch Arbeitsaufseher und Domestiken ersetzt werden.

In Ländern wie in Frankreich, wo die Bauernklasse weit mehr als die Hälfte der Bevölkerung ausmacht, war es natürlich, daß Schriftsteller, die für das Proletariat gegen die Bourgeoisie auftraten, an ihre Kritik des Bourgeoisregimes den kleinbürgerlichen und kleinbäuerlichen Maßstab anlegten und die Partei der Arbeiter vom Standpunkt des Kleinbürgertums ergriffen. Es bildete sich so der kleinbürgerliche Sozialismus. Sismondi ist das Haupt dieser Literatur nicht nur für Frankreich, sondern auch für England.

Dieser Sozialismus zergliederte höchst scharfsinnig die Widersprüche in den modernen Produktionsverhältnissen. Er enthüllte die gleißnerischen Beschönigungen der Ökonomen. Er

wies unwiderleglich die zerstörenden Wirkungen der Maschinerie und der Teilung der Arbeit nach, die Konzentration der Kapitalien und des Grundbesitzes, die Überproduktion, die Krisen, den notwendigen Untergang der kleinen Bürger und Bauern, das Elend des Proletariats, die Anarchie in der Produktion, die schreienden Mißverhältnisse in der Verteilung des Reichtums, den industriellen Vernichtungskrieg der Nationen untereinander, die Auflösung der alten Sitten, der alten Familienverhältnisse, der alten Nationalitäten.
Seinem positiven Gehalte nach will jedoch dieser Sozialismus entweder die alten Produktions- und Verkehrsmittel wiederherstellen und mit ihnen die alten Eigentumsverhältnisse und die alte Gesellschaft, oder er will die modernen Produktions- und Verkehrsmittel in den Rahmen der alten Eigentumsverhältnisse, die von ihnen gesprengt werden, gesprengt werden mußten, gewaltsam wieder einsperren. In beiden Fällen ist er reaktionär und utopistisch zugleich.
Zunftwesen in der Manufaktur und patriarchalische Wirtschaft auf dem Lande, das sind seine letzten Worte.
In ihrer weiteren Entwicklung hat sich diese Richtung in einen feigen Katzenjammer verlaufen.

c) Der deutsche oder der wahre Sozialismus

Die sozialistische und kommunistische Literatur Frankreichs, die unter dem Druck einer herrschenden Bourgeoisie entstand und der literarische Ausdruck des Kampfs gegen diese Herrschaft ist, wurde nach Deutschland eingeführt zu einer Zeit, wo die Bourgeoisie soeben ihren Kampf gegen den feudalen Absolutismus begann.
Deutsche Philosophen, Halbphilosophen und Schöngeister bemächtigten sich gierig dieser Literatur und vergaßen nur, daß bei der Einwanderung jener Schriften aus Frankreich die französischen Lebensverhältnisse nicht gleichzeitig nach Deutschland eingewandert waren. Den deutschen Verhältnissen gegenüber verlor die französische Literatur alle unmittelbar praktische Bedeutung und nahm ein rein literarisches Aussehen an. Als müßige Spekulation über die wahre Gesellschaft, über die Verwirklichung des menschlichen Wesens mußte sie erscheinen. So hatten für die deutschen Philosophen des 18. Jahrhunderts die Forderungen der ersten französischen Revolution nur den Sinn, Forderungen der „praktischen Vernunft" im allgemeinen zu

sein, und die Willensäußerung der revolutionären französischen Bourgeoisie bedeuteten in ihren Augen die Gesetze des reinen Willens, des Willens, wie er sein muß, des wahrhaft menschlichen Willens.

Die ausschließliche Arbeit der deutschen Literaten bestand darin, die neuen französischen Ideen mit ihrem alten philosophischen Gewissen in Einklang zu setzen oder vielmehr von ihrem philosophischen Standpunkt aus die französischen Ideen sich anzueignen.

Diese Aneignung geschah in derselben Weise, wodurch man sich überhaupt eine fremde Sprache aneignet, durch die Übersetzung.

Es ist bekannt, wie die Mönche Manuskripte, worauf die klassischen Werke der alten Heidenzeit verzeichnet waren, mit abgeschmackten katholischen Heiligengeschichten überschrieben. Die deutschen Literaten gingen umgekehrt mit der profanen französischen Literatur um. Sie schrieben ihren philosophischen Unsinn hinter das französische Original. Z. B. hinter die französische Kritik der Geldverhältnisse schrieben sie „Entäußerung des menschlichen Wesens", hinter die französische Kritik des Bourgeoisstaates schrieben sie „Aufhebung der Herrschaft des abstrakt Allgemeinen" usw.

Diese Unterschiebung ihrer philosophischen Redensarten unter die französischen Entwicklungen tauften sie „Philosophie der Tat", „wahrer Sozialismus", „Deutsche Wissenschaft des Sozialismus", „Philosophische Begründung des Sozialismus" usw.

Die französisch-sozialistisch-kommunistische Literatur wurde so förmlich entmannt. Und da sie in der Hand des Deutschen aufhörte, den Kampf einer Klasse gegen die andere auszudrücken, so war der Deutsche sich bewußt, die französische Einseitigkeit überwunden, statt wahrer Bedürfnisse das Bedürfnis der Wahrheit und statt die Interessen des Proletariers die Interessen des menschlichen Wesens, des Menschen überhaupt, vertreten zu haben, des Menschen, der keiner Klasse, der überhaupt nicht der Wirklichkeit, der nur dem Dunsthimmel der philosophischen Phantasie angehört.

Dieser deutsche Sozialismus, der seine unbeholfenen Schulübungen so ernst und feierlich nahm und so marktschreierisch ausposaunte, verlor indes nach und nach seine pedantische Unschuld.

Der Kampf der deutschen, namentlich der preußischen Bourgeoisie gegen die Feudalen und das absolute Königtum, mit einem Wort, die liberale Bewegung, wurde ernsthafter.

Dem wahren Sozialismus war so erwünschte Gelegenheit geboten, der politischen Bewegung die sozialistischen Forderungen gegenüberzustellen.

Die überlieferten Anatheme gegen den Liberalismus, gegen den Repräsentativstaat, gegen die bürgerliche Konkurrenz, bürgerliche Pressefreiheit, bürgerliches Recht, bürgerliche Freiheit und Gleichheit zu schleudern und der Volksmasse vorzupredigen, wie sie bei dieser bürgerlichen Bewegung nichts zu gewinnen, vielmehr alles zu verlieren habe. Der deutsche Sozialismus vergaß rechtzeitig, daß die französische Kritik, deren geistloses Echo er war, die moderne bürgerliche Gesellschaft mit den entsprechenden materiellen Lebensbedingungen und der angemessenen politischen Konstitution voraussetzt, lauter Voraussetzungen, um deren Erkämpfung es sich erst in Deutschland handelte.

Er diente den deutschen absoluten Regierungen mit ihrem Gefolge von Pfaffen, Schulmeistern, Krautjunkern und Bürokraten als erwünschte Vogelscheuche gegen die drohend aufstrebende Bourgeoisie.

Er bildete die süßliche Ergänzung zu den bitteren Peitschenhieben und Flintenkugeln, womit dieselben Regierungen die deutschen Arbeiteraufstände bearbeiteten.

Ward der wahre Sozialismus dergestalt eine Waffe in der Hand der Regierungen gegen die deutsche Bourgeoisie, so vertrat er auch unmittelbar ein reaktionäres Interesse, das Interesse der deutschen Pfahlbürgerschaft. In Deutschland bildet das vom sechzehnten Jahrhundert her überlieferte und seit der Zeit in verschiedener Form hier immer neu wieder auftauchende Kleinbürgertum die eigentliche gesellschaftliche Grundlage der bestehenden Zustände.

Seine Erhaltung ist die Erhaltung der bestehenden deutschen Zustände. Von der industriellen und politischen Herrschaft der Bourgeoisie fürchtet es den sicheren Untergang, einerseits infolge der Konzentration des Kapitals, andererseits durch das Aufkommen eines revolutionären Proletariats. Der wahre Sozialismus schien ihm beide Fliegen mit einer Klappe zu schlagen. Er verbreitete sich wie eine Epidemie.

Das Gewand, gewirkt aus spekulativem Spinnweb, überstickt mit schöngeistigen Redeblumen, durchtränkt von liebesschwü-

lem Gemütstau, dies überschwängliche Gewand, worin die deutschen Sozialisten ihre paar knöchernen ewigen Wahrheiten einhüllten, vermehrte nur den Absatz ihrer Ware bei diesem Publikum.
Seinerseits erkannte der deutsche Sozialismus immer mehr seinen Beruf, der hochtrabende Vertreter dieser Pfahlbürgerschaft zu sein.
Er proklamierte die deutsche Nation als die normale Nation und den deutschen Spießbürger als den Normalmenschen. Er gab jeder Niedertracht desselben einen verborgenen höheren sozialistischen Sinn, worin sie ihr Gegenteil bedeutete. Er zog die letzte Konsequenz, indem er direkt gegen die rohdestruktive Richtung des Kommunismus auftrat und seine unparteiische Erhabenheit über alle Klassenkämpfe verkündete. Mit sehr wenigen Ausnahmen gehört alles, was in Deutschland von angeblich sozialistischen und kommunistischen Schriften zirkuliert, in den Bereich dieser schmutzigen entnervenden Literatur.

2. Der konservative oder Bourgeois-Sozialismus

Ein Teil der Bourgeoisie wünscht den sozialen Mißständen abzuhelfen, um den Bestand der bürgerlichen Gesellschaft zu sichern.
Es gehören hierher Ökonomisten, Philantropen, Humanitäre, Verbesserer der Lage der arbeitenden Klassen, Wohltätigkeitsorganisierer, Abschaffer der Tierquälerei, Mäßigkeitsvereinsstifter, Winkelreformer der buntscheckigsten Art. Und auch zu ganzen Systemen ist dieser Bourgeois-Sozialismus ausgearbeitet worden.
Als Beispiel führen wir Proudhons Philosophie de la misère an.
Die sozialistischen Bourgeois wollen die Lebensbedingungen der modernen Gesellschaft ohne die notwendig daraus hervorgehenden Kämpfe und Gefahren. Sie wollen die bestehende Gesellschaft mit Abzug der sie revolutionierenden und sie auflösenden Elemente. Sie wollen die Bourgeoisie ohne das Proletariat. Die Bourgeoisie stellt sich die Welt, worin sie herrscht, natürlich als die beste Welt vor. Der Bourgeois-Sozialismus arbeitet diese tröstliche Vorstellung zu einem halben oder ganzen System aus. Wenn er das Proletariat auffordert, seine

Systeme zu verwirklichen, um in das neue Jerusalem einzugehen, so verlangt er im Grunde nur, daß es in der jetzigen Gesellschaft stehenbleibe, aber seine gehässigen Vorstellungen von derselben abstreife.
Eine zweite, weniger systematische und mehr praktische Form des Sozialismus suchte der Arbeiterklasse jede revolutionäre Bewegung zu verleiden durch den Nachweis, wie nicht diese oder jene politische Veränderung, sondern nur eine Veränderung der materiellen Lebensverhältnisse, der ökonomischen Verhältnisse, ihr von Nutzen sein könne. Unter Veränderung der materiellen Lebensverhältnisse versteht dieser Sozialismus aber keineswegs Abschaffung der bürgerlichen Produktionsverhältnisse, die nur auf revolutionärem Wege möglich ist, sondern administrative Verbesserungen, die auf dem Boden dieser Produktionsverhältnisse vor sich gehen; also an dem Verhältnis von Kapital und Lohnarbeit nichts ändern, sondern im besten Fall der Bourgeoisie die Kosten ihrer Herrschaft vermindern und ihren Staatshaushalt vereinfachen.
Seinen entsprechenden Ausdruck erreicht der Bourgeois-Sozialismus erst da, wo er zur bloßen rednerischen Figur wird.
Freier Handel! Im Interesse der arbeitenden Klasse; Schutzzölle! Im Interesse der arbeitenden Klasse; Zellengefängnisse! Im Interesse der arbeitenden Klasse, das ist das letzte, das einzig ernstgemeinte Wort des Bourgeois-Sozialismus.
Ihr Sozialismus besteht eben in der Behauptung, daß die Bourgeois Bourgeois sind — im Interesse der arbeitenden Klasse.

3. Der kritisch-utopistische Sozialismus und Kommunismus

Wir reden hier nicht von der Literatur, die in allen großen modernen Revolutionen die Forderungen des Proletariats aussprach (Schriften Babeufs usw.).
Die ersten Versuche des Proletariats, in einer Zeit allgemeiner Aufregung, in der Periode des Umsturzes der feudalen Gesellschaft direkt sein eignes Klasseninteresse durchzusetzen, scheiterten notwendig an der unentwickelten Gestalt des Proletariats selbst wie an dem Mangel der materiellen Bedingungen seiner Befreiung, die eben erst das Produkt der bürgerlichen Epoche sind. Die revolutionäre Literatur, welche diese ersten Bewegungen des Proletariats begleitete, ist dem Inhalt nach

notwendig reaktionär. Sie lehrt einen allgemeinen Asketismus und eine rohe Gleichmacherei.
Die eigentlich sozialistischen und kommunistischen Systeme, die Systeme St. Simons, Fouriers, Owens usw., tauchen auf in der ersten unentwickelten Periode des Kampfs zwischen Proletariat und Bourgeoisie, die wir oben dargestellt haben. (S. Bourgeoisie und Proletariat.)
Die Erfinder dieser Systeme sehen zwar den Gegensatz der Klassen wie die Wirksamkeit der auflösenden Elemente in der herrschenden Gesellschaft selbst. Aber sie erblicken auf der Seite des Proletariats keine geschichtliche Selbsttätigkeit, keine ihm eigentümliche politische Bewegung.
Da die Entwicklung des Klassengegensatzes gleichen Schritt hält mit der Entwicklung der Industrie, finden sie ebensowenig die materiellen Bedingungen zur Befreiung des Proletariats vor und suchen nach einer sozialen Wissenschaft, nach sozialen Gesetzen, um diese Bedingungen zu schaffen.
An die Stelle der gesellschaftlichen Tätigkeit muß ihre persönlich erfinderische Tätigkeit treten, an die Stelle der geschichtlichen Bedingungen der Befreiung phantastische, an die Stelle der allmählich vor sich gehenden Organisation des Proletariats zur Klasse eine eigens ausgeheckte Organisation der Gesellschaft. Die kommende Weltgeschichte löst sich für sie auf in die Propaganda und die praktische Ausführung ihrer Gesellschaftspläne.
Sie sind sich zwar bewußt, in ihren Plänen hauptsächlich das Interesse der arbeitenden Klasse als der leidendsten Klasse zu vertreten. Nur unter diesem Gesichtspunkt der leidendsten Klasse existiert das Proletariat für sie.
Die unentwickelte Form des Klassenkampfes wie ihre eigene Lebenslage bringen es aber mit sich, daß sie weit über jenen Klassengegensatz erhaben zu sein glauben. Sie wollen die Lebenslage aller Gesellschaftsglieder, auch der bestgestellten verbessern. Sie appellieren daher fortwährend an die ganze Gesellschaft ohne Unterschied, ja vorzugsweise an die herrschende Klasse. Man braucht ihr System ja nur zu verstehen, um es als den bestmöglichen Plan der bestmöglichen Gesellschaft anzuerkennen.
Sie verwerfen daher alle politische, namentlich alle revolutionäre Aktion, sie wollen ihr Ziel auf friedlichem Wege erreichen und versuchen durch kleine, natürlich fehlschlagende

Experimente, durch die Macht des Beispiels, dem neuen gesellschaftlichen Evangelium Bahn zu brechen.
Diese phantastische Schilderung der zukünftigen Gesellschaft entspricht in einer Zeit, wo das Proletariat noch höchst unentwickelt ist, also selbst noch phantastisch seine eigene Stellung auffaßt, seinem ersten ahnungsvollen Drängen nach einer allgemeinen Umgestaltung der Gesellschaft.
Die sozialistischen und kommunistischen Schriften bestehen aber auch aus kritischen Elementen. Sie greifen alle Grundlagen der bestehenden Gesellschaft an. Sie haben daher höchst wertvolles Material zur Aufklärung der Arbeiter geliefert. Ihre positiven Sätze über die zukünftige Gesellschaft, z. B. Aufhebung des Gegensatzes von Stadt und Land, der Familie, des Privaterwerbs, der Lohnarbeit, die Verkündung der gesellschaftlichen Harmonie, die Verwandlung des Staats in eine bloße Verwaltung der Produktion — alle diese ihre Sätze drücken bloß das Wegfallen des Klassengegensatzes aus, der eben erst sich zu entwickeln beginnt, den sie nur noch in seiner ersten gestaltlosen Unbestimmtheit kennen. Diese Sätze selbst haben daher noch einen rein utopistischen Sinn.
Die Bedeutung des kritischen utopistischen Sozialismus und Kommunismus steht im umgekehrten Verhältnis zur geschichtlichen Entwicklung. In demselben Maße, worin der Klassenkampf sich entwickelt und gestaltet, verliert diese phantastische Erhebung über denselben, diese phantastische Bekämpfung desselben allen praktischen Wert, alle theoretische Berechtigung. Waren daher die Urheber dieser Systeme auch in vieler Beziehung revolutionär, so bilden ihre Schüler jedesmal reaktionäre Sekten. Sie halten die alten Anschauungen der Meister fest gegenüber der geschichtlichen Fortentwicklung des Proletariats. Sie suchen daher konsequent den Klassenkampf wieder abzustumpfen und die Gegensätze zu vermitteln. Sie träumen noch immer die versuchsweise Verwirklichung ihrer gesellschaftlichen Utopien, Stiftung einzelner Phalanstere, Gründung von home-Kolonien, Errichtung eines kleinen Ikariens — Duodez-Ausgabe des neuen Jerusalems —, und zum Aufbau aller dieser spanischen Schlösser müssen sie an die Philanthropie der bürgerlichen Herzen und Geldsäcke appellieren. Allmählich fallen sie in die Kategorie der oben geschilderten reaktionären oder konservativen Sozialisten und unterscheiden sich nur mehr von ihnen durch mehr systematische Pedanterie, durch

den fanatischen Aberglauben an die Wunderwirkungen ihrer sozialen Wissenschaft.
Sie treten daher mit Erbitterung aller politischen Bewegung der Arbeiter entgegen, die nur aus blindem Unglauben an das neue Evangelium hervorgehen konnte.
Die Owenisten in England, die Fourieristen in Frankreich reagieren dort gegen die Chartisten, hier gegen die Reformisten.

IV. Stellung der Kommunisten zu den verschiedenen oppositionellen Parteien

Nach Abschnitt 2 versteht sich das Verhältnis der Kommunisten zu den bereits konstituierten Arbeiterparteien von selbst, also ihr Verhältnis zu den Chartisten in England und den agrarischen Reformern in Nordamerika.
Sie kämpfen für die Erreichung der unmittelbar vorliegenden Zwecke und Interessen der Arbeiterklasse, aber sie vertreten in der gegenwärtigen Bewegung zugleich die Zukunft der Bewegung. In Frankreich schließen sich die Kommunisten an die sozialistisch-demokratische Partei an gegen die konservative und radikale Bourgeoisie, ohne darum das Recht aufzugeben, sich kritisch zu den aus der revolutionären Überlieferung herrührenden Phrasen und Illusionen zu verhalten.
In der Schweiz unterstützen sie die Radikalen, ohne zu verkennen, daß diese Partei aus widersprechenden Elementen besteht, teils aus demokratischen Sozialisten im französischen Sinn, teils aus radikalen Bourgeois.
Unter den Polen unterstützen die Kommunisten die Partei, welche eine agrarische Revolution zur Bedingung der nationalen Befreiung macht. Dieselbe Partei, welche die Krakauer Insurrektion von 1846 ins Leben rief.
In Deutschland kämpft die kommunistische Partei, sobald die Bourgeoisie revolutionär auftritt, gemeinsam mit der Bourgeoisie gegen die absolute Monarchie, das feudale Grundeigentum und die Kleinbürgerei.
Sie unterläßt aber keinen Augenblick, bei den Arbeitern ein möglichst klares Bewußtsein über den feindlichen Gegensatz von Bourgeoisie und Proletariat herauszuarbeiten, damit die deutschen Arbeiter sogleich die gesellschaftlichen und politi-

schen Bedingungen, welche die Bourgeoisie mit ihrer Herrschaft herbeiführen muß, als ebensoviele Waffen gegen die Bourgeoisie kehren können, damit, nach dem Sturz der reaktionären Klassen in Deutschland, sofort der Kampf gegen die Bourgeoisie selbst beginnt.

Auf Deutschland richten die Kommunisten ihre Hauptaufmerksamkeit, weil Deutschland am Vorabend einer bürgerlichen Revolution steht und weil es diese Umwälzung unter fortgeschritteneren Bedingungen der europäischen Zivilisation überhaupt und mit einem viel weiter entwickelten Proletariat vollbringt als England im siebzehnten und Frankreich im achtzehnten Jahrhundert, die deutsche bürgerliche Revolution also nur das unmittelbare Vorspiel einer proletarischen Revolution sein kann.

Mit einem Wort, die Kommunisten unterstützen überall jede revolutionäre Bewegung gegen die bestehenden gesellschaftlichen und politischen Zustände.

In allen diesen Bewegungen heben sie die Eigentumsfrage, welche mehr oder minder entwickelte Form sie auch angenommen haben möge, als die Grundfrage der Bewegung hervor.

Die Kommunisten arbeiten endlich überall an der Verbindung und Verständigung der demokratischen Parteien aller Länder.

Die Kommunisten verschmähen es, ihre Ansichten und Absichten zu verheimlichen. Sie erklären es offen, daß ihre Zwecke nur erreicht werden können durch den gewaltsamen Umsturz aller bisherigen Gesellschaftsordnung. Mögen die herrschenden Klassen vor einer kommunistischen Revolution zittern. Die Proletarier haben nichts in ihr zu verlieren als ihre Ketten. Sie haben eine Welt zu gewinnen.

Proletarier aller Länder, vereinigt Euch!

II. Beschlüsse des Gründungskongresses der Allgemeinen Deutschen Arbeiterverbrüderung in Berlin, 1848

Vorbemerkung des Herausgebers

Nach dem Sieg der Märzrevolution bildete sich im April 1848 in Berlin ein „Zentralkomitee für Arbeiter" unter dem Vorsitz des Schriftsetzers Stephan Born, der zwar Mitglied des „Bundes der Kommunisten" war, sich aber im Verlaufe der Revolutionszeit weit von Marxschen Positionen entfernte. Um eine selbständige Organisation der deutschen Arbeiter unabhängig von den Demokraten zu gründen, berief das Zentralkomitee zusammen mit einigen anderen Arbeitervereinen einen Arbeiterkongreß nach Berlin, der vom 23. August bis 3. September eine „soziale Volks-Charte" beraten und verabschieden sollte. Auf diesem Kongreß waren 31 Arbeitervereine (aus Königsberg, Breslau, München, der Rheinprovinz, Westfalen und Hannover sowie einigen kleineren Orten vor allem des östlichen Deutschland), 3 Arbeiterkomitees (aus Berlin, Hamburg und Leipzig) und ebenfalls der noch tagende Frankfurter Gesellenkongreß vertreten. Es wurde die Gründung der ersten Massenorganisation deutscher Handwerker und Arbeiter, der „Allgemeinen Deutschen Arbeiterverbrüderung", beschlossen, die föderalistisch aufgebaut und von einem dreiköpfigen Zentralkomitee (u. a. Born) in Leipzig geleitet wurde, das auch das Organ des Verbandes „Die Verbrüderung" herausgab.

Erster Teil
Statut für die Organisation der Arbeiter

I. Die Lokalkomitees für Arbeiter

§ 1. Es bilden die verschiedenen Gewerke und Arbeitergemeinschaften im weitesten Sinne des Worts Vereinigungen und wählen, je nach dem Verhältnis ihrer Zahl, Vertreter zu einem Lokalkomitee für Arbeiter. Für Gewerke, welche vereinzelt dastehen, dürfte der Kreis Vereinigungen bieten.

§ 2. Diejenigen Arbeiter, welche noch keine Gemeinschaften bilden, haben sich ebenfalls zu vereinigen und Vertreter zu wählen, z.B. die Eisenbahnarbeiter etc.

§ 3. Das Lokalkomitee hat die Verpflichtung, a) regelmäßige Versammlungen der Arbeiter zu veranlassen; b) die Bedürfnisse und Übelstände der Arbeiter in ihren Orten oder Kreisen genau zu erforschen und auf Abhilfe derselben hinzuwirken; c) aus sich einen Ausschuß zu wählen, der die Geschäfte leitet, bestehend aus 1 Vorsitzenden, 1 Beisitzer, 2 Schreibern, 1 Kassierer und 2 Kassenaufsehern.

§ 4. Die Lokalkomitees verschiedener Orte stehen miteinander in Verbindung, und zwar a) indem sie sich in kleinere oder größere Bezirke ordnen und für alle ein Bezirkskomitee bilden; b) durch briefliche Mitteilungen, welche sie an das Bezirkskomitee zur Beförderung an die einzelnen Lokalkomitees und an das Zentralkomitee machen; c) durch Absendung von Abgeordneten zu den Bezirksversammlungen und der vom Zentralkomitee ausgeschriebenen Generalversammlung für ganz Deutschland.

II. Die Bezirkskomitees

§ 5. haben vorläufig ihren Sitz in folgenden Städten: Danzig, Königsberg, Stettin, Köln, Bielefeld, Frankfurt, Hamburg, Stuttgart, Mannheim, München, Linz, Wien, Brünn, Prag, Nürnberg, Bamberg, Jena, Coburg, Marburg, Hannover, Osnabrück, Braunschweig, Magdeburg, Berlin, Dresden, Kiel, ohne daß hierdurch einzelnen Lokalkomitees das Recht benommen wird, aus sich ein Bezirkskomitee noch außer den genannten Städten neu zu gründen.

§ 6. Das Bezirkskomitee ist verpflichtet: a) zur Vermittlung der Interessen der einzelnen Lokalkomitees untereinander und mit dem Zentralkomitee; b) zur Veranlassung und Durchführung aller Maßregeln, welche die allgemeinen Arbeiterinteressen erheischen.

§ 7. In den Bezirkskomitees ist die Sache der Arbeiterinnen durch eine Abteilung vertreten.

§ 8. Das Bezirkskomitee ist der Bezirksversammlung verantwortlich.

III. Das Zentralkomitee für ganz Deutschland

§ 9. Das Zentralkomitee für ganz Deutschland hat vorläufig seinen Sitz in Leipzig.

§ 10. Das Zentralkomitee besteht vorläufig aus vom Berliner Kongreß erwählten Mitgliedern, welchen es überlassen bleibt, die Ergänzung nach Rücksprache mit dem betreffenden Lokal- und Bezirkskomitee zu vervollständigen.

§ 11. Das Zentralkomitee ist verpflichtet: a) zur Wahrung und Vermittlung der Interessen der Arbeiter und verschiedenen Komitees untereinander und mit dem Staate; b) zur Veranlassung und Durchführung aller Maßregeln, welche die allgemeinen Arbeiterinteressen erheischen.

§ 12. Das Zentralkomitee ist der Generalversammlung verantwortlich.

§ 13. Der Ort derselben wird von der Generalversammlung selbst jedesmal für das nächste Jahr bestimmt.

IV. Von den Bezirks- und Generalversammlungen

a) Die Bezirksversammlungen

§ 14. Die Bezirksversammlungen finden jährlich wenigstens einmal in dem vom Bezirkskomitee bestimmten Orte statt. In wichtigen Fällen müssen diese Versammlungen von dem Bezirkskomitee außerordentlich zusammenberufen werden.

§ 15. Die Bezirksversammlung ist verpflichtet: a) zur Prüfung der von den Bezirkskomitees an sie zu leistenden Berichte ihrer Tätigkeit; b) sie kann die Absetzung der bestehenden Bezirkskomitees oder einzelner Mitglieder derselben dekretieren und eine neue Wahl ausführen.

§ 16. Jedes Lokalkomitee sendet Abgeordnete zu denselben, deren Maximumzahl vom Bezirkskomitee nach gleichem Verhältnis bestimmt wird.

b) Die Generalversammlung aller deutschen Arbeiter

§ 17. Die Generalversammlung findet in jedem Jahre wenigstens einmal statt. Das Zentralkomitee ist verbunden, in wichtigen Fällen außerordentliche Generalversammlungen zu berufen.

§ 18. Die Generalversammlung ist verpflichtet: a) zur Prüfung des von dem Zentralkomitee an sie zu leistenden Berichts seiner Tätigkeit; b) sie kann die Absetzung des bestehenden Zentralkomitees oder einzelner Mitglieder desselben dekretieren und eine neue Wahl ausführen.

§ 19. Jedes Lokalkomitee sendet Abgeordnete zu derselben, deren Maximumzahl von dem Zentralkomitee nach gleichem Verhältnis ausgeschrieben wird.

V. Allgemeine Bestimmungen

§ 20. Jedes Mitglied unterwirft sich von vornherein den Beschlüssen der Majorität und muß ihnen Folge leisten.

§ 21. Die Sitzungen der Arbeiterkomitees sind öffentlich, doch haben nur die Deputierten Stimmrecht.

§ 22. Die Vertreter und Beamten sind auf ein Jahr gewählt und mit Ausnahme der Kassenaufseher wieder wählbar.

§ 23. Die Kassenrevision der Kasse des Zentralkomitees steht auf Antrag von je zwei Bezirkskomitees dem dazu Bevollmächtigten jeden Augenblick frei.

§ 24. Die Mitgliedschaft jeder Person ist begründet durch Zahlung eines regelmäßigen Beitrags.

§ 25. Jeder Lokalverein hat 1 Zehntel der Beiträge seiner Mitglieder dem Zentralkomitee einzusenden.

§ 26. Jedes Mitglied erhält eine Karte, welche in allen deutschen, mit dem Zentralkomitee in Verbindung stehenden Vereinen Gültigkeit für die Periode eines Beitrags hat.

§ 27. Die Karten sämtlicher Vereine, welche in Verbindung stehen, haben, mit Ausschluß derjenigen Personen, deren Wohnort bleibend ist, für die Periode einer Monatszahlung Gültigkeit, verlieren ihre Gültigkeit nach Ablauf des letzten verzeichneten Monats, berechtigen aber zum Wiedereintritt; sie sind von jedem Lokalverein abzustempeln.

Zweiter Teil
Selbsthilfe der Arbeiter

§ 1. Sämtliche Arbeiter eines Orts vereinigen sich zu einer Assoziation, ohne dadurch die bestehenden Gewerksverhältnisse aufzuheben (s. Organisation der Arbeiter Art. I, § 1 u. 2).

§ 2. Das laut § 1 des Organisationsstatuts gewählte Lokalkomitee für Arbeiter ist der Vorstand dieser Assoziation.

§ 3. Das Lokalkomitee übernimmt das Arbeits- und Arbeiternachweisbüro. Zu dem Ende melden sich bei demselben alle Arbeitgeber und Arbeiter des Ortes, wo es dann Arbeit dem Arbeitsuchenden und Arbeiter dem Arbeitgeber zuweist.

§ 4. Ohne Wissen des Komitees darf weder Arbeit gegeben noch angenommen werden, und muß das Komitee über sämtliche Arbeiter eine Liste führen, die außer Namen, Gewerk und Geburtsort auch den Namen des Arbeitgebers enthält.

§ 5. Für den Fall, daß das Komitee dem einzelnen in seinem Gewerke keine Beschäftigung geben kann und sich die Masse häufen sollte, wendet sich das Komitee um Arbeit an den Vorstand der Gemeinde; ist auch dieser unvermögend, Arbeit zu geben, so sucht das Komitee durch Vermittlung des betreffenden Bezirks und des Zentralkomitees die Hilfe des Staates nach.

§ 6. Jeder Arbeiter erhält vom Komitee bei seinem Eintritt in die Arbeit ein von diesem gestempeltes Arbeitsbuch, in welches die in einer Lohnzeit von ihm gefertigten Arbeiten vom Arbeitgeber eingetragen werden.

§ 7. Kein Arbeitgeber darf in der Regel einen Arbeiter entlassen, ohne dem Lokalkomitee 14 Tage vor der Entlassung unter Angabe der Gründe hiervon Anzeige zu machen, wenn nicht durch gegenseitige Übereinkunft eine anderweitige Bestimmung getroffen ist, damit das Komitee für fernerweitige Beschäftigung Sorge tragen kann. Dasselbe gilt von den Arbeitern.

§ 8. Der Lohnsatz ist für dieselbe Art der Arbeit im ganzen Orte gleich und wird durch Übereinkunft der Arbeitgeber mit den Arbeitern unter dem Vorsitze des Lokalkomitees so festgestellt, daß der geringste Lohnsatz (Minimum) den Bedürfnissen des Lebens entsprechend ist.

§ 9. Für höhere Fähigkeiten ist die besondere Übereinkunft nicht ausgeschlossen.

§ 10. Das Lokalkomitee fertigt nach den so festgestellten Lohnsätzen eine Lohnsatzliste an und stellt dem Arbeitgeber sowohl als auch dem Arbeiter zu ihrer Kontrolle ein Exemplar zu.

§ 11. Kein Arbeitgeber darf seine Arbeiter selbst auslohnen, sondern hat die Summe des in einer Lohnzeit von seinen Arbeitern verdienten Lohnes an das Lokalkomitee gegen Quittung zu zahlen.

§ 12. Das Lokalkomitee lohnt die der Verbindung angehörigen Arbeiter alle 14 Tage, welche von Freitag zu Freitag zählen, durch ihren Rendanten am Montagabend nach vollendetem Tagewerk aus. (Das Verfahren hierbei wird durch das beigefügte Reglement geregelt.)

§ 13. Um auch in größeren Städten die Auszahlung der Arbeiter durch das Lokalkomitee möglich zu machen, müssen von demselben Bezirksrendanten ernannt werden, welche unter seiner Leitung und Verantwortlichkeit arbeiten.

§ 14. Für großartige Etablissements oder solche Arbeiten, welche außerhalb des Ortes eine große Masse Arbeiter beschäftigen, muß die Einrichtung so getroffen werden, daß in Übereinstimmung der Arbeiter und des Komitees einer ernannt wird, welcher die Stelle des Rendanten vertritt; jedoch ist dieser gehalten, dem Komitee Rechenschaft zu geben, und zwar gleich nach vollendeter Zahlung.

§ 15. Für großartige Etablissements oder größere Staatsbauten muß die Einrichtung so getroffen werden, daß in Übereinstimmung der Arbeiter mit dem Lokalkomitee von demselben einer ernannt wird, welcher die Stelle eines Rendanten vertritt; jedoch ist derselbe gehalten, dem Komitee Rechenschaft zu geben, und zwar gleich nach vollendeter Zahlung.

§ 16. Unter der direkten Verwaltung des Lokalkomitees bilden die der Assoziation angehörenden Arbeiter eine Assoziationskasse derart, daß durch Bestimmung des Komitees von dem Lohne des Arbeiters 7, 8½ und 10 % des Lohnsatzes abgezogen werden (1 Sgr. von 15, 2 Sgr. von 22½ und 3 Sgr. von 30 Sgr. Tagelohn oder 3 ½ von 52, 7 von 79, 10½ von 105 Krz.).

§ 17. Diese Abzüge bilden den Bestand der Kasse, und werden dieselben jedem einzelnen Arbeiter bei der Auszahlung in einem Quittungsbuche, welches gleichzeitig als Legitimation bei der Kasse dient, notiert.

§ 18. Da das auf diese Weise zusammengebrachte Kapital grundsätzlich erst nach 10 Jahren von der ganzen Assoziation gemeinsam benutzt werden soll, so müssen sich die Anzahler folgenden Bedingungen unterwerfen: a) von dem eingezahlten Kapital keine Zinsen zu verlangen, sondern diese werden zum Kapital geschlagen. b) Vor Ablauf der 10 Jahre ganze oder teilweise Rückzahlungen ebensowenig zu verlangen. c) Nach Verlauf von 10 Jahren ist ein jeder nach Maßgabe seiner Einzahlungen Teilnehmer an dem Gewinn, welchen das Gesamtvermögen der Assoziation von da an abwirft. d) Im Falle, daß der Anzahler stirbt, hängt es von dem freien Willen seiner Erben ab, die Rechte des Verstorbenen auf einen von ihnen zu übertragen oder das eingezahlte Kapital nebst Zinsen zurückzuverlangen. Für den Fall, daß keine rechtmäßigen Erben vorhanden, fällt das Kapital nebst Zinsen der Assoziationskasse anheim. e) Das Anrecht an die Assoziation kann nur auf solche übertragen werden, die überhaupt das Recht haben, ihr beizutreten, und werden sie dadurch Mitglieder der Assoziation. f) Das Verziehen von einem Ort zum andern gibt dem

Anzahler nicht das Recht, die Rückzahlungen der eingezahlten Beitrage zu verlangen, sondern in solchen Fällen steht es demselben nur frei, entweder die eingezahlten Beträge bei der Assoziationskasse stehen zu lassen oder zu verlangen, daß dieselben nach Abschluß des Kassenjahres der Assoziationskasse des Orts überwiesen werden, in dem sich der Anzahler zeitig aufhält. g) Keinem Mitgliede der Assoziation ist es gestattet, mehr als ein Quittungsbuch zu besitzen.

§ 19. Die so errichtete Assoziationskasse dient als Kreditbank derart, daß die geliehenen Gelder durch die Zinsenzahlung amortisiert werden können.

§ 20. Jeder kann Darlehen aus derselben empfangen gegen genügende Sicherheit und Zinsen, jedoch muß Arbeitern die Priorität eingeräumt werden.

§ 21. Sollten Arbeiter, die der Assoziation angehören, eines augenblicklichen Darlehens bedürfen, so muß dieses denselben auf 4 Wochen ohne Zinsen geliehen werden, so daß sie das entliehene Darlehen durch Raten zurückzahlen können.

§ 22. Fertige Arbeiten, Rohstoffe, Arbeitskraft und liegende Gründe dienen z. B. als genügende Sicherheit.

§ 23. Sobald der feste Bestand der Assoziationskasse die Summe von 1000 Talern erreicht hat, muß das Lokalkomitee den Mehrbetrag der Kasse des Bezirkskomitees zur Verfügung stellen.

§ 24. Erreicht der feste Bestand der Bezirkskasse die Summe von 2000 Talern, so muß diese den Mehrbetrag der Zentralkasse zur Verfügung stellen.

§ 25. Das Lokalkomitee ist Leiter des ganzen Instituts, und wird die Verwaltung nach einer Spezialinstruktion geregelt. Die Ressorts sind die Bezirks- und das Zentralkomitee.

§ 26. Die Bezirkskomitees haben die Verpflichtung, jährlich zweimal die Kassenbestände der Lokalkomitees zu revidieren und dem Zentralkomitee darüber zu berichten. Auch steht es den Bezirkskomitees zu, außer dieser Zeit Revisionen anzustellen oder anzuordnen.

§ 27. Das Zentralkomitee muß die Bezirkskassen jährlich wenigstens einmal revidieren. Es steht demselben jedoch frei, zu jeder Zeit und bei jeder Kasse eine Revision anzustellen oder anzuordnen.

§ 28. Der Generalversammlung muß Bericht erstattet werden über den Stand des Unternehmens, und hat dieselbe einen Ausschuß zu erwählen, welcher alle Vorlagen über den Finanzpunkt prüft und sich von ihrer Richtigkeit überzeugt.

§ 29. Von allen diesen Bestimmungen sind die weiblichen Arbeiter nicht ausgeschlossen und genießen unter gleicher Verpflichtung gleiche Rechte.

Anhang zum zweiten Teil

A. Reglement, wie die vom Arbeiterkomitee zu besorgenden Auslöhnungen der Arbeiter zu vollstrecken sind

Um die Auslöhnungen durch den Rendanten des Lokalkomitees für Arbeiter möglich zu machen, werden hiermit folgende Maßregeln angeordnet.

§ 1. An jedem Freitagmorgen der vollendeten 14 Tage reicht jeder Arbeiter dem Rendanten des Komitees sein Arbeitsbuch ein, in welches neben den von ihm gefertigten Arbeiten auch die sich darauf begründenden Forderungen eingetragen sind.

§ 2. Der Rendant revidiert und kalkuliert unter Verantwortlichkeit sämtliche Bücher nach den festgestellten Lohnsatzlisten und stellt über sämtliche Bücher einen Sortenzettel (Bordereau) auf.

§ 3. In diesem Sortenzettel werden die Summen einzeln zusammengestellt aufgeführt, welche jeder einzelne Arbeitgeber an seine sämtlichen Arbeiter zu zahlen hat.

§ 4. Am Sonnabendmorgen reicht der Rendant die Arbeitsbücher mit dem Sortenzettel dem Lokalkomitee zur Revision und Feststellung der zur Assoziationskasse fließenden Abzugsquote ein.

§ 5. Das Lokalkomitee fordert auf Grund dieser Bordereaus von den einzelnen Arbeitgebern die zu zahlenden Summen ein.

§ 6. Der Rendant schlägt am Montag die jedem einzelnen Arbeiter gebührende Summe, exkl. der Assoziationskassen-Quote, in ein Papier ein, welches mit dem Namen des Arbeiters versehen ist. Dieses übergibt er dem Arbeiter mit seinem Arbeits- und Quittungsbuche.

§ 7. Von der Kasse begibt sich der Arbeiter zur Kontrolle, an welcher sich der Gehilfe des Rendanten befindet. Dort zählt er das empfangene Geld, wo dann etwa entstandene Irrungen durch den Gehilfen gleich berichtigt werden können.

B. Reglement für das Zentralkomitee über Verwendung der disponiblen Gelder der Assoziationskasse

§ 1. Das Zentralkomitee übernimmt die Verpflichtung, in demselben Maße, wie durch die Gelder der Assoziationskasse die Gewerbe unterstützt werden, auch für die Assoziation den Grundbesitz zu sichern.

§ 2. Zu dem Ende werden von allen Lokal- und Bezirkskomitees die Hälfte der Gelder disponibel erhalten.

§ 3. Das Zentralkomitee kauft in Verbindung mit den betreffenden Bezirks- oder Lokalkomitees und unter Hinzuziehung Sachverständiger Landgüter und Häuser in den Städten.

§ 4. Jeder Kauf bedarf der Sanktion des Verwaltungsrats.

§ 5. Die Landgüter werden parzelliert zu gleichen Teilen und an Mitglieder der Assoziation überwiesen derart, daß dieselben die Kaufsummen durch Ratenzahlungen amortisieren können.

§ 6. Die Übernahme solcher Parzellen ist mit der Verpflichtung verbunden, die Erzeugnisse an die Mitglieder der Assoziation gegen übliche Bezahlung einzuliefern.

§ 7. Die Komitees sind ermächtigt: a) Erzeugnisse des Bodens als Ratenzahlungen anzunehmen, b) in den Städten durch Aufbau von Häusern für die Arbeiter gesunde und billige Wohnungen zu erzielen, c) den Mietern solcher Wohnungen durch Ratenzahlungen zur Amortisierung der Kaufsumme den Besitz der Häuser möglich zu machen.

§ 8. Das Zentralkomitee hat ein statistisches Register über alle Wohnungen der Assoziationsmitglieder zu führen.

C. Spezialinstruktion für das Zentralkomitee in Leipzig

§ 1. Das Zentralkomitee besteht aus 1 Dirigenten, 1 Mitdirigenten, 1 Kassierer und 1 Redakteur des Organs. Sämtliche Beamten sind jedoch verpflichtet, sich bei der Redaktion zu beteiligen, so daß sie das Redaktionskomitee bilden. Bei den Beratungen ist das Geschäftsverfahren kollegialisch und entscheidet Stimmenmehrheit. Bei Stimmengleichheit entscheidet der erste Dirigent.

§ 2. Die Einteilung ist nur des Geschäftsganges wegen, ohne daß dadurch eine bestimmte Rangordnung gebildet sei.

§ 3. Dem Zentralkomitee steht zur Seite ein von dem Kongreß bis zur nächsten Generalversammlung gewählter Verwaltungsrat, aus einem Präsidenten und 6 Mitgliedern bestehend.

§ 4. Dieser Verwaltungsrat tritt vierteljährlich zusammen und prüft die Tätigkeit des Komitees.

§ 5. Die Mitglieder des Verwaltungsrats werden aus der Generalversammlung und von derselben gewählt, jedoch so, daß die Hälfte derselben nach Ablauf eines jeden Jahres ausscheiden und durch Neuwahl ergänzt werden.

§ 6. Wenn das Zentralkomitee mit den verschiedenen Staaten in Beziehungen tritt über Angelegenheiten der ganzen Organisation, so muß es sofort dem Verwaltungsrate Anzeige machen und denselben einberufen, wenn es nötig ist.

§ 7. Das Zentralkomitee muß seine ganze Wirksamkeit dahin ausdehnen, daß die Organisation so rasch als möglich befördert werde, und neben der Organisation auch die Assoziation betreiben.

§ 8. Sollte in einem Orte unter der Leitung des Lokalkomitees sich eine Assoziation bilden wollen, so muß es derselben sofort die Statuten zusenden und diese in dem Register eintragen.

§ 9. Das Zentralkomitee muß gleich nach seinem Zusammentritt die Statuten für die Bezirks- und Lokalkomitees entwerfen und sie denselben zusenden. Die Statuten dürfen auf keine andern Grundsätze basiert sein als die auf dem Kongreß beratenen, es sei denn, daß eine Veränderung der Allgemeinheit nützlich wäre; jedoch übernimmt das Zentralkomitee dann die Verantwortung.

§ 10. Die überflüssigen Gelder, welche der Zentralkasse zufließen, sind zur Hälfte von demselben zum Ankauf von Ländereien nach dem gegebenen Reglement zu verwenden. In demselben Sinne sind die Bezirks- und Lokalkomitees zu instruieren.

§ 11. Sollten in den einzelnen Staaten den Bezirks- und Lokalkomitees die Rechte verweigert werden, welche wir für dieselben vorgeschrieben haben, so ist das Zentralkomitee verpflichtet, dieselben energisch zu erwirken.

§ 12. Das Zentralkomitee kann auf seine Verantwortlichkeit seinen Sitz verändern, wenn es solches für notwendig erachtet.

Dritter Teil
Hilfe des Staates

§ 1. Jeder Deutsche ist mit 21 Jahren Wähler und wählbar für die gesetzgebenden Versammlungen.

§ 2. Jeder, der zu den Wahlen für die gesetzgebenden Versammlungen berechtigt ist, ist es auch in seiner Gemeinde zu den Gemeindewahlen. Die Ausschließlichkeit des Bürgerrechts hört somit auf.

§ 3. Keinem Deutschen darf der Aufenthalt und die Niederlassung in irgendeiner Gemeinde versagt werden. Der Nachweis von Vermögen ist zum Niederlassungsrecht nicht mehr erforderlich.

§ 4. Alle in der Gemeinde wohnenden Personen sind zur Teilnahme an den Gemeindelasten verpflichtet. Alle Steuerbefreiungen werden aufgehoben.

§ 5. Wer 5 Jahre lang und darüber in einer Gemeinde ansässig war, gehört bleibend zur Armenpflege der Gemeinde.

§ 6. Kein Gesetz darf durch die Forderung eines Vermögensnachweises das Heiraten erschweren oder gar zu einem Vorrecht der mehr Begüterten machen.

§ 7. Der Staat sanktioniert die von den Arbeitern gegründeten Arbeiterkomitees.

§ 8. Bei ausbrechendem Konkurs müssen Arbeiter und Dienstboten ihren vollen Lohn ausgezahlt erhalten, sie haben vor allen andern Gläubigern die Priorität.

§ 9. Aufhebung aller Binnenzölle.

§ 10. Aufhebung der indirekten Steuern, Einführung progressiver Einkommensteuer mit Steuerfreiheit derjenigen, die nur das Nötige zum Leben haben.

§ 11. Bei Arbeiten, wo Vorarbeiten durch Maschinen geschaffen werden können, soll der Staat die Anlegung derjenigen, die zur gemeinschaftlichen Benutzung für die Korporation oder das Gewerk dienen sollen, übernehmen.

§ 12. Keiner darf ein Geschäft, welches technische Fertigkeiten bedingt, weder selbst betreiben noch durch Werkführer betreiben lassen, wenn er es nicht selbst erlernt hat.

§ 13. Alle Arbeiten in den Zuchthäusern, welche eine dem Gewerbetreibenden nachteilige Konkurrenz herbeiführen, müssen aufhören.

§ 14. Dem Handwerker und Fabrikanten muß es erlaubt sein, ohne daß er gezwungen wäre, in kaufmännische Rechte zu treten, seine Waren direkt an die Konsumenten zu verkaufen.

§ 15. Der Hausierhandel mit fertigen Waren des Handwerkerstandes hört auf.

§ 16. Die Verdingung der Staatsbauten und sonstigen öffentlichen Arbeiten auf Submission ist aufgehoben; solche Arbeiten werden an die Betreffenden von der Gemeinde oder vom Staate durch die Lokalkomitees übergeben und nach den Kostenanschlägen unter Leitung eines Beamten ausgeführt.

§ 17. Freie Einfuhr aller zur Industrie gehörenden Rohprodukte.

§ 18. Keine Beförderung neuer künstlich zu erhaltender, dagegen jede Beförderung und Schutz aller den Verhältnissen des Landes angemessenen Industriezweige.

§ 19. Vermehrte Patenterteilung für Erfindungen im Gebiete der Industrie. Schutz gegen Nachbildung neuer Warenmuster.

§ 20. Herabsetzung der Zölle auf Kolonialwaren. Erhebung der Warenzölle nach dem Wert und Aufhebung aller Ausfuhrzölle.

§ 21. Gleichheit des Ellenmaßes und der Breite deutscher Manufakturwaren.

§ 22. Durch Parzellierung großer Ackerbaugüter und Domänen sowie durch Beförderung der Urbarmachung unkultivierter Strecken hat der Staat für den ausgedehnteren Betrieb des Ackerbaues Sorge zu tragen.

§ 23. Die Majorate werden vom Staat aufgehoben.

§ 24. Die wirkliche Arbeitszeit wird auf 10 Stunden festgesetzt.

§ 25. Die Innungen und Korporationen von Meistern haben die Aufgabe, die gegenseitige Konkurrenz der Meister aufzuheben und einzuschränken.

§ 26. Die Aufnahme in dieselben als Meister kann niemandem verweigert werden, welcher nachweisen kann, daß er sein Geschäft erlernt hat.

§ 27. Prüfungen zur Erlangung des Meisterrechts müssen öffentlich sein und können nur durch eine aus gleichen Teilen bestehende Kommission von Meistern und Gesellen oder Gehilfen ausgeführt werden.

§ 28. Die Meisterstücke sollen nur die Befähigung der Examinanden für sein Fach nachweisen; sie dürfen in keinem Falle kostspielig und müssen wohl verkäuflich sein.

§ 29. Die Werkführer in Fabriken und Werkstätten sind mit Zuziehung der Arbeiter zu wählen.

§ 30. Kein Meister darf einen Lehrling annehmen, dessen Ausbildung nicht gesichert ist. Zu dem Zweck sind technische Aufsichtsbehörden aus gleicher Wahl von Meistern und Gesellen oder Arbeitern zu gründen, welche die Lehrlinge öffentlich zu prüfen haben. Die Prüfungen sind theoretisch und praktisch. Die Lehrzeit selbst soll in der Regel 3 Jahre nicht übersteigen.

§ 31. Das übermäßige Halten von Lehrlingen von seiten eines und desselben Meisters muß durch das Lokalkomitee verhütet werden.

§ 32. Das Einschreiben und Lossprechen der Lehrlinge geschieht unentgeltlich.

§ 33. Jedes Ausnahmegesetz über das Paßwesen sowie jedes andere Gesetz, durch welches die Arbeiter als nicht gleichberechtigt mit den übrigen Staatsbürgern behandelt werden, tritt für immer außer Kraft.

§ 34. Das stehende Heer muß beschränkt und die wirkliche Dienstzeit höchstens auf 1 Jahr festgestellt, dagegen die Volksbewaffnung allgemein eingeführt werden, so daß jeder stets Soldat ist, wenn das Vaterland in Gefahr.

Vierter Teil
Volksbildung

I. Von dem Unterricht und der Erziehung der Jugend

Erster Abschnitt
Von den Schulen

§ 1. Die Schule ist Staatsanstalt und wird als solche von der Kirche getrennt.

§ 2. Die Schule wird zur Volksschule erhoben, unabhängig von der Konfession, weshalb auch der konfessionelle Religionsunterricht aus den Lehrgegenständen derselben gestrichen wird.

§ 3. Die Lehrgegenstände sind so zu ordnen, daß eine möglichst vollkommene Ausbildung der Jugend zu Welt- und Staatsbürgern erzielt wird.

§ 4. Die Beaufsichtigung der Schulen wird der Geistlichkeit entzogen.

§ 5. Der Unterricht in den Volksschulen wird unentgeltlich erteilt, ohne Unterschied des Standes.

§ 6. Die Gemeinde übernimmt die Verpflichtung, für Kinder unbemittelter Eltern die zum Unterricht nötigen Bücher und Schulmaterialien frei anzuschaffen.

§ 7. Aller überflüssige Luxus ist bei der die Volksschule besuchenden Jugend zu verbieten. Die Gemeinden haben die armen Schulkinder mit solchen Kleidern unentgeltlich zu versehen, wie es die Jahreszeit erfordert.

§ 8. Der Schulbesuch der Kinder beginnt nach vollendetem fünften, wenigstens aber vor Anfang des achten Jahres und endet mit dem vollendeten vierzehnten Jahre.

§ 9. Kein Kind darf vor dem vollendeten vierzehnten Jahre zu irgendeiner gewerblichen Tätigkeit benutzt werden, die den regelmäßigen vollen Schulbesuch verhindert; gänzlich ausgeschlossen ist jedoch die Benutzung der Kinder in Fabriken und zum Hausierhandel vor dem vollendeten vierzehnten Jahre.

§ 10. Privatschulen, welche dieselben Lehrgegenstände wie die Volksschulen lehren, sind neben denselben nicht gestattet, ohne jedoch hierdurch den Privatunterricht in einzelnen Stunden zu verbieten.

Zweiter Abschnitt
Von den Lehrern

§ 11. Die Lehrer werden durch die Wahl der ganzen Gemeinde ernannt und können nur durch den Willen der Gemeinde, welcher sich in der Majorität bekundet, abgesetzt werden.

§ 12. Wählbar sind nur diejenigen, welche die vom Staate angeordnete öffentliche Prüfung bestanden haben.

§ 13. Die Besoldung der Lehrer ist Sache der Gemeinde; diese Verpflichtung geht jedoch im Unvermögensfalle an den Staat über.

§ 14. Die Besoldung ist auf ein Durchschnittsminimum von 300 Talern festzustellen.

§ 15. Der zur Beaufsichtigung der Schulen von seiten des Staates nötige Beamte wird durch sämtliche Lehrer eines Kreises aus ihrer Mitte gewählt, und erhält der Erwählte vom Staate die Sanktion.

§ 16. Kein Lehrer darf zu anderen Funktionen, als die der

Schule angehören, verwendet werden, ohne ihn jedoch in der Ausübung der staatsbürgerlichen Rechte zu beschränken.

Dritter Abschnitt
Häusliche Erziehung der Kinder

§ 17. Die Erziehung der Kinder ist im allgemeinen Sache der Eltern. Für solche Fälle jedoch, wo dieselben durch dringende Umstände an der Ausübung dieser Pflicht behindert sind, übernimmt die Gemeinde die Erziehung der Kinder.

§ 18. Zu diesem Ende werden in den Gemeinden Erziehungsanstalten gegründet.

§ 19. Die Kosten der Anstalten trägt die Gemeinde und im Unvermögensfalle der Staat.

II. Bildungsanstalten für Lehrlinge und Gesellen

Vierter Abschnitt
Für die Lehrlinge

§ 20. Jede Gemeinde oder in deren Unvermögensfalle der Staat hat die Verpflichtung, solche Lehranstalten zu gründen, welche zur geistigen und körperlichen Fortbildung der Lehrlinge dienen.

§ 21. Die Lehrgegenstände der Fortbildungsanstalten müssen sich besonders auf das gewerbliche und technische Fach beziehen, damit der Lehrling den innigen Zusammenhang von Theorie und Praxis erkenne und die gegenseitige Anwendung erlerne, besonders also Mathematik, Physik, Chemie, Technologie, Zeichnen, Kalligraphie und zur körperlichen Ausbildung Turnen.

§ 22. Jeder Lehrling ist verpflichtet, die täglichen Unterrichtsstunden dieser Anstalt regelmäßig zu besuchen, und muß demselben von seinem Meister Zeit dazu gegeben werden.

§ 23. Die Unterrichtsstunden sind nach vollendetem Tagewerke.

Fünfter Abschnitt

Für Gesellen, Gehilfen oder Arbeiter im allgemeinen

§ 24. Zur wissenschaftlichen Ausbildung resp. Fortbildung der Arbeiter im allgemeinen tragen Arbeitervereine und zu errichtende Volksbibliotheken bei. Um jedoch neben der wissenschaftlichen auch die industrielle Ausbildung zu befördern, hat der Staat für Errichtung von technischen Bildungsschulen und Erweiterung der schon bestehenden öffentlichen Kunstanstalten zu sorgen.

III. Ferdinand Lassalle: Offenes Antwortschreiben an das Zentralkomitee zur Berufung eines allgemeinen deutschen Arbeiterkongresses zu Leipzig, 1863

Vorbemerkung des Herausgebers

Nach der Niederwerfung der 48er Revolution und einigen Jahren erzwungenen organisatorischen Vakuums bildeten sich während der sog. Neuen Ära seit 1859/60 in ganz Deutschland (unpolitische) Arbeiterbildungsvereine, die fest in der Hand der bürgerlichen Fortschrittspartei sowie des liberalen Nationalvereins waren, der sich weigerte, die Arbeiter als vollberechtigte Mitglieder aufzunehmen. Innerhalb dieser Arbeitervereine entwickelte sich im Laufe des Jahres 1862 eine Opposition, die auf einen allgemeinen deutschen Arbeiterkongreß hinarbeitete, der von Delegierten öffentlicher Arbeiterversammlungen beschickt werden sollte, nicht aber von den einzelnen durch die Liberalen beherrschten Vereinen. Diese von einem Zentralkomitee in Leipzig angeführte Kongreßbewegung zur Verselbständigung der Arbeiterbewegung geriet allerdings schnell gegenüber der energischen Abwehr der Liberalen ins Hintertreffen, zumal die verstärkte Propagierung der örtlichen Spar-, Kredit- und Konsumvereine nach dem System Schulze-Delitzschs bei den meisten Arbeitern große Popularität erzielte. In dieser ausweglosen Situation wandten sich drei Mitglieder des Leipziger Zentralkomitees am 4. Dezember 1862 an Ferdinand Lassalle und baten ihn, „Führer der ganzen Bewegung" zu werden. Lassalle hatte im April 1862 mit dem sog. „Arbeiterprogramm" versucht, die Arbeiter für eine neue revolutionäre demokratische Partei zu gewinnen, die noch nicht als Arbeiterpartei konzipiert war. Da diese Bemühungen gescheitert waren und er selbst publizistisch völlig isoliert dastand, erklärte er sich „im allgemeinen bereit", der Aufforderung aus dem Leipziger Zentralkomitee nachzukommen, zögerte aber noch drei Monate, bis zum 1. März 1863, mit seinem offiziellen „Offnen Antwortschreiben". Dieses knüpfte nicht etwa an die bestehende Kongreßbewegung an, sondern forderte etwas völlig anderes, die Bildung eines zentralistischen Agitationsvereins zur Vertretung von Arbeiterinteressen, des Allgemeinen Deutschen Arbeitervereins (ADAV).

Meine Herren!

Sie fordern mich in Ihrer Zuschrift auf, Ihnen in irgendeiner mir passend erscheinenden Form meine Ansichten über die Arbeiterbewegung und über die Mittel, deren sie sich zu bedienen hat, um die Verbesserung der Lage des Arbeiterstandes in politischer, materieller und geistiger Beziehung zu erreichen, sowie besonders auch über den Wert der Assoziationen für die ganz unbemittelte Volksklasse auszusprechen.

Ich nehme keinen Anstand, Ihrem Wunsch nachzukommen, und wähle dazu die einfachste, durch die Natur der Sache nahegelegte Form, die Form eines öffentlichen Send- und Antwortschreibens auf Ihren Brief.

Ich bemerke nur, daß infolge meiner in diesem Moment durch notwendige Arbeiten sehr in Anspruch genommenen Zeit dieser Brief sich der größtmöglichen Kürze befleißigen muß, was übrigens Ihrem eigenen Zwecke entsprechen wird.

Als Sie im Oktober vorigen Jahres, zu welcher Zeit ich gerade von hier abwesend war, die erste Vorberatung in Berlin über den deutschen Arbeiterkongreß hielten, der ich in den Veröffentlichungen durch die Zeitungen mit Interesse gefolgt bin, wurden zwei entgegengesetze Ansichten in der Versammlung geltend gemacht.

Die eine ging dahin, daß Sie sich überhaupt um die politische Bewegung nicht zu bekümmern hätten und diese interesselos für Sie sei.

Die andere ging im Gegenteil dahin, daß Sie sich als den Anhang der preußischen Fortschrittspartei zu betrachten und den selbstlosen Chor und Resonanzboden für sie abzugeben hätten.

Wäre ich damals in Ihrer Versammlung gegenwärtig gewesen, so würde ich mich gleichmäßig gegen beides ausgesprochen haben.

Es ist geradezu vollständig beschränkt, zu glauben, daß den Arbeiter die politische Bewegung und Entwicklung nicht zu kümmern habe!

Ganz im Gegenteil kann der Arbeiter die Erfüllung seiner legitimen Interessen nur von der politischen Freiheit erwarten.

Schon die Frage, inwiefern Sie sich versammeln, Ihre Interessen diskutieren, Vereine und Zweigvereine zur Wahrnehmung derselben bilden dürfen usw., ist eine von der politischen Lage und politischen Gesetzgebung abhängige Frage, und es verlohnt sich daher nicht, eine so beschränkte Ansicht erst noch durch weiteres Eingehen zu widerlegen.

Nicht weniger falsch und irreleitend war aber auch das entgegengesetzte Ansinnen, daß Ihnen gestellt wurde, sich politisch nur als den Anhang der Fortschrittspartei zu betrachten.

Zwar wäre es ungerecht gewesen, zu verkennen, daß sich die preußische Fortschrittspartei damals in ihrem Konflikt mit der preußischen Regierung durch ihr Festhalten an dem Budgetbewilligungsrecht und ihren Widerstand gegen die Militärreorganisation in Preußen ein gewisses, wenn auch mäßiges, Verdienst um die politische Freiheit erworben hatte.

Gleichwohl war schon damals die Erfüllung jenes Ansinnens durch die folgenden Gründe vollständig ausgeschlossen:

Erstens ziemte eine solche Haltung von vornherein nicht einer so mächtigen und selbständigen, viel prinzipiellere politische Zwecke verfolgenden Partei, wie die deutsche Arbeiterpartei zu sein hat, gegenüber einer Partei, welche, wie die preußische Fortschrittspartei, in prinzipieller Hinsicht nur das Festhalten an der preußischen Verfassung als ihre Fahne aufpflanzt und nur Dinge wie die Abwehr einer einseitigen Umgestaltung der Militärorganisation — die man in anderen deutschen Ländern nicht einmal versucht — oder wie das Festhalten am Budgetbewilligungsrecht — das man in andern deutschen Ländern nicht einmal bestreitet — zum Inhalte ihres Kampfes hat.

Zweitens stand jedenfalls durch nichts fest, ob die preußische Fortschrittspartei ihren Konflikt mit der preußischen Regierung mit jener Würde und Energie zum Austrag bringen werde, welche allein dem Arbeiterstande angemessen ist und auf seine warme Sympathie rechnen kann.

Drittens stand ebenso durch nichts fest, ob die preußische Fortschrittspartei, wenn sie selbst den Sieg über die preußische Regierung errungen, diesen Sieg im Interesse des gesamten Volkes oder nur zur Aufrechterhaltung der privilegierten Stellung der Bourgeoisie ausnützen würde; d. h. ob sie diesen Sieg zur Herstellung des allgemeinen gleichen und direkten Wahlrechts, welches durch die demokratischen Grundsätze und die legitimen Interessen des Arbeiterstandes geboten ist, verwenden würde oder nicht.

Im letzten Falle konnte sie offenbar nicht auf das geringste Interesse von seiten des deutschen Arbeiterstandes Anspruch machen.

Dies wäre es gewesen, was ich Ihnen damals in bezug auf jenes Ansinnen zu sagen gehabt hätte.

Heute kann ich noch hinzufügen, daß sich seitdem auch tatsächlich gezeigt hat — was damals freilich schon unschwer vorauszusehen war —, daß es der preußischen Fortschrittspartei vollständig an jener Energie gebricht, welche erforderlich gewesen wäre, um auch nur jenen beschränkten Konflikt zwischen ihr und der preußischen Regierung würdig und siegreich zum Austrag zu bringen.

Indem sie trotz des ihr von der Regierung tatsächlich verweigerten Budgetbewilligungsrechtes fortfährt, fortzutagen und parlamentarische Geschäfte mit einem Ministerium zu erledigen, welches von ihr selbst für kriminalrechtlich verantwortlich erklärt worden ist, erniedrigt sie durch diesen Widerspruch sich und das Volk durch das Schauspiel einer Schwäche und Würdelosigkeit ohnegleichen!

Indem sie trotz des von ihr selbst erklärten Verfassungsbruchs fortfährt, fortzutagen, fortzudebattieren und mit der Regierung parlamentarische Geschäfte zu ordnen, ist sie selbst der Regierung behilflich und bietet ihr dazu die Hand, den Schein eines konstitutionellen Zustandes aufrechtzuerhalten.

Statt die Sitzungen der Kammer für auf so lange geschlossen zu erklären, bis die Regierung die von der Kammer verweigerten Ausgaben nicht länger fortzusetzen erklärt haben werde, und hierdurch der Regierung die unvermeidliche Alternative zu setzen, entweder das verfassungsmäßige Recht der Kammer zu achten oder aber auf jeden Schein und Apparat eines konstitutionellen Zustandes zu verzichten, offen und unumwunden als absolute Regierung zu wirtschaften, die ungeheure Verantwortlichkeit einer solchen auf sich zu nehmen und so selbst die Krise herbeizuführen, welche allmählich als die Frucht des offenen Absolutismus eintreten müßte — setzt sie selbst die Regierung in den Stand, alle Vorteile der absoluten Gewalt mit allen Vorteilen eines scheinbar konstitutionellen Zustandes zu verbinden.

Und indem sie, statt die Regierung auf den offenen unverhüllten Absolutismus hinzudrängen und das Volk durch die Tat über das Nichtvorhandensein eines verfassungsmäßigen Zustandes aufzuklären, einwilligt, ihre Rolle in dieser Komödie des Scheinkonstitutionalismus weiterzuspielen, hilft sie einen Schein aufrechterhalten, welcher, wie jedes auf Schein beruhende Regierungssystem, verwirrend auf die Intelligenz und depravierend auf die Sittlichkeit des Volkes einwirken muß[1]).

Eine solche Partei hat dadurch gezeigt, daß sie einer entschlossenen Regierung gegenüber durchaus ohnmächtig ist und stets sein wird.

Eine solche Partei hat gezeigt, daß sie eben dadurch vollkommen unfähig ist, auch nur die geringste reelle Entwicklung der Freiheitsinteressen herbeizuführen.

Eine solche Partei hat gezeigt, daß sie keinen Anspruch auf die Sympathien der demokratischen Schichten der Bevölkerung hat und daß sie ohne jeden Sinn und Verständnis für das politische Ehrgefühl ist, welches den Arbeiterstand durchdringen muß.

Eine solche Partei hat, mit einem Worte, tatsächlich gezeigt, daß sie nichts anderes ist als die mit einem andern Namen geschmückte Wiederauferstehung des verrufenen Gothaertums.

Dies kann ich Ihnen heute hinzufügen.

Heute wie damals endlich hätte ich Ihnen noch sagen müssen, daß eine Partei, welche sich durch ihr Dogma von der „preußischen Spitze" zwingt, in der preußischen Regierung den berufenen Messias für die deutsche Wiedergeburt zu sehen, während es, und zwar mit Einschluß Hessens, nicht eine einzige deutsche Regierung gibt, welche hinter der preußischen in politischer Beziehung zurückstände, während es, und zwar mit Einschluß Österreichs, fast keine einzige deutsche Regierung gibt, welche der preußischen nicht noch bedeutend voraus wäre — schon hierdurch allein sich jedes Anspruches begibt, den deutschen Arbeiterstand zu repräsentieren; denn eine solche Partei legt hierdurch allein schon eine Versunkenheit in Illusion, Selbstüberhebung und sich in bloßer Wortberauschung befriedigender Unfähigkeit an den Tag, welche jede Hoffnung, von ihr eine reelle Entwicklung der Freiheit des deutschen Volkes zu erwarten, beseitigen muß.

Aus dem Gesagten ergibt sich nun mit Bestimmtheit, welche

[1]) Siehe ausführlicher hierüber meine Broschüre: „Was nun? Zweiter Vortrag über Verfassungswesen", Zürich 1863.

Haltung der Arbeiterstand in politischer Hinsicht annehmen und welches Verhältnis zur Fortschrittspartei er beobachten muß.

Der Arbeiterstand muß sich als selbständige politische Partei konstituieren und das allgemeine gleiche und direkte Wahlrecht zu dem prinzipiellen Losungswort und Banner dieser Partei machen. Die Vertretung des Arbeiterstandes in den gesetzgebenden Körpern Deutschlands — dies ist es allein, was in politischer Hinsicht seine legitimen Interessen befriedigen kann. Eine friedliche und gesetzliche Agitation hierfür mit allen gesetzlichen Mitteln zu eröffnen, das ist und muß in politischer Hinsicht das Programm der Arbeiterpartei sein.

Es erhellt von selbst, wie diese Arbeiterpartei sich zur deutschen Fortschrittspartei zu verhalten hat.

Sich überall als eine selbständige und durchaus von ihr getrennte Partei zu fühlen und zu konstituieren, gleichwohl die Fortschrittspartei in solchen Punkten und Fragen zu unterstützen, in welchen das Interesse ein gemeinschaftliches ist, ihr entschieden den Rücken zu kehren und gegen sie aufzutreten, sooft sie sich von demselben entfernt, die Fortschrittspartei eben dadurch zu zwingen, entweder sich vorwärts zu entwickeln und das Fortschrittsniveau zu übersteigen oder aber immer tiefer in den Sumpf von Bedeutungs- und Machtlosigkeit zu versinken, in welchem sie bereits knietief angelangt ist — das muß die einfache Taktik der deutschen Arbeiterpartei gegenüber der Fortschrittspartei sein.

Soviel über das, was Sie in politischer Hinsicht zu tun haben.

Nun zu der Sie mit Recht in noch höherem Grade interessierenden sozialen Frage, die Sie aufwerfen. —

Nicht ohne schmerzliches Lächeln habe ich aus den öffentlichen Blättern entnommen, daß die Debatten über Freizügigkeit und Gewerbefreiheit einen Teil Ihrer für den Kongreß projektierten Tagesordnung bilden sollen.

Wie, meine Herren, Sie wollten über Freizügigkeit debattieren? Ich weiß Ihnen hierauf nur mit dem Distichon Schillers zu antworten:

„Jahre lang schon bedien' ich mich meiner Nase zum Riechen,
Aber hab' ich an sie auch ein erweisliches Recht?"

Und verhält es sich mit der Gewerbefreiheit nun nicht ganz ebenso?

Alle diese Debatten hätten mindestens den einen Fehler — um mehr als fünfzig Jahre zu spät zu kommen!
Freizügigkeit und Gewerbefreiheit sind Dinge, welche man in einem gesetzgebenden Körper stumm und lautlos dekretiert, aber nicht mehr debattiert.
Sollte der deutsche Arbeiterstand gleichfalls das Schauspiel jener Versammlungen wiederholen wollen, deren Selbstgenuß darin besteht, sich in zwecklos langen Reden zu befriedigen und zu beklatschen?
Der Ernst und die Tatkraft des deutschen Arbeiterstandes werden ihn vor einem so kläglichen Schauspiel zu bewahren wissen!
Aber Sie wollen Sparkassen, Invaliden-, Hilfs- und Krankenkassen stiften?
Ich erkenne gern den relativen, obwohl äußerst untergeordneten und kaum der Rede werten Nutzen dieser Institute an.
Aber unterscheiden wir gänzlich zwei Fragen, die schlechterdings nichts miteinander zu tun haben.
Ist es Ihr Zweck, das Elend von Arbeiterindividuen erträglicher zu machen? Dem Leichtsinn, der Krankheit, dem Alter, den Unglücksfällen aller Art entgegenzuwirken, wodurch zufällig oder notwendig einzelne Arbeiterindividuen noch unter die normale Lage des Arbeiterstandes hinuntergedrückt werden?
In diesem Falle sind Kranken-, Invaliden-, Spar- und Hilfskassen ganz angemessene Mittel. Nur verlohnte es sich dann nicht, für einen solchen Zweck eine Bewegung durch ganz Deutschland anzuregen, eine allgemeine Agitation in den gesamten Arbeiterstand der Nation zu werfen. Man muß nicht die Berge kreißen lassen, als wollten sie gebären, damit dann ein kleines Mäuschen zum Vorschein komme!
Dieser so höchst beschränkte und untergeordnete Zweck ist vielmehr ruhig den lokalen Vereinen und der lokalen Organisation zu überlassen, die ihn auch weit besser zu erreichen vermögen.
Oder aber ist es Ihr Zweck, die normale Lage des gesamten Arbeiterstandes selbst zu verbessern und über ihr jetziges Niveau zu erheben?
Und freilich ist und muß das Ihr Zweck sein. Aber es bedarf eben nur der scharfen Unterscheidungslinie, die ich hier zwischen diesen beiden Zwecken, die nicht miteinander verwechselt werden dürfen, gezogen habe, um Sie besser als durch eine lange

Abhandlung einsehen zu lassen, wie ganz und gar ohnmächtig zur Erreichung dieses zweiten Zweckes und somit wie ganz und gar außerhalb des Umfangs der jetzigen Arbeiterbewegung liegend jene Institute sind.

Nur das Zeugnis eines einzigen Gewährsmanns erlauben Sie mir anzuführen, das Eingeständnis des streng konservativen, streng royalistischen Professors Huber, eines Mannes, welcher gleichfalls der sozialen Frage und der Entwicklung der Arbeiterbewegung seine Studien gewidmet hat.

Ich liebe es, die Zeugnisse dieses Mannes anzuführen — und werde es daher im Laufe dieses Briefes noch hin und wieder tun —, weil er, in politischer Hinsicht auf durchaus entgegengesetztem und in ökonomischer Hinsicht auf durchaus verschiedenem Standpunkt mit mir stehend, durch sein Zeugnis am besten den Verdacht beseitigen muß, als sei der geringe Wert, den ich auf jene Institute lege, nur die Folge vorgefaßter politischer Tendenzen; andererseits, weil Professor Huber, ebenso weit vom Liberalismus entfernt wie von meinen politischen Ansichten, gerade dadurch die nötige Unbefangenheit hat, auf nationalökonomischem Boden wahrheitsgetreue Eingeständnisse abzulegen, während alle Anhänger der liberalen Schule auf nationalökonomischem Boden gezwungen sind, die Arbeiter, oder zu besserer Täuschung dieser vorher auch sich selbst, zu täuschen, um die Dinge in Übereinstimmung mit ihren Tendenzen zu erhalten.

„Ohne daher", sagt Professor Huber in seiner Concordia, „ohne daher den relativen Nutzen der Sparkassen, Hilfs- und Krankenkassen usw., soweit er wirklich geht, irgend zu verkennen, können diese guten Dinge doch insofern geradezu große negative Nachteile mit sich führen, als sie dem Bessern hinderlich in den Weg treten."

Und sicherlich, nie würden sich in höherem Grade diese großen negativen Nachteile bewährt haben und dem Bessern hindernd in den Weg getreten sein, als wenn sie die Kräfte der großen allgemeinen deutschen Arbeiterbewegung für sich in Anspruch nehmen oder auch nur teilen sollten.

Aber Sie sollen, so hieß es in verschiedenen Zeitungen, und so wird, wie Ihr Brief selbst besagt, von fast allen Orten Ihnen anempfohlen, die Schulze-Delitzschschen Organisationen, seine Vorschuß- und Kreditvereine, seine Rohstoffvereine und seine Konsumvereine zur Verbesserung der Lage des Arbeiterstandes in Anspruch nehmen.

Ich erlaube mir, Ihre Aufmerksamkeit in einem immer gesteigerten Grade zu erbitten.

Schulze-Delitzsch kann in dreierlei Beziehungen betrachtet werden. In politischer Hinsicht gehört er der Fortschrittspartei an, welche oben bereits betrachtet worden ist.

Er erhebt zweitens auch den Anspruch, Nationalökonom zu sein. In dieser Hinsicht, als theoretischer Nationalökonom, steht er jedenfalls ganz und gar auf dem Boden der liberalen Schule, teilt alle ihre Irrtümer, Täuschungen und Selbstverblendungen. Die Vorträge, die er bisher den Berliner Arbeitern gehalten hat, sind ein schlagender Beleg hierfür: Schiefe Darstellungen, Schlußfolgerungen, die mit ihren Prämissen keineswegs zusammenhängen, bilden ihren Inhalt. Indes, es kann nicht Ihr Zweck und meine Absicht sein, mich hier in eine Kritik der theoretischen nationalökonomischen Ansichten und Vorträge von Schulze-Delitzsch einzulassen und jene Selbsttäuschungen und Fehlschlüsse nachzuweisen, die ihm mit der ganzen liberalen Schule, der er in theoretischer, nationalökonomischer Hinsicht angehört, gemeinsam sind. Ich werde überdies ohnehin noch weiter unten gezwungen sein, auf den hauptsächlichen Inhalt dieser Lehren zurückzukommen.

Aber Schulze-Delitzsch hat drittens noch eine über seinen theoretischen nationalökonomischen Standpunkt in gewisser Hinsicht hinausgehende praktische Natur.

Er ist das einzige Mitglied seiner Partei, der Fortschrittspartei, welches — und es ist ihm eben deshalb nur um so höher anzurechnen — etwas für das Volk getan hat!

Er ist durch seine unermüdliche Tätigkeit und obwohl alleinstehend und in gedrücktester Zeit der Vater und Stifter des deutschen Genossenschaftswesens geworden und hat so der Sache der Assoziation überhaupt einen Anstoß von den weitgreifendsten Folgen gegeben, ein Verdienst, für das ich ihm, so sehr ich in theoretischer Hinsicht sein Gegner bin, indem ich dies schreibe, im Geiste mit Wärme die Hand schüttele. Wahrheit und Gerechtigkeit auch gegen einen Gegner — und vor allem geziemt es dem Arbeiterstand, sich dies tief einzuprägen! — ist die erste Pflicht des Mannes.

Daß heute schon von einer deutschen Arbeiterbewegung die

Frage diskutiert wird, ob die Assoziation in seinem oder meinem Sinne aufzufassen sei — das ist zum großen Teile sein Verdienst, das eben ist sein wahres Verdienst, und dies Verdienst läßt sich nicht zu hoch veranschlagen.

Aber die Wärme, mit welcher ich dies Verdienst anerkenne, darf uns nicht verhindern, mit kritischer Schärfe die Frage ins Auge zu fassen:

„Sind die Schulze-Delitzschschen Assoziationen, die Kredit- und Vorschuß-, die Rohstoff- und die Konsumvereine imstande, die Verbesserung der Lage des Arbeiterstandes zu bewirken?"

Und auf diese Frage muß die Antwort allerdings das entschiedenste Nein sein!

Es wird leicht sein, das in kürze zu zeigen.

Was zunächst die Kredit- oder Vorschuß- und die Rohstoffvereine betrifft, so kommen beide darin überein, daß sie nur für denjenigen existieren, der ein Geschäft für eigene Rechnung betreibt, also nur für den kleinen Handwerksbetrieb. Für den Arbeiterstand im engeren Sinne, für den in der fabrikmäßigen Großproduktion beschäftigten Arbeiter, der keinen eigenen Geschäftsbetrieb hat, für den er Kredit und Rohstoff benutzen könnte, existieren beide Vereine nicht.

Ihre Hilfe kann somit von vornherein nur den handwerksmäßigen Kleinbetrieb treffen.

Aber auch in dieser Hinsicht wollen Sie zwei wesentliche Umstände festhalten und sich einprägen.

Erstens ist die notwendige Bewegung unserer Industrie, täglich immer mehr den fabrikmäßigen Großbetrieb an die Stelle des handwerksmäßigen Kleinbetriebs oder des Zwerggewerbes — wie man denselben auch benannt hat — zu setzen und folglich täglich eine immer größere Anzahl von Handwerkern in den in der fabrikmäßigen Großproduktion beschäftigten eigentlichen Arbeiterstand hinüberzutreiben. England und Frankreich, die uns in der ökonomischen Entwicklung voran sind, zeigen dies in noch höherem Grade als Deutschland, welches übrigens täglich mächtige Fortschritte auf demselben Wege macht. Ihre eigenen Erfahrungen werden Ihnen dies hinreichend bestätigen.

Folglich ergibt sich hieraus, daß die Schulze-Delitzschschen Kredit- und Vorschuß- und seine Rohstoffvereine, wenn sie selbst den Handwerkern zu helfen vermöchten, doch nur einer durch die notwendige Entwicklung unserer Industrie täglich immer mehr verschwindenden, täglich immer kleiner werdenden Anzahl von Leuten zugute kommen, welche durch die Bewegung unserer Kultur in immer größerem Umfange in den von dieser Hilfe nicht betroffenen eigentlichen Arbeiterstand hinübergedrängt werden. Und das ist gleichwohl nur eine erste Folgerung. Eine zweite, genau mit ihr zusammenhängende, noch wichtigere Konsequenz des Gesagten ist folgende: Der Konkurrenz der fabrikmäßigen Großproduktion gegenüber, welche sich täglich mehr an die Stelle des kleinen handwerksmäßigen Betriebes setzt, vermögen auch die in demselben ausharrenden Handwerker durch die Kredit- und Rohstoffvereine keineswegs geschützt zu werden. Ich will Ihnen dafür wieder als Zeugnis das Einverständnis des Professors Huber anführen: „Leider aber", sagte er, nachdem er die Schulze-Delitzschschen Kredit- und Rohstoffvereine, gleich mir, rühmend betrachtet, „leider aber erscheint die Voraussetzung, daß damit die Konkurrenz des Zwerggewerbes mit der Großindustrie ermöglicht wäre, durchaus nicht hinreichend begründet".

Besser aber als jedes Zeugnis werden Sie die leicht zu entwikkelnden inneren Gründe von dem, was ich sage, überzeugen.

Wie weit kann die Wirkung von Kreditvereinen und von Vereinen zur billigen und guten Beschaffung von Rohstoffen gehen? Sie kann den unbemittelten Handwerker in die Lage setzen, mit dem bemittelten Handwerker, mit demjenigen, der das hinreichende kleine Kapital für seinen handwerksmäßigen kleinen Betrieb hat, zu konkurrieren. Sie kann also höchstens den unbemittelten Handwerker gleichsetzen und in dieselbe Lage bringen mit dem mit eigenem hinreichenden Kapital für seinen Handwerksbetrieb ausgerüsteten Meister. Nun ist ja die Tatsache aber eben die, daß auch die mit eigenem hinreichenden Kapital produzierenden Handwerksmeister nicht die Konkurrenz des großen Kapitals und der fabrikmäßigen Massenproduktion aushalten können, sowohl wegen der durch den Großbetrieb ermöglichten billigeren Erzeugungskosten aller Art, als wegen der geringeren Profitrate, die bei dem massenhaften Betrieb auf jedes einzelne Stück zu fallen braucht, als endlich wegen noch anderer mit ihm verbundener Vorteile. Da nun die Kredit- und Rohstoffvereine die unbemittelten kleinen Handwerker höchstens im allgemeinen in dieselbe Lage wie den für seinen Kleinbetrieb mit hinreichendem Kapital ausgerüsteten Handwerksmeister versetzen können und [2]) dieser selbst die Konkurrenz der fabrikmäßigen Großindustrie nicht ertragen kann, so bleibt um so mehr dasselbe Resultat auch für jenen mit Hilfe dieser Vereine sein Geschäft betreibenden Handwerker bestehen.

Diese Vereine können also auch in bezug auf den kleinen Handwerker nur den Todeskampf, in welchem das kleine Handwerk der Großindustrie zu unterliegen und Platz zu machen bestimmt ist, verlängern, die Qualen dieses Todeskampfes dadurch vermehren und die Entwicklung unserer Kultur unnütz aufhalten — das ist das ganze Resultat, das sie auch in bezug auf den kleinen Handwerkerstand haben, während sie den eigentlichen, in der Großindustrie beschäftigten und täglich wachsenden Arbeiterstand überhaupt nicht berühren!

Bleiben also noch die Konsumvereine zu betrachten.

Die Einwirkung der Konsumvereine würde den gesamten Arbeiterstand umfassen.

Sie sind gleichwohl gänzlich unfähig, die Verbesserung der Lage des Arbeiterstandes zu bewirken. Dies werden Ihnen drei Gründe nachweisen, die innerlich einen einzigen bilden.

1. Die Benachteiligung, welche den Arbeiterstand trifft, trifft ihn, wie das sub 2 anzuführende ökonomische Gesetz zeigen

[2]) Man kann sagen, daß in der einen Hinsicht, auf Ankauf der Rohstoffe, der mit Hilfe eines Rohstoffvereins sein Kleingeschäft betreibende Handwerker, weil hierdurch des Vorteils der Ankaufspreise en gros teilhaftig, sogar besser daran sei, als der mit eigenem Kapital sein isoliertes Kleingeschäft Betreibende, und Professor Huber veranschlagt diesen Vorteil bei Beschaffung der Rohstoffe auf 20—30 Prozent. Dies hält ihn, wie wir sahen, nicht ab, einzugestehen, daß auch die Rohstoffvereine die Konkurrenz mit der fabrikmäßigen Großproduktion nicht aushalten können; natürlich, denn die Beschaffung der Rohstoffe zu en-gros-Preisen bildet nur ein isoliertes Element der billigen Erzeugungs- und Betriebskosten aller Art, welche die Großproduktion voraus hat. Aber auch zwischen dem mit Hilfe eines Rohstoffvereins und dem mit eignem Kapital sein Kleingeschäft betreibenden Meister gleichen sich die Vorteile höchstens im ganzen aus, da letzterer sich keine Zinsen seines Kapitals zu berechnen braucht und außerdem sich für jeden Artikel seines Bedarfs mit den besten Bezugsquellen in Verbindung setzen kann, während die Rohstoffvereine nicht für alle Artikel, die sie führen, zumal für die nebensächlicheren, dieselbe Geschäftskenntnis und Umsicht entwickeln können.

wird, als Produzenten, nicht als Konsumenten. Es ist daher schon eine ganz falsche Hilfe, dem Arbeiter als Konsumenten helfen zu wollen, statt ihm auf der Seite zu helfen, wo wirklich der Schuh ihn drückt, als Produzenten.

Als Konsumenten stehen wir bereits heute im allgemeinen alle gleich. Wie vor dem Gendarmen sind vor dem Verkäufer alle Menschen gleich, wenn sie nur zahlen.

Es ist wahr, daß eben hierdurch für den Arbeiterstand infolge seiner beschränkten Zahlungsfähigkeit sich noch ein besonderer Nebenschaden entwickelt hat, der aber mit dem Haupt- und Krebsschaden, an dem er leidet, nichts zu tun hat: der Nachteil, seine Bedürfnisse im kleinsten Detail ankaufen zu müssen und so dem Wucher des Kramladens — des shopkeepers — verfallen zu sein. Hiergegen helfen und schützen die Konsumvereine, aber abgesehen davon, daß sie unter Nr. 3 sehen werden, wie lange diese Hilfe dauern kann und wann sie aufhören muß, darf diese beschränkte Hilfe, geeignet, die traurige Lage des Arbeiters eben um etwas erträglicher zu machen, durchaus nicht mit einem Mittel zu jener Verbesserung der Lage der arbeitenden Klasse verwechselt werden, welche der Arbeiterstand erstrebt.

2. Das eherne ökonomische Gesetz, welches unter den heutigen Verhältnissen, unter der Herrschaft von Angebot und Nachfrage nach Arbeit, den Arbeitslohn bestimmt, ist dieses: daß der durchschnittliche Arbeitslohn immer auf den notwendigen Lebensunterhalt reduziert bleibt, der in einem Volke gewohnheitsmäßig zur Fristung der Existenz und zur Fortpflanzung erforderlich ist. Dies ist der Punkt, um welchen der wirkliche Tageslohn in Pendelschwingungen jederzeit herum gravitiert, ohne sich jemals lange weder über denselben erheben noch unter denselben hinunterfallen zu können. Er kann sich nicht dauernd über diesen Durchschnitt erheben — denn sonst entstünde durch die leichte, bessere Lage der Arbeiter eine Vermehrung der Arbeiterbevölkerung und somit des Angebots von Händen, welche den Arbeitslohn wieder auf und unter seinen früheren Stand herabdrücken würde.

Der Arbeitslohn kann auch nicht dauernd tief unter diesen notwendigen Lebensunterhalt fallen, denn dann entstehen — Auswanderungen, Ehelosigkeit, Enthaltung von der Kinderzeugung und endlich eine durch Elend erzeugte Verminderung der Arbeiterzahl, welche somit das Angebot von Arbeiterhänden noch verringert und den Arbeitslohn daher wieder auf den früheren Stand zurückbringt.

Der wirkliche durchschnittliche Arbeitslohn besteht somit in der Bewegung, beständig um jenen seinen Schwerpunkt, in den er fortdauernd zurücksinken muß, herumzukreisen, bald etwas über demselben (Periode der Prosperität in allen oder einzelnen Arbeitszweigen), bald etwas unter ihm zu stehen (Periode des mehr oder weniger allgemeinen Notstandes und der Krisen).

Die Beschränkung des durchschnittlichen Arbeitslohnes auf der in einem Volke gewohnheitsmäßig zur Fristung der Existenz und zur Fortpflanzung erforderlichen Lebensnotdurft — das ist also, ich wiederhole es Ihnen, das eherne und grausame Gesetz, welches den Arbeitslohn unter den heutigen Verhältnissen beherrscht. Dieses Gesetz kann von niemand bestritten werden. Ich könnte Ihnen für dasselbe ebenso viele Gewährsmänner anführen, als es große und berühmte Namen in der nationalökonomischen Wissenschaft gibt, und zwar aus der liberalen Schule selbst, denn gerade die liberale ökonomische Schule ist es, welche selbst dieses Gesetz entdeckt und nachgewiesen hat.

Dieses eherne und grausame Gesetz, meine Herren, müssen Sie sich vor allem tief, tief in die Seele prägen und bei allem Ihrem Denken von ihm ausgehen.

Bei dieser Gelegenheit kann ich Ihnen und dem gesamten Arbeiterstand ein unfehlbares Mittel angeben, wie sie ein- für allemal allen Täuschungen und Irreführungen entgehen können. Jedem, der Ihnen von der Verbesserung der Lage des Arbeiterstandes spricht, müssen Sie vor allem die Frage vorlegen,

ob er dieses Gesetz anerkennt oder nicht.

Erkennt er es nicht an, so müssen Sie sich von vornherein sagen, daß dieser Mann entweder Sie täuschen will oder aber von der kläglichsten Unerfahrenheit in der nationalökonomischen Wissenschaft ist. Denn es gibt, wie ich Ihnen bereits bemerkt, in der liberalen Schule selbst nicht einen namhaften Nationalökonomen, der dasselbe leugnete. Adam Smith wie Say, Ricardo wie Malthus, Bastiat wie John Stuart Mill sind einstimmig darin, es anzuerkennen. Es herrscht hierin eine Übereinstimmung aller Männer der Wissenschaft.

Und wenn nun derjenige, der Ihnen von der Lage der Arbeiter

spricht, auf Ihre Frage dieses Gesetz anerkannt hat, so fragen Sie ihn weiter,
wie er dasselbe beseitigen will.

Und wenn er hierauf nicht zu antworten weiß, so wenden Sie ihm ruhig den Rücken. Er ist ein leerer Schwätzer, der Sie oder sich selbst täuschen und mit hohlen Phrasen verblenden will.

Betrachten wir einen Augenblick näher die Wirkung und Natur dieses Gesetzes. Sie ist mit andern Worten folgende:

Von dem Arbeitsertrag (der Produktion) wird zunächst so viel abgezogen und unter die Arbeiter verteilt, als zu ihrer Lebensfristung erforderlich ist (Arbeitslohn).

Der ganze Überschuß der Produktion — des Arbeitsertrages — fällt auf den Unternehmeranteil.

Es ist daher eine Folge dieses ehernen und grausamen Gesetzes, daß Sie — und deswegen habe ich Sie in meiner Arbeiterbroschüre, auf die Sie sich in Ihrem Schreiben berufen, die Klasse der Enterbten genannt — sogar von der durch die Fortschritte der Zivilisation gesteigerten Produktivität, d. h. von dem gesteigerten Arbeitsertrage, von der gesteigerten Ertragsfähigkeit Ihrer eigenen Arbeit notwendig ausgeschlossen sind! Für Sie immer die Lebensnotdurft, für den Unternehmeranteil immer alles, was über dieselbe hinaus von der Arbeit produziert wird. Weil aber bei sehr großen Fortschritten der Produktivität (der Ergiebigkeit der Arbeit) zugleich viele Industrieprodukte zur äußersten Billigkeit herabsinken, so kann es kommen, daß Sie durch diese Billigkeit nicht als Produzenten, wohl aber als Konsumenten zunächst einen gewissen indirekten Vorteil von der gesteigerten Ergiebigkeit der Arbeit haben. Dieser Vorteil trifft Sie überhaupt nicht in Ihrer Tätigkeit als Produzenten, er trifft und ändert nicht die auf Ihren Anteil fallende Quote am Arbeitsertrag, er trifft nur Ihre Lage als Konsumenten, wie er auch die Lage der Unternehmer als Konsumenten und auch die aller an der Arbeit gar nicht teilnehmenden Menschen als Konsumenten — und zwar in viel erheblicherem Grade als die Ihrige — verbessert.

Und auch dieser Sie bloß als Menschen, nicht als Arbeiter treffende Vorteil verschwindet wieder durch jenes eherne und grausame Gesetz, welches den Arbeitslohn auf die Länge immer wieder auf das Maß der zum Lebensunterhalt notwendigen Konsumtion herabdrückt.

Nun kann es aber kommen, daß, wenn eine solche gesteigerte Produktivität der Arbeit und die durch sie eintretende äußerste Billigkeit mancher Produkte ganz plötzlich eintritt und wenn sie zweitens zugleich in eine länger dauernde Periode der steigenden Nachfrage nach Arbeiterhänden fällt — daß dann diese jetzt unverhältnismäßig billiger gewordenen Produkte in den Umfang dessen aufgenommen werden, was gewohnheitsmäßig in einem Volke zum notwendigen Lebensunterhalt gehört.
Dies also, daß Arbeiter und Arbeitslohn immer herumtanzen um den äußersten Rand dessen, was nach dem Bedürfnis jeder Zeit zu dem notwendigsten Lebensunterhalt gehört, bald etwas über, bald etwas unter diesem Rande stehend — dies ändert sich nie!
Dieser äußerste Rand selbst aber kann sich in verschiedenen Zeiten durch ein Zusammentreffen der angegebenen Umstände geändert haben, und es kann somit kommen, daß, wenn man verschiedene Zeiten miteinander vergleicht, die Lage des Arbeiterstandes in dem späteren Jahrhundert oder in der späteren Generation — insofern jetzt das Minimum der gewohnheitsmäßig notwendigen Lebensbedürfnisse etwas gestiegen ist — sich gegen die Lage des Arbeiterstandes in dem früheren Jahrhundert und der früheren Generation etwas gebessert hat.
Ich mußte diese kleine Abschweifung machen, meine Herren, wenn Sie auch meinem eigentlichen Zwecke fernliegt, weil gerade dies, diese geringfügige Verbesserung im Laufe der Jahrhunderte und Generationen, immer der Punkt ist, auf welchen alle diejenigen, welche Ihnen Sand in die Augen streuen wollen, nach dem Vorgange Bastiats, stets mit ebenso billigen als hohlen Deklamationen zurückkommen.
Bemerken Sie genau meine Worte, meine Herren. Ich sage: Es kann aus den angegebenen Gründen dahin kommen, daß das notwendige Lebensminimum und somit die Lage des Arbeiterstandes in verschiedenen Generationen, miteinander verglichen, sich etwas gehoben hat. Ob dies wirklich so ist, ob wirklich die Gesamtlage des Arbeiterstandes, und zwar fortlaufend in den verschiedenen Jahrhunderten, sich gebessert hat — meine Herren, das ist eine sehr schwierige, sehr verwickelte Untersuchung, eine viel zu gelehrte Untersuchung, als daß diejenigen auch nur irgend, auch nur annähernd ihrer fähig wären, welche Sie ohne Unterlaß mit den Vorhaltungen amüsieren, wie teuer der Kattun im vorigen Jahrhundert war und wie viel Kat-

tunkleider Sie jetzt verbrauchen, und mit ähnlichen Gemeinplätzen, die man aus jedem Kompendium abschreiben kann.
Es ist nicht mein Zweck, mich hier auf diese Untersuchung einzulassen. Denn hier muß ich mich darauf beschränken, Ihnen nicht nur absolut Feststehendes, sondern auch ganz leicht zu Begründendes zu geben. Unterstellen wir also immerhin, daß eine solche Verbesserung des untersten Lebensbedürfnisses und somit der Lage des Arbeiterstandes fortlaufend in den verschiedenen Generationen und Jahrhunderten stattfinde.
Aber das muß ich Ihnen zeigen, meine Herren, daß man mit diesen Gemeinplätzen Ihnen jedenfalls die Frage aus der Hand spielt, um die es sich handelt, und sie in eine ganz andere verkehrt.
Man täuscht Sie, man hintergeht Sie, meine Herren!
Wenn Sie von der Lage der Arbeiter und ihrer Verbesserung sprechen, so meinen Sie Ihre Lage, verglichen mit der Ihrer Mitbürger in der Gegenwart, verglichen also mit dem Maßstab der Lebensgewohnheiten in derselben Zeit.
Und man amüsiert Sie mit angeblichen Vergleichen Ihrer Lage mit der Lage der Arbeiter in früheren Jahrhunderten! Ob Sie aber, weil das Minimum der gewohnheitsmäßigen Lebensbedürfnisse gestiegen wäre — falls dies der Fall —, sich heute besser stehen, als der Arbeiter vor 80, vor 200, vor 300 Jahren — welchen Wert hat diese Frage für Sie, und welche Befriedigung kann sie Ihnen gewähren? Ebensowenig als die freilich ganz ausgemachte Tatsache, daß Sie sich heute besser stehen als die Botokuden und die menschenfressenden Wilden! Jede menschliche Befriedigung hängt ja immer nur ab von dem Verhältnis der Befriedigungsmittel zu den in einer Zeit bereits gewohnheitsmäßig erforderlichen Lebensbedürfnissen oder, was dasselbe ist, von dem Überschuß der Befriedigungsmittel über die unterste Grenze der in einer Zeit gewohnheitsmäßig erforderlichen Lebensbedürfnisse. Ein gesteigertes Minimum der untersten Lebensbedürfnisse gibt auch Leiden und Entbehrungen, welche frühere Zeiten gar nicht kannten. Was entbehrt der Botokude dabei, wenn er keine Seife kaufen, was entbehrt der menschenfressende Wilde dabei, wenn er keinen anständigen Rock tragen, was entbehrte der Arbeiter vor der Entdeckung Amerikas dabei, wenn er keinen Tabak rauchen, was entbehrte der Arbeiter vor Erfindung der Buchdruckerkunst dabei, wenn er ein nützliches Buch sich nicht anschaffen konnte?

Alles menschliche Leiden und Entbehren hängt also nur von dem Verhältnis der Befriedigungsmittel zu den in derselben Zeit bereits vorhandenen Bedürfnissen und Lebensgewohnheiten ab. Alles menschliche Leiden und Entbehren und alle menschlichen Befriedigungen, also jede menschliche Lage bemißt sich somit nur durch den Vergleich mit der Lage, in welcher sich andere Menschen derselben Zeit in bezug auf die gewohnheitsmäßigen Lebensbedürfnisse derselben befinden. Jede Lage einer Klasse bemißt sich somit immer nur durch ihr Verhältnis zu der Lage der andern Klasse in derselben Zeit.
Wenn also noch so feststünde, daß sich das Niveau der notwendigen Lebensbedingungen in den verschiedenen Zeiten gehoben hätte, daß früher nicht gekannte Befriedigungen gewohnheitsmäßiges Bedürfnis geworden sind und eben dadurch mit diesen auch früher nicht gekannte Entbehrungen und Leiden eingetreten sind — Ihre menschliche Lage ist in diesen verschiedenen Zeiten immer dieselbe geblieben; immer diese: auf dem untersten Rande der in jeder Zeit gewohnheitsmäßig erforderlichen Lebensnotdurft herumzutanzen, bald ein wenig über ihm, bald ein wenig unter ihm zu stehen.
Ihre menschliche Lage ist also dieselbe geblieben, denn diese menschliche Lage bemißt sich nicht durch ihr Verhältnis zu der Lage des Tieres in den Urwäldern oder des Negers in Afrika oder des Leibeigenen im Mittelalter oder des Arbeiters vor 200 oder vor 80 Jahren, sondern nur durch das Verhältnis dieser Lage zu der Lage ihrer Mitmenschen, zu der Lage der anderen Klassen in derselben Zeit.
Und statt hierüber Betrachtungen anzustellen und zu sinnen, wie dieses Verhältnis zu bessern und jenes grausame Gesetz, das Sie beständig auf dem untersten Rande der Lebensbedürfnisse einer jeden Zeit festhält, zu ändern sei, amüsiert man sich, Ihnen unvermerkt die Frage vor der Nase zu vertauschen und Sie mit sehr problematischen kulturhistorischen Rückblicken auf die Lage des Arbeiterstandes in den früheren Zeitepochen zu unterhalten, Rückblicke, die um so problematischer sind, als gerade die immer mehr der äußersten Billigkeit verfallenden Industrieprodukte nur in weit geringerem Grade zu dem Konsum des Arbeiters gehören, während die hauptsächlich seinen Konsum bildenden Lebensmittel keineswegs von der gleichen Tendenz immer steigender Billigkeit beherrscht werden! Rückblicke endlich, die nur dann einen Wert haben würden, wenn sie die

gesamte Lage des Arbeiters in den verschiedenen Zeiten nach allen Seiten hin in ihre Untersuchung zögen, Untersuchungen von der schwierigsten und nur mit der äußersten Umsicht zu führenden Natur, zu welchen gerade diejenigen, die sie Ihnen vorhalten, nicht einmal das Material in der Hand haben und die sie daher um so mehr den eigentlichen Gelehrten überlassen sollten!

3. Kehren wir nunmehr von dieser, wenn auch notwendigen, Abschweifung zu der Frage zurück: Welchen Einfluß können nach dem sub 2 entwickelten, den Arbeitslohn bestimmenden Gesetz die Konsumvereine auf die Lage des Arbeiterstandes haben? Die Antwort wird jetzt eine sehr einfache sein.
Solange nur einzelne Kreise von Arbeitern zu Konsumvereinen zusammentreten, so lange wird der allgemeine Arbeitslohn nicht durch dieselben berührt, und so lange werden also die Konsumvereine den Arbeitern, welche zu ihnen gehören, durch die billigere Konsumtion jene untergeordnete Erleichterung ihrer gedrückten Lage gewähren, welche ich sub 1 betrachtet und zugegeben habe. Sowie aber die Konsumvereine mehr und mehr den gesamten Arbeiterstand zu umfassen beginnen, tritt jetzt vermöge des betrachteten Gesetzes die notwendige Konsequenz ein, daß der Arbeitslohn infolge des durch die Konsumvereine billiger gewordenen Lebensunterhalts um ebensoviel fallen muß.
Dem gesamten Arbeiterstand können die Konsumvereine somit niemals auch nur irgendwie helfen, und den einzelnen Arbeiterkreisen, die sie bilden, können sie die früher betrachtete, untergeordnete Hilfe gerade nur so lange gewähren, wie das Beispiel dieser Arbeiter noch nicht hinreichende Nachahmung gefunden hat. Mit jedem Tage, mit welchem die Konsumvereine sich mehr und mehr ausbreiten und größere Massen des Arbeiterstandes umfassen, fällt mehr und mehr auch jene geringfügige Erleichterung auch für die in diesen Vereinen befindlichen Arbeiter fort, bis sie an dem Tage auf Null sinkt, wo die Konsumvereine den größten Teil des gesamten Arbeiterstandes umfassen würden.
Kann auch nur ernsthaft die Rede davon sein, daß der Arbeiterstand sein Auge auf ein Mittel richten soll, welches ihm als Stand gar nicht hilft und seinen einzelnen Gliedern auch jene so geringfügige Erleichterung nur auf so lange gewährt, bis der

Stand als solcher ganz oder zum großen Teil dasselbe ergriffen hat?
Wenn der deutsche Arbeiterstand einen solchen Tretmühlenrundgang sollte anstellen wollen — so wird die Zeit bis zu der wirklichen Verbesserung seiner Lage noch lange dauern! —
Ich habe Ihnen jetzt sämtliche Schulze-Delitzschschen Organisationen zergliedert und gezeigt, daß sie Ihnen nicht helfen, noch helfen können.
Wie also? Sollte das Prinzip der freien individuellen Assoziation der Arbeiter nicht vermögen, die Verbesserung der Lage des Arbeiterstandes zu bewirken?
Allerdings vermag es das — aber nur durch seine Anwendung und Ausdehnung auf die fabrikmäßige Großproduktion.
Den Arbeiterstand zu seinem eigenen Unternehmer zu machen — das ist das Mittel, durch welches — und durch welches allein —, wie Sie jetzt sofort selbst sehen, jenes eherne und grausame Gesetz beseitigt sein würde, das den Arbeitslohn bestimmt!
Wenn der Arbeiterstand sein eigener Unternehmer ist, so fällt jene Scheidung zwischen Arbeitslohn und Unternehmergewinn und mit ihr der bloße Arbeitslohn überhaupt fort, und an seine Stelle tritt als Vergeltung der Arbeit: der Arbeitsertrag!
Die Aufhebung des Unternehmergewinns in der friedlichsten, legalsten und einfachsten Weise, indem sich der Arbeiterstand durch freiwillige Assoziationen als sein eigner Unternehmer organisiert, die hiermit und hiermit allein gegebene Aufhebung jenes Gesetzes, welches unter der heutigen Produktion von dem Produktionsertrag das eben zur Lebensfristung Erforderliche auf die Arbeiter als Lohn und den gesamten Überschuß auf den Unternehmer verteilt, das ist die einzige wahrhafte, die einzige seinen gerechten Ansprüchen entsprechende, die einzige nichtillusionäre Verbesserung der Lage des Arbeiterstandes.
Aber wie? Werfen Sie einen Blick auf die Eisenbahnen, die Maschinenfabriken, die Schiffsbauwerkstätten, die Baumwollspinnereien, die Kattunfabriken usw. usw., auf die zu diesen Anlagen erforderlichen Millionen, werfen Sie dann einen Blick in die Leere Ihrer Taschen und fragen Sie sich, wo Sie jemals die zu diesen Anlagen erforderlichen Riesenkapitalien hernehmen und wie Sie somit jemals den Betrieb der Großindustrie auf eigene Rechnung ermöglichen sollen!
Und gewiß ist nichts sicherer, nichts festerstehend, als daß Sie dies niemals ermöglichen würden, wenn sie ausschließlich und

lediglich und allein auf Ihre isolierten Anstrengungen als Individuen reduziert bleiben.
Eben deshalb ist es Sache und Aufgabe des Staates, Ihnen dies zu ermöglichen, die große Sache der freien individuellen Assoziation des Arbeiterstandes fördernd und entwickelnd in seine Hand zu nehmen und es zu seiner heiligsten Pflicht zu machen, Ihnen die Mittel und Möglichkeit zu dieser Selbstorganisation und Selbstassoziation zu bieten.
Und hier lassen Sie sich nicht durch das Geschrei derer täuschen und irreführen, die Ihnen sagen werden, daß jede solche Intervention des Staates die soziale Selbsthilfe aufhebe.
Es ist nicht wahr, daß ich jemand hindere, durch seine eigene Kraft einen Turm zu ersteigen, wenn ich ihm Leiter oder Strick dazu reiche. Es ist nicht wahr, daß der Staat die Jugend daran hindert, sich durch eigene Kraft zu bilden, wenn er ihr Lehrer, Schulen und Bibliotheken hält. Es ist nicht wahr, daß ich jemand daran hindere, durch eigene Kraft ein Feld zu umackern, wenn ich ihm einen Pflug dazu reiche. Es ist nicht wahr, daß ich jemand hindere, durch eigene Kraft ein feindliches Heer zu schlagen, wenn ich ihm eine Waffe dazu in die Hand drücke.
Und obgleich es wahr ist, daß hin und wieder jemand einen Turm erklettert haben mag ohne Strick und Leiter, und obgleich es wahr ist, daß sich einzelne gebildet haben ohne Lehrer, Schulen und öffentliche Bibliotheken, und obgleich es wahr ist, daß die Bauern der Vendée in den Revolutionskriegen hin und wieder den Feind geschlagen auch ohne Waffen, so heben doch alle diese Ausnahmen ihre Regel nicht auf, sondern bestätigen sie nur. Und obgleich es also wahr ist, daß unter gewissen besonderen Verhältnissen einzelne Kreise von Arbeitern in England durch eine lediglich aus ihren eigenen Bemühungen hervorgegangene Assoziation auch in gewissen kleineren Zweigen der großen Produktion und in einem gewissen kleinen Umfang ihre Lage etwas verbessern konnten, so bleibt nichtsdestoweniger das Gesetz bestehen, daß die wirkliche Verbesserung der Lage des Arbeiters — die er gerechterweise zu fordern hat und für den allgemeinen Arbeiterstand als solchen — nur durch jene Hilfeleistung des Staates herbeigeführt werden kann.
Und ebensowenig lassen Sie sich durch das Geschrei derer irreführen und täuschen, die hier etwa gar von Sozialismus oder Kommunismus sprechen und mit derlei billigen Redensarten

dieser Ihrer Forderung entgegentreten wollen. Sondern seien Sie von solchen fest überzeugt, daß sie Sie nur täuschen wollen oder aber selbst nicht wissen, was sie sprechen. Nichts ist weiter entfernt von dem sogenannten Sozialismus und Kommunismus als diese Forderung, bei welcher die arbeitenden Klassen ganz wie heute ihre individuelle Freiheit, individuelle Lebensweise und individuelle Arbeitsvergütung beibehalten und zu dem Staat in keiner anderen Beziehung stehen, als daß ihnen durch ihn das erforderliche Kapital resp. der erforderliche Kredit zu ihrer Assoziation vermittelt wird. Das aber ist gerade die Aufgabe und Bestimmung des Staates, die großen Kulturfortschritte der Menschheit zu erleichtern und zu vermitteln. Dies ist sein Beruf. Dazu existiert er; hat immer dazu gedient und dienen müssen. Ein einziges Beispiel statt der Hunderte von Beispielen, die ich Ihnen geben könnte, den Kanälen, Chausseen, Posten, Paketbootlinien, Telegraphen, Landrentenbanken, landwirtschaftlichen Verbesserungen, Einführungen von neuen Fabrikationszweigen usw., bei welchen allen die Intervention des Staates eintreten mußte[3]) — ein einziges Beispiel will ich Ihnen geben, aber ein Beispiel, das hunderte aufwiegt, und zwar ein ganz besonders naheliegendes Beispiel: Als die Eisenbahnen bei uns gebaut werden sollten, da mußte in allen deutschen — und ebenso in den meisten auswärtigen — Ländern, ausgenommen bei einigen ganz kleinen und vereinzelten Linien, der Staat in der einen oder der andern Weise intervenieren, meistens in der Weise, daß er mindestens die Zinsgarantie für die Aktien — in vielen Ländern noch weit größere Leistungen — übernahm.

Die Zinsgarantie stellte noch dazu folgenden Löwenkontrakt der Unternehmer — der reichen Aktionäre — mit dem Staate dar: Sind die neuen Unternehmungen unvorteilhaft, so soll der

[3]) England, welches immer als das Land angeführt zu werden pflegt, in welchem keine solche Intervention des Staates stattfindet, ist im Gegenteil noch heute stolz auf seine durch die Parlamentsakte von 1833 bewirkte Ablösung der Sklaverei in den Kolonien, welche nur durch die Intervention des Staates möglich war und ihm eine Entschädigung von nicht weniger als 20 Millionen Pfund Sterling (137 Mill. Taler) gekostet hat. Die Befreiung der unendlichen Mehrheit der eigenen Nation von jenem den Arbeitslohn bestimmenden Gesetz muß den Staat noch mehr interessieren als die Befreiung einer fremden Rasse in den Kolonien und wäre noch dazu ohne jene Opfer zu vollbringen, welche diese erfordert hat.

Nachteil auf den Staat fallen, folglich auf alle Steuerzahler, folglich ganz besonders auf Sie, meine Herren, auf die große Klasse der Unbemittelten! Sind die neuen Unternehmungen dagegen vorteilhaft, so soll der Vorteil — die starken Dividenden — uns, den reichen Aktionären, zukommen. Dies wird auch nicht dadurch beseitigt, daß in manchen Ländern, wie z. B. in Preußen, dafür dem Staate in einer sehr, sehr fernen Zukunft damals noch ganz ungewisse Vorteile ausbedungen wurden, Vorteile, deren sich aus der Assoziation des Arbeiterstandes weit schnellere und größere für ihn ergeben würden.

Ohne diese Intervention des Staates, von welcher, wie gesagt, die Zinsgarantie noch die schwächste Form war, hätten wir vielleicht noch heute auf dem ganzen Kontinent keine Eisenbahnen!

Jedenfalls steht die Tatsache fest, daß der Staat hierzu schreiten mußte, daß auch die Zinsgarantie eine, und zwar äußerst starke Intervention des Staates war, daß diese Intervention noch dazu der reichen und begüterten Klasse gegenüber stattfand, die ohnehin über alles Kapital und allen Kredit verfügt und die sich daher der Staatsintervention weit leichter hätte begeben können als Sie, und daß diese Intervention von der gesamten Bourgeoisie gefordert wurde.

Warum entstand damals kein Geschrei gegen die Zinsgarantie als eine „unzulässige Intervention des Staates“? Warum erklärte man damals nicht, daß durch die Zinsgarantie die „soziale Selbsthilfe“ der reichen Unternehmer jener Aktiengeschäfte bedroht sei? Warum tat man die Zinsgarantie des Staates nicht als „Sozialismus und Kommunismus“ in Verruf?

Aber freilich, jene Intervention des Staates fand im Interesse der reichen und begüterten Klassen der Gesellschaft statt, und da ist sie freilich ganz zulässig und immer zulässig gewesen! Nur allemal, wenn es sich um eine Intervention zugunsten der notleidenden Klassen, zugunsten der unendlichen Mehrheit handelt — dann ist sie reiner „Sozialismus und Kommunismus“!

Dies also antworten Sie denen, welche Ihnen ein Geschwätz über die Unzulässigkeit der Staatsintervention und die dadurch gefährdete soziale Selbsthilfe und den darin liegenden Sozialismus und Kommunismus bei dieser dazu nicht den geringsten Anlaß gebenden Forderung erheben wollen. Und fügen Sie ihnen hinzu: daß, wenn wir doch schon einmal so lange im

Sozialismus und Kommunismus leben, wie jene Zinsgarantie bei den Eisenbahnen und alle jene andern oben flüchtig berührten Beispiele zeigen, wir auch weiter darin verbleiben wollen!

Es kommt hinzu, daß, so groß auch der durch die Eisenbahnen bewirkte Kulturfortschritt war, er doch noch zu einem verschwindenden Punkte zusammensinkt gegenüber jenem gewaltigsten Kulturfortschritt, der durch die Assoziation der arbeitenden Klasse vollbracht würde. Denn was nützen alle aufgespeicherten Reichtümer und alle Früchte der Zivilisation, wenn sie immer nur für einige wenige vorhanden sind und die große unendliche Menschheit stets der Tantalus bleibt, welcher vergeblich nach diesen Früchten greift? Schlimmer als Tantalus, denn dieser hatte wenigstens nicht die Früchte hervorgebracht, nach denen sein dürstender Gaumen vergeblich zu lechzen verdammt war!

Wenn je also, so würde dieser gewaltigste Kulturfortschritt von allen, welche die Geschichte kennt, eine hilfreiche Intervention des Staates rechtfertigen.

Es kommt hinzu, daß der Staat durch die großen Kredit- und Zirkulationsinstitute (die Banken), wie hier nicht weiter ausgeführt werden kann, in der leichtesten Weise und ohne irgendeine größere Verantwortlichkeit auf sich zu nehmen, als durch die Zinsgarantie bei den Eisenbahnen geschah, Ihnen diese Möglichkeit gewähren kann[4]).

[4]) Wie leicht das zu einer allmählich im Laufe der Zeit über den gesamten Arbeiterstand sich erstreckenden Assoziation erforderliche Kapital resp. vielmehr der dazu erforderliche Kredit beschafft werden könnte, kann hier nicht weiter ausgeführt werden, da hierzu eine finanztheoretische Erörterung der sozialen Funktion des Geldes und Kredits vorausgeschickt werden müßte. Überdies würde gegenwärtig eine jede solche den Exekutionsmodus betreffende Erörterung doch völlig wirkungslos und überflüssig sein. Einen praktischen Wert wird sie erst in der weiter unten näher zu bestimmenden Zeit haben, wo an die Verwirklichung dieser Forderung gedacht werden kann. Hier also nur, außer den soeben gegebenen Andeutungen, noch folgende: Diese Assoziationen würden natürlich erst allmählich und im Laufe der Zeit den gesamten Arbeiterstand umfassen. Sie würden zu beginnen haben in solchen Industriezweigen, welche sich durch ihre Natur, indem sie verhältnismäßig die stärkste Arbeiterzahl beschäftigen, am meisten zur Assoziation eignen. Sie würden zu beginnen haben in solchen Distrikten und Lokalitäten, welche durch die Art ihrer Gewerbstätigkeit, durch

Endlich aber, meine Herren: Was ist denn der Staat?
Werfen Sie einen Blick auf die Statistik, und zwar auf die amtliche, von den Regierungsanstalten veröffentlichte Statistik, denn nicht mit eigenen Schilderungen und Berechnungen will ich Ihnen nahen.
Das königlich preußische, von dem königl. preußischen Geheimrat Professor Dieterici damals dirigierte amtliche statistische Büro veröffentliche 1851 auf Grund der amtlichen Steuerlisten

die Dichtigkeit ihrer Bevölkerung sowie durch die freiwillige Disposition derselben zur Assoziation — alles drei in der Regel zusammenfallende Momente — vor den anderen sich zur Assoziation eigneten. Sie würden, sobald erst eine Anzahl solcher Assoziationen bestehen, immer spielender und leichter für alle anderen Gewerbszweige und Lokalitäten einzuführen sein, da natürlich alle mit Hilfe des Staates sich bildenden Assoziationen in einen Kreditverband untereinander zu treten hätten und treten würden. Außer dem Kreditverband könnte ein Assekuranzverband die verschiedenen Vereine umfassen, welche etwaige eintretende Geschäftsverluste durch ihre Verteilung bis zur Unmerklichkeit ausgliche. Der Staat würde endlich keineswegs den Diktator bei diesen Gesellschaften zu spielen haben, sondern ihm nur die Feststellung und resp. Genehmigung der Statuten und eine zur Sicherung seiner Interessen ausreichende Kontrolle bei der Geschäftsführung zustehen. Wöchentlich würde den Arbeitern zunächst der orts- und gewerbsübliche Arbeitslohn zu entrichten und am Schlusse des Jahres der Geschäftsgewinn des Vereins als Dividende unter sie zu verteilen sein. Die praktische Ausführbarkeit und höchst lukrative Existenzfähigkeit solcher Assoziationen überhaupt könnte ja nur von der Unwissenheit geleugnet werden, welcher es unbekannt ist, daß bereits sowohl in England wie in Frankreich zahlreiche Arbeiterassoziationen bestehen, welche, und obwohl unter den schwierigsten Umständen und ohne jede Hilfe und Unterstützung entstanden, rein auf die Anstrengungen der isolierten Arbeiter angewiesen, die sie bilden, dennoch zu hoher Blüte gelangt sind. So — um der sogenannten Pioniers von Rochdale ganz zu geschweigen — bestanden schon 1861 in der Grafschaft Lancashire allein 31 solcher Assoziationen zur fabrikmäßigen Produktion, meist erst neuerdings gegründet, von denen gleichwohl bereits mehrere eine Dividende von 30 bis 40 Prozent vom Kapital abwarfen. Um einiger französischer Arbeiterassoziationen zu erwähnen, so erzielte die Assoziation der ouvrièrs maçons in Paris schon im Jahre 1856 bis 1857 einen Geschäftsgewinn von 56 Prozent ihres Kapitals; im Jahre 1858 betrug der Geschäftsgewinn 130 000 Frks., wovon 30 000 Frks. zur Reserve genommen und 100 000 Frks. als Dividende verteilt wurden, und zwar 60 Prozent hiervon auf die Arbeit, 40 Prozent auf das Kapital (die Gesellschaft hat associés non travailleurs, welche jedoch mindestens 10 000 Frks. Kapitaleinschuß machen): ähnliche eine Berechnung, wie sich die Bevölkerung nach ihrem Einkommen verteilt[5]).

Ich setze Ihnen die Resultate dieser Berechnung mit wörtlicher und zahlenmäßiger Treue hierher. Hiernach besitzen von der Bevölkerung des preußischen Staates:

ein Einkommen	über 1000	Taler	$^1/_2$	Prozent der Bevölkerung
„ „	von 400 bis 1000	„	$3^1/_4$	„ „ „
„ „ „	200 bis 400	„	$7^1/_4$	„ „ „
„ „ „	100 bis 200	„	$16^3/_4$	„ „ „
„ „	von unter 100	„	$72^1/_4$	„ „ „

Und dieses Einkommen fällt auf den klassensteuerpflichtigen Kopf der Bevölkerung, welcher nach Dietericis Annahme durchschnittlich eine Familie von fünf Personen repräsentiert, fällt also durchschnittlich auf eine Familie von fünf oder mindestens über drei Personen[6]). Und analog muß es sich natürlich in den andern deutschen Staaten verhalten.

Diese stummen amtlichen Zahlen, wenn sie auch als statistische

Blüte bei den ouvrièrs lampistes, bei den ouvrièrs en meubles usw. Man sehe die Geschichte der Arbeiterassoziationen in den Werken von Professor Huber, Cochut, A. Lemercier (Etudes sur les associations ouvrières) u. a. — Die Statuten und Reglements dieser Vereine geben zugleich äußerst schätzbare Beiträge für die innere Gestaltung dieser Assoziationen an die Hand. Alle diese Gesellschaften waren recht eigentliche „Pioniere", Pioniere der Zukunft, welche mit harter Hand den Weg brachen und durch die schlagenden praktischen Resultate, die sie trotz der ihnen entgegenstehenden Unmöglichkeiten erreichten, zeigen, welche ganz anderen Resultate zu erreichen sind, wenn der Staat die Hand zur Überwindung dieser Unmöglichkeiten bietet. Blind muß sein, wer nicht sieht, daß unsere gesamte Geschichte und Entwicklung auf diesen Weg hindrängt. Das Umsichgreifen der Aktienunternehmungen selbst hat eben dies zu seinem letzten und wahrhaft zivilisatorischen Inhalt gehabt, diesen Weg zu eröffnen.

[5]) Dieterici, Mittheilungen des statistischen Bureaus, Jahr 1851, Bd. IV, p. 266; vergl. Bd. III, p. 243.

[6]) In der Wirklichkeit gab es nämlich damals (1850), wie Dieterici, Bd. IV, p. 223 zeigt, bei 16 331 187 Seelen, 3 181 968 Familien in Preußen, was $5^1/_{10}$ Personen auf die Familie gibt. Steuerpflichtige gab es damals (siehe Dieterici, Bd. III, p. 243) 4 950 454 Personen in Preußen, also mehr als Familien. Immer repräsentiert hiernach der klassensteuerpflichtige Kopf noch im Durchschnitt eine Familie von über 3 Personen, wobei noch ganz unberücksichtigt bleiben mag, daß gerade die untersten Klassen die stärksten Familien haben.

Durchschnittszahlen durchaus nicht auf mathematische Genauigkeit Anspruch haben, zumal vor der Steuer jeder seine Einnahme gern verkleinert, was aber eine wesentliche und hier in Betracht kommende Differenz nicht im geringsten begründen kann, werden Ihnen deutlicher sprechen als dicke Bücher! $72^1/_4$ Prozent der Bevölkerung mit einem Einkommen von unter 100 Taler, also in der elendesten Lage! Andere $16^3/_4$ Prozent der Bevölkerung mit einem Einkommen von 100 bis 200 Tlr., also in einer kaum bessern, immer noch elenden Lage, andere $7^1/_4$ Prozent der Bevölkerung mit einem Einkommen von 200 bis 400 Tlr., also noch immer in einer gedrückten Lage, $3^1/_4$ Prozent der Bevölkerung mit einem Einkommen von 400 bis 1000 Tlr., also teils in einer erträglichen, teils in einer behäbigen Lage, und $^1/_2$ Prozent der Bevölkerung endlich in allen möglichen Abstufungen des Reichtums. Die beiden untersten, in der allergedrücktesten Lage befindlichen Klassen bilden also allein 89 Prozent der Bevölkerung, und nimmt man, wie man muß, noch die $7^1/_4$ Prozent der dritten, immer noch unbemittelten und gedrückten Klasse hinzu, so erhalten Sie $96^1/_4$ Prozent der Bevölkerung in gedrückter, dürftiger Lage. Ihnen also, meine Herren, den notleidenden Klassen, gehört der Staat, nicht uns, den höheren Ständen, denn aus Ihnen besteht er! Was ist der Staat? fragte ich, und Sie ersehen jetzt aus wenigen Zahlen handgreiflicher als aus dicken Büchern die Antwort: Ihre, der ärmeren Klasse, große Assoziation — das ist der Staat!

Und warum soll nun Ihre große Assoziation nicht fördernd und befruchtend auf Ihre kleineren Assoziationskreise einwirken? Diese Frage wollen Sie gleichfalls denjenigen vorlegen, die Ihnen von der Unzulässigkeit der Staatsintervention und von Sozialismus und Kommunismus bei dieser Forderung schwätzen.

Wollen Sie endlich noch einen speziellen Beleg für die Unmöglichkeit, anders als mit jener fördernden Intervention des Staates durch die freie Assoziation die Verbesserung der Lage des Arbeiterstandes hervorzubringen, so mag ihn gerade England geben, gerade jenes Land, auf das man sich am meisten beruft, um die Möglichkeit einer lediglich und ausschließlich mit ihren isolierten Kräften hervorzurufenden, die Lage des gesamten Standes verbessernden Assoziation der einzelnen Arbeiter zu behaupten; England, welches in der Tat aus verschiedenen, in

seinen besonderen Zuständen wurzelnden Gründen noch am ehesten geeignet erscheinen müßte, dieses Experiment durchzuführen, ohne daß deshalb noch eine gleiche Möglichkeit auch für andere Länder dadurch bewiesen wäre.
Und dieser spezielle Beleg knüpft gerade an jene englische Arbeiterassoziation an, welche bisher als der triumphierende Beweis einer solchen Behauptung angeführt zu werden pflegte. Ich spreche von den Pioniers in Rochdale. Dieser seit 1844 bestehende Konsumverein legte 1858 eine Spinnerei und Weberei an mit einem Kapital von 5500 Pfd. Sterl. (ca. 38 000 Tlr.). In den Statuten dieser Fabrikassoziation wurde den in der Fabrik beschäftigten Arbeitern, gleichviel ob sie Aktionäre der Assoziation waren oder nicht, außer dem ortsüblichen Arbeitslohn ein gleicher Anteil an dem als Dividende zu verteilenden Geschäftsgewinn zugesichert wie den Aktionären, da die Bestimmung getroffen war, daß die Jahresdividende ebenso auf den Arbeitslohn wie auf das Aktienkapital berechnet und verteilt werden sollte. Nun beträgt die Anzahl der Aktionäre jener Fabrik 1600, während in der Fabrik nur 500 Arbeiter beschäftigt sind. Es ist also eine große Zahl von Aktionären vorhanden, die nicht zugleich Arbeiter der Fabrik sind, wie andererseits nicht alle Arbeiter zugleich Aktionäre sind. Infolgedessen brach unter den Arbeiteraktionären, die nicht Arbeiter der Fabrik waren, und auch unter denen, die Arbeiter und Aktionäre zugleich waren, eine Agitation (1861) dagegen aus, daß auch die Arbeiter, welche nicht Aktionäre seien, einen Anteil an dem Geschäftsgewinn — dem Arbeitsertrage — erhielten. Man stellte von seiten der Arbeiteraktionäre ganz offen und einfach den Grundsatz auf, daß nach dem ganz allgemeinen Brauch in der gesamten industriellen Welt die Arbeit mit dem Arbeitslohn abgefunden sei und dieser durch Nachfrage und Angebot bestimmt werde (wir haben oben gesehen, durch welches Gesetz!). „Diese Tatsache", erzählt Professor Huber in dem Bericht, den er von dieser Angelegenheit gibt, „wurde ohne weiteres von vornherein als der keiner weitern Motivierung und Legitimierung bedürftige naturgemäße Zustand gegenüber einer ganz ausnahmsweisen, willkürlichen, wenngleich statutenmäßigen Neuerung geltendgemacht". Tapfer, aber nur mit sehr unklaren Gefühlsgründen, wurde dieser Antrag auf Änderung der Statuten von den alten Stiftern und Vorstehern der Assoziation bekämpft. In der Tat stimmte eine Majorität von fünf

Achtel der Arbeiteraktionäre für die Änderung der Statuten, ganz wie die bürgerlichen Unternehmer handelnd, und die Abänderung der Statuten unterblieb vorläufig nur deshalb, weil zu einer solchen statutenmäßig eine Majorität von drei Viertel der Stimmen erforderlich ist. „Niemand aber", berichtet Professor Huber weiter, „täuscht sich darüber, daß die Sache dabei nicht ihr Bewenden haben wird. Vielmehr stehen dieser Assoziation noch sehr heftige innere Kämpfe bevor, deren Ausgang vielleicht schon nächstes Jahr eine siegreiche Wiederholung jenes Antrags sein dürfte, um so mehr, da die Opposition entschlossen ist, ihren Einfluß auch bei den Wahlen zu den Assoziationsämtern geltend zu machen, wo die absolute Majorität entscheidet, wo dann die dominierenden Stellungen des Vorstandswesens bald in ihren Händen sein könnten." Huber berichtet ferner hierbei: „Die meisten der fabrikmäßig produktiven Vereine haben sich von vornherein dem allgemeinen Brauch angeschlossen, offenbar ohne weiteres Nachdenken oder doktrinäres Bewußtsein; nur einige haben das kooperative Prinzip zugunsten der Arbeit angenommen." Und Huber muß ferner, obwohl sehr wider Willen und mit sehr schwerem Herzen, denn er ist ein Anhänger der bloß von den isolierten Arbeitern ausgehenden Assoziation, gestehen, es sei „gar kein Zweifel, daß diese Fragen sehr bald in allen andern produktiven Assoziationen zur Erörterung und Entscheidung kommen werden, wo der Gegensatz von Kapital und Arbeit vorhanden ist und sich aus dem industriellen Makrokosmus (d. h. der Welteinrichtung im Großen) der Konkurrenz in den kooperativen Mikrokosmus (d. h. der von der Arbeiterassoziation dargestellten Welt im Kleinen) reproduziert."

Sie sehen, meine Herren, wenn Sie über diese Tatsachen nachdenken, daß sich die großen Fragen immer nur im Großen, nie im Kleinen lösen lassen. Solange der allgemeine Arbeitslohn durch das oben betrachtete Gesetz bestimmt wird, so lange werden auch die kleinen Assoziationen sich dem herrschenden Einfluß desselben nicht entziehen können. Und was gewinnt dann der allgemeine Arbeiterstand, der Arbeiter als solcher dabei, ob er für Arbeiterunternehmer oder für Bourgeois-Unternehmer arbeitet? Nichts! Sie haben nur die Unternehmer, denen der Ertrag Ihrer Arbeit zugute kommt, zerbröckelt. Aber die Arbeit und der Arbeiterstand ist nicht befreit! Was er dabei gewinnt? Er gewinnt nur die Depravation, die Verderbnis,

die jetzt ihn selbst ergreift und Arbeiter gegen Arbeiter in ausbeutende Unternehmer verwandelt! Die Personen der Unternehmer haben gewechselt, die Sache ist geblieben, die Arbeit, diese einzige Quelle alles Ertrages, bleibt vor wie nach auf den sogenannten Lohn, d. h. die Lebensfristung, angewiesen. So groß ist unter der Herrschaft dieses Gesetzes die Verkehrung der Begriffe, daß jetzt sogar jene nicht in der Fabrik beschäftigten Arbeiteraktionäre, statt einzusehen, daß sie ihre Dividende der Arbeit der beschäftigten Arbeiter verdanken, daß sie es somit sind, welche den Vorteil aus der Arbeit dieser ziehen, umgekehrt diesen nicht einmal einen Teil von dem Ertrage ihrer eigenen Arbeit, nicht einmal einen Teil von dem gönnen wollten, worauf die Arbeit gerechten Anspruch hat.
Arbeiter mit Arbeitermitteln und Unternehmergesinnungen — das ist die widrige Karikatur, in welcher jene Arbeiter verwandelt worden sind!
Und nun endlich noch einen letzten sich hieran knüpfenden scharfen und entscheidenden Beweis.
Sie haben gesehen, daß in jener Fabrik der Pioniers 500 Arbeiter beschäftigt und an ihr 1600 Arbeiter als Aktionäre beteiligt sind. So viel wird Ihnen auch ganz klar sein, daß, wenn wir uns die Arbeiter nicht gleich geradezu als reiche Leute denken wollen, womit dann freilich alle Fragen in der Illusion gelöst sind, die in einer Fabrik beschäftigte Anzahl von Arbeitern nie ausreichen wird, um auch das für die Fabrik erforderliche Anlagekapital aus ihren eigenen Taschen aufzubringen. Sie werden dazu vielmehr immer eine viel größere Zahl von andern, nicht in der Fabrik beschäftigten Arbeiteraktionären in Anspruch nehmen müssen. In dieser Hinsicht ist das Verhältnis bei jener Fabrik der Pioniers — 1600 Arbeiteraktionäre auf 500 in der Fabrik beschäftigte Arbeiter, also ein Verhältnis von nur mehr als 3 zu 1 — sogar ein erstaunlich günstiges und seltenes, ein so kleines, wie nur irgend möglich, zu nennen, und erklärt sich nur teils aus der ganz besonders glücklichen Lage der Pioniers, die im Arbeiterstande als eine hohe Ausnahme dasteht, teils daraus, daß jener Fabrikationszweig noch durchaus nicht zu jenen gehört, welche das stärkste Kapitalverhältnis erfordern, teils daraus, daß jene Fabrik noch nicht zu den wahrhaft großen Produktionsanstalten gehört, in denen das Verhältnis auch in diesem Fabrikationszweige noch ein ganz anderes sein würde. Es kommt endlich dazu, daß durch die

Entwicklung der Industrie selbst und durch die Fortschritte der Zivilisation dies Verhältnis noch alle Tage gewaltig wachsen muß. Denn die Fortschritte der Zivilisation bestehen gerade darin, daß täglich mehr tote Naturkraft, also mehr Maschinen, an die Stelle der menschlichen Arbeit gesetzt wird und daß also täglich das Verhältnis der Größe des Anlagekapitals zur Menge der menschlichen Arbeit wächst. Wenn also in jener Fabrik der Pioniers, um das Anlagekapital für 500 beschäftigte Arbeiter zu beschaffen, 1600 Arbeiteraktionäre erforderlich waren, und somit ein Verhältnis von 1 zu 3, so wird sich bei andern Arbeitern und in andern Branchen und in den größeren Produktionsanstalten und mit den täglichen Fortschritten der Zivilisation das Verhältnis gestalten wie 1 zu 4, 1 zu 5, zu 6, zu 8, zu 10, zu 20 usw. Bleiben wir indes sogar bei dem Verhältnis von 1 zu 3 stehen! Um also eine Fabrik zu stiften, in welcher 500 Arbeiter Beschäftigung finden, brauche ich 1600 Arbeiteraktionäre, um das nötige Anlagekapital zu haben. Gut, solange ich ein, zwei, drei etc. Fabriken gründen will, hat das in der Vorstellung — immer in der Vorstellung, meine Herren, in der Illusion — keine Schwierigkeit. Ich nehme nur immer in der Vorstellung die dreifache, vierfache Anzahl usw. von Arbeiteraktionären zu Hilfe. Wenn ich aber die Assoziation auf den gesamten Arbeiterstand ausdehne — und von diesem, nicht von einzelnen, die emporkommen wollen, handelt es sich hier doch –, wenn ich also im Lauf der Zeit so viel Fabriken gründen will, daß der ganze Arbeiterstand darin beschäftigt ist — woher nehme ich denn dann noch die 3-, 4-, 5-, 10-, 20fache Anzahl des gesamten Arbeiterstandes, die nun noch als Arbeiteraktionäre hinter den in Fabriken beschäftigten Arbeitern stehen müßte, um diese Fabriken anzulegen?

Sie sehen also, meine Herren, daß es geradezu eine mathematische Unmöglichkeit ist, den Arbeiterstand auf diesem Wege durch die Anstrengungen seiner Mitglieder als bloß isolierte Individuen zu befreien; daß nur ganz unklare, unkritische Vorstellungen sich diesen Illusionen hingeben können und daß der einzige Weg hierzu, der einzige Weg zur Aufhebung jenes grausamen, den Arbeitslohn bestimmenden Gesetzes, an welches der Arbeiterstand wie an einen Marterpfahl geschmiedet ist, die Förderung und Entwicklung der freien, individuellen Arbeiterassoziationen durch die helfende Hand des Staates ist. Die auf rein atomistisch-isolierten Kräften der Arbeiterindividuen gebaute Arbeiterassoziationsbewegung hat nur den Wert gehabt — und dieser Wert ist ein immenser —, handgreiflich den Weg, den praktischen Weg zu zeigen, auf welchem die Befreiung vor sich gehen kann, glänzende, praktische Beweise zur Beseitigung aller wirklichen oder vorgeschützten Zweifel über die praktische Ausführbarkeit zu liefern und es eben dadurch dem Staat zur gebieterischen Pflicht zu machen, seine stützende Hand diesem höchsten Kulturinteresse der Menschheit zu leihen.

Zugleich habe ich Ihnen bereits den Beweis geliefert, daß der Staat überhaupt gar nichts anderes als die große Organisation, die große Assoziation der arbeitenden Klassen ist und daß also die Hilfe und Förderung, durch welche der Staat jene kleineren Assoziationen ermöglichte, gar nichts anderes sein würde als die vollkommen natur- und rechtmäßige, vollkommen legitime soziale Selbsthilfe, welche die arbeitenden Klassen als große Assoziation sich selbst, ihren Mitgliedern als vereinzelte Individuen, erweisen.

Noch einmal also, die freie individuelle Assoziation der Arbeiter, aber die freie individuelle Assoziation, ermöglicht durch die stützende und fördernde Hand des Staates — das ist der einzige Weg aus der Wüste, der dem Arbeiterstande gegeben ist.

Wie aber den Staat zu dieser Intervention vermögen?

Und hier wird nun sofort sonnenhell die Antwort vor Ihrer aller Augen stehen: Dies wird nur durch das allgemeine und direkte Wahlrecht möglich sein. Wenn die gesetzgebenden Körper Deutschlands aus dem allgemeinen und direkten Wahlrecht hervorgehen — dann und nur dann werden Sie den Staat bestimmen können, sich dieser seiner Pflicht zu unterziehen.

Dann wird diese Forderung in den gesetzgebenden Körpern erhoben werden, dann mögen die Grenzen und Formen und Mittel dieser Intervention durch Vernunft und Wissenschaft diskutiert werden, dann werden — verlassen Sie sich darauf! — die Männer, die Ihre Lage verstehn und Ihrer Sache hingegeben sind, mit dem blanken Stahl der Wissenschaft bewaffnet, zu Ihrer Seite stehen und Ihre Interessen zu schützen wissen! Und dann werden Sie, die unbemittelten Klassen der Gesellschaft, es jedenfalls nur sich selbst und Ihren schlechten Wahlen zuzuschreiben haben, wenn und solange die Vertreter Ihrer Sache in der Minorität bleiben.

Das allgemeine und direkte Wahlrecht ist also, wie sich jetzt ergeben hat, nicht nur Ihr politisches, es ist auch Ihr soziales Grundprinzip, die Grundbedingung aller sozialen Hilfe. Es ist das einzige Mittel, um die materielle Lage des Arbeiterstandes zu verbessern.

Wie nun aber die Einführung des allgemeinen und direkten Wahlrechts bewirken?

Und hier blicken Sie auf England!

Mehr als fünf Jahre hat die große Agitation des englischen Volkes gegen die Korngesetze gedauert. Dann aber mußten sie fallen, mußten durch ein Tory-Ministerium selbst beseitigt werden!

Organisieren Sie sich als ein Allgemeiner deutscher Arbeiterverein zu dem Zweck einer gesetzlichen und friedlichen, aber unermüdlichen, unablässigen Agitation für die Einführung des allgemeinen und direkten Wahlrechts in allen deutschen Ländern. Von dem Augenblicke an, wo dieser Verein auch nur 100 000 deutsche Arbeiter umfaßt, wird er bereits eine Macht sein, mit welcher jeder rechnen muß. Pflanzen Sie diesen Ruf fort in jede Werkstatt, in jedes Dorf, in jede Hütte. Mögen die städtischen Arbeiter ihre höhere Einsicht und Bildung auf die ländlichen Arbeiter überströmen lassen. Debattieren Sie, diskutieren Sie überall, täglich, unablässig, unaufhörlich wie jene große englische Agitation gegen die Korngesetze in friedlichen, öffentlichen Versammlungen wie in privaten Zusammenkünften die Notwendigkeit des allgemeinen und direkten Wahlrechts. Je mehr das Echo Ihrer Stimme millionenfach widerhallt, desto unwiderstehlicher wird der Druck derselben sein.

Stiften Sie Kassen, zu welchen jedes Mitglied des deutschen Arbeitervereins Beiträge zahlen muß und zu denen Ihnen Organisationsentwürfe vorgelegt werden können.

Gründen Sie mit diesen Kassen, die trotz der Kleinheit der Beiträge eine für Agitationszwecke gewaltige finanzielle Macht bilden würden — bei einem wöchentlichen Beitrage von nur einem Silbergroschen würde bei hunderttausend Mitgliedern der Verein jährlich über 160 000 Taler verwenden können —, öffentliche Blätter, welche täglich dieselbe Forderung erheben und die Begründung derselben aus den sozialen Zuständen nachweisen. Verbreiten Sie mit denselben Mitteln Flugschriften zu demselben Zwecke. Besolden Sie aus den Mitteln dieses Vereins Agenten, welche dieselbe Einsicht in jeden Winkel des Lan-

des tragen, das Herz eines jeden Arbeiters, eines jeden Häuslers und Ackerknechts mit demselben Rufe durchdringen. Entschädigen Sie aus den Mitteln dieses Vereins alle solche Arbeiter, welche wegen ihrer Tätigkeit für denselben Schaden und Verfolgung erlitten haben.
Wiederholen Sie täglich, unermüdlich dasselbe, wieder dasselbe, immer dasselbe! Je mehr es wiederholt wird, desto mehr greift es um sich, desto gewaltiger wächst seine Macht.
Alle Kunst praktischer Erfolge besteht darin, alle Kraft zu jeder Zeit auf einen Punkt — auf den wichtigsten Punkt — zu konzentrieren und nicht nach rechts noch links zu sehen. Blikken Sie nicht nach rechts noch links, seien Sie taub für alles, was nicht allgemeines und direktes Wahlrecht heißt oder damit in Zusammenhang steht und dazu führen kann!
Wenn Sie diesen Ruf — was Ihnen binnen wenigen Jahren gelingen kann — wirklich durch die 89 bis 96 Prozent der Gesamtbevölkerung fortgepflanzt haben werden, welche, wie ich Ihnen gezeigt habe, die armen und unbemittelten Klassen der Gesellschaft bilden, dann wird man — seien Sie unbesorgt! — Ihrem Wunsche nicht lange widerstehen! Man kann von seiten der Regierungen mit der Bourgeoisie über politische Rechte schmollen und hadern. Man kann selbst Ihnen politische Rechte und somit auch das allgemeine Wahlrecht verweigern, bei der Lauheit, mit welcher politische Rechte aufgefaßt werden. Aber das allgemeine Wahlrecht, von 89 bis 96 Prozent der Bevölkerung als Magenfrage aufgefaßt und daher auch mit der Magenwärme durch den ganzen nationalen Körper hinverbreitet — seien Sie ganz unbesorgt, meine Herren, es gibt keine Macht, die sich dem lange widersetzen würde!
Dies ist das Zeichen, das Sie aufpflanzen müssen. Dies ist das Zeichen, in dem sie siegen werden! Es gibt kein anderes für Sie!

Mit Gruß und Handschlag

F. Lassalle.

Berlin, 1. März 1863.

IV. Statuten des Allgemeinen Deutschen Arbeitervereins, beschlossen auf der Gründungsversammlung in Leipzig 1863

Vorbemerkung des Herausgebers

Nach heftigen Diskussionen über das „Offene Antwortschreiben" innerhalb des Leipziger Zentralkomitees schloß sich dessen Mehrheit Lassalles Forderungen an. Am 23. Mai 1863 erfolgte in Leipzig die Gründung des Allgemeinen Deutschen Arbeitervereins (ADAV), der ersten selbständigen politischen deutschen Arbeiterpartei. Zum Teil wegen organisatorischer Erfordernisse, zum Teil aber auch auf Grund von Lassalles spezifischem Demokratieverständnis wurde der Verband gemäß seinen Statuten streng zentralistisch aufgebaut und „so diktatorisch als möglich organisiert" (Lassalle). Lassalle selbst erhielt die Präsidialbefugnis für den langen Zeitraum von fünf Jahren.

§ 1. Unter dem Namen „[Allgemeiner] Deutscher Arbeiterverein" begründen die Unterzeichneten für die deutschen Bundesstaaten einen Verein, welcher, von der Überzeugung ausgehend, daß nur durch das allgemeine, gleiche und direkte Wahlrecht eine genügende Vertretung der sozialen Interessen des deutschen Arbeiterstandes und eine wahrhafte Beseitigung der Klassengegensätze in der Gesellschaft herbeigeführt werden kann, den Zweck verfolgt, auf friedlichem und legalem Wege, insbesondere durch das Gewinnen der öffentlichen Überzeugung, für die Herstellung des allgemeinen, gleichen und direkten Wahlrechts zu wirken.

§ 2. Jeder deutsche Arbeiter wird durch einfache Beitrittserklärung Mitglied des Vereins mit vollem gleichen Stimmrecht und kann jederzeit austreten. Über die Frage, ob jemand ein Arbeiter im Sinne des Vereins sei, entscheidet der Vorstand. Ebenso ist der Vorstand berechtigt, auch Nichtarbeiter, welche dem Verein beitreten wollen und mit den Grundsätzen und Zwecken desselben einverstanden sind, als Mitglieder aufzunehmen.

§ 3. Der Sitz des Vereins, der keine Zweigvereine haben kann, dem vielmehr alle Mitglieder ohne Rücksicht auf ihren Wohnort unmittelbar angehören, ist Leipzig. Der Sitz kann durch einfachen Majoritätsbeschluß des Vorstandes an jeden andern Ort des § 1 gedachten Gebiets verlegt werden. Er bleibt unverändert derselbe, wenn der Vorstand es für gut finden sollte, sich ein oder das andere Mal an einem andern Orte behufs seiner Beratungen zu versammeln.

§ 4. Die Angelegenheiten des Vereins werden verwaltet durch den Vorstand, bestehend aus einem Präsidenten und 24 Mitgliedern, unter denen ein Kassierer und ein besoldeter Sekretär, welche sämtlich in dem § 1 gedachten Gebiet wohnen müssen. Ihre Wahl erfolgt in der Generalversammlung, für den Präsidenten das erstemal auf fünf Jahre, sonst auf ein Jahr. Die Vorstandsmitglieder werden durch die Generalversammlung auf ein Jahr gewählt mit der näheren Bestimmung, daß am Ende des ersten Jahres ihrer Funktion die Hälfte durch das Los ausscheidet; am Ende des zweiten Jahres treten dann die Nichtausgelosten aus. Es sind aber sämtliche Austretende sofort wieder wählbar.

§ 5. Über die innere Organisation, den Geschäftsgang, die Förderungsmittel auf den § 1 gedachten Wegen, Schreib- und Kassenwesen befindet nach einfacher Majorität der Vorstand. Wenn der Präsident es für dringlich hält, so kann er vorbehaltlich der in drei Monaten einzuholenden Genehmigung des Vorstandes alle Anordnungen treffen. Die eventuelle Verantwortlichkeit des Präsidenten in solchen Fällen wird durch die Genehmigung des Vorstandes, und wenn diese nicht erfolgt, durch die Generalversammlung gedeckt. Der Präsident setzt Generalversammlungen und Vorstandsberatungen sowie den Ort derselben an. Jährlich einmal muß Generalversammlung abgehalten werden. Der Präsident ist verpflichtet, eine Generalversammlung binnen sechs Wochen einzuberufen, wenn unter Angabe des bestimmten Grundes die Majorität des Vorstandes oder ein Sechstel sämtlicher Mitglieder schriftlich darauf anträgt.

§ 6. Beim Eintritt hat jedes Mitglied 2 Silbergroschen zu zahlen und dann 1/2 Sgr. wöchentlich. Durch die Nichtzahlung des Beitrags in vier aufeinanderfolgenden Wochen wird die Mitgliedschaft verwirkt. Wer gegen die Zwecke des Vereins handelt oder die Würde des Arbeiterstandes in sittlicher oder politischer Beziehung beeinträchtigt, wird ausgeschlossen, jedoch steht ihm ein Rekurs an die Generalversammlung frei, der indes durch 60 Mitglieder unterzeichnet sein muß. Die Dauer des Vereins ist vorläufig auf 30 Jahre bestimmt, kann aber durch Beschluß der Generalversammlung beliebig ausgedehnt werden.

§ 7. Mit einer Statutenveränderung kann sich die Generalversammlung nur dann befassen, wenn die Veränderung drei Monate vorher von 60 Mitgliedern schriftlich beim Vorstande eingereicht worden ist, welcher diesen Antrag sofort sämtlichen Mitgliedern bekanntgeben muß. Eine Änderung der Statuten kann nur mit zwei Drittel der Stimmen beschlossen werden und kann überhaupt erst nach dreijährigem Bestehen des Vereins eintreten.

Übergangsbestimmung. Mit Rücksicht auf die bis jetzt noch nicht vertretenen Städte werden heute [23. Mai 1863] nur 17 Ausschußmitglieder gewählt, die sich durch Selbstwahl auf die statutenmäßige Anzahl ergänzen.
Bei Behinderungsfällen kann der Präsident seine Befugnisse auf einen Vizepräsidenten übertragen.

V. Karl Marx: Inauguraladresse der Internationalen Arbeiterassoziation, 1864 Definitive Statuten der Internationalen Arbeiterassoziation, beschlossen auf dem Internationalen Kongreß in Genf 1866

Vorbemerkung des Herausgebers

Auf der von Führern der Londoner Trade Unions und französischen Arbeitern vorbereiteten internationalen Arbeiterversammlung am 28. September 1864 in der Londoner St. Martin's Hall beschlossen Vertreter englischer, französischer, deutscher, schweizerischer, italienischer und polnischer Arbeiter sowie revolutionärer demokratischer Emigranten die Gründung der „Internationalen Arbeiter-Association" (IAA), in deren Provisorisches Komitee als Vertreter der deutschen Arbeiter Karl Marx gewählt wurde. Er verstand es, die ursprünglich ohne seine Mitarbeit formulierten Programmdokumente der verschiedenste sozialistische Richtungen umfassenden IAA in der Redaktionskommission so zu kritisieren, daß ihm die Überarbeitung übertragen wurde. Marx verfaßte daraufhin zwei völlig neue Dokumente, die „Address and Provisional Rules of the Working Men's International Association" („Inauguraladresse der Internationalen Arbeiter-Association" und deren „Provisorische Statuten"), die am 1. November 1864 vom Provisorischen Komitee (bzw. dem Generalrat) angenommen wurden. Zum Abdruck kommen hier die von Marx besorgte erste deutsche Übersetzung der Inauguraladresse sowie die auf dem Genfer Kongreß der I. Internationale am 5. September 1866 beschlossene definitive Fassung der Statuten.

Arbeiter!

Es ist Tatsache, daß das Elend der arbeitenden Massen nicht abgenommen hat während der Periode 1848—1864, und dennoch steht diese Periode mit ihrem Fortschritt von Industrie und Handel beispiellos da in den Annalen der Geschichte. Im Jahre 1850 weissagte eins der bestunterrichteten Organe der englischen Mittelklasse: Steigt Englands Ein- und Ausfuhr um 50 %, so fällt der englische Pauperismus auf Null. Nun wohl! Am 7. April 1864 hat der Schatzkanzler Gladstone seine parlamentarische Audienz durch den Nachweis entzückt, daß Großbritanniens Gesamtaus- und -einfuhr 1863 nicht weniger als 443 955 000 £ betrug! „Eine erstaunliche Summe, ungefähr dreimal so groß als die Summe des britischen Gesamthandels in der kaum verschwundenen Epoche von 1843!“ Trotz alledem war er beredt über „Armut“. „Denkt“, rief er, „an die, welche am Abgrund des Elends schweben!“, an „nicht gestiegene Löhne“, an „das Menschenleben, in neun Fällen von zehn ein bloßer Kampf um die Existenz!“ Er sprach nicht von dem Volk von Irland, mehr und mehr ersetzt durch Maschinerie im Norden und durch Schafweiden im Süden, obgleich selbst die Schafe in jenem unglücklichen Lande abnehmen — es ist wahr, nicht ganz so rasch als die Menschen. Er wiederholte nicht, was die Repräsentanten der 10 000 Vornehmen soeben verraten hatten in einem plötzlichen Schreckanfall. Während der Höhe der Garrot-Panik ernannte nämlich das Haus der Lords eine Untersuchungskommission über Deportation und Strafarbeit. Ihr Bericht steht in dem umfangreichen Blaubuch von 1863 und beweist durch offizielle Zahlen und Tatsachen, daß der Auswurf des Verbrechens, daß die Galeerensklaven Englands und Schottlands viel weniger abgeplackt und viel besser genährt werden als die Ackerbauer Englands und Schottlands. Aber das war nicht alles. Als der Amerikanische Bürgerkrieg die Fabrikarbeiter von Lancashire und Cheshire auf das Pflaster warf, entsandte dasselbe Haus der Lords einen Arzt in jene Manufakturdistrikte mit dem Auftrag zu untersuchen, welcher kleinste Betrag von Kohlen- und Stickstoff, eingegeben in der wohlfeilsten und ordinärsten Form, durchschnittlich grade ausreiche, um „Hungerkrankheiten abzuwehren“ („to avert starvation diseases“). Dr. Smith, der ärztliche Bevollmächtigte, fand aus, daß eine wöchentliche Portion von 28 000 Gran Kohlen- und 1330 Gran Stickstoff einen Durchschnittserwachsenen genau über dem Niveau der Hungerkrankheiten halten werde und daß dieser Dosis ungefähr die spärliche Nahrung entsprach, wozu der Druck äußerster Not die Baumwollenarbeiter heruntergebracht hatte. Aber nun merkt auf! Derselbe gelehrte Doktor wurde später wieder durch den Medizinalbeamten des Geheimen Rats (Privy Council) beauftragt mit der Untersuchung über den Ernährungsstand des ärmeren Teils der Arbeiterklasse. Die Ergebnisse seiner Forschung sind einverleibt in den „Sechsten Bericht über den Zustand der öffentlichen Gesundheit", veröffentlicht im Lauf des gegenwärtigen Jahres auf Befehl des Parlaments. Was entdeckte der Doktor? Daß Seidenweber, Nähterinnen, Handschuhmacher, Strumpfwirker und andre Arbeiter jahraus, jahrein im Durchschnitt nicht einmal jene Notration der unbeschäftigten Baumwollarbeiter erhalten, nicht einmal jenen Betrag von Kohle und Stickstoff, der „grade hinreicht zur Abwehr von Hungerkrankheiten". „Außerdem", wir zitieren den offiziellen Bericht, „außerdem zeigte sich in bezug auf die untersuchten Familien der Ackerbaubevölkerung, daß mehr als 1/5 weniger als das veranschlagte Minimum von kohlenhaltiger Nahrung, mehr als 1/3 weniger als das veranschlagte Minimum von stickstoffhaltiger Nahrung erhält und daß in die durchschnittliche Lokalnahrung der drei Grafschaften Berkshire, Oxfordshire und Somersetshire ein unzureichendes Maß stickstoffhaltiger Lebensmittel eingeht. Man muß erwägen", fügt der offizielle Bericht hinzu, „daß Mangel an Nahrung nur sehr widerstrebend ertragen wird und daß große Dürftigkeit der Diät in der Regel nur kommt, nachdem Entbehrungen aller Art vorhergingen. Reinlichkeit selbst wird vorher kostspielig und mühevoll, und werden aus Selbstachtung noch Versuche gemacht, um sie aufrechtzuerhalten, so stellt jeder solcher Versuch eine zusätzliche Hungerqual vor ... Das sind peinliche Betrachtungen, namentlich wenn man sich erinnert, daß die Armut, wovon hier die Rede, nicht die verdiente Armut des Müßiggangs ist; es ist in allen Fällen die Armut von Arbeiterbevölkerungen. Ja die Arbeit, die die armselige Nahrungsration erhält, ist tatsächlich meist über alles Maß verlängert." Der „Bericht" enthüllt die sonderbare und sicher unerwartete Tatsache, daß „von den vier Abteilungen des Vereinigten Königsreichs" — England, Wales, Schottland und Irland — „die Ackerbaubevölkerung Englands, der reichsten Abteilung, bei weitem die schlechtgenährteste ist"; daß aber selbst die elenden Ackerbautaglöhner von Berkshire, Oxfordshire und Somersetshire besser genährt sind als große Massen der geschickten Handwerker von London.

Dies sind offizielle Aufstellungen, auf Parlamentsbefehl veröffentlicht im Jahre 1864, während des Tausendjährigen Reichs des Freihandels, zu einer Zeit, wo der britische Schatzkanzler das Haus der Gemeinen belehrt, daß „die Durchschnittslage des britischen Arbeiters sich in einem Maß verbessert hat, wovon wir wissen, daß es außerordentlich und beispiellos in der Geschichte aller Länder und aller Epochen dasteht". Mißtönend knarrt zwischen diese offiziellen Glückwünschungen das dürre Wort des offiziellen Gesundheitsberichtes: „Die öffentliche Gesundheit eines Landes bedeutet die Gesundheit seiner Masse, und wie können die Massen gesund sein, wenn sie bis auf ihre untersten Schichten herab nicht wenigstens erträglich gedeihen?" Geblendet von der Fortschrittsstatistik des Nationalreichtums, die vor seinen Augen tanzt, ruft der Schatzkanzler in wilder Ekstase: „Von 1842 bis 1852 wuchs das steuerbare Landeseinkommen um 6 Prozent; in den acht Jahren von 1853 bis 1861 ist es, ausgehend von der Basis von 1853, um 20 Prozent gewachsen. Die Tatsache ist bis zum Unglaublichen erstaunlich!"... „Dieser berauschende Zuwachs von Reichtum und Macht", fügt Herr Gladstone hinzu, „ist ganz und gar auf die besitzenden Klassen beschränkt."

Wenn ihr wissen wollt, unter welchen Bedingungen gebrochener Gesundheit, befleckter Moral und geistigen Ruins jener „berauschende Zuwachs von Reichtum und Macht, ganz und gar beschränkt auf die besitzenden Klassen", produziert wurde und produziert wird durch die arbeitenden Klassen, betrachtet die Schilderung der Arbeitslokale von Druckern, Schneidern und Kleidermacherinnen in dem letzten „Bericht über den öffentlichen Gesundheitszustand"! Vergleicht den „Bericht der Kommission von 1863 über die Beschäftigung von Kindern", wo ihr unter anderm lest: „Die Töpfer als eine Klasse, Männer und Weiber, repräsentieren eine entartete Bevölkerung, physisch und geistig entartet"; „die ungesunden Kinder werden ihrerseits ungesunde Eltern, eine fortschreitende Verschlechterung der Race ist unvermeidlich", und dennoch „ist die Entartung (degenerescence) der Bevölkerung der Töpferdistrikte verlangsamt durch die beständige Rekrutierung aus den benachbarten Landdistrikten und die Zwischenheiraten mit gesundern Racen!" Werft einen Blick auf das von Herrn Tremenheere redigierte Blaubuch über die „Beschwerden der Bäckergesellen"! Und wer schaudert nicht vor dem Paradoxon, eingetragen in die Berichte der Fabrikinspektoren und beleuchtet durch die Tabellen der General-Registratur, dem Paradoxon, daß zur Zeit, wo ihre Nahrungsration sie kaum über dem Niveau der Hungerkrankheit hielt, die Gesundheit der Arbeiter von Lancashire sich verbesserte infolge ihres zeitweiligen Ausschlusses aus der Baumwollfabrik durch die Baumwollnot und daß die Sterblichkeit der Fabrikkinder abnahm, weil es ihren Müttern jetzt endlich freistand, ihnen statt der Opiummixtur die Brust zu reichen.

Kehrt die Medaille wieder um! Die Einkommen- und Eigentumsteuerlisten, am 20. Juli 1864 dem Hause der Gemeinen vorgelegt, zeigen, daß die Personen mit jährlichen Einkommen von 50 000 £ und über 50 000 £ sich vom 5. April 1862 bis zum 5. April 1863 durch ein Dutzend und eins rekrutiert hatten, indem ihre Anzahl in diesem einen Jahr von 67 auf 80 stieg.

Dieselben Listen enthüllen die Tatsache, daß ungefähr dreitausend Personen ein jährliches Einkommen von ungefähr 25 Millionen £ unter sich teilen, mehr als das Gesamteinkommen, welches der Gesamtmasse der Ackerbauarbeiter von England und Wales jährlich zugemessen wird!

Öffnet den Zensus von 1861 und ihr findet, daß die Zahl der männlichen Grundeigentümer von England und Wales von 16 934 im Jahr 1851 herabgesunken war zu 15 066 im Jahre 1861, so daß die Konzentration des Grundeigentums in 10 Jahren um 11 Prozent wuchs. Wenn die Konzentration des Landes in wenigen Händen gleichmäßig fortschreitet, wird sich die Grund- und Bodenfrage (the land question) ganz merkwürdig vereinfachen, wie zur Zeit des Römischen Kaiserreichs, als Nero grinste über die Entdeckung, daß die halbe Provinz von Afrika 6 Gentlemen angehörte.

Wir haben so lange verweilt bei diesen „bis zum Unglaublichen erstaunlichen Tatsachen", weil England das Europa der Industrie und des Handels anführt und in der Tat auf dem Weltmarkt repräsentiert. Vor wenigen Monaten beglückwünschte einer der verbannten Söhne Louis-Philippes den englischen Akkerbauarbeiter öffentlich wegen des Vorzugs seiner Lage über die seiner minder blühenden Genossen jenseits des Kanals. In der Tat, mit veränderten Lokalfarben und in verjüngtem Maßstab wiederholen sich die englischen Tatsachen in allen industriellen und fortgeschrittenen Ländern des Kontinents. Seit 1848 in ihnen allen unerhörte Entwicklung der Industrie und ungeahnte Ausdehnung der Aus- und Einfuhr. In ihnen allen ein wahrhaft „berauschender Zuwachs von Reichtum und Macht", „ganz und gar beschränkt auf die besitzenden Klassen". In allen, wie in England, Steigen des Reallohns, d. h. der mit dem Geldlohn beschaffbaren Lebensmittel, für eine Minderheit der Arbeiterklasse, während in den meisten Fällen das Steigen des Geldlohns keinen wirklichen Zuwachs von Komfort anzeigte, so wenig, als etwa der Insasse eines Londoner Armen- oder Waisenhauses im geringsten besser daran war, weil seine ersten Lebensmittel im Jahre 1861 der Verwaltung 9 £ 15 sh. 8 d. kosteten anstatt der 7 £ 7 sh. 4 d. des Jahres 1852. Überall die Massen der Arbeiterklasse tiefer sinkend in demselben Verhältnisse wenigstens, als die Klassen über ihnen in der gesellschaftlichen Waagschale aufschnellten. Und so ist es jetzt in allen Ländern Europas eine Wahrheit, erwiesen für jeden vorurteilsfreien Geist und nur geleugnet durch die interessiert klugen Prediger eines Narrenparadieses, daß keine Entwicklung der Maschinerie, keine chemische Entdeckung, keine Anwendung der Wissenschaft auf die Produktion, keine Verbesserung der Kommunikationsmittel, keine neuen Kolonien, keine Auswanderung, keine Eröffnung von Märkten, kein Freihandel, noch alle diese Dinge zusammengenommen das Elend der arbeitenden Massen beseitigen können, sondern daß vielmehr umgekehrt, auf der gegenwärtigen falschen Grundlage, jede frische Entwicklung der Produktivkräfte der Arbeit dahin streben muß, die sozialen Kontraste zu vertiefen und den sozialen Gegensatz zuzuspitzen. Während dieser „berauschenden Epoche" ökonomischen Fortschritts hob sich der Hungertod beinahe zum Range einer Institution in der Hauptstadt des Britischen Reichs. In den Annalen des Weltmarkts ist dieselbe Epoche gekennzeichnet durch die raschere Wiederkehr, den erweiterten Umfang und die tödlichere Wirkung der gesellschaftlichen Pest, die man industrielle und kommerzielle Krise heißt.

Nach dem Fehlschlag der Revolutionen von 1848 wurden auf dem Kontinent alle Parteiorganisationen und Parteijournale der arbeitenden Klasse von der eisernen Hand der Gewalt unterdrückt, die fortgeschrittensten Söhne der Arbeit flohen in Verzweiflung nach der transatlantischen Republik, und der kurzlebige Traum der Emanzipation zerrann vor einer Epoche von fieberhaftem Industrialismus, moralischem Marasmus und politischer Reaktion. Die Niederlagen der kontinentalen Arbeiterklassen, wozu die diplomatische Einmischung des britischen Kabinetts, damals wie jetzt im brüderlichen Bund mit dem Kabinett von St. Petersburg, nicht wenig beitrug, verbreitete ihre ansteckende Wirkung bald diesseits des Kanals. Während der Untergang der kontinentalen Arbeiterbewegung die britische Arbeiterklasse entmannte und ihren Glauben in ihrer eignen Sache brach, stellte er das bereits etwas erschütterte Vertrauen der Landlords und der Geldlords wieder her. Bereits öffentlich angekündigte Konzessionen wurden mit absichtlicher Insolenz zurückgezogen. Die Entdeckung neuer Goldlande führte kurz darauf zu einem ungeheuren Exodus, der unersetzliche Lücken in den Reihen des britischen Proletariats hinter sich ließ. Andre seiner früher tätigsten Glieder, durch den Köder größerer Beschäftigung und augenblicklicher Lohnerhöhung bestochen, „trugen den bestehenden Verhältnissen Rechnung". Alle Versuche, die Chartistenbewegung aufrechtzuerhalten oder neu zu gestalten, scheiterten vollständig, alle Preßorgane der Arbeiterklasse starben, eins nach dem andern, an der Apathie der Masse, und in der Tat, nie zuvor schien die englische Arbeiterklasse so ausgesöhnt mit einem Zustand politischer Nichtigkeit. Hatte daher zwischen den britischen und den kontinentalen Arbeiterklassen keine Gemeinsamkeit der Aktion existiert, so existierte jetzt jedenfalls eine Gemeinsamkeit der Niederlage.

Und dennoch war die Periode von 1848 bis 1864 nicht ohne ihre Lichtseite. Hier seien nur zwei große Ereignisse erwähnt.

Nach einem dreißigjährigen Kampf, der mit bewunderungswürdiger Ausdauer geführt ward, gelang es der englischen Arbeiterklasse durch Benutzung eines augenblicklichen Zwiespalts zwischen Landlords und Geldlords, die Zehnstundenbill durchzusetzen. Die großen physischen, moralischen und geistigen Vorteile, die den Fabrikarbeitern aus dieser Maßregel erwuchsen und die man in den Berichten der Fabrikinspektoren halbjährig verzeichnet findet, sind jetzt von allen Seiten anerkannt. Die meisten kontinentalen Regierungen nahmen das englische Fabrikgesetz in mehr oder minder veränderter Form an, und in England selbst wird seine Wirkungssphäre jährlich vom Parlament ausgedehnt. Aber von der praktischen Wichtigkeit abgesehen, hatte der Erfolg dieser Arbeitermaßregel eine andre große Bedeutung. Die Mittelklasse hatte durch die notorischsten Organe ihrer Wissenschaft, durch Dr. Ure, Professor Senior und andre Weisen von diesem Schlag, vorhergesagt und nach Herzenslust demonstriert, daß jede gesetzliche Beschränkung der Arbeitszeit die Totenglocke der englischen Industrie läuten müsse, einer Industrie, die vampirmäßig Menschenblut saugen müsse, vor allem Kinderblut. In alten Zeiten war der Kindermord ein mysteriöser Ritus der Religion des Moloch, aber er ward nur bei besonders feierlichen Gelegenheiten praktiziert, vielleicht einmal im Jahr, und zudem hatte Moloch keine besondere Liebhaberei für die Kinder der Armen.

Der Kampf über die gesetzliche Beschränkung der Arbeitszeit wütete um so heftiger, je mehr er, abgesehen von aufgeschreckter Habsucht, in der Tat die große Streitfrage traf, die Streitfrage zwischen der blinden Herrschaft der Gesetze von Nachfrage und Zufuhr, welche die politische Ökonomie der Mittelklasse bildet, und der Kontrolle sozialer Produktion durch soziale Ein- und Vorsicht, welche die politische Ökonomie der Arbeiterklasse bildet. Die Zehnstundenbill war daher nicht bloß eine große praktische Errungenschaft, sie war der Sieg eines Prinzips. Zum erstenmal erlag die politische Ökonomie der Mittelklasse in hellem Tageslicht vor der politischen Ökonomie der Arbeiterklasse.

Ein noch größerer Sieg der politischen Ökonomie der Arbeit über die politische Ökonomie des Kapitals stand bevor.

Wir sprechen von der Kooperativbewegung, namentlich den Kooperativfabriken, diesem Werk weniger kühnen „Hände" (hands). Der Wert dieser großen sozialen Experimente kann nicht überschätzt werden. Durch die Tat, statt durch Argumente, bewiesen sie, daß Produktion auf großer Stufenleiter und im Einklang mit dem Fortschritt moderner Wissenschaft vorgehen kann ohne die Existenz einer Klasse von Meistern (masters), die eine Klasse von „Händen" anwendet; daß, um Früchte zu tragen, die Mittel der Arbeit nicht monopolisiert zu werden brauchen als Mittel der Herrschaft über und Mittel der Ausbeutung gegen den Arbeiter selbst und daß wie Sklavenarbeit, wie Leibeigenarbeit so Lohnarbeit nur eine vorübergehende und untergeordnete gesellschaftliche Form ist, bestimmt zu verschwinden vor der assoziierten Arbeit, die ihr Werk mit williger Hand, rüstigem Geist und fröhlichen Herzens verrichtet. In England wurde der Samen des Kooperativsystems von Robert Owen ausgestreut; die auf dem Kontinent versuchten Arbeiterexperimente waren in der Tat der nächste praktische Ausgang der Theorien, die 1848 nicht erfunden, wohl aber laut proklamiert wurden.

Zur selben Zeit bewies die Erfahrung der Periode von 1848 bis 1864 unzweifelhaft, was die intelligentesten Führer der Arbeiterklasse in den Jahren 1851 und 1852 gegenüber der Kooperativbewegung in England bereits geltend machten, daß, wie ausgezeichnet im Prinzip und wie nützlich in der Praxis, kooperative Arbeit, wenn beschränkt auf den engen Kreis gelegentlicher Versuche vereinzelter Arbeiter, unfähig ist, das Wachstum des Monopols in geometrischer Progression aufzuhalten, die Massen zu befreien, ja die Wucht ihres Elends auch nur merklich zu erleichtern. Es ist vielleicht gerade dies der Grund, warum plausible Lords, bürgerlich-philanthropische Salbader und ein paar trockne politische Ökonomen jetzt mit demselben Kooperativsystem schöntun, das sie früher in seinem Keim zu ersticken versucht hatten, das sie verhöhnt hatten als die Utopie des Träumers und verdammt hatten als die Ketzerei des Sozialisten. Um die arbeitenden Massen zu befreien, bedarf das Kooperativsystem der Entwicklung auf nationaler Stufenleiter und der Förderung durch nationale Mittel. Aber die Herren von Grund und Boden und die Herren vom Kapital werden ihre politischen Privilegien stets gebrauchen zur Verteidigung und zur Verewigung ihrer ökonomischen Monopole. Statt die Emanzipation der Arbeit zu fördern, werden sie fortfahren, ihr jedes mögliche Hindernis in den Weg zu legen. Lord Palmerston sprach aus ihrer Seele, als er in der letzten Parlamentssitzung den Verteidigern der Rechte der irischen Pächter höhnend zuschrie: „Das Haus der Gemeinen ist ein Haus von Grundeigentümern!“

Politische Macht zu erobern ist daher jetzt die große Pflicht der Arbeiterklassen. Sie scheinen dies begriffen zu haben, denn in England, Frankreich, Deutschland und Italien zeigt sich ein gleichzeitiges Wiederaufleben und finden gleichzeitige Versuche zur Reorganisation der Arbeiterpartei statt. Ein Element des Erfolges besitzt sie, die Zahl. Aber Zahlen fallen nur in die

Waagschale, wenn Kombination sie vereint und Kenntnis sie leitet. Die vergangene Erfahrung hat gezeigt, wie Mißachtung des Bandes der Brüderlichkeit, welches die Arbeiter der verschiedenen Länder verbinden und sie anfeuern sollte, in allen ihren Kämpfen für Emanzipation fest beieinanderzustehen, stets gezüchtigt wird durch die gemeinschaftliche Vereitlung ihrer zusammenhangslosen Versuche. Es war dies Bewußtsein, das die Arbeiter verschiedener Länder, versammelt am 28. September 1864 in dem öffentlichen Meeting zu St. Martin's Hall, London, anspornte zur Stiftung der „Internationalen Assoziation".

Eine andere Überzeugung beseelte jenes Meeting.

Wenn die Emanzipation der Arbeiterklassen das Zusammenwirken verschiedener Nationen erheischt, wie jenes große Ziel erreichen mit einer auswärtigen Politik, die frevelhafte Zwecke verfolgt, mit Nationalvorurteilen ihr Spiel treibt und in piratischen Kriegen des Volkes Blut und Gut vergeudet? Nicht die Weisheit der herrschenden Klassen, sondern der heroische Widerstand der englischen Arbeiterklasse gegen ihre verbrecherische Torheit bewahrte den Westen Europas vor einer transatlantischen Kreuzfahrt für die Verewigung und Propaganda der Sklaverei. Der schamlose Beifall, die Scheinsympathie oder idiotische Gleichgültigkeit, womit die höheren Klassen Europas dem Meuchelmord des heroischen Polen und der Erbeutung der Bergveste des Kaukasus durch Rußland zusahen; die ungeheueren und ohne Widerstand erlaubten Übergriffe dieser barbarischen Macht, deren Kopf zu St. Petersburg und deren Hand in jedem Kabinett von Europa, haben den Arbeiterklassen die Pflicht gelehrt, in die Geheimnisse der internationalen Politik einzudringen, die diplomatischen Akte ihrer respektiven Regierungen zu überwachen, ihnen wenn nötig entgegenzuwirken; wenn unfähig zuvorkommen, sich zu vereinen in gleichzeitigen Denunziationen und die einfachen Gesetze der Moral und des Rechts, welche die Beziehungen von Privatpersonen regeln sollten, als die obersten Gesetze des Verkehrs von Nationen geltend zu machen.

Der Kampf für solch eine auswärtige Politik ist eingeschlossen im allgemeinen Kampf für die Emanzipation der Arbeiterklasse.

Proletarier aller Länder, vereinigt euch!

Definitive Statuten der Internationalen Arbeiterassoziation, beschlossen auf dem Internationalen Kongreß in Genf 1866

In Erwägung:

— daß die Emanzipation der arbeitenden Klassen durch die arbeitenden Klassen selbst erobert werden muß, daß der Kampf für die Emanzipation der arbeitenden Klassen nicht einen Kampf für Klassenprivilegien und Monopole, sondern für gleiche Rechte und Pflichten und für die Abschaffung aller Klassenherrschaft bedeutet;

— daß die ökonomische Abhängigkeit des Mannes der Arbeit vom Monopolisten der Werkzeuge der Arbeit, der Quellen des Lebens, die Grundlage der Knechtschaft in jeder Form, des sozialen Elends, der geistigen Herabwürdigung und politischen Abhängigkeit bildet;

— daß deshalb die ökonomische Emanzipation der arbeitenden Klassen das große Ziel ist, welchem jede politische Bewegung als bloßes Hilfsmittel sich unterordnen sollte;

— daß alle auf dies große Ziel gerichteten Anstrengungen bisher an dem Mangel der Solidarität zwischen den vielfachen Zweigen der Arbeit jeden Landes und an dem Nichtvorhandensein eines brüderlichen Bandes der Einheit zwischen den arbeitenden Klassen der verschiedenen Länder gescheitert sind;

— daß die Emanzipation der Arbeit weder ein lokales noch ein nationales, sondern ein soziales Problem ist, welches alle Länder umfaßt, in denen moderne Gesellschaft existiert, und dessen Lösung von der praktischen und theoretischen Mitwirkung der vorgeschrittensten Länder abhängt;

— daß das gegenwärtige Wiederaufleben der arbeitenden Klassen in den gewerbtätigsten Ländern Europas, während es neue Hoffnungen rege macht, eine feierliche Warnung vor einem Rückfall in alte Irrtümer enthält und ein unmittelbares Bündnis der noch getrennten Bewegungen erfordert;

aus diesen Gründen erklärt der erste internationale Arbeiterkongreß, daß die internationale Assoziation und alle ihr angehörigen Gesellschaften und Individuen Wahrheit, Recht und Sitte als die Grundlage ihres Betragens untereinander und gegen alle ihre Mitmenschen ohne Rücksicht auf Farbe, Bekenntnis oder Nationalität anerkennen.

Der Kongreß betrachtet es als Pflicht des Mannes, die Rechte eines Mannes und Bürgers nicht bloß für sich selbst, sondern für jedermann, der seine Pflicht tut, zu fordern. Keine Rechte ohne Pflichten, keine Pflichten ohne Rechte.
Und in diesem Sinne beschließt er folgende Statuten der internationalen Assoziation:

1. Die Assoziation ist zu dem Zweck errichtet, ein zentrales Mittel der Verbindung und Kooperation zwischen den in verschiedenen Ländern bestehenden und dasselbe Ziel, nämlich den Schutz, die Hebung und völlige Emanzipation der arbeitenden Klassen, verfolgenden Arbeitergesellschaften zu schaffen.

2. Name der Gesellschaft soll sein: „Die internationale Arbeiterassoziation".

3. Der Generalrat soll aus Arbeitern bestehen, die den verschiedenen in der internationalen Assoziation vertretenen Ländern angehören. Er soll aus seinen eigenen Mitgliedern die zur Besorgung der Geschäfte notwendigen Beamten, einen Präsidenten, Schatzmeister, Generalsekretär, korrespondierende Sekretäre für die verschiedenen Länder usw. wählen. Der Kongreß bestimmt von Jahr zu Jahr den Sitz des Generalrats, wählt eine Anzahl von Mitgliedern mit der Befugnis, ihre Anzahl selbst zu vervollständigen, und bestimmt Ort und Zeit für die Zusammenkunft des nächsten Kongresses. Die Delegierten versammeln sich zur bestimmten Zeit am bestimmten Ort ohne jede besondere Einladung. Der Generalrat kann nötigenfalls den Ort ändern, ist aber nicht befugt, den Termin der Zusammenkunft hinauszuschieben.

4. Bei seinen jährlichen Zusammenkünften soll der Generalkongreß vom Generalrat öffentliche Rechnungslegung seiner Geschäfte erhalten. Letzterer soll in dringlichen Fällen befugt sein, den Generalkongreß vor Ablauf des regelmäßigen Jahrestermins zusammenzurufen.

5. Der Generalrat soll eine internationale Vermittlung zwischen den verschiedenen kooperierenden Assoziationen bilden, so daß die Arbeiter eines jeden Landes fortwährend von den Bewegungen ihrer Klasse in den andern Ländern unterrichtet gehalten werden, daß eine gleichzeitige und einheitlich geleitete Untersuchung der sozialen Zustände in den verschiedenen Ländern Europas veranstaltet werden kann, daß Fragen von

allgemeinem Interesse, die in einer Gesellschaft angeregt worden, von allen erörtert werden und daß, wenn eine unmittelbar praktische Tätigkeit nötig sein sollte, wie z. B. im Falle internationaler Streitigkeiten, eine gleichzeitige und gleichförmige Aktion der assoziierten Gesellschaften stattfindet. Sooft es zeitgemäß erscheint, soll der Generalrat die Initiative zu Vorschlägen für die verschiedenen nationalen oder lokalen Gesellschaften ergreifen. Um die Verbindung zu erleichtern, soll der Generalrat periodische Berichte veröffentlichen.

6. In Anbetracht dessen, daß der Erfolg der Arbeiterbewegung in jedem Lande nur durch die Macht des Zusammenhanges und der Einigkeit gesichert werden kann, während andererseits die Nutzbarkeit des internationalen Generalrats wesentlich davon abhängt, ob er es mit wenigen Mittelpunkten nationaler Arbeiterassoziationen oder mit einer großen Anzahl kleiner und getrennter Lokalgesellschaften zu tun hat, sollen die Mitglieder der internationalen Assoziation ihre äußersten Anstrengungen darauf richten, die unzusammenhängenden Arbeitergesellschaften ihrer betreffenden Länder zu nationalen, durch Zentralorgane vertretenen Körperschaften zu vereinigen. Doch versteht es sich von selbst, daß die Anwendbarkeit dieser Vorschrift von den jedem Lande eigentümlichen Gesetzen abhängig ist und daß, abgesehen von gesetzlichen Hindernissen, keiner unabhängigen Lokalgesellschaft verwehrt sein soll, direkt mit dem Generalrat zu korrespondieren.

7. Die verschiedenen Branchen und Sektionen sollen an den Orten ihres Domizils und soweit ihr Einfluß reicht, die Initiative nicht allein in bezug auf allgemeine fortschrittliche Verbesserung des öffentlichen Lebens, sondern auch in bezug auf die Gründung von Produktivassoziationen und anderen der Arbeiterklasse nützlichen Einrichtungen ergreifen. Der Generalrat soll sie in jeder nur möglichen Weise unterstützen.

8. Jedes Mitglied der internationalen Assoziation, welches seinen Wohnsitz von einem Lande nach dem andern verlegt, soll den brüderlichen Beistand der assoziierten Arbeiter erhalten.

9. Jeder, der sich zu den Prinzipien der internationalen Arbeiterassoziation bekennt und dieselben verteidigt, ist wählbar zum Mitglied der Assoziation. Jede Branche ist verantwortlich für die Rechtschaffenheit der Mitglieder, welche sie aufnimmt.

10. Jede Sektion oder Branche hat die Befugnis, ihren eigenen korrespondierenden Sekretär zu ernennen.

11. Die Arbeitergesellschaften, welche sich der internationalen Assoziation anschließen und sich mit dieser durch ein immerwährendes Band brüderlicher Gemeinschaft verbinden, behalten ihre besondere Organisation unangetastet bei.

12. Alles, was in diesen Statuten nicht vorgesehen ist, wird durch spezielle, der Revision eines jeden Kongresses unterliegende Verordnungen nachträglich ergänzt werden.

VI. Programm der Sächsischen Volkspartei, beschlossen auf der Landesversammlung in Chemnitz 1866

Vorbemerkung des Herausgebers

Der preußisch-österreichische Krieg von 1866 stellte die deutsche Arbeiterschaft vor die Entscheidung, ob sie sich auf den Boden dieser durch eine „Revolution von oben" geschaffenen Zustände stellen wollte oder nicht. Im Gegensatz zum ADAV, der trotz vieler Vorbehalte prinzipiell die Chancen der neuen Gegebenheiten auszunutzen suchte, lehnten August Bebel und Wilhelm Liebknecht weiterhin jede Art von obrigkeitsstaatlich oktroyierter Reichseinheit ab und sprachen sich für eine demokratische Einigung in großdeutschem Rahmen aus. Dieser Standpunkt wurde besonders deutlich im sog. Chemnitzer Programm der Sächsischen Volkspartei, die unter ihrer Führung am 19. August 1866 von Delegierten sächsischer Arbeitervereine (mehrheitlich aus den Arbeiterbildungsvereinen, in der Minderheit ADAVer), aber auch bürgerlichen Demokraten gegründet worden war. Diese Partei schloß sich der Deutschen Volkspartei an, weil sie eine Zusammenfassung aller demokratischen Kräfte gegen die preußische Reaktion für nötig erachtete, und verzichtete (im Gegensatz zum ADAV) auf die Konstituierung als selbständige Arbeiterpartei, obwohl sie überwiegend aus Arbeitern bestand.

Die demokratische Partei hat den nunmehr beendeten, lediglich im Interesse dynastischer und partikularistischer Bestrebungen geführten Krieg von Anfang an als ein Nationalunglück beklagt und verdammt, weil derselbe nicht nur zum teilweisen Ruin des Wohlstandes des deutschen Volkes und zur Verbitterung der deutschen Volksstämme gegeneinander, sondern auch zur Teilung unseres gemeinsamen Vaterlandes, zur Unfreiheit und zur Einmischung des Auslandes in deutsche Angelegenheiten führen mußte:

Das Ergebnis dieses Krieges — ein durch gewaltsame Annexion vergrößertes Preußen unter einem mehr als je befestigten absoluten Königtum, das einstweilige Vasallentum der kleineren Staaten bis zu ihrer vollständigen Annexion durch Preußen und die Abtrennung der norddeutschen Staaten von Süddeutschland — hat jene Befürchtungen bewahrheitet.

Die demokratische Partei wird trotz der veränderten Verhältnisse ihr altes Programm ungeschmälert aufrechterhalten und für dasselbe einstehen. — Da die demokratische Partei sich für verpflichtet hält, die Feinde der deutschen Freiheit und Einheit unter allen Umständen und auf allen Gebieten zu bekämpfen, so wird sie, nachdem Sachsen durch die Gewalt der Waffen gezwungen worden ist, dem norddeutschen Bunde beizutreten, bei der bevorstehenden Reichstagswahl sich beteiligen. Die Demokratie verlangt demnach von den von ihr zu erwählenden Kandidaten,

- daß sie die norddeutschen Staaten, wenn auch zeitweilig von Süddeutschland getrennt, nur als einen Teil Deutschlands betrachten und bei ihrem Eintritt in den norddeutschen Reichstag gegen die Dreiteilung wie gegen jedwede Teilung und Verkleinerung Deutschlands protestieren;
- daß sie die Zusammenberufung eines konstituierenden Parlaments erstreben, das von allen deutschen Staaten, selbstverständlich mit Einschluß Deutsch-Österreichs, beschickt wird;
- und endlich, daß sie das nachstehende Programm als Richtschnur annehmen und energisch zu verfechten entschlossen sind.

Forderungen der Demokratie

1. Unbeschränktes Selbstbestimmungsrecht des Volkes.

Allgemeines, direktes und gleiches Wahlrecht mit geheimer Abstimmung auf allen Gebieten des staatlichen Lebens (für Parlament, Kammern der Einzelstaaten, Vertretung der Gemeinden usw.). Volkswehr an Stelle der stehenden Heere. Ein mit Machtvollkommenheit ausgerüstetes Parlament, welches namentlich auch über Krieg und Frieden zu entscheiden hat.

2. Einigung Deutschlands in einer demokratischen Staatsform.

Keine erbliche Zentralgewalt — kein Kleindeutschland unter preußischer Führung, kein durch Annexion vergrößertes Preußen, kein Großdeutschland unter österreichischer Führung, keine Trias. Diese und ähnliche dynastisch-partikularistische Bestrebungen, welche nur zur Unfreiheit, Zersplitterung und Fremdherrschaft führen können, sind von der demokratischen Partei auf das entschiedenste zu bekämpfen.

3. Aufhebung der Vorrechte des Standes, der Geburt und Konfession.

4. Hebung der leiblichen, geistigen und sittlichen Volksbildung.

Trennung der Schule von der Kirche, Trennung der Kirche vom Staate und des Staates von der Kirche, Hebung der Lehrerbildungsanstalten und würdige Stellung der Lehrer, Erhebung der Volksschule zu einer aus der Staatskasse zu erhaltenden Staatsanstalt. Herbeischaffung von Mitteln und Gründung von Anstalten zur Weiterbildung der den Schulen Entwachsenen.

5. Förderung des allgemeinen Wohlstandes und Befreiung der Arbeit und der Arbeiter von jeglichem Druck und jeglicher Fessel.

Verbesserung der Lage der arbeitenden Klasse, Freizügigkeit, Gewerbefreiheit, allgemeines deutsches Heimatrecht, Förderung und Unterstützung des Genossenschaftswesens, namentlich der Produktivgenossenschaften, damit der Gegensatz zwischen Kapital und Arbeit ausgeglichen werde.

6. Selbstverwaltung der Gemeinden.

7. Hebung des Rechtsbewußtseins im Volke
durch Unabhängigkeit der Gerichte, Geschworenengerichte, namentlich auch in politischen und Presseprozessen; öffentliches und mündliches Gerichtsverfahren.

8. Förderung der politischen und sozialen Bildung des Volkes
durch freie Presse, freies Versammlungs- und Vereinsrecht, Koalitionsrecht.

VII. Grundzüge der Bestrebungen des Allgemeinen Deutschen Arbeitervereins, beschlossen auf der Generalversammlung in Braunschweig 1867

Vorbemerkung des Herausgebers

Nach dem preußisch-österreichischen Kriege stellte sich der ADAV auf den Boden der von Preußen erzwungenen kleindeutschen Einigung. Der „Social-Demokrat“, das von Schweitzer herausgegebene ADAV-Organ, betonte zwar die Notwendigkeit einer Fortführung des bisherigen Emanzipationskampfes der Arbeiter, da der preußische Sieg die reaktionären Elemente in Preußen gestärkt habe. Auf der anderen Seite sah er aber die Vernichtung des alten preußisch-österreichischen Dualismus und der verrotteten Bundeswirtschaft als ersten Schritt zu dem von den Arbeitern erstrebten zentralisierten deutschen Volksstaat an. Nachdem auf der Erfurter Generalversammlung des ADAV vom Dezember 1866 aufgrund organisationsinterner Probleme ein undifferenziertes und von den Gegnern der Arbeiter leicht ausbeutbares Programm mit dem Motto „Durch Einheit zur Freiheit!“ verabschiedet worden war, wandte sich die 5. Generalversammlung des ADAV am 19./20. Mai 1867 in Braunschweig der Parole „Einheit mit Freiheit“ zu und nahm auf Vorschlag Schweitzers, der hier zum Vereinspräsidenten gewählt wurde, detaillierte „Grundzüge der Bestrebungen des Allgemeinen Deutschen Arbeitervereins“ an.

1. In politischer Beziehung geht der Allgemeine deutsche Arbeiterverein von folgender Erkenntnis aus:

Die deutsche Nation kann nur dann zur vollen Betätigung ihrer Kraft gelangen, wenn ihr die freie Bewegung gesichert ist und wenn sie einheitlich zu wirken vermag.

Aus diesen Gründen bekämpft der Allgemeine deutsche Arbeiterverein ebensosehr jeden despotischen Druck und jede Bevormundung von oben wie jede bundesstaatliche Gestaltung; er will das ganze Deutschland zu einem einheitlichen und freien Volksstaate verbunden wissen.

2. In sozialer Beziehung liegt dem Streben des Allgemeinen deutschen Arbeitervereins nachfolgende Erkenntnis zugrunde:
Die heutige Gesellschaft ist auf die Ausbeutung des Menschen durch den Menschen, auf die Ausnützung der Massen zugunsten weniger gegründet. Damit wenige in schädlichem Überfluß schwelgen können, müssen Millionen im Elend verkümmern. Wahre Zivilisation ist erst vorhanden, wenn in der Gesellschaft nicht nur gesetzlich, sondern auch den tatsächlichen Bedingungen nach allen gleiche Rechte zustehen, wenn jedem die Entwicklung seiner Fähigkeiten und die Teilnahme an den Segnungen des Staates und der Gesellschaft gesichert sind. Die Grundlage des körperlichen Wohlseins und der geistigen Vervollkommnung aber sind die materiellen Verhältnisse.

Aus diesen Gründen ist der Allgemeine deutsche Arbeiterverein bestrebt, an die Stelle der jetzigen Produktionsweise, unter welcher die Masse des Volkes, die Arbeiter, zugunsten des Kapitals mit einem kärglichen Lohne abgefunden werden, eine neue Produktionsweise zu setzen, durch welche eine gerechte Verteilung der durch die gemeinsame gesellschaftliche Produktion hergestellten Wertgegenstände verwirklicht wird.

Zur Anbahnung dieses neuen Gesellschaftszustandes verlangt der Allgemeine deutsche Arbeiterverein die Begründung von Produktivassoziationen von Staats wegen nach dem Plane Ferdinand Lassalles.

Da die Lage der Arbeiterklasse in allen modernen Kulturländern der Hauptsache nach dieselbe ist und nachhaltig nicht in einem einzelnen Lande zum Besseren umgewandelt werden kann, so erkennt der Allgemeine deutsche Arbeiterverein die Gemeinsamkeit der Arbeiterinteressen in allen Kulturländern.

3. Die nächsten Ziele der Agitation des Allgemeinen deutschen Arbeitervereins zu den angegebenen Zwecken sind diese:
a) Aufklärung der Arbeiter über ihre Klassenlage und die zu erstrebenden Ziele.
b) Insbesondere Einführung des allgemeinen Wahlrechts mit direkter, geheimer Abstimmung und Diätenzahlung zum Zwecke der Beeinflussung der öffentlichen Gewalten.

4. Der Allgemeine deutsche Arbeiterverein geht von der Erkenntnis aus, daß die von Ferdinand Lassalle ihm gegebene Organisation wesentlich und unzertrennlich mit seinen Zwecken zusammenhängt.
Der Gedanke dieser Organisation besteht darin, daß die Arbeiterklasse durch ganz Deutschland zu einem einheitlich zusammenwirkenden und einheitlich geleiteten agitatorischen Körper verbunden sein soll, indem nur hierdurch den Bestrebungen der Arbeiterklasse irgendwelcher Erfolg gesichert werden kann.
Der Allgemeine deutsche Arbeiterverein betrachtet es daher als einen traurigen Irrtum, wenn jemand glaubt, er könne auf eigene Hand im Interesse der Arbeiterklasse erfolgreich tätig sein; der Verein hat vielmehr erkannt, daß nur in der Unterordnung unter das große Ganze ein jeder erfolgreich an seinem Platze wirken kann. Der Verein muß daher jeden, der sich nicht zur Organisationsidee bekennt, ebenso wie jeden, der nicht den Prinzipien anhängt, als einen Gegner der Arbeiterklasse betrachten.
Freiheitlicher deutscher Einheitsstaat, gleiche soziale Rechte für alle sind das Ziel — rege Agitation mit einheitlicher Organisation ist das Mittel! Für solche Ziele, mit solchem Mittel kämpfend, erscheint der Allgemeine deutsche Arbeiterverein als die weitgehendste, die Zeiterfordernisse im vollsten Maße anerkennende und für die Verwirklichung derselben mit den besten Mitteln strebende Partei.

VIII. Programm des Vereinstages der Deutschen Arbeitervereine, beschlossen in Nürnberg 1868

Vorbemerkung des Herausgebers

Im Gegenzug zur Gründung des zentralistisch strukturierten ADAV bildete sich am 7. Juni 1863 der „Vereinstag (später: Verband) der Deutschen Arbeitervereine", der föderalistisch aufgebaut war und nur ganz allgemein der Verständigung über die Interessen der Arbeiter dienen sollte. Dieser Verband blieb zunächst weitgehend in der Hand der bürgerlichen Liberalen und Demokraten, wenngleich sich immer stärker Emanzipationstendenzen bei den Arbeitern bemerkbar machten. Einen wesentlichen Anteil an dieser Entwicklung hatte der Drechslermeister August Bebel, der bereits 1864 dem ständigen Ausschuß des Vereinstages angehörte und sich 1867 mit Erfolg gegen den Liberalen Max Hirsch um das Präsidium des Vereinstages bewarb. Bereits ein Jahr später war der Verselbständigungsprozeß der Arbeiter so weit fortgeschritten, daß der die Geschäfte des Verbandes besorgende Leipziger Verein unter Führung Bebels, der 1866 der IAA beigetreten war, es wagen konnte, zur eindeutigen Ausrichtung des Verbandes ein Programm vorzuschlagen, das sich auf die Hauptsätze der Statuten der Internationalen Arbeiterassoziation stützte. Die Annahme dieses Programms auf dem Nürnberger Vereinstag (5.—7. September 1868) mit 69 gegen 46 Stimmen wurde von der Minderheit zunächst mit Protesten, schließlich jedoch mit Austritt aus dem Verband beantwortet.

Der zu Nürnberg versammelte fünfte deutsche Arbeitervereinstag erklärt in nachstehenden Punkten seine Übereinstimmung mit dem Programm der Internationalen Arbeiterassoziation.

1. Die Emanzipation (Befreiung) der arbeitenden Klassen muß durch die arbeitenden Klassen selbst erkämpft werden. Der Kampf für die Emanzipation der arbeitenden Klassen ist nicht ein Kampf für Klassenprivilegien und Monopole, sondern für gleiche Rechte und gleiche Pflichten und für die Abschaffung aller Klassenherrschaft.

2. Die ökonomische Abhängigkeit des Mannes der Arbeit von dem Monopolisten (dem ausschließlichen Besitzer) der Arbeitswerkzeuge bildet die Grundlage der Knechtschaft in jeder Form, des sozialen Elends, der geistigen Herabwürdigung und der politischen Abhängigkeit.

3. Die politische Freiheit ist die unentbehrliche Vorbedingung zur ökonomischen Befreiung der arbeitenden Klassen. Die soziale Frage ist mithin untrennbar von der politischen, ihre Lösung durch diese bedingt und nur möglich im demokratischen Staat.
Ferner in Erwägung,
daß alle auf die ökonomische Emanzipation gerichteten Anstrengungen bisher an dem Mangel der Solidarität (Vereinigung) zwischen den vielfachen Zweigen der Arbeit jeden Landes und dem Nichtvorhandensein eines brüderlichen Bandes der Einheit zwischen den arbeitenden Klassen der verschiedenen Länder gescheitert sind; daß die Emanzipation der Arbeit weder ein lokales, noch ein nationales, sondern ein soziales Problem (Aufgabe) ist, welches alle Länder umfaßt, in denen es moderne Gesellschaft gibt, und dessen Lösung von der praktischen und theoretischen Mitwirkung der vorgeschrittensten Länder abhängt, beschließt der fünfte deutsche Arbeitervereinstag seinen Anschluß an die Bestrebungen der Internationalen Arbeiterassoziation.

IX. Programm und Statuten der Sozialdemokratischen Arbeiterpartei, beschlossen auf dem Kongreß in Eisenach 1869

Vorbemerkung des Herausgebers

Zur Realisierung der im Nürnberger Programm niedergelegten Intentionen forderte der geschäftsführende Vorort des Verbandes Deutscher Arbeitervereine Anfang Mai 1869 zur Vorbereitung eines Kongresses auf, auf dem der Verband in eine „demokratisch-sozialistische Partei" umgebildet werden sollte. Zu diesem Kongreß sollten auch alle Nichtverbandsmitglieder eingeladen werden, die „sozial und politisch mit uns auf demselben Boden stehen". Mitte Juni tagten in Magdeburg führende Vertreter der Opposition im ADAV, die sich nicht länger der selbstherrlichen Führung des ADAV-Präsidenten Schweitzer beugen wollten, und rieten nach Absprache mit August Bebel und Wilhelm Liebknecht den ADAV-Mitgliedern, von Schweitzer abzufallen und einen „allgemeinen Kongreß der gesamten sozialdemokratischen Arbeiter Deutschlands zu berufen, auf welchem der Grund einer wirklich demokratischen Organisation der Partei, im Anschluß an die internationale Bewegung, gelegt werden kann". Andere oppositionelle ADAVer schlossen sich diesem Aufruf an, ebenso der Vorort des Verbandes Deutscher Arbeitervereine. Nach heftigen Debatten in beiden politischen Arbeiterorganisationen und in den Gewerkschaften wurde vom 7.—9. August 1869 der Allgemeine Deutsche Sozialdemokratische Arbeiterkongreß in Eisenach abgehalten. Nach Ausschluß von 110 lautstark opponierenden, Schweitzer treuen ADAVern wurde die Bildung der Sozialdemokratischen Arbeiterpartei beschlossen, der sich der Vereinstag der Deutschen Arbeitervereine anschloß. Das von Bebel entworfene Eisenacher Programm war eine Mischung von allgemein-demokratischem, Marxschem und lassalleanischem Gedankengut. Die ebenfalls von Bebel vorgelegten Statuten stellten an die Spitze der Partei einen fünfköpfigen Ausschuß und eine elfköpfige Kontrollkommission und schufen im Gegensatz zum ADAV eine Parteiorganisation, die nicht von oben nach unten, sondern von unten nach oben aufgebaut wurde.

I. Die Sozialdemokratische Arbeiterpartei erstrebt die Errichtung des freien Volksstaats.

II. Jedes Mitglied der Sozialdemokratischen Arbeiterpartei verpflichtet sich, mit ganzer Kraft einzutreten für folgende Grundsätze:

1. Die heutigen politischen und sozialen Zustände sind im höchsten Grade ungerecht und daher mit der größten Energie zu bekämpfen.
2. Der Kampf für die Befreiung der arbeitenden Klassen ist nicht ein Kampf für Klassenprivilegien und Vorrechte, sondern für gleiche Rechte und gleiche Pflichten und für die Abschaffung aller Klassenherrschaft.
3. Die ökonomische Abhängigkeit des Arbeiters von dem Kapitalisten bildet die Grundlage der Knechtschaft in jeder Form, und es erstrebt deshalb die Sozialdemokratische Partei unter Abschaffung der jetzigen Produktionsweise (Lohnsystem) durch genossenschaftliche Arbeit den vollen Arbeitsertrag für jeden Arbeiter.
4. Die politische Freiheit ist die unentbehrlichste Vorbedingung zur ökonomischen Befreiung der arbeitenden Klassen. Die soziale Frage ist mithin untrennbar von der politischen, ihre Lösung durch diese bedingt und nur möglich im demokratischen Staat.
5. In Erwägung, daß die politische und ökonomische Befreiung der Arbeiterklasse nur möglich ist, wenn diese gemeinsam und einheitlich den Kampf führt, gibt sich die Sozialdemokratische Arbeiterpartei eine einheitliche Organisation, welche es aber auch jedem einzelnen ermöglicht, seinen Einfluß für das Wohl der Gesamtheit geltend zu machen.
6. In Erwägung, daß die Befreiung der Arbeit weder eine lokale noch nationale, sondern eine soziale Aufgabe ist, welche alle Länder, in denen es moderne Gesellschaft gibt, umfaßt, betrachtet sich die Sozialdemokratische Arbeiterpartei, soweit es die Vereinsgesetze gestatten, als Zweig der Internationalen Arbeiterassoziation, sich deren Bestrebungen anschließend.

III. Als die nächsten Forderungen in der Agitation der Sozialdemokratischen Arbeiterpartei sind geltend zu machen:

1. Erteilung des allgemeinen, gleichen, direkten und geheimen Wahlrechts an alle Männer vom 20. Lebensjahre an zur Wahl für das Parlament, die Landtage der Einzelstaaten, die Provinzial- und Gemeindevertretungen wie alle übrigen Vertretungskörper. Den gewählten Vertretern sind genügende Diäten zu gewähren.
2. Einführung der direkten Gesetzgebung (d. h. Vorschlags- und Verwerfungsrecht) durch das Volk.
3. Aufhebung aller Vorrechte des Standes, des Besitzes, der Geburt und Konfession.
4. Errichtung der Volkswehr an Stelle der stehenden Heere.
5. Trennung der Kirche vom Staat und Trennung der Schule von der Kirche.
6. Obligatorischer Unterricht in Volksschulen und unentgeltlicher Unterricht in allen öffentlichen Bildungsanstalten.
7. Unabhängigkeit der Gerichte, Einführung der Geschworenen- und Fachgewerbegerichte, Einführung des öffentlichen und mündlichen Gerichtsverfahrens und unentgeltliche Rechtspflege.
8. Abschaffung aller Presse-, Vereins- und Koalitionsgesetze; Einführung des Normalarbeitstages; Einschränkung der Frauen- und Verbot der Kinderarbeit.
9. Abschaffung aller indirekten Steuern und Einführung einer einzigen direkten progressiven Einkommensteuer und Erbschaftssteuer.
10. Staatliche Förderung des Genossenschaftswesens und Staatskredit für freie Produktivgenossenschaften unter demokratischen Garantien.

IV. Jedes Mitglied der Partei hat einen monatlichen Beitrag von 1 Groschen (3½ Kr. südd., 5 Kr. österr., 12 Cent) für Parteizwecke zu entrichten. Die Parteigenossen, welche auf das Parteiorgan abonnieren und dies glaubhaft nachweisen, sind während der Dauer des Abonnements ihrer Beitragspflicht enthoben. Sache des Ausschusses ist es, einzelnen Orten den Beitrag zu ermäßigen.

V. Der Beitrag ist monatlich franko an den Parteiausschuß abzuliefern.

VI. Wer drei Monate lang seine Pflichten gegen die Partei nicht erfüllt, wird als Parteimitglied nicht mehr betrachtet.

VII. Mindestens einmal im Jahre findet ein Parteikongreß statt, auf dem über alle die Partei berührenden Fragen beraten und beschlossen, der Vorort der Partei sowie der Sitz der Kontrollkommission und der Ort für den nächsten Parteikongreß bestimmt wird. — Die Entschädigung für den Ausschuß resp. einzelne seiner Mitglieder setzt der Kongreß fest.

VIII. Außerordentliche Kongresse finden statt, wenn der Ausschuß oder die Kontrollkommission mit absoluter Majorität dies beschließt oder wenn ein Sechstel sämtlicher Parteimitglieder darauf anträgt.

IX. Zu jedem Kongreß ist die vorläufige Tagesordnung mindestens 6 Wochen vorher durch den Ausschuß im Parteiorgan bekanntzumachen. Die innerhalb der nächsten zehn Tage nach erfolgter Bekanntmachung von seiten der Parteigenossen einlaufenden Anträge sind alsdann mindestens 14 Tage vor dem Kongreß als definitive Tagesordnung zu veröffentlichen. Auf dem Kongreß gestellte selbständige Anträge kommen nur dann zur Verhandlung, wenn sich mindestens ein Drittel der Delegierten dafür erklärt.

X. Jeder Delegierte hat eine Stimme. Die Parteimitglieder, die sich an einem Orte an den Wahlen der Delegierten beteiligen, dürfen nicht mehr als fünf stimmberechtigte Abgeordnete zum Kongreß senden. Parteimitglieder, welche nicht Abgeordnete sind, haben nur beratende Stimme.

XI. Spätestens drei Wochen nach dem Kongreß muß das Kongreßprotokoll allen Mitgliedern zum Kostenpreise zugänglich gemacht werden. Alle Kongreßbeschlüsse, welche eine Abänderung des Statuts, die Grundsätze und die politische Stellung der Partei oder die Besteuerung derselben betreffen, müssen innerhalb sechs Wochen nach dem Kongreß der Urabstimmung aller Parteimitglieder unterbreitet werden. Einfache Majorität der Abstimmenden entscheidet. Das Resultat der Abstimmung wird im Parteiorgan veröffentlicht.

XII. Die Leitung der Parteigeschäfte ist einem Ausschuß von fünf Personen, als einem Vorsitzenden und dessen Stellvertreter, einem Schriftführer, einem Kassierer, der eine entsprechende Kaution zu leisten hat, und einem Beisitzer übertragen. Sämtliche Ausschußmitglieder müssen an einem Ort oder in dessen einmeiligem Umkreise wohnhaft sein und werden von den am Vororte der Partei wohnhaften Parteimitgliedern in besonderen Wahlgängen durch Stimmzettel mit absoluter Majorität gewählt. Weder ein Mitglied der Redaktion noch der Expedition des Parteiorgans darf im Ausschuß sein. Treten im Laufe des Jahres im Ausschusse Vakanzen ein, so hat der Vorort — mit Ausnahme des in § VII erwähnten Falles — nach demselben Wahlmodus die Ergänzungswahlen vorzunehmen.

XIII. Der Ausschuß muß innerhalb 14 Tagen nach stattgehabtem Kongresse gewählt sein; bis zu dieser Wahl verbleibt dem bisherigen Ausschuß, falls der Kongreß nicht anders verfügt, die Geschäftsführung.

XIV. Der Ausschuß faßt alle Beschlüsse gemeinsam und ist nur dann beschlußfähig, wenn in einer ordentlich einberufenen Sitzung wenigstens drei Mitglieder anwesend sind; derselbe gibt sich, soweit nicht der Kongreß darüber bestimmt, selbst eine Geschäftsordnung.
Der Ausschuß ist dem Parteikongreß für alle seine Handlungen verantwortlich.

XV. Um Eigenmächtigkeiten des Ausschusses möglichst zu verhüten, konstituiert die Partei eine Kontrollkommission von elf Personen, an die alle von dem Ausschuß unberücksichtigt gelassenen Beschwerden zu richten sind und die zugleich die Geschäftsleitung des Ausschusses zu kontrollieren hat.

XVI. Die Kontrollkommission wählen die Parteimitglieder desjenigen Orts und seines einmeiligen Umkreises, welcher von dem Parteikongreß als Sitz der Kontrollkommission bestimmt worden ist. Die Wahl erfolgt durch Stimmzettel und hat spätestens 14 Tage nach dem Kongreß stattzufinden.

XVII. Die Kontrollkommission ist verpflichtet, die Geschäftsführung, Akten, Bücher, Kasse usw. des Ausschusses mindestens einmal vierteljährlich zu prüfen und zu untersuchen, und ist berechtigt, falls sie begründete Ursache hat und der Ausschuß die Abhilfe der Unregelmäßigkeiten verweigert, einzelne Mitglieder wie den gesamten Ausschuß zu suspendieren sowie die nötigen Schritte für provisorische Weiterführung der Geschäfte zu tun. Es müssen solche Beschlüsse mit $^2/_3$ Majorität der Kontrollkommission gefaßt werden, und ist, wenn mehr als die Hälfte der Ausschußmitglieder suspendiert wird, innerhalb 4 Wochen ein Parteikongreß einzuberufen, der endgültig in der Sache entscheidet.

XVIII. Die Partei gründet eine Zeitung als Organ unter dem Namen „Der Volksstaat", Organ der Sozialdemokratischen Arbeiterpartei. Das Organ erscheint in Leipzig und ist Eigentum der Partei. Personen und Gehalt des Redaktions- und Expeditionspersonals, des Druckers, Preis des Blattes wird durch den Ausschuß bestimmt. Streitigkeiten hierüber entscheidet die Kontrollkommission, in letzter Instanz der Parteikongreß. Die Haltung des Blattes ist streng dem Parteiprogramm anzupassen. Einsendungen von Parteigenossen, welche demselben entsprechen, sind — soweit der Raum des Blattes ausreicht — unentgeltlich aufzunehmen. Beschwerden über Nichtaufnahme oder tendenziöse Färbung der Einsendungen sind bei dem Ausschuß, in zweiter Instanz bei der Kontrollkommission anzubringen, welcher die endgültige Entscheidung zusteht.

XIX. Die Parteimitglieder verpflichten sich, überall auf Grund des Parteiprogramms die Gründung Sozialdemokratischer Arbeitervereine in die Hand zu nehmen.

X. Programm und Organisationsstatuten der Sozialistischen Arbeiterpartei Deutschlands, beschlossen auf dem Vereinigungskongreß in Gotha 1875

Vorbemerkung des Herausgebers

Nach dem deutsch-französischen Krieg von 1870/71 und der Gründung des Deutschen Reiches durch eine „Revolution von oben“ stand ein wesentlicher Punkt in den Auseinandersetzungen der beiden deutschen Arbeiterparteien, die nationale Frage, nicht mehr auf der Tagesordnung. Der Abtritt J. B. v. Schweitzers von der Führung des ADAV beseitigte zudem eine wichtige personelle Barriere zur Bildung einer einheitlichen deutschen Arbeiterpartei. Auch die beiden sozialdemokratischen Reichstagsfraktionen erkannten zunehmend den Zwang zur Zusammenarbeit. Den eigentlichen Anstoß gaben aber die gemeinsamen Erfahrungen des verschärften Klassenkampfes im Gefolge der Wirtschaftskrise im Deutschland der 1870er Jahre sowie der verstärkten polizeilichen Unterdrückung beider Fraktionen zu dieser Zeit. Ab Oktober/November 1874 traten Vertreter des ADAV und der SDAP schließlich in Verhandlungen über Möglichkeiten und Modalitäten einer Vereinigung beider Parteien. Auf dem Gothaer Vereinigungskongreß vom 22.—27. Mai 1875, auf dem 73 Delegierte 15 322 Lassalleaner und 56 Delegierte 9121 Eisenacher vertraten, wurde nach zwölfjähriger Spaltung die neue Sozialistische Arbeiterpartei Deutschlands gegründet, die von einem Vorstand geleitet wurde, der sich aus 2 Vorsitzenden, 2 Sekretären und 1 Kassierer bildete. Daneben traten eine siebenköpfige Kontrollkommission und ein achtzehnköpfiger Parteiausschuß. Oberstes Parteiorgan war der Parteitag. Anfang März 1875 war ein Programmentwurf veröffentlicht worden, den Marx und Engels gegenüber den Führern der SDAP scharf kritisiert hatten. Dennoch stimmten diese ebenso wie die ADAVer in Gotha nach einigen Abänderungen einem Programm zu, das Marxsche und Lassallesche Ideen enthielt und damit dem Bewußtsein der Parteimitglieder durchaus entsprach.

I. Die Arbeit ist die Quelle alles Reichtums und aller Kultur, und da allgemein nutzbringende Arbeit nur durch die Gesellschaft möglich ist, so gehört der Gesellschaft, das heißt allen ihren Gliedern, das gesamte Arbeitsprodukt, bei allgemeiner Arbeitspflicht, nach gleichem Recht, jedem nach seinen vernunftgemäßen Bedürfnissen.
In der heutigen Gesellschaft sind die Arbeitsmittel Monopol der Kapitalistenklasse; die hierdurch bedingte Abhängigkeit der Arbeiterklasse ist die Ursache des Elends und der Knechtschaft in allen Formen.
Die Befreiung der Arbeit erfordert die Verwandlung der Arbeitsmittel in Gemeingut der Gesellschaft und die genossenschaftliche Regelung der Gesamtarbeit mit gemeinnütziger Verwendung und gerechter Verteilung des Arbeitsertrages.
Die Befreiung der Arbeit muß das Werk der Arbeiterklasse sein, der gegenüber alle anderen Klassen nur eine reaktionäre Masse sind.

II. Von diesen Grundsätzen ausgehend, erstrebt die Sozialistische Arbeiterpartei Deutschlands mit allen gesetzlichen Mitteln den freien Staat und die sozialistische Gesellschaft, die Zerbrechung des ehernen Lohngesetzes durch Abschaffung des Systems der Lohnarbeit, die Aufhebung der Ausbeutung in jeder Gestalt, die Beseitigung aller sozialen und politischen Ungleichheit.
Die Sozialistische Arbeiterpartei Deutschlands, obgleich zunächst im nationalen Rahmen wirkend, ist sich des internationalen Charakters der Arbeiterbewegung bewußt und entschlossen, alle Pflichten, welche derselbe den Arbeitern auferlegt, zu erfüllen, um die Verbrüderung aller Menschen zur Wahrheit zu machen.

*

Die Sozialistische Arbeiterpartei Deutschlands fordert, um die Lösung der sozialen Frage anzubahnen, die Errichtung von sozialistischen Produktivgenossenschaften mit Staatshilfe unter der demokratischen Kontrolle des arbeitenden Volkes. Die Produktivgenossenschaften sind für Industrie und Ackerbau in solchem Umfange ins Leben zu rufen, daß aus ihnen die sozialistische Organisation der Gesamtarbeit entsteht.

Die Sozialistische Arbeiterpartei Deutschlands fordert als Grundlagen des Staates:

1. Allgemeines, gleiches, direktes Wahl- und Stimmrecht mit geheimer und obligatorischer Stimmabgabe aller Staatsangehörigen vom zwanzigsten Lebensjahre an für alle Wahlen und Abstimmungen in Staat und Gemeinde. Der Wahl- oder Abstimmungstag muß ein Sonntag oder Feiertag sein.
2. Direkte Gesetzgebung durch das Volk. Entscheidung über Krieg und Frieden durch das Volk.
3. Allgemeine Wehrhaftigkeit. Volkswehr an Stelle der stehenden Heere.
4. Abschaffung aller Ausnahmegesetze, namentlich der Presse-, Vereins- und Versammlungsgesetze, überhaupt aller Gesetze, welche die freie Meinungsäußerung, das freie Denken und Forschen beschränken.
5. Rechtsprechung durch das Volk. Unentgeltliche Rechtspflege.
6. Allgemeine und gleiche Volkserziehung durch den Staat. Allgemeine Schulpflicht. Unentgeltlicher Unterricht in allen Bildungsanstalten. Erklärung der Religion zur Privatsache.

Die Sozialistische Arbeiterpartei Deutschlands fordert innerhalb der heutigen Gesellschaft:

1. Möglichste Ausdehnung der politischen Rechte und Freiheiten im Sinne der obigen Forderungen.
2. Eine einzige progressive Einkommensteuer für Staat und Gemeinde anstatt aller bestehenden, insbesondere der das Volk belastenden, indirekten Steuern.
3. Unbeschränktes Koalitionsrecht.
4. Ein den Gesellschaftsbedürfnissen entsprechender Normalarbeitstag. Verbot der Sonntagsarbeit.
5. Verbot der Kinderarbeit und aller die Gesundheit und Sittlichkeit schädigenden Frauenarbeit.
6. Schutzgesetze für Leben und Gesundheit der Arbeiter. Sanitätliche Kontrolle der Arbeiterwohnungen. Überwachung der Bergwerke, der Fabrik-, Werkstatt- und Hausindustrie durch von den Arbeitern gewählte Beamte. Ein wirksames Haftpflichtgesetz.
7. Regelung der Gefängnisarbeit.
8. Volle Selbstverwaltung für alle Arbeiterhilfs- und Unterstützungskassen.

§ 1. Der Partei kann jeder angehören, der sich zu den Grundsätzen des Parteiprogramms bekennt und für die Förderung der Arbeiterinteressen tatkräftig, auch durch Geldopfer, eintritt. Wer drei Monate keine Beiträge leistet, wird nicht mehr als Parteigenosse betrachtet.

§ 2. Parteigenossen, welche gegen das Interesse der Partei handeln, können vom Vorstand ausgeschlossen werden. Berufung an den Parteikongreß ist zulässig.

§ 3. Alljährlich findet ein Parteikongreß statt, auf welchem die Verhältnisse der Partei beraten werden. Der Sitz des Vorstandes und der Sitz der Kontrollkommission werden dort für ein Jahr bestimmt, ferner Vorstand und Ausschuß für die Dauer eines Jahres gewählt.

§ 4. Der Vorstand kann einen außerordentlichen Parteikongreß einberufen. Der Vorstand muß einen solchen innerhalb sechs Wochen einberufen, wenn die Mehrzahl der Kontrollkommission und des Ausschusses oder ein Sechstel sämtlicher Parteigenossen die Einberufung beantragt. Der Vorstand bestimmt den Ort des Parteikongresses. Der Vorstand ist verpflichtet, mindestens acht Wochen vorher Zeit und Ort des Parteikongresses den Parteigenossen zur Kenntnis zu bringen.

§ 5. Zu jedem Parteikongreß ist die vorläufige Tagesordnung mindestens fünf Wochen vorher durch den Vorstand den Parteigenossen zur Kenntnis zu bringen. Die spätestens 20 Tage vor dem Kongreß von seiten der Parteigenossen einlaufenden Anträge sind 14 Tage vor dem Kongreß als definitive Tagesordnung zu veröffentlichen. Selbständige Anträge, welche innerhalb der letzten 20 Tage vor dem Kongreß oder erst auf dem Kongreß gestellt werden, kommen nur dann zur Verhandlung, wenn sich mindestens ein Sechstel der Delegierten dafür erklärt.

§ 6. Auf dem Parteikongreß darf ein Delegierter nicht mehr als 400 Stimmen vertreten; die Abstimmung geschieht in Organisations- und Prinzipienfragen sowie bei Wahlen der Parteibehörden nach Anzahl der vertretenen Parteigenossen mit einfacher Majorität, in allen übrigen Fragen nach Kopfzahl der Delegierten. Der Vorstand ist berechtigt, zwei seiner Mitglieder, die Kontrollkommission und die Redaktionen und Expeditionen der beiden offiziellen Parteiorgane je eines ihrer Mitglieder zum Kongreß zu delegieren. In außerordentlichen Fällen ist die Anwesenheit des gesamten Vorstandes auf dem Kongreß zulässig.

§ 7. Spätestens vier Wochen nach Schluß des Parteikongresses muß das Kongreßprotokoll den Parteimitgliedern zugänglich gemacht werden.

§ 8. Die Leitung der Parteigeschäfte ist einem Vorstand, bestehend aus zwei Vorsitzenden, zwei Sekretären und einem Kassierer, übertragen. Der Kassierer hat eine von der Kontrollkommission gutzuheißende Kaution oder Bürgschaft zu stellen. Das Gehalt der Vorstandsmitglieder wird durch den Kongreß festgesetzt. Sämtliche Vorstandsmitglieder müssen an einem und demselben Ort ihren Wohnsitz haben. Sie werden vom Parteikongreß für die Dauer bis zum nächsten, gleichviel ob ordentlichen oder außerordentlichen Parteikongreß, und zwar in besonderen Wahlgängen, mit absoluter Majorität gewählt. Sollte bei der ersten Wahlhandlung eines Wahlganges die absolute Stimmenmehrheit nicht erreicht werden, so hat zwischen den beiden meistbestimmten Personen eine engere Wahl stattzufinden. Weder ein Mitglied der Redaktion noch der Expedition der Parteiorgane darf dem Vorstande angehören. Treten im Laufe des Jahres Vakanzen ein, so besetzt die Kontrollkommission für die betreffende Zeit die erledigte Stelle. Vierteljährlich hat der Vorstand eine Abrechnung, monatlich ein Verwaltungszirkular an die Kontrollkommission und an den Ausschuß zu schicken.

§ 9. Der Vorstand muß sich binnen 14 Tagen nach dem Parteikongreß konstituieren; bis dahin verbleibt dem bisherigen Vorstand, falls der Kongreß nicht anders verfügt, die Geschäftsführung.

§ 10. Zur Kontrollierung des Vorstandes besteht eine Kontrollkommission von sieben an einem und demselben Orte wohnenden Personen. Der Sitz der Kontrollkommission darf nicht der Sitz des Vorstandes sein. An die Kontrollkommission können alle vom Vorstande nicht berücksichtigten Beschwerden zur Erledigung gerichtet werden. Die Wahl der Kontrollkommission erfolgt durch die am Orte ihres Sitzes wohnenden Parteigenossen, und zwar mittels Stimmzettel mit einfacher Majorität. Die Wahl hat spätestens 14 Tage nach dem Kongreß stattzufinden.

§ 11. Der Ausschuß, welcher im Fall von Differenzen zwischen Vorstand und Kontrollkommission in Tätigkeit treten muß, besteht aus 18 Personen, welche an verschiedenen Orten wohnen können. Die Mitglieder des Ausschusses werden vom Kongreß in besonderen Wahlgängen in gleicher Weise wie der Vorstand, und zwar für die Dauer bis zum nächsten Kongreß, gewählt. Der Ausschuß wird durch seinen Vorsitzenden einberufen, und zwar auf Antrag des Vorstandes oder der Kontrollkommission oder neun seiner Mitglieder. Die Einberufung muß binnen 14 Tagen erfolgen. Zu allen Sitzungen des Ausschusses und der Kontrollkommission haben die Mitglieder des Vorstandes Zutritt und müssen auf ihr Verlangen gehört werden. Stimmberechtigt sind sie nicht.

§ 12. Der Ausschuß und die Kontrollkommission sind berechtigt, falls der Vorstand seine Pflichten verletzt oder sich weigert, bei nachgewiesenen Fahrlässigkeiten Abhilfe zu schaffen, denselben mit absoluter Majorität abzusetzen; ebenso können unter den nämlichen Verhältnissen einzelne Vorstandsmitglieder vom Amte entfernt werden. Ist das letztere der Fall, so besetzen die Kontrollkommission und der Ausschuß vereinigt bis zum nächsten Kongreß die betreffenden Posten. Sind mehr als zwei Mitglieder des Vorstandes vom Amte entfernt, so muß innerhalb sechs Wochen ein Parteikongreß zur Neuwahl berufen werden. Bis dahin verwaltet die Kontrollkommission und der Ausschuß die Partei durch eine zu ernennende Kommission.

§ 13. Auf Antrag des Vorstandes kann der Ausschuß einzelne oder sämtliche Mitglieder der Kontrollkommission ihrer Tätigkeit entheben. Alle Ergänzungswahlen für die Kontrollkommission sind nach den Bestimmungen des § 10 vorzunehmen.

§ 14. Offizielle Organe der Partei sind bis zum nächsten Kongreß der „Neue Social-Demokrat“ zu Berlin und der „Volksstaat“ zu Leipzig. Beide Organe sind Eigentum der Partei; in bezug hierauf werden die Formalien durch den Vorstand nach den Beschlüssen des Kongresses erledigt.

§ 15. Die Redakteure, die ständigen Mitarbeiter und die Expedienten der in § 14 genannten Organe werden, soweit dieses nicht der Kongreß dem Vorstand überweist, auf dem Kongreß gewählt und ihre Gehälter dort bestimmt; Hilfsredakteure und Expedienten etc. und deren Gehalt werden auf Antrag der Redaktionen und Expeditionen vom Vorstand bestimmt. Der Kongreß entscheidet über den Preis und die Größe der Blätter. Die Expedienten, welche die Kasse der Blätter führen, haben Kaution oder Bürgschaft zu stellen.

§ 16. Zur Überwachung der geschäftlichen Leitung der in § 14 genannten Parteiorgane hat der Vorstand je zwei Revisoren zu ernennen, falls er die Revision nicht selbst vornehmen kann. Diese Revisoren haben nach Anweisung des Vorstandes mindestens einmal monatlich das Kassenwesen der genannten Blätter zu revidieren, jederzeit auf Verlangen dem Vorstand, beziehentlich der Kontrollkommission, sowie einem jeden Parteikongreß Bericht zu erstatten und Rechenschaft abzulegen.

§ 17. Der Vorstand ist berechtigt, bei Pflichtverletzung die Redakteure und Expedienten ihres Amtes zu entheben. Denselben steht die Berufung an die Kontrollkommission zu, welche die Berufung entweder abweisen oder sich an den Ausschuß behufs gemeinsamer Entscheidung wenden kann. Kontrollkommission und Ausschuß können mit Stimmenmehrheit den Beschluß des Vorstandes annullieren. Berufung an den Kongreß ist zulässig.

§ 18. Zur Begründung von lokalen Parteiblättern ist die Zustimmung des Vorstandes, der Kontrollkommission und des Ausschusses, welchen über die bezüglichen örtlichen Verhältnisse rechtzeitig und ausführlich berichtet werden muß, erforderlich. Nur solche Blätter, welche mit Zustimmung genannter Parteibehörden ins Leben treten, sind als Parteiorgane zu betrachten und können die moralische und materielle Unterstützung der Partei beanspruchen. Die lokalen Parteiblätter haben sich in prinzipiellen Fragen an das Parteiprogramm zu halten und sind gleich den beiden in § 14 genannten Organen in taktischen Parteifragen dem Vorstand unterstellt.

§ 19. Der Vorstand ist verpflichtet, die vierteljährliche Abrechnung der Parteikasse sowie der Kassen der Organe, welche Eigentum der Partei sind, nachdem sämtliche Teile von den zuständigen Parteibehörden geprüft worden sind, jedesmal in der ersten Hälfte des neuen Quartals den Parteigenossen zur Kenntnis zu bringen.

XI. Programm der Sozialdemokratischen Partei Deutschlands, beschlossen auf dem Parteitag in Erfurt 1891

Vorbemerkung des Herausgebers

Nach dem Fall des Sozialistengesetzes hatte sich die SAP 1890 auf dem Parteitag in Halle ein neues Statut gegeben, in dem die Führung der Partei der Reichstagsfraktion entzogen und einem Parteivorstand übertragen wurde, der zwischen den jährlichen Parteitagen, den obersten Organen der Partei, die Geschäfte wahrnehmen sollte. Zugleich erhielt die Partei den neuen Namen Sozialdemokratische Partei Deutschlands (SPD). Ferner wurde die Vorbereitung eines neuen Parteiprogramms für den nächsten Parteitag beschlossen. In die daraufhin anhebende Diskussion griff Friedrich Engels ein mit der Veröffentlichung von Marx' Kritik des Gothaer Programmentwurfs von 1875, in der Marx sich – erfolglos – gegen die Übernahme Lassallescher Forderungen gewandt hatte. Auch den neuen Programmentwurf des Parteivorstandes der SPD unterzog Engels einer ausführlichen Kritik, die nur teilweise vor dessen Veröffentlichung im Juli 1891 berücksichtigt wurde. Neben diesem Entwurf wurden noch drei weitere Programmentwürfe vorgelegt, von denen der bedeutendste der im August/September 1891 in der „Neuen Zeit" publizierte Entwurf war, den Karl Kautsky (Teil 1) und Eduard Bernstein (Teil 2) formuliert hatten. Dieser von Engels unterstützte Entwurf wurde mit geringfügigen, von der Programmkommission unter Führung W. Liebknechts einstimmig beschlossenen Änderungen auf dem Erfurter Parteitag vom 14.–20. Oktober 1891 nahezu ohne Diskussion einstimmig angenommen.

Die ökonomische Entwicklung der bürgerlichen Gesellschaft führt mit Naturnotwendigkeit zum Untergang des Kleinbetriebes, dessen Grundlage das Privateigentum des Arbeiters an seinen Produktionsmitteln bildet. Sie trennt den Arbeiter von seinen Produktionsmitteln und verwandelt ihn in einen besitzlosen Proletarier, indes die Produktionsmittel das Monopol einer verhältnismäßig kleinen Zahl von Kapitalisten und Großgrundbesitzern werden.

Hand in Hand mit dieser Monopolisierung der Produktionsmittel geht die Verdrängung der zersplitterten Kleinbetriebe durch kolossale Großbetriebe, geht die Entwicklung des Werkzeugs zur Maschine, geht ein riesenhaftes Wachstum der Produktivität der menschlichen Arbeit. Aber alle Vorteile dieser Umwandlung werden von den Kapitalisten und Großgrundbesitzern monopolisiert. Für das Proletariat und die versinkenden Mittelschichten — Kleinbürger, Bauern — bedeutet sie wachsende Zunahme der Unsicherheit ihrer Existenz, des Elends, des Drucks, der Knechtung, der Erniedrigung, der Ausbeutung. Immer größer wird die Zahl der Proletarier, immer massenhafter die Armee der überschüssigen Arbeiter, immer schroffer der Gegensatz zwischen Ausbeutern und Ausgebeuteten, immer erbitterter der Klassenkampf zwischen Bourgeoisie und Proletariat, der die moderne Gesellschaft in zwei feindliche Heerlager trennt und das gemeinsame Merkmal aller Industrieländer ist.

Der Abgrund zwischen Besitzenden und Besitzlosen wird noch erweitert durch die im Wesen der kapitalistischen Produktionsweise begründeten Krisen, die immer umfangreicher und verheerender werden, die allgemeine Unsicherheit zum Normalzustand der Gesellschaft erheben und den Beweis liefern, daß die Produktivkräfte der heutigen Gesellschaft über den Kopf gewachsen sind, daß das Privateigentum an Produktionsmitteln unvereinbar geworden ist mit deren zweckentsprechender Anwendung und voller Entwicklung.

Das Privateigentum an Produktionsmitteln, welches ehedem das Mittel war, dem Produzenten das Eigentum an seinem Produkt zu sichern, ist heute zum Mittel geworden, Bauern, Handwerker und Kleinhändler zu expropriieren und die Nichtarbeiter — Kapitalisten, Großgrundbesitzer — in den Besitz des Produkts der Arbeiter zu setzen. Nur die Verwandlung des kapitalistischen Privateigentums an Produktionsmitteln — Grund und Boden, Gruben und Bergwerke, Rohstoffe, Werkzeuge, Maschinen, Verkehrsmittel — in gesellschaftliches Eigentum und die Umwandlung der Warenproduktion in sozialistische, für und durch die Gesellschaft betriebene Produktion kann es bewirken, daß der Großbetrieb und die stets wachsende Ertragsfähigkeit der gesellschaftlichen Arbeit für die bisher ausgebeuteten Klassen aus einer Quelle des Elends und der Unterdrückung zu einer Quelle der höchsten Wohlfahrt und allseitiger, harmonischer Vervollkommnung werde.

Diese gesellschaftliche Umwandlung bedeutet die Befreiung nicht bloß des Proletariats, sondern des gesamten Menschengeschlechts, das unter den heutigen Zuständen leidet. Aber sie kann nur das Werk der Arbeiterklasse sein, weil alle anderen Klassen, trotz der Interessenstreitigkeiten unter sich, auf dem Boden des Privateigentums an Produktionsmitteln stehen und die Erhaltung der Grundlagen der heutigen Gesellschaft zum gemeinsamen Ziel haben.

Der Kampf der Arbeiterklasse gegen die kapitalistische Ausbeutung ist notwendigerweise ein politischer Kampf. Die Arbeiterklasse kann ihre ökonomischen Kämpfe nicht führen und ihre ökonomische Organisation nicht entwickeln ohne politische Rechte. Sie kann den Übergang der Produktionsmittel in den Besitz der Gesamtheit nicht bewirken, ohne in den Besitz der politischen Macht gekommen zu sein.

Diesen Kampf der Arbeiterklasse zu einem bewußten und einheitlichen zu gestalten und ihm sein naturnotwendiges Ziel zu weisen — das ist die Aufgabe der Sozialdemokratischen Partei.

Die Interessen der Arbeiterklasse sind in allen Ländern mit kapitalistischer Produktionsweise die gleichen. Mit der Ausdehnung des Weltverkehrs und der Produktion für den Weltmarkt wird die Lage der Arbeiter eines jeden Landes immer abhängiger von der Lage der Arbeiter in den andern Ländern. Die Befreiung der Arbeiterklasse ist also ein Werk, an dem die Arbeiter aller Kulturländer gleichmäßig beteiligt sind. In dieser Erkenntnis fühlt und erklärt die Sozialdemokratische Partei Deutschlands sich eins mit den klassenbewußten Arbeitern aller übrigen Länder.

Die Sozialdemokratische Partei Deutschlands kämpft also nicht für neue Klassenprivilegien und Vorrechte, sondern für die Abschaffung der Klassenherrschaft und der Klassen selbst und für gleiche Rechte und gleiche Pflichten aller ohne Unterschied des Geschlechts und der Abstammung. Von diesen Anschauungen ausgehend, bekämpft sie in der heutigen Gesellschaft nicht bloß die Ausbeutung und Unterdrückung der Lohnarbeiter, sondern jede Art der Ausbeutung und Unterdrückung, richte sie sich gegen eine Klasse, eine Partei, ein Geschlecht oder eine Rasse.

Ausgehend von diesen Grundsätzen, fordert die Sozialdemokratische Partei Deutschlands zunächst:

1. Allgemeines, gleiches, direktes Wahl- und Stimmrecht mit geheimer Stimmabgabe aller über 20 Jahre alten Reichsangehörigen ohne Unterschied des Geschlechts für alle Wahlen und Abstimmungen. Proportional-Wahlsystem; und bis zu dessen Einführung gesetzliche Neueinteilung der Wahlkreise nach jeder Volkszählung. Zweijährige Gesetzgebungsperioden. Vornahme der Wahlen und Abstimmungen an einem gesetzlichen Ruhetag. Entschädigung für die gewählten Vertreter. Aufhebung jeder Beschränkung politischer Rechte außer im Falle der Entmündigung.
2. Direkte Gesetzgebung durch das Volk vermittelst des Vorschlags- und Verwerfungsrechts. Selbstbestimmung und Selbstverwaltung des Volks in Reich, Staat, Provinz und Gemeinde. Wahl der Behörden durch das Volk, Verantwortlichkeit und Haftbarkeit derselben. Jährliche Steuerbewilligung.
3. Erziehung zur allgemeinen Wehrhaftigkeit. Volkswehr an Stelle der stehenden Heere. Entscheidung über Krieg und Frieden durch die Volksvertretung. Schlichtung aller internationalen Streitigkeiten auf schiedsgerichtlichem Wege.
4. Abschaffung aller Gesetze, welche die freie Meinungsäußerung und das Recht der Vereinigung und Versammlung einschränken oder unterdrücken.
5. Abschaffung aller Gesetze, welche die Frau in öffentlich- und privatrechtlicher Beziehung gegenüber dem Manne benachteiligen.
6. Erklärung der Religion zur Privatsache. Abschaffung aller Aufwendungen aus öffentlichen Mitteln zu kirchlichen und religiösen Zwecken. Die kirchlichen und religiösen Gemeinschaften sind als private Vereinigungen zu betrachten,

welche ihre Angelegenheiten vollkommen selbständig ordnen.

7. Weltlichkeit der Schule. Obligatorischer Besuch der öffentlichen Volksschulen. Unentgeltlichkeit des Unterrichts, der Lehrmittel und der Verpflegung in den öffentlichen Volksschulen sowie in den höheren Bildungsanstalten für diejenigen Schüler und Schülerinnen, die kraft ihrer Fähigkeiten zur weiteren Ausbildung geeignet erachtet werden.
8. Unentgeltlichkeit der Rechtspflege und des Rechtsbeistands. Rechtsprechung durch vom Volk gewählte Richter. Berufung in Strafsachen. Entschädigung unschuldig Angeklagter, Verhafteter und Verurteilter. Abschaffung der Todesstrafe.
9. Unentgeltlichkeit der ärztlichen Hilfeleistung einschließlich der Geburtshilfe und der Heilmittel. Unentgeltlichkeit der Totenbestattung.
10. Stufenweise steigende Einkommen- und Vermögenssteuer zur Bestreitung aller öffentlichen Ausgaben, soweit diese durch Steuern zu decken sind. Selbsteinschätzungspflicht. Erbschaftsteuer, stufenweise steigend nach Umfang des Erbguts und nach dem Grade der Verwandtschaft. Abschaffung aller indirekten Steuern, Zölle und sonstigen wirtschaftspolitischen Maßnahmen, welche die Interessen der Allgemeinheit den Interessen einer bevorzugten Minderheit opfern.

Zum Schutze der Arbeiterklasse fordert die Sozialdemokratische Partei Deutschlands zunächst:

1. Eine wirksame nationale und internationale Arbeiterschutzgesetzgebung auf folgender Grundlage:
   a) Festsetzung eines höchstens acht Stunden betragenden Normalarbeitstags.
   b) Verbot der Erwerbsarbeit für Kinder unter vierzehn Jahren.
   c) Verbot der Nachtarbeit außer für solche Industriezweige, die ihrer Natur nach, aus technischen Gründen oder aus Gründen der öffentlichen Wohlfahrt Nachtarbeit erheischen.
   d) Eine ununterbrochene Ruhepause von mindestens 36 Stunden in jeder Woche für jeden Arbeiter.
   e) Verbot des Trucksystems.

2. Überwachung aller gewerblichen Betriebe, Erforschung und Regelung der Arbeitsverhältnisse in Stadt und Land durch ein Reichsarbeitsamt, Bezirksarbeitsämter und Arbeitskammern. Durchgreifende gewerbliche Hygiene.
3. Rechtliche Gleichstellung der landwirtschaftlichen Arbeiter und der Dienstboten mit den gewerblichen Arbeitern; Beseitigung der Gesindeordnungen.
4. Sicherstellung des Koalitionsrechts.
5. Übernahme der gesamten Arbeiterversicherung durch das Reich mit maßgebender Mitwirkung der Arbeiter an der Verwaltung.

XII. Resolution gegen die revisionistischen Bestrebungen, beschlossen auf dem Parteitag der SPD in Dresden 1903

Vorbemerkung des Herausgebers

Von Oktober 1896 bis April 1897 veröffentlichte Eduard Bernstein in der „Neuen Zeit" die Artikelserie „Probleme des Sozialismus", die die Grundlage seiner im Januar 1899 erscheinenden Broschüre „Die Voraussetzungen des Sozialismus und die Aufgaben der Sozialdemokratie" und damit für den Revisionismus bildete. Glaubte Bernstein zunächst nur eine systemimmanente Revision des Marxismus vornehmen zu müssen, so ging er spätestens seit 1901 („Wie ist wissenschaftlicher Sozialismus möglich?") mit der Leugnung der Wissenschaftlichkeit des Sozialismus und der Propagierung eines ethisch begründeten Sozialismus über den Marxismus hinaus. Aufgrund des stetigen Anwachsens der SPD und ihres hohen Sieges bei den Reichstagswahlen von 1903, bei denen die Partei 3 von etwa 8 Millionen Wählerstimmen erhielt und zweitstärkste Reichstagsfraktion wurde, forderte Bernstein im Juli 1903 die Beteiligung der SPD bei der Besetzung des Reichstagspräsidiums, was die Verpflichtung zur Huldigung des Kaisers mit sich gebracht hätte. — Bereits im September 1898 hatte Rosa Luxemburg den Revisionismus in einer Artikelserie „Sozialreform oder Revolution?" als theoretischen Ausdruck bürgerlichen Opportunismus scharf angegriffen, ebenso Clara Zetkin im April 1899 („Wider die sozialdemokratische Theorie und Taktik") und Karl Kautsky im September 1899 („Bernstein und das sozialdemokratische Programm"). Nach langen Diskussionen innerhalb der Partei wurde auf dem Parteitag in Hannover im Oktober 1899 zum erstenmal mit der Annahme einer von Bebel eingebrachten Resolution offiziell gegen den Revisionismus Stellung bezogen, desgleichen 1901 auf dem Parteitag in Lübeck. Den Höhepunkt der Abwehr revisionistischer Bestrebungen bildete die hier abgedruckte, auf dem Dresdener Parteitag vom 13.—20. September 1903 mit 288 gegen 11 Stimmen angenommene Resolution, die im folgenden Jahr auf Be-

treiben Bebels auch vom Internationalen Sozialistenkongreß in Amsterdam akzeptiert wurde. Insgesamt blieb es jedoch bei diesen Beschlüssen: theoretische Aussagen ohne praktisch-organisatorische Folgerungen.

Der Parteitag fordert, daß die Fraktion zwar ihren Anspruch geltend macht, die Stelle des ersten Vizepräsidenten und eines Schriftführers im Reichstage durch Kandidaten aus ihrer Mitte zu besetzen, daß sie es aber ablehnt, höfische Verpflichtungen zu übernehmen oder irgendwelchen Bedingungen sich zu unterwerfen, die nicht durch die Reichsverfassung begründet sind.
Der Parteitag verurteilt auf das entschiedenste die revisionistischen Bestrebungen, unsere bisherige bewährte und sieggekrönte, auf dem Klassenkampf beruhende Taktik in dem Sinne zu ändern, daß an Stelle der Eroberung der politischen Macht durch Überwindung unserer Gegner eine Politik des Entgegenkommens an die bestehende Ordnung der Dinge tritt.
Die Folge einer derartigen revisionistischen Taktik wäre, daß aus einer Partei, die auf die möglichst rasche Umwandlung der bestehenden bürgerlichen in die sozialistische Gesellschaftsordnung hinarbeitet, also im besten Sinne des Wortes revolutionär ist, eine Partei tritt, die sich mit der Reformierung der bürgerlichen Gesellschaft begnügt.
Daher ist der Parteitag im Gegensatz zu den in der Partei vorhandenen revisionistischen Bestrebungen der Überzeugung, daß die Klassengegensätze sich nicht abschwächen, sondern stetig verschärfen, und erklärt,

1. daß die Partei die Verantwortlichkeit ablehnt für die auf der kapitalistischen Produktionsweise beruhenden politischen und wirtschaftlichen Zustände und daß sie deshalb jede Bewilligung von Mitteln verweigert, welche geeignet sind, die herrschende Klasse an der Regierung zu erhalten;
2. daß die Sozialdemokratie, gemäß der Resolution Kautsky des internationalen Sozialistenkongresses zu Paris im Jahre 1900, einen Anteil an der Regierungsgewalt innerhalb der bürgerlichen Gesellschaft nicht erstreben kann.

Der Parteitag verurteilt ferner jedes Bestreben, die vorhandenen, stets wachsenden Klassengegensätze zu vertuschen, um eine Anlehnung an bürgerliche Parteien zu erleichtern.
Der Parteitag erwartet, daß die Fraktion die größere Macht, die sie durch die vermehrte Zahl ihrer Mitglieder wie durch die gewaltige Zunahme der hinter ihr stehenden Wählermassen erlangt, nach wie vor zur Aufklärung über das Ziel der Sozialdemokratie verwendet und entsprechend den Grundsätzen unseres Programms dazu benutzt, die Interessen der Arbeiterklasse, die Erweiterung und Sicherung der politischen Freiheit und der gleichen Rechte für alle aufs kraftvollste und nachdrücklichste wahrzunehmen und den Kampf wider Militarismus und Marinismus, wider Kolonial- und Weltmachtspolitik, wider Unrecht, Unterdrückung und Ausbeutung in jeglicher Gestalt noch energischer zu führen, als es ihr bisher möglich gewesen ist, „und für den Ausbau der Sozialgesetzgebung und die Erfüllung der politischen und kulturellen Aufgaben der Arbeiterklasse energisch zu wirken".

XIII. Resolution zur Frage des politischen Massenstreiks, beschlossen auf dem Parteitag der SPD in Jena 1913

Vorbemerkung des Herausgebers

Im Gegensatz zu der reformistischen bzw. revisionistischen Linie der Verlagerung der Aktivitäten der politischen Arbeiterbewegung fast ausschließlich auf die Parlamentsebene und aus Furcht vor einer Beschränkung des Reichstagswahlrechts suchten die Vertreter der Linken seit 1904/05 eine Verbindung des parlamentarischen und des außerparlamentarischen Kampfes mit Hilfe der Propagierung des politischen Massenstreiks zu erreichen, eine Taktik, die durch die Ereignisse der russischen Revolution von 1905 noch bestärkt wurde. Die deutschen Gewerkschaften, die eine Gefährdung ihrer mit großer Mühe aufgebauten Massenorganisationen durch die Debatte um den politischen Massenstreik befürchteten, zum anderen nicht gewillt waren, sich der Partei zu unterstellen, lehnten auf ihrem 5. Kongreß in Köln im Mai 1905 nicht nur den politischen Massenstreik selbst ab, sondern auch die Diskussion um dieses Problem. Die SPD ließ sich hiervon jedoch nicht festlegen und beschloß auf dem Jenaer Parteitag vom Juni 1905, „die umfassendste Anwendung der Massenarbeitseinstellung" als eines der wirksamsten Kampfmittel zur Verteidigung des Reichstagswahlrechts und des Koalitionsrechts zu betrachten. Aber auch diese vorsichtige Formulierung war in Partei und vor allem Gewerkschaften stark umstritten. Der nächste Parteitag (September 1906 in Mannheim) bestätigte zwar formal die Jenaer Resolution, machte jedoch deren eventuelle Anwendung von einer Verständigung der Partei mit den Gewerkschaften abhängig. Auch auf den Internationalen Sozialistenkongressen in Stuttgart (1907), Kopenhagen (1910) und Basel (1912) suchten die Linken einen Beschluß über den politischen Massenstreik, vor allem über die Verpflichtung zum Generalstreik zur Verhütung imperialistischer Kriege, durchzusetzen, waren jedoch insbesondere aufgrund des Widerstandes der Führung der SPD nicht erfolgreich. Auf dem letzten Par-

teitag der SPD vor dem 1. Weltkrieg (14.—20. September 1913 in Jena) standen zwei Anträge zur Massenstreikfrage zur Debatte. Der aus taktischen Gründen zurückhaltend formulierte Antrag der Linken, der „eine offensive, entschlossene und konsequente Taktik der Partei auf allen Gebieten" forderte, „die den Schwerpunkt des Kampfes bewußt in die Aktionen der Massen verlegt", wurde u. a. von Ledebour, Karl Liebknecht, Luxemburg, Pannekoek und Zetkin unterstützt, jedoch mit 333 gegen 142 Stimmen abgelehnt, während die u. a. von Bernstein, David, Noske und Scheidemann begründete Resolution des Parteivorstandes, die mit der Generalkommission der Gewerkschaften abgestimmt worden war und auf Zurückdrängung des Massenstreikgedankens zielte, mit nur 2 Gegenstimmen angenommen wurde.

Nach dem vom Mannheimer Parteitag (1906) bestätigten Beschluß des Jenaer Parteitages (1905) ist die umfassendste Anwendung der Massenarbeitseinstellung gegebenenfalls als eines der wirksamsten Mittel zu betrachten, nicht nur um Angriffe auf bestehende Volksrechte abzuwehren, sondern um Volksrechte neu zu erobern.

Die Eroberung des allgemeinen, gleichen, direkten und geheimen Wahlrechts zu allen Vertretungskörpern ist eine der Vorbedingungen für den Befreiungskampf des Proletariats. Das Dreiklassenwahlrecht entrechtet die Besitzlosen nicht nur, sondern hemmt sie in allen ihren Bestrebungen auf Verbesserung ihrer Lebenshaltung, es macht die schlimmsten Feinde gewerkschaftlicher Betätigung und sozialen Fortschritts, die Junkerkaste, zum Beherrscher der Gesetzgebung.

Darum fordert der Parteitag die entrechteten Massen auf, im Kampfe gegen das Dreiklassenunrecht alle Kräfte anzuspannen in dem Bewußtsein, daß dieser Kampf ohne große Opfer nicht siegreich durchgeführt werden kann.

Indem der Parteitag den Massenstreik als unfehlbares und jederzeit anwendbares Mittel zur Beseitigung sozialer Schäden im Sinne der anarchistischen Auffassung verwirft, spricht er zugleich die Überzeugung aus, daß die Arbeiterschaft für die Erringung der politischen Gleichberechtigung ihre ganze Kraft einsetzen muß. Der politische Massenstreik kann nur bei vollkommener Einigkeit aller Organe der Arbeiterbewegung von klassenbewußten, für die letzten Ziele des Sozialismus begeisterten und zu jedem Opfer bereiten Massen geführt werden. Der Parteitag macht es deshalb den Parteigenossen zur Pflicht, unermüdlich für den Ausbau der politischen und gewerkschaftlichen Organisationen zu wirken.

XIV. Aktionsprogramm der Unabhängigen Sozialdemokratischen Partei Deutschlands, beschlossen auf dem außerordentlichen Parteitag in Leipzig 1919

Vorbemerkung des Herausgebers

Die Delegierten des außerordentlichen USPD-Parteitages vom 2. bis zum 6. März 1919 verabschiedeten mit allen gegen 8 Stimmen eine „Programmatische Kundgebung", die sich auf die „leitenden Ideen des grundsätzlichen Teils des Erfurter Programms" berief. Dem vom 30. November bis 6. Dezember 1919 in Leipzig stattfindenden außerordentlichen Parteitag legte Artur Crispien einen von der Parteiführung einstimmig akzeptierten Aktionsprogrammentwurf vor. Das neue Programm sollte die veränderten Bedingungen des revolutionären Kampfes berücksichtigen. Eine in Leipzig eingesetzte Redaktionskommission, der u. a. Crispien, Rudolf Hilferding, Alfred Henke, Walter Stoecker, Ernst Däumig und Kurt Geyer angehörten, arbeitete die Vorstandsvorlage geringfügig um. Der überarbeitete Programmentwurf wurde von den Delegierten einstimmig angenommen.

Die proletarische Revolution hat zwei große Epochen: den Kampf um die Eroberung der politischen Macht und ihre Behauptung für die Übergangszeit vom Kapitalismus zum Sozialismus.
Die Befreiung der Arbeiterklasse kann nur das Werk der Arbeiterklasse selbst sein, weil alle anderen Klassen, trotz der Interessengegensätze untereinander, auf dem Boden des Privateigentums an Produktionsmitteln stehen und die Erhaltung der Grundlagen der kapitalistischen Gesellschaft zum gemeinsamen Ziel haben.
Die Interessen der Arbeiterklasse sind in allen Ländern gleich. Mit der Ausdehnung der kapitalistischen Weltwirtschaft wird die Lage der Arbeiter eines jeden Landes immer abhängiger von der Lage der Arbeiter in den anderen Ländern. Die Befreiung der Arbeiterklasse erfordert also den internationalen Zusammenschluß und den gemeinsamen Kampf der Arbeiter der ganzen Welt. In dieser Erkenntnis fühlt und erklärt die Unabhängige Sozialdemokratische Partei Deutschlands sich eins mit den klassenbewußten Arbeitern aller Länder. Dem imperialistischen Kapitalismus setzt das klassenbewußte Proletariat aller Länder den internationalen Sozialismus entgegen.
Die Eroberung der politischen Macht durch das Proletariat leitet die Befreiung der Arbeiterklasse ein. Zur Durchführung dieses Kampfes bedarf die Arbeiterklasse der Unabhängigen Sozialdemokratie, die rückhaltlos auf dem Boden des revolutionären Sozialismus steht, der Gewerkschaften, die sich zum unverfälschten proletarischen Klassenkampf bekennen und zu Kampforganisationen der sozialen Revolution umzugestalten sind, und des revolutionären Rätesystems, das die Arbeiter zum revolutionären Handeln zusammenfaßt.
Die Unabhängige Sozialdemokratische Partei steht auf dem Boden des Rätesystems. Sie unterstützt alle Bestrebungen, die Räteorganisation schon vor der Eroberung der politischen Macht als proletarische Kampforganisation für den Sozialismus auszubauen und in ihr alle Hand- und Kopfarbeiter zusammenzufassen und sie zu schulen für die Diktatur des Proletariats.
Die politische Herrschaftsorganisation des kapitalistischen Staates wird mit der Eroberung der politischen Macht durch das Proletariat zertrümmert. An ihre Stelle treten die politischen Arbeiterräte als Herrschaftsorganisation des Proletariats. Sie

vereinigen in sich Gesetzgebung und Verwaltung. Ihre Wirksamkeit bedeutet die Umwandlung und Neugestaltung des kapitalistischen staatlichen Verwaltungsapparates, einschließlich der Gemeinden; sie bedeutet aber auch die Verwirklichung des Selbstbestimmungsrechtes der Arbeiterklasse und ihren Zusammenschluß zwecks Abschaffung jeglicher Klassenherrschaft. Die Unabhängige Sozialdemokratische Partei setzt der Herrschaftsorganisation des kapitalistischen Staates die proletarische Herrschaftsorganisation auf der Grundlage des politischen Rätesystems entgegen, dem bürgerlichen Parlament, als dem Ausdruck des Machtwillens der Bourgeoisie, den revolutionären Rätekongreß. Die Umwandlung der kapitalistischen Wirtschaftsanarchie in die planmäßige sozialistische Wirtschaft erfolgt durch das wirtschaftliche Rätesystem.

Zur Überwindung des Kapitalismus und zur Verwirklichung der sozialistischen Gesellschaft sind folgende Maßnahmen zu treffen:

1. Die Auflösung jedes konterrevolutionären Söldnerheeres, Auflösung aller militärischen Zivil- und Polizeiformationen, Einwohnerwehren in Stadt und Land, Technischen Nothilfe, Polizeitruppen, Entwaffnung des Bürgertums und der Grundbesitzer. Errichtung einer revolutionären Wehr.

2. Umwandlung des Privateigentums an Produktionsmitteln in gesellschaftliches Eigentum. Die Vergesellschaftung ist unverzüglich durchzuführen auf den Gebieten des Bank- und Versicherungswesens, des Bergbaues und der Energieerzeugung — Kohle, Wasser, Kraft, Elektrizität —, der konzentrierten Eisen- und Stahlproduktion, des Transport- und Verkehrswesens sowie anderer hochentwickelter Industrien.

3. Großgrundbesitz und große Forste sind sofort in gesellschaftliches Eigentum zu überführen. Die gesamten landwirtschaftlichen Betriebe sind durch Bereitstellung aller technischen und wirtschaftlichen Hilfsmittel, durch Förderung der Genossenschaft zur höchsten Leistungsfähigkeit zu bringen. Urbarmachung von Ödland.

4. In den Städten und vorwiegend industriellen Gemeinden ist das Privateigentum an Grund und Boden in Gemeindeeigentum zu überführen; ausreichende Wohnungen sind von den Gemeinden herzustellen.

5. Planmäßige Regelung des Ernährungswesens.

6. Vergesellschaftung des gesamten öffentlichen Gesundheitswesens.

7. Vergesellschaftung aller öffentlichen Erziehungs- und Bildungseinrichtungen. Öffentliche Einheitsschule mit weltlichem Charakter. Die Schule ist nach sozialistisch-pädagogischen Grundsätzen auszugestalten, die Erziehung mit der materiellen Produktion zu verbinden.

8. Erklärung der Religion zur Privatsache. Völlige Trennung von Staat und Kirche. Erklärung der kirchlichen und religiösen Gemeinschaften zu privaten Vereinigungen, die ihre Angelegenheiten selbständig ordnen.

9. Sozialistische Steuerpolitik, durch progressive Einkommens-, Vermögens- und Erbschaftssteuer zur Bestreitung aller öffentlichen Ausgaben, soweit diese durch Steuern zu decken sind. Abschaffung aller indirekten Steuern, Zölle und sonstigen wirtschaftspolitischen Maßnahmen, welche die Interessen des Proletariats den Interessen einer bevorzugten Minderheit opfern.

10. Abschaffung aller Gesetze, welche die Frau in öffentlicher und privatrechtlicher Beziehung dem Manne gegenüber benachteiligen.

11. Einführung eines öffentlich-rechtlichen Monopols für das Anzeige- und Werbewesen und Übertragung an die Kommunalverbände.

12. Umgestaltung des gesamten öffentlichen Rechtswesens nach sozialistischen Grundsätzen.

13. Arbeitspflicht für alle Arbeitsfähigen. Schutzmaßnahmen zur Erhaltung der Arbeitskraft.

14. Herstellung freundschaftlicher Beziehungen zu allen Völkern. Sofortige Anbahnung von Bündnissen mit sozialistischen Republiken.

Die Diktatur des Proletariats ist ein revolutionäres Mittel zur Beseitigung aller Klassen und Aufhebung jeder Klassenherrschaft, zur Erringung der sozialistischen Demokratie. Mit der Sicherung der sozialistischen Gesellschaft hört die Diktatur des Proletariats auf, und die sozialistische Demokratie kommt zur vollen Entfaltung.

Die Organisation der sozialistischen Gesellschaft erfolgt nach dem Rätesystem. In der sozialistischen Gesellschaft kommt auch das Rätesystem in seinem tiefsten Sinn zur höchsten Geltung. Der tiefste Sinn des Rätesystems ist, daß die Arbeiter, die Träger der Wirtschaft, die Erzeuger des gesellschaftlichen Reichtums, die Förderer der Kultur, auch die verantwortlichen Träger aller rechtlichen Einrichtungen und politischen Gewalten sein müssen.

Um dieses Ziel zu erreichen, bedient sich die Unabhängige Sozialdemokratische Partei planmäßig und systematisch gemeinsam mit den revolutionären Gewerkschaften und der proletarischen Räteorganisation aller politischen, parlamentarischen und wirtschaftlichen Kampfmittel. Das vornehmste und entscheidende Kampfmittel ist die Aktion der Masse. Die Unabhängige Sozialdemokratische Partei verwirft gewaltsames Vorgehen einzelner Gruppen und Personen. Ihr Ziel ist nicht die Vernichtung von Produktionsinstrumenten, sondern die Beseitigung des kapitalistischen Systems.

Die geschichtliche Aufgabe der Unabhängigen Sozialdemokratischen Partei ist es, der Arbeiterbewegung Inhalt, Richtung und Ziel zu geben und dem revolutionären Proletariat in seinem Kampfe für den Sozialismus Führerin und Bannerträgerin zu sein.

Die Unabhängige Sozialdemokratische Partei ist der Überzeugung, daß durch die Zusammenfassung der proletarischen Massen, die sie erstrebt, der vollständige und dauernde Sieg des Proletariats beschleunigt und gesichert wird. In diesem Sinne erstrebt die Unabhängige Sozialdemokratische Partei auch die Schaffung einer revolutionären aktionsfähigen Internationale der Arbeiter aller Länder.

Das Bekenntnis in Wort und Tat zu den Grundsätzen und Forderungen dieses Programms ist die Voraussetzung zur Einigung der Arbeiterklasse.

Nur durch die proletarische Revolution kann der Kapitalismus überwunden, der Sozialismus verwirklicht und damit die Befreiung der Arbeiterklasse durchgeführt werden.

XV. Programm der Sozialdemokratischen Partei Deutschlands, beschlossen auf dem Parteitag in Görlitz 1921

Vorbemerkung des Herausgebers

Auf dem vom 10. bis 16. Oktober 1920 in Kassel stattfindenden Parteitag wurde, nach mit großer Mehrheit erfolgter Annahme des Antrages von Adolf Braun, eine Programmkommission gewählt. Mitglieder waren: Eduard Bernstein, Adolf Braun, Heinrich Cunow, Georg Gradnauer, Wilhelm Keil, Hermann Molkenbuhr, Hermann Müller-Berlin und Antonie Pfülf. Die Kommission, die Molkenbuhr zum Vorsitzenden und Adolf Braun zum Geschäftsführer wählte, bildete insgesamt 11 Unterkommissionen. An den folgenden Sitzungen und Beschlußfassungen waren über 60 Personen beteiligt. Der im Juli 1921 publizierte Programmentwurf rief u. a. wegen seiner mangelnden Geschlossenheit heftige Kritik hervor. Auf dem Görlitzer Parteitag, der vom 18. bis zum 24. September 1921 stattfand, wurde eine 28 Personen umfassende Programmkommission eingesetzt. Ihr gehörten u. a. an: Bernstein, Adolf Braun, Otto Braun, Cunow, Eduard David, Keil, Marie Juchacz, Paul Löbe, Molkenbuhr, Gustav Radbruch, Wilhelm Sollmann, Friedrich Stampfer, Heinrich Ströbel und Rudolf Wissell. Der theoretische Teil des überarbeiteten Programms wurde in der Kommission mit 24 gegen 2 Stimmen bei 2 Enthaltungen angenommen, der ganze Entwurf in einer nochmaligen Gesamtabstimmung mit allen gegen 2 Stimmen. Bei ihrer Ablehnung blieben Heinrich Ströbel und Hans Marckwald. Der Parteitag akzeptierte das Programm mit allen gegen 5 Stimmen.

Die Sozialdemokratische Partei Deutschlands ist die Partei des arbeitenden Volkes in Stadt und Land. Sie erstrebt die Zusammenfassung aller körperlich und geistig Schaffenden, die auf den Ertrag eigener Arbeit angewiesen sind, zu gemeinsamen Erkenntnissen und Zielen, zur Kampfgemeinschaft für Demokratie und Sozialismus.

Die kapitalistische Wirtschaft hat den wesentlichen Teil der durch die moderne Technik gewaltig entwickelten Produktionsmittel unter die Herrschaft einer verhältnismäßig kleinen Zahl von Großbesitzern gebracht, sie hat breite Massen der Arbeiter von den Produktionsmitteln getrennt und in besitzlose Proletarier verwandelt. Sie hat die wirtschaftliche Ungleichheit gesteigert und einer kleinen, in Überfluß lebenden Minderheit weite Schichten engegengestellt, die in Not und Elend verkümmern. Sie hat damit den Klassenkampf für die Befreiung des Proletariats zur geschichtlichen Notwendigkeit und zur sittlichen Forderung gemacht.

Der Weltkrieg und die ihn abschließenden Friedensdiktate haben diesen Prozeß noch verschärft. Sie haben die Konzentration der Betriebe und des Kapitals beschleunigt, die Kluft zwischen Kapital und Arbeit, Reichtum und Armut erweitert. In Industrie und Bankwesen, in Handel und Verkehr hat eine neue Epoche der Angliederungen und Verschmelzungen, der Kartellierungen und Vertrustungen eingesetzt. Während rücksichtsloses Gewinnstreben eine neue Bourgeoisie von Kriegslieferanten und Spekulanten emporhob, sanken kleine und mittlere Besitzer, Gewerbetreibende, Scharen geistiger Arbeiter, Beamte, Angestellte, Künstler, Schriftsteller, Lehrer, Angehörige aller Art der freien Berufe zu proletarischen Lebensbedingungen hinab. Korrumpierung des öffentlichen Lebens, wachsende Abhängigkeit der bürgerlichen Presse von übermächtigen Wirtschaftsdiktatoren, die auf diese Weise den Staat unter ihre Botmäßigkeit zu bringen versuchen, sind unausbleibliche Folgen.

Die Entwicklung zum Hochkapitalismus hat das Streben nach Beherrschung der Weltwirtschaft durch imperialistische Machterweiterung noch gesteigert. Sie hat ebenso wie die unbefriedigende Lösung der nationalen und wirtschaftlichen Weltprobleme durch die geltenden Friedensverträge die Gefahr neuer blutiger Konflikte heraufbeschworen, die den Zusammenbruch der menschlichen Kultur herbeizuführen drohen.

Zugleich hat der Weltkrieg morsche Herrschaftssysteme hinweggefegt. Politische Umwälzungen haben den Massen die Rechte der Demokratie gegeben, deren sie zu ihrem sozialen Aufstieg bedürfen. Eine gewaltig erstarkte Arbeiterbewegung, groß geworden durch die ruhmvolle opferreiche Arbeit von Generationen, stellt sich dem Kapitalismus als ebenbürtiger Gegner. Mächtiger denn je erhebt sich der Wille, das kapitalistische System zu überwinden und durch internationalen Zusammenschluß des Proletariats, durch Schaffung einer zwischenstaatlichen Rechtsordnung, eines wahren Bundes gleichberechtigter Völker, die Menschheit vor neuer kriegerischer Vernichtung zu schützen.

Diesem Willen den Weg zu weisen, den notwendigen Kampf der schaffenden Massen zu einem bewußten und einheitlichen zu gestalten, ist die Aufgabe der Sozialdemokratischen Partei.

Die Sozialdemokratische Partei ist entschlossen, zum Schutz der errungenen Freiheit das Letzte einzusetzen. Sie betrachtet die demokratische Republik als die durch die geschichtliche Entwicklung unwiderruflich gegebene Staatsform, jeden Angriff auf sie als ein Attentat auf die Lebensrechte des Volkes.

Die Sozialdemokratische Partei kann sich aber nicht darauf beschränken, die Republik vor den Anschlägen ihrer Feinde zu schützen. Sie kämpft um die Herrschaft des im freien Volksstaat organisierten Volkswillens über die Wirtschaft, um die Erneuerung der Gesellschaft im Geiste sozialistischen Gemeinsinns. Die Überführung der großen konzentrierten Wirtschaftsbetriebe in die Gemeinwirtschaft und darüber hinaus die fortschreitende Umformung der gesamten kapitalistischen Wirtschaft zur sozialistischen, zum Wohl der Gesamtheit betriebenen Wirtschaft erkennt sie als notwendige Mittel, um das schaffende Volk aus den Fesseln der Kapitalherrschaft zu befreien, die Produktionserträge zu steigern, die Menschheit zu höheren Formen wirtschaftlicher und sittlicher Gemeinschaft emporzuführen.

In diesem Sinne erneuert die Sozialdemokratische Partei Deutschlands ihr im Erfurter Programm niedergelegtes Bekenntnis: Sie kämpft nicht für neue Klassenprivilegien und Vorrechte, sondern für die Abschaffung der Klassenherrschaft und der Klassen selbst und für gleiche Rechte und gleiche Pflichten aller, ohne Unterschied des Geschlechts und der Abstammung. Sie führt diesen Kampf in dem Bewußtsein, daß er das Schicksal der Menschheit entscheidet in nationaler wie in internationaler Gemeinschaft, in Reich, Staat und Gemeinde, in Gewerkschaften und Genossenschaften, in Werkstatt und Haus.

Für diesen Kampf gelten die folgenden Forderungen:

Wirtschaftspolitik

Grund und Boden, die Bodenschätze sowie die natürlichen Kraftquellen, die der Energieerzeugung dienen, sind der kapitalistischen Ausbeutung zu entziehen und in den Dienst der Volksgemeinschaft zu überführen. Gesetzliche Maßnahmen gegen die Extensivierung oder das gänzliche Unbenutztlassen landwirtschaftlicher Bodenflächen oder deren Verschwendung zu privaten Luxuszwecken. Kontrolle des Reichs über den kapitalistischen Besitz an Produktionsmitteln, vor allem über die Interessengemeinschaften, Kartelle und Trusts. Fortschreitender Ausbau der Betriebe des Reichs, der Länder und der öffentlichen Körperschaften unter demokratischer Verwaltung und unter Vermeidung der Bürokratisierung. Förderung der nicht auf Erzielung eines Profits gerichteten Genossenschaften. Ausgestaltung des wirtschaftlichen Rätesystems zu einer Vertretung der sozialen und wirtschaftspolitischen Interessen der Arbeiter, Angestellten und Beamten.

Sozialpolitik

Einheitliches Arbeitsrecht. Sicherung des Koalitionsrechts. Wirksamer Arbeiterschutz: gesetzliche Festlegung eines Arbeitstages von höchstens acht Stunden, Herabsetzung dieser Arbeitszeit in Betrieben mit erhöhten Gefahren für Leben und Gesundheit. Äußerste Einschränkung der Nachtarbeit für Männer. Verbot der Nachtarbeit für Frauen und Jugendliche. Verbot der Arbeit von Frauen und Jugendlichen in besonders gesundheitsschädlichen Betrieben sowie an Maschinen mit besonderer Unfallgefahr. Verbot jeder Erwerbsarbeit schulpflichtiger Kinder. Überwachung aller Betriebe und Unternehmungen. Eine wöchentliche ununterbrochene Ruhepause von mindestens 42 Stunden. Jährlicher Urlaub unter Fortzahlung des Lohnes. Unterstützung aller Bestrebungen zur Beseitigung der Übelstände der Heimarbeit und ihre Aufhebung, wo es ohne schwere wirtschaftliche Schädigung der Heimarbeiter möglich ist. Umbau der sozialen Versicherung zu einer allgemeinen Volksfürsorge. Auf diesen Grundlagen Förderung des internationalen Arbeiterschutzes.

Allgemeines Recht der Frauen auf Erwerb.

Sicherung und Ausbau der staatsbürgerlichen und wirtschaftlichen Rechte der Beamten.

Planmäßige, den sozialen Bedürfnissen der Arbeiterklasse angepaßte Bevölkerungspolitik. Besondere Fürsorge für kinderreiche Familien.

Finanzen

Sicherung und Weiterbildung der Einkommens-, Vermögens- und Erbschaftsteuer, ihre Anpassung an die Wertveränderungen und an die Leistungsfähigkeit des werbenden Kapitals. Erbrecht des Reichs bei entfernteren Verwandtschaftsgraden, Pflichtteil des Reichs, abgestuft nach der Zahl der Erben. Wirksame Verfolgung der Steuerhinterziehung und Kapitalflucht. Schonung der Arbeitskraft und Belastung jedes verschwenderischen Überverbrauchs. Beteiligung der öffentlichen Gewalten am Vermögen der kapitalistischen Erwerbsunternehmungen.

Verfassung und Verwaltung

Sicherung der demokratischen Republik. Festigung der Reichseinheit. Ausbau des Reichs zum organisch gegliederten Einheitsstaat. Selbstverwaltung der Gemeinden und der zu höheren Selbstverwaltungskörpern gesetzlich organisierten Gemeindeverbände (Kreise, Bezirke, Provinzen). Überordnung der demokratischen Volksvertretung über die berufsständischen Organisationen. Demokratisierung aller staatlichen Einrichtungen. Vollständige verfassungsmäßige und tatsächliche Gleichstellung aller über 20 Jahre alten Staatsbürger ohne Unterschied des Geschlechts, der Herkunft und der Religion.

Gemeindepolitik

Schaffung einer einheitlichen Gemeindeordnung für Stadt und Land sowie eines einheitlichen Gemeindevertreterkörpers. Initiative und Volksabstimmung in den Gemeinden. Unterstellung aller Gemeindebeamten unter die Gemeindevertretung. Wahl der Bürgermeister auf Zeit. Bildung und Förderung großer und leistungsfähiger Kommunaleinheiten. Beschränkung des staatlichen Aufsichtsrechts auf das Recht der Beanstandung ungesetzlicher Verwaltungsakte der Gemeinde, Beseitigung des Bestätigungsrechtes der Aufsichtsbehörden für Gemeindeorgane. Reichsgesetzliche Freigabe der kommunalen Sozialisierung.

Rechtspflege

Überwindung der herrschenden privatrechtlichen durch eine soziale Rechtsauffassung. Unterordnung des Vermögensrechts unter das Recht der Person und das Recht der sozialen Gemeinschaft. Kampf gegen Klassenjustiz, entscheidende Mitwirkung gewählter Volksrichter in allen Zweigen der Justiz. Erziehung zu allgemeiner Rechtskenntnis, volkstümliche Gesetzessprache. Zusammensetzung des Richterstandes aus allen Volksklassen, Mitwirkung der Frauen in allen Justizämtern. Neuordnung des juristischen Bildungsganges in sozialistischem Geiste. Übertragung der gesamten Justiz auf das Reich. Berufung in Strafsachen. Reichsgesetzliche Regelung des Strafvollzugs. Schutz- und Erziehungs-, nicht Vergeltungsstrafrecht. Abschaffung der Todesstrafe.

Kultur- und Schulpolitik

Recht aller Volksgenossen an den Kulturgütern. Oberstes Erziehungsrecht der Volksgemeinschaft.

Religion ist Privatsache, Sache innerer Überzeugung, nicht Parteisache, nicht Staatssache: Trennung von Staat und Kirche.

Ausgestaltung der Schule zur weltlichen Einheitsschule. Unentgeltlichkeit des Unterrichts, der Lernmittel und der Verpflegung in den Schulen.

Umwandlung der Schulen in Lebens- und Arbeitsgemeinschaften der Jugend mit weitgehender Selbstverwaltung. Gemeinsame

Erziehung beider Geschlechter durch beide Geschlechter. Mitarbeit pädagogisch hervorragend begabter Laien, verantwortliche Mitwirkung der Eltern an der Schulerziehung und Schulaufsicht durch Elternräte.
Erziehung des heranwachsenden Menschen in der Familie, in der Schule und der freien Jugendbewegung zum bewußten Glied der sozialen Volks- und Menschheitsgemeinschaft, zu den Idealen der Republik, der sozialen Pflichterfüllung und des Weltfriedens.
Jugendhilfe (als selbständiges, öffentliches Arbeitsgebiet mit eigenen beamteten Organen), beginnend mit dem werdenden Kind und endend mit dem Eintritt der Volljährigkeit.
Bildungsstätten für erwachsene Volksgenossen als freie Arbeitsgemeinschaften zum Aufbau einer lebendigen Volkskultur.

Völkerbeziehungen und Internationale

Internationaler Zusammenschluß der Arbeiterklasse auf demokratischer Grundlage als beste Bürgschaft des Friedens.
Ein Völkerbund, der kein die Völkerbundsatzungen anerkennendes Volk ausschließt und in dem die Parlamente aller Länder durch Delegierte nach der Stärke der Parteien vertreten sind. Ausbau des Völkerbundes zu einer wahrhaften Arbeits-, Rechts- und Kulturgemeinschaft. Entscheidung aller internationalen Streitigkeiten durch ein internationales Gericht. Selbstbestimmung der Völker im Rahmen des für alle gleichmäßig geltenden internationalen Rechts. Völkerrechtlicher Schutz aller nationalen Minderheiten nach dem Grundsatz vollkommener Gegenseitigkeit. Internationale Abrüstung unter Garantie des Völkerbundes, Herabsetzung der Wehrmacht in allen Staaten auf das Maß, das die innere Sicherheit der Staaten und die Erzwingung internationaler Verpflichtungen durch gemeinschaftliches Vorgehen des Völkerbundes erfordert. Unterstellung aller Kolonien und Schutzgebiete unter die Oberhoheit des Völkerbundes. Durchführung des Grundsatzes der Offenen Tür für alle wirtschaftlichen Austauschgebiete. Demokratisierung und Vereinfachung der diplomatischen Vertretungen der Staaten.
Revision des Friedensvertrages von Versailles im Sinne wirtschaftlicher Erleichterung und Anerkennung der nationalen Lebensrechte.

XVI. Programm der Sozialdemokratischen Partei Deutschlands, beschlossen auf dem Parteitag in Heidelberg 1925

Vorbemerkung des Herausgebers

Nach einstimmiger Annahme eines kurzen Aktionsprogramms beschloß der Nürnberger Einigungsparteitag vom 24. September 1922 die Erarbeitung eines neuen Parteiprogramms. In die Programmkommission wurden Karl Kautsky als Vorsitzender und 15 weitere Personen gewählt, darunter Bernstein, Adolf Braun, Molkenbuhr, Stampfer, Ströbel, Crispien, Wilhelm Dittmann, Henke, Hilferding, Fritz Seger und Tony Sender. (Die Delegierten des drei Jahre später stattfindenden Heidelberger Parteitages kooptierten Robert Schmidt, Paul Levi und Paul Kampffmayer). Die Programmarbeiten stagnierten jedoch in der Folgezeit. Vor dem Berliner Parteitag im Juni 1924 begründete Adolf Braun die Untätigkeit der Kommission mit der langen Erkrankung und Abwesenheit Kautskys, vor allem aber damit, „daß wir alle, die wir an dem Programm mitarbeiten sollen, die Mitglieder der Kommission, die Parteigenossenschaft, die Parteipresse, durch die Arbeit für die Partei vollständig in Anspruch genommen waren, so daß es schwierig war, die Programmkommission zu einer ernsthaften Konzentration ihres Willens auf die Schaffung des Parteiprogramms zusammen zu bekommen". Die Delegierten stimmten einem Antrag aus Leipzig zu, ein neues Programm „dem Parteitag von 1925 zur Annahme vorzulegen". Dem Entwurf, den Hilferding im folgenden Jahr, auf dem vom 13. bis zum 18. September 1925 in Heidelberg stattfindenden Parteitag, erläuterte, lag im wesentlichen eine Ausarbeitung Karl Kautskys zugrunde. Nach Billigung von zwei unbedeutenden Abänderungsanträgen stimmte der Parteitag „unter Ablehnung aller übrigen Anträge dem vorgelegten Programmentwurf gegen ganz wenige Stimmen" zu und folgte auch der Bitte Hilferdings, die Frage eines Agrarprogramms vorerst auszuklammern. Das Agrarprogramm wurde vom Kieler Parteitag im Mai 1927 verabschiedet.

Die ökonomische Entwicklung hat mit innerer Gesetzmäßigkeit zum Erstarken des kapitalistischen Großbetriebes geführt, der in Industrie, Handel und Verkehr immer mehr den Kleinbetrieb zurückdrängt und seine soziale Bedeutung verringert. Mit der immer stärker werdenden Entfaltung der Industrie wächst die industrielle Bevölkerung ständig im Verhältnis zur landwirtschaftlichen. Das Kapital hat die Massen der Produzenten von dem Eigentum an ihren Produktionsmitteln getrennt und den Arbeiter in einen besitzlosen Proletarier verwandelt. Ein großer Teil des Grund und Bodens befindet sich in den Händen des Großgrundbesitzes, des natürlichen Verbündeten des Großkapitals. So sind die ökonomisch entscheidenden Produktionsmittel zum Monopol einer verhältnismäßig kleinen Zahl von Kapitalisten geworden, die damit die wirtschaftliche Herrschaft über die Gesellschaft erhalten.
Zugleich wächst mit dem Vordringen der Großbetriebe in der Wirtschaft Zahl und Bedeutung der Angestellten und Intellektuellen jeder Art. Sie üben in dem vergesellschafteten Arbeitsprozeß die Leitungs-, Überwachungs-, Organisations- und Verteilungsfunktionen aus, sie fördern durch wissenschaftliche Forschung die Produktionsmethoden. Mit dem Anwachsen ihrer Zahl verlieren sie immer mehr die Möglichkeit des Aufstiegs in privilegierte Stellungen, und ihre Interessen stimmen in steigendem Maße mit denen der übrigen Arbeiterschaft überein.
Mit der Entwicklung der Technik und der Monopolisierung der Produktionsmittel wächst riesenhaft die Produktivität der menschlichen Arbeit. Aber Großkapital und Großgrundbesitz suchen die Ergebnisse des gesellschaftlichen Arbeitsprozesses für sich zu monopolisieren. Nicht nur den Proletariern, sondern auch den Mittelschichten wird der volle Anteil an dem materiellen und kulturellen Fortschritt vorenthalten, den die gesteigerten Produktivkräfte ermöglichen.
Ununterbrochen sind im Kapitalismus Tendenzen wirksam, die arbeitenden Schichten in ihrer Lebenshaltung zu drücken. Nur durch steten Kampf ist es ihnen möglich, sich vor zunehmender Erniedrigung zu bewahren und ihre Lage zu verbessern. Dazu gesellt sich hochgradige Unsicherheit der Existenz, die stets drohende Arbeitslosigkeit. Diese wird besonders qualvoll und

erbitternd in Zeiten der Krisen, die jedem wirtschaftlichen Aufschwung folgen und in der Anarchie der kapitalistischen Produktionsweise begründet sind.
Das kapitalistische Monopolstreben führt zur Zusammenfassung von Industriezweigen, zur Verbindung aufeinanderfolgender Produktionsstufen und zur Organisierung der Wirtschaft in Kartelle und Trusts. Dieser Prozeß vereinigt Industriekapital, Handelskapital und Bankkapital zum Finanzkapital.
Einzelne Kapitalistengruppen werden so zu übermächtigen Beherrschern der Wirtschaft, die nicht nur die Lohnarbeiter, sondern die ganze Gesellschaft in ihre ökonomische Abhängigkeit bringen.
Mit der Zunahme seines Einflusses benutzt das Finanzkapital die Staatsmacht zur Beherrschung auswärtiger Gebiete als Absatzmärkte, Rohstoffquellen und Stätten für Kapitalsanlagen. Dieses imperialistische Machtstreben bedroht die Gesellschaft ständig mit Konflikten und mit Kriegsgefahr. Doch mit dem Druck und den Gefahren des Hochkapitalismus steigt auch der Widerstand der stets wachsenden Arbeiterklasse, die durch den Mechanismus des kapitalistischen Produktionsprozesses selbst sowie durch stete Arbeit der Gewerkschaften und der Sozialdemokratischen Partei geschult und vereint wird. Immer größer wird die Zahl der Proletarier, immer schroffer der Gegensatz zwischen Ausbeutern und Ausgebeuteten, immer erbitterter der Klassenkampf zwischen den kapitalistischen Beherrschern der Wirtschaft und den Beherrschten. Indem die Arbeiterklasse für ihre eigene Befreiung kämpft, vertritt sie das Gesamtinteresse der Gesellschaft gegenüber dem kapitalistischen Monopol. Eine gewaltig erstarkte Arbeiterbewegung, groß geworden durch die opferreiche Arbeit von Generationen, stellt sich dem Kapitalismus als ebenbürtiger Gegner gegenüber. Mächtiger denn je ersteht der Wille, das kapitalistische System zu überwinden und durch internationalen Zusammenschluß des Proletariats, durch Schaffung einer internationalen Rechtsordnung, eines wahren Bundes gleichberechtigter Völker, die Menschheit vor kriegerischer Vernichtung zu schützen.
Das Ziel der Arbeiterklasse kann nur erreicht werden durch die Verwandlung des kapitalistischen Privateigentums an den Produktionsmitteln in gesellschaftliches Eigentum. Die Um-

wandlung der kapitalistischen Produktion in sozialistische, für und durch die Gesellschaft betriebene Produktion wird bewirken, daß die Entfaltung und Steigerung der Produktivkräfte zu einer Quelle der höchsten Wohlfahrt und allseitiger Vervollkommnung wird. Dann erst wird die Gesellschaft aus der Unterwerfung unter blinde Wirtschaftsmacht und aus allgemeiner Zerrissenheit zu freier Selbstverwaltung in harmonischer Solidarität emporsteigen.

Der Kampf der Arbeiterklasse gegen die kapitalistische Ausbeutung ist nicht nur ein wirtschaftlicher, sondern notwendigerweise ein politischer Kampf. Die Arbeiterklasse kann ihren ökonomischen Kampf nicht führen und ihre wirtschaftliche Organisation nicht voll entwickeln ohne politische Rechte. In der demokratischen Republik besitzt sie die Staatsform, deren Erhaltung und Ausbau für ihren Befreiungskampf eine unerläßliche Notwendigkeit ist. Sie kann die Vergesellschaftung der Produktionsmittel nicht bewirken, ohne in den Besitz der politischen Macht gekommen zu sein.

Der proletarische Befreiungskampf ist ein Werk, an dem die Arbeiter aller Länder beteiligt sind. Die Sozialdemokratische Partei Deutschlands ist sich der internationalen Solidarität des Proletariats bewußt und entschlossen, alle Pflichten zu erfüllen, die ihr daraus erwachsen. Dauernde Wohlfahrt der Nationen ist heute nur erreichbar durch ihr solidarisches Zusammenwirken.

Die Sozialdemokratische Partei kämpft nicht für neue Klassenprivilegien und Vorrechte, sondern für die Abschaffung der Klassenherrschaft und der Klassen selbst, für gleiche Rechte und Pflichten aller, ohne Unterschied des Geschlechts und der Abstammung. Von dieser Anschauung ausgehend, bekämpft sie nicht bloß die Ausbeutung und Unterdrückung der Lohnarbeiter, sondern jede Art der Ausbeutung und Unterdrückung, richte sie sich gegen ein Volk, eine Klasse, eine Partei, ein Geschlecht oder eine Rasse.

Den Befreiungskampf der Arbeiterklasse zu einem bewußten und einheitlichen zu gestalten und ihm sein notwendiges Ziel zu weisen, ist die Aufgabe der Sozialdemokratischen Partei. In ständigem Ringen und Wirken auf politischem, wirtschaftlichem, sozialem und kulturellem Gebiet strebt sie zu ihrem Endziel.

Aktionsprogramm

Verfassung

Die demokratische Republik ist der günstigste Boden für den Befreiungskampf der Arbeiterklasse und damit für die Verwirklichung des Sozialismus. Deshalb schützt die Sozialdemokratische Partei die Republik und tritt für ihren Ausbau ein. Sie fordert:

Das Reich ist in eine Einheitsrepublik auf Grundlage der dezentralisierten Selbstverwaltung umzuwandeln. Auf dem organisch neu zu gliedernden Unterbau der Gemeinden und Länder erhebt sich eine starke Reichsgewalt, die in Gesetz und Verwaltung die für eine einheitliche Führung und den Zusammenhalt des Reiches notwendigen Befugnisse besitzt.

Ausdehnung der unmittelbaren Reichsverwaltung auf die Justiz: Alle Gerichte werden Gerichte des Reichs. Für die Sicherheitspolizei sind im Wege der Gesetzgebung einheitliche Grundsätze aufzustellen. Eine einheitliche Reichskriminalpolizei ist zu schaffen.

Abwehr aller monarchistischen und militaristischen Bestrebungen. Umgestaltung der Reichswehr zu einem zuverlässigen Organ der Republik.

Vollständige Verwirklichung der verfassungsmäßigen Gleichstellung aller Staatsbürger ohne Unterschied des Geschlechts, der Herkunft, der Religion und des Besitzes.

Verwaltung

Ziel der sozialdemokratischen Verwaltungspolitik ist die Ersetzung der aus dem Obrigkeitsstaat übernommenen polizeistaatlichen Exekutive durch eine Verwaltungsorganisation, die das Volk auf Grundlage der demokratischen Selbstverwaltung zum Träger der Verwaltung macht. Darum wird gefordert:

Demokratisierung der Verwaltung.

Reichsgesetzliche Vereinheitlichung der Länderverwaltung.

Die Grundsätze der Verwaltung bestimmt das Reich. Die Durchführung obliegt den Selbstverwaltungskörpern, soweit es sich nicht um Angelegenheiten handelt, die wegen ihrer zentralen Natur der unmittelbaren Verwaltung durch das Reich bedürfen.

Den örtlichen und provinzialen Besonderheiten ist im Wege der Rahmengesetzgebung Spielraum zu lassen.
Ein reichsrechtliches Landesverwaltungsgesetz regelt gleichmäßig für alle Länder die Gliederung und die Zuständigkeit der staatlichen Verwaltungsbezirke und der Verwaltungsorgane.
Eine Reichsgemeindeordnung hat für Gemeinden und Gemeindeverbände (Landgemeinden, Städte, Kreise, Provinzen) einheitliches Recht zu schaffen. Das Einkammersystem ist für alle Selbstverwaltungskörper durchzuführen. Die Wahl der Bürgermeister ist auf Zeit festzusetzen. Die Selbstverwaltungskörper erledigen die Geschäfte ihres Verwaltungsbereichs im Rahmen der Reichs- und Landesgesetze selbständig und unter eigener Verantwortung. Für Fragen von allgemeinem öffentlichen Interesse sind Volksbegehren und Volksabstimmung in den Gemeinden einzuführen.
Die Rechtskontrolle über die Verwaltung, insbesondere der Schutz des Staatsbürgers gegen die in seine Rechtssphäre eingreifenden Verwaltungsakte, ist durch unabhängig im Instanzenweg gegliederte Verwaltungsgerichte zu gewährleisten. Das Reichsverwaltungsgericht hat gleichzeitig die Aufgabe eines Oberverwaltungsgerichts in allen Landessachen.
Durch ein Reichskommunalisierungs- und ein Reichsenteignungsgesetz sind den Gemeinden und Gemeindeverbänden die für die Durchführung und Ausdehnung der kommunalen Gemeinwirtschaft erforderlichen Befugnisse und Machtmittel einzuräumen. Die Form der Verwaltung ist so zu gestalten, daß einerseits die Betriebe in ihrer Wirtschaftsführung von bürokratischen Fesseln befreit werden, andererseits aber das unbeschränkte Bestimmungsrecht der öffentlichen Körperschaften gewahrt bleibt.
Für alle Beamten und Angestellten der öffentlichen Körperschaften ist ein einheitliches Dienstrecht zu schaffen, das Auswahl, Stellung, Beförderung, Interessenvertretung und Schutz nach demokratischen und sozialen Gesichtspunkten ordnet.

Justiz

Die Sozialdemokratische Partei bekämpft jede Klassen- und Parteijustiz und tritt ein für eine mit sozialem Geiste erfüllte Rechtsordnung und Rechtspflege unter entscheidender Mitwirkung gewählter Laienrichter in allen Zweigen und auf allen Stufen der Justiz.

Insbesondere fordert sie:

Im bürgerlichen Recht Unterordnung des Vermögensrechtes unter das Recht der sozialen Gemeinschaft, Erleichterung der Ehescheidung, Gleichstellung der Frau mit dem Manne, Gleichstellung der unehelichen Kinder mit den ehelichen.

Im Strafrecht größeren Schutz der Person und der sozialen Rechte, Ersetzung des Vergeltungsprinzips durch das Prinzip der Erziehung des einzelnen und des Schutzes der Gesellschaft. Abschaffung der Todesstrafe.

Im Strafprozeß Wiederherstellung der Schwurgerichte und Ausdehnung ihrer Zuständigkeit insbesondere auf politische und Pressevergehen, Zulassung der Berufung in allen Strafsachen, Beseitigung aller die Verteidigung beeinträchtigenden Bestimmungen.

Im Untersuchungsverfahren Schutz des Inhaftierten gegen behördliche Übergriffe, Verhaftung, außer im Falle der Ergreifung auf frischer Tat, nur auf Grund richterlichen Befehls, mündliche Verhandlung über Haftbeschwerde.

Im Strafvollzug reichsgesetzliche Regelung im Geiste der Humanität und des Erziehungsprinzips.

Sozialpolitik

Der Schutz der Arbeiter, Angestellten und Beamten und die Hebung der Lebenshaltung der breiten Massen erfordern:

Schutz des Koalitions- und Streikrechts. Gleiches Recht der Frauen auf Erwerbsarbeit. Verbot jeder Erwerbsarbeit schulpflichtiger Kinder.

Gesetzliche Festlegung eines Arbeitstages von höchstens acht Stunden, Verkürzung dieser Arbeitszeit für Jugendliche und in Betrieben mit erhöhten Gefahren für Gesundheit und Leben. Einschränkung der Nachtarbeit. Wöchentliche ununterbrochene Ruhepause von mindestens 42 Stunden. Jährlicher Urlaub unter Fortzahlung des Lohnes.

Die Sorge für die Erledigung von Notstandsarbeiten bleibt ausschließlich den Gewerkschaften überlassen.

Bekämpfung der Mißstände der Heimarbeit mit dem Ziel ihrer völligen Beseitigung unter weitgehender Fürsorge für die Betroffenen.

Überwachung aller Betriebe und Unternehmungen durch die Gewerbeinspektion, die unter Heranziehung von Arbeitern und Angestellten als Beamte und als Vertrauenspersonen zu einer Reichseinrichtung auszubauen ist.
Sicherung der Rechtsgültigkeit der Tarifverträge und Hilfeleistung bei ihrem Abschluß durch die Schlichtungsbehörden.
Selbständige Arbeitsgerichte, die losgelöst sind von der ordentlichen Gerichtsbarkeit.
Einheitliches Arbeitsrecht.
Vereinheitlichung der sozialen Versicherung bis zu ihrem Umbau zu einer allgemeinen Volksfürsorge. Einbeziehung der Arbeitsunfähigen und Erwerbslosen.
Umfassende, vorbeugende, heilende und vorsorgende Maßnahmen auf dem Gebiete der Volkswohlfahrt, insbesondere der Erziehungs-, Gesundheits- und Wirtschaftsfürsorge, einheitliche, reichsrechtliche Regelung der Wohlfahrtspflege, die die Mitwirkung der Arbeiterklasse in ihrer Durchführung sicherstellt.
Förderung der internationalen Verträge und Gesetzgebung.

Kultur- und Schulpolitik

Die Sozialdemokratische Partei erstrebt die Aufhebung des Bildungsprivilegs der Besitzenden.
Erziehung, Schulung und Forschung sind öffentliche Angelegenheiten; ihre Durchführung ist durch öffentliche Mittel und Einrichtungen sicherzustellen. Unentgeltlichkeit des Unterrichts, Unentgeltlichkeit der Lehr- und Lernmittel, wirtschaftliche Versorgung der Lernenden.
Die öffentlichen Einrichtungen für Erziehung, Schulung, Bildung und Forschung sind weltlich. Jede öffentlich-rechtliche Einflußnahme von Kirche, Religions- und Weltanschauungsgemeinschaften auf diese Einrichtungen ist zu bekämpfen, Trennung von Staat und Kirche, Trennung von Schule und Kirche, weltliche Volks-, Berufs- und Hochschulen. Keine Aufwendung aus öffentlichen Mitteln für kirchliche und religiöse Zwecke.
Einheitlicher Aufbau des Schulwesens, Herstellung engster Beziehungen zwischen Werkarbeit und geistiger Arbeit auf allen Stufen.

Gemeinsame Erziehung beider Geschlechter durch beide Geschlechter.
Einheitliche Lehrerbildung auf Hochschulen.

Finanzen und Steuern

Die Sozialdemokratische Partei Deutschlands fordert eine grundlegende, umfassende Finanzreform, die auf dem Prinzip der Quellenbesteuerung und der Lastenverteilung nach der wirtschaftlichen Leistungsfähigkeit aufgebaut ist.
Insbesondere:
Weiterbildung der Einkommen-, Vermögens- und Erbschaftssteuer.
Gleichmäßige und einheitliche Steuerveranlagung mit Offenlegung der Steuerlisten. Wirksame Verfolgung der Steuerhinterziehung, insbesondere durch obligatorische Buch- und Betriebsprüfung.
Steuerfreiheit für ein soziales Existenzminimum. Stärkste Schonung des Massenverbrauchs. Beseitigung der Umsatzsteuer.
Beteiligung der öffentlichen Gewalten am Vermögen und an der Verwaltung der kapitalistischen Erwerbsunternehmungen.

Wirtschaftspolitik

Im Kampfe gegen das kapitalistische System fordert die Sozialdemokratische Partei Deutschlands:
Grund und Boden, Bodenschätze und natürliche Kraftquellen, die der Energieerzeugung dienen, sind der kapitalistischen Ausbeutung zu entziehen und in den Dienst der Gemeinschaft zu überführen.
Ausgestaltung des wirtschaftlichen Rätesystems zur Durchführung eines Mitbestimmungsrechts der Arbeiterklasse an der Organisation der Wirtschaft unter Aufrechterhaltung des engen Zusammenwirkens mit den Gewerkschaften.
Kontrolle des Reichs über die kapitalistischen Interessengemeinschaften, Kartelle und Trusts.
Förderung der Produktionssteigerung in Industrie und Landwirtschaft.

Förderung des Siedlungswesens.
Abbau des Schutzzollsystems durch langfristige Handelsverträge zur Herstellung des freien Güteraustauschs und des wirtschaftlichen Zusammenschlusses der Nationen.
Ausbau der Betriebe des Reichs, der Länder und der öffentlichen Körperschaften unter Vermeidung der Bürokratisierung.
Förderung der nicht auf Erzielung eines Profits gerichteten Genossenschaften und gemeinnützigen Unternehmungen.
Förderung des gemeinnützigen Wohnungsbaues, öffentlichrechtliche Gestaltung des Mietrechts, Bekämpfung des Bauwuchers.

Internationale Politik

Als Mitglied der Sozialistischen Arbeiter-Internationale kämpft die Sozialdemokratische Partei Deutschlands in gemeinsamen Aktionen mit den Arbeitern aller Länder gegen imperialistische und faschistische Vorstöße und für die Verwirklichung des Sozialismus.
Sie tritt mit aller Kraft jeder Verschärfung der Gegensätze zwischen den Völkern und jeder Gefährdung des Friedens entgegen.
Sie fordert die friedliche Lösung internationaler Konflikte und ihre Austragung vor obligatorischen Schiedsgerichten.
Sie tritt ein für das Selbstbestimmungsrecht der Völker und für das Recht der Minderheiten auf demokratische und nationale Selbstverwaltung.
Sie widersetzt sich der Ausbeutung der Kolonialvölker, der gewaltsamen Zerstörung ihrer Wirtschaftsformen und ihrer Kultur.
Sie verlangt die internationale Abrüstung.
Sie tritt ein für die aus wirtschaftlichen Ursachen zwingend gewordene Schaffung der europäischen Wirtschaftseinheit, für die Bildung der Vereinigten Staaten von Europa, um damit zur Interessensolidarität der Völker aller Kontinente zu gelangen.
Sie fordert die Demokratisierung des Völkerbundes und seine Ausgestaltung zu einem wirksamen Instrument der Friedenspolitik.

XVII. Prager Manifest der Sopade 1934: Kampf und Ziel des revolutionären Sozialismus/ Die Politik der Sozialdemokratischen Partei Deutschlands

Vorbemerkung des Herausgebers

Der sozialdemokratische Exilvorstand beauftragte im Herbst 1933 Friedrich Stampfer, Kurt Geyer und Erich Rinner, ein neues Programm auszuarbeiten. Deren Entwurf vom November/Dezember 1933 fand nicht die Zustimmung der Sopade-Mehrheit. Der Vorstand leitete ihn Rudolf Hilferding und Georg Decker zwecks Überarbeitung zu. Unter Verwendung der Korrektur- und Ergänzungsvorschläge Deckers konzipierte Hilferding einen Gegenentwurf, den er am 10. Januar 1934 nach Prag schickte. Der Hilferding-Text hat die in den folgenden Redaktionssitzungen erarbeitete endgültige Fassung maßgeblich geprägt. Gegen die Stimmen Siegfried Aufhäusers und Karl Böchels wurde das Manifest am 20. Januar vom Prager Vorstand verabschiedet. Der „Neue Vorwärts" und die „Sozialistische Aktion" veröffentlichten es in ihren Ausgaben vom 28. Januar 1934.

Ein Jahr lang lastet die nationalsozialistische Diktatur über Deutschland, über der Welt. Grundstürzend hat der Sieg der deutschen Gegenrevolution das Wesen und die Aufgaben der deutschen Arbeiterbewegung geändert. Der Knechtschaft und Gesetzlosigkeit preisgegeben ist das Volk im totalen faschistischen Staat. Im revolutionären Kampf die Knechtschaft durch das Recht der Freiheit, die Gesetzlosigkeit durch die Ordnung des Sozialismus zu überwinden, ist die Aufgabe der deutschen Arbeiterbewegung.

I. Die Bedingungen des revolutionären Kampfes

Im Kampf gegen die nationalsozialistische Diktatur gibt es kein Kompromiß, ist für Reformismus und Legalität keine Stätte. Die sozialdemokratische Taktik ist allein bestimmt durch das Ziel der Eroberung der Staatsmacht, ihrer Festigung und Behauptung zur Verwirklichung der sozialistischen Gesellschaft. Die Taktik bedient sich zum Sturz der Diktatur aller diesem Zweck dienenden Mittel.

Der revolutionäre Kampf erfordert die revolutionäre Organisation. Die alte Form, der alte Apparat ist nicht mehr, und Versuche zu seiner Wiederbelebung entsprechen nicht den neuen Kampfbedingungen. Neue Organisationsformen mit opferbereiten Kämpfern müssen entstehen. In der Wahl dieser Formen sind wir nicht frei. Noch legt der Gegner durch die Übermacht seiner Mittel, durch die Brutalität ihrer Anwendung, noch legt uns der Zustand der deutschen Gesellschaft selbst, die unter dem furchtbarsten Druck des ökonomischen, physischen und geistigen Terrors steht, das Gesetz des Handelns auf. Kleine Gruppen bilden sich, sie müssen in teuer erkauften Erfahrungen die Technik ihrer Arbeit erwerben — eine Elite von Revolutionären.

Wenn die Gegensätze im Innern des Faschismus, wenn die stets sich verschärfenden Klassengegensätze im Kapitalismus sich entfalten, wenn Unzufriedenheit und Enttäuschung die Massengrundlage der nationalsozialistischen Herrschaft erschüttern, wenn oppositionelle Strömungen entstehen und spontane Massenbewegungen beginnen, dann wird es zur Aufgabe der revolutionären Elite, die Gegensätze im Bewußtsein der Massen zu

vertiefen, ihre Entwicklung zu lenken, ihre Zielsetzung zu beeinflussen, die Verbindungen auszudehnen und die revolutionäre Organisation zur Massenorganisation zu erweitern.
In den Dienst der Förderung der revolutionären Organisation hat sich von Anfang an die Leitung der deutschen Sozialdemokratie im Ausland gestellt und für die Erfüllung dieser Aufgabe ihre Kräfte und Mittel eingesetzt. Der Druck des Terrors führt in Deutschland selbst zu weitgehender Dezentralisation der illegalen Arbeit. Die in Deutschland selbst unausweichliche Teilung der Arbeit kann nur in der Tätigkeit der Leitung ihre Zusammenfassung finden. Unterstützung und Förderung erhält jede Gruppe, deren revolutionärer Geist dafür bürgt, daß ihre Tätigkeit dem Sturz der nationalsozialistischen Diktatur im Rahmen der Einigkeit der Arbeiterklasse dient. Die Führung ist sich dabei bewußt, daß sie der ständigen Mitwirkung und Beratung der Leiter der illegalen Gruppen bedarf.

II. Die Ziele der Massenbewegung

Die Organisation ist das Werkzeug für den revolutionären Kampf. Welches sind seine Bedingungen, was ist sein Ziel?
Bedingungen und Ziele des Kampfes lassen sich nicht willkürlich bestimmen, sie erwachsen aus den sich zuspitzenden Gegensätzen der kapitalistischen Gesellschaft und aus den Tatsachen der nationalsozialistischen Gegenrevolution.
Wir fragen, wofür muß die Arbeiterklasse unter dem faschistischen System kämpfen, welche Kämpfe sind ihr aufgezwungen?
Der Nationalsozialismus leugnet in seiner Theorie die Klassenkämpfe, seine Praxis verschärft sie auf das grausamste. Seine Herrschaft bedeutet eine unerhörte Steigerung der sozialen Gegensätze, ein neues Erhitzen des Kessels bei gewaltsamer Verschließung aller Ventile. Die Unterdrückung aller Organisationen der Arbeiter und Angestellten, ihre völlige Entmachtung, überliefert sie der Willkür des Großkapitals, in dessen Interessen die Diktatur die Staatsmacht gestellt hat. Diese einseitige Verschiebung der Machtverhältnisse bedroht die Arbeiterschaft mit fortschreitender Verschlechterung ihrer Lebenshaltung. Die Gefahr wird gesteigert durch eine Wirtschafts-

politik, die die Kosten aller Bedürfnisse der breiten Massen erhöht, die Beschäftigung in den Exportindustrien immer mehr drosselt; sie wird vermehrt durch eine Finanzpolitik, die die Massen belastet und immer größere Teile des ihnen abgepreßten Tributs einzelnen vom Regime begünstigten Schichten zuschanzt. Das zwingt die Massen zum Kampf für die Sicherung und Hebung ihrer materiellen Existenz. Aber jede Lohnbewegung ist verboten, jeder Streik wird zur politischen Rebellion!

Aus dieser Situation wird mit Notwendigkeit die Forderung nach Wiederherstellung der Koalitionsfreiheit und der Schaffung sozialer Kampforganisationen als Vertreter der Arbeiterinteressen erwachsen. Ihre Koalitionsfreiheit ist nicht möglich ohne ihre Versammlungs-, Vereins- und Pressefreiheit. Aus den unabweisbaren Bedürfnissen der Arbeiterschaft ergibt sich so die Forderung nach politischen Rechten, entspringt der Kampf um ihre demokratische Bewegungsfreiheit.

Im Heer der Arbeitslosen wächst mit der Dauer der Arbeitslosigkeit die Rebellion gegen eine Gesellschaft, die ihnen das Recht auf Arbeit versagt, verstärkt sich ihre Forderung nach Wiedereingliederung in den Produktionsprozeß, nach einer Ordnung der Wirtschaft, die Arbeitende und Arbeitslose nicht mehr auseinanderreißt, sondern die Arbeitsmöglichkeit gleichmäßig auf alle Arbeitsfähigen verteilt. Diese Bewegung der von der Diktatur betrogenen Arbeitslosen richtet sich unmittelbar gegen die Grundlagen der kapitalistischen Gesellschaft.

Die Kämpfe um die Sicherung der Lebenshaltung der Arbeitenden und um die Wiedereingliederung der Arbeitslosen in den Produktionsprozeß mit allen Kräften zu fördern, die Front der kämpfenden Arbeiter zu verbreitern, den notwendigen inneren Zusammenhang dieser Kämpfe mit dem Ziel des Sturzes der Diktatur den Kämpfenden zum Bewußtsein zu bringen, ist eine der ersten Aufgaben der revolutionären Arbeit.

Die Wiedereroberung demokratischer Rechte wird zur Notwendigkeit, um die Arbeiterbewegung als Massenbewegung wieder möglich zu machen und den sozialistischen Befreiungskampf wieder als bewußte Bewegung der Massen selbst zu führen. Jedes demokratische Recht wird aber zur Bedrohung des Fortbestandes der Diktatur. Der Kampf um die Demokratie

erweitert sich so zum Kampf um die völlige Niederringung der nationalsozialistischen Staatsmacht.
Dieser Kampf ist nur revolutionäres Durchgangsstadium zur Eroberung der ganzen Staatsmacht. Der Sturz der Despotie wird sich, wenn nicht äußere Katastrophen ihn herbeiführen, nur in der gewaltsamen Niederringung, nur durch den Sieg im revolutionären Kampfe vollziehen. Er wird sich ergeben, wenn die Bedingungen einer objektiv revolutionären Situation ausgenützt werden von einer entschlossenen, von radikalem Kampfgeist durchseelten, von einer erfahrenen Elite geführten Partei des revolutionären Sozialismus. Er kann nur erwachsen aus der Tat der Massen selbst.

III. Die Ausübung der Macht

Diese Art der Eroberung der Macht bestimmt die Art ihrer Ausübung.
Im schweren, opferreichen, leidenschaftlichen Ringen um den Sturz der Diktatur erfüllt sich die Arbeiterbewegung mit radikalem, kompromißlosem Geist. Der politische Umschwung von 1918 vollzog sich am Abschluß einer konterrevolutionären Entwicklung, die durch den Krieg und die nationalistische Aufpeitschung der Volksmassen bedingt war. Nicht durch den organisierten, vorbereiteten, gewollten revolutionären Kampf der Arbeiterklasse, sondern durch die Niederlage auf den Schlachtfeldern wurde das kaiserliche Regime beseitigt. Die Sozialdemokratie als einzig intakt gebliebene organisierte Macht übernahm ohne Widerstand die Staatsführung, in die sie sich von vornherein mit den bürgerlichen Parteien, mit der alten Bürokratie, ja mit dem reorganisierten militärischen Apparat teilte. Daß sie den alten Staatsapparat fast unverändert übernahm, war der schwere historische Fehler, den die während des Krieges desorientierte deutsche Arbeiterbewegung beging.
Die neue Situation schließt jede Wiederholung aus. Die Niederwerfung des nationalsozialistischen Feindes durch die revolutionären Massen schafft eine starke revolutionäre Regierung, getragen von der revolutionären Massenpartei der Arbeiterschaft, die sie kontrolliert. Die erste und oberste Aufgabe dieser Regierung ist es, die Staatsmacht für die siegreiche Revolution

zu sichern, die Wurzeln jeder Widerstandsmöglichkeit auszureißen, den Staatsapparat in ein Herrschaftsinstrument der Volksmassen zu verwandeln.
Der revolutionären Regierung obliegt deshalb die sofortige Durchführung einschneidender politischer und sozialer Maßnahmen zur dauernden völligen Entmachtung des besiegten Gegners. Das erfordert:

— Einsetzung eines Revolutionstribunals.
— Aburteilung der Staatsverbrecher, ihrer Mitschuldigen und Helfer in der Politik, der Bürokratie und Justiz wegen Verfassungsbruches, Mordes und Freiheitsberaubung unter Aberkennung der staatsbürgerlichen Rechte.
— Aufhebung der Unabsetzbarkeit der Richter.
— Besetzung aller entscheidenden Stellen der Justiz durch Vertrauensmänner der revolutionären Regierung.
— Grundlegende Umgestaltung der Justiz durch Verstärkung des Laienelementes.
— Reinigung der Bürokratie, sofortige Umbesetzung aller leitenden Stellen.
— Organisierung einer zuverlässigen Militär- und Polizeimacht.
— Völlige Erneuerung des Offizierkorps.
— Aufhebung aller die Freiheit der Arbeiterschaft beschränkenden Gesetze und Verordnungen der nationalsozialistischen Despotie.
— Volle staatsbürgerliche Gleichberechtigung ohne Unterschied der Rasse und Religion.
— Trennung der Kirche vom Staat.
— Unterbindung jeder konterrevolutionären Agitation.
— Sofortiger Erlaß der notwendigen sozialen, wirtschaftlichen und finanziellen Gesetze durch die revolutionäre Regierung.

Die Zerschlagung des alten politischen Apparates muß gesichert werden gegen seine bisherigen gesellschaftlichen Träger. Das erfordert:

— Sofortige entschädigungslose Enteignung des Großgrundbesitzes, Überführung der Forsten in Reichseigentum und Reichsverwaltung, Verwendung des Ackerlandes zur Schaffung lebensfähiger Bauern-Siedlungen und genossenschaft-

licher Betriebe von Landarbeitern mit ausreichender Förderung durch Staatsmittel.
- Sofortige entschädigungslose Enteignung der Schwerindustrie.
- Übernahme der Reichsbank in den Besitz und die Verwaltung des Reiches.
- Vergesellschaftung und Übernahme der Großbanken durch die vom Reich bestimmten Leitungen.

Erst nach der Sicherung der revolutionären Macht und nach restloser Zerstörung der kapitalistisch-feudalen und politischen Machtpositionen der Gegenrevolution beginnt der Aufbau des freien Staatswesens mit der Einberufung einer Volksvertretung, gewählt nach allgemeinem, gleichem, direktem und geheimem Wahlrecht in Einzelwahlkreisen. Die erste Wahlkreiseinteilung erläßt die revolutionäre Regierung.
Die Volksvertretung wählt mit absolutem Mehr (falls notwendig unter Vornahme einer Stichwahl) den Chef der Reichsregierung, der die Reichsminister ernennt. Bis zum Zustandekommen der Wahl bleibt die Revolutionsregierung im Amt.
Das despotische System der zentralisierten Staatsallmacht wird durch die Herstellung einer echten freiheitlichen Selbstverwaltung innerhalb des gegliederten Einheitsstaates gebrochen. In den politischen Gemeinden werden für das Schul-, Wohlfahrts-, Gerichts- und Steuerwesen Selbstverwaltungskörper gebildet, denen die Beamten verantwortlich sind.

IV. Die Revolution der Wirtschaft

Aufgabe der Arbeiterschaft im neuen Staat ist die Anwendung der errungenen Staatsmacht zur Durchführung der sozialistischen Organisation der Wirtschaft. Die Vergesellschaftung der Schwerindustrie, der Banken und des Großgrundbesitzes ist kein Endpunkt, sondern nur der Ausgangspunkt für die Umwandlung der kapitalistischen in die sozialistische Gesellschaft.
Die sozialistische Wirtschaftsorganisation beseitigt die Anarchie der kapitalistischen Produktionsweise. Sie überwindet damit die Wirtschaftskrisen und die Arbeitslosigkeit. An die Stelle der planlosen kapitalistischen Wirtschaft tritt die sozia-

listische Planwirtschaft. An die Stelle des kapitalistischen Profitstrebens tritt das Streben nach Deckung eines stets sich steigernden Bedarfes. An die Stelle der regellosen Rationalisierung zur Erhöhung des Profits durch Ersparung von Arbeitskräften, an die Stelle der regellosen Aufblähung des Produktionsapparates auf Kosten des Konsums tritt die planmäßige Steigerung der Produktionskräfte, die gleichmäßige Erweiterung von Erzeugung und Verbrauch. An die Stelle des zerstörenden Kampfes der einzelnen Produktionszweige gegeneinander tritt ihre aufeinander abgestimmte Entwicklung.
Die Leitung der Umorganisation obliegt der obersten sozialistischen Planstelle. Diese dient der Lenkung der gesamten Wirtschaft. Sie hat insbesondere folgende Aufgaben:
Aufstellung eines Wirtschaftsplanes für die Entwicklung der Gesamtwirtschaft.
Schaffung einer Verwaltungsorganisation für die Verstaatlichung der Wirtschaftszweige unter Mitwirkung der Produzenten, Konsumenten und des Staates, Vorbereitung weiterer Sozialisierung kapitalistisch beherrschter Wirtschaftszweige, Regulierung der Steigerung der Erzeugung und der Anwendung des technischen Fortschrittes durch Lenkung der Kapitalanlagen und der Betriebskredite.
Regelung der Beziehungen zwischen dem vergesellschafteten Teil der Wirtschaft und der Marktwirtschaft.
Für die Vergesellschaftung und einheitliche Leitung kommen zunächst folgende Wirtschaftszweige in Betracht:
Das Kreditwesen unter Aufrechterhaltung und Förderung der Selbstverwaltung der bäuerlichen und gewerblichen Genossenschaften.
Das Versicherungswesen.
Die Schwerindustrie.
Die chemische Großindustrie.
Der Güter- und Personenmassenverkehr.
Die Kraftversorgung (Gas und Elektrizität).

V. Die Revolution der Gesellschaft

Die sozialistische Gesellschaft beseitigt das Ausbeutungseigentum des Kapitals, sie schützt das Arbeitseigentum des Bauern und des Handwerkers. Sie bedeutet ständige Steigerung der

Lebenshaltung, deshalb erleichterte Absatzmöglichkeit für die Produkte der bäuerlichen und handwerklichen Produktion. Sie befreit das Arbeitseigentum in Land und Stadt von dem Druck des agrarischen und industriellen Großbesitzes und von der Übermacht des Bankkapitals. Sie sorgt durch ihre Beherrschung des Kreditsystems für die ausreichende und billige Versorgung des Mittelstandes mit den nötigen Betriebskrediten. Sie dehnt die Alters-, Invaliden- und Krankenversorgung auf die ländlichen und städtischen Mittelschichten aus und erhöht so deren Existenzsicherheit. Die Agrarpolitik, befreit von dem übermächtigen Einfluß des Großgrundbesitzes, tritt für die Förderung und ausreichende Verwertung der Veredlungsprodukte der bäuerlichen Wirtschaft ein, sorgt durch staatliche Meliorationen für die Verbesserung ihres Grundes und Bodens und durch Schaffung eines ausreichenden Bildungswesens für die ständige Hebung der Leistungsfähigkeit.

Die Neuordnung und Kontrolle der Produktion hebt die Bedeutung der Arbeit der technischen und leitenden Angestellten. Der Betrieb bedarf auch in der sozialistischen Wirtschaft einer gegliederten qualifizierten Leitung. Die Loslösung dieser leitenden Organe aus der kapitalistischen Herrschaft, ihre Verwandlung in Funktionäre der Gemeinschaft gibt ihrer Arbeit neuen Inhalt und neue Würde.

Das Bildungsprivileg wird zerbrochen. In der Einheitsschule wird das heranwachsende Geschlecht nicht nur für den künftigen Beruf, sondern auch für die Erfüllung seiner Aufgaben in dem freien sozialistischen Gemeinwesen herangebildet. Der Aufstieg zu den höheren Lehranstalten erfolgt ausschließlich auf Grund der Eignung und Begabung ohne Rücksicht auf das Herkommen. Unterricht und Lehrmittel sind auf allen Stufen unentgeltlich.

Die sozialistische Gesellschaft stellt die Freiheit des Geistes und der Wissenschaft wieder her, sichert Kulturarbeit und Kunst vor den Eingriffen bürokratischer und kirchlicher Gewalten, gibt der Persönlichkeit ihr unveräußerliches Recht und ihre Menschenwürde wieder zurück.

Die sozialistische Neuordnung der Wirtschaft ist mehr als eine materielle Angelegenheit. Sie ist selbst Mittel zum Endziel der Verwirklichung wahrer Freiheit und Gleichheit, der Menschenwürde und voller Entfaltung der Persönlichkeit. Die Arbeit, bisher Quelle der persönlichen Bereicherung der einen und Ringen um die Fristung eines ärmlichen Lebens für die anderen, wird zum sozialen Dienst an der Mehrung des gesellschaftlichen Wohlstandes. Die Massen werden nicht mehr arbeiten, um den Monopolbesitzern der Produktionsmittel einen dürftigen Lebensraum und ein allzeit von Krisen bedrohtes Dasein abzuringen, sondern sie werden arbeiten für die Gestaltung der sozialistischen Zukunft unter glücklicheren Bedingungen zu höheren Zielen. Die planmäßige Lenkung des technischen Fortschrittes wird die Produktivität der menschlichen Arbeit gewaltig steigern. Die Ausschaltung der Krisen wird den gesellschaftlichen Wohlstand ständig vermehren. Die dadurch ermöglichte Verkürzung der Arbeitszeit, vor allem aber die Befreiung des Menschengeschlechtes von den täglichen materiellen Sorgen der Lebensfristung und der Arbeitssuche ermöglicht allen Gliedern des sozialistischen Gemeinwesens die Anteilnahme an den Schätzen der Kultur, an den Erkenntnissen der Wissenschaft und an den Genüssen der Kunst. Ein neuer Gemeinsinn, eine neue Lebensauffassung, ein neuer Wetteifer um die Entfaltung aller Fähigkeiten erwächst: die sozialistische Gesinnung, in der die neue Gesellschaft unzerstörbar verankert sein wird.

Je mehr sich der gesellschaftliche Umbau seiner Vollendung nähert, je mehr der Obrigkeitsstaat durch die Selbstverwaltung ersetzt wird, um so mehr wird der jahrhundertealte Gegensatz zwischen Staat und Gesellschaft überwunden. An die Stelle des Machtstaates, der durch Militär, Bürokratie und Justiz seine Untertanen beherrscht, tritt die Selbstverwaltung der Gesellschaft, in der jeder zur Mitwirkung an den allgemeinen Aufgaben berufen ist. An die Stelle des Führerprinzips und der Parteihierarchie, die Willkür und Verantwortungslosigkeit bedeuten, tritt die Verantwortung freier Menschen für die Erfüllung der gesellschaftlichen Aufgaben. Die Despotie wird abgelöst durch die freie Selbstbestimmung des Volkes, die Unterdrückung weicht der Gleichheit der gesellschaftlichen Rechte und Pflichten für alle Volksgenossen. Die Menschheit ist aus dem Reich der Notwendigkeit in das Reich der Freiheit getreten.

VI. Abrüstung und Kriegsgefahr

Die nationalsozialistische Diktatur hat Deutschland in Barbarei und Bestialität gestoßen, das deutsche Volk mit tiefster Schmach bedeckt. Aber die Hitlerherrschaft ist nicht nur Schande und Gefahr für Deutschland, sie bedeutet die Gewaltdrohung gegen die Freiheit und Zivilisation aller anderen Völker. Die Diktatur hat in Rassenwahn und Großmachtsucht den alldeutschen Nationalismus zur Siedehitze gesteigert. Sie vergiftet die Jugend mit militaristischem Angriffsgeist, sie setzt alle geistigen und materiellen Mittel ein für eine fieberhafte Aufrüstung. Sie propagiert offen ihre Kriegsziele: Eine neue Großraumpolitik soll Neuland für die Siedlung im Osten schaffen, soll alle „deutschstämmigen" Gebiete dem faschistischen Reich einverleiben. Aber Schlimmeres noch als territoriale Einbuße droht den Völkern von der siegreichen Diktatur: Am faschistischen deutschen Wesen soll die Welt genesen. Bedeutet ein neuer Krieg mit den unendlich vervollkommneten Zerstörungsmitteln eine Untergangsdrohung für die Zivilisation, so bedeutet ein Sieg der faschistischen Diktaturen eine Verewigung der Sklaverei und Bestialität im Innern und ihre Ausbreitung über die übrige Welt.

Die deutsche Demokratie hat die Forderung der Gleichberechtigung erhoben im Bunde mit den großen Demokratien des Westens als ein Mittel zur Organisation und Sicherung des Friedens. Die Diktatur hat diese Forderung verfälscht, um sie für ihre kriegerischen Absichten zu mißbrauchen. Sie erhebt sie, um, militärisch gestärkt, neue militärische Stärkung zu ertrotzen. Sie erhebt sie, um als starker Bundesgenosse neue Koalitionen zur Erreichung ihrer machtpolitischen Ziele bilden zu können. Die auswärtige Politik der deutschen Diktatur bedeutet ständige Bedrohung des Friedens und damit den Zwang zum Wettrüsten. Die Diktatur, die durch schamlosen Verfassungsbruch, durch Inszenierung des Reichstagsbrandes zur Macht gelangt ist, die durch frevelhaften Terror und schamlose Vergewaltigung von Recht und Gesetz die Macht behauptet, bietet erst recht keine Gewähr für die Innehaltung internationaler Verträge. Sie wird sie brechen, sobald sie den Bruch für nützlich hält.

Es ist nicht die Aufgabe der Sozialdemokratie, auf den Sturz der Despotie durch den Krieg zu hoffen. Es ist vielmehr ihre

Aufgabe, den Krieg zu verhindern. Deshalb verwirft sie alle militärischen Konzessionen an Hitlerdeutschland. Sie warnt die Arbeiterparteien aller Länder, die Gefahr des deutschen Nationalismus zu unterschätzen. Gleichberechtigung der Demokratien, aber keinerlei Aufrüstung für eine kriegslüsterne Diktatur! Diesem System keinen Mann und keinen Groschen, das ist die Parole der deutschen Sozialdemokratie, das muß die Losung der Sozialistischen Arbeiter-Internationale sein. Nicht militärische Zugeständnisse erfordert die Sicherung des Friedens und der Schutz der Freiheit der Nationen, sondern Wiederabrüstung, Entwaffnung und Auflösung der SA- und SS-Formationen.
Sollte der Krieg, den Festigkeit und wachsame Entschlossenheit der Demokratien unter dem Einfluß ihrer Arbeiterparteien heute noch verhindern können, trotzdem ausbrechen, so werden die deutschen Sozialdemokraten der Despotie in unveränderter, unversöhnlicher Feindschaft gegenüberstehen. Die Einheit und Freiheit der deutschen Nation kann nur gerettet werden durch die Überwindung des deutschen Faschismus.
Die Sozialdemokratie wird sich mit Entschiedenheit gegen jeden Versuch von außen wenden, einen kriegerischen Zusammenbruch der Despotie in Deutschland zu einer Zerstückelung Deutschlands auszunutzen. Sie wird keinen Frieden anerkennen, der zur Zerreißung Deutschlands führt und eine Hemmung seiner freiheitlichen und wirtschaftlichen Entwicklungsmöglichkeiten bedeutet.

VII. Die Einheit des revolutionären Sozialismus

Mit dem Sieg des totalen Staates ist die Frage seiner Überwindung mit grausamer Eindeutigkeit gestellt. Die Antwort lautet: totale Revolution, moralische, geistige, politische und soziale Revolution!
In diesem Kampfe wird die Sozialdemokratische Partei eine Front aller antifaschistischen Schichten anstreben. Sie wird die Bauern, die Kleingewerbetreibenden, die Kaufleute, die durch die Versprechungen der Nationalsozialisten betrogen sind, sie wird die Intellektuellen, die unter dem gegenwärtigen Regime ein bisher unvorstellbares Maß der Unterdrückung und Ent-

würdigung erleiden, zum gemeinsamen Kampf mit der Arbeiterklasse aufrufen.
Wir haben den Weg, wir haben das Ziel des Kampfes gezeigt. Die Differenzen in der Arbeiterbewegung werden vom Gegner selbst ausgelöscht. Die Gründe der Spaltung werden nichtig. Der Kampf zum Sturz der Diktatur kann nicht anders als revolutionär geführt werden. Ob Sozialdemokrat, ob Kommunist, ob Anhänger der zahlreichen Splittergruppen, der Feind der Diktatur wird im Kampf durch die Bedingungen des Kampfes selbst der gleiche sozialistische Revolutionär. Die Einigung der Arbeiterklasse wird zum Zwang, den die Geschichte selbst auferlegt.
Die Führung der deutschen Sozialdemokratie weiß sich deshalb frei von jeder sektenhaften Abschließung und ist sich ihrer Mission bewußt, die Arbeiterklasse in einer politischen Partei des revolutionären Sozialismus zu vereinigen. Wie sie die illegale Arbeit aller Gruppen, die den Kampf gegen die Diktatur und nicht gegen andere Parteien der Arbeiterklasse führen, zu unterstützen bereit ist, so öffnet sie ihre Zeitungen, Zeitschriften und Publikationen allen Diskussionen über die Probleme des revolutionären Sozialismus, der Machteroberung und Machtbehauptung in der Überzeugung, daß nur aus gemeinsamer geistiger Arbeit die Verwirklichung des einheitlichen revolutionären sozialistischen Bewußtseins der Arbeiterklasse erstehen kann. Aber sie lehnt es ab, die Selbstzerfleischung zuzulassen, die um der Frage der Ausnutzung noch nicht errungener Siege willen die Spaltung der Arbeiterklasse, den sichersten Schutz der Diktatur, verewigen will.
Die nationalsozialistischen Machthaber rühmen sich, die revolutionäre sozialistische Arbeiterbewegung vernichtet, den Freiheitsgedanken ausgerottet zu haben. Sie sind die Sieger und üben an den Unterdrückten grausame Rache. Aber je größer ihr Sieg, der Sieg der kapitalistischen Mächte, desto schwerer wird ihre künftige Niederlage sein. Die kapitalistische Entwicklung schafft selbst ihre Totengräber, und der Triumph von heute ist der Untergang von morgen.
Gegen die faschistische Barbarei führen wir den Kampf für die großen und unvergänglichen Ideen der Menschheit. Wir sind die Träger der großen geschichtlichen Entwicklung seit der Überwindung der mittelalterlichen Gebundenheit, wir sind die Erben der unvergänglichen Überlieferungen der Renaissance

und des Humanismus, der englischen und der französischen Revolution. Wir wollen nicht leben ohne Freiheit, und wir werden sie erobern, Freiheit ohne Klassenherrschaft, Freiheit bis zur völligen Aufhebung aller Ausbeutung und aller Herrschaft von Menschen über Menschen!

Das Blut der Opfer wird nicht vergebens geflossen sein!

Deutsche Arbeiter, ihr habt nur die Ketten eurer Knechtschaft zu verlieren, aber die Welt der Freiheit und des Sozialismus zu gewinnen!

Deutsche Arbeiter, einigt euch im revolutionären Kampf zur Vernichtung der nationalsozialistischen Diktatur!

Durch Freiheit zum Sozialismus, durch Sozialismus zur Freiheit!

Es lebe die deutsche revolutionäre Sozialdemokratie, es lebe die Internationale!

XVIII. Möglichkeiten und Aufgaben einer geeinten sozialistischen Partei in Deutschland, Grundgedanken eines Referates von Erich Ollenhauer in einer Mitgliederversammlung der „Union" in London 1942

Vorbemerkung des Herausgebers

Ab 1942 widmeten sich die Londoner Exilgruppen, die in der am 19. März 1941 gegründeten „Union deutscher sozialistischer Organisationen in Großbritannien" zusammenarbeiteten, mit gesteigerter Intensität der Aufgabe, solide parteipolitische Voraussetzungen für den nach Kriegsende in Angriff zu nehmenden staatlichen Wiederaufbau zu schaffen. Einem Beschluß des Exekutivkomitees der Union zufolge wurde die Diskussion zum Projekt einer sozialistischen Einheitspartei unter Ausschluß der Kommunisten am 14. Oktober 1942 eröffnet, mit einem Referat des ISK-Vertreters Willi Eichler über „Formen und Aufgaben der zukünftigen deutschen Arbeiterbewegung" vor dem erweiterten Arbeitsausschuß der Union. Die Rede, die Erich Ollenhauer am 6. Dezember 1942 vor den Unionsgruppen hielt, gab unter Berücksichtigung der bisherigen Diskussionen eine Sopade-offizielle Zusammenfassung der grundsätzlichen Programmpunkte und der praktisch-politischen Pläne, die eine für alle beteiligten Gruppen annehmbare gemeinsame Plattform bilden konnten.

Vorbemerkung

Die nachstehenden Betrachtungen über die Möglichkeiten und Aufgaben einer geeinten sozialistischen Partei in Deutschland nach dem Sturz der Hitlerdiktatur sind eine Diskussionsgrundlage.
Sie enthalten die Hauptgesichtspunkte einer Diskussion, die in mehreren Veranstaltungen der „Union deutscher sozialistischer Organisationen in Großbritannien" geführt wurde.
Im Verlauf dieser Aussprachen waren sich alle Teilnehmer einig in der Erkenntnis, daß die bisherige Zersplitterung der deutschen Arbeiterbewegung im Hinblick auf ihre schweren und großen Zukunftsaufgaben überwunden werden muß. Die sachliche und kameradschaftliche Atmosphäre, in der diese Aussprachen geführt wurden, hat eine wesentliche Voraussetzung für ein positives Resultat weiterer Einzelberatungen über die Formen und Aufgaben dieser neuen, geeinten sozialistischen Partei geschaffen.
Es ist daher der Wille aller Beteiligten, über die hier entwickelten allgemeinen Gedankengänge hinaus eine programmatische Grundlage für die Zielsetzung und die organisatorischen Formen der kommenden deutschen sozialistischen Partei zu schaffen.
Die folgenden Ausführungen werden dieser Einzelberatung zugrunde liegen. Sie sollen ferner dazu dienen, die deutsche sozialistische Emigration in anderen Ländern über den Stand und den Inhalt der bisherigen Aussprache zu informieren und sie zur Mitarbeit und zur Kritik anzuregen.

Die Rolle der Emigration

Die entscheidenden Kräfte, die die neue sozialistische Partei in Deutschland nach dem Sturz der Hitlerdiktatur tragen, ihre Ziele und ihre Formen bestimmen werden, leben in Deutschland. Der geschichtliche Prozeß, der zur Bildung der neuen Partei führen wird, wird sich in Deutschland vollziehen. Man kann daher über die Bildung der neuen sozialistischen Partei nicht durch einen organisatorischen Beschluß in der Emigration entscheiden.
Trotzdem fällt der sozialistischen Emigration in dieser Frage

eine wichtige Funktion zu. Sie hat gegenüber den Freunden im Reich den großen Vorteil, jetzt schon in viel größerer Freiheit und Unabhängigkeit die notwendigen klärenden Diskussionen über Formen und Aufgaben der neuen Partei führen zu können. Die Ausnutzung dieser Möglichkeit ist sogar die besondere politische Verpflichtung der Emigration gegenüber der Bewegung im Lande. Eine ernsthafte und sachliche Vorbereitungsarbeit in der Emigration kann die ersten Schritte der neuen Bewegung wesentlich erleichtern. Sie kann von großer, vielleicht entscheidender Bedeutung für die ersten Handlungen und für die zukünftige Zielrichtung dieser neuen Bewegung werden. Die Entwicklung des Krieges und die innere Bereitschaft in der sozialistischen Emigration zur gemeinsamen Arbeit an der Lösung der Probleme machen die Inangriffnahme dieser Arbeit notwendig und möglich.

Die Aufgaben in der Übergangszeit

Für uns Sozialisten ist die Partei das Instrument unseres politischen Kampfes zur Durchsetzung unserer sozialistischen Ziele. Formen und Aufgaben einer sozialistischen Partei werden daher bestimmt von den Bedingungen und Aufgaben des Kampfes. Es ist deshalb zunächst die Frage zu untersuchen, welche Bedingungen wir nach dem Sturz der Hitlerdiktatur in Deutschland vorfinden und vor welche Aufgaben wir gestellt sein werden.

Es ist unsere gemeinsame Überzeugung, daß der Sturz der Hitlerdiktatur die Folge eines eindeutigen militärischen Sieges der Alliierten und einer revolutionären Erhebung der antifaschistischen Kräfte in Deutschland selbst sein wird. Wir gehen bei unseren Überlegungen weiter von der Annahme aus, daß die militärischen Sieger, abgesehen von den von ihnen als notwendig erachteten Sicherungsmaßnahmen gegen eine Wiederholung einer deutschen Aggression, die Entwicklung und die Tätigkeit einer freien sozialistischen Arbeiterbewegung in Deutschland als eine der wesentlichsten inneren Garantien für eine demokratische und friedliche Entwicklung des neuen Deutschland ermöglichen.

Auch in diesem Fall werden wir in Deutschland vor einer außergewöhnlichen und außerordentlich schwierigen Situation stehen. Sie wird in keiner Weise der des Jahres 1918 gleichen. Damals konnte das alte kaiserliche Deutschland abgelöst werden durch eine Opposition, die auch während des Krieges ihre Organisationen, ihre parlamentarischen Vertretungen und ihre Presse hatte. Diesmal gibt es in Deutschland keine derartige organisierte Alternative. Zehn oder vielleicht sogar zwölf Jahre totaler Diktatur haben die alten organisatorischen Formen der Arbeiterbewegung restlos zerstört, ihre Anhängerschaft atomisiert, ihre geschulten Kräfte dezimiert.

In dieser Lage wird die neue Bewegung vor einem Umbruch von ganz anderen Dimensionen stehen als im Jahre 1918. Der totalen Diktatur wird ein totaler Zusammenbruch, dem totalen Krieg die totale Niederlage mit allen ihren weitreichenden Folgen für das deutsche Volk folgen. Auf der anderen Seite werden Umfang und Inhalt der Maßnahmen in dieser Übergangszeit von entscheidender Bedeutung für die Zukunft des deutschen Volkes und der deutschen Arbeiterbewegung sein.

Das Programm der neuen Partei für die Übergangszeit muß daher Maßnahmen prinzipieller Natur zur dauernden Sicherung der neuen deutschen Demokratie enthalten. Diese Maßnahmen dürfen sich nicht beschränken auf die Vernichtung und Unschädlichmachung der Träger des Nazisystems. Diese notwendige Abrechnung mit den Schuldigen wird sich außerdem ohne programmatische Ankündigung als die selbstverständliche und unabwendbare Folge des Zusammenbruchs der Diktatur vollziehen. Es dürften dabei alle die auf ihre Rechnung kommen, denen die Revolution von 1918 zu unblutig war.

Das wesentliche Ziel der neuen Partei in dieser revolutionären Übergangsperiode muß vielmehr ein tiefer Eingriff in die alte gesellschaftliche Ordnung sein. Zur dauernden Sicherung der neuen deutschen Demokratie, ihres sozialen Charakters und ihrer friedlichen Außenpolitik muß dem Großgrundbesitz, der Schwerindustrie und der Hochfinanz, der nazistisch-reaktionären Bürokratie und dem Militarismus die Verfügungsgewalt über Produktion und Staatsapparat für dauernd entzogen werden.

Diese Maßnahme muß sofort, kraft revolutionären Rechts, erfolgen, und die erste dringende Aufgabe einer Vorbereitung des Aktionsprogrammes der neuen Partei in der Übergangszeit muß es sein, konkrete Vorschläge für die Verwirklichung dieses Prinzips auszuarbeiten. Die Art der Enteignung, die Art

der zukünftigen Verfügungsgewalt, die Grundsätze der neuen Staatsverwaltung müssen konkret bestimmt werden.
Eine zweite dringende Aufgabe ist der engste Kontakt und der Gedankenaustausch mit den Vertretern der sozialistischen Bewegung in den anderen europäischen Ländern. Die engste praktische Verbindung mit der sozialistischen Arbeiterbewegung außerhalb Deutschlands wird eine Lebensnotwendigkeit für die neue Bewegung und für das neue Deutschland sein.
Schon heute liegen genügend Anzeichen dafür vor, daß es innerhalb und außerhalb Deutschlands einflußreiche Kräfte gibt, die entgegen dem Willen der Sozialisten und Demokraten aus Sorge um die Existenz ihrer bisherigen gesellschaftlichen Machtstellung die deutsche Aggression nach dem Motto bekämpfen möchten: Wascht den Pelz, aber macht ihn nicht naß.

Die organisatorische Aufgabe in der Übergangszeit

In dieser Übergangszeit muß auch der organisatorische Aufbau der neuen Partei erfolgen. Eine Anknüpfungsmöglichkeit an die alte Organisation besteht nicht mehr. Wir werden vielmehr einer Vielzahl und Vielfalt von örtlich oder gar betrieblich begrenzten Widerstandszentren oder traditionell gebundenen Gruppen gegenüberstehen. Diese Kräfte werden weder einheitlich geführt noch organisatorisch zentral zusammengefaßt sein.
In jedem Fall werden wir es aber mit aktiven, erprobten und zuverlässigen Gruppen und Menschen zu tun haben, die die Keimzellen und den Organisationskern der neuen Partei bilden werden.
Das erste praktische Problem ist, daß wir uns sobald wie möglich — selbstverständlich intern — auf Grund unserer Erfahrungen und Personalkenntnisse eine Übersicht über diese Kräfte verschaffen. In der Hitlerdiktatur erprobte Vertrauensleute in großen Betrieben, bewährte Funktionäre und Mitglieder in den einzelnen Orten oder in den Wohnbezirken der Großstädte werden in der ersten Zeit gleichzeitig das organisatorische Zentrum der neuen Bewegung und ihre Vertrauensleute oder Kommissare gegenüber der öffentlichen Verwaltung sein müssen. Oft — vor allem in kleinen Orten — wird in den ersten Tagen ein Mann, bewährt in seiner Gesinnungs-

treue und daher anerkannt von den Arbeitern und den demokratischen Elementen der Bevölkerung, das Zentrum der neuen Partei sein müssen.
Die Ausarbeitung einer Übersicht, an welchen Orten und in welchen wichtigen Zentren, betrieblich oder wohnbezirklich, wir mit Sicherheit mit solchen Vertrauensleuten rechnen können, wird für die Lösung der ersten organisatorischen und politischen Aufgaben von der größten praktischen Bedeutung sein. Andere vordringliche Fragen müssen untersucht werden: der provisorische örtliche und bezirkliche Aufbau der Partei, die Schaffung einer provisorischen Reichsleitung und die Wiederherausgabe einer freien sozialistischen Presse.
Eine andere wichtige Aufgabe wird die Klarstellung der Funktionen der Vertrauensleute der Partei im Hinblick auf die Aufrechterhaltung der lebenswichtigen Betriebe (Lebensmittelversorgung, Kraftversorgung, Verkehr, Fürsorgeeinrichtungen) sein. Richtung und Inhalt der neuen Entwicklung in Deutschland, soweit sie von den innerdeutschen Kräften abhängen wird, werden in hohem Maße davon bestimmt werden, daß der Wille der neuen sozialistischen Bewegung an allen entscheidenden Punkten des öffentlichen Lebens schnell und wirksam durch die Vertrauensleute der Bewegung zur Geltung gebracht wird.
Die Bedingungen und die Aufgaben, die sich unmittelbar nach dem Sturz des Hitlerregimes ergeben werden, werden es mit sich bringen, daß die neue Bewegung weder nach der Zusammensetzung ihres Kerns noch hinsichtlich der vordringlich zu lösenden Aufgaben immer streng unterscheiden kann zwischen rein politischen und rein gewerkschaftlichen Aufgaben. Es muß aber ihr Ziel sein, sobald wie möglich aus dem Kern sowohl die neue Gewerkschaftsbewegung als auch die neue Partei zu entwickeln.

Das Aktionsprogramm der neuen Partei

Alle organisatorischen und politischen Maßnahmen der neu entstehenden sozialistischen Partei müssen unter einheitlichen Gesichtspunkten in Angriff genommen werden, die in ihren Grundzügen in der Form eines Aktionsprogramms schon jetzt entwickelt werden müssen.
Wir haben bisher nur von der Notwendigkeit gesprochen, im

Zuge einer revolutionären innerdeutschen Entwicklung die wirtschaftlichen und sozialen Triebkräfte des deutschen Faschismus und des deutschen Militarismus durch einschneidende Eingriffe in die alte gesellschaftliche Ordnung zu zerstören. Sie müssen Teil eines Programms sein, das die neue sozialistische Partei zur führenden politischen Kraft werden läßt und das die Mittel und Wege zeigt, den Versuch von 1918 mit Erfolg und Bestand zu erneuern und weiterzuführen.

Dabei müssen wir von der Erkenntnis ausgehen, daß programmatische Formulierungen allgemeiner Art und allgemeine Bekenntnisse zum Sozialismus nicht mehr ausreichen werden. Wir müssen auf konkrete Fragen konkrete Antworten, sachlich und eindeutig, geben.

Die neue Partei muß festhalten an unseren grundsätzlichen Vorstellungen über den freiheitlichen und demokratischen Charakter einer sozialistischen Partei. Sie haben durch die Ereignisse eine neue Rechtfertigung erfahren.

Die Hitlerdiktatur, die sich das Ziel gesetzt hatte, den Freiheitswillen der Menschen zu vernichten, hat das Verlangen nach persönlicher Freiheit und sozialer Sicherheit, nach Recht und Frieden mit neuer elementarer Kraft erfüllt. Dieses Verlangen wird heute von weiten Kreisen des Volkes über die Arbeiterschaft hinaus geteilt. In dieser Entwicklung liegt die große Chance der neuen Partei. Durch ihre Zielsetzung und durch ihr praktisches Handeln muß sie sich zur Führerin dieser Bewegung machen.

Hinter dem Schlagwort von der „antikapitalistischen Sehnsucht" breiter Volksschichten steckt mehr als ein erfolgreicher Propagandatrick der Nazis.

Die Erkenntnis, daß die alte kapitalistische Wirtschaftsordnung nicht in der Lage ist, den Menschen Sicherheit der Existenz und Schutz vor den Wechselfällen des Lebens zu geben, hat in der Weltwirtschaftskrise von 1930 bis 1934 große Fortschritte gemacht. Unter der Hitlerdiktatur hat sich der Scheinsozialismus der Nazis als Betrug erwiesen. Sie hat vor allem das Problem der neu proletarisierten Mittelschichten, die Schaffung einer neuen Existenzsicherheit, nicht gelöst. Die alte Forderung der sozialistischen Arbeiterbewegung nach einer Ablösung der kapitalistischen Ordnung durch eine durch das Interesse der Allgemeinheit bestimmte neue Ordnung wird daher auch die Unterstützung dieser Mittelschichten finden.

Die von uns geforderten Eingriffe in die bisherige gesellschaftliche Ordnung, die Aufhebung der Verfügungsgewalt der Schwerindustrie, der Hochfinanz und des Großgrundbesitzes über Produktion und Staatsverwaltung, sind daher nicht nur eine lebensnotwendige politische Maßnahme zur Sicherung der neuen deutschen Demokratie, sie sind gleichzeitig der Ausgangspunkt für eine Ordnung der sozialen Sicherheit für alle.

Die erste dringende Aufgabe der neuen Demokratie wird die Umstellung der deutschen Wirtschaft auf eine reine Bedarfs- und Friedenswirtschaft sein.

Es ist damit zu rechnen, daß dem neuen deutschen Staat nach dem Sturz der Hitlerdiktatur Maßnahmen in dieser Richtung von den Alliierten als Sicherungen gegen eine neue deutsche Aggression auferlegt werden.

Die absolute und vollständige Umstellung der heutigen deutschen Kriegswirtschaft auf eine Bedarfs- und Friedenswirtschaft unter Führung und Planung durch den demokratischen Staat entspricht aber unabhängig von diesen außenpolitischen Eingriffen einem lebenswichtigen Interesse der neuen deutschen Demokratie.

Der Eingriff in die bisherigen Besitzverhältnisse wird dem neuen Staat eine gerechte Verteilung des Arbeitsertrags zugunsten der Arbeitenden und Unbemittelten und den Aufbau einer Sozialfürsorge ermöglichen, die auch den wirtschaftlich gefährdeten Mittelschichten eine größere Existenzsicherheit verschafft.

Es wird die Aufgabe von Einzelberatungen sein, die Vorstellungen über diese neue wirtschaftliche und soziale Ordnung im einzelnen zu entwickeln.

Die neue Partei muß nicht nur auf wirtschaftlichem Gebiet in ihrer praktischen Politik über die Politik der Arbeiterbewegung zwischen 1918 und 1933 hinausgehen, sie muß diesen Schritt nach vorwärts auch auf politischem Gebiet tun.

Auch auf politischem Gebiet ist der Angriff der Hitlerdiktatur auf die alten Vorstellungen, die auch die sozialistische Arbeiterbewegung getragen haben, die Vorstellungen, daß sich der Fortschritt der Menschheit nur auf dem Boden eines demokratischen Rechtsstaates dauerhaft und beständig entwikkeln kann, gescheitert.

Die totale Diktatur hat dem Verlangen nach Recht, Gesetzlichkeit und Schutz der Persönlichkeit vor Willkür und Gewalt neue

Impulse gegeben. Neben dem Verlangen nach sozialer Sicherheit ist das Verlangen nach Freiheit und Rechtssicherheit die stärkste Triebkraft aller oppositionellen Regungen gegen das Naziregime. Sie wird nach dem Sturz der Hitlerdiktatur ihre Erfüllung suchen.

Wir dürfen die Hoffnung hegen, daß die Kraft, die das Böse wollte, das Gute schafft, das heißt, daß nach dem bitteren Experiment der totalen Diktatur breite Schichten des deutschen Volkes den Wert eines freiheitlichen Regimes und eines Rechtsstaates besser zu schätzen wissen als in der Zeit nach der Novemberrevolution von 1918. Eine sozialistische Partei, die die Schaffung eines Rechtsstaates auf dem Boden einer freiheitlichen Demokratie in Angriff nimmt, wird daher auch auf diesem Gebiet auf die Zustimmung und die Unterstützung von Volksschichten über die Arbeiterschaft hinaus rechnen können.

Diese Möglichkeiten entheben uns nicht der Verpflichtung, aus unseren Erfahrungen in der demokratischen Periode von 1918 bis 1933 unsere Schlüsse zu ziehen und nach Mitteln und Wegen zu suchen, um die Fehler von damals und die schließliche Vernichtung der Demokratie zu vermeiden.

Auch wenn wir die Existenz der neuen deutschen Republik durch einschneidende Änderungen in der wirtschaftlichen Struktur stärker unterbauen, als es 1918 geschah, so sind damit nicht alle politischen Gefahren für die neue Demokratie gebannt. Der deutsche Nationalismus wird selbst nach der Niederlage der Hitlerdiktatur als ideologische und politische Kraft fortbestehen, und er wird den Kampf um die Macht nicht aufgeben.

Die neue deutsche Demokratie muß von Anfang an eine eindeutige Kampfstellung gegen diesen Nationalismus beziehen, die neue deutsche Demokratie muß eine kämpferische Demokratie sein.

Die neue Partei muß auch alle die Erfahrungen und Beobachtungen in ihre Betrachtungen und Entscheidungen über ihre Politik in der neuen Demokratie einbeziehen, die in anderen demokratischen Ländern Europas in den letzten zwanzig Jahren gemacht wurden.

In allen demokratischen Ländern, selbst in den klassischen Ländern demokratischer Selbstverwaltung, haben sich im Laufe der letzten zwei Jahrzehnte Entwicklungen vollzogen und vollziehen sich weiter, die die Formen demokratischer Selbstver-

waltung und demokratischer Staatsführung weitgehend verändert haben und noch verändern werden.
Für die neue deutsche Demokratie und für alle Demokratien, die sich mehr und mehr zu sozialen Demokratien mit weitgehenden Eingriffen des Staates in das Wirtschaftsleben und mit planmäßiger Gestaltung des wirtschaftlichen und sozialen Lebens durch den Staat entwickeln, ergeben sich zahlreiche neue und schwerwiegende Probleme aus der Notwendigkeit, einen Ausgleich staatlich dirigierter Planung, wachsender bürokratischer Verwaltung und der politischen und persönlichen Freiheit des einzelnen Staatsbürgers zu finden.
In Deutschland wird die neue Partei als die entscheidende Trägerin eines wirklichen demokratischen Volkswillens zunächst vor der dringenden Aufgabe der politischen Sicherung der neuen Demokratie gegen ihre innerpolitischen Gegner stehen. Sie kann und darf den Feinden der Demokratie, den prinzipiellen Gegnern einer demokratischen Selbstverwaltung des Volkes, nicht wieder die Möglichkeit geben, mit den Mitteln der Demokratie die Demokratie zu untergraben.
Für eine absehbare Zeit können und dürfen z. B. die aktiven Träger des Naziregimes nicht in den Genuß staatsbürgerlicher Rechte der Demokratie kommen.
Die neue Demokratie muß den Mut haben, diesen Feinden der Demokratie die demokratischen Rechte zu verweigern. Die praktische Aufgabe der Einzelberatung muß es sein, den Ausgleich zwischen dieser Maßnahme und der Lebensmöglichkeit einer für eine lebendige Demokratie lebensnotwendigen Opposition auf dem Boden der demokratischen Ordnung zu finden.
Mit dem Übergang vom faschistischen zum demokratischen System wird der Weg für die Eingliederung des deutschen Volkes in die Gemeinschaft der europäischen demokratischen Völker wieder frei, aber gleichzeitig wird diese neue deutsche Demokratie auch wieder in die Problematik moderner demokratischer Staatsführung einbezogen.
Sie hat sich in dem Jahrzehnt seit 1933 weiter kompliziert, nachdem der Einfluß und das Aufgabengebiet des Staates durch den Ausbau staatlicher Wirtschafts- und Sozialpolitik ständig im schnellen Wachstum begriffen sind.
Angesichts dieser Entwicklung stehen alle Demokratien vor der Aufgabe, eine neue Einheit zu finden zwischen der Notwendigkeit einer starken Führung, die auf lange Sicht planen kann,

und der Notwendigkeit der Schaffung eines lebendigen demokratischen Bewußtseins im Volke.

Die neue deutsche Demokratie wird versuchen müssen, in erster Linie ein lebendiges demokratisches Bewußtsein im Volke zu entwickeln und zu erhalten. Der Kontakt zwischen dem Wähler und dem Gewählten muß enger gestaltet werden, als es in der Weimarer Republik der Fall war. Das frühere Listensystem hat in hohem Maße die Entfremdung zwischen den Volksvertretern und den Wählern gefördert. Bei Aufrechterhaltung des Prinzips des allgemeinen und gleichen Wahlrechts für alle Staatsbürger ohne Rücksicht auf Geschlecht, Rasse oder soziale Stellung muß der Wähler die Möglichkeit erhalten, eine Persönlichkeit und nicht nur eine Liste zu wählen.

Der unmittelbare Anteil des Volkes an der Verwaltung seiner Geschicke muß durch einen Ausbau der Selbstverwaltung, vor allem in den unteren kommunalen Gliederungen, gesteigert werden. Die Heranziehung breitester Volksschichten zur praktischen Mitarbeit wird auch eines der wesentlichen Erziehungsmittel der neuen Demokratie zu demokratischer Haltung und zur Beherrschung der Technik der politischen Verwaltung sein müssen.

Das Parlament, gestützt auf den direkten und ständigen Kontakt mit den Wählern, wird in der neuen Demokratie wieder zur vollen Ausübung seiner Grundrechte kommen. Die Grundlinien der Innen- und Außenpolitik unterliegen der Entscheidung des Parlaments. Die Entscheidung über Krieg und Frieden, die Budgetfeststellung und die Budgetkontrolle sind das ausschließliche Recht des Parlaments.

Dagegen wird die neue Demokratie sich gegen eine Wiederholung der Auflösungserscheinungen des Weimarer Parlaments schützen müssen. Dazu gehören Sicherungen gegen die Parteizersplitterung, die schließlich zur Entstehung einer Vielzahl von Splittergruppen im Weimarer Parlament geführt hat. Dazu gehört auch eine neue Abgrenzung der Rechte der Regierung und des Parlaments. Die Regierung bedarf zu ihrer Amtsführung der Zustimmung der Mehrheit des Parlaments, aber die Entziehung des Vertrauens muß gebunden sein an eine prinzipielle Entscheidung über die Politik der Regierung.

Die neue Demokratie muß der Erziehung eine bedeutsamere Stellung einräumen. Die Anforderungen an die in der öffentlichen Erziehung tätigen Personen müssen dem gleichen strengen Maßstab für die zuverlässige demokratische und soziale Gesinnung unterliegen, die für alle anderen Funktionäre des Staates bindend sein werden. Die Erziehung ist eine öffentliche Angelegenheit, ihre Grundlagen müssen eindeutig demokratisch und sozial sein. Das Erziehungsziel muß mit bewußter Unterstreichung des prinzipiellen Gegensatzes zu der nazistischen und nationalistischen Zielsetzung der Vergangenheit auf die Erweckung einer sozialen, humanen und friedlichen Gesinnung gerichtet sein.

Die neue Demokratie muß sich aus eigenem Entschluß, als Ausfluß ihrer neuen geistigen und politischen Haltung, zu einer eindeutigen friedlichen Außenpolitik bekennen. Sie muß den Krieg und die Anwendung von Gewalt oder die Drohung mit der Gewalt als Mittel ihrer auswärtigen Politik grundsätzlich ablehnen. Das schließt ein die radikale und bedingungslose Vernichtung des deutschen Militarismus als Organisation und als Ideologie.

Friedens- und Verständigungspolitik müssen eine der wesentlichen Grundlagen der öffentlichen Erziehung der Jugend und der öffentlichen Meinungsbildung, insbesondere im Rundfunk und Film, bilden.

Alle diese Bemerkungen sind nicht mehr als eine Zusammenfassung der Hauptgesichtspunkte der Politik der neuen sozialistischen Partei, die gleichermaßen getragen sein muß von der Entschlossenheit, die neue demokratische Ordnung zu sichern, daß sie sich gegenüber neuen nationalistischen und reaktionären Angriffen behaupten kann, und von dem Willen, auf ihrem Boden planmäßig und zielbewußt die Elemente einer sozialistischen Ordnung, des obersten Zieles der Politik der Partei, zu entwickeln.

Wesen und Form der neuen Partei

Über die Betrachtung über die Aufgaben der Partei hinaus ist noch eine Untersuchung über Wesen und Form der neuen Partei selbst notwendig. Auch hier müssen wir die Erfahrungen und Erkenntnisse der Zeit vor und während der Hitlerdiktatur in Betracht ziehen.

Es liegt im Wesen einer demokratisch und freiheitlich orientier-

ten sozialistischen Partei, daß sie ständig danach streben muß, immer neue Schichten der Bevölkerung für ihre Ansichten und Aufgaben zu gewinnen und sie von der Richtigkeit ihrer Vorstellungen und Zielsetzungen zu überzeugen.
Im Prinzip muß daher die neue Partei jedem offen stehen, der sich mit ihren Zielen und ihrer Politik verbunden fühlt und bereit ist, für ihre Erfüllung zu wirken. Auf der anderen Seite stellen die wachsenden Aufgaben, die im Zuge der Durchsetzung immer größerer Teile unserer Forderungen entstehen, immer größere Anforderungen an die Kenntnis und die Einsatzbereitschaft jedes einzelnen Mitgliedes.
Auch in der Partei wird daher die Erziehung im weitesten Sinne des Wortes, die innere Verpflichtung des einzelnen für die Aufgabe, von wachsender Bedeutung sein.
Das Gewicht der Zahl der Anhänger muß verstärkt werden durch die Kraft entwickelter Persönlichkeiten.
Die Partei wird auch aus einem anderen Grunde für die Vertiefung ihres inneren geistigen Lebens wirken müssen.
Die Einsicht in die Notwendigkeit der Änderung der gegenwärtigen gesellschaftlichen Ordnung wird heute von allen einsichtigen und denkenden Menschen geteilt. Die neue Partei muß bereit sein, ohne doktrinäre Enge, die Führung dieser Kräfte im Volke zu übernehmen und sich zum Zentrum des Kampfes für eine gerechte und soziale Ordnung für alle Volksschichten zu entwickeln. Sie kann es nur werden, wenn sie gegenüber weltanschaulichen, religiösen oder anderen philosophischen Motivierungen einer fortschrittlichen sozialen Einstellung des einzelnen tolerant ist.
Die notwendige Einheitlichkeit der politischen Aktion muß in der Partei mit Hilfe einer starken Parteidemokratie erarbeitet werden.
Das Problem der Parteidemokratie muß auch noch unter einem anderen Gesichtspunkt untersucht werden. Die neue Partei bedarf zu ihrer Verwaltung und zur Erfüllung der praktischen politischen Aufgaben einer Bürokratie. Diese Bürokratie wird wachsen in dem Maße, wie die Partei als entscheidender Träger des Volkswillens in die Verwaltung der Gesellschaft eingreift. Sie wird sich weiter spezialisieren, und damit werden auch in ihr alle Tendenzen der Mechanisierung und der Entpersönlichung wirken, die heute in jeder modernen Demokratie zu finden sind. Das praktische Problem ist, einen Ausgleich

der Spannung zwischen der politischen Führung der Partei, der Mitgliederschaft und der Parteibürokratie zu finden.
Im Prinzip wird man dabei von der Auffassung ausgehen müssen, daß die organisatorischen Leiter und die fachlichen Mitarbeiter der Partei nicht identisch sein müssen mit der politischen Führung der Partei, sowohl in der zentralen Körperschaft wie in den verschiedensten Untergliederungen der Partei.

Das Verhältnis zu den Kommunisten

Die neue Partei muß sich schließlich mit ihrem Verhältnis zu den Kommunisten auseinandersetzen.
Selbstverständlich muß sie das Ziel verfolgen, das Unglück der Spaltung der Arbeiterschaft endgültig zu überwinden.
Im Prinzip wird die Frage der alten Parteizugehörigkeit bei dem Aufbau der neuen Partei keine Rolle spielen. In der Illegalität haben viele frühere Kommunisten ihre Überzeugungstreue und ihre Zuverlässigkeit ebenso unter Beweis gestellt wie die früheren Sozialisten.
Die gemeinsame Gefahr hat auch vor allem in den örtlichen und betrieblichen Einheiten der illegalen Bewegung Ansätze für ein neues Vertrauensverhältnis zwischen solchen früheren Kommunisten und Sozialisten geschaffen. Nur ein Teil der früheren Kommunisten war von den Sozialisten durch wirkliche prinzipielle Gegensätze getrennt, bei vielen gab das Bedürfnis nach einer „radikaleren", entschlosseneren Politik den Ausschlag für die Orientierung zu der Partei „links von den Sozialdemokraten".
Viele dieser Kommunisten werden einem konstruktiven sozialistischen Programm der neuen sozialistischen Partei aus innerster Überzeugung zustimmen, und eine aktive Politik der neuen Partei kann viele Ursachen für die Existenz einer selbständigen Arbeiterpartei links von den Sozialisten aufheben. Eine solche Entwicklung zur Einheit soll die neue Partei bewußt und freudig fördern.
Dagegen darf man die Augen nicht vor der Tatsache verschließen, daß damit die Frage des Verhältnisses zu der KPD als Organisation nicht gelöst ist.
Die Spaltung zwischen Sozialisten und Kommunisten nach

dem letzten Krieg in allen Ländern der Welt hat tiefere Ursachen, die zum Teil noch heute fortbestehen und die auch die neue sozialistische Partei nicht auf dem Wege eines Kompromisses oder einer neuen eigenen Orientierung zu lösen vermag. Diese Ursachen liegen nicht in erster Linie in den Unterschieden der Form und der Methoden des politischen Kampfes um den Sozialismus.

Die neue sozialistische Partei im besonderen wird sich bewußt sein, daß vor allem in der Übergangszeit nach dem Sturz der Diktatur die Grundlagen der neuen Ordnung nicht auf demokratisch-parlamentarischem Weg im alten Sinne durchgesetzt werden können und daß die Notwendigkeit der Sicherung der Demokratie die Gewährung der staatsbürgerlichen Rechte unterschiedslos für alle Staatsbürger in der Übergangszeit ausschließt.

Darüber hinaus und in ihrem Wesen will aber die neue sozialistische Partei die Partei eines freiheitlich-demokratischen Sozialismus sein. Für sie ist daher die innere Parteidemokratie die entscheidende Grundlage ihres Organisationslebens.

Die kommunistischen Parteien sind dagegen auf organisatorischen Prinzipien begründet, die im unvereinbaren Gegensatz zu unseren Vorstellungen stehen.

Die kommunistischen Parteien kennen keine Parteidemokratie. Die Entscheidung über die Politik der Partei fällt in der KPD nicht in der Meinungs- und Willensbildung durch die Mitgliederschaft der Partei. Sie fällt in der Parteiführung, die in den einzelnen Landessektionen wiederum abhängig ist von den Entscheidungen der Komintern, einem Instrument, das von der russischen Kommunistischen Partei dirigiert wird, deren Entscheidungen allein der Kontrolle der russischen Diktatur unterliegen.

Die KPD hat heute die rein kommunistische Propaganda zugunsten einer demokratischen und allgemein antifaschistischen Propaganda zurückgestellt, aber diese Änderung ist bis jetzt nur eine rein taktische, denn am inneren Aufbau der KPD und der Komintern hat sich nichts geändert.

Solange die neue sozialistische Partei an ihren Prinzipien eines freiheitlichen Sozialismus festhält und solange die KPD sich nicht zu einer unabhängigen deutschen Arbeiterpartei entwikkelt, bedeutet eine organisatorische Verschmelzung der Sozialisten und Kommunisten in einer Partei die Unterstellung die-

ser vereinten Partei unter den direkten Einfluß der Prinzipien und der Politik der Komintern.
Die neue Partei würde vom ersten Augenblick ihrer Existenz an der Möglichkeit einer freien Meinungs- und Willensbildung beraubt sein, weil ein Teil ihrer Mitglieder von Weisungen abhängig sein würde, die völlig außerhalb der Kontrolle und Einwirkungsmöglichkeiten der Partei liegen.
Die innere Organisation der KPD als einer Sektion der Komintern schließt eine Lösung des Problems auf nationaler Basis aus. Es sei dahingestellt, ob eine Lösung zur Zeit überhaupt möglich ist.
Auf jeden Fall ist sie nur möglich auf internationaler Basis, auf dem Wege von Verhandlungen zwischen der Repräsentation der internationalen sozialistischen Arbeiterbewegung und der Komintern.

Die neue Sozialistische Arbeiter-Internationale

Der wichtigste Schritt zur Sammlung aller Kräfte für eine aktive sozialistische Politik ist daher zunächst die Vereinigung der verschiedenen Gruppierungen im sozialistischen Lager und die schnellste Wiederherstellung der Sozialistischen Arbeiter-Internationale (SAI). Dabei gehen wir von der Überzeugung aus, daß auch die SAI über ihre alte Form hinaus entwickelt werden muß.
Unter Aufrechterhaltung des Grundsatzes, daß sie der freiwillige Zusammenschluß freier sozialistischer Parteien sein muß, muß sie sich zu einem Aktionszentrum praktischer internationaler Politik entwickeln.
Auch die sozialistischen Parteien müssen bereit sein, Teile ihrer Selbständigkeit zugunsten frei gefaßter Beschlüsse in der Internationale aufzugeben und solche internationalen Beschlüsse als bindend für die eigene Politik zu betrachten.
In einem Europa, das eine übernationale Politik anstrebt und durchführt, muß es auch eine gemeinsame praktische europäische Politik der sozialistischen Arbeiterbewegung geben.

Schlußbemerkungen

Es sei noch einmal unterstrichen, daß dieses Referat eine erste Zusammenfassung der wesentlichen Grundgedanken ist, die bisher in den vorbereitenden Aussprachen aufgetaucht sind.
Viele Einzelheiten müssen noch erarbeitet werden, und nicht in allen Fragen besteht volle Übereinstimmung. Aus dem bisherigen Verlauf der Diskussion kann man jedoch die Hoffnung schöpfen, daß das Gemeinsame stark genug ist, um mit Erfolg den Versuch zu unternehmen, das Aktionsprogramm und die politischen und organisatorischen Grundlagen der neuen Partei zu erarbeiten und dadurch einen wichtigen Beitrag der deutschen sozialistischen Emigration zu den schweren Aufgaben der deutschen Arbeiterbewegung in der Zukunft zu leisten.

XIX. Kurt Schumacher: Politische Richtlinien für die SPD in ihrem Verhältnis zu den anderen politischen Faktoren, 1945

Vorbemerkung des Herausgebers

Schon während der ersten Monate nach der alliierten Besetzung wurden in der britischen und amerikanischen Zone die sozialdemokratischen Bezirksorganisationen wiederaufgebaut. Bis Sommer 1945 schuf das Hannoveraner „Büro Dr. Schumacher" Verbindungen zu den südwestdeutschen, westdeutschen und norddeutschen Parteigruppen. 14 von 19 Bezirksorganisationen erteilten Schumacher am 20. August 1945 ein Mandat zur Vorbereitung einer Tagung von Vertretern der Westzonen-SPD. Angesichts der drängenden Aufgabe politischer wie organisatorischer Koordination und Konzentration schien es ratsam zu sein, den leitenden Funktionären an der lokal-regionalen Basis möglichst bald Richtlinien zukommen zu lassen. Das Manuskript der „Politischen Richtlinien" wurde in der zweiten Augusthälfte abgeschlossen. Am 28. August sandte Schumacher die Richtlinien an die Bezirke, mit einer Einladung zur Hannoveraner „Reichskonferenz" vom 5. bis 7. Oktober.

Diese Richtlinien sind nur für den Gebrauch der führenden Funktionäre gedacht. Sie enthalten keinerlei Geheimnisse, aber die Sozialdemokratische Partei hat keine Veranlassung, die Diskussion darüber von sich aus den anderen politischen Richtungen aufzuzwingen.

Das Ziel: Sozialismus und Demokratie!

Aus dem Klassencharakter des Nazismus ergibt sich zu seiner Überwindung als Konsequenz: der Sozialismus. Die Voraussetzung ist die völlige Zerbrechung der finanzkapitalistischen, imperialistischen und militärischen Linie. Die Arbeit kann sich nicht im Negativen erschöpfen. Das positive Ziel und einzige ausreichende Sicherung gegen die Wiederkehr solch volkszerstörender und weltgefährdender Kräfte ist die Änderung der ökonomischen und gesellschaftspsychologischen Voraussetzungen der deutschen Politik.
Als geistige und politische Grundlage steht neben dem Sozialismus und völlig mit ihm zusammengewachsen die Demokratie. Die Demokratie ist untrennbar von Begriff und Ethik des Sozialismus. Der Sozialismus ist in sich demokratisch, ist als Kampf um die geistige, politische und ökonomische Befreiung der arbeitenden Massen ein Kampf um das Recht und die Freiheit gegen Vergewaltigung und Knechtung. Ein auf diktatorischem Wege erkämpfter und behaupteter „Sozialismus“ ist kein Sozialismus, sondern bestenfalls Staatskapitalismus oder irgendeine andere überindividualistische Wirtschaftsform.
Das oberste Kriegsziel der Vereinten Nationen ist auch unser Kriegsziel: die völlige innere Wandlung der Deutschen zu einem Volk des Friedens! Sie kann nicht durch die Gewalt der Besatzungsmächte erreicht werden, sondern nur durch innerdeutsche Faktoren. Daher ist in dem durch die weltrevolutionäre Umgestaltung vorgeschriebenen Tempo auf den Übergang vom Verwalten zum Regieren, wenn auch zu einem kontrollierten Regieren, zu drängen. Das Mittel zu jeder Form der Regierungstätigkeit wie zur notwendigen Aufklärung der führungslos gewordenen und politisch völlig desorientierten Massen ist die Partei in allen ihren Erscheinungsformen, vor allem der Presse. Die beste Leistung in der Parteiarbeit ist da-

mit auch die beste staatspolitische Leistung und die im letzten Sinne höchste und wichtigste nationale Tat.

Die Voraussetzungen sozialdemokratischer Politik

Unser Verhältnis zu den Siegermächten muß loyal und anständig und vor allem absolut ehrlich sein. Wir müssen z. B. auch anerkennen, daß sich in England und Amerika die Einsicht der Notwendigkeit, die Deutschen nicht als ein einheitliches reaktionäres Ganzes zu betrachten und ihnen die Chance politischer Betätigung zu geben, überraschend schnell durchgesetzt hat. Aber wir dürfen bei aller Loyalität nicht ängstlich werden, sondern müssen das Recht stets für uns in Anspruch nehmen, bei jeder Gelegenheit auch gegenüber den Siegern unsere Meinung zu sagen. Sicher hat die gefährliche reaktionäre These von der Schuld des gesamten deutschen Volkes am Faschismus und am Krieg ihre stärkste Erschütterung durch die Stimmen derjenigen Deutschen erfahren, die den Mut hatten, zu beamteten und nichtbeamteten Angehörigen der angelsächsischen Nationen ihre andersartigen Ansichten zu äußern. Gegenüber den politisch-ökonomischen Realitäten bezieht sich unsere Kritik vor allem auf folgende Punkte:

1. Die russische Besatzungszone ist zu weit nach Westen gerückt. Es mag sein, daß der Mangel eines gemeinsamen Nenners in der auf Deutschland bezüglichen Politik der Vereinten Nationen eine gemeinsame Besetzung Deutschlands bis auf weiteres noch nicht zuläßt. Tatsache aber ist, daß die Aufteilung in Besatzungszonen für den Bestand des Reiches sich auf die Dauer gefährlich auswirken kann. Von der Bevölkerung werden die verschiedenartigsten Methoden der einzelnen Besatzungsmächte auch verschieden empfunden und gewertet. Im Osten des Reiches bedeutet der Zusammenstoß so ganz andersartiger Kulturen eine andere Quelle der Schwierigkeiten, als sie aus den deutschen Lebensauffassungen gemäßeren Kulturkreisen des Angelsachsentums entstehen. Gegenüber gewissen Umständen, wie sie sich dort ergeben haben, verlangen wir zwar nicht ein politisches Eingreifen der angelsächsischen Staaten, wohl aber die moralische Intervention der Öffentlichkeit in den Ländern der europäisch-amerikanischen Kultur.

2. Die deutsche Ostgrenze ist zum Zwecke der Bildung eines neuen Polens sehr viel zu weit westlich gelegt. Dabei spielt für die Deutschen keine Rolle, daß der starke Drang Polens nach dem Westen seinerseits wieder auf den Druck Rußlands zurückzuführen ist, das den Polen Ostgebiete genommen und sie so nach Westen gedrängt hat. Die Deutschen bekommen die auf die Dauer unerträgliche Folge zu spüren, daß viele Millionen von ihnen im Osten ausgebürgert werden, damit der politisch polnische Raum auch polnisch besiedelt werden und die „deutsche Gefahr" für das neue Staatswesen ausgeschaltet werden kann. Das Rumpfdeutschland, und damit praktisch vor allem das Deutschland westlich der großen Demarkationslinie, wird in einer Weise übervölkert, daß Ernährung, Unterbringung und Arbeitsgelegenheit unmöglich werden. Diese Aufgaben zu bewältigen, dürfte sich auch bei vorbehaltlos gutem Willen als objektiv unmöglich erweisen. Die endgültige Festlegung der Reichsgrenzen muß mehr Verständnis für die Realitäten des obersten Kriegszieles der Vereinten Nationen und der Friedensziele der deutschen Nazifeinde zeigen. Auf weite Sicht gesehen, werden hier Gefahrenquellen geschaffen, die eine Bedrohung des Friedens und der Vernunft in der Politik bedeuten.
3. Die Wegnahme von fünfundzwanzig Prozent der intakt gebliebenen Maschinen in den drei westlichen Besatzungszonen und die entsprechende unbeschränkte Wegnahme im russisch besetzten Gebiet ändert die wirtschaftliche Struktur Deutschlands und damit sein politisches Gesicht vollkommen in einer reaktionären, die geplante Neuordnung der Dinge auf das schwerste hemmenden Weise. Millionen deutscher Arbeitnehmer aller Kategorien verlieren ihren Arbeitsplatz. Sie werden durch weitere Millionen von Flüchtlingen und Ausgewiesenen verstärkt. Das Sozialprodukt der deutschen Wirtschaft sinkt rapide. Der Kampf um seine Verteilung geht unter Bedingungen vor sich, die für die Arbeitenden denkbar ungünstig sind. Für die sozialpolitischen Leistungen bleibt nicht genug zurück, zumal die Opfer des dritten Reiches an Zahl unübersehbar sind. Die Konsequenzen sind bei den industriellen Arbeitnehmern eine stärkere Senkung des Lebensniveaus als für die anderen Schichten der Bevölkerung, wirtschaftliche Ausblutung und soziale Verelendung und damit Hand in Hand gehend politische Entmachtung. Das

wirkt sich um so stärker aus, als den Landwirten und den Bewohnern der Klein- und Mittelstädte ihre wirtschaftlichen Grundlagen erhalten geblieben sind. Mit dem Steigen der Grundrente erfahren diese Kreise auch eine Zunahme politischer Macht innerhalb Deutschlands. Die Vergrößerung der Spannungen in dem wirtschaftlichen und politischen Kräfteverhältnis geht auf Kosten der körperlichen und geistigen Arbeiter in den großen Städten und den Industriegebieten. Leidtragende sind also gerade die Teile der Bevölkerung, die am stärksten gegen den Nazismus eingestellt waren und die nach ihrem guten Willen die stärksten Träger der Idee einer Neuordnung der Dinge sind. Hier wird also von Rußland unter Duldung der westlichen Alliierten eine Politik mit eindeutig reaktionären Konsequenzen gemacht.

Die Sieger müssen sich von vornherein darüber klarwerden, daß die Wiederholung des Kardinalfehlers von 1918, nämlich die Behandlung der neuen Männer und Kräfte als schuldige Feinde, nach 1945 nie wiedergutzumachen wäre.

Die Sozialdemokratie und das Reich

Für das deutsche Volk ist das Recht der nationalen Selbstbehauptung und ihr Ausdruck in einem eigenen Staat unverzichtbar. Bei der heutigen Kräfteverteilung auf dem Kontinent widerspricht eine solche Linie auch durchaus nicht den Interessen der westlichen Alliierten. Mag das Verbrechen des deutschen Nazismus an der Welt noch so schwer sein, das deutsche Volk kann und darf nicht darauf verzichten, sein Reich, mögen dessen Grenzen noch so stark beschränkt sein, als nationales und staatliches Ganzes zu behaupten.

Für die arbeitenden Massen sind Idee und Tatsache des Deutschen Reiches nicht nur nationalpolitisch, sondern auch klassenpolitisch eine Notwendigkeit. Ihr politischer und wirtschaftlicher Befreiungskampf ist ohne diese Grundlage zur Erfolglosigkeit verurteilt.

Darum ist die Sozialdemokratische Partei die schärfste und unnachsichtlichste Feindin aller Separationsbestrebungen. Der Potsdamer Deklaration zum Trotz regt sich der Separatismus in allen westlichen Reichsgebieten. Kennzeichnend genug sind seine Träger Angehörige nationalsozialistischer oder doch wenigstens „autoritärer", der Demokratie vor 1933 abgeneigter Parteien. Es sind stets Leute, die aus ihrer Feindschaft gegen die Arbeitenden, gegen eine hochentwickelte Geisteskultur, gegen die Ideen der Freiheit und des Friedens und gegen die Sozialdemokratie nie ein Hehl gemacht haben. Für mehrere nachweisbare Beispiele sei hier nur das eine genannt: In Hannover versuchen jetzt solche Elemente unter Führung des früheren Oberbürgermeisters Menge, der zu den Männern der „Harzburger Front" gehört hat, die Abtrennung der englisch besetzten Zone bzw. auch nur des niedersächsischen Teils von Deutschland und ihre Eingliederung in das britische Empire als Dominion zu betreiben.

Demgegenüber hat die Sozialdemokratische Partei die Aufgabe, in allen ihren politischen Handlungen den Zusammenhalt des Reiches und die Schaffung einer zentralen Reichsgewalt für die Zukunft im Auge zu haben. Die Möglichkeiten eines ausreichend starken Reiches werden in erster Linie durch die Neuordnung des Reichsgebietes bestimmt, wie sie durch die Erledigung Preußens als Idee und als Tatsache notwendig geworden ist. Dabei sind als unmöglich und destruktiv sowohl die Kleinstaaterei und die von manchen Stellen vielleicht gern gesehene Balkanisierung des Reichsraumes als auch das Gegenteil davon, die Schaffung weniger übermäßig großer Länder, zu vermeiden. Hier lassen nach beiden Richtungen auch manche Sozialdemokraten den Blick für die Konsequenzen vermissen.

Wenn der Vorschlag des Kölner Oberbürgermeisters Adenauer verwirklicht würde, wonach die drei großen Besatzungszonen je ein Land im deutschen Reich darstellen sollen, so wäre diese Lösung im höchsten Maße reichsgefährdend. Abgesehen davon, daß ein solcher Versuch im Westen die entsprechende russische Reaktion im Osten hervorrufen müßte, wäre die innerpolitische Konsequenz in den einzelnen Besatzungszonen des Gebietes Montgomery überraschend. Der Osten wäre dann nämlich sowjetisch, der Süden und Südwesten klerikal, und das dritte Land wäre es möglicherweise auch. Die Wahlergebnisse des 5. März 1933 zeigen nämlich die Zentrumspartei dort sogar gegenüber der Sozialdemokratie in einem kleinen Vorsprung. Aber derartige parteitaktische Erwägungen sind wohl wichtig, nicht entscheidend. Bestimmend ist für uns, daß diese Länder in sich so viel Staatsmacht entwickeln würden, daß zum Schluß für eine ausreichend starke zentrale Reichsgewalt nicht mehr genug übrigbliebe. Es wären gewissermaßen drei neue Preußen, deren Zusammenwirkung unter einer übergeordneten Instanz sich nicht ermöglichen ließe. Die Zusammenarbeit der Länder in den einzelnen Besatzungszonen müßte sich in den Formen gemeinsamer Beiräte vollziehen. Die neuen deutschen Länder dürften also nicht zu klein und nicht zu groß sein. Ihre Schaffung ist eine vordringliche Aufgabe der führenden Sozialdemokraten in Partei und Verwaltung.

Daß das Deutsche Reich in jedem Falle eine Republik sein müßte, scheint selbstverständlich zu sein. Bei Betrachtungen des Umstandes aber, daß die separatistischen Bestrebungen fast immer eine einheimische oder ausländische Fürstenfamilie als kommende Herren ihrer separierten Länder proklamieren, zeigt sich, daß diese Gefahren noch nicht überwunden sind. Die dynastische Untermauerung einer Separation bedeutet den Versuch ihrer Verewigung. Die Versicherung, eine ausländische Fürstenfamilie freiheitlicherer Auffassungen, als wie sie bei deutschen Fürstenfamilien üblich sind, heranziehen zu wollen, bedeutet keine Sicherung. Denn abgesehen davon, daß auch damit die unverzichtbare Reichseinheit zerschlagen würde, wären ja nicht diese Fürsten selbst, sondern ihre reaktionären Ratgeber, d. h. die Leute, die jetzt die Separation betreiben, die Allmächtigen im Lande. Die Elemente, die heute die Separationspolitik machen, tun dies nur, um die politischen Machthaber in dem separierten Lande sein zu können, während sie in einem einheitlichen Deutschland von der Welle der Demokratie hinweggespült würden. Dem Volk suchen sie ihre Politik dadurch schmackhaft zu machen, daß sie ihm geringere Reparationslasten und stärkere Hilfe durch die Siegermächte versprechen, also die nationale Einheit für ein recht ungewisses Butterbrot verkaufen wollen. Die Fürsten in Deutschland sind vor der Geschichte die eigentlich Schuldigen an den heutigen Zuständen. Ihr dynastischer Egoismus hat die Einigung des deutschen Volkes zu lange hintertrieben, sie haben damit das Kaiserreich und den Imperialismus so angreiferisch gemacht. Die deutschen Fürsten sind die eigentlichen Schöpfer des Militarismus und der Beamtenautokratie, die noch heute als sabotierende Faktoren wirken.

Deutschland hatte vor 1933 zwar staatsrechtlich den am meisten ausgebildeten Apparat der politischen Demokratie, aber relativ die wenigsten Demokraten. Die besitzenden Kreise und mit ihnen die Feudalen und Militaristen sahen in der Demokratie das sie bedrohende politische Prinzip der Arbeitenden. Der Großbesitz und seine Parteien waren antidemokratisch aus ökonomischer Interessenpolitik. Das überragend wichtige politische Problem der Gewinnung der Mittelklassen versuchten sie entweder durch Überbetonung der nationalen Idee zu lösen, oder es gelang ihnen durch ihre Verhüllungspropaganda, die antikapitalistischen Affekte des kleinen Mittelstandes in der antisozialdemokratischen Richtung abzureagieren. Der Kampf um den alten und neuen Mittelstand ist heute ein zentrales Problem. Vor 1933 ist es dem Klassenfeind gelungen, seine Ideologie dem Mittelstand aufzuzwingen; nach seiner Niederlage steht die Sozialdemokratie vor der Aufgabe, das politische Bewußtsein der kleinbürgerlichen Massen neu zu formen. Die Voraussetzung für den Aufbau der neuen Ordnung ist die absolut demokratische Mittelschicht. Erfolg oder Niederlage im besonderen des sozialdemokratischen Sektors in dieser neuen Ordnung wird von dem Ergebnis dieser Beeinflussung der Mittelschichten abhängen.

Dieser Mangel eines positiven Verhältnisses der Besitzenden und des Mittelstandes zur Demokratie, das durch die Diktaturpropaganda der Kommunisten und ihre Behandlung der Sozialdemokratie als des Hauptfeindes noch verstärkt wurde, ist die eigentliche Gefahr in Deutschland gewesen und ist sie heute noch. Für einen erheblichen Teil unseres Volkes ist die Demokratie noch immer etwas Fremdes, nur widerwillig Akzeptiertes, eigentlich nur das Ergebnis der Suprematie der angelsächsischen Waffen. Gegenüber diesen Verhältnissen ist die müde und schwache Haltung vieler Demokraten aller Richtungen vor 1933 das denkbar Falscheste. Wenn die Demokratie mit Entschuldigungen, Erklärungen, mit Relativierung ihrer Ideale auftritt, dann ist sie beim ersten großen Zusammenstoß mit ihren Feinden, die es sowohl auf der Rechten wie auf der Linken noch gibt, verloren. Denn diese haben in ihrer hemmungslosen politischen Torheit nur den einen Willen, die Demokratie brutal zu vernichten. Toleranz in Sachen der Demokratie bedeutet den sicheren Sieg der intoleranten Feinde der Demokratie.

Das deutsche Volk neigt nach den Erfahrungen der letzten zwölf Jahre jetzt zur Demokratie aus Abneigung gegen die Diktatur. Es hat aber in großen Teilen noch kein positives Verhältnis zur Demokratie. Das kann erst erreicht werden, wenn es dem großen Besitz unmöglich gemacht ist, mit seinem Geld den einen Teil der kleinen Leute gegen den anderen Teil zu hetzen, mit anderen Worten, wenn durch Sozialisierungsmaßnahmen die politische Macht des Geldes aufgehoben ist.

Wenn dies bis zur Beendigung der Besatzungsperiode nicht gelungen ist, dann sieht es schlimm aus für die Zukunft der Demokratie in Deutschland.

Nicht nur im Politischen, sondern auch im Geistigen und Kulturellen muß die Demokratie die große Selbstverständlichkeit sein. Unser Volk ist geistig und moralisch gar nicht mehr in der Lage, eine neue Diktaturperiode auszuhalten. Ihm sind die gemeinsamen Ideen der Kulturmenschheit, die Achtung vor der eigenen und der fremden Persönlichkeit, die ganze Sphäre des Rechts und der Menschlichkeit zu fremd geworden. Der Mangel politischer Erziehung und Willensbildung in den letzten zwölf Jahren, die verlogene, gemeine und terroristische Politik der Nazi haben die Folge gehabt, daß ein großer Teil des deutschen Volkes politisch und persönlich stark demoralisiert worden ist.

Da die Demokratie äußerlich gleiche Rechte und Voraussetzungen gewährt, beruht sie im Prinzip auf Gegenseitigkeit. Wenn die Gegenseite diesen Willen, sich an die Regeln der Demokratie zu halten, nicht zeigt, dann kann sie auch nicht verlangen, nach den ethischen Grundsätzen der Demokratie von uns behandelt zu werden. Wer die Demokratie verneint, kann nicht Vollbürger in der Demokratie sein. Große Teile des deutschen Volkes sind in ihren Überzeugungen und in ihrer politischen Moral bei erstarrten Grundsätzen früherer Perioden der Politik stehengeblieben. Aber die Welt hat sich in den letzten Jahrhunderten geändert, und andere Imponderabilien und eine andere Moral sind entstanden, an der viele Deutsche noch nicht genügend teilhaben. Gerade durch die Veränderung der ökonomischen Basis, durch Enteignung besitzender Klassenkämpfer, müssen eine andere politische Moral und andere Mittel politischer Technik für die Deutschen gefunden werden, die sie moralisch und politisch in größere Nähe der übrigen Völker bringen.

Der Parteienstaat

Die moderne Demokratie kann nur in einem Parteienstaat funktionieren. Hieraus ist der fanatische Kampf der Imperialisten und Militaristen gegen die Parteien zu erklären. Sie fürchteten, daß die Parteien zur Demokratie und diese zum Staat der Arbeitenden führen würden.
Im Gegensatz dazu haben sie die tendenziöse Unwahrhaftigkeit von den „Fachleuten" und „Sachverständigen" verkündet. Diese antidemokratischen Schlagworte sind heute in den beiden Formen des Verlangens nach der Beamtenherrschaft und den wirtschaftlichen Sachverständigen wieder da. Dem Autoritätsbegehren auf Grund einer fingierten überkommenen Beamtenbewährung darf heute weniger denn je nachgegeben werden. Der Beamte ist genauso ein Produkt seiner Herkunft, seiner Erziehung und seines Milieus wie jeder andere Mensch. Die Behauptung von der traditionellen Objektivität und dem Stehen über den Klassen und ihren Interessen ist mehr oder weniger bewußte Irreführung der Urteilslosen. Ganz abgesehen davon, ist der durchschnittliche Beamte seiner ganzen beruflichen Erziehung und seiner inneren Struktur nach nur zum Verwalten, aber nicht zum Regieren geeignet. Sein Versuch, in das Gebiet der Politik hineinzugreifen, hat notwendigerweise reaktionäre Folgen. Das heißt: Im neuen Deutschland muß der Beamte, besonders der politische Beamte und der leitende Beamte, ein Mann der neuen Gesinnung und der neuen Ordnung sein. Jemand, der es nicht über sich bringt, sich als leitender Beamter ausdrücklich zu den Ideen der neuen Ordnung zu bekennen, ist ein zersetzender, reaktionärer und schädlicher Faktor. Ein politischer Beamter macht notwendigerweise auch Politik. Entweder er macht sie im Geiste der Partei, zu der er sich bekennt, oder er tut unpolitisch und hängt sich das Mäntelchen neutraler Parteienjenseitigkeit um. Dann macht er auch Politik, aber eine solche, die er offen nicht vertreten kann, also eine getarnte, reaktionäre und sabotierende Politik. Die Reaktion flüchtet sich jetzt in die Objektivitätslüge, um die Autokratie eines Beamtentums aus ihren eigenen Reihen zu erhal-

ten, die schon im Kaiserreich und vor allem in der Republik eine verhängnisvolle Rolle gespielt hat. Es wäre eine strafwürdige Kurzsichtigkeit, aus der Beherrschung der bloßen Technik des Verwaltens auf die Eignung des Beamten für den neuen Staat zu schließen.

Umgekehrt sollten die führenden sozialdemokratischen Beamten daraus die absolute Notwendigkeit ihrer engsten Zusammenarbeit mit der Partei folgern. Leute, die sich gütigst herbeilassen, Amtstitel und Bezahlung im neuen Deutschland entgegenzunehmen, die aber glauben, mit dieser Tätigkeit und der bloßen Zugehörigkeit zur Sozialdemokratischen Partei es sein Bewenden finden zu lassen, sind fehl am Platze. Heute sind führende Staatsstellungen etwas anderes als früher, denn heute fehlen viele Möglichkeiten klassenkämpferischer Auseinandersetzungen im Sozialen und Parlamentarischen. In der Auswahl der Beamten und der Handhabung der Ämter erschöpft sich zur Zeit schon ein großer Teil der Politik, sie bedeuten mangels parlamentarischer und öffentlicher Kontrolle einen großen Teil der Macht und Machtausübung. Die Demokratisierung der Verwaltung zeigt sich also in der Auswahl der Beamten nach ihrer politischen Gesinnung und den daraus zu erwartenden Handlungen. Wenn diese Handlungen ausbleiben oder fehlerhaft sind, dann besteht an solchen Beamten, mögen sie noch so lange Mitglieder der Sozialdemokratischen Partei sein, weder ein Interesse unserer Partei noch des neuen Staates. Eine besondere Gefahr dabei sind an sich tüchtige Genossen aus unseren Reihen, die im Sachlichen wie im Personalpolitischen glauben, an sozialdemokratische Forderungen und Personen noch strengere Maßstäbe legen zu müssen als an die anderen, oder die sich von der Pseudosachlichkeit des Aktenbetriebes gefangennehmen lassen.

Wie nach 1918 machen sich jetzt auch die Sachverständigen aus der Wirtschaft breit. Sie kommen, um sich zuerst als treue Helfer in der Not anzubieten. Es dauert nicht lange, dann werden sie ein Primat der Wirtschaft vor der Politik behaupten, und schließlich werden sie im Namen ökonomischer und sozialer Notwendigkeiten den Führungsanspruch erheben. Das hat schon einmal zu einem 1933 geführt. Die Heranholung von der Sozialdemokratie nahestehenden Persönlichkeiten für das Wirtschaftsleben ist also eine politische Notwendigkeit.

In allen Zweigen der öffentlichen Verwaltung und der Wirtschaft werden wir wieder erleben, daß Genossen, einmal in solche Posten hineingekommen, vergessen, daß sie im Geiste und im Auftrage der Partei zu handeln haben. Deutlicher als früher muß die Sozialdemokratische Partei die Konsequenz ziehen, diese Menschen auszuscheiden und die Öffentlichkeit wie die Besatzungsbehörden davon zu unterrichten, daß das Interesse der Sozialdemokratischen Partei an diesen Personen erloschen ist.
In der Wirtschaft und der hohen Bürokratie ist noch immer ein großer Teil der Kräfte vorhanden, die den Nazi einst in den Sattel geholfen haben und die darum im tiefsten Grunde fast noch schuldiger sind als ihre Werkzeuge. Sie haben den Nazismus als ihren stärksten Trumpf ausgespielt. Sie werden immer wieder versuchen, mit ähnlichen Trümpfen zu stechen, bis ihnen durch die Wegnahme ihrer Wirtschaftsmacht und ihrer Positionen die Karten aus der Hand geschlagen werden.

Wahlen und Wahlrecht

Aus der Botschaft des Feldmarschalls Montgomery ist ersichtlich, daß Gemeindewahlen bald erfolgen sollen. Dieser Ankündigung liegt der richtige Gedanke zugrunde, daß das Volk im Sinne der neuen Ordnung politisiert werden und als Ganzes die Politik tätig miterleben soll. Es soll zur Verwaltung seiner eigenen Angelegenheiten schrittweise praktisch herangebildet werden. Wenn man unten bei der Gemeinde anfängt, also eine Entwicklung betreibt, die von den realen kleinen Interessen des täglichen Lebens allmählich in höhere Sphären der Politik führen soll, so ist auch das richtig. Das ganz einfache, aber grundlegende self-government gibt ein sachliches und den agitatorischen Großsprechereien abholdes Urteil.
Schwierigkeiten können entstehen aus der Art und dem Zeitpunkt der Wahl. Über beides ist man sich wohl in den Kreisen der Siegermächte noch nicht restlos klar. Es gibt da z. B. Projekte, durch Befragen aller möglichen Stellen und Personen eine Liste für die Gemeindewahl zusammenzustellen und diese Liste dann den Wahlberechtigten in der Form zur Abstimmung zu unterbreiten, daß diese die ihnen genehmen Kandidaten ankreuzen. Die Persönlichkeiten, die dann im Rahmen der vor-

gesehenen Zahl der Gemeindevertreter die meisten Stimmen bekommen haben, gelten dann als gewählt. Diese und ähnliche Vorschläge können nicht gebilligt werden. Bei Befragen muß man aus sachlichen Notwendigkeiten die Militärregierungen immer wieder darauf aufmerksam machen, daß nur die Parteien allein die Träger der Wahl sein können. Andernfalls gibt es ein anarchistisches Durcheinander. Es ist notwendig, daß endlich einmal die Militärregierung wie auch wir selbst einen ungefähren Überblick über die Stärke der einzelnen politischen Richtungen bekommen. Erst dann kommt die nötige Klarheit und Ehrlichkeit in die Politik und wird mit den Methoden der Hintertreppe und Querverbindungen, die allmählich unser ganzes politisches Leben überwuchern, Schluß gemacht. Es ist nämlich anzunehmen, daß die Ergebnisse der Gemeindewahl als politisches Stimmungsbild auch in der Art ausgewertet werden, daß davon die Auswahl der führenden Männer, vielleicht auch größerer politischer Körperschaften abhängig gemacht wird.

Hier handelt es sich um die innerpolitisch bedeutsamste Angelegenheit im neuen Deutschland. Wenn unter politischen Gesichtspunkten gewählte Körperschaften mit „Ja" und „Nein", mit Vertrauen und Mißtrauen Entscheidungen fällen, dann erst ist der große Schritt vom Verwalten zum Regieren getan, dann erst entsteht von neuem die deutsche Volkssouveränität. Daß dies unter alliierter Kontrolle geschieht, nimmt dem Vorgang nichts von seiner grundsätzlichen Bedeutung.

Wichtig wären auch die Wahltermine. Darüber scheint man sich in den Kreisen der Siegermächte noch im unklaren zu sein. Es gibt sogar Vorschläge, die die Frage prüfen, ob man die Wahl vor der Zulassung der Parteien stattfinden lassen könnte. Demgegenüber ist bei jeder passenden Gelegenheit darauf hinzuweisen, daß auch Gemeindewahlen eine Vorbereitungszeit von mehreren Monaten nach dem offiziellen Beginn des Parteilebens nötig haben. Wenn schnelle Wahlen stattfinden sollen, dann darf man sie allerdings nicht bis in den Krisenwinter hinein vertagen. Sind sie nicht in diesem Spätherbst unterzubringen, dann läßt sich vor Mai n. J. kaum ein Wahltermin finden, zu dem ein Volk zur Urne gehen kann, das durch die Erlebnisse des Winters nicht völlig verbittert und durcheinandergebracht ist.

Bei der Frage des Gemeindewahlrechts sind wohl grundlegende

Neuerungen nicht anzunehmen. Immer wieder ist aber gegenüber allen ausländischen und deutschen Stellen zu betonen, daß ein Teil des deutschen Volkes von vornherein von jedem Wahlrecht, sei es aktiv, sei es passiv, ausgeschlossen werden muß. Die beste Quarantänevorschrift wäre, wenn jedes Mitglied der Nazi-Partei bis auf weiteres der Urne fernbleiben müßte. Da dies kaum zu erreichen ist, müßten die Grundlinien zur Bereinigung der Wirtschaft und der Verwaltung maßgebend sein. Eine solche Sicherung widerspricht durchaus nicht dem Geiste der Demokratie, wie manche angelsächsischen Kreise meinen. Dieser zeitlich begrenzte Ausschluß vom Wahlrecht ist ja eine Aktion zur Sicherung der Demokratie gegenüber Personen, die sich auf das schwerste gegen sie vergangen haben. Gibt man diesen das Wahlrecht, dann bedeutet das die Aufforderung, sich gegen die Demokratie zu betätigen. Daß dieser Fall nicht eintreten darf, ist uns eine problemlose Selbstverständlichkeit. Wenn jemand z. B. nicht wert ist, als Beamter Staatsdiener zu sein, dann kann er auch nicht wert sein, die vollen Staatsbürgerrechte auszuüben. Wenn dies dem Geiste der Demokratie so entscheidend widersprechen würde, dann wäre ja die ganze Reinigung der Verwaltung und der Wirtschaft konsequenterweise auch als ein solcher Widerspruch anzusehen. Das wird aber kein Engländer oder Amerikaner behaupten wollen. Wenn also in diesem Falle die unpolitische rechtsformalistische Auffassung der Demokratie allgemein abgelehnt wird, muß sie in dem Falle des Wahlrechts auch abgelehnt werden.

Bezüglich kommender politischer Wahlen werden dann noch Fragen des Wahlrechts in den Vordergrund treten, die, scheinbar nur wahltechnisch, doch die größten politischen Konsequenzen haben. Die Wahlen im neuen Deutschland sollen die klar erkennbare Herausbildung eines festen Mehrheitswillens, eines Regierungs- und Machtwillens zeitigen. Bis zum dritten Reich hat die übermäßige Berücksichtigung des Willens des einzelnen Wählers zu einer derartigen Begünstigung der Splitterparteien geführt, daß chaotische Zustände entstanden, die sich nicht wiederholen dürfen. Man führt dies auf das bisherige deutsche Proportionalwahlrecht zurück und meint, deswegen jede Form des Prozesses ausschalten zu müssen. Die Einerwahl aber, sei sie nach englischem Vorbild (relative Mehrheit), nach französischem Muster (im ersten Wahlgang

absolute Mehrheit, im zweiten Wahlgang relative Mehrheit), sei sie nach dem Beispiel des Kaiserreiches (Stichwahl) vorgenommen, ist für Deutschland zu gefährlich. Es könnte in Anbetracht der inneren Schwierigkeiten jedes denkbaren deutschen Parteisystems vorkommen, daß z. B. die Partei mit den meisten Stimmen die wenigsten Mandate erhält.
Uns scheint das Proportionalwahlrecht in verkleinerten Wahlkreisen (etwa 250 000 bis 400 000 Einwohner) mit Listen, die nur wenige Personen umfassen, und mit starken Sperrmaßnahmen das Richtige zu sein. Die stärkste Sperrmaßnahme liegt schon in der Zulassung nur weniger Parteien. Sie kann dadurch ergänzt werden, daß alle Parteien, die in einem Wahlkreis weniger als 10 % der abgegebenen gültigen Stimmen erhalten, dort mit diesen Stimmen ausfallen, ohne daß diese Stimmen auf einer anderen übergeordneten Liste zum Zuge kommen könnten.

Wieviel Parteien sind nötig?

In der russisch besetzten Zone sind bisher vier Parteien zugelassen worden. In der englischen Zone erstreckt sich die Zulassung bisher nur auf Sozialdemokraten, Kommunisten und Zentrum. Grundsätzlich erhebt sich dabei für uns die Frage, welche Linie wir bezüglich der Zahl der zugelassenen Parteien einzunehmen haben.
In Deutschland ist ein Zwei-Parteien-System nicht möglich. Wenn die dritte hinzutretende Partei die Kommunistische Partei ist, bleiben die Verhältnisse grundsätzlich dieselben. Denn diese Partei hat den einzigen politischen Effekt der Schwächung der Sozialdemokratie, aber in keinem Fall der Gewinnung nennenswerter bisher bürgerlicher oder bäuerlicher Massen. Ein Zwei-Parteien-System hat die Tendenz, zur Erstarrung der klassenpolitischen Fronten und damit zur Überhitzung der Gegensätze zu führen. Das wäre in Deutschland, in dem bisher nur die Sozialdemokratische Partei ein positives inneres Verhältnis zur Demokratie hat, eine große Gefahr.
Die bürgerliche Sammlung kann in Deutschland aber kraft der konfessionellen Spaltung und der politischen Tradition auf diesem Gebiet erst recht nicht in einer einzigen Partei geschehen. Wenn diese Partei ihre Herkunft aus dem Lager

des politischen Katholizismus herleitet, mag sie sich nun Zentrum oder Christliche Demokraten nennen, gelingt es ihr, mit allen Versuchen, ihre Stellung durch religiöse oder klassenpolitische Agitation auszuweiten, doch nicht, die genügende Resonanz bei den protestantischen Wählern zu finden. Darüber helfen alle Beteuerungen der Toleranz und der allgemein christlichen Grundlinie, der nationalen Konzentration und der Besitzverteidigung nicht hinweg. In diesem Fall würde nur ein Teil der evangelischen Wählerschaft zu dieser im Grunde doch immer katholischen Partei stoßen. Ein anderer recht großer Teil bliebe wahrscheinlich zu Hause. Ein dritter Teil würde sozialdemokratisch wählen.

Eine Aktivierung dieser Kräfte für das Zentrum wäre nur dann möglich, wenn sich die Sozialdemokratie unter dem ersten Eindruck, einem Bürgerblock gegenüberzustehen, in eine verschmelzungsähnliche Intimität mit den Kommunisten einließe. Dann freilich würde die Angst der kleinen Besitzer und die Abneigung gegen die Kommunisten und ihren politischen Hintergrund doch alles an die Wahlurne auch für die eine grundsätzlich katholische bürgerliche Partei treiben. In diesem Falle würden die Sozialdemokraten übrigens darüber hinaus auch die geistig und kulturell bedeutsamen Schichten, die sich ihr jetzt zuwenden wollen, endgültig abstoßen, ja sogar viele ihrer alten Wähler verlieren. Die einzig für die politische Sache der Arbeitenden mögliche Form der sozialdemokratisch-kommunistischen Annäherung wäre die völlige Sozialdemokratisierung der kommunistischen Anhänger, und diese steht noch weit im Felde.

Auch jede andere Form des Bürgerblocks, in der etwa das Zentrum in einer großen nichtkatholischen bürgerlichen Besitzverteidigungspartei aufzugehen hätte, würde nicht zur Tatsache werden können. Das Zentrum wäre teils aus religiösen und kulturellen Gründen, teils aus Rücksicht auf seine Arbeiter nicht in der Lage, in einer solchen bürgerlichen Einheitspartei aufzugehen. Die wahlpolitischen Ergebnisse würden in keinem Falle ein echtes Bild zeigen.

Die im eigentlichen Sinne unversöhnlich reaktionären und faschistischen Elemente im deutschen Volk würden sich durch eine solche Partei, besonders wenn sie katholischen Akzent hätte, auch nicht führen und beeinflussen lassen. In ihrem unerzogenen aktivistischen und demoralisierten Teil würden sie sich im illegalen Verschwörertum erschöpfen. Die besitzenden und für das Leben besser ausgerüsteten Teile würden sich verstärkt auf die Wirtschaft stürzen und in den Landwirtschaftskammern und in den Industrie- und Handelskammern zu Trägern einer, wie heute schon erkennbar ist, negierenden, ja sabotierenden Politik werden.

Gibt es Koalitionsprobleme?

Für die heutige Lage kennzeichnend ist die Tatsache, daß nirgends in den eigentlich besiegten und zum Teil auch in den befreiten Ländern Koalitionsdebatten entstanden sind. Während die Siegerländer eindeutige politische Herrschaftsbildung aufweisen, können die vom Krieg zerstörten oder niedergeworfenen Länder ähnliche Tendenzen nicht aufweisen. Das liegt daran, daß ein schneller und umfassender Wiederaufbau mit den Kräften einer Partei oder auch nur einer Klasse allein objektiv nicht möglich ist.

Darum wird von den Vereinten Nationen ein Mandat zum Wiederaufbau auch nicht an eine einzige Partei oder Klasse erteilt. Dabei ist es gleichgültig, ob die betreffende Siegermacht westlicher oder östlicher Herkunft ist. Sie engagiert in jedem Falle alle Kräfte des besiegten Volkes, soweit sie unbelastet und guten Willens sind. Die Probe auf das Exempel bildet das Verhalten der russischen Siegermacht. In Wien ist die Sozialdemokratische Partei führend in der Regierung vertreten, und sie, wie auch die Kommunisten, sitzen mit denselben Christlichsozialen, die die geistigen Nährväter des Klerikalfaschismus der Dollfuß und Schuschnigg sind, trotz des Februar 1934 zusammen. Ein ähnliches Bild sehen wir in Berlin, wo ein so ausgesprochen rechtsgerichteter Zentrumspolitiker wie der frühere Landwirtschaftsminister Dr. Hermes eine führende Rolle spielt.

Es ist also der von außen her wirkende Zwang, der die Koalitionen so stark zusammenhält, daß sie gar nicht mehr als solche empfunden werden. Es war ja tatsächlich auch ein außenpolitischer Druck, der vor 1933 viele in sich unechte und an untragbaren klassenpolitischen Widersprüchen kranke Koalitionen doch zustande brachte und zusammenhielt, ein Umstand, der in den fast ausschließlich innerpolitisch geführten Koalitionsdebatten leicht übersehen wurde.

Von rein innerpolitischem Gesichtspunkt aus war die Kritik an vielen Phasen der Koalitionspolitik nur zu berechtigt. In jeder Koalition steckt, rein parteimäßig gesehen, ein Stück Kapitulation, denn sie offenbart das Gefühl des subjektiven Unvermögens der Partei, allein mit den Dingen fertig werden zu können. Nur die vorübergehende Natur der Koalition und die stete Betonung ihrer Vergänglichkeit konnte sie erträglich oder gar schmackhaft machen.

Heute tritt zu dem subjektiven Unvermögen auch die objektive Unmöglichkeit. Die Probleme sind zu groß, zu tiefgreifend und zu sehr alle Erscheinungen des Lebens umfassend, als daß sie von noch so starken Einzelkräften gemeistert werden können. Dazu kommt, daß auch die Gesamtheit der Koalitionsfähigen nur einen Teil des ganzen Volkes darstellt, da andere Teile wegen ihrer Verquickung mit dem Nazismus von vornherein für die positive Wideraufbauarbeit ausscheiden.

Die bequeme Rolle der Opposition läßt sich also für viele, die bisher aus der unbedingten oppositionellen Intransigenz ihre Kräfte bezogen, nicht mehr durchhalten. Besonders die Kommunisten müssen umlernen, und sie tun das mit einem solchen Eifer, daß sich bei ihnen geradezu eine Koalitionswut, eine Sucht, sich mit allem und jedem zu verbrüdern, herausgebildet hat. Ihr Vorrat an Agitationsideen ist damit außer Kurs gesetzt.

Für die Sozialdemokratische Partei folgt daraus der Zwang, mit anderen die vorhandene Macht zu teilen. Wir haben alles Interesse daran, keine der zugelassenen Parteien aus der Beteiligung an der Regierung zu verdrängen, denn wir wünschen niemanden aus der Verantwortung zu entlassen. Das Schicksal unserer Partei nach 1918 ist uns eindringliche Lehre gewesen! Sie ist auch völlig willens, diese Teilung vorzunehmen. Sie muß dabei allerdings die jetzt in den Vordergrund gestellten „Paritätsansprüche“ restlos ablehnen. Die Sozialdemokratie dürfte nicht nur längst die stärkste Partei sein, sondern ist auch die einzige Partei, die in Deutschland von sich sagen kann, daß ihre geschichtliche Linie des Friedens und der Demokratie von der Entwicklung vollauf bestätigt worden ist. Darum kann die Parole unserer Partei nur heißen: Zusammenarbeit unter sozialdemokratischer Führung!

Die klassenpolitischen Spannungen sind deswegen doch vorhanden und müssen auch durchgekämpft werden. Nur wird das für einen Teil der Fragen innerhalb der „Koalitionen" geschehen. Die überholte Problematik der Bejahung und Verneinung einer Staatsform sowie des Regierens und des Opponierens in der reinen und ausschließlichen Form gehört der Vergangenheit an.

Die bürgerlichen Parteien

Hinter den politischen und staatsrechtlichen Formen steht die soziale Struktur des Volkes. Das kommt am klarsten ohne weltanschauliche und sittliche Hemmungen im Charakter der früheren bürgerlichen Parteien zum Ausdruck. Wenn man ihre Politik betrachtet, dann findet man darin einen denkbar primitiven und grobschlächtigen Materialismus. Eine lebensfähige politisch-weltanschauliche Partei hat das deutsche Bürgertum nicht hervorgebracht. In der deutschen Revolution von 1848 sind die Feudalherren nicht besiegt worden, und das Bürgertum hat sich gegen diese Kreise nur wirtschaftlich durchzusetzen verstanden. Zugunsten der Sicherung seines Besitzes hat es in seinem Bündnis mit den Mächten der alten Reaktion erst die demokratischen, dann die liberalen Auffassungen über Bord geworfen. Der einzige Versuch, eine echte politische Partei des Bürgertums und der Bauern auf weltanschaulicher Basis zu gründen, ist in dem Experiment der Deutschen Demokratischen Partei gescheitert. Die Mittelklassen haben sich in ihrer Opposition gegen die damalige Zeit zu keiner Form fortschrittlich-konstruktiver Ideen bekennen wollen, sondern sich unter dem Einfluß der Presse des Großkapitals entweder für Nationalismus und Imperialismus erklärt oder aber zu restauratorisch-vorkapitalistischen Ideen bekannt. Die Drahtzieher aller Vorgänge aber waren stets Schichten, die ihre Politik um des ökonomischen Vorteils willen machten und die jede Idee und jedes Ideal nur als Vorspann betrachteten.
In dieser Situation kann von den bürgerlichen Parteien keinerlei begeisternde oder auch nur anziehende Kraft ausgehen. Sie sind alle belastet durch eine mehr oder weniger starke Verfilzung mit dem Nazismus. Die einzige Partei, die anderes als

ökonomische Interessenpolitik zur Grundlage hat, ist das Zentrum.
Das gibt dem Zentrum auch seine verstärkte Regierungsfähigkeit. Es hat den Anspruch auf Berücksichtigung. Leider ist es da, wo es die stärkste Partei ist oder zu sein vermeint, nicht sehr loyal gegenüber sozialdemokratischen Ansprüchen. Das zeigt sich an vielen Stellen in Deutschland, in einer geradezu unverantwortlichen Weise in der Zusammensetzung der bayerischen Regierung. Dort hat die Fortsetzung der „Bayerischen Volkspartei", deren Politik in den zwanziger Jahren eindeutig gegen die Demokraten gerichtet war, ein Monopol des Regierens für sich beansprucht. Sie scheint aber daher alle Fehler von einst wiederholen zu wollen und bemüht sich durch gleichzeitige überbetonte Heranholung des Adels und billigen Partikularismus das auch recht deutlich zu machen.
Bei aller Würdigung der schweren Opfer, die von dem katholischen Klerus gebracht worden sind, darf nicht übersehen werden, daß dies im großen Umfang bei den Angriffen der Nazi auf Glauben und Kirche, aber nicht bei der Verteidigung der politischen Volksrechte geschehen ist. Noch deutlicher treten diese Tatsachen bei der evangelischen Kirche in Erscheinung.
Es wäre dabei falsch, das Zentrum als eine absolute Einheit aufzufassen. Dort, wo seine Wählerschaft nicht überwiegend agrarisch ist und keine katholischen Dynastien als Thronprätendenten bei einer evtl. Separation auftreten können, ist das Zusammengehen mit ihm viel leichter und für die Nation gewinnbringender als in Gebieten, in denen diese Voraussetzungen gegeben sind. Die Zusammenarbeit der Sozialdemokratie mit dem Zentrum ist für die Zukunft von entscheidender Bedeutung für Deutschland.
Die geistig und kulturell interessierten Menschen werden vergeblich einen Platz in der bürgerlichen Parteiwelt suchen. Es gibt schon längst keinen echten Liberalismus mehr. Was an seinem Ideengut von bleibendem und kulturell förderndem Wert ist, das ist seit langem selbstverständlicher Bestandteil der sozialdemokratischen Auffassungen geworden. Ebensowenig ist ein echter weltanschaulich basierter Wille zur Demokratie vorhanden. Alles ist Opportunität und Frage der ökonomischen Zweckmäßigkeit. In dieser Lage dürften große Teile der geistigen Elite in das Lager der Sozialdemokratie hinüberwechseln,

die von ihnen als die einzige Partei mit dem politisch-weltanschaulich festgegründeten Willen zur Neuordnung der Dinge und zur Verantwortung gegenüber der deutschen Kultur angesehen wird.
Deutschland ist das einzige Land in der ganzen Welt, dessen Bauern nicht demokratisch waren, sondern sich freiwillig in die Gefolgschaft des politisch übermächtigen Großgrundbesitzes begeben hatten. Allerdings ist Deutschland auch eines der wenigen Länder ohne ein echtes Stück Agrarrevolution. In den meisten Ländern Europas hat die revolutionäre Entwicklung den Bauern erst ihr Land gegeben oder es zu einer wirtschaftlich lebensfähigen Größe entwickelt. In Deutschland war das nur in ganz geringem Umfange der Fall. Der Kampf um den Bauern, auch den Flüchlingsbauern aus dem Osten, ist der Kampf um die Bodenbeschaffung. Die Agrarpolitik ist in Anbetracht der gestiegenen wirtschaftlichen und politischen Macht der Bauern von größter Bedeutung.
(Besondere agrarpolitische Richtlinien, die die Diskussion zu diesem Thema fördern und auf das richtige Geleise setzen wollen, werden in nächster Zeit erscheinen.)
Die Frage des bürgerlichen Parteienwesens konzentriert sich also bloß darauf, inwieweit die bürgerlichen Parteien von den richtungslos gewordenen Nazimassen und den großkapitalistischen Verderbern Deutschlands als Zufluchtsstätten und Operationsbasis gesucht werden. Aus eigener Kraft stellen die bürgerlichen Parteien keine Potenz dar, mit Ausnahme des Zentrums, dessen stärkste Kraftquelle aber nicht im Bürgerlichen, sondern im Weltanschaulich-Religiösen liegt.

Haben die Nazi noch politische Bedeutung?

Ihre gesellschaftliche Bedeutung ist unbestritten noch vorhanden. Sie scheuen kein Opfer des Charakters und der Gesinnung, um sich zu tarnen und in wirtschaftlich einträglichen Stellungen zu behaupten. Es ist nicht eine politische Überzeugung, sondern der Drang, Geld zu verdienen und es sich gut gehen zu lassen, der sie zu dieser beispiellosen Selbstentehrung veranlaßt. Diese Form des deutschen Nazismus findet sich vor allem in der Verwaltung und in der Wirtschaft, dort meist bei den mittleren und kleinen Handel- und Gewerbetreibenden.

Das bedeutet praktisch, daß gerade diese Nazikreise in jeder Beziehung weit besser leben als der größte Teil des deutschen Volkes. Einer hilft dem anderen, nicht aus politischer Solidarität, sondern aus der Gemeinsamkeit der Unsauberkeit und Unehrlichkeit. Das führt so weit, daß man in den Kreisen der Nazi-Geschäftsleute spöttelt: „Wenn es einem heute gut gehen soll, dann muß man Nazi gewesen sein." Analoge Vorgänge finden sich in der Verwaltung beim Kampf um die Bereinigung. Hier wäre das nächste von uns anzustrebende Ziel die Vereinheitlichung der Grundsätze der Bereinigung für alle drei westlichen Besatzungszonen und die Einbeziehung aller Berufe und Spezialisten in die Bereinigung.

Die eigentlich politisch-dynamische Potenz des Nazismus aber stellen diese Kreise nicht dar. Sie haben wohl das Geschick, zu kleben und zu sabotieren, aber nicht die Energie, zu kämpfen. Die politische Gefahr liegt in den vielen Hunderttausenden, die in den zwölf Jahren Naziherrschaft ein mehr oder weniger arbeitsloses Herrenleben geführt haben und die durch dieses System systematisch dazu erzogen sind, mehr scheinen zu wollen als zu sein. Dieser Stamm der alten Nazipartei vor 1933 war die Zusammenfassung aller Taugenichtse und Lebensuntüchtigen aus Bourgeoisie und Proletariat. Sie waren „Lumpenbourgeoisie" und „Lumpenproletariat", das, was der Marxismus die passive Verfaulung der unteren Gesellschaftsschichten nennt. Waren diese Kreise vor 1933 aus dem Abfall des ersten Weltkrieges, der großen Klassenkämpfe und der Wirtschaftskrise gekommen, so werden jetzt solche Erscheinungen sich noch weit stärker und bedrohlicher zeigen, weil die Zerstörung der Gegenwart und Zukunft das Leben für Millionen zu einer an Aussichtslosigkeit grenzenden Beschwerlichkeit macht und weil die Erziehung durch den Nazismus diese Menschen demoralisiert, verlogen und asozial gemacht hat.

Gegenüber dieser grundlegenden sozialen Tatsache spielt für die Kreise der beispiellos schimpfliche und schmutzige Untergang der Naziführung und des Nazisystems nur eine verhältnismäßig untergeordnete Rolle. Die Menschen sind da, und ihre Ansprüche sind da, also brauchen sie keine andere Begründung als die Tatsache ihrer Existenz und ihrer Wünsche. Ihre geistige und charakterliche Unfähigkeit zu einer Lebensgestaltung unter Schwierigkeiten sind auch Tatsachen. Und diese Tatsachen sind ein politischer Faktor.

Nutznießer hiervon können zwei Richtungen im deutschen Volk sein: der um seine letzten Positionen kämpfende Finanz- und Agrarkapitalismus und die Kommunisten. Die besitzenden Kreise werden versuchen, sich und die ihnen hörigen Massen in den Fluchtburgen einzelner bürgerlicher Parteien unterzubringen. Die Kommunisten werden derartige Nationalisten als Aktivposten für sich buchen wollen. In nachweisbaren Einzelfällen haben sie schon unter ihnen geworben.

Hier liegt eine große aktuelle Gefahr für Deutschland. Das Zusammenfließen kommunistischer und nationalistischer Aktivisten im Rahmen einheitlicher Formationen kann zu Zuständen führen, wie wir sie in Griechenland in der Elas-Bewegung gesehen haben. Beide Teile werden dann versuchen, sich gegenseitig auszunutzen. Im Fall der Zunahme der Spannungen zwischen dem östlichen und den westlichen Alliierten würde dann leicht der Fall eintreten, daß den Kommunisten ein rabiater Nazisoldat als Verbündeter lieber wäre als ein sozialdemokratischer Funktionär.

In zwölf Jahren Herrschaft ist aber ein Teil der Nazi gesellschaftlich in die Reihen ihrer großkapitalistischen und militärischen Auftraggeber hineingewachsen. Dieses Moment ist nicht zu unterschätzen. Der Nazismus ist nun einmal die massenmäßig stärkste und am meisten militante Form des Militarismus. Darum werden Besitzbürger, Nationalisten und Militaristen auch stets versuchen, die Nazi bei der Bereinigung der Verwaltung und der Wirtschaft zu schützen, ein Umstand, der in personalpolitischen Fragen gar nicht genug beachtet werden kann.

Aus diesem Milieu entsteht auch die Überbewertung der Opposition der Rechtskreise gegen das Hitler-Regime in seiner letzten Periode. Wenn sich auch ein Teil der Generalität, des Großgrundbesitzes und der Industrie zum Zwecke der Kriegsbeendigung zusammengefunden hatte, so ist mit dieser „tätigen Reue“ das Verbrechen nicht aus der Welt zu schaffen, daß dieselben Schichten und personell oft dieselben Menschen am Zustandekommen des Dritten Reiches entscheidenden Anteil hatten. Es wird von Personen aus dem Lager der Rechten viel zu viel Reklame gemacht mit ihrer tatsächlichen oder angeblichen Teilnahme an den Ereignissen, die zum 20. Juli 1944 geführt haben. Im besonderen sind die Spannungen einzelner Teile des Offizierskorps gegen die Nazi erst entstanden, als die Nazi als Partei versucht haben, in den militärischen Sektor überzugreifen. Vorher haben auch die Offiziere des 20. Juli weder gegen die Judenpogrome noch gegen die Demoralisierung und Bestialisierung der deutschen Nation noch gegen die barbarische Kriegsführung protestiert. Erst die Angst, im eigenen militärischen Sektor in den Hintergrund gedrängt zu werden, hat sie mobilisiert.

Im Grunde ist die Revolte vom 20. Juli bei ihren reaktionären Teilnehmern nicht aus irgendeinem Gefühl der Verantwortung gegenüber dem deutschen Volk oder gegenüber der Welt entstanden. Es war die Sorge um das Schicksal ihrer Klasse und ihres Besitzes, die diese Leute veranlaßt hat, den Versuch des Eingreifens und damit die Rettung ihrer Güter und ihrer sozialen Stellung zu unternehmen.

Dieselbe Sorge hat auch die Generale getrieben, die sich in dem Bund „Freies Deutschland" Ende 1942 in Moskau zusammengefunden haben. Alles Gerede von der Demokratie und von der Freiheit ist blanke Opportunität. Mit unpolitischer Voreiligkeit haben sie ihr wahres Gesicht dadurch gezeigt, daß sie als Reichsfarben „Schwarz-Weiß-Rot" proklamiert haben. Daß der jetzige erste Vorsitzende der Kommunistischen Partei in ihrer mit diesen Farben geschmückten Zeitung politische Artikel geschrieben hat, läßt die Befürchtung aufkommen, daß die militärischen Kräfte der Deutschen von Rußland keineswegs prinzipiell verworfen werden.

Wenn der Bund „Freies Deutschland" den Anspruch erhoben hat, für alle nazifeindlichen Richtungen in Deutschland, einschließlich der Sozialdemokratie, zu sprechen, so muß diese Anmaßung auf das schärfste zurückgewiesen werden. Die Sozialdemokratische Partei hat keine Gemeinschaft mit diesen Kreisen, die real bereits wieder ein Stück Militarismus und für eine ferne Zukunft das Spiel mit der „Revanche" bedeuten.

Sozialdemokraten und Kommunisten

Aus den Erfahrungen der jüngsten deutschen Geschichte und aus dem ursprünglichen Willen der Massen heraus wäre die Einheitspartei der Arbeitenden aller Berufe und Schichten zu formieren. Daß sich dieses Ziel bisher nicht hat verwirk-

lichen lassen und auch in der heutigen geschichtlichen Situation nicht realisierbar ist, liegt nicht an dem Willen und nicht an den Führern, sondern an den objektiven, durch keinerlei Anstrengungen aus der Welt zu schaffenden Schwierigkeiten.
Eine Einigung ist bisher noch nirgends in der Welt erfolgt, obwohl in anderen Ländern die traditionellen und dogmatischen Spannungen nicht so stark sind wie in Deutschland. Wäre die Einigung möglich, dann wäre sie uns schon vorgemacht worden, und wir würden nicht Beschlüsse erleben wie den der Sozialisten Frankreichs oder Wahlen wie in England, die trotz aller andersartigen „Erklärungen" doch die tatsächliche Situation charakterisieren. Die wirkliche Schwierigkeit liegt nicht darin, daß revolutionäre Prinzipientreue und Intransigenz oder ein größerer Grad von Revolutionarismus der Kommunisten die unübersteigbare Barriere bilden. Die wird vielmehr durch die außenpolitischen Machtverhältnisse und Bindungen errichtet. Die Kommunistische Partei ist unlösbar an eine einzige der Siegermächte, und zwar an Rußland als nationalen und imperialistischen Staat und an seine außenpolitischen Ziele gebunden.
Im Gegensatz dazu gehen die Sozialdemokraten von den politischen und sozialen Notwendigkeiten der arbeitenden Massen in Deutschland aus. Das deutsche Volk steht heute in der Welt auf der untersten Sprosse der großen Stufenleiter. Es braucht die Hilfe der Arbeitenden in allen Ländern der Welt und kann nicht zu allen anderen Lasten auch noch die Bürde auf sich nehmen, für die imperialen Tendenzen einer fremden Großmacht verbraucht zu werden. Die deutsche Politik und vor allem die Politik der Sozialdemokratie ist bewußt internationalistisch, aber nicht zugunsten einer fremden Macht, sondern im Sinne der Zusammenarbeit mit allen Mächten. Wir lehnen es ab, das Vorbild des einen Landes auf alle anderen Länder zu übertragen, sondern finden die Notwendigkeiten unserer Politik aus den Zweckmäßigkeiten unseres Landes im Angleich an die großen Ideen, die die arbeitenden Massen in den anderen großen Kulturländern beleben.
Die Regelung der Fragen kann nicht lokal, sondern nur zentral, möglichst international-zentral erfolgen. Der Versuch der lokalen Bindungen trägt den peinlichen Charakter des Mangels an Ehrlichkeit. Eine auf solche Weise zustande gekommene „Einheitspartei" wäre der Tummelplatz der schärfsten Kämpfe

untereinander, des Sich-gegenseitig-Überlistens und Hereinlegens und würde sehr schnell zur Spaltung und einer schlimmeren Entfremdung führen, als sie vorher bestanden hat.
Man darf nicht übersehen, daß die Rolle Rußlands als des unbarmherzigsten aller Reparationsgläubiger mit den vitalsten Interessen der körperlich und geistig Arbeitenden in der Industrie im schroffsten Widerspruch steht. Die Kommunisten können den Umfang der russischen Reparationsansprüche, soweit sie sich auf die Produktionsmittel richten, ohne die die deutsche Arbeiterschaft weder sozial noch politisch bestehen kann, nicht mit dem Hinweis darauf entschuldigen, daß Rußland selbst auf das fürchterlichste von den Nazi ausgeraubt worden sei. Wir wollen an Reparationen leisten, was zu leisten möglich ist, aber wir wollen keinen Selbstmord begehen. Am allerwenigsten aber kann man den deutschen Arbeitern zumuten, den Selbstmord an sich noch mit überströmender Begeisterung vorzunehmen. Das aber muten die Kommunisten den deutschen Arbeitern zu. Man kann das Unrecht von heute nicht mit dem Unrecht von gestern entschuldigen. Selbst wenn man aus der Geschichte die Lehre zieht, daß Sieger weitestgehend die Fehler der Besiegten anzunehmen pflegen, darf die nazistische Raubpolitik kein Vorbild für die Politik der Vereinten Nationen sein. Sogar mit der Feststellung, daß Rußland den Grundsatz der revolutionären Befreiung des internationalen Proletariats jetzt zugunsten des Prinzips eines nationalen russischen Imperialismus verlassen hat, kann man derartig weitgehende Maßnahmen nicht erklären. — Auch im Privatrecht wird selbst der böswilligste Schuldner bei der Pfändung noch insoweit geschützt, als ihm gesetzlich ein pfändungsfreies Minimaleinkommen gesichert wird. Wenn jetzt den deutschen Arbeitern aller Art, deren Produktionsstätten und -mittel bereits weitgehend durch den Krieg zerstört worden waren, westlich der großen Demarkationslinie noch 25 % der intakten Maschinen, im russisch besetzten Gebiet aber die Maschinen in unbegrenzter Höhe genommen werden, dann pfändet man diese am Nazismus am wenigsten schuldigen Teile in einem Umfang, wie man ihn in der privaten Rechtssphäre keinem Schieber und Betrüger zumutet. Die Kommunistische Partei aber nennt das in einer öffentlichen Manifestation ihres ersten Vorsitzenden die Höhe des „Edelmutes".

Wir wünschen keine antikommunistische und noch weniger eine antirussische Spitze unserer Politik! Wir müssen aber erkennen, was ist, und nach diesem Erkennen unsere Politik einrichten. Die Parole der „Einheitspartei“ ist ein taktisches Manöver, das bisher in der östlichen Besatzungszone gar nicht versucht worden ist, da man es dort nicht nötig hat, Verhandlungskonzessionen zu machen. In den drei westlichen Zonen aber wird dieser Weg eingeschlagen, weil die Kommunisten wissen, daß sie angesichts der Tatsache gar nicht mehr die Basis für eine richtige Massenpartei haben. Tatsächlich dürften sie bereits die bei weitem schwächste Partei in Deutschland sein. Darüber helfen auch die Illusionen, die noch immer in manchen Kreisen politisch interessierter Arbeiter leben, nicht hinweg. Es wird bald so weit sein, daß die Sozialdemokratie sich in die Bresche werfen muß, um eine nationalistische Übersteigerung der Ablehnung dieser Politik zu verhüten.
Auch das überraschende Bekenntnis der Kommunistischen Partei zur Demokratie ändert nichts daran. Für die Sozialdemokraten ist die Demokratie ein Prinzip. Alle Leute, die die Demokratie als eine Frage der Taktik betrachten, werden von uns erst einer gewissen Periode der Quarantäne und der Beobachtung unterworfen. In dieser Periode müssen sie sich praktisch auf ihre demokratischen Qualitäten hin bewähren. Dabei sei vorweg bemerkt, daß es auf die Dauer unhaltbar ist, wenn in dem einen Lande die Diktatur theoretisch und real herrscht, in einem anderen aber von derselben Richtung die Demokratie mit der ganzen Begeisterung der Neubekehrten verkündet wird. Wie die Kommunisten die Demokratie und ihre ganze Politik in Deutschland auffassen, geht wohl am besten daraus hervor, daß sie in ihrem wichtigsten Satze ihres Aufrufes vom 11. 6. 45 berichten:
„Wir sind der Auffassung, daß der Weg, Deutschland das Sowjetsystem aufzuzwingen, falsch wäre, denn dieser Weg entspricht nicht den gegenwärtigen Entwicklungsbedingungen in Deutschland.“
Also nicht den „gegenwärtigen Bedingungen“, wohl aber den zukünftigen, die von der KPD erhofft werden. Dabei ist es zwecklos, sich dagegen zu wenden, daß die diktatorischen Herrschaftsformen in Rußland nicht auf eine ausgesprochen zurückgebliebene Entwicklung samt ihren illegal bürokratischen Erscheinungen innerhalb der Opposition in den Jahren vor 1917

zurückzuführen sind. Hier gilt nur die Tatsache, daß das Prinzip der Diktatur nicht negiert, sondern als das höhere Prinzip für eine zukünftige Eventualität zurückgestellt wird. Es trennen uns aber von den Kommunisten neben anderen vor allem zwei Punkte. Ihr freudiges Bekenntnis zum freien Unternehmertum, zur freien Wirtschaft und zum Privateigentum kann von einem Sozialisten nicht unterschrieben werden. Es mutet an wie ein verspäteter Aufruf der längst verstorbenen Wirtschaftspartei des deutschen Mittelstandes. Der Sozialismus ist heute für die Überwindung reaktionärer und faschistischer Zukunftsgefahren wichtigste nicht nur ökonomische, sondern auch politische Frage. Die tatsächliche Leistung des Wiederaufbaues wiederum kann nur durch planmäßige Lenkung der Wirtschaft vollbracht werden. Für die freie Unternehmerpersönlichkeit im Stil der kommunistischen Programmpunkte, für das „Bereichert Euch"!, das der damals maßgebende kommunistische Theoretiker Bucharin in den zwanziger Jahren im Stile der französischen Revolution der neuen Bourgeoisie Sowjetrußlands zurief, ist im heutigen Deutschland kein Platz. Wir können Wiederaufbaugewinnler aus Mangel an ökonomischer Substanz nicht vertragen, für ihre Profite hat Deutschland nichts übrig.

Das Ganze geht darum an den deutschen Gegebenheiten so völlig vorbei, weil es eine schablonenmäßige Übertragung der „Neuen Ökonomischen Politik", der „Nep" im Rußland in der ersten Hälfte der zwanziger Jahre ist, als dort das Scheitern des „Kriegskommunismus" offenbar geworden war. Daher die Forcierung des Privatkapitalismus, daher der Sinn für politische „Freiheit". Aber nach der „Nep" ist in Rußland etwas anderes gekommen. Wir demokratischen Sozialisten aber wünschen weder die „Nep" noch das andere, das dahinter gekommen ist.

Schließlich sind die Kommunisten die einzige Partei in Deutschland, die sich zu der Schuld des gesamten deutschen Volkes am Nazismus und damit am Kriege bekennt. Wir können diese These, die jeden Nazi und Kapitalisten mitschuldig spricht, um ihn mit zu entschuldigen, nicht akzeptieren. Es ist eine durchaus reaktionäre Formel, die den politischen Aufstieg eines neuen, gesäuberten deutschen Volkes hindert. Sie ist eigentlich das primitive Ergebnis einer naiven Zerknirschungspropaganda. Das Bekenntnis zu dieser These ist nur möglich als

Ausdruck des Willens, die weitgehenden Reparationsansprüche Rußlands politisch und moralisch zu rechtfertigen. Mit den deutschen Tatsachen und Notwendigkeiten hat diese Formel nichts mehr zu tun.

Kennzeichnend ist die Art, wie der Aufruf vom 11. 6. 45 die eigene Schuld, die Schuld der Kommunistischen Partei, feststellt:

„Wir deutschen Kommunisten erklären, daß auch wir uns schuldig fühlen, indem wir es trotz der Blutopfer unserer besten Kämpfer infolge einer Reihe unserer Fehler nicht vermocht haben, die antifaschistische Einheit der Arbeiter, Bauern und Intelligenz entgegen allen Widersachern zu schmieden, im werktätigen Volk die Kräfte für den Sturz Hitlers zu sammeln, in den erfolgreichen Kampf zu führen und jene Lage zu vermeiden, in der das deutsche Volk geschichtlich versagte."

Dieses Schuldbekenntnis ist vor dem Richterstuhl der Geschichte überhaupt kein Schuldbekenntnis, denn es beklagt nur, daß die Methoden der spezifischen kommunistischen Politik vor 1933 nicht erfolgreicher gewesen sind. Ein echtes Schuldbekenntnis, von dem aus sich alle anderen Feinde des Nazismus zu einer Überprüfung der eigenen Politik in diesem selbstkritischen Sinne veranlaßt sehen könnten, ist darin nicht enthalten. Das echte Schuldbekenntnis der Kommunisten könnte nur darin liegen, daß sie ihre große Schuld am Aufkommen des Faschismus in ihrer Bekämpfung der Demokratie, in ihrem Gerede von den „Sozialfaschisten", in ihrer Erklärung der Sozialdemokratie zum Hauptfeind, in ihrer Lehrmeinung, daß in Deutschland erst durch die Herrschaft des Faschismus eine „objektiv revolutionäre Situation" entstehen könne, vor der deutschen Öffentlichkeit eingestehen würden. Aber davon ist mit keiner Silbe die Rede.

Abzulehnen sind auch alle Versuche einer überparteilichen Organisation, durch die die Sozialdemokratische Partei und andere mitmachende Parteien gebunden wären, die Kommunistische Partei aber freie Hand zur Führung bekäme. In Deutschland spielt sich das in Gestalt der von früher her stark belasteten „Antifaschistischen Front" ab, die lediglich den kommunistischen Versuch darstellt, Nichtkommunisten für kommunistische Zwecke einzusetzen und für die Kommunistische Partei zu erziehen. Ähnliche Versuche waren in Deutschland in der Parole der „Arbeiter- und Bauernregierung", in

den USA mit der Infizierung und dem Ausbau des „La Follettismus", in Indien der „Volkspartei", in China mit den „Kuomintang" gemacht worden. Zum Schluß war überall alles ein einziges Trümmerfeld, nicht nur für die Komintern, sondern auch für die Arbeiterklasse des betreffenden Landes.
Nachdem der VII. Weltkongreß der Kommunistischen Internationale den Wert der Demokratie für die Arbeiter entdeckt hatte, ist es unmöglich, einen ausreichenden theoretischen oder politischen Grund für die Weiterexistenz der Kommunistischen Partei zu finden. Sie kann nur noch als Spezialorganisation für besondere außenpolitische Zwecke Rußlands angesehen werden. Die Auseinandersetzung mit der Kommunistischen Partei kann also nicht mehr auf dem Wege der Verhandlungen über eine gegenwärtige oder in naher Zukunft mögliche Einheitspartei liegen, sondern nur in der Gewinnung der kommunistischen Anhänger für die Sozialdemokratie. Trotz allen Elends und trotz der unter der Decke sich verstärkenden Versuche, durch systematische Ehrabschneiderei gegenüber sozialdemokratischen Führern eine gewisse Position bei den sozial am härtesten getroffenen und politisch am wenigsten erzogenen Teilen des Volkes zu gewinnen, ist der Prozeß der Sozialdemokratisierung der breiten Massen in vollem Gange.
Aus der Erkenntnis des Umstandes, daß es jetzt nötig ist, großen Teilen des Volkes soziale Hilfe zu bringen, bejahen wir trotzdem und ohne Vorbehalt die praktische Zusammenarbeit mit der Kommunistischen Partei in allen sozialen Fragen und in allen Dingen der Austilgung des Faschismus. Wir gestalten aber die Zusammenarbeit so, daß die Sozialdemokratische Partei und die Kommunistische Partei ideologisch und organisatorisch ihre völlige Selbständigkeit behalten. Aus dieser praktischen Zusammenarbeit ohne den Versuch der gegenseitigen Überlistung entsteht eine Atmosphäre, die für die mögliche Einigung in der Zukunft bessere Bedingungen schafft als die verkrampfte Forcierung der Einheitsidee mit unehrlichen und eigensüchtigen Absichten. Darüber hinaus müssen wir sehen, daß zur Zeit die Vereinheitlichung mit den Kommunisten sofort den Bürgerblock schaffen würde. Das würden wir leicht aushalten, wenn die Kommunisten als positive Bereicherung des demokratischen Sozialismus in unsere Reihen einschwenken würden. Gehen sie aber, wie das heute mit absoluter Sicherheit der Fall wäre, zu dem Zwecke der Erobe-

rung der Sozialdemokraten in die gemeinsame Partei, dann wäre diese Partei so gelähmt, daß sie der klassenpolitischen Übermacht des Bürgerblocks in mancher Hinsicht nicht standhalten könnte. Außerdem würde nach der entscheidend wichtigen Seite des Mittelstandes und der kulturell und geistig bedeutsamen Schichten diese Partei nicht eine anziehende, sondern eine stark abstoßende Wirkung ausüben.
Schließlich würde diese von politischer Zweideutigkeit und Unreellität durchsetzte Partei auch das Verhältnis der arbeitenden Massen zu der alliierten Militärregierung in den drei westlichen Zonen sehr verschlechtern. Wir würden trotzdem den Mut haben, diese Konsequenz auf uns zu nehmen. Aber wir wissen genau, daß dieses deswegen eine sinnlose Politik wäre, weil wir aus den besonderen Bindungen der Kommunisten heraus nicht zu einer aktionsfähigen großen Partei kommen könnten, die diese Nachteile ausgleichen oder gar überkompensieren könnte.

Die organisatorische Arbeit in der Partei

Die vorstehenden Richtlinien sind nicht als Ersatz für ein Programm gedacht, sondern als Hinweis für eine einzuschlagende Taktik. Der Versuch, ein vollkommenes Programm zu gestalten, ist übrigens noch von keiner Partei gemacht worden. Es handelt sich in jedem Falle nur um Aufrufe und um die Zusammenfassung von mehr oder weniger aktuellen Forderungen. Würden heute Programme schnell aus dem Ärmel geschüttelt werden, dann wären sie in Anbetracht des Umstandes, daß in Deutschland wohl noch niemand mit der geistigen Bewältigung der Tatsachen und Eventualitäten fertig geworden ist, entweder naive Wunschzettel oder dreistes Wortgeklingel.
Völlig sinnlos ist das Gerede, das man mancherorts hören kann, daß man sich keiner Partei anschließen könne, die kein geschlossenes Programm vorlegt. Diese Art Kritiker wird dann überhaupt keinen Unterschlupf finden, denn solche Programme gibt es zur Zeit nicht. Genauso, wie jemand, der sich der Zentrumspartei oder Kommunistischen Partei anschließt, ohne daß diese ihm ein aus Theorie und Aktion zusammengefügtes, auf die neuesten Verhältnisse zugeschnittenes Parteiprogramm

vorlegt, liegt die Frage bei der Sozialdemokratie. Jeder politisch Interessierte muß wissen, ob er sich ihr anschließen kann oder nicht. Für die neu zu gewinnenden Massen haben wir den den Bezirken bereits zugegangenen oder hiermit zugehenden Aufruf.

In der Emigration sind verschiedene Programmentwürfe und eine außerordentlich große Literatur zu den einschlägigen Fragen geschaffen worden. Es besteht somit die Möglichkeit, im Zusammenhang mit diesen Leistungen ein neues programmatisches Gebäude zu bauen, das in der Erkenntnis und auch in den Forderungen über das Heidelberger Programm hinausgreift. Das ist aber nur in einer intensiven Kollektivarbeit auf der Grundlage alles bisher Geschaffenen möglich. Programmentwürfe von Einzelpersonen an verantwortlicher und unverantwortlicher Stelle sind schädlich, da sie mehr festlegend als erkenntnisfördernd wirken und wir doch nicht nur in der Zusammenfassung der Ideen, sondern auch der Menschen zu einer Synthese kommen wollen. Was wir im Grundsatz wollen, ist uns allen klar. Richtlinien haben nur den Zweck, eine Einheitlichkeit bei der Durchführung des Wollens zu erreichen.

Daher sind jetzt in Arbeit bzw. fertiggestellt:

1. Der Aufruf an die gesamte Bevölkerung (den Bezirken bereits vorher oder hiermit zugestellt).
2. Die „politischen Richtlinien für die SPD“ (den Bezirken hiermit zugestellt).
3. Kurze agrarpolitische Richtlinien (stehen vor der Vollendung).
4. Kurze wirtschaftspolitische Richtlinien (in Arbeit).
5. Kurze kulturpolitische Richtlinien.

Bei der Diskussion über die Rolle der Sozialdemokratischen Partei Deutschlands in der internationalen Arbeiterbewegung ist von unserer Seite ohne Weichmütigkeit gegen die ungerechten Angriffe Front zu machen. Auch dort übersieht man vielerorts, daß die Sozialdemokratische Partei Deutschlands schon vor 1933 große Opfer im Kampf gegen den Nazismus gebracht hat, als in der Welt einschließlich ihrer Arbeiterbewegung noch ein sehr geringes Verständnis für die Erfordernisse dieses Kampfes herrschte. Nach 1933 haben die Feinde des Nazitums in Deutschland in allen ihren Schattierungen und Richtungen — und dabei nicht zum wenigsten die deutsche Sozial-

demokratie — Opfer gebracht und Leistungen gezeigt, an denen manche ihrer Kritiker vorbeisehen. Jedenfalls braucht im besonderen die deutsche Arbeiterklasse angesichts ihrer Verlustlisten und Anstrengungen keinen Vergleich mit der Arbeiterklasse anderer Länder zu scheuen.
Nachdrücklich abzulehnen ist der sogenannte „Vansittartismus“, der die deutsche Arbeiterklasse als völlig unrevolutionär und unkämpferisch mitschuldig am deutschen Nazismus und seiner weltzerstörenden Barbarei sprechen möchte. Es gibt auch sozialdemokratische deutsche Emigranten, die sich diesen Anschauungen angeschlossen haben. In allen Ländern der Welt haben sich auch Arbeiterführer zu dem „Vansittartismus“ bekannt. In den von der nazistischen Barbarei zerstörten Ländern ist ein erklärlicher, aber darum nicht weniger falscher Haß gegen das gesamte deutsche Volk einschließlich seiner politischen Arbeiterbewegung entstanden.
Diese Ungerechtigkeiten nehmen wir nicht ruhig hin. Wir sind der festen Überzeugung, daß ein entschiedener und sachlich wohlbegründeter Standpunkt unserer Meinung auch in den Ländern, in denen erst eine Minderheit der Arbeiterbewegung für unsere Lage Verständnis zeigt, zu vollem Erfolge verhelfen wird.
Die praktischen Aufgaben in der Ausrottung des Nazitums, in der Zurückdrängung der privatkapitalistischen Wirtschaftswünsche, in der planmäßigen Lenkung und Organisierung des Aufbaues, in der sozialen Hilfe für alle Schwachen brauchen eine einheitliche Zusammenfassung. Diesem Zweck soll die kommende Reichskonferenz am 5., 6. und 7. Oktober dienen. Auf ihr wird sich auch herausstellen, welchen Grad von politischem Einfluß und ökonomischer Gestaltung die Partei in den drei westlichen Besatzungszonen besitzt.
Aber schon heute läßt sich feststellen, daß der politische Einfluß der Partei ihrer tatsächlichen Bedeutung und ihrer politisch-moralischen Legitimation nicht entspricht. Im Verhältnis zu ihrer wirklichen Bedeutung ist die Partei im öffentlichen Leben viel zu schwach, in der Wirtschaft geradezu verschwindend gering vertreten. Das liegt nicht nur an dem momentanen Personalmangel, wie er aus Verfolgungen, Emigration, Überalterungen usw. zustande kommt. Wir sind in großen Teilen des Reiches einfach überrundet und beiseite gedrängt worden. Zum Teil geschah das robuster, zum Teil durch schlauere

Taktik. In jedem Fall aber haben innerpolitisch Schwächere sehr viel mehr und sehr viel stärkere Positionen als die Sozialdemokratische Partei. Wir sind heute in der Lage, sagen zu können, daß es ohne uns überhaupt nicht geht, daß man unsere Partei geradezu erfinden müßte, wenn sie noch nicht da wäre. Daraus ergibt sich die Konsequenz, daß wir uns auch dort mit Führungsansprüchen regen müssen, wo wir vor 1933 nicht der stärkste Faktor waren. Heute sind wir es — von ganz wenigen Reichsgebieten abgesehen — überall. Denn ein großer Teil des Volkes wünscht ausgesprochen die Sozialdemokratische Partei, will in unsere Hände sein Schicksal legen. Wenn wir den Führungsanspruch geltend machen, dann tun wir es weniger unseretwegen als vielmehr darum, weil wir geschichtlich berechtigte Zweifel an der Zuverlässigkeit und Uneigennützigkeit mancher anderen Richtungen und Personen haben und weil uns vor allem die Massenbasis dieser Faktoren und Persönlichkeiten noch nicht recht nachgewiesen zu sein scheint.

Auf jeden Fall müssen wir zu kämpferischen Auseinandersetzungen bereit sein, und dafür ist die Voraussetzung die sozialdemokratische Partciorganisation. Unbeschadet der Feinheiten in den rechtlichen Voraussetzungen ist jetzt überall in beschleunigtem Tempo von der Vertrauensmänner-Organisation zur Massenbasis der Mitgliederschaft aller unbelasteten Aufbauwilligen zu gehen. Dies sind:

1. die früheren Parteimitglieder (Männer und Frauen), die sich in den letzten zwölf Jahren einwandrei gehalten haben. Die Aufnahme Belasteter, mag ihre Stellung vorher noch so bedeutend gewesen sein, ist unbedingt abzulehnen. Für Zweifelsfälle ist örtlich und bezirklich ein Sonderausschuß einzusetzen, der den Anspruch auf Wiederaufnahme prüft und der Organisation zur Entscheidung vorlegt.
2. Aufgenommen werden können auch frühere Nichtmitglieder, von denen die aufnehmenden Sozialdemokraten den Eindruck haben, daß ihr Verhalten gegenüber Nazismus und Reaktion sie als passend für uns erscheinen läßt. Hier wird über die Kreise der eigentlichen Arbeiterklasse hinaus tief in die geistig und kulturell interessierten Schichten sowie die Kreise des Mittelstandes und des Bauerntums einzugreifen sein.
3. Vor allem muß großzügig und weitherzig bei der Aufnahme der Jugend verfahren werden. Hier kann Grund zur Ab-

lehnung nur besondere Aktivität für die Nazi oder eine gehobene Funktion in der Nazibewegung sein.

Wir müssen uns darüber klarsein, daß die Herrschaft in Deutschland auf die Dauer nur die Ideen und die Organisationen behaupten können, denen es gelingt, die führerlos gewordenen Massen an sich zu ziehen, die vorher aus den verschiedensten Motiven und in verschiedener Stärke Anhänger des dritten Reiches waren oder sich als solche gaben. Alle Parteien stehen daher vor der Frage, ob sie frühere Mitglieder der NSDAP in ihre Reihen aufnehmen können und wollen.

Es empfiehlt sich, in der Periode der ersten Sammlung keinem früheren Mitglied der Nazibewegung bei uns politisches Heimatrecht zu gewähren. Steht die Partei erst einmal und hat sich von der kleinsten Ortsgruppe bis zur Zentrale durch die freie Wahl der wirklichen Sozialdemokraten überall eine Führung stabilisiert, dann tritt die Frage der Aufnahme früherer Nazimitglieder in ein neues Stadium. Über alle die zahlreichen Schichten und Personen, die unter keinen Umständen in die Sozialdemokratische Partei aufgenommen werden können, besteht wohl volle Einigkeit.

Als aufnahmewürdig kämen vor allem in Frage:

1. diejenigen Personen, die einen für ihre Verhältnisse mehr oder weniger unwiderstehlichen Zwang zum Beitritt in die NSDAP nachweisen können. Diese Fälle sind lokal leicht nachzuprüfen.
2. Diejenigen Personen, die nicht nur das Gefühl grenzenloser Enttäuschung, sondern auch die Einsicht haben, denkbar schweres Unrecht am deutschen Volke und an der Welt begangen zu haben. Ihnen soll man das Recht, mitzuarbeiten und wiedergutzumachen, nicht verweigern, auch wenn sie vorher Nazi aus Idealismus gewesen sind.

Zum Schluß noch ein Wort an die älteren Parteigenossen.

Es wird den beiden Generationen, die heute zwischen 45 und 75 Jahren sind, gelingen, noch einmal eine große Partei auf die Beine zu stellen. Aber die Zukunft der Bewegung und wahrscheinlich damit die Zukunft Deutschlands hängt davon ab, inwieweit es gelingt, den nachfolgenden Generationen unsere Ideen beizubringen und sie organisatorisch um uns zu sammeln. Es wird darum gut sein, im Gefühl der Verantwortung für diese großen Aufgaben den leistungsfähigen und einsichtigen Teil der Jugend auch gleich für größere Aufgaben heranzuziehen und in seinen besten Exemplaren auch verantwortlich öffentlich herauszustellen. Wir sind die Leidtragenden der letzten zwölf Jahre. Es sind die arbeitenden Massen, denen die Schulung und Disziplinierung dieser Epoche fehlt. Darum müssen wir jeden jungen Menschen von Kraft und Einsicht in die erste Reihe der Kämpfenden stellen, ihm Vertrauen und Anerkennung zollen!

XX. Entschließung der Kulturpolitischen Konferenz in Ziegenhain 1947

Vorbemerkung des Herausgebers

Vom 21. bis zum 23. August 1947 erörterten auf der Kulturpolitischen Konferenz in Ziegenhain mehr als 80 Sozialdemokraten, unter ihnen der stellvertretende Parteivorsitzende Erich Ollenhauer, die geistigen Grundlagen des demokratischen Sozialismus, nachdem sich die kulturpolitischen Tagungen in Bad Gandersheim, Anfang Februar dieses Jahres, mit der herrschenden Kulturkrise und der politischen Schulung und in Erlangen, im Juni 1947, mit der Geschichte des Totalitarismus und Fragen der Erziehungsreform beschäftigt hatten. Auf der Ziegenhainer Konferenz, zu der wiederum die von Arno Hennig geleitete Sozialistische Kulturzentrale eingeladen hatte, wurden vier einführende Referate gehalten. Willi Eichler sprach über „Die Geschichte als Lehrmeisterin", Gerhard Weisser über „Soziologie und Politik", Arno Hennig über „Die naturwissenschaftlichen Forschungsergebnisse des letzten halben Jahrhunderts" und Guntram Prüfer zur Frage „Wie sehen wir heute den Menschen?". Auf der Grundlage einer Resolution des SPD-Bezirks Süd-Württemberg und der in Ziegenhain geführten Debatte formulierte die Redaktionskommission unter Carlo Schmid eine grundsatzprogrammatische Entschließung, die von den Teilnehmern der Konferenz einstimmig gebilligt wurde.

Die Sozialdemokratie kämpft für die Demokratie und ihre Voraussetzung, den Sozialismus, um des Menschen willen. Sie kämpft für die Verwirklichung der Gerechtigkeit auf allen Lebensgebieten und für die Gestaltung des Volkslebens im Geiste der Freiheit und Gemeinschaft unter Entfaltung aller kulturellen Kräfte des einzelnen und der Gesamtheit.

In diesem Kampfe bedient sie sich der Erkenntnisse Karl Marx' und seiner Schüler.

Diese Erkenntnisse wurden gewonnen im Zeitalter des Historismus. Sie beanspruchen Wahrheit auf Grund einer vermeintlichen Zwangsläufigkeit der historischen Entwicklung, in der das Proletariat lediglich bestimmt sei, die Gesetze des dialektischen Geschichtsprozesses vollstreckend zu erfüllen. Diese Gesetze sollten vorwiegend solche der ökonomischen Entwicklung der Produktivkräfte und Produktionsverhältnisse sein.

Der Verlauf der Geschichte seit Karl Marx hat die Einseitigkeit einer nurökonomischen Betrachtung enthüllt. Die Erfahrungswissenschaften vom Menschen und von der menschlichen Gesellschaft haben in steter Vertiefung die Vielseitigkeit des menschlichen Verhaltens und damit des geschichtlichen Prozesses durchsichtig gemacht. Der Aufdeckung der ökonomischen Bedingungen menschlichen Handelns und Denkens, vornehmlich im Zeitalter des Kapitalismus, durch Karl Marx sind umwälzende Enthüllungen der Triebkräfte der Geschichte gefolgt.

Die Sozialdemokratie muß ihre Erkenntnisse in dieser Richtung erweitern, um ihre politischen Ziele verwirklichen zu können. Die Ergebnisse der marxistischen Methode sind ihr eine unverzichtbare Quelle politischer Einsicht, sie sind ihr jedoch nicht alleinige und absolute Grundlage aller Erkenntnis. Sie anerkennt die geistige Freiheit des Menschen und seine sittliche Verantwortlichkeit als gestaltende Faktoren auch des geschichtlichen Prozesses. Sie kämpft für ihre letzten politischen Ziele nicht allein in Verfolgung der Tendenzen der ökonomischen Entwicklung oder aus Gründen materieller Zweckmäßigkeit, sondern um der Würde des Menschen willen.

Kämpferisches Bewußtsein der unterdrückten Klassen, Wille zur Menschlichkeit, religiöse und sittliche Verpflichtung vereinigen sich in der Sozialdemokratie zu einer gemeinsamen

Kraft, die Welt zu verändern, zu einem gemeinsamen Willen, der Idee des Menschen in der politischen und ökonomischen Wirklichkeit des ganzen Menschengeschlechtes Gestalt zu verleihen. In der Sozialdemokratischen Partei sollen alle ihre politische Heimat finden, die von der Notwendigkeit einer sozialistischen Gesellschaftsordnung überzeugt sind.

XXI. Prinzipienerklärung der Sozialistischen Internationale, beschlossen auf dem 1. Kongreß der Sozialistischen Internationale in Frankfurt/Main 1951: Ziele und Aufgaben des Demokratischen Sozialismus

Vorbemerkung des Herausgebers

Auf Anregung der Sozialistischen Partei Frankreichs beschloß die im Dezember 1949 in Paris tagende Internationale Sozialistische Konferenz (Comisco), eine Kommission mit der Aufgabe zu betrauen, die den Mitgliedsparteien gemeinsamen demokratisch-sozialistischen Prinzipien auszuarbeiten. Anfang Januar 1950 wurde den Parteien eine vom Comisco-Sekretär Julius Braunthal verfaßte Diskussionsgrundlage zugestellt und gleichzeitig die Bitte geäußert, die nationalen Organisationen sollten in Memoranden ihre Auffassungen über Grundsätze und Ziele des demokratischen Sozialismus mitteilen. Auf der Kopenhagener Internationalen Sozialistischen Konferenz im Juni 1950 befaßte sich Guy Mollet ausführlich mit den eingesandten Denkschriften, die Comisco den Mitgliedsparteien per Rundschreiben übermittelt hatte. In Kopenhagen wurde eine Kommission gewählt, die anläßlich der nächsten Zusammenkunft eine Grundsatzdeklaration vorlegen sollte. Den Vorsitz übernahm wenig später, nachdem Guy Mollet Minister geworden war, der französische Sozialist Salomon Grumbach. Die Kommission tagte viermal: Oktober 1950 in Paris, März 1951 in London, Mai 1951 in Straßburg und Juni 1951 in Frankfurt/Main. Nach einem langwierigen Entwurfs- und Revisionsprozeß, an dem sich die Mitgliedsparteien intensiv beteiligt hatten, wurde die Prinzipienerklärung auf dem Kongreß zur Neugründung der Sozialistischen Internationale, der vom 30. Juni bis zum 3. Juli 1951 in Frankfurt/Main tagte, verabschiedet.

Präambel

1. Der Kapitalismus hat seit dem neunzehnten Jahrhundert ungeheure Produktivkräfte entwickelt. Gleichzeitig hat er die große Mehrheit des Volkes vom Einfluß auf die Gestaltung der Produktion ausgeschlossen. Er hat die Eigentumsrechte über die Menschenrechte gestellt. Er schuf eine neue Klasse der Lohnarbeiter ohne Eigentum und ohne soziale Rechte. Er verschärfte den Kampf der Klassen.
Obwohl die materiellen Hilfsquellen der Welt jedermann ein menschenwürdiges Dasein ermöglichen könnten, ist der Kapitalismus außerstande, die elementaren Lebensbedürfnisse der Menschheit zu befriedigen. Er hat sich als unfähig erwiesen, ohne verheerende Krisen und Massenarbeitslosigkeit zu funktionieren. Er hat soziale Unsicherheit und schroffe Kontraste zwischen arm und reich erzeugt. Durch imperialistische Expansion und koloniale Ausbeutung hat er die Konflikte zwischen Nationen und Rassen verschärft. In einer Reihe von Ländern hat mit Hilfe des Großkapitals die Barbarei der Vergangenheit in der Gestalt des Faschismus und des Nazismus wieder ihr Haupt erhoben.

2. Der Sozialismus entstand in Europa als eine Protestbewegung gegen die dem kapitalistischen Gesellschaftssystem eingeborenen Übel. Weil die Lohnarbeiter unter dem kapitalistischen System am grausamsten litten, begann der Sozialismus als eine Bewegung der Lohnarbeiter. Mehr und mehr erkennen auch andere — Bauern und Handwerker, Büroarbeiter, Angestellte und Kleinkaufleute, Angehörige freier Berufe, Gelehrte, Künstler und Schriftsteller —, daß ihre Zukunft im Sozialismus liegt. Der Sozialismus wendet sich an alle, die der Überzeugung sind, daß die Ausbeutung von Menschen durch Menschen überwunden werden muß.

3. Der Sozialismus erstrebt die Befreiung der Völker aus ihrer Abhängigkeit von einer Minderheit, die die Produktionsmittel besitzt oder beherrscht. Es ist sein Ziel, dem ganzen Volk das Bestimmungsrecht über die Wirtschaft zu sichern. Er erstrebt ein Gemeinwesen, in dem freie Menschen als Gleiche zusammenwirken.

4. Der Sozialismus ist eine mächtige Kraft in der Weltpolitik geworden. Er ist aus der Phase der Werbung für seine Idee in die Phase ihrer Verwirklichung eingetreten. In einigen Ländern wurde das Fundament einer sozialistischen Gesellschaft gelegt. Die Übel des Kapitalismus sind dort im Schwinden, und neue Energien haben sich dem Gemeinwesen erschlossen. Der Sozialismus erweist seine schöpferische Kraft.

5. In vielen Ländern wird der unkontrollierte Kapitalismus von Wirtschaftsformen verdrängt, wo der Staat in die Wirtschaft regelnd eingreift und wachsende Ausdehnung des Gemeineigentums an den Produktionsmitteln den Wirkungskreis des Privatkapitals einengt. Die Notwendigkeit der wirtschaftlichen Planung wird von immer größeren Massen erkannt. Soziale Sicherheit und die Demokratisierung der Wirtschaft werden in zunehmendem Maße verwirklicht. Dies ist das Ergebnis jahrzehntelanger sozialistischer und gewerkschaftlicher Kämpfe. In Ländern mit mächtigen sozialistischen Parteien ist eine neue soziale Ordnung im Entstehen.

6. Die Völker der wirtschaftlich schwächer entwickelten Gebiete der Welt beginnen, im Sozialismus eine geistige Waffe in ihrem Kampf um nationale Freiheit und ein höheres Lebensniveau zu erkennen. Die Verschiedenartigkeit der Kampfbedingungen hat unterschiedliche Ausdrucksformen des demokratischen Sozialismus entwickelt.
   In diesen Gebieten kämpfen die Sozialisten gegen die parasitären Formen der Ausbeutung durch einheimische Finanzoligarchien wie gegen die koloniale Ausbeutung durch ausländische Kapitalisten. Sie kämpfen für den Aufbau der politischen und wirtschaftlichen Demokratie, für die Hebung des Lebensniveaus der Volksmassen durch Bodenreform und Industrialisierung, durch soziale Reformen, die Ausdehnung des Kollektiveigentums und die Entwicklung von Produktions- und Konsumgenossenschaften.

7. Während der Sozialismus die Welt durchdringt, bedrohen neue Kräfte die Entwicklung zur Freiheit und sozialen Gerechtigkeit. Seit der bolschewistischen Revolution in Rußland hat der Kommunismus die internationale Arbeiterbewegung gespalten und dadurch die Verwirklichung des

Sozialismus in vielen Ländern um Jahrzehnte zurückgeworfen.

8. Die Kommunisten berufen sich zu Unrecht auf sozialistische Traditionen. In Wirklichkeit haben sie diese Traditionen bis zur Unkenntlichkeit verzerrt. Der Kommunismus ist zu einem Dogmatismus erstarrt, der in unvereinbarem Gegensatz zum kritischen Geist des Marxismus steht.

9. Während die Sozialisten durch die Überwindung der kapitalistischen Klassengesellschaft Freiheit und soziale Gerechtigkeit zu verwirklichen trachten, bemühen sich die Kommunisten, die Klassenzerrissenheit der Gesellschaft zu verschärfen, aber nur, um die Diktatur einer einzelnen Partei zu errichten.

10. Der internationale Kommunismus ist das Instrument eines neuen Imperialismus. Wo immer er zur Macht gekommen ist, hat er die Freiheit ausgerottet oder die Möglichkeit, sie zu erringen, vernichtet. Er stützt sich auf eine militaristische Bürokratie und eine terroristische Polizei. Er hat eine neue Klassengesellschaft mit aufreizenden Gegensätzen in Besitz und Vorrecht erzeugt. Zwangsarbeit ist ein wichtiger Faktor in seiner Wirtschaft.

11. Der demokratische Sozialismus ist eine internationale Bewegung, die keineswegs eine starre Gleichförmigkeit der Auffassungen verlangt. Gleichviel, ob Sozialisten ihre Überzeugung aus den Ergebnissen marxistischer oder anders begründeter sozialer Analysen oder aus religiösen oder humanitären Grundsätzen ableiten, alle erstreben ein gemeinsames Ziel: eine Gesellschaftsordnung der sozialen Gerechtigkeit, der höheren Wohlfahrt, der Freiheit und des Weltfriedens.

12. Die Entwicklung der Wissenschaft und Technik hat der Menschheit die Möglichkeit gegeben, sich selbst zu zerstören oder ihren Wohlstand steigend zu erhöhen. Daher kann die Produktion nicht dem freien Spiel der wirtschaftlichen Kräfte überlassen bleiben. Sie muß geplant werden. Diese Planung muß die fundamentalen Rechte der menschlichen Persönlichkeit sichern. Der Sozialismus erstrebt die Verbindung von Freiheit und Planung im nationalen wie im internationalen Maßstab.

13. Der Sozialismus wird sich nicht zwangsläufig erfüllen. Seine Verwirklichung erfordert die Anstrengung aller seiner Anhänger. Im Gegensatz zu totalitären Systemen, die dem Volk eine passive Rolle auferlegen, erheischt der Sozialismus die aktive Teilnahme des Volkes zu seiner Verwirklichung. Er wird damit zur höchsten Form der Demokratie.

I. Politische Demokratie

1. Die Sozialisten erstreben mit demokratischen Mitteln eine neue Gesellschaft in Freiheit.

2. Es gibt keinen Sozialismus ohne Freiheit. Der Sozialismus kann nur durch die Demokratie verwirklicht, die Demokratie nur durch den Sozialismus vollendet werden.

3. Demokratie ist die Regierung des Volkes durch das Volk für das Volk. Sie sichert
   a) jedem den Schutz seines persönlichen Lebens gegen jeden willkürlichen Eingriff des Staates;
   b) die politischen Freiheitsrechte wie Meinungsfreiheit, Pressefreiheit, Lehr- und Lernfreiheit, Koalitions- und Versammlungsfreiheit, Streikrecht, Freiheit der religiösen Bekenntnisse;
   c) die Volksvertretung auf Grund freier, allgemeiner, gleicher und geheimer Wahlen;
   d) Regierung durch die Mehrheit bei Wahrung der Rechte der Minderheit;
   e) die Gleichheit aller Staatsbürger vor dem Gesetz ohne Rücksicht auf Geburt, Geschlecht, Glauben, Sprache oder Rasse;
   f) den Gruppen mit eigener Sprache das Recht auf kulturelle Autonomie;
   g) ein System unabhängiger Justiz: Niemand darf seinem ordentlichen Richter entzogen werden; die Richter sind nur an das Gesetz gebunden.

4. Die Sozialisten haben stets für die Wahrung der Menschenrechte gekämpft. Die von den Vereinten Nationen angenommene Erklärung über die Menschenrechte muß in allen Ländern verwirklicht werden.

5. Die Demokratie erfordert die Daseinsberechtigung von mehr als einer Partei und das Recht auf Opposition. Die Demokratie hat jedoch die Pflicht, sich gegen jene zu schützen, die sie mißbrauchen, um sie zu zerstören. Die Verteidigung der politischen Demokratie ist ein Lebensinteresse des Volkes, ihre Aufrechterhaltung eine Bedingung für die Verwirklichung der wirtschaftlichen und sozialen Demokratie.
6. Eine von kapitalistischen Interessen getragene Politik kann nicht die Kräfte des Volkes entwickeln und vereinigen, die zur Verteidigung der Demokratie gegen totalitäre Angriffe erforderlich sind. Die Demokratie kann nur mit Hilfe der Arbeiter verteidigt werden, deren Schicksal mit dem Bestand der Demokratie unlösbar verbunden ist.
7. Die Sozialisten erklären sich solidarisch mit den Völkern unter faschistischer oder kommunistischer Diktatur, die um ihre Freiheit ringen.
8. Jede Diktatur, wo immer sie bestehen mag, bildet eine Gefahr für die Freiheit aller Völker und damit für den Weltfrieden. Jede Ausbeutung der Menschen, sei es durch Zwangsarbeit, sei es unter Verletzung der elementaren Menschenrechte, sei es zugunsten privatkapitalistischen Profits, sei es im Namen einer politischen Diktatur, bedroht das materielle und moralische Lebensniveau aller Völker.

II. Wirtschaftliche Demokratie

1. Der Sozialismus will das kapitalistische System überwinden durch eine Wirtschaftsordnung, in der das Interesse der Gemeinschaft über dem Profitinteresse steht. Die unmittelbaren wirtschaftlichen Ziele sozialistischer Politik sind Vollbeschäftigung, Produktionssteigerung, stetige Vergrößerung des Wohlstandes, soziale Sicherheit und eine gerechte Verteilung der Einkommen und Vermögen.
2. Um diese Ziele zu verwirklichen, muß die Produktion im Interesse des Volkes geplant werden.
Solche Planwirtschaft ist unvereinbar mit der Konzentration wirtschaftlicher Macht in den Händen weniger; sie erfordert eine wirksame demokratische Kontrolle der Wirtschaft.

Der demokratische Sozialismus steht daher im scharfen Gegensatz zum Monopolkapitalismus wie zu jeder Form der totalitären Wirtschaftsplanung, denn diese Formen der Wirtschaftsorganisation schließen die öffentliche Kontrolle des Produktionsprozesses aus und sichern nicht eine gerechte Verteilung der Arbeitsprodukte.

3. Sozialistische Planung kann sich verschiedener Methoden bedienen. Das Ausmaß öffentlichen Eigentums und die Formen der Planung sind durch die Struktur der einzelnen Länder bedingt.

4. Kollektives Eigentum kann geschaffen werden durch die Nationalisierung privatkapitalistischer Konzerne und Unternehmungen oder den Aufbau gemeinnütziger Konzerne oder Gemeindeunternehmungen und Verbraucher- oder Produktivgenossenschaften.
   Diese mannigfaltigen Formen kollektiven Eigentums sind nicht Selbstzweck. Sie sollen als Instrumente dienen, um die Grundindustrien, von denen Leben und Wohlstand des Gemeinwesens abhängen, der öffentlichen Kontrolle zu unterwerfen, die Rationalisierung technisch rückständiger Industrien zu fördern und die Ausbeutung des Volkes durch kapitalistische Monopole und Kartelle zu verhindern.

5. Sozialistische Planung erfordert nicht die Kollektivierung aller Produktionsmittel; sie ist vereinbar mit der Existenz von Privateigentum auf wichtigen Gebieten, so z. B. in der Landwirtschaft, im Handwerk, im Kleinhandel und in der Klein- und Mittelindustrie. Der Staat muß privatkapitalistische Eigentümer hindern, ihre Macht zu mißbrauchen. Er kann und soll ihnen helfen, zur Steigerung der Produktion und zur Vermehrung des Volkswohlstandes im Rahmen der Gesamtplanung beizutragen.

6. Die Gewerkschaften und die Verbände der Produzenten und Konsumenten sind unerläßliche Faktoren einer demokratischen Gesellschaft; sie dürfen weder zu Werkzeugen einer Zentralbürokratie noch zu einem Ständesystem entarten. Diese Wirtschaftsverbände sollen, bei voller Wahrung der konstitutionellen Rechte des Parlaments, an der Gestaltung der Wirtschaftspolitik mitwirken.

7. Sozialistische Wirtschaftsplanung bedeutet nicht, daß alle wirtschaftlichen Entscheidungen von der Regierung oder

von Zentralbehörden getroffen werden. Wirtschaftliche Macht soll, wo immer dies mit den Zwecken der Wirtschaftsplanung vereinbar ist, dezentralisiert werden.

8. Die Staatsbürger sollen durch ihre Verbände und durch individuelle Initiative am Produktionsprozeß mitwirken und dadurch das Aufkommen einer staatlichen oder privaten Bürokratie verhindern. Die demokratische Mitwirkung der Arbeiter an der Leitung der Industrien muß gesichert werden.

9. Der demokratische Sozialismus erweitert die Freiheit des Individuums auf der Grundlage wirtschaftlicher und sozialer Sicherheit und eines sich ständig vermehrenden Wohlstandes.

III. Soziale Demokratie und kultureller Fortschritt

1. Das Hauptmotiv des Kapitalismus ist der persönliche Profit, das des Sozialismus die Befriedigung der menschlichen Lebensbedürfnisse.

2. Das Sozialprodukt muß in erster Linie entsprechend den elementaren Lebensbedürfnissen aller verteilt werden. Dies muß den Antrieb des einzelnen zur höchsten Arbeitsleistung nicht unterbinden. Die Sozialisten halten den Anspruch des Individuums auf eine Belohnung entsprechend seiner vollbrachten Leistung für selbstverständlich. Sie glauben, daß auch andere Arbeitsantriebe wirksam sind, wie die Freude an der guten Arbeitsleistung, die Solidarität und der Gemeinschaftsgeist, die besonders verstärkt werden können, wenn die Menschen für das Gemeininteresse arbeiten.

3. Der demokratische Sozialismus verficht nicht allein die politischen, sondern auch die ökonomischen und sozialen Grundrechte des Individuums.
Diese Rechte sind unter anderen:
das Recht auf Arbeit;
das Recht auf ärztliche Behandlung und auf Mutterschutz;
das Recht auf Erholung;

das Recht auf wirtschaftliche Sicherheit im Alter, bei Arbeitslosigkeit oder Arbeitsunfähigkeit;
das Recht der Kinder auf Kinderschutz und das Recht der Jugend auf eine den individuellen Fähigkeiten angemessene Schulbildung;
das Recht auf menschenwürdige Wohnung.

4. Die Sozialisten kämpfen für die Aufhebung aller gesetzlichen, sozialen, wirtschaftlichen und politischen Ungleichheiten zwischen Mann und Frau, zwischen sozialen Schichten, zwischen Stadt und Land, zwischen Regionen und zwischen Rassen.

5. Der demokratische Sozialismus erstrebt weit mehr als eine neue wirtschaftliche und soziale Ordnung. Wirtschaftliche und soziale Fortschritte finden ihre moralische Rechtfertigung in dem Maße, in dem sie der Befreiung und Entfaltung der menschlichen Persönlichkeit dienen.

6. Der demokratische Sozialismus bekämpft den Kapitalismus nicht nur wegen seiner wirtschaftlichen Unzulänglichkeit und seiner materiellen Bedrückung großer Massen, sondern weil er das sittliche Empfinden verletzt. Er verwirft jedes totalitäre System, weil es die Würde des Menschen schändet.

7. Der demokratische Sozialismus kämpft für die Befreiung der Menschen von jener Furcht und Sorge, die mit allen Formen von politischer und wirtschaftlicher Unsicherheit verbunden ist.
Mit dieser Befreiung wird die Bahn geöffnet für die geistige Entfaltung der Menschen zu verantwortungsbewußten und der kulturellen Entwicklung aufgeschlossenen Persönlichkeiten.
Der demokratische Sozialismus ist eine mächtige Triebkraft dieser kulturellen Entwicklung.

8. Der Sozialismus will den Menschen alle Bereiche des Wissens öffnen, damit sie zu immer höheren Kulturstufen aufsteigen. Er befruchtet alle Bestrebungen und Schöpfungen des menschlichen Geistes. Die Schätze der Kunst und Wissenschaft, die in Jahrtausenden geschaffen wurden, müssen allen erschlossen werden.

IV. Internationale Demokratie

1. Der Sozialismus ist von Anfang an eine internationale Bewegung.

2. Er ist international, weil er die Befreiung aller Menschen von jeder wirtschaftlichen, geistigen und politischen Knechtung erstrebt.

3. Er ist international, weil er überzeugt ist, daß kein Volk für sich allein dauerhafte Lösungen für alle seine wirtschaftlichen und sozialen Probleme finden kann.

4. Das System uneingeschränkter nationaler Souveränität muß überwunden werden.

5. Die neue Weltordnung, die die Sozialisten erstreben, kann sich nur fruchtbar und friedlich entfalten, wenn sie auf der freiwilligen Zusammenarbeit der Nationen beruht. Dies erfordert Demokratie im Weltmaßstab unter einer internationalen Rechtsordnung, die die Freiheit der Völker und den Respekt der Menschenrechte verbürgt.

6. Der demokratische Sozialismus sieht in der Gründung der Organisation der Vereinten Nationen einen wichtigen Schritt zur Errichtung eines internationalen Gemeinwesens und fordert die strenge Durchführung der Grundsätze ihrer Charta.

7. Der demokratische Sozialismus kämpft gegen jede Form des Imperialismus. Er kämpft gegen die Unterjochung und Ausbeutung irgendeines Volkes.

8. Es genügt nicht, sich dem Imperialismus zu widersetzen. In ungeheuren Gebieten der Welt leben Millionen Menschen, von Krankheit heimgesucht, in tiefster Armut und Unwissenheit. Armut in einem Teil der Welt ist eine Bedrohung des Wohlstandes in den anderen. Armut hemmt die Entwicklung zur Demokratie. Demokratie, Wohlstand und Frieden erfordern eine Neuverteilung des Weltreichtums und eine Erhöhung der Produktivität in den wirtschaftlich unentwickelten Gebieten. Es liegt im Interesse aller Völker, den materiellen und kulturellen Lebensstan-

dard in diesen Gebieten zu steigern. Ihre wirtschaftliche, soziale und kulturelle Entwicklung muß von den Ideen des demokratischen Sozialismus beseelt werden, damit sie nicht neuen Formen der Unterdrückung verfallen.

9. Der demokratische Sozialismus sieht in der Bewahrung des Weltfriedens die brennendste Aufgabe unserer Zeit. Der Friede kann nur durch ein System der kollektiven Sicherheit verbürgt werden. Dieses System wird die Voraussetzungen für eine Weltabrüstung schaffen.

10. Der Kampf für die Erhaltung des Friedens ist untrennbar verknüpft mit dem Kampf für die Freiheit. In der Bedrohung oder der Vergewaltigung der Völker haben die Kriegsgefahren unserer Zeit ihren unmittelbaren Grund.

Die Sozialisten ringen um eine Welt des Friedens in Freiheit, um eine Welt, die die Ausbeutung und Knechtung von Menschen durch Menschen und von Völkern durch Völker ächtet, um eine Welt, in der die Entwicklung der Persönlichkeit des einzelnen die Voraussetzung ist für die fruchtbare Entwicklung der ganzen Menschheit.
Sie appellieren an die Solidarität aller Werktätigen im Kampf für diese großen Ziele.

XXII. Aktionsprogramm der Sozialdemokratischen Partei Deutschlands, beschlossen auf dem Parteitag in Dortmund 1952 und erweitert auf dem Parteitag in Berlin 1954

Vorbemerkung des Herausgebers

Anfang November 1951 beschloß der SPD-Vorstand, einen Ausschuß mit der Vorbereitung der Arbeiten für ein Aktionsprogramm zu beauftragen. Wegen der Erkrankung des Parteivorsitzenden konnte die aus Schumacher, Ollenhauer, Eichler, Wenzel Jaksch, Ludwig Preller, Carlo Schmid, Erwin Schoettle, Herman Veit und Herbert Wehner bestehende Kommission erst im April 1952 ihre Arbeit beginnen. Mit der Federführung wurde Willi Eichler betraut. Ab Juli 1952 lag der SPD-Mitgliederschaft ein Programmentwurf zur Diskussion vor. Der Entwurf stieß auf massive Kritik, insbesondere wegen der Langatmigkeit und mangelnden Präzision der Aussagen. In weit über hundert Anträgen zum bevorstehenden Parteitag wurden Verbesserungsvorschläge unterbreitet. Die Delegierten des Dortmunder Parteitages, der vom 24. bis zum 28. September 1952 stattfand, nahmen einen in Form und Inhalt erheblich veränderten Entwurf einstimmig an.

Nach der Wahlniederlage vom 6. September 1953 setzte eine Parteireformdiskussion ein, in der auch grundsatzprogrammatische Fragen, die auf internationaler Ebene zuletzt noch teilweise die Bentveld-Konferenz im März 1953 angesprochen hatte, mit neuem Nachdruck aufgeworfen wurden. Am 4. März 1954 gaben Vorstand und Parteiausschuß „Empfehlungen", die den künftigen SPD-internen Debatten die Richtung weisen sollten. Im darauffolgenden Monat, vom 12. bis zum 14. April, traf in Mehlem die im März 1953 gebildete Studienkommission sozialdemokratischer Wissenschaftler, der u. a. Wolfgang Abendroth, Fritz Borinski, Georg Eckert, Otto Stammer, Otto Suhr und Gerhard Weisser angehörten, zu einer Klausurtagung zusammen und verabschiedete Thesen zur programmatischen Selbstverständigung des freiheitlich-demokratischen Sozialismus. An diese Vorarbeiten konnte die 60-köpfige Kommission unter Federführung von Willi Eichler anknüpfen,

die gemäß den „Empfehlungen" vom März Vorschläge für die Überarbeitung des Aktionsprogramms und für eine Präambel entwickeln sollte.
Den Delegierten des vom 20. bis zum 24. Juli 1954 stattfindenden Berliner Parteitages wurde eine vom Dortmunder Text stellenweise erheblich abweichende Neufassung einschließlich der Präambel vorgelegt. Die in Berlin gebildete Programmkommission schlug zusätzliche Änderungen vor, die der Parteitag „gegen einige Stimmen" akzeptierte.

Vorwort

Die Sozialdemokratische Partei Deutschlands ist nach 1945 von der Idee ausgegangen, ein Deutschland zu schaffen, das die Wiederholung der Schrecken der Vergangenheit ausschließt. Dazu war nach ihrer Meinung notwendig, die Zusammenarbeit mit den anderen freiheitlichen Faktoren in der Welt anzustreben, unter keinen Umständen aber die Deutschen in die Position der Unterworfenen sinken zu lassen.
In der deutschen Sozialdemokratie lebte die Erkenntnis Léon Blums: „Es gibt kein freies Proletariat in einem geknechteten Volk. Es gibt keine freien Menschen, wenn nicht alle Menschen frei sind, und es gibt kein freies Vaterland, wenn nicht alle Vaterländer frei sind."
Die Demokratie wird von der Sozialdemokratie als eine politische, menschliche und nationale Chance für die Deutschen und für die Erhaltung des Friedens in der Welt betrachtet.
Wenn man heute in Deutschland so tut, als ob alles, was seit 1945 geschehen ist, das Ergebnis der Tätigkeit der Bundesregierung sei, dann muß hier festgestellt werden: In den Jahren 1945 bis 1949 hat es noch keine Bundesregierung gegeben, und damals sind die entscheidenden Stellungnahmen der Deutschen erfolgt. Fast immer war es die Sozialdemokratie allein, die hier eindeutig Stellung genommen hat.
Die Sozialdemokratie erklärte bereits 1945, daß sie die Oder-Neiße-Linie nicht als Grenze anerkenne.

Bei der Abwehr des Bemühens der sowjetischen Besatzungsmacht, die Vereinigung von Sozialdemokraten und Kommunisten zu erzwingen, hat die Sozialdemokratie diesen Abwehrkampf allein geführt, ohne daß ihr von irgendeiner Seite dabei Hilfe zuteil geworden wäre.

Die Sozialdemokratie war sich stets darüber klar, daß ihre Abwehr des östlichen Totalitarismus und die geistige Gewinnung der Deutschen für die Sache der Demokratie nur dann möglich und von dauerndem Erfolg sein würde, wenn sie diese Abwehr aus einem demokratischen und nationalen Selbstbewußtsein heraus führt. Die Politik der deutschen Demokratie darf nicht eine Funktion der westlichen Besatzungsmächte sein.

Die Probe auf das Exempel war die Schaffung des Grundgesetzes 1949. Wenn es nach dem Erkenntnisvermögen und der Haltung der Parteien gegangen wäre, die heute die Bundesregierung bilden, vor allem der CDU/CSU und der DP, dann wäre ein neuer Rheinbund entstanden, wie ihn mindestens zwei der drei westlichen Alliierten gewollt haben. Nur durch die Sozialdemokratie ist ein Grundgesetz zustande gekommen, das diese Bundesregierung überhaupt erst funktionsfähig gemacht hat.

Die Sozialdemokratie hält es für ihre oberste Aufgabe, nicht einen Staat der Restaurierung früherer Verhältnisse, sondern ein neues Deutschland mit einem neuen politischen und sozialen Inhalt zu schaffen, in dem die Menschen über ihr eigenes Schicksal auf allen Gebieten auch tatsächlich mitzubestimmen haben. Die Politik der Bundesregierung geht dahin, die Mitwirkung des Volkes nach Möglichkeit auszuschalten. Die Politik der Sozialdemokratie will die Aktivierung der Menschen bei der Gestaltung ihres Schicksals. Die Bundesregierung versucht, die parlamentarische Demokratie in der Praxis auszuschalten und den autoritären Verwaltungsstaat zu etablieren. Heute ist bereits das Etatrecht des Parlaments bedroht.

Nur ein Deutschland, getragen von einem staatsbürgerlichen Bewußtsein und sozialer Gerechtigkeit, kann erfolgreich in der Abwehr totalitärer Tendenzen sein. Die Stärke der Freiheit ist nicht nur in Divisionen zu sehen.

Die freie Entschlußfähigkeit der Deutschen, selbst über ihr Schicksal zu entscheiden, und der Wille zur internationalen Zusammenarbeit auf dem Boden tatsächlicher Gleichberechtigung sind für die sozialdemokratische Politik bestimmend. Hier lassen sich Innen- und Außenpolitik nicht trennen.

Es ist eine verantwortungslose Propagandaparole, heute zu behaupten, daß die Sozialdemokratie in der Regierung dieselbe Politik machen würde wie die jetzige Bundesregierung. Die Sozialdemokratie geht von ganz anderen Voraussetzungen aus und strebt auf anderen Wegen auch anderen Zielen zu. Für uns ist die deutsche Einheit kein Fernziel, sondern das Nahziel. Die ganze Konzeption der Sozialdemokratie geht davon aus, daß die Zukunft des deutschen Volkes auf seiner Leistungskraft beruht. Zweimal in einer Generation hat der deutsche Arbeiter die Trümmerberge wegräumen müssen, die eine wahnwitzige Machtpolitik hinterließ. Die Arbeiter, Techniker und Wissenschaftler mußten immer wieder mit vorbildlicher Leistung das Ansehen des deutschen Volkes zurückerobern, das durch nationalistischen Größenwahn verspielt worden war.

Die deutsche Jugend darf nicht das Gefühl bekommen, daß die Demokratie verknüpft sein soll mit nationalem Niedergang.

Darum sind wir aus nationalen Notwendigkeiten die Feinde des Klassenkampfes von oben, der heute in Deutschland alle Ansätze zu einer wirklichen Gemeinschaftsbildung zerstört. Die heute allgewaltige Macht des Großbesitzes und seiner Anhänger muß gebrochen werden, um die Bahn freizubekommen für eine Entwicklung der freien Menschen und Staatsbürger und der Freiheit der Nation.

Als das große nationale Ziel der Gegenwart sieht die Sozialdemokratie die deutsche Einheit in Freiheit und Frieden an. Sie wird jeden Versuch abwehren, die Verschmelzung von Teilen Deutschlands mit anderen Völkern dieser deutschen Einheit vorzuziehen. Wir wollen die Gemeinschaft. Jede Gemeinschaft beginnt für uns aber mit der Gemeinschaft mit der Bevölkerung der sowjetischen Besatzungszone und des Saargebietes.

Alles, was bisher in den einzelnen Teilen Deutschlands geschehen ist, hat nur provisorischen Charakter. Die Provisorien können nichts Definitives für das ganze deutsche Volk schaffen. Nur das vereinigte deutsche Volk ist dazu berechtigt, die endgültigen Formen seiner Politik und seiner Wirtschaft mit dem Blick nach vorn zu bestimmen und zu gestalten.

Die deutsche Arbeiterklasse lehnt es ab, die Wirtschaftsgestaltung in der sowjetischen Besatzungszone als Sozialisierung zu betrachten. Sie lehnt aber mit der gleichen Entschiedenheit eine Politik der Reprivatisierung und der Restauration früherer Verhältnisse ab.

Wir haben der Bundesregierung verschiedene Male mit ganz konkreten Vorschlägen eine gemeinsame Außenpolitik angeboten. Unsere Vorschläge sind von der Bundesregierung und ihren Parteien stets mit größerer Eile als von den Alliierten selbst abgelehnt worden, und zwar immer dann, wenn es um die tatsächliche nationale Gleichheit bei internationalen Verträgen ging. Diese Verweigerung der notwendigen nationalen Gemeinschaft in der Außenpolitik durch die Bundesregierung und ihre Parteien erfolgte aus klassenegoistischen Motiven.

Ein Staat des demokratischen Sozialismus ist darum die beste Voraussetzung für eine erfolgreiche Politik der Gleichberechtigung und der Zusammenarbeit mit anderen Völkern.

Die Sozialdemokratische Partei sieht ihre Aufgabe darin, die Partei der deutschen Patrioten und internationalen Sozialisten zu sein. Internationalität ist die Zusammenarbeit tatsächlich gleichberechtigter und gleichwertiger Völker. Die Sozialdemokratie bekennt sich wie immer, so auch heute zu dieser Internationalität. Sie lehnt deshalb die nationale Selbstaufgabe ab, die jetzt den Deutschen auch von den Deutschen zugemutet wird. Die Sozialdemokratie weigert sich, die arbeitenden Menschen die Schuld büßen zu lassen, die der Großbesitz vor und nach 1933 auf sich geladen hat.

Es kommt darauf an, dem deutschen Volk ein neues nationales Selbstbewußtsein zu geben, gleich fern von dem frevelhaften Übermut der Vergangenheit und der heute weitverbreiteten Neigung, in jedem alliierten Wunsch eine Offenbarung europäischer Gesinnung zu sehen. Nur ein Volk, das sich selbst behauptet, kann ein wertvolles Glied einer größeren Gemeinschaft sein.

Bonn, am 28. Juli 1952 Kurt Schumacher

Ziele und Aufgaben

Die Menschheit steht am Beginn des Atomzeitalters. Kräfte sind entfesselt worden, die der Menschheit zu ungeahnter Entfaltung verhelfen, aber ebenso zu erbarmungsloser Zerstörung führen können. Die Menschheit steht vor der Selbstzerstörung, wenn es nicht gelingt, die machtpolitischen Gegensätze auf friedliche Weise zu überwinden. Zwei riesige Machtblöcke stehen, auch auf dem Boden des zerrissenen Deutschland, schwerbewaffnet einander gegenüber. Totalitäre Herrschaftssysteme bedrohen die Demokratie und die Menschenrechte. Im größten Teil der Welt herrschen Hunger, Armut und soziales Elend. Viele Völker sind gegen Ausbeutung und koloniale Unterdrückung aufgestanden und kämpfen für ihre Unabhängigkeit und Gleichberechtigung.

Jeder einzelne, jede Klasse, jedes Volk ist zur Entscheidung aufgerufen.

An dieser Wende bekennt sich die Sozialdemokratische Partei Deutschlands entschiedener denn je zu den großen Ideen der Demokratie und des Sozialismus — zur Befreiung des Menschen aus unwürdiger sozialer Abhängigkeit und geistiger Hörigkeit, zu einer Gesellschaft des Friedens und der Gerechtigkeit.

Im vorigen Jahrhundert haben Marx und Engels wissenschaftliche Grundlagen für den Sozialismus geschaffen. Seit dieser Zeit haben sich die Bedingungen für den kämpfenden Sozialismus tiefgehend gewandelt. Die Wissenschaft hat uns die Natur, den Menschen und die Gesellschaft in ungeahnter Weise erschlossen. Organisation und Technisierung aller Lebensbereiche haben aber neue Abhängigkeiten geschaffen, sie gefährden die Freiheit des Menschen.

Die Sozialdemokratische Partei Deutschlands war stets bemüht, ihre Politik an der gesellschaftlichen Wirklichkeit und der geistigen Entwicklung zu überprüfen. Sie ist sich bewußt, daß sie ihre Ziele unter den gewandelten Bedingungen der Gegenwart verwirklichen muß. Sie wird dabei ihr Wesen und ihre Tradition niemals verleugnen. Sie hat im Kampf um die Menschenrechte und die Demokratie immer neue Generationen in sich vereint, ganz gleich, ob sie frei kämpfen konnte oder ob sie verleumdet und verfolgt Terror und Unterdrückung abwehren mußte. Viele ihrer Forderungen hat sie in harten Kämpfen durchgesetzt. Das Gedenken an die unzähligen Opfer in diesem Kampf und an ihre großen Vorkämpfer Karl Marx, Friedrich Engels, Ferdinand Lassalle und August Bebel bis zu Kurt Schumacher, Hans Böckler und Ernst Reuter werden ihr immer Verpflichtung bleiben.

Die Sozialdemokratische Partei Deutschlands vertritt nicht Sonderinteressen einzelner Gruppen. Ihr Ziel ist die Neugestaltung der Gesellschaft im Geiste des Sozialismus. Er allein ermöglicht allen Menschen die freie Entfaltung ihrer Persönlichkeit. Die Sozialisten kämpfen deshalb für die Gleichberechtigung aller Menschen und für ihre geistige, politische und wirtschaftliche Freiheit, die in der bestehenden Gesellschaft nicht verwirklicht werden kann.
Das Menschheitsziel des Sozialismus macht ihn zu einer internationalen Bewegung. Er anerkennt das Lebensrecht und die Freiheit jedes Volkes und jeder Gemeinschaft. Er allein kann die verhängnisvollen Wirkungen bloßer Machtpolitik und imperialistischer Herrschaftsmethoden durch eine Gemeinschaft freier Völker überwinden, die auf den Grundlagen der Vernunft, Toleranz und Gerechtigkeit ruht.
Eine neue Gesellschaft, die nicht auf Ausbeutung und Unterdrückung beruht, fällt uns nicht durch einen gesetzmäßigen Ablauf der Geschichte zwangsläufig in den Schoß. Nur durch zielklares und verantwortungsbewußtes Handeln können wir uns eine bessere Gesellschaft erkämpfen. Im Kampf gegen die sittliche Verflachung und den materialistischen Ungeist unserer machthungrigen und profitgierigen Zeit ist der sozialistischen Bewegung auch eine große sittliche und pädagogische Aufgabe gestellt. Alle gesellschaftlichen Einrichtungen haben die Tendenz, ein Eigenleben zu entwickeln und bürokratisch zu erstarren. Es gilt, die Menschen zu befähigen, diese Gefahren zu erkennen und abzuwehren. Der Sozialismus wird also stets Aufgabe bleiben.
Die sozialistischen Ideen sind keine Ersatzreligion. Die sozialistische Bewegung stellt sich nicht die Aufgaben einer Religionsgemeinschaft. In Europa sind Christentum, Humanismus und klassische Philosophie geistige und sittliche Wurzeln des sozialistischen Gedankengutes. Die Sozialdemokratie begrüßt die wachsende Erkenntnis vieler Christen, daß das Evangelium eine Verpflichtung zum sozialen Handeln und zur Verantwortung in der Gesellschaft einschließt.
Die Sozialdemokratische Partei Deutschlands weiß sich einig mit den Sozialisten aller Länder: Gleichviel, woher Sozialisten ihre Überzeugung ableiten, alle erstreben ein gemeinsames Ziel, „eine Gesellschaftsordnung der sozialen Gerechtigkeit, der höheren Wohlfahrt, der Freiheit und des Weltfriedens".

Die Kommunisten berufen sich zu Unrecht auf sozialistische Traditionen. In Wirklichkeit haben sie diese Tradition bis zur Unkenntlichkeit verzerrt.
Um der Freiheit und Gerechtigkeit und des Weltfriedens willen wird die Sozialdemokratische Partei Deutschlands niemals bereit sein, das Selbstbestimmungsrecht der Völker den Interessen irgendwelcher Machtblöcke zu opfern. Deshalb kämpft sie für die Wiederherstellung der deutschen Einheit in Frieden und Freiheit.
Die Sozialdemokratie ist aus der Partei der Arbeiterklasse, als die sie erstand, zur Partei des Volkes geworden. Die Arbeiterschaft bildet dabei den Kern ihrer Mitglieder und Wähler. Der Kampf und die Arbeit der Sozialdemokratie aber liegen im Interesse aller, die ohne Rücksicht auf engherzig gehütete Vorrechte für soziale Gerechtigkeit, für politische und wirtschaftliche Demokratie, für geistige Freiheit und Toleranz, für nationale Einheit und internationale Zusammenarbeit eintreten.
Die nächsten Schritte zu diesem Ziel zeigt das hier vorgelegte Aktionsprogramm der Sozialdemokratischen Partei Deutschlands. Sie wird es verwirklichen, sobald ihr das deutsche Volk dazu den Auftrag erteilt. Auch in der Opposition bestimmt dieses Aktionsprogramm ihre Politik.

Außenpolitik

Die Einheit Deutschlands und der Friede

Das deutsche Volk hat besonders angesichts der Folgen des verheerenden Krieges die Aufgabe, gute Beziehungen zu den anderen Völkern herzustellen und ein politisches Klima zu schaffen, in dem die staatliche Einheit Deutschlands in Freiheit verwirklicht werden kann. Die in der Welt herrschenden Spannungen müssen friedlich gelöst werden. Nur so kann die Gefahr eines dritten Weltkrieges gebannt werden. Eine Politik der internationalen Entspannung verbessert auch die Aussichten für eine friedliche Wiedervereinigung Deutschlands.
Die Bundesrepublik muß sich deshalb darum bemühen, die Aufspaltung der Welt in feindliche Blöcke, die einander in Waffen starrend gegenüberstehen, überwinden zu helfen. Die Spal-

tung Deutschlands ist die Folge der Gegensätze zwischen den Besatzungsmächten. Sie dürfen daher nicht von ihrer Verantwortung für die Beseitigung der Spaltung entbunden werden. Die Bundesregierung muß verhindern, daß die Spaltung Deutschlands ein Dauerzustand wird. Sie hat vor allem die Aufgabe, sich ständig für die engsten menschlichen, wirtschaftlichen und kulturellen Beziehungen zwischen der Bevölkerung in der sowjetisch besetzten Zone und in der Bundesrepublik einzusetzen.

Die Wiederherstellung der Einheit Deutschlands in Frieden und Freiheit ist die dringendste politische Forderung des deutschen Volkes. Die Sozialdemokratische Partei Deutschlands wird jeden Schritt ihrer Politik in den Dienst dieser Forderung stellen. Sie wird sich unablässig darum bemühen, daß die Voraussetzungen für freie Wahlen in allen Besatzungszonen und in Berlin geschaffen werden. Denn nur durch freie gesamtdeutsche Wahlen läßt sich die Einheit Deutschlands verwirklichen. Die freie gesamtdeutsche Regierung, die auf Grund dieser Wahlen gebildet wird, muß als gleichberechtigter Partner an den Verhandlungen über einen deutschen Friedensvertrag teilnehmen.

Die Regelung der Gebiets- und Grenzfragen Deutschlands bleibt diesem Friedensvertrag vorbehalten. Keine Regierung von Teilen Deutschlands darf durch Abmachungen mit den Besatzungsmächten Entscheidungen über diese Frage vorwegnehmen. Die Abtrennung von Gebieten, die 1937 zu Deutschland gehörten, hat nicht neues Recht, sondern neues Unrecht geschaffen. Die Sozialdemokratische Partei Deutschlands erkennt sie weder im Osten noch im Westen an.

Keine Bindung, die die Bundesrepublik beim Abschluß internationaler Verträge eingeht, darf die Wiedervereinigung Deutschlands zusätzlich erschweren. Vertragliche Verpflichtungen der Bundesrepublik müssen die Entscheidungsfreiheit einer zukünftigen deutschen Regierung ausdrücklich offenlassen.

Die Sozialdemokratische Partei Deutschlands wird die Parteien der Sozialistischen Internationale und die Völker der freien Welt unermüdlich daran erinnern, daß die Wiedervereinigung Deutschlands nicht nur eine Forderung der Deutschen ist, sondern ein Ziel jeder internationalen Politik sein muß, die den Frieden und die Freiheit Europas und der Welt erhalten und sichern will.

Internationale und europäische Zusammenarbeit

Getreu der völkerverbindenden Idee des Sozialismus setzt sich die Sozialdemokratische Partei Deutschlands für die politische, wirtschaftliche und kulturelle Zusammenarbeit der Völker und Staaten zur gemeinsamen Sicherung des Friedens ein. Diese Politik der Völkerverständigung ist heute um so notwendiger, als durch die Entwicklung der modernen Waffen, insbesondere der Atom- und Wasserstoffbombe, die Vernichtung großer Teile der Menschheit, ja der Zivilisation überhaupt droht. Die Sozialdemokratische Partei Deutschlands setzt sich für eine allgemeine, international kontrollierte Abrüstung ein, die die Menschheit vor einer Anwendung der Atomwaffen bewahrt.

Die Sozialdemokratische Partei Deutschlands bekennt sich zu den freiheitlichen Auffassungen der demokratischen Völker. Es gibt für sie kein Zusammengehen mit dem sowjetischen Totalitarismus und seinen Hilfstruppen. Mit aller Schärfe bekämpft sie aber auch die Bemühungen, die Freiheitsfront durch Einbeziehung faschistischer Kräfte zu demoralisieren. Die Bundesrepublik muß sich dafür einsetzen, daß der Westen die im sowjetischen Machtbereich lebenden Völker Mittel- und Osteuropas mit friedlichen Mitteln vor der völligen Isolierung vom normalen wirtschaftlichen und kulturellen Verkehr mit den übrigen Völkern Europas bewahrt.

Eine Politik der Entspannung der internationalen Gegensätze und der Anbahnung normaler diplomatischer und Handelsbeziehungen zu allen Staaten in Ost und West muß diesem Ziele dienen.

Die Sozialdemokratie wird alle Maßnahmen unterstützen, die geeignet sind, unterentwickelten Ländern zur Selbstbestimmung und zum sozialen Aufstieg zu verhelfen. Die westliche Welt wird der Ausdehnung des kommunistischen Machtbereichs nur begegnen können, wenn sie neben der Bereitschaft zur militärischen Sicherung ihrer Freiheit in gemeinsamer Anstrengung aller Völker eine wirtschaftliche und soziale Offensive führt, die den in Not und nationaler Unfreiheit zurückgebliebenen Teilen der Welt eine Hoffnung auf Freiheit und Wohlstand geben kann. Das Zeitalter des Kolonialismus ist endgültig vorbei.

Im Rahmen dieser internationalen Politik erstrebt die Sozialdemokratie eine demokratische Neugestaltung Europas als Gemeinschaft gleichberechtigter Völker. Ziel ihrer Europapolitik ist die Hebung des Lebensstandards der europäischen Völker und damit die stetige Besserung der wirtschaftlichen und sozialen Verhältnisse in Europa und die Schaffung eines zusammenhängenden Wirtschaftsgebietes mit Freizügigkeit für Menschen, Waren und Nachrichten. Eine gesamteuropäische Politik der Vollbeschäftigung und der Abbau von Zöllen und wirtschaftlichen Handelsschranken, auch währungspolitischer Art, sind dazu erforderlich. Die Sozialdemokratie kämpft für Gleichberechtigung aller Partner in den internationalen und übernationalen Gemeinschaften. Es darf keine Vorrechte von Besatzungsmächten oder Benachteiligungen der Bundesrepublik mehr geben. Diese Gemeinschaften dürfen nicht zur Abkapselung gegenüber anderen Staaten und damit zu einer weiteren Aufsplitterung führen, die die engere Zusammenarbeit Europas und der Welt stört. Die Sozialdemokratie setzt sich darum dafür ein, bestehende Gemeinschaften (z. B. die Europäische Gemeinschaft für Kohle und Stahl, den Europäischen Wirtschaftsrat, den Europarat) in vielfältige Beziehungen zueinander und zu Nicht-Mitgliedstaaten zu bringen. Soweit Souveränitätsrechte auf internationale Einrichtungen übertragen werden, sind diese einer echten parlamentarisch-demokratischen Kontrolle zu unterstellen.

Über die Mitarbeit in den europäischen Institutionen hinaus erstrebt die Sozialdemokratische Partei Deutschlands ein Zusammenwirken der Bundesrepublik mit den Organisationen der Vereinten Nationen, so eng es deren Satzungen erlauben. Die Bundesrepublik muß ihrerseits versuchen, den Beistand der Vereinten Nationen zur Unterstützung lebenswichtiger deutscher Interessen zu erwirken. Die Bundesrepublik muß durch ihre Politik die Voraussetzungen für die Aufnahme Gesamtdeutschlands in die Vereinten Nationen schaffen.

Internationale und europäische Sicherheit

Die Sozialdemokratie fordert energische Anstrengungen der westlichen Welt, mit dem derzeitigen Machtbereich der Sowjets zu Verhandlungen über die Errichtung regionaler Sicherheitssysteme im Rahmen der Satzung der Vereinten Nationen zu

kommen. In einem allumfassenden System kollektiver Sicherheit soll auch das wiedervereinigte Deutschland auf der Grundlage gleicher Rechte und gleicher Risiken seinen Beitrag zur Erhaltung des Friedens leisten. Deshalb fordert die Sozialdemokratie beharrliches Eintreten der Bundesrepublik für weitere Verhandlungen der Großmächte. Dabei müssen die europäische Sicherheit und die Wiedervereinigung Deutschlands als zusammengehörige Aufgabe behandelt werden. Die feste Eingliederung der durch die Besatzungsmächte getrennten Teile Deutschlands in westliche und östliche Bündnissysteme würde die Fortsetzung des Kalten Krieges unvermeidlich machen und die Bedrohung des Friedens vergrößern.
Die Sozialdemokratische Partei Deutschlands kennt die Gefahren, die von der sowjetischen Politik ausgehen. Für den Fall, daß wirksame Vereinbarungen zwischen östlicher und westlicher Welt nicht zu erzielen sind, die Gefahren für die Freiheit und den Frieden der Völker fortbestehen und die Einheit Deutschlands in einem umfassenden System kollektiver Sicherheit trotz aller Bemühungen nicht erreicht werden kann, erklärt sich die Sozialdemokratie bereit, unter folgenden Bedingungen an gemeinsamen Anstrengungen zur Sicherung des Friedens und der Verteidigung der Freiheit auch mit militärischen Maßnahmen teilzunehmen:

1. daß die Bemühungen um die Wiedervereinigung Deutschlands unablässig fortgesetzt werden;
2. daß ein europäisches Sicherheitssystem im Rahmen der Vereinten Nationen angestrebt wird;
3. daß Verträge, durch die sich die Bundesrepublik zu militärischen Leistungen verpflichtet, durch die Bundesregierung kündbar sind, wenn sie zu einem Hindernis für die Wiedervereinigung Deutschlands werden sollten; sie dürfen die künftige Regierung des wiedervereinigten Deutschlands nicht binden;
4. daß die Gleichberechtigung aller Teilnehmer und die Gleichwertigkeit der ihrem Schutz dienenden Sicherheitsvorkehrungen gewahrt werden;
5. daß die demokratisch-parlamentarische Kontrolle der Streitkräfte gesichert ist.

Der Vertrag über die Europäische Verteidigungsgemeinschaft blockiert die Möglichkeit einer friedlichen Wiedervereinigung Deutschlands. Er macht die demokratische Kontrolle der Armeen auch auf europäischer Ebene unmöglich. Er bietet Deutschland nicht die gleiche Sicherheit wie den anderen Vertragspartnern. Er gewährt der Bundesrepublik keine Gleichberechtigung bei den politischen und strategischen Entscheidungen.

Die Sozialdemokratische Partei Deutschlands lehnt also nach wie vor den EVG-Vertrag und die mit ihm gekoppelten Verträge ab. Falls das Vertragssystem in Kraft tritt, wird die Sozialdemokratische Partei Deutschlands für seine radikale Revision eintreten.

Menschlichkeit für Kriegsgefangene und Verschleppte

Den Kriegsgefangenen, verschleppten und internierten Zivilpersonen muß im Geiste der Menschlichkeit geholfen werden.

Die Sozialdemokratische Partei Deutschlands erstrebt mit allen zu Gebote stehenden Mitteln die Heimführung des letzten Kriegsgefangenen und Verschleppten und die Aufklärung des Schicksals aller Vermißten und Verschollenen. Sie unterstützt die Bemühungen um eine großzügige Amnestie und um Gnadenerweise für die verurteilten kriegsgefangenen Deutschen. Die menschenwürdige Lösung des Problems der Kriegsgefangenen und Verschleppten und die Förderung der auf diesem Gebiet wirkenden humanitären Organisationen betrachtet die Sozialdemokratische Partei als eine politische Aufgabe der Bundesrepublik.

Soldaten des zweiten Weltkrieges dürfen nicht länger als Geiseln oder Faustpfand gefangengehalten werden, um für die Fehler der Politik und Diplomatie zu büßen. Die Nachwirkungen von Kollektivschuldbegriffen müssen im Interesse der Menschlichkeit wiedergutgemacht werden. Alle von Militärgerichten gefällten Urteile sind unter maßgebender Teilnahme neutraler, völkerrechtlich erfahrener und anerkannter Persönlichkeiten zu überprüfen. Sühnen sollen nur die Gefangenen und Internierten, die sich gegen zur Zeit der Tat geltende Gesetze vergangen haben.

Die von den Kriegsgefangenen, verschleppten und internierten Zivilpersonen nach Abschluß der Kriegshandlungen in der Gefangenschaft vollbrachten Arbeitsleistungen sind als Teil der deutschen Reparationsleistungen anzuerkennen. Die Sozialdemokratische Partei unterstützt die Forderung der Heimkehrer auf Zahlung einer angemessenen Entschädigung und sieht darin eine der Möglichkeiten zur Sicherung der Existenz der Heimkehrer und zu ihrer Eingliederung. Die Zusammenführung befreiter Kriegsgefangener, verschleppter und internierter Zivilpersonen mit ihren Familien ist mit allen Mitteln zu fördern.

Berlin wieder Hauptstadt

Der Sozialdemokratischen Partei Deutschlands gilt Berlin heute wie gestern als Hauptstadt Deutschlands. Bis zur Wiedervereinigung bleibt Berlin der Vorposten der Demokratie.

Berlin muß in jeder Hinsicht als Bundesland behandelt werden. Seiner besonderen Lage und seinen besonderen Aufgaben ist ohne kleinliche Vorbehalte Rechnung zu tragen. Die Berliner Abgeordneten zum Bundestag müssen direkt gewählt werden und volles Stimmrecht erhalten.

Der Bund muß dafür sorgen, daß Berlin seinen Menschen Arbeit und soziale Sicherung zu geben vermag. Die vorhandenen Produktionsmöglichkeiten müssen ausgenutzt, die Berliner Wirtschaft ausgebaut und der soziale Wohnungsbau gefördert werden.

Bei der Auftragserteilung des Bundes, der Länder und Gemeinden wird Berlin maßgebend berücksichtigt. Die Wirtschaft muß ihrer Pflicht gegenüber Berlin nachkommen. Am Außenhandel und am Interzonenhandel soll Berlin stärkstens beteiligt werden.

Stärker als bisher müssen Bundesbehörden nach Berlin verlegt werden. Die Sorge des Bundes muß auch der Bevölkerung des Berliner Ostsektors gelten. Auf kulturellem Gebiet muß alles gefördert werden, was den geistigen Zusammenhalt mit der Bevölkerung der Sowjetzone erhält. Die Sozialdemokratische Partei Deutschlands wird sich weiter energisch um die Freilassung der politischen Gefangenen und Verschleppten in der Sowjetzone bemühen und dem Flüchtlingsproblem in Berlin besondere Aufmerksamkeit widmen.

Bis zur Wiederherstellung der deutschen Einheit muß die politische und staatsrechtliche Stellung Berlins bei außenpolitischen Verhandlungen gestärkt werden.

Innenpolitik

Die freiheitliche Republik

Die Ideen der Menschenwürde, der Freiheit, Gerechtigkeit und Toleranz und die Verpflichtung des einzelnen gegenüber der staatlichen Lebensgemeinschaft sind die Grundlagen jeder demokratischen Verfassung. Die Politik der Sozialdemokratischen Partei Deutschlands bürgt dafür, daß im öffentlichen Leben Freiheit der Meinung, Freiheit der Rede und Freiheit der politischen Betätigung herrschen werden. Es wird jedoch keine Freiheit geben, die Freiheit zu vernichten. Dafür ist es die Pflicht des Staatsbürgers, die verfassungsmäßige Ordnung der Bundesrepublik zu achten und zu verteidigen.

Das in Freiheit wiedervereinigte Deutschland soll ein Bundesstaat auf der Grundlage leistungsfähiger Länder sein.

Die Sozialdemokratie kämpft gegen jede bürokratische Überwucherung der Gesellschaft, die dazu geführt hat, die Rechte des Parlaments einzuengen. Die Verwaltung muß daher demokratisch kontrolliert, einfach, klar und übersichtlich aufgebaut werden. Soziale Errungenschaften dürfen durch eine Verwaltungsreform nicht angetastet werden.

Bis zur Wiederherstellung der Einheit Deutschlands wird die Aktionsfähigkeit der provisorischen Bundesrepublik verstärkt und erweitert.

In Verfolg der Bemühungen um die deutsche Wiedervereinigung ist in Gesetzgebung und Verwaltung sicherzustellen, daß in deutscher Verantwortung keine Maßnahmen getroffen werden, durch die die Spaltung Deutschlands vertieft und jetzige oder ehemalige Bewohner des sowjetisch besetzten Gebietes benachteiligt werden.

Der Weg zur Einheit Deutschlands in Freiheit muß bei allen Beiträgen der Bundesrepublik zur Einigung Europas offenbleiben. Dies gilt auch für Verteidigungsmaßnahmen, soweit sie erforderlich sind. Die parlamentarisch-demokratische Kontrolle von Streitkräften ist verfassungsrechtlich zu sichern. In einem

demokratischen Staat muß die bewaffnete Macht der dem Parlament verantwortlichen und von ihm berufenen Regierung untergeordnet sein.
Wehrpolitische und militärische Maßnahmen dürfen allein die Verteidigung der Freiheit und den Schutz der Bevölkerung zum Ziele haben. Streitkräfte haben nur diesem Zweck zu dienen.
Niemand darf gegen sein Gewissen zum Wehrdienst mit der Waffe gezwungen werden. Der Soldat muß ein freier und in seinen Grundrechten geschützter Staatsbürger sein.

Justiz

Der Sozialismus ist nicht denkbar ohne den Schutz der Freiheit des einzelnen und seiner sozialen Existenz gegen private und staatliche Willkür. Deshalb bejaht die Sozialdemokratische Partei Deutschlands den demokratischen Rechtsstaat und die Unabhängigkeit der Richter.
Die Rechtsprechung soll der Verwirklichung der demokratischen und sozialen Gerechtigkeit, insbesondere auch dem Schutz der Grund- und Freiheitsrechte im täglichen Leben dienen. Der Unabhängigkeit des Richters muß daher seine demokratische Verantwortung entsprechen.
Die gesamte Rechtsordnung muß den Erfordernissen einer modernen sozialen Demokratie angepaßt werden. Die Sozialdemokratische Partei Deutschlands tritt für übersichtliche Gesetze und für eine lebensnahe, jedermann verständliche Gesetzessprache ein.

Strafrechtsreform

Die Strafrechtsreform muß davon ausgehen, daß das Strafrecht dem Schutze der elementaren Werte des Gemeinschaftslebens und der demokratisch-sozialen Ordnung zu dienen hat. Die Reform muß die sozialen, pädagogischen und naturwissenschaftlichen Erkenntnisse unserer Zeit verwerten.
In der gesamten Strafrechtspflege ist zu unterscheiden zwischen dem Gelegenheitstäter, dem das Strafverfahren eine Warnung sein soll, dem angehenden Gewohnheitstäter, der durch

zweckmäßige Maßnahmen gemeinschaftsfähig zu machen ist, und dem gefährlichen Täter, vor dem die Gesellschaft wirksam geschützt werden muß. Die Todesstrafe und unmenschliche Methoden der Verbrechensbekämpfung werden abgelehnt. Bei weitgehender Entlastung der Strafrechtspflege von dem Ballast geringfügiger Gesetzesverstöße soll das Strafverfahren den Rechtsschutz des Beschuldigten gewährleisten, aber auch dem Strafrichter die Möglichkeit geben, im Rahmen der Gesetze Aufgaben der Fürsorge und Sicherung zu erfüllen.
Die Reform des Strafvollzugs und eine moderne Umgestaltung des Gnadenrechts sind sozial-ethisch und kriminalpolitisch notwendig.

Justizreform

Durch eine umfassende Justizreform müssen Verfassung und Verfahren der Gerichte, die noch aus den Zeiten des Obrigkeitsstaates stammen, den Bedürfnissen des demokratischen und sozialen Rechtsstaates angepaßt werden.
Richter und Staatsanwälte sollen nicht nur durch juristische Befähigung, sondern auch durch Lebenserfahrung, soziales Verständnis und eindeutig demokratische Gesinnung das Vertrauen aller Volksschichten gewinnen. Dies erfordert eine grundlegende Reform der juristischen Ausbildung. Insbesondere ist der rechtswissenschaftliche Unterricht durch das Studium der wirtschaftlichen, sozialen und politischen Zusammenhänge weiter auszubauen. Daneben muß dafür gesorgt werden, daß der Richterberuf qualifizierten Persönlichkeiten auch einen materiellen Anreiz bietet. In allen dazu geeigneten Zweigen der Rechtsprechung werden Männer und Frauen aus allen Berufen als ehrenamtliche Richter beteiligt.
Der Gerichtsaufbau wird vereinfacht. Die Einrichtung der Friedensgerichte ist weiter zu erproben. Das Gerichtsverfahren wird übersichtlich gestaltet und beschleunigt, vor allem ist die Zusammenfassung aller Familien- und Jugendsachen in einer Hand anzustreben. Die Entscheidungen sind allgemeinverständlich zu fassen.
Alle nicht im engeren Sinne richterlichen Funktonen sind auf andere Organe, insbesondere Rechtspfleger, zu übertragen, damit die Richter für ihre eigentlichen Aufgaben frei werden.

Das Fundament jedes freiheitlichen demokratischen Staates sind freie Gemeinden, die in eigener Verantwortung dem Wohle ihrer Bürger dienen. Deshalb müssen die Grund- und Freiheitsrechte der deutschen Selbstverwaltung in den Städten und Landgemeinden verfassungsrechtlich gesichert und ihre soziale, wirtschaftliche, kulturelle und finanzielle Leistungsfähigkeit wiederhergestellt werden.

Die im Grundgesetz ausgesprochene allgemeine und formale Garantie der Selbstverwaltung hat sich als unzureichend erwiesen. Durch eine Erweiterung des Grundgesetzes müssen Gemeinden und Gemeindeverbände neben Bund und Ländern als dritte Säule im Staatsaufbau anerkannt werden.

Erster Schritt auf diesem Wege ist ein sozialer Finanzausgleich: Gemeinden und Gemeindeverbände werden neben Bund und Ländern Partner des Finanzausgleichs sein. Angemessene Anteile an der Einkommen- und Körperschaftsteuer werden der gemeindlichen Finanzausgleichsmasse zugeführt. Die Realsteuern bleiben den Gemeinden garantiert.

Die demokratische Selbstverwaltung in den Gemeinden wird ausgebaut. Dazu sind fortschrittliche kollegiale Gemeindeverfassungen mit der Gemeindevertretung als oberster Beschlußinstanz erforderlich. Die ehrenamtlichen Kräfte in der Gemeindeverwaltung sollen stärker zur Geltung kommen und die Bürger mehr als bisher zur Mitarbeit herangezogen werden.

Die Eigenverantwortung der Gemeinden und Gemeindeverbände wird erhöht. Die Aufgaben von Sonderbehörden werden weitgehend auf die kommunale Selbstverwaltung übertragen. Die Staatsaufsicht wird sich auf die Nachprüfung der Rechtmäßigkeit der Verwaltungsakte beschränken. Der Rechtsschutz der Gemeinden wird durch Verfassungsgerichte sichergestellt.

Der Anspruch der Gemeinden auf langfristige Kredite wird anerkannt.

Die kommunalen Kreditinstitute sollen sich auf ihre eigentlichen Funktionen der Finanzierung gemeindlicher und wirtschaftlicher Aufgaben im kommunalen Raum konzentrieren.

Die kommunale Versorgungs- und Verkehrswirtschaft wird wirtschaftlich und technisch ausgebaut. Ihre gemeinwirtschaftlichen Einrichtungen werden gegen Privatisierungsversuche geschützt.

Von ihrer eigentlichen Aufgabe, das Wohl aller Bürger zu sichern, sind die Gemeinden durch die Zerstörungen des letzten Krieges, durch den Nachholbedarf und durch die finanzielle Benachteiligung im Finanzausgleich und bei der Verteilung der Steuermasse mehr und mehr abgedrängt worden. Die Leistungsfreiheit der Gemeinden wird wiederhergestellt.

Öffentlicher Dienst ist Dienst am Volk

Eine demokratische Verwaltung erfordert, daß alle Staatsbürger ohne Rücksicht auf soziale Herkunft, Bekenntnis, Geschlecht und Rasse gleichberechtigten Zugang zum öffentlichen Dienst und gleiche Aufstiegsmöglichkeiten haben.
Die Einstellung von Bewerbern aus dem freien Erwerbsleben wird gefördert. Die von den Nationalsozialisten Gemaßregelten werden bevorzugt wiedereingestellt.
Der Beamte ist Diener des Volkes. Nur wer sich zur demokratischen Grundordnung und zu der im Grundgesetz verankerten parlamentarischen Demokratie bekennt, wer zur Verwirklichung der Demokratie auf allen Lebensgebieten beiträgt und wer zur Verteidigung der demokratischen Freiheiten bereit ist, wird im öffentlichen Dienst beschäftigt werden. Dies gilt insbesondere für die Träger der Rechtsprechung und der Exekutive, wie Polizei und Grenzschutz.
Die Sozialdemokratische Partei Deutschlands wird sich vor alle stellen, die dem demokratischen Staat aufrichtig und vorbehaltlos dienen. Die Angehörigen des öffentlichen Dienstes dürfen sich politisch betätigen und gewerkschaftlich organisieren. Sie erhalten das Mitbestimmungsrecht mit den Abweichungen, die sich aus dem Wesen des öffentlichen Dienstes und den Rechten der Parlamente ergeben.
Grundlage für die Einstellung, Beförderung und Besoldung ist die Leistung.

Die Ehrenschuld des deutschen Volkes

Die Wiedergutmachung des vom Nationalsozialismus begangenen Unrechts ist eine Ehrenschuld des deutschen Volkes und eine der grundlegenden Voraussetzungen jeder demokratischen

Erneuerung. Sie wird beweisen, daß das deutsche Volk die in seinem Namen begangenen Verbrechen verurteilt.
Ausreichende Mittel müssen bereitgestellt werden, um alsbald die in den Wiedergutmachungsgesetzen vorgesehene und jahrelang verzögerte Entschädigung und Hilfe zu leisten. Die bestehenden Gesetze müssen beschleunigt verbessert werden.

Wirtschaftspolitik

Die Sozialdemokratische Partei Deutschlands erstrebt mit ihrer Wirtschaftspolitik

— die Gleichheit wirtschaftlicher Startbedingungen,
— die Sicherung des Arbeitsplatzes,
— die Überwindung jeglicher Ausbeutung,
— die Steigerung des Sozialprodukts,
— die gerechtere Verteilung des volkswirtschaftlichen Ertrages.

Damit soll erreicht werden: die Sicherung eines erhöhten Lebensstandards und die wirtschaftliche Befreiung der Persönlichkeit. Um dieses Ziel zu erreichen, bedarf es

— einer aktiven, auf Produktivitätssteigerung und Vollbeschäftigung gerichteten Wirtschaftspolitik,
— einer Neuordnung des Wirtschaftsablaufs durch Verbindung von volkswirtschaftlicher Planung und einzelwirtschaftlichem Wettbewerb,
— einer Einkommenspolitik zugunsten der wirtschaftlich Schwachen,
— der Überführung der Grundstoffwirtschaft in Gemeineigentum,
— des Mitbestimmungsrechts der Arbeitnehmer,
— der Bekämpfung des unkontrollierten Einflusses von Interessentengruppen auf die Wirtschaftspolitik.

Die Sozialdemokratische Partei Deutschlands wird damit den Arbeitern, Angestellten und Beamten, den geistig und den freiberuflich Schaffenden, den Bauern und Handwerkern, den Kaufleuten und Gewerbetreibenden, den Invaliden und Rentnern helfen. Die Wirtschaftspolitik des freiheitlichen Sozialismus dient allen, die vom Ertrage ihrer Arbeit leben, und allen, die in der heutigen Gesellschaft die Schwächeren sind.

Produktivitätssteigerung und Vollbeschäftigung

Die Eingliederung aller Arbeitswilligen in den Produktionsprozeß verlangt eine aktive Konjunkturpolitik, die alle Wirtschaftskräfte mobilisiert. Eine entsprechende Strukturpolitik hat besonders in den Wirtschaftsbereichen einzusetzen, die hinter der volkswirtschaftlich notwendigen Entwicklung zurückgeblieben sind.
Diesem Ziel dienen folgende Maßnahmen:
— Rationalisierung und Modernisierung der Grundstoffindustrien (Kohle, Eisen, Energie) und des Verkehrswesens (Eisenbahn- und Straßenverkehr, Schiffahrt), Aufbau einer Zivilluftfahrt;
— verstärkter Wohnungsbau in den Zentren des Arbeitskräftebedarfs und Aufbau neuer lebensfähiger Industrie- und Gewerbebetriebe in den Zentren der Arbeitslosigkeit, insbesondere in den Zonenrandgebieten;
— bessere Verbindung der notleidenden Randgebiete mit den Zentren der industriellen Produktion durch planmäßige Verkehrspolitik;
— Zusammenfassung der zersplitterten Arbeitsbeschaffungs-, Notstands- und Schwerpunktprogramme in einem einheitlichen Investitionsprogramm im Rahmen des Nationalbudgets (volkswirtschaftlicher Gesamthaushalt).

Planung und Wettbewerb

Wettbewerb soweit wie möglich, Planung soweit wie nötig

Die Sozialdemokratie lehnt die Zwangswirtschaft ab und bejaht die freie Konsumwahl. Sie wird den echten Leistungswettbewerb in allen dafür geeigneten Wirtschaftszweigen fördern. Soweit die moderne arbeitsteilige Wirtschaft Marktwirtschaft ist, ist sie von sich aus noch keine sozialfortschrittliche und gerechte Marktwirtschaft. Es bedarf dazu insbesondere einer aktiven Wettbewerbspolitik aus einem Guß: Gewerbefreiheit, gleicher Schutz für alle wettbewerbsfördernden Unternehmenstypen, gesetzliche Beschränkungen und Kontrolle marktbeherrschender Unternehmen, Genehmigungspflicht und öffentliche Aufsicht für alle wettbewerbsbeschränkenden Zusammenschlüsse, wirksame Verhinderung des unlauteren Wettbewerbs, Reform des Gesellschaftsrechts, vor allem zum Zweck einer ausreichenden Publizität und Durchsichtigkeit, Ordnung des Werbewesens, Schutz der Verbraucher, ihre Aufklärung und Beratung, Sicherung der freien Konsumwahl. Der Wettbewerb der Unternehmen muß ergänzt werden durch eine volkswirtschaftliche Planung, damit in wechselnden Wirtschaftssituationen die Stabilität der gesamtwirtschaftlichen Entwicklung gesichert ist.

Eine Politik der Vollbeschäftigung und Produktivitätssteigerung erfordert die wirksame Zusammenfassung der obersten Instanzen der Wirtschaftspolitik (Ministerien für Wirtschaft, für Finanzen, für wirtschaftliche Zusammenarbeit, für Landwirtschaft und Ernährung, für Arbeit, für Wohnungsbau, für Verkehr, für Angelegenheiten der Vertriebenen, des Zentralbanksystems). Aufgabe dieses Gremiums ist die alljährliche Aufstellung des Nationalbudgets und seine ständige Überprüfung. Das Nationalbudget muß dem Parlament vorgelegt werden. Eine planvolle Wirtschaftspolitik hat vor allem die Entwicklung der Volkswirtschaft als Ganzes zu beeinflussen. Produktion, Volkseinkommen, Konsum- und Sparrate, Ein- und Ausfuhr müssen dauernd beobachtet werden. Bei drohenden Gleichgewichtsstörungen werden rechtzeitig wirtschaftspolitische Gegenmaßnahmen getroffen. Zu diesem Zwecke muß, wie in anderen modernen Industriestaaten, ein konjunkturpolitisches Instrumentarium entwickelt werden.

Aufgaben und Aufbau der Notenbank werden durch ein Bundesnotenbankgesetz geregelt; darin wird die Bundesnotenbank in ihrer Geld-, Kredit- und Zinspolitik an die Grundlinien des Nationalbudgets gebunden. Zur Wahrung ihrer währungspolitischen Aufgabe erhält sie das Recht, überall da einzugreifen, wo eine inflationistische Entwicklung droht oder die Außenwährung gefährdet ist.

Vollbeschäftigung und eine ausgewogene Wirtschaftsstruktur bedürfen einer zielbewußten Kapitalmarktpolitik und Kapitallenkung im Rahmen des Nationalbudgets. Durch geeignete ge-

setzliche und Verwaltungsmaßnahmen — Steuerpolitik, Kreditpolitik usw. — wird die für die Durchführung der Investitionspolitik erforderliche Kapitalbildung gesichert. Dazu ist für ein angemessenes Verhältnis zwischen der Kapitalbildung über den Kapitalmarkt, unter besonderer Förderung des Kleinsparens, und der Kapitalbildung durch die öffentliche Hand Sorge zu tragen. Ein ungesundes Maß der Selbstfinanzierung von Investitionen aus Gewinnen wird zugunsten der Finanzierung über den Kapitalmarkt, insbesondere über die gemeinnützigen öffentlichen und privaten Kapitalsammelstellen, und — soweit volkswirtschaftlich geboten — zugunsten der Kapitalversorgung durch die öffentliche Hand eingeschränkt.
Die Anlagepolitik der Kapitalsammelstellen wird den Grundlinien des Nationalbudgets angepaßt. Emissionen werden den Vorschriften eines verbesserten Kapitalverkehrsgesetzes unterworfen, das gleichfalls nach den Grundlinien des Nationalbudgets angewandt wird. Soweit erforderlich, werden die Zinssätze für die im Investitionsprogramm vorgesehenen Investitionen nach Wirtschaftszweigen differenziert.
Eine solche zielbewußte Geld- und Kapitalmarktpolitik setzt neben einer gesunden Währung eine entsprechende Außenwirtschaftspolitik voraus. Zur ausreichenden Versorgung mit Rohstoffen und zur Ergänzung der Ernährungsgrundlage unseres Volkes ist ein weiterer Ausbau des Außenhandels unter Abbau der Handelsschranken notwendig. Zur Wiedergewinnung der östlichen Absatzgebiete müssen besondere Anstrengungen gemacht werden.
Die Außenwirtschaftspolitik wird von vornherein so eingestellt werden, daß sie eine echte europäische Wirtschaftsgemeinschaft fördert. Eine Politik, welche die Konvertibilität der Währungen herbeiführt und sichert, muß mit einer Politik der Vollbeschäftigung verbunden sein.

Einkommensverteilung

Die von der Sozialdemokratischen Partei Deutschlands erstrebte Steigerung des Lebensstandards soll dem ganzen Volk zugute kommen. Dies erfordert, daß das Sozialprodukt nicht nur vergrößert, sondern auch gerechter verteilt wird.
Eine solche Verteilung des Einkommens bewirkt zugleich eine

bessere Zusammensetzung des Sozialprodukts; es werden mehr Güter für die Befriedigung des sozial dringendsten Bedarfs erzeugt. Nach den Jahren einer aufs äußerste gesteigerten Investitionstätigkeit zum Neuaufbau des produktiven Volksvermögens, der — überwiegend durch Selbstfinanzierung durchgeführt — den Sachwertbesitz in ungerechter Weise begünstigte, ist jetzt die Erhöhung der Konsumrate anzustreben.

Die Sozialdemokratische Partei Deutschlands lehnt die mechanische Angleichung der Einkommen ab. Höhere Leistung soll durch höheres Einkommen anerkannt werden. Die heutige Verteilung des Volkseinkommens und des Volksvermögens ist jedoch nicht in erster Linie das Ergebnis von Fleiß und Tüchtigkeit, sondern sehr weitgehend ein Resultat blinder Zufälle, politischer Gewalt, massenhafter Vermögensvernichtung und ökonomischer Ausbeutung. Dies zeigen besonders die Lebenslage der Vertriebenen und sonstigen Kriegsopfer und die unzureichende Höhe des Arbeitslohnes. Daher wird die Sozialdemokratische Partei Deutschlands eine Verteilungspolitik treiben, die sich nach dem Grundsatz „Gleicher Start für alle" die Berichtigung der Startverhältnisse im volkswirtschaftlichen Wettbewerb zum Ziel setzt. Sie wird für eine befriedigende ökonomische Eingliederung der neuen Bevölkerungsgruppen und des Nachwuchses sorgen, den Arbeitsunfähigen den Rechtsanspruch auf eine menschenwürdige Existenz sichern sowie denjenigen, die im öffentlichen Dienst stehen, einen angemessenen Lebensunterhalt bieten.

Die Forderung gleicher Startverhältnisse setzt voraus, daß den jungen Menschen unabhängig von ihrer sozialen Lage die Ausbildung ermöglicht wird, für die sie nach Anlage und Leistung geeignet sind.

Eine gerechte Einkommensverteilung ist ohne eine wesentliche Förderung der Eigentumsbildung bei den bisher Vermögenslosen nicht möglich.

Dem Ziele einer gerechteren Einkommensverteilung sollen neben aktiver Beschäftigungspolitik und umfassender sozialer Sicherung der wirtschaftlich Schwachen unter anderen folgende Maßnahmen dienen:

— Bekämpfung der Armut, unter der Millionen von Staatsbürgern leiden, durch Erhöhung der Sozialbezüge und Eingliederung auch der beschränkt Arbeitsfähigen in den Produktionsprozeß auf Grund des Sozialplanes;

— gesetzliche Sicherung angemessener Löhne und Arbeitsbedingungen für die Arbeitnehmergruppen in besonders schwacher Position;
— Förderung einer Lohnpolitik, die die Löhne in ein angemessenes Verhältnis zu den Einkommen aus Gewinnen sowie Kapital- und Bodenrenten bringt. Sie muß die Möglichkeit ausschöpfen, welche die im Vergleich mit anderen Industrieländern geringe Höhe der Löhne in der Bundesrepublik bietet;
— steuerpolitische Maßnahmen, durch die die Mängel der Einkommensverteilung gemildert werden;
— Begünstigung aller Einrichtungen, durch die auch „kleine Selbständige" inmitten der heutigen, weitgehend großbetrieblich organisierten Volkswirtschaft wettbewerbsfähig gemacht werden;
— aktive staatliche Wettbewerbspolitik;
— soziale Preispolitik, die mit Hilfe einer ständigen Preisbeobachtung jeden Preiswucher schärfstens bekämpft;
— reichliche Marktversorgung mit Konsumgütern und eine Einfuhrpolitik, die ungerechtfertigte Preissteigerungen verhindert;
— Förderung von Unternehmen, die den Wettbewerb beleben und dadurch preisregulierend wirken. Dazu gehören die Genossenschaften, insbesondere die Konsumgenossenschaften.

Privateigentum und Gemeineigentum

Die Sozialdemokratie wird das kleine und mittlere Privateigentum fördern; diese Eigentumspolitik ermöglicht die wirtschaftliche Existenz einer breiten Schicht von selbständig Schaffenden. Zugleich wird die Sozialdemokratie eine aktive Eigentumspolitik zugunsten der wirtschaftlich Unselbständigen einleiten.
Eine dem volkswirtschaftlichen Bedarf entsprechende Versorgung mit Roh- und Grundstoffen, insbesondere mit Kohle, Eisen, Stahl und Energie, ist die Voraussetzung für die Vollbeschäftigung. Diese Versorgung ist nur durch die Überführung der Grundstoffwirtschaft in Gemeineigentum zu sichern. Allein dadurch werden eine volkswirtschaftlich sinnvolle In-

vestitionspolitik und notwendige Rationalisierungen ermöglicht. Nur so wird auch verhindert, daß Wirtschaftszweige von dieser volkswirtschaftlichen Bedeutung privatkapitalistischen Interessen dienen und wieder zu politischen Zwecken mißbraucht werden.
Eine Sozialisierung der Grundstoffwirtschaft ist für die deutsche Wirtschaft um so mehr geboten, als durch Machtspruch der Alliierten eine zerstörerische Entflechtung durchgeführt, durch Beitritt Deutschlands zum Schumanplan die Benachteiligung der westdeutschen Kohle- und Eisenwirtschaft vertraglich festgelegt und damit Schäden angerichtet wurden, die durch eine Sozialisierung wenigstens zum Teil ausgeglichen werden können.

Demokratie auch in der Wirtschaft

In der gegenwärtigen Wirtschaft üben die Eigentümer der Produktionsmittel oder ihre Beauftragten eine kaum kontrollierte Alleinherrschaft aus. Eine demokratische Wirtschaftsordnung verlangt die Mitbestimmung der Arbeitnehmer in sozialen, personellen, vor allem aber wirtschaftlichen Fragen.
Die Sozialdemokratische Partei Deutschlands unterstützt daher die Bestrebungen der Gewerkschaften, die wirtschaftlichen und sozialen Interessen ihrer Mitglieder wahrzunehmen, die völlige Anerkennung des Wertes und des Rechtes der Arbeit durchzusetzen und die Gleichberechtigung aller Arbeitnehmer in Wirtschaft, Staat und Gesellschaft zu erreichen. Sie bejaht die Einheitsgewerkschaft, die ohne Unterschied der parteipolitischen und religiösen Auffassungen alle Arbeitnehmer vereinigt.
In allen Aufsichtsorganen von Unternehmungen müssen die Arbeitnehmer paritätisch vertreten sein. Sie müssen das Recht haben, in Zusammenarbeit mit den Gewerkschaften auch solche Männer und Frauen in die Aufsichtsorgane zu entsenden, die nicht Betriebsangehörige sind.
Das Recht auf Mitbestimmung kann nicht ersetzt werden durch Beteiligung der Arbeitnehmer am Gewinn der Unternehmen.
Betriebe werden nicht schon dadurch demokratisiert, daß sie in Gemeineigentum übergehen. Entscheidend ist ihre Betriebsverfassung. Für alle gemeinwirtschaftlichen Betriebe soll das

Mitbestimmungsrecht unter Beachtung der Rechte ihrer besonderen Kontrollinstanzen gelten.
Die Arbeitnehmer müssen in den Kammern des Handwerks, der Landwirtschaft und der Wirtschaft vertreten sein. Ein Bundeswirtschaftsrat soll die Bundesregierung, den Bundestag und den Bundesrat beraten. Das Recht der Gesetzgebung steht ausschließlich dem Parlament zu.
Nach 1945 haben einzelne Bundesländer, meist solche mit sozialdemokratischer Mehrheit, Gesetze erlassen, in denen die Mitbestimmung geregelt wurde. Die Sozialdemokratische Partei Deutschlands bekämpft die Verschlechterung dieser Gesetzgebung durch das vom Bundestag beschlossene Betriebsverfassungsgesetz. Sie wird um ein Gesetzeswerk kämpfen, das den Neubau unserer Wirtschaft im demokratischen Sinne ermöglicht.

Die Mittelschichten in der Wirtschaft

Die Sozialdemokratische Partei Deutschlands ist sich der gesellschaftlichen und volkswirtschaftlichen Bedeutung all derer bewußt, die in kleinen und mittleren Betrieben des Handwerks, des Handels, des übrigen Gewerbes und in den freien Berufen selbständig tätig sind.
Die wirtschaftliche Leistungsfähigkeit dieser Gruppen wird durch eine gesetzlich geordnete Berufsausbildung gestärkt, soweit ein öffentliches Interesse besteht.
Für das Handwerk gilt der gesetzlich verankerte Befähigungsnachweis.
Arbeitsmarktforschung und Berufsberatung sollen den Nachwuchs für die einzelnen Berufe sichern helfen.
Die Mittelschichten werden bei Auftragsvergebung der öffentlichen Hand nach ihrer Bedeutung berücksichtigt.
Klein- und Mittelbetriebe werden unter dem Gesichtspunkt volks- und betriebswirtschaftlicher Kostenersparnis durch gewerbefördernde Maßnahmen rationell gestaltet.
Die sich aus dem gegenwärtigen Stand von Wirtschaft und Technik ergebenden Umstellungs- und Rationalisierungsmaßnahmen erfordern größere Kreditmittel. Die heute übliche Kreditpraxis verlangt übersteigerte und zum Teil unerfüllbare Sicherungen. Deshalb müssen mehr als bisher Personalkredite

gewährt werden. Die persönliche Leistung und die Zuverlässigkeit des Kreditnehmers müssen die wichtigsten Voraussetzungen für den Personalkredit sein.
Durch diese Maßnahmen werden auch für Unselbständige die Möglichkeiten zur Gründung selbständiger wirtschaftlicher Existenzen verbessert.

Landwirtschaft und Ernährung

Die Schaffenden in Landwirtschaft und Industrie sind eine große Interessengemeinschaft. Steigendes Realeinkommen der städtischen Bevölkerung sichert der Landbevölkerung die Absatzmöglichkeiten für eine steigende Produktion. Steigende Kaufkraft der Landbevölkerung sichert einen stetig sich erweiternden Absatz für industrielle Erzeugnisse.
Die Sozialdemokratie lehnt deshalb eine Politik ab, welche die Gegensätze zwischen Stadt und Land vertieft; sie wirbt für eine bessere Verständigung der Erzeuger und Verbraucher untereinander. Sie setzt sich für eine Agrarpolitik ein, die der Landwirtschaft hilft, ihre Leistungen und somit ihr Einkommen zu erhöhen. Dadurch wird die Ernährung des Volkes verbessert, und es werden gesündere soziale und wirtschaftliche Verhältnisse auf dem Lande erreicht. Eine Leistungssteigerung der bäuerlichen Betriebe, insbesondere der kleinen Familienbetriebe, ist auch zur Stärkung ihrer Wettbewerbsfähigkeit auf dem europäischen Markt notwendig.

Bodenpolitik

Die Sozialdemokratische Partei Deutschlands erkennt das Privateigentum an Grund und Boden für alle Menschen an, die mit ihrer und ihrer Familie Arbeitskraft entscheidend zur vollen Entfaltung der Leistungsfähigkeit des Betriebes beitragen. Nur eine bäuerliche Landwirtschaft, in der das Eigentum an Grund und Boden die Grundlage wirtschaftlicher und sozialer Freiheit ist und in der der Ertrag der Arbeit am Boden ungeschmälert denen zugute kommt, die diese Arbeit tatsächlich leisten, kann die Aufgabe der Leistungssteigerung erfüllen.

Die Bodenpolitik der Sozialdemokratischen Partei Deutschlands dient der Entwicklung der bäuerlichen Landwirtschaft. Sie will möglichst viele selbständige und lebensfähige Familienbetriebe schaffen und die wirtschaftliche Zukunft der Kleinbetriebe sichern, die über zuwenig Land verfügen. Die in den Ländern erlassenen Bodenreformgesetze werden deshalb durch Bundesgesetz vereinheitlicht und verbessert.
Nutzflächen und Betriebe, die von privaten Bodenbesitzern seit mehr als 30 Jahren verpachtet sind, sollen auf Antrag in das Eigentum der sie bearbeitenden Pächter gegen eine angemessene Entschädigung übergeführt werden können. Härten sind dabei zu vermeiden.
Das Boden- und Erbrecht darf weder Privilegien aufrechterhalten noch schaffen; es soll die Besitzzersplitterung unter die Größe eines Familienbetriebes verhindern.
Die Bodenverkehrsvorschriften sollen freiwerdenden Boden den Betrieben zuleiten, die durch eine Aufstockung zu vollwertigen Familienbetrieben gestaltet werden können.

Hebung der landwirtschaftlichen Leistung

Die Steigerung der Leistung und des Einkommens der Landwirtschaft kann nur durch eine Erhöhung der Flächen- und Arbeitsproduktivität erreicht werden. Für die Finanzierung der dazu notwendigen Förderungsmaßnahmen müssen ausreichende Mittel in den Haushalten des Bundes und der Länder bereitgestellt werden.
Voraussetzung für die Steigerung der Arbeitsleistung und die Intensivierung der Bodenbearbeitung ist eine durchgreifende Flurbereinigung, bei der die bisherigen gesetzlichen Verfahren zeitlich abgekürzt und technisch vereinfacht werden.
Die Einengung der Hoflage in vielen Dörfern läßt keine Modernisierung der Scheunen und Stallbauten zu, so daß eine rationelle Viehwirtschaft nicht möglich ist. Eine Dorfauflockerung ist daher ebenso notwendig wie eine Flurbereinigung.
Um die Erzeugung zu steigern, müssen in vielen Gegenden Deutschlands landwirtschaftliche Nutzflächen durch örtliche und größere, über die Grenzen von Gemeinden und Kreisen hinausgehende Ent- und Bewässerungsmaßnahmen verbessert werden.

Technik und Mechanisierung der Arbeit in Haus, Hof, Stall und auf den Äckern und Grünflächen sind in allen, besonders aber in den kleinbäuerlichen Betrieben, wo sie am weitesten zurückgeblieben sind, weiterzuentwickeln. Anlagen und Einrichtungen, die einem gemeinsamen Interesse dienen, sind weitgehend zu unterstützen.
Der Erfolg aller Förderungsmaßnahmen ist abhängig von der Anwendung fortschrittlicher Betriebsmethoden. Deshalb kommt der Entwicklung des landwirtschaftlichen Ausbildungs- und Beratungswesen besondere Bedeutung zu. Hierzu gehören:

— allgemeine Durchführung der ordentlichen Landwirtschaftslehre mit Abschlußprüfung,
— Ausbau der landwirtschaftlichen Berufsschulen und Fachschulen,
— Ausdehnung der Betriebsberatung auf alle bäuerlichen Betriebe; ihre Einrichtung und Finanzierung ist eine öffentliche Aufgabe.

Die Aufsplitterung der landwirtschaftlichen Produktion in eine sehr große Zahl von Betrieben macht deren genossenschaftlichen Zusammenschluß zum Bezug von Produktionsmitteln, zur gemeinsamen Verwendung von Maschinen und zum Absatz landwirtschaftlicher Erzeugnisse notwendig. Das Genossenschaftswesen muß daher erweitert werden.
Die Sozialdemokratische Partei Deutschlands will das soziale Niveau der Landarbeit heben und den Landarbeitern in stärkerem Maße als bisher die Familienbildung ermöglichen. Die Herstellung der Lohnparität zwischen Land- und Industriearbeit und der verstärkte Bau von Heimstätten für Landarbeiter in Eigenbesitz oder in Gemeindeeigentum sind dazu notwendig.

Sicherung der Preise und des Absatzes

Die landwirtschaftliche Produktion ist auf eine Stabilität der Betriebsführung und der sie bedingenden Verhältnisse angewiesen. Das Preisniveau für landwirtschaftliche Erzeugnisse muß deshalb reguliert werden. Der Absatz der Landwirtschaft

und die Versorgung der Bevölkerung mit Nahrungsmitteln sind durch staatliche Einfuhr- und Vorratsstellen und andere Mittel der Marktordnung zu sichern. Jede Bürokratisierung und jeder Mißbrauch der Marktordnung ist zu verhindern.
Zur Sicherung des Arbeitsertrages der Erzeuger und zum Schutz der Kaufkraft der Verbraucher sind energische Maßnahmen zur Beseitigung von volkswirtschaftlich ungerechtfertigten Verarbeitungs- und Handelsspannen erforderlich. Die Verkürzung des Weges der Ware vom Erzeuger zum Verbraucher ist eine besonders dringliche Aufgabe. Die Sozialdemokratische Partei Deutschlands tritt deshalb für eine Erweiterung der schon bestehenden Zusammenarbeit der landwirtschaftlichen Erzeugergenossenschaften mit den Verbrauchergenossenschaften ein.

Hebung der sozialen und kulturellen Verhältnisse auf dem Lande

Die Bildungsmöglichkeiten für Jugend und Erwachsene auf dem Lande müssen denen in den Städten angeglichen werden. Deshalb ist das ländliche Schulwesen gründlich zu verbessern; die Zahl der ländlichen Volkshochschulen ist zu vermehren.
Von allen in der Landwirtschaft arbeitenden Menschen sind die Hausfrauen am stärksten belastet. Alle Maßnahmen und Einrichtungen, die zu ihrer Entlastung beitragen, werden nachhaltig gefördert.
In vielen Gegenden haben die in abgelegenen Dörfern und Einzelgehöften wohnenden Menschen kaum die Möglichkeit, in andere Gegenden, Städte und Dörfer zu kommen, um am geistigen und kulturellen Leben der Gesamtheit teilzunehmen. Die Sozialdemokratische Partei Deutschlands setzt sich deshalb für eine Verbesserung der ländlichen Verkehrsverhältnisse und für eine stärkere Unterstützung der kulturellen Bestrebungen der Landbevölkerung ein.

Gemeinwirtschaftliche Verkehrspolitik

Die Verkehrspolitik wird von der Wirtschaftspolitik her bestimmt. Die Eigenart des Verkehrsmarktes erfordert eine straffe Ordnung.

Die Verkehrsordnung soll auch den Gefahren des wirtschaftlichen und sozialen Gefälles entgegenwirken, das sich in den letzten Jahren durch die Schwerpunktverlagerung unserer Volkswirtschaft nach den westlich gelegenen Industriezentren ergeben hat. Ferner muß die Verkehrspolitik mindestens die gegenwärtige Siedlungs- und Industrie-Dezentralisation außerhalb der Großstädte und Verkehrsknotenpunkte aufrechterhalten. Die Verkehrsordnung muß folgende gemeinwirtschaftliche Elemente enthalten:

— ausreichende Bedienung verkehrsschwacher Räume;
— einheitliche Verkehrstarife in verkehrsschwachen und verkehrsintensiven Räumen;
— tarifliche Begünstigung von großen Entfernungen („degressive Entfernungsstaffel") und von Rohstoffen und Halbfertigfabrikaten („Wertstaffel" nach Preis und Belastbarkeit des Gutes);
— Sozialtarife für Berufsverkehr;
— Beförderungspflicht und Tarifzwang.

Diese gemeinwirtschaftlichen Grundsätze sind in den letzten Jahren stark vernachlässigt worden. Sie sind im Eisenbahnverkehr wiederherzustellen und auf den Kraftfernverkehr auszudehnen. Eine Verstaatlichung des Güterkraftverkehrs wird jedoch ebenso abgelehnt wie die Errichtung eines Abfertigungsmonopols in den Händen der Eisenbahn. Stattdessen ist der Zusammenschluß des Kraftfernverkehrs zu einer Selbstverwaltungskörperschaft öffentlichen Rechts auf der Basis der bestehenden Genossenschaften anzustreben. Diese Lösung beläßt das erforderliche Maß an Wettbewerb zwischen Schiene und Straße, das die Vorteile des technischen Fortschritts sichert.

Für Schiene und Straße sind gleiche Startbedingungen zu schaffen. Der Kraftverkehr soll die auf ihn entfallenden Straßenaufwendungen durch spezifische Steuerleistungen selbst decken. Die Höhe dieser Aufwendungen muß endlich ermittelt werden. Wenn gleiche Startbedingungen hergestellt sind,

werden die Tarife von Schiene und Straße auf der Grundlage der Kostenstrukturen der beiden Verkehrsträger neu aufgebaut. Die sich daraus ergebenden Unterschiede der Tarife werden zu der volkswirtschaftlich zweckmäßigen Verteilung der Transporte auf die Verkehrsträger führen. Die freie Wahl des Transportmittels muß gewahrt bleiben. Starre Aufteilung des Verkehrs durch staatlichen Zwang wird abgelehnt.
Die Sozialdemokratie will den technischen und wirtschaftlichen Fortschritt auch im Verkehr. Bei der gegenwärtig unzureichenden Ausstattung mit Verkehrswegen ist jedoch die Vernachlässigung vorhandener Verkehrswege, insbesondere der Eisenbahn, nicht zu verantworten. Die Motorisierung und die Entwicklung des Straßennetzes müssen aufeinander abgestimmt sein. Die entscheidenden Engpässe des Straßennetzes liegen in den Gemeindestraßen, insbesondere in den Großstädten. Die Herstellung einer ausreichenden Sicherheit des Straßenverkehrs, vor allem durch verkehrspolizeiliche Vorschriften, ist dringend erforderlich.
Bisher ist das Verkehrswesen in der Bundesrepublik vernachlässigt worden. Deshalb sind für eine Reihe von Jahren umfangreiche Investitionen im Straßenbau, für den Nachholbedarf der Eisenbahn, im öffentlichen Personen-Nahverkehr (Straßenbahn usw.) und in der Seeschiffahrt erforderlich. Dieser Investitionsbedarf ist im Rahmen einer allgemeinen Investitionspolitik zu decken.
Eine sozialdemokratische Verkehrspolitik geht nicht von der Vorstellung eines gegebenen Verkehrsvolumens aus, das auf die verschiedenen Verkehrsträger aufzuteilen wäre. Sie erstrebt im Rahmen einer allgemeinen Vollbeschäftigungspolitik eine ständige Ausweitung des Verkehrsvolumens. Dadurch wird die Lösung des Verkehrsproblems erleichtert.

Gesunde Wohnungen für alle

Die Wohnungsbauleistung muß in ihrem Gesamtumfang weiterhin erhöht werden. Zugleich muß sie durch Herstellung besserer und geräumigerer Wohnungen auch in ihrer Qualität gesteigert werden. Der soziale Wohnungsbau hat in den letzten Jahren immer weniger den wirtschaftlich schwachen Volksschichten gedient. Dieser Wohnungsbau für die Minderbemittelten muß wieder einen größeren Anteil am gesamten Wohnungsbau erhalten. Er hat den Vorrang. Diese Grundsätze müssen die Kapitalversorgung der Wohnungswirtschaft bestimmen. Nur dann kann auf die Dauer erreicht werden, daß sich die Wohnungswirtschaft in sozial befriedigender Weise selbst trägt.

Durch Neu- und Altwohnungen insgesamt soll der Bedarf so gedeckt werden, daß endlich jedem Haushalt, besonders den Familien mit Kindern, eine menschenwürdige Wohnung zur Verfügung steht. Das Einfamilienhaus mit Garten und die Stockwerkswohnung, die Kleinsiedlung, das Heim im individuellen Einzeleigentum, die Wohnung im genossenschaftlichen Gemeinschaftseigentum und die Mietwohnung sollen in dem Umfang zur Verfügung stehen, in dem ein Bedarf an ihnen besteht. Nach der Bevorzugung der Mietskaserne, die für die zweite Hälfte des 19. Jahrhunderts kennzeichnend war, ist seit geraumer Zeit unter dem Einfluß der Wohnungsreformbestrebungen der gemeinnützigen Wohnungswirtschaft, der Siedlerorganisationen, der Wohnungsbaupolitik des Staates und der Gemeinden sowie betrieblicher Sozialpolitik öffentlicher und privater Unternehmen das Verständnis der Wohnungssuchenden für die besonderen Werte der Kleinsiedlung und des Kleineigentums wieder im Wachsen begriffen. Diese Entwicklung wird von der Sozialdemokratischen Partei Deutschlands nachdrücklich begrüßt. Ihr dürfen keine erwerbswirtschaftlichen und bürokratischen Hindernisse in den Weg gestellt werden.

Die Sozialdemokratische Partei Deutschlands setzt sich für eine umfassende Reform des Rechts der Wohnungswirtschaft, besonders des Mietrechts, ein. Nachdem der Mietenstop jahrzehntelang auf das Einkommensgefüge von entscheidendem Einfluß war, dürfen die Mieten nur Zug um Zug mit Änderungen der Einkommensverhältnisse erhöht werden. Durch sie müssen auch die wirtschaftlich schwachen Bevölkerungsgruppen in den Stand gesetzt werden, die erhöhten Mieten ohne Verschlechterung ihrer Wohnungsversorgung und ihres allgemeinen Lebensstandards zu zahlen. Dies bedingt, daß die Renten-, Versorgungs- und Fürsorgesätze entsprechend erhöht und die Forderungen der Gewerkschaften, die niedrigen Arbeitseinkommen zu erhöhen, erfüllt werden.

Eine unterschiedslose allgemeine Erhöhung aller Mieten würde die sozialen und wirtschaftlichen Übel der gegenwärtigen Wohnungsversorgung nicht beseitigen; es kommt auf die Wiederherstellung eines Gefüges der Mietpreise an, das dem Wert der einzelnen Wohnungsgruppen entspricht. Bei der Neuregelung der Mieten muß dem Mieter die Möglichkeit gegeben werden, die Anpassung seiner Miete an einen niedrigeren Nutzwert seiner Wohnung auf dem Rechtswege durchzusetzen. Erhöhte Mieten sind nur dann gerechtfertigt, wenn sie auch einer besseren Wohnungsversorgung, besonders der Instandsetzung, gegebenenfalls Modernisierung, der Wohnungen zugute kommen. Die Mehrerträge sollen daher bei der Berechnung der Leistungen für den Lastenausgleich nicht angerechnet werden, wenn sie für diese Zwecke verwendet werden. Das System der Instandsetzungsdarlehen und andere Förderungsmaßnahmen sollen ausgebaut werden.

Der soziale Wohnungsbau soll in erster Linie Wohnungen für Familien mit einem monatlichen Bruttoeinkommen des Haushaltsvorstandes im Betrage bis zu 500 DM zur Verfügung stellen. Der Bau solcher Wohnungen wird mit öffentlichen Mitteln, die zinslos gewährt werden, und gegebenenfalls darüber hinaus mit Zinszuschüssen für Kapitalmarktmittel gefördert. Die Richtsatzmieten für diese Wohnungen sollen auf der Grundlage der gegenwärtigen Einkommensverhältnisse und bis zu einer umfassenden Regelung des Mietenproblems nicht erhöht werden. Finanzierungsbeiträge der Wohnungsbewerber für diese Wohnungen dürfen nicht gefordert werden. Die Höhe der öffentlichen Darlehen muß dies berücksichtigen. Die Wohnungen sind in ortsüblicher Normalausstattung zu errichten.

Bei der Deckung des Wohnungsbedarfs der Minderbemittelten kommt es in besonderem Maße darauf an, daß nicht am Bedarf vorbeigebaut wird und daß unnötiger Verwaltungsaufwand vermieden wird; daher darf hier nicht die Anwendung bestimmter Wohnformen und Rechtsformen der Wohnungsnutzung gesetzlich erzwungen werden.

Für Wohnungssuchende mit einem 500 DM übersteigenden Einkommen des Haushaltsvorstandes können öffentliche Mittel nur in geringerer Höhe zur Verfügung gestellt werden. Es können Steuererleichterungen gewährt werden. Höhere Quadratmetermieten und Finanzierungsbeiträge der Wohnungssuchenden können zugelassen werden. Durch Bevorzugung von Wohnungseigentum soll darauf hingewirkt werden, daß die Finanzierungsbeiträge dem Vermögen der Bewohner erhalten bleiben. Wohnungen, die ohne Inanspruchnahme öffentlicher Leistungen errichtet werden, unterliegen keiner Beschränkung der Mietenhöhe.

Der Marktwert des zur Bebauung geeigneten Bodens steigt zur Zeit infolge der Bevölkerungszunahme und des raschen Ausbaues der Volkswirtschaft stark. Unbegründete Vorstellungen von Anbietern und Nachfragern über künftige weitere Wertsteigerungen ins Ungemessene erhöhen die Preise noch über das Maß hinaus, das der gegenwärtigen und der in der übersehbaren Zukunft zu erwartenden Knappheit des Baubodens entspräche. Die Sozialdemokratische Partei wird die Bodenwirtschaft durch eine Neugestaltung des Bodenrechts so regeln, daß unbeschadet der volkswirtschaftlichen Funktionen des Preises Preistreiberei und die Ausnützung der Bodenwirtschaft als Quelle mühelosen Erwerbs ausgeschlossen werden.

Ringe zur Durchsetzung ungerechtfertigt hoher Preise und sonstige wettbewerbsbeschränkende Abreden und Zusammenschlüsse in der Bau- und Baustoffwirtschaft werden von der Sozialdemokratischen Partei bekämpft.

Im Interesse der Kostensenkung sind alle Bestrebungen zur Rationalisierung des Wohnungsbaues und der Wohnungsbewirtschaftung zu fördern. Hierzu gehört neben der Förderung der technischen Rationalisierung auch die Bekämpfung von Hindernissen und Vorurteilen, die dem Unternehmungsgedanken in der Wohnungswirtschaft im Wege stehen. Die Kleinsiedler und die Interessenten an Kleineigenheimen, an Wohnungseigentum und Dauerwohnrechten müssen durch gemeinnützige Betreuungsunternehmen ausreichend gegen Mißstände geschützt werden. Die genossenschaftliche Selbsthilfe der Wohnungssuchenden, besonders der minderbemittelten, ist zu fördern.

Das gesamte System der Förderung der Wohnungswirtschaft ist von bürokratischen Hemmungen, besonders von dem Durcheinander übermäßig knebelnder Vorschriften einer Vielzahl zuständiger Stellen, zu befreien.

Finanz- und Steuerpolitik

Die Sicherung der öffentlichen Haushalte verlangt eine geordnete Einnahmen- und Ausgabenverwaltung und ein Steuersystem, das die Lasten angemessen und gerecht verteilt. Unter Beachtung der Haushalts- und Währungsstabilität muß die Steuerpolitik zugleich den Zielsetzungen der Wirtschafts- und Sozialpolitik entsprechen. Der Staat hat die Aufgabe, auch mit den Mitteln der Finanz- und Steuerpolitik Konjunkturschwankungen in der Wirtschaft auszugleichen und den Markt im Sinne einer sozialen Wirtschaftspolitik zu beeinflussen.

Reform der Finanzverfassung

Voraussetzung für den Erfolg der Steuerreform ist eine einheitliche Bundesfinanzverwaltung unter Beseitigung der zehn Landesfinanzverwaltungen. Nur eine einheitliche Finanzverwaltung kann die gleichmäßige und gerechte Erhebung der Steuern in allen Ländern der Bundesrepublik sichern und mit Aussicht auf Erfolg den Kampf gegen Steuerunehrlichkeit und Steuerhinterziehung führen. In einer solchen Finanzverwaltung läßt sich außerdem der Grundsatz der Sparsamkeit der Verwaltung leichter verwirklichen. Dadurch können erhebliche Steuermehreingänge ohne Erhöhung der Steuersätze erzielt werden.
Die Finanzmittel sind unter Bund, Ländern und Gemeinden entsprechend ihren politischen Aufgaben zu verteilen. Im Rahmen dieses Finanzausgleichs ist die Selbstverwaltung der Gemeinden finanziell durch das Grundgesetz zu sichern.

Reform der Steuerpolitik

Der Grundsatz einer gerechten und sozialen Steuerpolitik, die Steuerlasten nach der wirtschaftlichen Leistungsfähigkeit zu verteilen, verlangt, das Schwergewicht der steuerlichen Belastung auf die direkten, sozialbestimmten Steuern zu legen und nicht, wie bisher, in erster Linie auf die unsozial wirkenden indirekten Steuern.

Das jetzige, seit Jahrzehnten bestehende Steuersystem wird den veränderten Verhältnissen nicht mehr gerecht. Es muß daher neu geordnet und dabei grundlegend geändert werden.

Sozialgerechte Lohn- und Einkommensteuer

Lohn- und Einkommensteuer sind grundlegend neu zu regeln mit dem Ziel der Entlastung kleinerer und mittlerer Einkommen, der gerechteren Erfassung und der weitgehenden Vereinfachung. Dazu dienen unter anderem die folgenden Maßnahmen:

Die sozial gestaffelte Einkommensteuer wird zunächst als Normalsteuer mit gleichbleibendem Steuersatz die Einkommensbeträge bis zu einer bestimmten Höhe erfassen; erst die darüber hinausgehenden Einkommensbeträge unterliegen dem steigenden Steuersatz.

Die Freibeträge werden fortschreitend erhöht bis etwa 1500,— DM für jeden Steuerpflichtigen, 1000,— DM für dessen Ehefrau und je 1000,— DM für jedes Kind. Damit werden Millionen Steuerpflichtige steuerfrei. Tausende von Finanzbeamten können wesentlicheren Aufgaben der Finanzverwaltung zugeführt werden. Das System der Freibeträge ist der Entwicklung des Sozialplans anzupassen.

Neben der Erhöhung der Freibeträge sind folgende Begünstigungen wichtig:

— steuerliche Begünstigung des Sparens und der volkswirtschaftlich notwendigen Investitionen, insbesondere des Wohnungsbaues;
— steuerliche Begünstigung der Vorsorge für das Alter, insbesondere auch der Angehörigen der freien Berufe und der Mittelschichten;
— steuerliche Begünstigung von Eltern und Betrieben für zusätzliche Ausgaben für Berufsausbildung und für Nachwuchsförderung.
— Arbeitende Ehegatten dürfen nicht zusammen veranlagt werden.

Das Arbeitseinkommen wird gegenüber dem Einkommen aus Kapitalvermögen und anderem fundiertem Vermögen geringer belastet.

Die steuerliche Ungleichheit zwischen veranlagten Personen und Lohnsteuerpflichtigen wird beseitigt; ebenso die steuerliche Ungleichheit zwischen Einzelfirmen, Personalgesellschaften und Kapitalgesellschaften, soweit der gewerbliche Betrieb durch die Einkommensteuer stärker belastet ist, als er es durch die Körperschaftssteuer wäre. Der von der jetzigen Steuergesetzgebung begünstigten Flucht in die Geschäftsunkosten ist entgegenzuwirken.

Reform der Umsatz- und Verbrauchssteuern

Die Umsatzsteuer bedarf einer grundlegenden Neuordnung. An die Stelle der geltenden Umsatzsteuer soll eine Umsatzsteuer treten, welche die volkswirtschaftlich erwünschte Arbeitsteilung und Spezialisierung nicht mehr benachteiligt. Diese Umsatzsteuer soll im Steuersatz stärker als bisher unterscheiden zwischen den lebensnotwendigen Wirtschaftsgütern und den Wirtschaftsgütern des gehobenen Bedarfs. Grundnahrungsmittel sind von der Umsatzsteuer freizustellen. Die Verbrauchssteuern sind zu vereinfachen und abzubauen.
Die Zuckersteuer, als die unsozialste Verbrauchssteuer Deutschlands, ist aufzuheben.
Wenn so das Steuersystem vereinfacht und die Steuern sozial gestaltet sind, wird die gleichmäßige und gerechte Erfassung der Steuern die wichtigste Aufgabe der Finanzverwaltung sein.

Sozialpolitik

Die Sozialdemokratische Partei Deutschlands ist zu einer Sozialpolitik entschlossen, die Existenz, Freiheit und Würde aller Menschen sichert. Jeder Arbeitsfähige hat ein Recht auf Arbeit zur Sicherung einer ausreichenden Lebenshaltung. Ohne angemessene eigene Arbeitsleistung hat kein Arbeitsfähiger Anspruch auf Leistungen der Gesellschaft.
Sozial-, Wirtschafts- und Finanzpolitik müssen zusammenwirken. Eine umfassende Sozialreform muß der Veränderung der sozialen Struktur unseres Volkes gerecht werden. Für den

Mehraufwand und den schrittweisen Aufbau der sozialen Sicherung stecken Reserven

— in der Vergrößerung des Sozialproduktes durch Vollbeschäftigung,
— in der Produktivitätssteigerung, insbesondere durch Verbesserung des Gesundheits- und Leistungsstandes,
— in der Rationalisierung der Sozialleistungen durch den Sozialplan.

Sozialistische Sozialpolitik sichert den schaffenden Menschen einen wachsenden Anteil am Sozialprodukt.

Soziale Sicherung

Das Durcheinander der sozialen Einrichtungen und Leistungen in Sozialversicherung, Versorgung und Fürsorge ist unerträglich. Die Verwaltung arbeitet vielfach unrationell und daher teuer. Die meisten Renten sind unzureichend. Die Krankenhilfe entspricht nicht den medizinischen Möglichkeiten. Hunderttausende von Arbeitsfähigen müssen unverschuldet feiern. Durch Gesundheitssicherung, Vollbeschäftigung und Erhöhung des Sozialproduktes werden Millionensummen für die Verbesserung der Sozialleistungen verfügbar gemacht werden.
Der Entwirrung und Verbesserung des Systems der sozialen Leistungen dient ein übersichtlicher

Sozialplan

Er gewährt Rechtsansprüche

— auf eine Gesundheitssicherung, die vorbeugende Gesundheitsfürsorge, ärztliche Hilfe, Krankenhaushilfe, Versorgung mit Medikamenten und Kuraufenthalt einschließt;
— auf ausreichende Renten bei Erwerbsminderung und Erwerbsunfähigkeit, im Alter oder beim Tode des Ernährers;
— auf Mutterschutz und staatliche Kinderbeihilfen;
— auf wirtschaftliche Sicherung während der Gesamtdauer der Krankheit und während unverschuldeter Erwerbslosigkeit oder Kurzarbeit.

Diese soziale Sicherung muß allen des Schutzes Bedürftigen gewährt werden. Dazu gehören:

— Lohn- und Gehaltsempfänger, Hausfrauen, Handwerker und Gewerbetreibende, Bauern und Angehörige freier Berufe.

Der Sozialplan soll auf allen Stufen durch Selbstverwaltungsorgane durchgeführt werden. Dezentralisierung soll die persönliche Beziehung zum Menschen sichern.

Zur Rationalisierung der Verwaltung und im Interesse der Rentenbezieher werden die Renten nicht mehr, wie heute, von einer Vielzahl von Leistungsträgern, sondern aus einer Hand gewährt.

Für die Alterssicherung der Selbständigen in Landwirtschaft, Gewerbe, Handel sowie in den freien Berufen wird eine Selbstverwaltungskörperschaft errichtet. Die Alterssicherung der verschiedenen Gruppen der Selbständigen durch diese Körperschaft erfolgt innerhalb der Einkommensgrenzen und mit den Beiträgen, die sich aus den besonderen Verhältnissen der Gruppen ergeben.

Individualfürsorge

Die Fürsorge als Aufgabe der kommunalen Selbstverwaltung wird durch die Zweige der sozialen Sicherung von allgemeinen Regelleistungen entlastet. Damit kann sie, unterstützt durch praktische Nächsten- und Selbsthilfe — auch freier Wohlfahrtsorganisationen —, ihrer eigentlichen Aufgabe, in individuellen Notfällen helfend einzugreifen, erfolgreicher nachkommen. Auf ihre Leistungen besteht unter Verzicht auf Rückerstattung Rechtsanspruch.

Die Fürsorge tritt neben die Leistungen der sozialen Sicherung dort, wo diese zur Bekämpfung und Beseitigung eines individuellen Notstandes nicht ausreichen können. Sie gewährt vorbeugende Hilfe als Pflichtleistung und sichert eine menschenwürdige Anstalts- und Heimfürsorge. Sie betreut die Familie als Ganzes und umfaßt ausreichende Maßnahmen der Jugendfürsorge und -pflege. Die Fürsorge soll die Kräfte der Betreuten zur Selbsthilfe stärken und mit diesen gemeinsam an der Überwindung des Notstandes arbeiten.

Arbeitsschutz

Die Sozialdemokratische Partei Deutschlands wird den Arbeitsschutz als öffentliches Mindestrecht insbesondere zur Sicherung der Gesundheit des Arbeitenden ausbauen.
Jedermann soll ein sinnerfülltes und menschenwürdiges Leben führen können. Deshalb fordert die Sozialdemokratische Partei Deutschlands die Verkürzung der Arbeitszeit bei vollem Lohn- und Gehaltsausgleich, wo sie nach dem Umfang der Produktion und dem jeweiligen Stand der Technik möglich ist. Die moderne Technik, die der notwendigen Steigerung des Ertrages der Arbeitskraft dient, stellt auch so große Anforderungen an den Menschen, daß die Kürzung der Arbeitszeit schon aus diesem Grunde erfolgen muß.
Die Sozialdemokratische Partei Deutschlands unterstützt darum die Forderung der Arbeitnehmerschaft und der Gewerkschaften auf Durchführung der 40-Stunden-Woche.

Arbeitsrecht

Die Sozialdemokratische Partei Deutschlands kämpft für ein fortschrittliches Arbeitsrecht. Es soll in einem deutschen Arbeitsgesetzbuch zusammengefaßt werden. Lohn- und Arbeitsbedingungen sollen im allgemeinen durch Tarifverträge geregelt werden. Das von der Sozialdemokratischen Partei erkämpfte Gesetz über die Festsetzung von Mindestarbeitsbedingungen muß vor allem die Landarbeiter, die Heimarbeiter und die Angestellten und Arbeiter in kleinen Büros und Werkstätten sowie in der Hauswirtschaft vor unzureichenden Löhnen und Gehältern schützen.

Kriegsopferversorgung

Die Verpflichtung des Staates, den Kriegsbeschädigten und ihren Angehörigen sowie den Hinterbliebenen der Toten zweier Weltkriege zu helfen, ist unabdingbar.
Die Sozialdemokratie fordert eine intensive Berufsfürsorge, Bereitstellung von Arbeitsplätzen sowie eine Erhöhung der Renten aus dem Bundesversorgungsgesetz, um diese Leistungen an

das veränderte Preisgefüge anzupassen. Für die vom Erwerbsleben ausgeschlossenen Kriegsbeschädigten und Hinterbliebenen ist eine ausreichende Vollversorgung durchzuführen. Die Grundrenten dürfen auf andere Sozial- und Rentenleistungen nicht angerechnet werden. Die Schwerbeschädigtengesetzgebung wird fortschrittlich ausgebaut. Ziel aller Maßnahmen für die Schwerbeschädigten ist die Wiedereingliederung in das praktische Leben.
Die Heilfürsorge wird verstärkt und ist dem stetigen Fortschritt der medizinischen Wissenschaft anzupassen. Den ehelichen und unehelichen Kindern der Kriegsopfer wird bei der Schul- und Berufsausbildung wirksam geholfen werden.

Gesundheitspolitik

Jeder hat das Recht auf Erhaltung und Wiederherstellung seiner Gesundheit, soweit die modernen medizinischen Erkenntnisse dies ermöglichen.
Das kann nur durch Ausbau des vorbeugenden und heilenden Gesundheitswesens in einer umfassenden Gesundheitssicherung erreicht werden. Dabei ist die freie medizinische Entscheidung in freiberuflicher ärztlicher Praxis auch zur Wahrung des erforderlichen Vertrauensverhältnisses zwischen Patient und Arzt bei freier Arztwahl zu sichern und zu schützen.
Der Bedeutung der ärztlichen Tätigkeit hat die wirtschaftliche Sicherung auch des freiberuflichen Arztes während der Ausübung seines Berufes und im Falle einer Invalidität und im Alter zu entsprechen.

Vertriebene, Flüchtlinge und Kriegssachgeschädigte

Recht auf Heimat, Recht auf Hilfe

Heimatvertriebene, Kriegssachgeschädigte, Evakuierte und Sowjetzonenflüchtlinge haben einen Anspruch auf die Hilfe der Gemeinschaft.
Die Sozialdemokratische Partei Deutschlands kämpft für die Wiedergutmachung des Unrechts, das den Opfern der Pots-

damer Austreibungsbeschlüsse angetan worden ist. Sie bejaht ihr Heimatrecht im Osten und ihr Lebensrecht im Westen.
Alle Menschen haben ein Recht auf ihre Heimat, ihr Volkstum, ihre Sprache und Kultur. Die Sozialdemokratische Partei wird sich für die Möglichkeit der friedlichen Rückkehr aller Vertriebenen einsetzen, gleichviel, ob sie innerhalb oder außerhalb der deutschen Vorkriegsgrenzen gelebt haben. Sie erstrebt die Eingliederung der Heimatvertriebenen, Kriegssachgeschädigten, Evakuierten und Sowjetzonenflüchtlinge in das deutsche Wirtschaftsgefüge.
Eine innere Umsiedlung mit dem Ziel eines sozialen Gleichgewichts und eines gesunden Bevölkerungsausgleiches ist nötig. Das Schwergewicht muß auf einer kombinierten Wohnungs- und Arbeitsbeschaffung liegen. Durch wirtschaftspolitische Maßnahmen wird eine gesunde Entwicklung der Flüchtlingsindustrien ermöglicht. Die Erhaltung des Facharbeiterstammes und der Exportkapazität dieser Betriebe erfordert besondere Aufmerksamkeit.
Die Sozialdemokratische Partei Deutschlands setzt sich für eine beschleunigte Eingliederung der siedlungswilligen Vertriebenen und Sowjetzonenflüchtlinge in die Landwirtschaft ein. Die zur Zeit geltenden unzureichenden gesetzlichen Bestimmungen müssen erweitert werden. Dazu gehören die gesetzliche Regelung der Altersversorgung für die Besitzer auslaufender Höfe, die Schaffung wirtschaftlich arbeitender Betriebe durch Flurbereinigung und Regelung des Grundstücksverkehrs sowie eine vernünftige Entschädigung für den unter die Landabgabe fallenden Boden. Der Schwerpunkt liegt auf der Eingliederung in Vollbauernstellen.
Die Existenzgründung der Vertriebenen und der Wiederaufbau der Existenzen aller Geschädigten in Handwerk, Gewerbe und freien Berufen wird durch Beseitigung der bürokratischen Hemmnisse, durch planmäßige Berücksichtigung bei der Umsiedlung und durch Kreditgewährung gefördert.
Die Kinder aller Geschädigtengruppen dürfen in ihrer Schul- und Berufsausbildung nicht benachteiligt werden. Gleiche Startbedingungen für die heimatvertriebene Jugend und die jugendlichen Sowjetzonenflüchtlinge zu schaffen, ist besonders vordringlich.
Das Bundes-Evakuierten-Gesetz muß beschleunigt durchgeführt werden. Vor allem müssen ausreichende Mittel zur Schaffung

von Wohnraum und zur Existenzsicherung bereitgestellt werden. Dabei sind gleichermaßen die Alten und Arbeitsunfähigen zu berücksichtigen.
Die Rechtsansprüche für Sowjetzonenflüchtlinge müssen gesetzlich geregelt werden.
Die Sozialdemokratische Partei wird mit allen Organisationen der Geschädigten, die sich der Vertretung der besonderen sozialen Interessen ihrer Mitglieder widmen, freundschaftlich zusammenarbeiten. Sie wird auch an der Pflege und Erhaltung der kulturellen Traditionen der Heimatvertriebenen und Flüchtlinge mitwirken.

Lastenausgleich

Zum Recht auf die Hilfe der Gemeinschaft gehört der Lastenausgleich. Das Lastenausgleichsgesetz muß verbessert werden, damit es bei der Aufbringung und bei der Verteilung den sozialen Notwendigkeiten gerecht wird.
Bei der Durchführung des Lastenausgleichsgesetzes sind vordringlich Mittel zur Verfügung zu stellen
— für die Hausratsentschädigung,
— für die Wiederbeschaffung von Wohnraum,
— für die produktive Eingliederung,
— für die Kriegsschadenrenten.
Die Mittel für die Entschädigung sind durch eine zielbewußte Vorfinanzierung flüssig zu machen, da nur ein beschleunigter Lastenausgleich einen Wert für die Geschädigten hat.

Kulturpolitik

Freiheit, Toleranz und soziale Verantwortung

Die Sozialdemokratische Partei Deutschlands bekennt sich zu den Grundsätzen der Toleranz und zur Achtung der Menschenwürde allen gegenüber, die Toleranz auch für sich als verpflichtend anerkennen. Diese Grundsätze sollen das Zusammenleben und die Auseinandersetzung zwischen den weltanschaulich und politisch getrennten Gruppen des deutschen Volkes

bestimmen. Es soll volle Glaubens- und Gewissensfreiheit, volle Freiheit der Kunst, der Forschung und Lehre, der Presse und des Rundfunks herrschen.
Die Freiheit der religiösen Verkündung und die Freiheit der Forschung und Lehre dürfen weder zu parteipolitischen noch zu antidemokratischen Zwecken mißbraucht werden.
Die Freiheit der Meinungsäußerung schließt ein, daß die Presse offen Zugang zu den notwendigen Informationen erhält. Für die gesetzliche Bekämpfung des Mißbrauchs der Meinungsfreiheit in Literatur und Presse genügen die geltenden Strafgesetze. Der beste Schutz gegen minderwertige Literatur sind menschenwürdige Lebensbedingungen und eine gute Erziehung.
Die Freiheit des Rundfunks muß durch eine demokratische Kontrolle seiner Unabhängigkeit und seiner Finanzpolitik gesichert sein. Er ist eine öffentliche Einrichtung, die nicht Propagandamittel einer einzigen Partei oder Weltanschauung, auch nicht einer Regierung, sein darf.

Die Schule

Die deutsche Jugend wird in den Schulen und Hochschulen ohne Unterschied der Konfession gemeinsam im Geist gegenseitiger Achtung zum sozialen Verantwortungsbewußtsein und für die Ideale der Demokratie und der Völkerverständigung erzogen. Auch die Leibeserziehung ist für die Gesamterziehung unentbehrlich.
Der Religionsunterricht wird nach den im Grundgesetz festgelegten Bestimmungen erteilt. Eine konfessionelle Erziehung darüber hinaus bleibt Aufgabe der Eltern und Religionsgemeinschaften.
Das Schulwesen wird so gestaltet, daß es alle Kinder in einem organisch gegliederten Schulsystem vereint und jedem Kinde, unabhängig von seiner sozialen Lage, eine Schulbildung ermöglicht, die seinen Anlagen und Fähigkeiten entspricht. Deshalb wird die Schulgeld- und Lernmittelfreiheit allgemein eingeführt; ausreichende Erziehungsbeihilfen werden gewährt.
Die als Kriegsfolge entstandene Schulraumnot wird durch den großzügigen Bau von Schulen, Turnhallen und Sportstätten schnellstens beseitigt. Der Bau solcher Einrichtungen wird an

Dringlichkeit dem sozialen Wohnungsbau gleichgesetzt. Bund, Länder und Gemeinden haben hierzu beizutragen.
Im Interesse des pädagogischen Fortschritts werden Versuchsschulen, Landerziehungsheime, Schullandheime und ähnliche Einrichtungen gefördert.
Die Mitbestimmung der Eltern in der Schulerziehung und eine Schülermitverwaltung werden an allen Schulen sinnvoll ausgebaut.
Für die Volksschule sind besondere Anstrengungen dringend nötig. Die Besserung der Lebens- und Arbeitsbedingungen und der sozialen Stellung der Lehrer wird dazu beitragen, den Lehrermangel zu beheben. Die Klassen dürfen höchstens 35 Kinder umfassen. Das neunte Schuljahr wird allgemein eingeführt. Für Schüler derselben Altersstufe sollen Klassenstärke, Lehrerzahl und Aufwendungen für Lehr- und Lernmittel dem Stand der Mittel- und Oberschule angeglichen werden.
Die berufsbildende Schule soll das Fachwissen des Schülers vertiefen und ihn zur sozialen Verantwortung erziehen. Berufsschulgesetze werden den Ländern, Kreisen und Gemeinden die Einrichtung von öffentlichen Berufsschulen zur Pflicht machen. Die Schulzeit in den Berufsschulen soll wöchentlich mindestens 12 Stunden betragen.
Die Lehrer aller Schularten werden in mindestens sechs Semestern an Hochschulen ausgebildet. Ihre pädagogische Ausbildung wird einander gleichwertig gestaltet. Die für die Lehrerfortbildung und den Lehreraustausch mit dem Ausland bestehenden Einrichtungen werden erweitert.

Wissenschaft, Kunst und Volksbildung

Der durch die kapitalistische Gesellschaft verursachten Unterbewertung der geistigen Arbeit tritt die Sozialdemokratische Partei mit Entschiedenheit entgegen. Die geistigen Berufe müssen einen neuen, ihrer Bedeutung entsprechenden Rang in unserer Gesellschaft finden.
Die Hochschule darf kein von der demokratischen Gesellschaft isoliertes Dasein führen. Neben der Forschung und Lehre muß sie ihrer Bildungsaufgabe gerecht werden. Die studierende Jugend soll an den Hochschulen nicht nur ihre Fachausbildung, sondern auch eine Allgemeinbildung erhalten, die es ihr er-

möglicht, den Zusammenhang zwischen ihren fachlichen Aufgaben und der sozialen Wirklichkeit zu erkennen.
Die volle Gebührenfreiheit des Hochschulstudiums wird eingeführt, ausreichende Studienbeihilfen werden gewährt. Über die bestehenden Bildungswege hinaus werden weitere Möglichkeiten geschaffen, die jedem für das wissenschaftliche, künstlerische und technische Studium Befähigten ohne Rücksicht auf seine vorherige Schulbildung den Zugang zu den Hochschulen öffnen werden.
Die Dozenten und Assistenten an den Hochschulen werden finanziell und rechtlich gesichert.
Wissenschaft und Forschung, vor allem auch auf geistes- und sozialwissenschaftlichem Gebiet, sowie das künstlerische Schaffen werden mehr als bisher mit öffentlichen Mitteln gefördert. Die Schätze der Wissenschaft und Kunst sollen allen Menschen zugänglich sein.
Hauptaufgabe der freien Erwachsenenbildung ist die Erziehung zur bewußten Teilnahme am Aufbau einer lebendigen Demokratie. Diese Aufgabe steht gleichrangig neben der Arbeit der anderen Bildungseinrichtungen. Dies muß auch in ihrer finanziellen Unterstützung sichtbar werden. Die Arbeit der Volkshochschule soll gesetzlich gesichert und von Ländern und Gemeinden gefördert werden.
Auch der umfassende Aufbau und Ausbau der öffentlichen Büchereien wird eine gesetzliche Grundlage erhalten.
Dank der opferreichen Anstrengungen der Arbeiterbewegung steht den Menschen heute mehr Freizeit zur Verfügung. Die moderne „Kulturindustrie“ droht diesen Bereich völlig auszufüllen. Deshalb unterstützt die Sozialdemokratische Partei Deutschlands alle Bestrebungen, die es den Menschen ermöglichen, ihre Freizeit selbsttätig und sinnvoll zu gestalten. Das vornehmste Ziel dieser Bemühungen ist die Sicherung und Entfaltung der von der mechanisierten Gesellschaft bedrohten menschlichen Werte.

Frau und Familie

Die Sozialdemokratische Partei Deutschlands ist stets für die politische, wirtschaftliche und soziale Gleichberechtigung und für die Gleichstellung der Frau auf allen Rechtsgebieten eingetreten. Sie setzt sich für eine Reform des Ehe- und Familienrechts ein. Sie erstrebt auch für die Frau das Recht auf einen Arbeitsplatz und den Zugang zu allen Berufen, die ihren Fähigkeiten und Neigungen entsprechen. Keine Mutter vorschulpflichtiger oder schulpflichtiger Kinder darf jedoch aus wirtschaftlicher Not gezwungen sein, einem Erwerb nachzugehen.

Frauen müssen dieselben beruflichen Aufstiegsmöglichkeiten haben wie Männer. Mehr als bisher müssen sie zur Mitarbeit im öffentlichen Leben, auch in leitenden Stellen, ausgebildet und verwendet werden. Ausnahmebestimmungen gegen weibliche Beamte sind zu beseitigen.

Löhne und Gehälter sind nur durch die Art der Arbeit und nicht durch Geschlecht oder Alter des Arbeitnehmers zu bestimmen. Die sogenannten typischen Frauenarbeiten müssen neu und gerecht bewertet werden.

Die Arbeitsschutzgesetzgebung muß — auch nach Inkrafttreten der Gleichberechtigung im Ehe- und Familienrecht — der besonderen Lage der Frau und Mutter Rechnung tragen. Durch Ausbau der Gewerbeaufsicht, an der viel stärker als bisher Frauen mit Betriebserfahrung beteiligt sein müssen, wird die Anwendung dieser Gesetze wirksam kontrolliert.

Alle Versuche, bei der Vermittlung und Einstellung weiblicher Arbeitnehmer die Bestimmungen des Mutterschutzgesetzes für berufstätige Frauen zu umgehen, werden schärfstens bekämpft. Ein gesetzlicher Mutterschutz wird sich auf alle berufstätigen Frauen, auch auf weibliche Beamte und Selbständige, erstrekken. Alle nicht berufstätigen Frauen haben Anspruch auf gleichwertige Hilfe.

Für alle Kinder werden staatliche Kinderbeihilfen gewährt. Eine ausreichende Mütter- und Säuglingsfürsorge wird aufgebaut.

Kindergärten, Kinderhorte, Kinderkrippen, Kinder- und Müttererholungsheime werden die Mütter vor Überlastung und ihre Kinder vor gesundheitlicher und seelischer Gefährdung schützen.

Ohne menschenwürdige Wohnungen gibt es keine gesunden Familien. Der Wohnungsbau in Stadt und Land muß daher den Anforderungen rationeller Haushaltführung und neuzeitlicher Hygiene entsprechen. Auch Wohnungen für Alleinstehende sind zu fördern.

Im Eherecht und in der Sozialgesetzgebung wird die Hausfrauenarbeit als Berufsarbeit bewertet.
Bei Schwangerschaft, Krankheit und Kuraufenthalt der Hausfrau werden Heimhilfen bereitgestellt. Kommunale Erziehungs- und Eheberatungsstellen werden eingerichtet.

Recht und Verantwortung der jungen Generation

Die junge Generation soll und will sich ihren Platz im beruflichen und öffentlichen Leben selber erobern. Die Sozialdemokratische Partei Deutschlands begrüßt deshalb jede Initiative der Jugend. Sie wird ihre berechtigten Forderungen unterstützen. Sie wird junge Kräfte an der verantwortlichen Mitarbeit am politischen und sozialen Leben beteiligen. Sie wird den besonderen Schutz, den der junge Mensch während seiner körperlichen und geistigen Entwicklung braucht, gesetzlich sichern.
Jeder junge Mensch hat ein Recht auf eine berufliche Ausbildung. Durch Ausbildungsbeihilfen und durch ein Berufsausbildungsgesetz werden Voraussetzungen zur Erfüllung dieses Rechts geschaffen.
Die Berufsbilder und Ausbildungsformen werden an die moderne Arbeitstechnik angeglichen. Für verwandte Berufe wird eine gemeinsame Grundausbildung festgelegt. Ergänzt durch Umschulungseinrichtungen, wird sie einen Berufswechsel erleichtern.
Durch den Ausbau einer elastischen und arbeitsfähigen Berufsberatung, durch verstärkte frühzeitige Berufsaufklärung der Eltern und Jugendlichen und durch die Förderung der Berufsvorbereitung in den Schulen wird die Berufswahl erleichtert.
Die Ausbildungs- und Arbeitsbedingungen in der Landwirtschaft und Hauswirtschaft werden verbessert.
Um die Jugendarbeitslosigkeit und die Berufsnot zu beseitigen, werden neue zusätzliche Arbeits- und Ausbildungsplätze geschaffen. Dies geschieht durch eine Politik der Vollbeschäftigung, durch die Erfassung aller nicht ausgenutzten Ausbildungs- und Arbeitsplätze in der öffentlichen und privaten Wirtschaft, durch die Errichtung kommunaler und gemeinnütziger Lehrwerkstätten im Anschluß an kommunale Betriebe und Erziehungseinrichtungen, durch die Ausweitung des Be-

rufsraumes für weibliche Jugendliche, durch den überörtlichen Lehrstellen- und Arbeitsplatzaustausch, durch den Bau von Wohnheimen.

Ein neues Jugendarbeitsschutzgesetz wird den jungen Menschen einen Jahresurlaub von 24 Tagen geben, die Akkordarbeit für Jugendliche verbieten, die tägliche Arbeitszeit auf höchstens 7½ Stunden festlegen und die ärztliche Untersuchung und Überwachung der berufstätigen Jugend anordnen. Die Strafbestimmungen für Verstöße gegen den Jugendarbeitsschutz werden verschärft.

Die Arbeitnehmer unter 20 Jahren werden in den Kündigungsschutz einbezogen.

Den Jugendlichen wird das aktive Wahlrecht zum Betriebsrat vom 17. Lebensjahre an zuerkannt. Das allgemeine Mitwirkungsrecht der Jugendsprecher im Betriebsrat wird gesichert.

Um die geistigen und kulturellen Bestrebungen der Jugend zu fördern und um die gemeinschaftsbildenden Kräfte zu stärken, werden ausreichende öffentliche Mittel bereitgestellt.

Auf jugendpflegerischem, erzieherischem und jugendpolitischem Gebiet sind die demokratischen Jugendverbände wichtige Träger des demokratischen Staates. Sie haben deshalb ein Recht auf besondere Förderung.

Internationale Begegnungen der Jugendgemeinschaften und der internationale Austausch von jungen Menschen werden öffentlich unterstützt. Die Bildungsarbeit der Jugend wird vor allem durch die Förderung von Kursen und Lehrgängen, die Einrichtung und den Ausbau von Jugendbibliotheken, die Unterstützung des Jugendschrifttums und des Jugendfilms die notwendige Grundlage erhalten.

Die Gemeinden müssen mehr als bisher jugendpflegerische Einrichtungen schaffen (Jugendheime, Sport- und Schwimmanlagen usw.). Diese müssen allen Jugendlichen kostenlos zugänglich sein.

Jugendwandern und Jugenderholung werden durch den Bau und Ausbau von Jugendherbergen, Jugendwanderheimen, Zeltlagerplätzen und Erholungsstätten gefördert.

In allen Bundesländern werden besondere Urlaubsgesetze für Jugendleiter geschaffen.

Die Sozialdemokratische Partei Deutschlands wird für die Aufstellung junger Kandidaten bei den Wahlen und für die Berufung geeigneter Nachwuchskräfte als Mitarbeiter verantwortlicher Persönlichkeiten sorgen. Damit will sie auch der Ämterhäufung entgegenwirken.

Die Sozialdemokratische Partei Deutschlands vertraut darauf, daß die junge Generation ihre Verpflichtung gegenüber der Gemeinschaft erkennt und daß sie bereit ist, an ihrem eigenen Schicksal und an einer glücklichen Zukunft unseres Volkes gestaltend mitzuarbeiten.

Die Sozialdemokratische Partei Deutschlands ruft das deutsche Volk auf, sich für die in ihrem Aktionsprogramm niedergelegten Ziele einzusetzen. Von der Zustimmung des Volkes hängt die Verwirklichung dieses Programmes ab.

In ihrem Kampf läßt sich die Sozialdemokratische Partei Deutschlands von den Zielen und Aufgaben des demokratischen Sozialismus leiten, wie sie in der Erklärung der Sozialistischen Internationale in Frankfurt am Main am 3. Juli 1951 beschlossen wurden:

> Die Sozialisten ringen um eine Welt des Friedens in Freiheit, um eine Welt, die die Ausbeutung und Knechtung von Menschen durch Menschen und von Völkern durch Völker ächtet, um eine Welt, in der die Entwicklung der Persönlichkeit des einzelnen die Voraussetzung ist für die fruchtbare Entwicklung der ganzen Menschheit.

XXIII. Grundsatzprogramm der Sozialdemokratischen Partei Deutschlands, beschlossen auf dem außerordentlichen Parteitag in Bad Godesberg 1959

Vorbemerkung des Herausgebers

Die Kommission zur Erarbeitung eines Grundsatzprogramms, deren Bildung vom Vorstand und vom Berliner Parteitag 1954 beschlossen worden war, konstituierte sich am 26. März 1955. Ihr gehörten 34 Personen an, u. a. Wolfgang Abendroth, Heinrich Albertz, Adolf Arndt, Otto Brenner, Heinrich Deist, Georg Eckert, Fritz Erler, Waldemar von Knoeringen, Ulrich Lohmar, Ludwig Preller, Karl Schiller, Carlo Schmid, Erwin Schoettle, Otto Stammer, Herbert Wehner und Gerhard Weisser. Die Programmkommission, deren Vorsitz Willi Eichler innehatte, bildete Unterausschüsse zur Beratung folgender Problemkomplexe: Grundsatzfrage (Leitung: Eichler), Kulturelle Situation und Pädagogik (Leitung: Eichler), Verfassungspolitik (Leitung: Fritz Bauer), Wirtschafts- und Sozialpolitik (Leitung: Weisser), Weltpolitik (Leitung: Wehner). Der Unterausschuß für Grundsatzfragen tagte vom Juni 1955 bis zum Mai 1956, während die anderen Unterkommissionen ihre Arbeit zum Teil erst beträchtlich später aufnahmen.
Ein erster Programmentwurf lag dem vom 18. bis zum 23. Mai 1958 in Stuttgart stattfindenden Parteitag vor. Nachdem dieser beschlossen hatte, daß das Grundsatzprogramm spätestens im Jahre 1960 verabschiedet würde, begann im Sommer 1958 in der gesamten Organisation die Diskussion über den ersten Entwurf. Im Mai 1959 einigte sich das Parteipräsidium u. a. über folgende Punkte: Erarbeitung eines zweiten Entwurfs mit dem Ziel der Kürzung und Straffung sowie unter Berücksichtigung der vorliegenden Anträge; Verzicht auf eine Zeitanalyse; Bildung einer Redaktionskommission. Mitglieder der Redaktionskommission waren Ollenhauer, Deist, Eichler, Heinrich Braune, Fritz Sänger und Benedikt Kautsky, der maßgeblich am SPÖ-Grundsatzprogramm von 1958 mitgearbeitet hatte. Am 22. Juni legte Sänger einen neuen Entwurf vor, der sich im Aufbau wesentlich vom ersten Entwurf unterschied,

kürzer geraten war und keine Zeitanalyse mehr enthielt. Der neue Entwurf wurde anschließend überarbeitet und von Sänger und Braune mit einer kurzen Präambel — als Ersatz für die vormalige Zeitanalyse — versehen.
Der Parteitag, der vom 13. bis zum 15. November 1959 in Bad Godesberg stattfand und dem mehrere hundert Programmanträge bzw. -empfehlungen unterbreitet worden waren, wählte eine Redaktionskommission, die unter dem Vorsitz Ollenhauers und mit Fritz Sänger als Sekretär zusammentrat. Das von ihr an zahlreichen Stellen geänderte Programm wurde schließlich mit 324 gegen 16 Stimmen verabschiedet.

Das ist der Widerspruch unserer Zeit,
daß der Mensch die Urkraft des Atoms entfesselte und
sich jetzt vor den Folgen fürchtet;

daß der Mensch die Produktivkräfte aufs höchste entwickelte,
ungeheure Reichtümer ansammelte, ohne allen einen
gerechten Anteil an dieser gemeinsamen Leistung zu verschaffen;

daß der Mensch sich die Räume dieser Erde unterwarf,
die Kontinente zueinander rückte, nun aber
in Waffen starrende Machtblöcke die Völker mehr
voneinander trennen als je zuvor und totalitäre Systeme
seine Freiheit bedrohen.

Darum fürchtet der Mensch, gewarnt durch die Zerstörungskriege
und Barbareien seiner jüngsten Vergangenheit, die eigene Zukunft,
weil in jedem Augenblick an jedem Punkt der Welt
durch menschliches Versagen das Chaos der Selbstvernichtung
ausgelöst werden kann.

Aber das ist auch die Hoffnung dieser Zeit,
daß der Mensch im atomaren Zeitalter sein Leben erleichtern, von Sorgen befreien und Wohlstand für alle schaffen kann, wenn er seine täglich wachsende Macht über die Naturkräfte nur für friedliche Zwecke einsetzt;

daß der Mensch den Weltfrieden sichern kann, wenn er
die internationale Rechtsordnung stärkt,
das Mißtrauen zwischen den Völkern mindert
und das Wettrüsten verhindert;

daß der Mensch dann zum erstenmal in seiner Geschichte
jedem die Entfaltung seiner Persönlichkeit in einer gesicherten Demokratie ermöglichen kann zu einem Leben in kultureller Vielfalt, jenseits von Not und Furcht.

Diesen Widerspruch aufzulösen, sind wir Menschen
aufgerufen. In unsere Hand ist die Verantwortung gelegt für eine glückliche Zukunft oder für die Selbstzerstörung der Menschheit.

Nur durch eine neue und bessere Ordnung der Gesellschaft
öffnet der Mensch den Weg in seine Freiheit.

Diese neue und bessere Ordnung erstrebt
der demokratische Sozialismus.

Grundwerte des Sozialismus

Die Sozialisten erstreben eine Gesellschaft, in der jeder Mensch seine Persönlichkeit in Freiheit entfalten und als dienendes Glied der Gemeinschaft verantwortlich am politischen, wirtschaftlichen und kulturellen Leben der Menschheit mitwirken kann.
Freiheit und Gerechtigkeit bedingen einander. Denn die Würde des Menschen liegt im Anspruch auf Selbstverantwortung ebenso wie in der Anerkennung des Rechtes seiner Mitmenschen, ihre Persönlichkeit zu entwickeln und an der Gestaltung der Gesellschaft gleichberechtigt mitzuwirken.

Freiheit, Gerechtigkeit und Solidarität, die aus der gemeinsamen Verbundenheit folgende gegenseitige Verpflichtung, sind die Grundwerte des sozialistischen Wollens.
Der demokratische Sozialismus, der in Europa in christlicher Ethik, im Humanismus und in der klassischen Philosophie verwurzelt ist, will keine letzten Wahrheiten verkünden — nicht aus Verständnislosigkeit und nicht aus Gleichgültigkeit gegenüber den Weltanschauungen oder religiösen Wahrheiten, sondern aus der Achtung vor den Glaubensentscheidungen des Menschen, über deren Inhalt weder eine politische Partei noch der Staat zu bestimmen haben.
Die Sozialdemokratische Partei Deutschlands ist die Partei der Freiheit des Geistes. Sie ist eine Gemeinschaft von Menschen, die aus verschiedenen Glaubens- und Denkrichtungen kommen. Ihre Übereinstimmung beruht auf gemeinsamen sittlichen Grundwerten und gleichen politischen Zielen. Die Sozialdemokratische Partei erstrebt eine Lebensordnung im Geiste dieser Grundwerte. Der Sozialismus ist eine dauernde Aufgabe — Freiheit und Gerechtigkeit zu erkämpfen, sie zu bewahren und sich in ihnen zu bewähren.

Grundforderungen für eine menschenwürdige Gesellschaft

Aus der Entscheidung für den demokratischen Sozialismus ergeben sich Grundforderungen, die in einer menschenwürdigen Gesellschaft erfüllt sein müssen:
Alle Völker müssen sich einer internationalen Rechtsordnung unterwerfen, die über eine ausreichende Exekutive verfügt. Der Krieg darf kein Mittel der Politik sein.
Alle Völker müssen die gleiche Chance haben, am Wohlstand der Welt teilzunehmen. Entwicklungsländer haben Anspruch auf die Solidarität der anderen Völker.
Wir streiten für die Demokratie. Sie muß die allgemeine Staats- und Lebensordnung werden, weil sie allein Ausdruck der Achtung vor der Würde des Menschen und seiner Eigenverantwortung ist.
Wir widerstehen jeder Diktatur, jeder Art totalitärer und autoritärer Herrschaft; denn diese mißachten die Würde des

Menschen, vernichten seine Freiheit und zerstören das Recht. Sozialismus wird nur durch die Demokratie verwirklicht, die Demokratie durch den Sozialismus erfüllt.
Zu Unrecht berufen sich die Kommunisten auf sozialistische Traditionen. In Wirklichkeit haben sie das sozialistische Gedankengut verfälscht. Die Sozialisten wollen Freiheit und Gerechtigkeit verwirklichen, während die Kommunisten die Zerrissenheit der Gesellschaft ausnutzen, um die Diktatur ihrer Partei zu errichten.
Im demokratischen Staat muß sich jede Macht öffentlicher Kontrolle fügen. Das Interesse der Gesamtheit muß über dem Einzelinteresse stehen. In der vom Gewinn- und Machtstreben bestimmten Wirtschaft und Gesellschaft sind Demokratie, soziale Sicherheit und freie Persönlichkeit gefährdet. Der demokratische Sozialismus erstrebt darum eine neue Wirtschafts- und Sozialordnung.
Alle Vorrechte im Zugang zu Bildungseinrichtungen müssen beseitigt werden. Nur Begabung und Leistung sollen jedem den Aufstieg ermöglichen.
Freiheit und Gerechtigkeit lassen sich durch Institutionen allein nicht sichern. Alle Lebensbereiche werden zunehmend technisiert und organisiert. Dadurch entstehen immer neue Abhängigkeiten, die die Freiheit bedrohen. Nur ein vielgestaltiges wirtschaftliches, soziales und kulturelles Leben regt die schöpferischen Kräfte des einzelnen an, ohne die alles geistige Leben erstarrt.
Freiheit und Demokratie in der industriellen Gesellschaft sind nur denkbar, wenn eine ständig wachsende Zahl von Menschen ein gesellschaftliches Bewußtsein entwickelt und zur Mitverantwortung bereit ist. Ein entscheidendes Mittel dazu ist politische Bildung im weitesten Sinne. Sie ist ein wesentliches Ziel aller Erziehung in unserer Zeit.

Die staatliche Ordnung

Die Sozialdemokratische Partei Deutschlands lebt und wirkt im ganzen deutschen Volke. Sie steht zum Grundgesetz der Bundesrepublik Deutschland. In seinem Sinne erstrebt sie die Einheit Deutschlands in gesicherter Freiheit.

Die Spaltung Deutschlands bedroht den Frieden. Ihre Überwindung ist lebensnotwendig für das deutsche Volk.

Erst in einem wiedervereinigten Deutschland wird das ganze Volk in freier Selbstbestimmung Inhalt und Form von Staat und Gesellschaft gestalten können.

Das Leben des Menschen, seine Würde und sein Gewissen sind dem Staate vorgegeben. Jeder Bürger hat die Überzeugung seiner Mitmenschen zu achten. Der Staat ist verpflichtet, die Freiheit des Glaubens und des Gewissens zu sichern.

Der Staat soll Vorbedingungen dafür schaffen, daß der einzelne sich in freier Selbstverantwortung und gesellschaftlicher Verpflichtung entfalten kann. Die Grundrechte sollen nicht nur die Freiheit des einzelnen gegenüber dem Staat sichern, sie sollen als gemeinschaftsbildende Rechte den Staat mitbegründen.

Als Sozialstaat hat er für seine Bürger Daseinsvorsorge zu treffen, um jedem die eigenverantwortliche Selbstbestimmung zu ermöglichen und die Entwicklung einer freiheitlichen Gesellschaft zu fördern.

Durch Verschmelzung des demokratischen mit dem sozialen und dem Rechtsgedanken soll der Staat zum Kulturstaat werden, der seine Inhalte von den gesellschaftlichen Kräften empfängt und dem schöpferischen Geist der Menschen dient.

Die Sozialdemokratische Partei Deutschlands bekennt sich zur Demokratie, in der die Staatsgewalt vom Volke ausgeht und die Regierung jederzeit dem Parlament verantwortlich und sich bewußt ist, daß sie ständig seines Vertrauens bedarf. In der Demokratie müssen die Rechte der Minderheit neben den Rechten der Mehrheit gewahrt werden. Regierung und Opposition haben verschiedene Aufgaben von gleichem Rang; beide tragen Verantwortung für den Staat.

Die Sozialdemokratische Partei Deutschlands will in gleichberechtigtem Wettstreit mit den anderen demokratischen Parteien die Mehrheit des Volkes gewinnen, um Staat und Gesellschaft nach den Grundforderungen des demokratischen Sozialismus zu formen.

Gesetzgebung, Regierung und Rechtsprechung sind getrennt voneinander dem Wohle des Ganzen verpflichtet. Die Gliederung der öffentlichen Gewalt in Bund, Ländern und Gemeinden soll die Macht verteilen, die Freiheit stärken und dem

Bürger durch Mitbestimmung und Mitverantwortung vielfachen Zugang zu den Institutionen der Demokratie geben. Freie Gemeinden sind unerläßlich für eine lebendige Demokratie. Deshalb bekennt sich die Sozialdemokratische Partei Deutschlands zu den Grundsätzen der Gemeindefreiheit einschließlich der bürgerschaftlichen Selbstverwaltung, die weiter auszubauen und auch finanziell zu sichern sind.
Die Verbände, in denen sich Menschen der verschiedenen Gruppen und Schichten zu gemeinsamen Zwecken zusammenschließen, sind notwendige Einrichtungen der modernen Gesellschaft. Sie müssen eine demokratische Ordnung haben. Je machtvoller sie sind, desto größer ist ihre Verantwortung, aber auch die Gefahr des Machtmißbrauchs. Die Parlamente, die Verwaltung und die Rechtsprechung dürfen nicht unter den einseitigen Einfluß von Interessenvertretungen fallen.
Presse, Rundfunk, Fernsehen und Film erfüllen öffentliche Aufgaben. Sie müssen in Freiheit und Unabhängigkeit überall und unbehindert Informationen sammeln, bearbeiten, verbreiten und unter eigener Verantwortung Meinungen bilden und aussprechen dürfen. Rundfunk und Fernsehen müssen ihren öffentlich-rechtlichen Charakter behalten. Sie müssen freiheitlich-demokratisch geleitet und gegen Interessentendruck gesichert sein.
Die Richter bedürfen der äußeren und inneren Unabhängigkeit, um im Namen des Volkes allein dem Recht zu dienen. An der Rechtspflege sind ehrenamtliche Richter gleichberechtigt zu beteiligen. Nur unabhängige Richter dürfen Kriminalstrafen aussprechen. Wirtschaftliche Überlegenheit oder Schwäche dürfen keine Folgen für den Rechtsweg oder für die Rechtsprechung haben. Die Gesetze müssen der gesellschaftlichen Entwicklung zeitgerecht angeglichen werden, damit sie nicht zum Rechtsbewußtsein in Widerspruch geraten, sondern der Verwirklichung der Rechtsidee dienen.

Landesverteidigung

Die Sozialdemokratische Partei Deutschlands bekennt sich zur Verteidigung der freiheitlich-demokratischen Grundordnung. Sie bejaht die Landesverteidigung.

Die Landesverteidigung muß der politischen und geographischen Lage Deutschlands gemäß sein und daher die Grenzen wahren, die zur Schaffung der Voraussetzungen für eine internationale Entspannung, für eine wirksame kontrollierte Abrüstung und für die Wiedervereinigung Deutschlands eingehalten werden müssen. Der Schutz der Zivilbevölkerung ist wesentlicher Bestandteil der Verteidigung des Landes.
Die Sozialdemokratische Partei fordert die völkerrechtliche Ächtung der Massenvernichtungsmittel auf der ganzen Welt.
Die Bundesrepublik Deutschland darf atomare und andere Massenvernichtungsmittel weder herstellen noch verwenden.
Die Sozialdemokratische Partei erstrebt die Einbeziehung ganz Deutschlands in eine europäische Zone der Entspannung und der kontrollierten Begrenzung der Rüstung, die im Zuge der Wiederherstellung der Einheit Deutschlands in Freiheit von fremden Truppen geräumt wird und in der Atomwaffen und andere Massenvernichtungsmittel weder hergestellt noch gelagert oder verwendet werden dürfen.
Die Streitkräfte müssen der politischen Führung durch die Regierung und der Kontrolle durch das Parlament unterstellt sein. Zwischen den Soldaten und allen demokratischen Kräften des Volkes muß ein Verhältnis des Vertrauens bestehen. Der Soldat bleibt auch in Uniform Staatsbürger.
Die Streitkräfte dürfen nur der Landesverteidigung dienen.
Die Sozialdemokratische Partei Deutschlands stellt sich schützend vor jeden Bürger, der aus Gewissensgründen den Dienst mit der Waffe oder an Massenvernichtungsmitteln verweigert.
Die Sozialdemokratische Partei Deutschlands fordert eine allgemeine und kontrollierte Abrüstung und eine mit Machtmitteln ausgestattete internationale Rechtsordnung, die nationale Landesverteidigungen ablösen wird.

Wirtschafts- und Sozialordnung

Ziel sozialdemokratischer Wirtschaftspolitik ist stetig wachsender Wohlstand und eine gerechte Beteiligung aller am Ertrag der Volkswirtschaft, ein Leben in Freiheit ohne unwürdige Abhängigkeit und ohne Ausbeutung.

Stetiger Wirtschaftsaufschwung

Die zweite industrielle Revolution schafft Voraussetzungen, den allgemeinen Lebensstandard stärker als bisher zu erhöhen und die Not und das Elend zu beseitigen, die noch immer viele Menschen bedrücken.
Die Wirtschaftspolitik muß auf der Grundlage einer stabilen Währung die Vollbeschäftigung sichern, die volkswirtschaftliche Produktivität steigern und den allgemeinen Wohlstand erhöhen.
Um alle Menschen am steigenden Wohlstand zu beteiligen, muß die Wirtschaft den ständigen Strukturveränderungen planmäßig angepaßt werden, damit eine ausgeglichene Wirtschaftsentwicklung erreicht wird.
Eine solche Politik bedarf der volkswirtschaftlichen Gesamtrechnung und des Nationalbudgets. Das Nationalbudget wird vom Parlament beschlossen. Es ist verpflichtend für die Regierungspolitik, eine wichtige Grundlage für die autonome Notenbankpolitik und gibt Richtpunkte für die Wirtschaft, die das Recht zur freien Entscheidung behält.
Der moderne Staat beeinflußt die Wirtschaft stetig durch seine Entscheidungen über Steuern und Finanzen, über das Geld- und Kreditwesen, seine Zoll-, Handels-, Sozial- und Preispolitik, seine öffentlichen Aufträge sowie die Landwirtschafts- und Wohnbaupolitik. Mehr als ein Drittel des Sozialprodukts geht auf diese Weise durch die öffentliche Hand. Es ist also nicht die Frage, ob in der Wirtschaft Disposition und Planung zweckmäßig sind, sondern wer diese Disposition trifft und zu wessen Gunsten sie wirkt. Dieser Verantwortung für den Wirtschaftsablauf kann sich der Staat nicht entziehen. Er ist verantwortlich für eine vorausschauende Konjunkturpolitik und soll sich im wesentlichen auf Methoden der mittelbaren Beeinflussung der Wirtschaft beschränken.
Freie Konsumwahl und freie Arbeitsplatzwahl sind entscheidende Grundlagen, freier Wettbewerb und freie Unternehmerinitiative sind wichtige Elemente sozialdemokratischer Wirtschaftspolitik. Die Autonomie der Arbeitnehmer- und Arbeitgeberverbände beim Abschluß von Tarifverträgen ist ein wesentlicher Bestandteil freiheitlicher Ordnung. Totalitäre Zwangswirtschaft zerstört die Freiheit. Deshalb bejaht die

Sozialdemokratische Partei den freien Markt, wo immer wirklich Wettbewerb herrscht. Wo aber Märkte unter die Vorherrschaft von einzelnen oder von Gruppen geraten, bedarf es vielfältiger Maßnahmen, um die Freiheit in der Wirtschaft zu erhalten. Wettbewerb soweit wie möglich — Planung soweit wie nötig!

Eigentum und Macht

Ein wesentliches Kennzeichen der modernen Wirtschaft ist der ständig sich verstärkende Konzentrationsprozeß. Die Großunternehmen bestimmen nicht nur entscheidend die Entwicklung der Wirtschaft und des Lebensstandards, sie verändern auch die Struktur von Wirtschaft und Gesellschaft:

Wer in den Großorganisationen der Wirtschaft die Verfügung über Millionenwerte und über Zehntausende von Arbeitnehmern hat, der wirtschaftet nicht nur, er übt Herrschaftsmacht über Menschen aus; die Abhängigkeit der Arbeiter und Angestellten geht weit über das Ökonomisch-Materielle hinaus.

Wo das Großunternehmen vorherrscht, gibt es keinen freien Wettbewerb. Wer nicht über gleiche Macht verfügt, hat nicht die gleiche Entfaltungsmöglichkeit, er ist mehr oder minder unfrei. Die schwächste Stellung in der Wirtschaft hat der Mensch als Verbraucher.

Mit ihrer durch Kartelle und Verbände noch gesteigerten Macht gewinnen die führenden Männer der Großwirtschaft einen Einfluß auf Staat und Politik, der mit demokratischen Grundsätzen nicht vereinbar ist. Sie usurpieren Staatsgewalt. Wirtschaftliche Macht wird zu politischer Macht.

Diese Entwicklung ist eine Herausforderung an alle, für die Freiheit und Menschenwürde, Gerechtigkeit und soziale Sicherheit die Grundlagen der menschlichen Gesellschaft sind.

Die Bändigung der Macht der Großwirtschaft ist darum zentrale Aufgabe einer freiheitlichen Wirtschaftspolitik. Staat und Gesellschaft dürfen nicht zur Beute mächtiger Interessengruppen werden.

Das private Eigentum an Produktionsmitteln hat Anspruch auf Schutz und Förderung, soweit es nicht den Aufbau einer gerechten Sozialordnung hindert. Leistungsfähige mittlere und kleine Unternehmen sind zu stärken, damit sie die wirtschaftliche Auseinandersetzung mit den Großunternehmen bestehen können.

Wettbewerb durch öffentliche Unternehmen ist ein entscheidendes Mittel zur Verhütung privater Marktbeherrschung. Durch solche Unternehmen soll den Interessen der Allgemeinheit Geltung verschafft werden. Sie werden dort zur Notwendigkeit, wo aus natürlichen oder technischen Gründen unerläßliche Leistungen für die Allgemeinheit nur unter Ausschluß eines Wettbewerbs wirtschaftlich vernünftig erbracht werden können.

Die Unternehmen der freien Gemeinwirtschaft, die sich am Bedarf und nicht am privaten Erwerbsstreben orientieren, wirken preisregulierend und helfen dem Verbraucher. Sie erfüllen eine wertvolle Funktion in der demokratischen Gesellschaft und haben Anspruch auf Förderung.

Eine weitgehende Publizität muß der Öffentlichkeit Einblick in die Machtstruktur der Wirtschaft und in die Wirtschaftsgebarung der Unternehmen verschaffen, damit die öffentliche Meinung gegen Machtmißbrauch mobilisiert werden kann.

Wirksame öffentliche Kontrolle muß Machtmißbrauch der Wirtschaft verhindern. Ihre wichtigsten Mittel sind Investitionskontrolle und Kontrolle marktbeherrschender Kräfte.

Gemeineigentum ist eine legitime Form der öffentlichen Kontrolle, auf die kein moderner Staat verzichtet. Sie dient der Bewahrung der Freiheit vor der Übermacht großer Wirtschaftsgebilde. In der Großwirtschaft ist die Verfügungsgewalt überwiegend Managern zugefallen, die ihrerseits anonymen Mächten dienen. Damit hat das Privateigentum an den Produktionsmitteln hier weitgehend seine Verfügungsgewalt verloren. Das zentrale Problem heißt heute: Wirtschaftliche Macht. Wo mit anderen Mitteln eine gesunde Ordnung der wirtschaftlichen Machtverhältnisse nicht gewährleistet werden kann, ist Gemeineigentum zweckmäßig und notwendig.

Jede Zusammenballung wirtschaftlicher Macht, auch die in Staatshand, birgt Gefahren in sich. Deshalb soll das Gemeineigentum nach den Grundsätzen der Selbstverwaltung und der Dezentralisierung geordnet werden. In seinen Verwaltungsorganen müssen die Interessen der Arbeiter und Angestellten ebenso wie das öffentliche Interesse und das der Verbraucher vertreten sein. Nicht durch zentrale Bürokratie, sondern durch verantwortungsbewußtes Zusammenwirken aller Beteiligten wird der Gemeinschaft am besten gedient.

Einkommens- und Vermögensverteilung

Die Marktwirtschaft gewährleistet von sich aus keine gerechte Einkommens- und Vermögensverteilung. Dazu bedarf es einer zielbewußten Einkommens- und Vermögenspolitik.
Einkommen und Vermögen sind ungerecht verteilt. Das ist nicht nur die Folge massenhafter Vermögensvernichtung durch Krise, Krieg und Inflation, sondern im wesentlichen die Schuld einer Wirtschafts- und Steuerpolitik, die die Einkommens- und Vermögensbildung in wenigen Händen begünstigt und die bisher Vermögenslosen benachteiligt.
Die Sozialdemokratische Partei will Lebensbedingungen schaffen, unter denen alle Menschen in freier Entschließung aus steigendem Einkommen eigenes Vermögen bilden können. Das setzt eine stetige Erhöhung des Sozialprodukts bei gerechter Verteilung voraus.
Die Lohn- und Gehaltspolitik ist ein geeignetes und notwendiges Mittel, um Einkommen und Vermögen gerechter zu verteilen.
Geeignete Maßnahmen sollen dafür sorgen, daß ein angemessener Anteil des ständigen Zuwachses am Betriebsvermögen der Großwirtschaft als Eigentum breit gestreut oder gemeinschaftlichen Zwecken dienstbar gemacht wird. Es ist ein Zeichen unserer Zeit, daß sich das private Wohlleben privilegierter Schichten schrankenlos entfaltet, während wichtige Gemeinschaftsaufgaben, vor allem Wissenschaft, Forschung und Erziehung, in einer Weise vernachlässigt werden, die einer Kulturnation unwürdig ist.

Agrarwirtschaft

Die Grundsätze sozialdemokratischer Wirtschaftspolitik gelten auch für die Landwirtschaft. Die Struktur der Landwirtschaft und die Abhängigkeit ihrer Produktion von unbeeinflußbaren Naturfaktoren erfordern jedoch besondere Maßnahmen.

Das private Eigentum des Bauern am Boden wird bejaht. Die leistungsfähigen Familienbetriebe müssen durch ein neuzeitliches Boden- und Pachtrecht geschützt werden. Sie sind wirtschaftlich und sozial zu stärken.
Die Förderung des Genossenschaftswesens ist der beste Weg, die Leistungsfähigkeit der kleinen und mittleren Betriebe unter Wahrung ihrer Selbständigkeit zu steigern.
Die Landwirtschaft muß sich den strukturellen Veränderungen der Gesamtwirtschaft anpassen, um ihren vollen Beitrag zur Entwicklung der Gesamtwirtschaft leisten und den in ihr tätigen Menschen einen angemessenen Lebensstandard sichern zu können. Diese Veränderungen werden nicht nur durch den technisch-wissenschaftlichen Fortschritt, sondern durch die Wandlungen der Standortbedingungen im Rahmen der europäischen Zusammenarbeit und durch steigende Verflechtung der deutschen mit der Wirtschaft der übrigen Welt bestimmt. Es ist eine öffentliche Aufgabe, die Modernisierung der Landwirtschaft und ihre Leistungsfähigkeit zu fördern.
Der landwirtschaftlichen Bevölkerung ist am besten gedient, wenn sie in eine Gesamtwirtschaft von hoher Gesamtproduktivität und breiter Massenkaufkraft eingeordnet ist. Die zur Sicherung des landwirtschaftlichen Einkommens erforderliche Markt- und Preispolitik (Marktordnung) muß die Interessen der Verbraucher und der Volkswirtschaft berücksichtigen.
Die kulturelle, wirtschaftliche und soziale Lage der gesamten Landbevölkerung ist zu verbessern. Der Rückstand in der sozialen Gesetzgebung muß beseitigt werden.

Die Gewerkschaften in der Wirtschaft

Alle Arbeiter, Angestellten und Beamten haben das Recht, sich in Gewerkschaften zusammenzuschließen. In der heutigen Wirtschaft sind die Arbeitnehmer denen ausgeliefert, die die Kommandostellen der Unternehmen und ihrer Verbände besetzen, wenn sie ihnen nicht in unabhängigen Gewerkschaften ihre solidarische, demokratisch geordnete Kraft entgegenstellen, um die Arbeitsbedingungen frei vereinbaren zu können. Das Streikrecht gehört zu den selbstverständlichen Grundrechten der Arbeiter und Angestellten.

Die Gewerkschaften kämpfen um einen gerechten Anteil der Arbeitnehmer am Ertrag der gesellschaftlichen Arbeit und um das Recht auf Mitbestimmung im wirtschaftlichen und sozialen Leben.
Sie kämpfen um größere Freiheit und handeln als Vertreter aller arbeitenden Menschen. Sie sind damit wesentliche Träger des ständigen Demokratisierungsprozesses. Jeden Arbeitnehmer zu ständiger Mitarbeit fähig zu machen und dafür zu sorgen, daß er diese Fähigkeiten nutzen kann, ist eine große Aufgabe der Gewerkschaften.
Die Arbeiter und Angestellten, die den entscheidenden Beitrag zum Ergebnis der Wirtschaft leisten, sind bisher von einer wirksamen Mitbestimmung ausgeschlossen. Demokratie aber verlangt Mitbestimmung der Arbeitnehmer in den Betrieben und in der gesamten Wirtschaft. Der Arbeitnehmer muß aus einem Wirtschaftsuntertan zu einem Wirtschaftsbürger werden.
Die Mitbestimmung in der Eisen- und Stahlindustrie und im Kohlenbergbau ist ein Anfang zu einer Neuordnung der Wirtschaft. Sie ist zu einer demokratischen Unternehmensverfassung für die Großwirtschaft weiter zu entwickeln. Die Mitbestimmung der Arbeitnehmer in den Selbstverwaltungsorganen der Wirtschaft muß sichergestellt werden.

Soziale Verantwortung

Sozialpolitik hat wesentliche Voraussetzungen dafür zu schaffen, daß sich der einzelne in der Gesellschaft frei entfalten und sein Leben in eigener Verantwortung gestalten kann. Gesellschaftliche Zustände, die zu individuellen und sozialen Notständen führen, dürfen nicht als unvermeidlich und unabänderlich hingenommen werden. Das System sozialer Sicherung muß der Würde selbstverantwortlicher Menschen entsprechen.
Jeder Bürger hat im Alter, bei Berufs- oder Erwerbsunfähigkeit oder beim Tode des Ernährers Anspruch auf eine staatliche Mindestrente. Auf ihr bauen weitere, persönlich erworbene Rentenansprüche auf. So ist die im Arbeitsleben erreichte Lebenshaltung zu sichern. Alle sozialen Geldleistun-

gen, auch die Renten der Kriegsbeschädigten und Kriegshinterbliebenen, sind der Entwicklung der steigenden Arbeitseinkommen laufend anzupassen.

Technik und Zivilisation setzen heute den Menschen einer Vielzahl von gesundheitlichen Gefährdungen aus. Sie bedrohen nicht nur die lebende, sondern auch künftige Generationen. Gegen diese Schädigungen kann sich der einzelne nicht schützen. Deshalb fordert die Sozialdemokratische Partei eine umfassende Gesundheitssicherung. Lebensbedingungen und Lebensformen sind so zu gestalten und die Gesundheitspolitik ist so auszubauen, daß ein Leben in Gesundheit möglich wird. Der öffentliche Gesundheitsschutz, vor allem der Arbeitsschutz, und wirksame Methoden der Gesundheitsvorsorge für den einzelnen sind zu entwickeln. Es gilt sowohl das Bewußtsein der eigenen Verpflichtung zur Pflege der Gesundheit zu wecken als auch dem freigewählten Arzt alle Möglichkeiten zu gesundheitserhaltenden Maßnahmen und zur Vorbeugung gegen Krankheiten zu eröffnen. Die berufliche Entscheidungsfreiheit der Ärzte muß gesichert sein. Es ist eine öffentliche Aufgabe, die Krankenhausversorgung sicherzustellen.

Das gleiche Lebensrecht aller Menschen ist auch dadurch zu verwirklichen, daß bei Krankheit jeder unabhängig von seiner wirtschaftlichen Lage einen unbedingten Anspruch auf alle dem Stande der ärztlichen Wissenschaft entsprechenden Heilmaßnahmen hat. Die freigewählte ärztliche Hilfeleistung wird durch volle wirtschaftliche Sicherung im Krankheitsfalle ergänzt.

Bei vollem Ausgleich des Einkommens ist die Arbeitszeit fortschreitend zu verkürzen, wie es die Entwicklung der Wirtschaft ermöglicht. Zur Bewältigung besonderer Lebensschwierigkeiten und Notlagen sind die allgemeinen sozialen Leistungen durch individuelle fürsorgerische Dienste und Leistungen der Sozialhilfe zu ergänzen. Sie arbeitet mit den Freien Wohlfahrtsverbänden und den Einrichtungen der Nächsten- und Selbsthilfe zusammen. Die Eigenständigkeit der freien Wohlfahrtspflege ist zu schützen.

Die gesamte Arbeits- und Sozialgesetzgebung ist einheitlich und übersichtlich in einem Arbeitsgesetzbuch und einem Sozialgesetzbuch zu ordnen.

Jeder hat ein Recht auf eine menschenwürdige Wohnung. Sie

ist die Heimstätte der Familie. Sie muß deshalb auch weiterhin sozialen Schutz genießen und darf nicht nur privatem Gewinnstreben überlassen werden.
Die Wohnungs-, Bau- und Bodenpolitik muß den Mangel an Wohnraum beschleunigt beheben. Der soziale Wohnungsbau ist zu fördern. Der Mietzins ist nach sozialen Gesichtspunkten zu beeinflussen. Die Bodenspekulation ist zu unterbinden, ungerechtfertigte Gewinne aus Bodenverkäufen sind abzuschöpfen.

Frau — Familie — Jugend

Die Gleichberechtigung der Frau muß rechtlich, sozial und wirtschaftlich verwirklicht werden. Der Frau müssen die gleichen Möglichkeiten für Erziehung und Ausbildung, für Berufswahl, Berufsausübung und Entlohnung geboten werden wie dem Mann. Gleichberechtigung soll die Beachtung der psychologischen und biologischen Eigenarten der Frau nicht aufheben. Hausfrauenarbeit muß als Berufsarbeit anerkannt werden. Hausfrauen und Mütter bedürfen besonderer Hilfe. Mütter von vorschulpflichtigen und schulpflichtigen Kindern dürfen nicht genötigt sein, aus wirtschaftlichen Gründen einem Erwerb nachzugehen.
Staat und Gesellschaft haben die Familie zu schützen, zu fördern und zu stärken. In der materiellen Sicherung der Familie liegt die Anerkennung ihrer ideellen Werte. Ein Familien-Lastenausgleich im Steuersystem, Mutterschaftshilfe und Kindergeld sollen die Familie wirksam schützen.
Die Jugend muß befähigt werden, ihr Leben selbst zu meistern und in die künftige Verantwortung gegenüber der Gemeinschaft hineinzuwachsen. Staat und Gesellschaft haben deshalb die Aufgabe, die Erziehungskraft der Familie zu stärken, sie in den Bereichen, die sie nicht ausfüllen kann, zu ergänzen und notfalls zu ersetzen. Die Entfaltung der beruflichen Fähigkeiten des jungen Menschen erfordert ein System allgemeiner Erziehungs- und Ausbildungsbeihilfen.
Der Jugendarbeitsschutz muß der Entwicklung der gesellschaftlichen Verhältnisse und den pädagogischen Erfahrungen angepaßt werden. Wenn man die Jugend frühzeitig und vertrauensvoll zur Mitwirkung und Mitverantwortung heran-

zieht, werden der Demokratie einsichtsvolle und willensstarke Staatsbürger heranwachsen. Die Erfüllung des Anspruches auf Erziehung und auf Hilfe zur Persönlichkeitsentwicklung muß durch ein fortschrittliches Jugendrecht garantiert werden. Auf allen Lebensgebieten, die die Erziehung, die Förderung und den Schutz der Jugend betreffen, muß sichergestellt sein, daß das Wohl der Jugend allen anderen Überlegungen vorangeht.

Das kulturelle Leben

Die schöpferischen Kräfte des Menschen müssen sich in einem reich gegliederten und vielfältigen kulturellen Leben frei entfalten können. Die Kulturpolitik des Staates soll alle kulturwilligen Kräfte ermutigen und fördern. Der Staat muß alle Bürger vor den Macht- und Interessengruppen schützen, die das geistige und kulturelle Leben eigenen Zwecken dienstbar machen wollen.

Religion und Kirche

Nur eine gegenseitige Toleranz, die im Andersglaubenden und Andersdenkenden den Mitmenschen gleicher Würde achtet, bietet eine tragfähige Grundlage für das menschlich und politisch fruchtbare Zusammenleben.
Der Sozialismus ist kein Religionsersatz. Die Sozialdemokratische Partei achtet die Kirchen und die Religionsgemeinschaften, ihren besonderen Auftrag und ihre Eigenständigkeit. Sie bejaht ihren öffentlich-rechtlichen Schutz.
Zur Zusammenarbeit mit den Kirchen und Religionsgemeinschaften im Sinne einer freien Partnerschaft ist sie stets bereit. Sie begrüßt es, daß Menschen aus ihrer religiösen Bindung heraus eine Verpflichtung zum sozialen Handeln und zur Verantwortung in der Gesellschaft bejahen.
Freiheit des Denkens, des Glaubens und des Gewissens und Freiheit der Verkündigung sind zu sichern. Eine religiöse oder weltanschauliche Verkündigung darf nicht parteipolitisch oder zu antidemokratischen Zwecken mißbraucht werden.

Die Schule

Erziehung und Bildung sollen allen Menschen die Möglichkeit geben, ihre Anlagen und Fähigkeiten unbehindert zu entfalten. Sie sollen die Widerstandskraft gegen die konformistischen Tendenzen unserer Zeit stärken. Kenntnis und Aneignung der überlieferten kulturellen Werte und Vertrautheit mit den formenden Kräften des gesellschaftlichen Lebens der Gegenwart sind Grundlagen unabhängigen Denkens und freier Urteilsbildung.

Die Jugend ist in den Schulen und Hochschulen gemeinsam im Geiste gegenseitiger Achtung zur Freiheit, zur Selbständigkeit, zum sozialen Verantwortungsbewußtsein und für die Ideale der Demokratie und der Völkerverständigung zu erziehen, um in unserer an weltanschaulichen Überzeugungen und Wertordnungen vielgestaltigen Gesellschaft eine Gesinnung und Haltung des Verstehens, der Toleranz und der Hilfsbereitschaft zu erreichen. Dazu gehört, daß in den Lehrplänen aller Schulen staatsbürgerliche Erziehung angemessen berücksichtigt wird. Musische Erziehung und handwerkliche Betätigung sollen in der Bildung ihr hohes Gewicht haben. Staat und Gesellschaft sind verpflichtet, durch Erziehung und durch ihre Bildungseinrichtungen dem ganzen Volk eine Vertrautheit mit der Kunst und dem künstlerischen Schaffen zu ermöglichen.

Sport und körperliche Erziehung haben Anspruch auf allseitige Förderung durch Staat und Gesellschaft. Sie dienen der Gesundheit des einzelnen und sind wesentlich für die Formung des Geistes der Solidarität.

Die Mitwirkung der Eltern in der Schulerziehung und eine Mitverwaltung der Schüler sollen an allen Schulen ausgebaut werden. Organisation des Schulwesens und Lehrpläne müssen so gestaltet werden, daß sich alle Begabungen auf allen Stufen der Entwicklung entfalten können. Jedem Befähigten muß der Weg in weiterführende Schulen und Ausbildungsstätten jederzeit offenstehen. Der Besuch aller öffentlichen Schulen und Hochschulen muß kostenlos sein. Lehr- und Lernmittel sollen an diesen Schulen und Hochschulen unentgeltlich zur Verfügung stehen.

Die allgemeine Schulpflicht ist auf zehn Jahre auszudehnen. Die Berufsschulen haben nicht nur der fachlichen, sondern auch der allgemeinen und staatsbürgerlichen Bildung und Er-

ziehung zu dienen. Neue Wege zur Hochschule müssen eröffnet werden. Da der Bildungsweg über Grundschule und Oberschule nicht alle Begabungen erschließen kann, müssen durch den Zweiten Bildungsweg über Berufsarbeit, Berufsschulen und besondere Bildungseinrichtungen neue Möglichkeiten geschaffen werden, zur Hochschulreife zu gelangen.
Alle Lehrer sollen an wissenschaftlichen Hochschulen ausgebildet werden. Ein gutes Schulwesen verlangt Erzieherpersönlichkeiten, die sich selbständig mit allen Problemen der Zeit auseinandersetzen.

Die Wissenschaft

Wissenschaftliche Forschung und Lehre müssen frei sein. Ihre Ergebnisse sind der Öffentlichkeit zugänglich zu machen. Ausreichende öffentliche Mittel für Forschung und Lehre müssen zur Verfügung gestellt werden.
Der Staat hat Vorsorge zu treffen, daß Forschungsergebnisse nicht zum Schaden der Menschheit mißbraucht werden.
Ein unabhängiger Forschungsrat soll in eigener Verantwortung der Forschung helfen, jeweils vordringliche Aufgaben zu stellen und zu lösen. Von der Förderung wissenschaftlicher Forschung und Lehre darf kein Gebiet der Wissenschaft ausgenommen sein.
Die Bewältigung der politischen, menschlichen und sozialen Probleme der sich entwickelnden Industriegesellschaft und die Bewahrung menschlicher Freiheit in ihr verlangen den Ausbau und die Vertiefung der Wissenschaft vom Menschen und der Gesellschaft. Die ihr gewidmeten Anstrengungen müssen an Intensität dem entsprechen, was für die Entwicklung von Naturwissenschaft und Technik geleistet wird.
Freiheit und Unabhängigkeit der Hochschulen bleiben unberührt. Die Hochschulen können aber nicht isoliert von der übrigen Lebenswirklichkeit bestehen und sollten darum mit anderen Institutionen der demokratischen Gesellschaft, insbesondere mit den Einrichtungen der Erwachsenenbildung, zusammenarbeiten.
Eine großzügige Förderung soll den Studierenden ihre wissenschaftliche Ausbildung sichern. Allen Studierenden soll eine politische und sozialwissenschaftliche Grundbildung vermittelt

werden. Ein modernes Bildungswesen für Erwachsene muß Gelegenheit geben, Wissen, Urteilsvermögen und Fähigkeiten auch nach Beendigung der Schulerziehung zu erwerben und zu vertiefen, die für mitverantwortliches Handeln im demokratischen Staat unentbehrlich sind.

Die Kunst

Künstlerischem Schaffen ist volle Freiheit zu gewähren. Staat und Gemeinden sind zur Hergabe von Mitteln verpflichtet, die der Förderung schöpferischer Gestaltungskunst und der Vermittlung kultureller Werte aus allen Bereichen der Kunst dienen sollen. Die künstlerische Entfaltung darf durch kein Reglement, insbesondere durch keine Zensur, beschränkt werden.

Internationale Gemeinschaft

Die größte und dringendste Aufgabe ist es, den Frieden zu bewahren und die Freiheit zu sichern.
Der demokratische Sozialismus ist immer von dem Gedanken der internationalen Zusammenarbeit und Solidarität erfüllt gewesen. In einer Zeit internationaler Verflechtungen aller Interessen und Beziehungen kann kein Volk mehr für sich allein seine politischen, wirtschaftlichen, sozialen und kulturellen Probleme lösen. Die Sozialdemokratische Partei Deutschlands läßt sich von der Erkenntnis leiten, daß die kulturellen, wirtschaftlichen, rechtlichen und militärischen Aufgaben der deutschen Politik in enger Verbindung mit den anderen Völkern gelöst werden müssen.
Normale diplomatische und Handelsbeziehungen mit allen Nationen sind ungeachtet der Regierungssysteme und der gesellschaftlichen Strukturen unerläßlich.
Internationale Schiedsgerichte, Vergleichsverträge, Selbstbestimmungsrecht und Gleichberechtigung aller Völker, die Unverletzlichkeit der Staatsgebiete und die Nichteinmischung in die Angelegenheiten anderer Völker sollen den Frieden sichern, den eine Weltorganisation garantiert.
Die Vereinten Nationen müssen die allgemeine Weltorganisa-

tion werden, die sie ihrer Idee nach sein sollen. Ihre Grundsätze sollen allgemeinverbindlich sein. Ein Volksgruppenrecht, das im Einklang mit den von den Vereinten Nationen verkündeten Menschenrechten steht, ist unentbehrlich. Die Sozialdemokratische Partei Deutschlands vertritt das Recht aller Menschen auf ihre Heimat, ihr Volkstum, ihre Sprache und Kultur. Als Schritte auf dem Wege zu einer allgemeinen Abrüstung und zur Entspannung internationaler Beziehungen sind regionale Sicherheitssysteme im Rahmen der Vereinten Nationen aufzubauen. Das wiedervereinigte Deutschland soll mit allen Rechten und Pflichten Mitglied eines europäischen Sicherheitssystems werden. Die wirtschaftliche Entwicklung drängt zur Zusammenarbeit der europäischen Staaten. Die Sozialdemokratische Partei bejaht diese Zusammenarbeit, die insbesondere dem wirtschaftlichen und sozialen Fortschritt dienen muß. Regional begrenzte übernationale Gemeinschaften dürfen nicht zur Abschließung gegenüber der Außenwelt führen. Die gleichberechtigte Zusammenarbeit und ein für alle Nationen offener Welthandel sind Voraussetzungen für das friedliche Zusammenleben.

Die demokratischen Staaten müssen ihre Solidarität vor allem mit den Entwicklungsländern bekunden. Noch immer lebt mehr als die Hälfte der Weltbevölkerung in tiefster Armut und Unwissenheit. Solange nicht der Weltreichtum neu verteilt und die Produktivität in den Entwicklungsländern erheblich gesteigert ist, bleibt die demokratische Entwicklung gefährdet und der Friede bedroht. Alle Völker sind verpflichtet, Hunger, Elend und Seuchen in gemeinsamer Anstrengung zu bekämpfen. Die Entwicklungsländer haben Anspruch auf großzügige und uneigennützige Hilfe. Ihre wirtschaftliche, soziale und kulturelle Entwicklung muß von den Ideen des demokratischen Sozialismus erfüllt werden, damit sie nicht neuen Formen der Unterdrückung verfallen.

Unser Weg

Die sozialistische Bewegung erfüllt eine geschichtliche Aufgabe. Sie begann als ein natürlicher und sittlicher Protest der Lohnarbeiter gegen das kapitalistische System. Die gewaltige Entfaltung der Produktivkräfte durch Wissenschaft und Technik brachte einer kleinen Schicht Reichtum und Macht, den Lohnarbeitern zunächst nur Not und Elend. Die Vorrechte der herrschenden Klassen zu beseitigen und allen Menschen Freiheit, Gerechtigkeit und Wohlstand zu bringen — das war und das ist der Sinn des Sozialismus.

Die Arbeiterschaft war in ihrem Kampf nur auf sich gestellt. Ihr Selbstbewußtsein wurde geweckt durch die Erkenntnis ihrer eigenen Lage, durch den entschlossenen Willen, sie zu verändern, durch die Solidarität in ihren Aktionen und durch die sichtbaren Erfolge ihres Kampfes.

Schweren Rückschlägen und manchen Irrtümern zum Trotz hat die Arbeiterbewegung im neunzehnten und zwanzigsten Jahrhundert die Anerkennung vieler ihrer Forderungen erzwungen. Der einst schutz- und rechtlose Proletarier, der sich für einen Hungerlohn täglich sechzehn Stunden schinden mußte, erreichte den gesetzlichen Achtstundentag, den Arbeitsschutz, die Versicherung gegen Arbeitslosigkeit, Krankheit, Siechtum und für seinen Lebensabend. Er erreichte das Verbot der Kinderarbeit, der Nachtarbeit für die Frauen, den Jugend- und Mutterschutz und bezahlten Urlaub. Er erstritt sich die Versammlungsfreiheit, das Recht zum gewerkschaftlichen Zusammenschluß, das Tarifrecht und das Streikrecht. Er ist dabei, sein Recht auf Mitbestimmung durchzusetzen. Der einst das bloße Ausbeutungsobjekt der herrschenden Klasse war, nimmt jetzt seinen Platz ein als Staatsbürger mit anerkannten gleichen Rechten und Pflichten.

In einigen Ländern Europas wurden unter sozialdemokratischen Regierungen bereits die Fundamente einer neuen Gesellschaft gelegt. Soziale Sicherheit und die Demokratisierung der Wirtschaft werden in zunehmendem Maße verwirklicht.

Diese Erfolge sind Meilensteine auf dem opferreichen Weg der Arbeiterbewegung. Sie hat mit ihrer wachsenden Befreiung der Freiheit aller Menschen gedient. Die Sozialdemokratische Partei ist aus einer Partei der Arbeiterklasse zu einer Partei des Volkes geworden. Sie will die Kräfte, die durch die industrielle Revolution und durch die Technisierung aller Lebensbereiche entbunden wurden, in den Dienst von Freiheit und Gerechtigkeit für alle stellen. Die gesellschaftlichen Kräfte, die die kapitalistische

Welt aufgebaut haben, versagen vor dieser Aufgabe unserer Zeit. Ihre Geschichte ist eine imponierende Entfaltung technischen und wirtschaftlichen Aufschwungs, aber auch eine Kette verheerender Kriege, riesiger Massenarbeitslosigkeit, enteignender Inflationen und wirtschaftlicher Unsicherheit. Die alten Kräfte erweisen sich als unfähig, der brutalen kommunistischen Herausforderung das überlegene Programm einer neuen Ordnung politischer und persönlicher Freiheit und Selbstbestimmung, wirtschaftlicher Sicherheit und sozialer Gerechtigkeit entgegenzustellen. Deshalb können sie auch nicht den Anspruch der jungen Staaten auf solidarische Hilfe erfüllen, die eben das Joch der kolonialen Ausbeutung abschütteln und die ihre nationale Zukunft in Freiheit aufbauen und am Wohlstand der Welt teilnehmen wollen. Sie wehren sich gegen die Lockung der Kommunisten, die sie in ihren Machtbereich einzubeziehen versuchen.

Die Kommunisten unterdrücken die Freiheit radikal. Sie vergewaltigen die Menschenrechte und das Selbstbestimmungsrecht der Persönlichkeit und der Völker. Gegen ihren Machtapparat stellen sich heute zunehmend auch die Menschen der kommunistisch regierten Länder selber. Auch dort vollziehen sich Wandlungen. Auch dort wächst das Freiheitsstreben, das keine Herrschaft auf die Dauer völlig niederhalten kann. Aber die kommunistischen Machthaber kämpfen um ihre Selbstbehauptung. Auf dem Rücken ihrer Völker errichten sie eine wirtschaftliche und militärische Macht, die zur wachsenden Bedrohung der Freiheit wird.

Darum ist die Hoffnung der Welt eine Ordnung, die auf den Grundwerten des demokratischen Sozialismus aufbaut, der eine menschenwürdige Gesellschaft, frei von Not und Furcht, frei von Krieg und Unterdrückung schaffen will, in Gemeinschaft mit allen, die guten Willens sind.

Jeder, Mann und Frau, ist aufgerufen, hier und in allen Ländern der Erde.

Auf deutschem Boden sammeln sich die Sozialisten in der Sozialdemokratischen Partei Deutschlands, die jeden in ihren Reihen willkommen heißt, der sich zu den Grundwerten und Grundforderungen des demokratischen Sozialismus bekennt.

XXIV. Ökonomisch-politischer Orientierungsrahmen für die Jahre 1975-1985, beschlossen auf dem Parteitag der SPD in Mannheim 1975

Vorbemerkung des Herausgebers

Der vom 11. bis zum 14. Mai 1970 in Saarbrücken stattfindende Parteitag beauftragte den SPD-Vorstand, eine Kommission einzusetzen, die auf quantifizierter Basis ein langfristiges gesellschaftspolitisches Programm zu erarbeiten habe. Als Verabschiedungstermin wurde der für 1972 angesetzte ordentliche Parteitag ins Auge gefaßt. Am 14. September 1970 nominierte der Parteivorstand eine 16köpfige Kommission zur Erarbeitung des „Langzeitprogramms". Unter Helmut Schmidt als Vorsitzendem sowie Hans Apel und Jochen Steffen als Stellvertretern gehörten ihr u. a. an: Klaus Dieter Arndt, Rudi Arndt, Holger Börner, Volkmar Gabert, Wilhelm Haferkamp, Friedrich Halstenberg, Konrad Porzner und Philip Rosenthal. Der PV legte am 2. Juni 1972 das Kommissionsergebnis vor, wobei nun nicht mehr von einem „Langzeitprogramm" die Rede war, sondern vom „Entwurf eines ökonomisch-politischen Orientierungsrahmens 1973 bis 1985". Diese Umbenennung spiegelt den Selbstbeschränkungsprozeß wider, der nicht mehr auf den Entwurf eines Parteiprogramms, welcher Art auch immer, zielte, sondern nur noch auf eine vorwiegend ökonomische, zeitlich begrenzte Handlungsanleitung.

Der erste OR-Entwurf wurde auf dem nächsten ordentlichen Parteitag, der wegen vorgezogener Neuwahlen zum Bundestag erst im April 1973 in Hannover stattfinden konnte, einer gründlichen Beratung und Kritik unterzogen. Sie mündeten in einen ausführlichen, 29 Punkte umfassenden Beschluß, der die Kommissionsaufgabe vor allem dahingehend erweiterte, daß er die Behandlung auch grundsatzpolitischer Perspektiven festlegte. Die neue OR-Kommission aus Mitgliedern des Vorstandes und der Parteibezirke – fast doppelt so groß wie die erste Kommission – wurde am 23. Juni 1973 berufen; sie konstituierte sich am 14./15. September 1973. Vorsitzender war Peter von Oertzen, als

Stellvertreter fungierten Horst Ehmke und Klaus Dieter Arndt, nach dessen Tod Herbert Ehrenberg. Mitglieder waren u. a.: Rudi Arndt, Reimut Jochimsen, Konrad Porzner, Helmut Rohde, Johano Strasser, Hans-Jochen Vogel, Thomas von der Vring, Hugo Brandt und Dietrich Stobbe. Nachdem die Kommission den neuen Entwurf am 15. Dezember 1974 verabschiedet hatte, kam der Parteivorstand am 31. Januar/1. Februar 1975 zu einer einstimmigen Empfehlung. Entwurf und PV-Empfehlung wurden 2 Tage später der Öffentlichkeit präsentiert. Die Verfasser des neuen Orientierungsrahmens waren den Anregungen von Hannover u. a. insoweit gefolgt, als sie ihre Arbeit in einen allgemeinen Grundsatz- und einen besonderen Teil aufgegliedert hatten. Von der auch noch in Hannover vorgesehenen Quantifizierung gesellschaftspolitischer Reformziele war allerdings Abstand genommen worden.

Die bis Herbst 1975 dauernde innerparteiliche und öffentliche Debatte konzentrierte sich in erster Linie auf das Stichwort „Investitionslenkung". Auf dem vom 11. bis zum 15. November 1975 stattfindenden Mannheimer Parteitag charakterisierte Peter von Oertzen die mehrjährige Diskussion und Willensbildung folgendermaßen: „Nicht allein die 30 Kommissionsmitglieder und der wissenschaftliche Stab, sondern Hunderte von Mitgliedern und Mitarbeitern der Fachkommissionen und Fachausschüsse der Partei haben ihre Beiträge geliefert. Viele hundert Arbeitsgruppen und -kreise auf Orts- und Unterbezirksebene und eine nicht übersehbare Zahl von Versammlungen und Diskussionen in den Gliederungen und Arbeitsgemeinschaften der Partei haben Hinweise und Anregungen gegeben. Die 1007 Anträge, die dem Parteitag vorliegen, enthalten zusätzlich unzählige andere, die auf Unterbezirks- und Bezirksebene in den Willensbildungsprozeß eingegangen sind [. . .]. Zahlreiche interessierte Gruppen und engagierte Bürger, darunter neben nicht wenigen unabhängigen Fachleuten auch entschiedene Kritiker der Sozialdemokratie, haben sich an der Diskussion beteiligt. Die Spannweite des Kreises unserer Diskussionspartner reicht von den Gewerkschaften bis zu den beiden großen christlichen Kirchen."

Nach erneuter intensiver Aussprache in den Arbeitsgemeinschaften und im Plenum des Mannheimer Parteitages wurde der Allgemeine Teil als „Ökonomisch-politischer Orientierungsrahmen für die Jahre 1975–1985" gegen 1 Stimme bei 2 Enthaltungen angenommen. Gegen 4 Stimmen bei 2 Enthaltungen folgten die Delegierten der Empfehlung, den Besonderen Teil mit den vorliegenden einschlägigen Anträgen den PV-Fachkommissionen zu überweisen. Zu einer integrierenden Beschlußfassung über den Besonderen Teil und dessen Veröffentlichung ist es in der Folgezeit nicht gekommen.

1. Die Ziele des demokratischen Sozialismus

1.1. Der demokratische Sozialismus erstrebt eine „neue und bessere Ordnung der Gesellschaft", „eine Gesellschaft, in der jeder Mensch seine Persönlichkeit in Freiheit entfalten und als dienendes Glied der Gemeinschaft verantwortlich am politischen, wirtschaftlichen und kulturellen Leben der Menschheit mitwirken kann." (Godesberger Programm)
Die Idee des Sozialismus umfaßt das Ziel einer neuen, besseren Gesellschaftsordnung und den Weg dorthin. Die konkrete Gestaltung von Ziel und Weg muß unter gesellschaftlichen Bedingungen, die sich unaufhörlich verändern, stets aufs neue bestimmt werden: „Der Sozialismus ist eine dauernde Aufgabe".
Die Entscheidung für den Sozialismus kann unterschiedlich begründet werden. Die Übereinstimmung demokratischer Sozialisten wurzelt nicht in einer einheitlichen religiösen, philosophischen oder wissenschaftlichen Anschauung, sondern in gleichen politischen Zielen, die auf gemeinsamen sittlichen Grundwerten beruhen. Diese Grundwerte sind: Freiheit, Gerechtigkeit und Solidarität. Die politisch-gesellschaftlichen Grundforderungen des demokratischen Sozialismus ergeben sich aus der Entscheidung für diese Grundwerte.

1.2 Freiheit bedeutet das Freisein von entwürdigenden Abhängigkeiten und die Möglichkeit, die eigene Persönlichkeit in den Grenzen, die durch die Forderungen der Gerechtigkeit und der Solidarität gezogen werden, frei zu entfalten. Freiheit ist jedoch nur dann gesellschaftliche Wirklichkeit und nicht bloß Illusion oder Vorrecht für wenige, wenn alle Menschen die tatsächliche (wirtschaftliche, politische, soziale, kulturelle) Möglichkeit der freien Entfaltung besitzen.
Gerechtigkeit verwirklicht die Freiheit jedes einzelnen, indem sie ihm gleiche Rechte und gleichwertige Lebenschancen in der Gesellschaft eröffnet.
Solidarität hat in der Geschichte der Arbeiterbewegung und des demokratischen Sozialismus eine entscheidende Rolle gespielt und ist auch heute im Kampf für eine menschlichere Gesellschaft von zentraler Bedeutung. Ökonomisch-soziale Grundlage der Solidarität ist die Notwendigkeit gesellschaftlicher Arbeitsteilung

und Zusammenarbeit sowie die Nützlichkeit gemeinsamen Handelns. Solidarität kommt besonders im Zusammenhalt von Gruppen zum Ausdruck, deren Angehörige gemeinsam gegen Abhängigkeiten und Benachteiligungen zu kämpfen haben. Solidarität ist jedoch mehr als die Summe von Einzelinteressen und auch nicht nur eine Waffe im sozialen Kampf. Solidarität drückt die Erfahrung und die Einsicht aus, daß wir als Freie und Gleiche nur dann menschlich miteinander leben können, wenn wir uns füreinander verantwortlich fühlen und einander helfen. Solidarität hat für uns eine allgemeine menschliche Bedeutung; sie darf daher auch nicht an den nationalen Grenzen aufhören. Aus dem Grundwert Solidarität erwachsen für jeden Pflichten gegenüber seinen Mitmenschen und gegenüber der Gesellschaft. Im Gegensatz zu den Forderungen totalitärer, autoritärer oder pseudorevolutionärer Gemeinschaftsideologien beruht die verpflichtende Kraft unserer Idee der Solidarität nicht auf blindem Autoritätsglauben, sondern auf dem bewußten, vernünftigen Einverständnis freier Menschen.
Wer den notwendigen Zusammenhang der drei Grundwerte und ihre Gleichrangigkeit verkennt, engt sie ein, höhlt sie aus und läuft schließlich Gefahr, sie — wie im Falle der totalitären Bewegungen — zu zerstören.

— Es ist der Irrtum des Liberalismus, Freiheit und Gerechtigkeit könnten in einer Gesellschaft krasser Ungleichheit und des Kampfes aller gegen alle ohne eine die ganze Gesellschaft umfassende menschliche Solidarität geschaffen und bewahrt werden.
— Es ist der Irrtum des Konservatismus, es könne zwischen Reichen und Armen, Mächtigen und Machtlosen, Wissenden und Unmündigen wirkliche Solidarität geben und man könne die rechtlich-politische Freiheit für alle bewahren, wenn man die ökonomische, soziale und kulturelle Freiheit einer Minderheit vorbehält.
— Es ist ein Irrtum der antiautoritären Romantiker, eine freiheitliche und gerechte Ordnung sei ohne bewußte und verbindliche Anerkennung gesellschaftlicher Pflichten und solidarischer Zusammengehörigkeit möglich und nur das notwendige Ergebnis uneingeschränkter individueller Freiheit.
— Es ist der Irrtum der kommunistischen, marxistisch-leninistischen Bewegungen, es gäbe Gleichberechtigung ohne Freiheit und man könne Solidarität erzwingen.

— Es ist der Irrtum des Faschismus, man könne eine solidarische Volksgemeinschaft auf der Grundlage prinzipieller Ungleichheit der Menschen und ohne Freiheit der einzelnen errichten.

Die Grundwerte und Grundforderungen des demokratischen Sozialismus haben über die Gestaltung der ökonomisch-politischen Verhältnisse hinaus Bedeutung. Sie beziehen sich auf die gesamte gesellschaftliche Lebenswirklichkeit der Menschen. Sie stützen sich auf humanistische und christliche Tradition. Deshalb sehen wir in den Kirchen, den religiösen Gemeinschaften und den weltanschaulichen Gruppen nicht nur willkommene Partner des staatlichen oder sozialen Handelns, sondern wir erhoffen uns aus ihren Reihen auch Unterstützung im Kampf um eine menschlichere Gesellschaft.

1.3 Die Grundforderungen des demokratischen Sozialismus müssen in einer Welt durchgesetzt werden, die den Anforderungen unserer Grundwerte nicht entspricht. Gewiß sind die Unterschiede zwischen den wirtschaftlichen, sozialen und politischen Verfassungen der Erdteile und Länder tiefgreifend. Privatkapitalistische, staatswirtschaftliche und gemischtwirtschaftliche ökonomische Systeme, hochentwickelte Industriewirtschaft und primitive Agrarwirtschaft, relativer Wohlstand und drückender Mangel bestehen mit- und nebeneinander. Während auf einem kleinen Teil der Erde ein verhältnismäßig stabiles System politischer Freiheit und sozialer Sicherheit erreicht wurde, herrschen in vielen Ländern offene Unterdrückung und krasses Elend. Trotzdem ist nirgendwo das Maß an Freiheit, Gerechtigkeit und Solidarität im gesellschaftlichen Leben verwirklicht, das unter den gegebenen Verhältnissen möglich wäre.

Selbst in den reichen Industrieländern entwickeln sich neue Formen der Armut, der Ausbeutung, der Zerstörung des Menschen und der ihn umgebenden Natur.

Die gesellschaftliche Ordnung der Gegenwart ist in allen Ländern durch den Widerspruch gekennzeichnet zwischen dem, was den Menschen wirtschaftlich, sozial, politisch und geistig möglich wäre, und dem, was sie aus diesen Möglichkeiten machen.

Aus der Erkenntnis dieses Widerspruchs ist die Idee des Sozialismus geschichtlich erwachsen, aus der Möglichkeit der Auflösung dieses Widerspruchs schöpft er die Hoffnung, daß Freiheit, Gerechtigkeit und Solidarität im gesellschaftlichen Leben mehr sind als Utopie.

1.4 Widersprüche in der Wirklichkeit des menschlichen Lebens lassen sich auf der ganzen Erde nachweisen, in Demokratien und Diktaturen, in Industriegesellschaften und in Entwicklungsländern, im Weltmaßstab und im nationalen Rahmen, in der Gemeinde und im Leben der kleinen Gruppen.

— Der Wunsch der meisten Menschen nach Frieden steht im Widerspruch zu der andauernden Kriegsgefahr an vielen Stellen der Erde. Diese Gefahr wird dadurch verschärft, daß das Gefälle zwischen reichen und armen Ländern bisher nicht abgebaut wurde, sondern sich teilweise noch vergrößert.
— Die Einsicht in die Unproduktivität von Rüstungsausgaben ist weit verbreitet, dennoch halten Furcht, Mißtrauen, wirtschaftliche Interessen und Streben nach Macht einen kräftezehrenden Rüstungswettlauf in Gang.
— Wenn auch Armut und Mangel in der Bundesrepublik kein Massenproblem darstellen, so sind sie doch bis in entwickelte Industriegesellschaften hinein über die ganze Welt verbreitet; auf der anderen Seite werden jährlich riesige Produktionskapazitäten vergeudet.
— Der Hunger in einem großen Teil der Erde steht in schreiendem Gegensatz zu der Überproduktion, dem Überverbrauch und sogar der Vernichtung von Lebensmitteln in einigen Ländern.
— Obwohl wir wissen, daß Demokratie und Freiheit nur dort wirklich bestehen können, wo jeder grundsätzlich die gleiche Chance hat, seine Meinung und seine Interessen in die gesellschaftlichen Willensbildungs- und Entscheidungsprozesse einzubringen, wird im Namen von Freiheit und Demokratie zugelassen, daß sich riesige wirtschaftliche und damit politisch wirksame Macht in wenigen Händen ansammelt. Zugleich beobachten wir, daß in den sogenannten sozialistischen Ländern die Beseitigung privater Wirtschaftsmacht statt zur Befreiung der Arbeitenden zu ungeheuren politisch-ökonomischen Machtzusammenballungen in den Händen einer unkontrollierten Bürokratie und zur Diktatur geführt hat.
— Obgleich unter allen Einsichtigen erkannt wird, daß mehr Freiheit und Sicherheit im Arbeitsleben humaner und produktiver zugleich sein würden, arbeiten Abermillionen von Menschen immer noch an gesundheitsschädlichen, abstumpfenden Arbeitsplätzen und in einer Abhängigkeit, die dem Grundsatz der Menschenwürde nicht entspricht.

— Trotz fortgeschrittener wissenschaftlicher Einsicht und entwickelter ökonomisch-technischer Möglichkeiten werden immer wieder häßliche, unwirtliche und kinderfeindliche Städte oder Siedlungen errichtet.
— Die meisten Menschen erstreben ein friedliches Zusammenleben mit ihren Mitmenschen; ungeachtet dessen erzeugen Vorurteil und mangelnde Einsicht immer aufs neue Spannungen und Konflikte.
— Obwohl die Gleichberechtigung von Männern und Frauen schon lange gefordert wird und in vielen Ländern rechtlich verbrieft ist, besteht nach wie vor eine Benachteiligung der Frau in der Arbeitswelt, im Bereich der Familie und des Haushalts sowie im Bildungs- und Erziehungssystem.

1.5 Diese Probleme sind nicht naturgegeben, sondern von Menschen selbst erzeugt und daher auch grundsätzlich lösbar. Sie sind weitgehend Ausdruck eines grundlegenden Problems unserer Gesellschaft: Die gesellschaftlichen Lebensverhältnisse, die sich die Menschen im arbeitsteiligen Zusammenwirken in ihrer Geschichte selbst geschaffen haben und täglich aufs neue schaffen, haben sich gegenüber den Menschen verselbständigt. Sie stehen ihnen als eine übermächtige und scheinbar kaum zu verändernde Wirklichkeit gegenüber. Darüber hinaus durchkreuzen die Handlungen der arbeitsteilig zusammenwirkenden Menschen ihre eigenen Absichten. Die Ergebnisse ihres gemeinsamen Handelns gewinnen den Charakter objektiver Entwicklungen, die sich mit scheinbar naturgesetzlicher Notwendigkeit, wie von einer fremden Macht bestimmt, über die Köpfe der Menschen hinweg vollziehen.
Wer die Probleme unserer Gesellschaft lösen will, muß daher diese Fremdbestimmung überwinden und die gesellschaftlichen Lebensverhältnisse soweit wie möglich der freien Selbstbestimmung der in Gesellschaft zusammenlebenden Menschen unterwerfen. Soll dies kein Traumbild bleiben, dann müssen die Möglichkeiten und Grenzen der Selbstbestimmung nüchtern und illusionslos betrachtet werden.

1.6 In diesem Zusammenhang sind folgende gesellschaftliche Probleme von grundlegender Bedeutung:
— Eine Wirtschaftsordnung, die auf der einzelwirtschaftlichen Verfügung über die Produktionsmittel und auf der Marktkon-

kurrenz beruht, orientiert ihre Produktion nicht unmittelbar an den Bedürfnissen der Menschen nach bestimmten Gütern oder Dienstleistungen, sondern prinzipiell an der gewinnbringenden Verwertung des eingesetzten Kapitals durch Befriedigung der vorhandenen kaufkräftigen Nachfrage. Individuelle oder soziale Bedürfnisse, die nicht oder nicht in hinreichendem Maße als kaufkräftige Nachfrage auftreten können, werden deshalb in dieser Wirtschaftsordnung so lange durch den Markt nicht ausreichend befriedigt, wie die Produktion sich ausschließlich oder überwiegend am Gewinn orientiert.

— Eine solche Wirtschaftsordnung führt zwar in der Regel zu hoher Produktivität, steht jedoch in der Gefahr, an den Bedürfnissen der Menschen vorbeizuproduzieren. Ihre Ersetzung durch staatliche Planung bringt jedoch die andere Gefahr mit sich, daß herrschende Minderheiten (Bürokratien) unkontrollierbar über die Bedürfnisbefriedigung der Menschen entscheiden.

— In undemokratischen, nicht rechtsstaatlich verfaßten politischen Systemen gibt es überhaupt keine Garantie dafür, daß die herrschenden Gruppen im Interesse der Bürger regieren. Aber auch unter demokratisch-rechtsstaatlichen politischen Verfassungen müssen die Bürger immer wieder besondere Anstrengungen unternehmen, damit ihre Interessen angemessen berücksichtigt werden und sich nicht von der Gesamtheit nur unzulänglich kontrollierte und beeinflußte Machteliten bilden.

— Die gesellschaftlich herrschenden Systeme der Moral, des Rechts und des erwünschten sozialen Verhaltens, insbesondere die sozialen Einrichtungen, durch die der einzelne Mensch erzogen und in die Gesellschaft eingeordnet wird, orientieren sich zwar in einem freiheitlichen demokratischen Rechtsstaat — wie dem unseren — stärker an den Werten der Freiheit und Selbstbestimmung, der Gerechtigkeit und Solidarität. Trotzdem wirken in ihnen auch autoritäre und inhumane Einstellungen oder Verhaltensweisen weiter. Sie stehen immer in der Gefahr, daß sie die Menschen auch zur Anpassung an solche politische, soziale oder wirtschaftliche Verhältnisse erziehen, die nicht human sind.

1.7 Die menschliche Persönlichkeit verwirklicht sich auch in ihren Leistungen. Es kommt jedoch entscheidend darauf an, welcher Leistungsbegriff in Wirtschaft und Gesellschaft vorherrscht. Auch eine sich in Richtung des demokratischen Sozialismus entwickelnde Gesellschaft muß — besonders im Wirtschaftsleben — an ihre Mitglieder bestimmte und nicht geringe Leistungsanforderungen stellen, auf ihre Erfüllung achten und die jungen Menschen in diesem Sinne erziehen. Die gegenwärtig weit verbreitete Rede von der „Leistungsgesellschaft“ dient jedoch nicht selten dazu, soziale Ungerechtigkeiten zu verschleiern oder sogar zu rechtfertigen. Die Behauptung, Macht, Prestige und Einkommen würden in unserer Gesellschaft leistungsgerecht verteilt, ist weitgehend unzutreffend. Es gibt in erheblichem Umfang leistungsloses Einkommen; große Unterschiede in Einkommen oder Status werden unberechtigterweise und ohne kritische Prüfung mit angeblichen Leistungsunterschieden begründet. Der herkömmliche Leistungsbegriff selbst ist zu eng:

— Der herkömmliche Leistungsbegriff orientiert sich fast ausschließlich an Intelligenzleistung, technischer Fertigkeit und sozialem Durchsetzungsvermögen. Menschlich wertvolle und gesellschaftlich wichtige Fähigkeiten wie Phantasie, Originalität, gesellschaftlich-politisches Verantwortungsgefühl, Kooperationsfähigkeit, moralische und soziale Empfindsamkeit werden zuwenig oder gar nicht berücksichtigt.

— Der herkömmliche Leistungsbegriff vernachlässigt fast vollständig den sozialen Zusammenhang menschlicher Tätigkeit. Er bewertet vorwiegend die individuelle Leistung, die lediglich an anderen individuellen Leistungen gemessen wird. Er ist Ausdruck eines auf die Spitze getriebenen Konkurrenzprinzips, d. h. des Kampfes aller gegen alle. Das Bedürfnis der Gesellschaft und der in ihr lebenden einzelnen nach Zusammenarbeit und gegenseitiger Hilfe bleibt unbefriedigt.

— Der herkömmliche Leistungsbegriff engt die Möglichkeiten menschlicher Selbstverwirklichung und Lebenserfüllung ein. Er berücksichtigt ausschließlich ziel- und zweckgerichtetes Verhalten, insbesondere das Streben nach sozialem Aufstieg. Mehr Macht, mehr Prestige oder mehr Geld allein verbürgen aber weder ein sinnvolles Leben des einzelnen noch der Gesellschaft insgesamt. Materielle Sicherheit ist zwar die notwendige Voraussetzung eines menschenwürdigen Daseins, aber nicht dieses selbst. Ohne Lebensgenuß und Bildung, ohne Freundschaft und Liebe, ohne das Streben nach Wahrheit und ohne jene innere Befriedigung, die aus Quellen wie der philosophischen Einsicht oder dem religiösen Glauben erwächst, ist menschliches Leben sinnlos.

Die Enge des herkömmlichen Leistungsbegriffs wirkt sich nicht nur im ökonomischen und politischen Bereich aus, sondern auch in der Erziehung und im geistig-kulturellen Leben. Einseitige und überspitzte Leistungsanforderungen können — gerade bei Kindern und Jugendlichen — einen seelischen Druck erzeugen, der die Leistungsfähigkeit eher mindert als fördert.

1.8 Der materielle Wohlstand ist weder das einzige noch das höchste Ziel menschlicher Existenz. Unbestreitbar ist aber, daß die politische, soziale und kulturelle Entwicklung einer Gesellschaft in erheblichem Umfang von ihrer wirtschaftlichen Leistungskraft abhängt. In allen Gesellschaftsformen, die den Gesellschaften mit industrieller Produktionsweise vorangegangen sind, war die Herausbildung bevorrechteter Minderheiten und damit die Existenz von wirtschaftlicher Ungleichheit, politischer Unfreiheit und geistiger Unmündigkeit eine unvermeidbare materielle Voraussetzung für jede differenzierte Zivilisation.

In den meisten Agrargesellschaften war die Produktivität der menschlichen Arbeit derart gering, daß Hunderttausende von Sklaven, Leibeigenen oder Bauern angestrengt arbeiten mußten, um wenige Tausende von Fürsten und anderen Privilegierten zu unterhalten. Am Wohlstand und an der Macht, an dem Wissen und an dem Können dieser herrschenden und kulturtragenden Minderheiten hatten sie keinen Anteil. Darüber hinaus nutzten die bevorrechteten Minderheiten ihre gesellschaftliche Position in der Regel dazu aus, den arbeitenden Massen auch jene Lebenschancen zu beschneiden, die im Rahmen der wirtschaftlichen Möglichkeiten gelegen hätten.

Erst die vom Kapitalismus eingeleitete und von den nichtkapitalistischen Staatswirtschaften nach- und mitvollzogene industrielle Revolution hat die Produktivität der menschlichen Arbeit so gesteigert, die Fülle der Güter und das Angebot an freier Zeit derart vermehrt, daß zumindest in den industriell fortgeschrittenen Gesellschaften heute grundsätzlich jeder zu Wohlstand, intensiverer Bildung und höherer Beteiligung am politisch-sozialen Leben gelangen könnte. Die reale Freiheit und Gleichheit der Menschen ist — von ihren materiellen Voraussetzungen her gesehen — zum erstenmal in der menschlichen Geschichte möglich geworden. Freilich nur für die Völker mit industriell entwickelter

Wirtschaft ist bisher die Forderung nach bewußter freier Selbstbestimmung in der menschlichen Gesellschaft ein realisierbares Programm und teilweise Wirklichkeit. Die große Mehrheit der Menschen lebt nach wie vor unter industriell unterentwickelten wirtschaftlichen Verhältnissen. Dieser Umstand wirkt zunehmend auch auf die Industriegesellschaften zurück. Wir müssen fragen, auch wenn wir diese Fragen derzeit noch nicht abschließend zu beantworten vermögen:

— Können die weniger industrialisierten Länder ihre wirtschaftliche und soziale Entwicklung rasch genug vorantreiben, um der Bevölkerungsentwicklung Herr zu werden?
— Können und sollen die weniger industrialisierten Länder für ihre wirtschaftlich-soziale Entwicklung denselben oder einen ähnlichen Weg beschreiten wie die Industriestaaten, oder bietet sich ihnen ein anderer Weg?
— Kann überhaupt die bisherige industrielle Entwicklung und die damit verbundene Wohlstandssteigerung unbegrenzt fortgesetzt werden, ohne die Energie- und Rohstoffvorräte der Erde zu erschöpfen und die natürliche Umwelt des Menschen zu zerstören, und was bedeutet dies für die weltweite Verteilung der Wachstumschancen?
— Kann das bestehende System der internationalen Arbeitsteilung und der weltwirtschaftlichen Zusammenarbeit die anstehenden Probleme lösen, oder müssen Funktion und Beitrag der entwickelten Länder, der Rohstoffe und Nahrungsmittel exportierenden und der weniger entwickelten Länder in der Weltwirtschaft neu bestimmt werden?

1.9 Über diese wirtschaftlichen, sozialen und politischen Probleme hinaus stößt das Streben der Menschen nach Selbstbestimmung an Grenzen, die grundsätzlich überhaupt nicht überschritten werden können:

— Irrtum und Schuld, Schmerz und Verzweiflung, Krankheit und Unglück werden auch in einer freieren, gerechteren und humaneren Gesellschaftsordnung zum Leben der Menschen gehören.
— Die materielle Existenz der Menschheit kann nur durch Arbeit erhalten werden, und dies erfordert eine hochentwickelte, durch die Technik vermittelte gesellschaftliche Arbeitsteilung. Auch in einer Gesellschaftsordnung, die ihre gemeinsamen Angelegenheiten mit einem Höchstmaß an Vernunft, Mitbe-

stimmung und Respekt vor dem einzelnen regelt, wird nicht jeder einzelne alle seine Wünsche und Hoffnungen verwirklichen können, sondern er wird sich materiellen Notwendigkeiten, sozialen Bindungen und moralischen Pflichten unterwerfen müssen.

— Jedes politisch-gesellschaftliche Handeln ist dem Irrtum unterworfen und an Bedingungen gebunden. Grundvoraussetzungen freier Selbstbestimmung wie angemessener Lebensstandard, gesicherte politische Freiheit, entwickeltes Bildungssystem sind vorerst nur für eine Minderheit aller Menschen vorhanden. Dort, wo es sie gibt, sind sie weder mit Sicherheit gegen ihren Verfall geschützt noch werden sie immer sinnvoll genutzt.

Der demokratische Sozialismus verspricht also weder ein Paradies auf Erden und die Lösung aller menschlichen Probleme, noch ist er der fertige Plan einer neuen Gesellschaftsordnung. Er verwirklicht sich vielmehr darin, Freiheit, Gerechtigkeit und Solidarität zu erkämpfen, zu bewahren und sich in ihnen zu bewähren. Hierin liegt der tiefere Grund dafür, daß der Sozialismus eine dauernde Aufgabe ist und bleiben wird.

1.10 Für die in den Grundwerten und Grundforderungen ihres Programms formulierten Ziele des demokratischen Sozialismus hat die deutsche Sozialdemokratie seit ihrer Entstehung gekämpft. Sie weiß, daß das Ziel freier Selbstbestimmung der Menschen nur im Frieden und nur im Rahmen eines freiheitlichen, demokratischen und sozialen Rechtsstaates erreicht werden kann. An dieser Einsicht hat die Sozialdemokratie während ihrer gesamten Geschichte über Irrtümer und Niederlagen hinweg stets festgehalten.

— Die deutsche Sozialdemokratie hat seit jeher eine Politik der aktiven Friedenssicherung befürwortet. Sie hat das deutsche Volk, Europa und die Welt nie in einen Krieg gestürzt.

— Die deutsche Sozialdemokratie hat seit jeher in Solidarität mit den Unterdrückten und Benachteiligten für politische Freiheit und Gerechtigkeit gestritten und die heutige rechtsstaatliche Demokratie erkämpft.

  Für die deutsche Sozialdemokratie ist der demokratische Rechtsstaat des Grundgesetzes ein unverzichtbarer Bestandteil der politischen Ordnung unseres Landes. Die Verteidigung der demokratischen Verfassungsordnung gegen Versuche, sie zu beseitigen, aber auch gegen reaktionäre Einengung und revolutionäre Relativierung ist für sie eine prinzipielle Aufgabe.

— Die deutsche Sozialdemokratie ist seit jeher für die Gleichberechtigung der Frau eingetreten. Sie hat das Wahlrecht für die Frau erstritten und durch Sozial- und Rechtsreformen den gesellschaftlichen Status der Frauen verbessert. Sie wird sich in Zukunft verstärkt für die tatsächliche Gleichstellung der Frau in allen Lebensbereichen einsetzen.

— Die deutsche Sozialdemokratie hat seit jeher in Übereinstimmung mit den arbeitenden Menschen unseres Landes, zusammen mit den Gewerkschaften, für soziale Freiheit und soziale Gerechtigkeit, besonders für die abhängig Beschäftigten in unserer Industriegesellschaft gekämpft. Vieles ist bereits erreicht worden, von der Erkämpfung des 8-Stunden-Tages bis zur Einführung der 5-Tage-Woche, vom Erlaß des ersten Arbeitsschutzgesetzes bis zum neuen Betriebsverfassungs- und Personalvertretungsgesetz und dem erfolgreichen Ausbau der sozialen Sicherung. Aber vieles bleibt noch zu tun.
Der demokratische Sozialstaat des Grundgesetzes ist für die deutsche Sozialdemokratie Grundlage und Ausgangspunkt für den weiteren Ausbau unserer Gesellschaft im Sinne des demokratischen Sozialismus.

Das Godesberger Programm sagt: „Das Leben des Menschen, seine Würde und sein Gewissen sind dem Staate vorgegeben." „Der Staat ist verpflichtet, die Freiheit des Glaubens und des Gewissens zu sichern. Der Staat soll Vorbedingungen dafür schaffen, daß der einzelne sich in freier Selbstverantwortung und gesellschaftlicher Verpflichtung entfalten kann." Dies zeigt, daß sich die Sozialdemokratie der Grenzen staatlicher Macht und staatlichen Handelns bewußt ist.

1.11 In der Bundesrepublik Deutschland kämpft die Sozialdemokratische Partei in Bund, Ländern und Gemeinden vor allem darum:

— den erreichten Stand geistiger und politischer Freiheit, sozialer Sicherheit und wirtschaftlichen Wohlstands zu bewahren, gegen alle Angriffe zu verteidigen und auf mehr Mitmenschlichkeit hin weiterzuentwickeln;

— den Raubbau an der Natur und die zunehmende Belastung des Menschen abzubauen;

— eine stetige, von Schwankungen freiere Entwicklung der Wirtschaft bei steigender Qualität der Güter und Dienstleistungen zu bewirken;
— die Wirtschaft zu modernisieren, sektorale und regionale Strukturschwächen zu beheben und insbesondere die wirtschaftlichen, sozialen und kulturellen Benachteiligungen ländlicher Räume auszugleichen;
— wegen der politischen Bedeutung wirtschaftlicher Macht die Verfügungsgewalt in der Wirtschaft demokratisch legitimierter öffentlicher Kontrolle zu unterwerfen;
— die Mitbestimmung der Arbeitnehmer auf allen Ebenen der Wirtschaft zu verwirklichen, um damit sowohl zur demokratischen Kontrolle wirtschaftlicher Verfügungsmacht als auch zur Überwindung der Fremdbestimmung in der Gesellschaft beizutragen;
— Einkommen, Vermögen und Teilhabe an den Gemeinschaftsleistungen ohne Rücksicht auf Herkunft, soziale Stellung oder Geschlecht gerechter und gleichmäßiger zu verteilen;
— allen Menschen — ungeachtet ihrer unterschiedlichen Herkunft und sozialen Stellung — durch Ausbau, Fortentwicklung und Reform des Schul-, Ausbildungs- und Fortbildungswesens die gleiche Möglichkeit der freien Entwicklung und gesellschaftlich-politischen Selbstbestimmung zu geben;
— jedem Menschen einen seinen Fähigkeiten angemessenen Arbeitsplatz zu sichern und die Arbeitsbedingungen humaner zu gestalten;
— die überlieferte gesellschaftliche Benachteiligung der Frauen abzubauen und beiden Geschlechtern gleichwertige Möglichkeiten zur Selbstverwirklichung in Beruf, Familie und in der Wahrnehmung öffentlicher Ämter und Funktionen zu sichern;
— für alle in der Gesellschaft benachteiligten Gruppen gleiche Lebenschancen und eine gleichberechtigte Stellung in der gesellschaftlichen Arbeitsteilung zu erreichen;
— den Schwächsten in unserer Gesellschaft, insbesondere den Kindern, den Alten und den Behinderten, einen menschenwürdigen Entwicklungs- und Lebensraum zu schaffen;
— für alle Bürger die erforderliche Gesundheitsvorsorge und eine gleichwertige Versorgung im Falle der Krankheit zu garantieren;

— die Lebensbedingungen in unseren Gemeinden und Verdichtungsgebieten menschlicher zu machen.

Um diese Ziele zu erreichen, kämpft die Sozialdemokratische Partei auf friedlichem, gesetzmäßigem, demokratischem Wege, durch offene Diskussion und freie Wahlen um die politische Macht in Bund, Ländern und Gemeinden. Sie verteidigt die Institutionen des Rechtsstaates und der parlamentarischen Demokratie. Sie wirkt für ihren Ausbau, um mehr Selbstbestimmung aller Bürger zu ermöglichen.

Gesellschaftliche Selbstbestimmung läßt sich freilich ohne aktive Anteilnahme und Selbstverantwortung der Menschen nicht verwirklichen. Die Politik des demokratischen Sozialismus ist durch staatliche Maßnahmen und durch die Partei allein nicht durchzusetzen. Sie bedarf einer breiten Bewegung in der gesamten Gesellschaft.

2. Bedingungen und Bezugsrahmen

2.1 Weltpolitik, Weltwirtschaftspolitik, Europa

2.1.1 Dauerhafter und gesicherter Frieden gehört zu den unerläßlichen Vorbedingungen, ohne die die Ziele des demokratischen Sozialismus nicht zu verwirklichen sind.
Unsere gemeinsam mit den westlichen Verbündeten geführte Entspannungs- und Friedenspolitik hat die Gefahr eines Krieges in Europa wesentlich vermindert. Aber Konflikte wie die im Nahen Osten oder in Südostasien zeigen, daß der Frieden ständig in Gefahr ist.
Durch zunehmende Zusammenarbeit zwischen den Staaten und durch Verbindungen zwischen den Völkern müssen die Gegensätze in Europa und in der Welt überwunden werden; Ziel ist ein System internationaler Sicherheit und Zusammenarbeit auf der Grundlage gerechterer Verteilung.
Aber unsere Einwirkungsmöglichkeiten sind begrenzt. Wir allein können den Ausbruch von Kriegen, die Verbreitung von Massenvernichtungswaffen oder die Ausbreitung von Terrorismus nicht verhindern. Der Rüstungswettlauf, weit entfernt davon, den Frieden zu garantieren, stellt vielmehr eine ungeheure Vergeudung von Produktionskapazitäten dar. Ein Staat allein ist auch nicht in der Lage, die Probleme zu lösen, die sich aus dem Gefälle zwischen hochentwickelten Industriestaaten, rohstoffexportierenden Staaten und den übrigen Staaten, dem gewaltigen Bevölkerungszuwachs und den Hungerkatastrophen in vielen Staaten ergeben. Das darf und wird uns nicht hindern, unsere politischen und wirtschaftlichen Möglichkeiten nach besten Kräften überall dort einzusetzen, wo wir zu weltweiter Entspannung und zu Überwindung von Hunger, Not und Unterdrückung beitragen können.
Nur das Zusammenwirken aller Staaten, unabhängig von ihrer Gesellschaftsordnung, kann den Frieden sichern. Wir wollen daher in der internationalen Politik mit allen Kräften zusammenwirken, die wie wir den Frieden wünschen.

2.1.2 Die allgemeine Weltpolitik, besonders die Weltwirtschaftspolitik, zeigt die Beschränkung unserer politischen Handlungsmöglichkeiten und unsere Abhängigkeit vom Verhalten anderer und von äußeren Bedingungen.

— Die ökonomischen und damit auch die politischen Gewichte haben sich in den vergangenen Jahren erheblich verschoben, ohne daß dies zu einer insgesamt gerechteren Verteilung im Weltmaßstab geführt hätte oder zu führen verspräche. Das bisher eindeutige Übergewicht der Vereinigten Staaten ist verringert worden. Westeuropa konnte seine wirtschaftliche Bedeutung steigern. Die rohstoffproduzierenden Staaten sind in teilweise dramatischer Form dazu übergegangen, ihre starke Stellung politisch zu nutzen und die realen Austauschverhältnisse zu ihren Gunsten zu verschieben.

— Rohstoffknappheit, besonders die Ölverteuerung, aber auch die Intensivierung und Veränderung der internationalen Produktions- und Handelsbeziehungen, zwingen viele Staaten zu einer Umorientierung ihrer Produktions- und Beschäftigungsstrukturen. Diese Umorientierung birgt die Gefahr von Konflikten, die zu einer Rückkehr einzelner Länder in den Protektionismus führen könnten. Niemand darf sich jedoch davon anhaltende Vorteile versprechen.

— Die absehbare Erschöpfung vieler Naturschätze und natürlicher Produktivkräfte kann das expansive Wirtschaftswachstum der Nachkriegszeit, das auf ihre scheinbar unbegrenzte Verfügbarkeit und Regenerierbarkeit gegründet war, ernsthaft gefährden. Die Verseuchung der natürlichen Umwelt mit den Abfallprodukten dieses Wachstums, der fortschreitende Abbau der erschöpflichen und der Raubbau an den an sich unerschöpflichen Ressourcen der Erde stellen die Welt heute vor eine beispiellose Aufgabe. Sie kann auf die Dauer nur durch sparsamste Verwendung der Rohstoffe gelöst werden. Darüber hinaus müssen Verfahren entwickelt werden, durch die industrielle Abfälle entgiftet und in den Kreislauf der Natur zurückgeführt oder wiederverwandt werden können.

— Die Tatsache, daß heute mehr Menschen auf der Welt hungern müssen als je zuvor, zeigt, daß es weder gelungen ist, die Produktion hinreichend zu steigern, noch die vorhandenen Nahrungsmittel, besonders das Eiweiß, besser zu verteilen. Die menschenunwürdigen Lebensbedingungen in vielen Entwicklungsländern, die wachsenden Nord-Süd-Spannungen und die zunehmende internationale Arbeitsteilung erfordern eine intensivere, quantitativ und qualitativ bessere Entwicklungspolitik. Partnerschaftliche Zusammenarbeit soll diese Länder aus der Position von Hilfeempfängern herausführen.

— Die Strukturen internationaler staatlicher Zusammenarbeit konnten bisher weder an die veränderte Verteilung der Wirtschaftskraft noch an die rasch zunehmende wirtschaftliche Verflechtung in ausreichendem Maße angepaßt werden. Dies wird beispielsweise deutlich an der schwierigen Situation des Weltwährungssystems, das in seinem ursprünglichen Entwurf die einseitige Verteilung wirtschaftlicher Kraft widerspiegelt, das heute aber nicht mehr funktionsfähig ist. Dies wird auch deutlich an den fehlenden staatlichen Möglichkeiten zur Kontrolle und Lenkung der weltweit handelnden multinationalen Unternehmen, die in den hochentwickelten Industriestaaten und in den weniger industrialisierten Staaten bestimmte Strategien gegen den Willen der Regierungen durchsetzen können.

— Folgerungen aus diesen Schwierigkeiten dürfen aber nicht in vornehmlich verbalen Kraftakten gegen die „Multis" oder im Anstreben eines neuen „Isolationismus" bestehen, sondern in der ständigen Bemühung um Verbesserung der Funktionsfähigkeit und um den geeigneten Ausbau der politischen internationalen Organisationen. Vielmehr ist es unsere Aufgabe, durch Stärkung der Funktionsfähigkeit internationaler Organisationen und durch Zusammenarbeit mit Regierungen, Parteien und Gewerkschaften die Voraussetzungen für eine wirksame Kontrolle internationaler Konzerne zu verbessern. Durch zwischenstaatliche Vereinbarungen ist der bei wirtschaftlichen Beziehungen zum Teil dominierende Einfluß internationaler Konzerne so einzuschränken, daß ihre wirtschaftlichen und finanziellen Entscheidungen den zwischenstaatlich abgestimmten nationalen Interessen entsprechen.

— Unter äußerlich verschiedenen Bedingungen sind in vielen Teilen der Welt wirtschaftlich und sozial instabile Situationen entstanden. Ungleichgewichte und Mangelerscheinungen, Ungerechtigkeit und soziale Gegensätze werden nicht beseitigt, sondern nehmen zu. Dies gilt für die innere Entwicklung vieler Staaten und für das Verhältnis zwischen Staaten und Staatengruppen.

2.1.3 In der Welt nehmen also zur Zeit die Probleme schneller zu als die Bereitschaft und die Fähigkeit, die vorhandenen Lösungsmöglichkeiten auszuschöpfen. Wir müssen uns daher

freihalten von jedem dogmatischen Fortschrittsglauben, gleichgültig, ob er auf traditionellen Überzeugungen oder aber nur auf der Gewöhnung an die stetige Erhöhung des materiellen Lebensniveaus in der Nachkriegszeit beruht; freilich besteht auch kein Anlaß zu Untergangs-Pessimismus, wenn wir bereit sind, die politischen Gestaltungsmöglichkeiten wahrzunehmen.
Wir dürfen allerdings die Bundesrepublik nicht mehr als eine wirtschaftliche und politische Handlungseinheit verstehen, die im übrigen auch Außenbeziehungen hat. Der erreichte Grad der internationalen, vor allem aber der europäischen Verflechtung gebietet es vielmehr, die Beschränkungen unserer eigenen Gestaltungsmöglichkeiten — von der Rohstoff- und Energiepolitik über die europäischen und weltweiten Währungs- und Strukturprobleme bis hin zu der Kontrolle multinationaler Unternehmen — zum Ausgangspunkt einer realistischen und langfristig orientierten internationalen Wirtschaftspolitik zu machen.

2.1.4 Von diesem Ausgangspunkt her müssen wir für die Lösung national nicht mehr zu bewältigender Fragen systematischer und intensiver als bisher Instrumente der internationalen Kooperation und Koordination entwickeln.
Vor allem aber müssen wir den Prozeß der politischen Einigung Europas mit Nachdruck und Ausdauer weiterführen. Die Notwendigkeit europäischer Lösungen besteht auch hinsichtlich der gerechteren Gestaltung der inneren Gesellschaftsordnung im Sinne des demokratischen Sozialismus. Unsere Politik der Reformen muß daher auch auf Europa ausgerichtet sein. Dies setzt zugleich voraus, daß die Kräfte des demokratischen Sozialismus in Europa und ihre Verbündeten endlich eine gemeinsame Politik für Europa entwickeln. Die deutsche Sozialdemokratie hat dabei eine besondere Verpflichtung.
Trotz aller Schwächen und Mängel gewinnen die Vereinten Nationen zunehmend an Bedeutung. Die weniger industrialisierten Länder nutzen sie immer mehr als Forum für die Diskussion der Probleme, die aus dem Gefälle zwischen Nord und Süd entstanden sind. Die Bundesrepublik als einer der größten Industriestaaten muß ihren Beitrag zur Lösung der Probleme leisten, zumal die weltweiten gegenseitigen Abhängigkeiten in den letzten Jahren immer deutlicher zutage treten. Im Rahmen unserer auswärtigen Beziehungen erhöht sich damit der Stellenwert einer umfassenden Entwicklungspolitik.

2.2 *Probleme moderner Industriegesellschaften*

Hochentwickelte Industriegesellschaften, gleich welcher Wirtschafts- und Gesellschaftsordnung, sind bis heute krisenanfällig geblieben. Wegen der starken europäischen und internationalen Verflechtung können bereits verhältnismäßig geringe Störungen zu einer Lähmung der Wirtschaftstätigkeit mit schweren Folgen für die betroffene Volkswirtschaft und die Weltwirtschaft führen. Die hocharbeitsteiligen Volkswirtschaften stehen dabei vor einer Reihe grundsätzlicher Probleme, die ihre soziale und wirtschaftliche Stabilität gefährden:

— Weder die Lenkungsmöglichkeiten in den überwiegend marktwirtschaftlichen Volkswirtschaften noch die zentralistische Planung reichen bisher aus, Größen und Strukturen innerhalb der Gesamtwirtschaft so zu beeinflussen, daß gesellschaftlich erwünschte Ergebnisse bei vertretbaren gesellschaftlichen Kosten erreicht werden. Konjunkturschwankungen sowie regionale und sektorale Strukturprobleme machen dies immer erneut deutlich.

— Erhöhte Anforderungen an die Wirtschaftspolitik der Industrienationen werden durch das Problem der weltweiten Inflation gestellt, die verschiedene Ursachen hat:
Die mangelnde Elastizität der Preise, die Vermachtung von Märkten und die überproportionale Ausdehnung der wirksamen Nachfrage auf Grund konkurrierender Ansprüche an das Sozialprodukt, der kein entsprechendes Güterangebot gegenübersteht, müssen hier im Zusammenhang gesehen werden mit starkem Kostendruck.
Die moderne Inflationsproblematik ist vor allem dadurch gekennzeichnet, daß sich zunehmend inflationäre Preissteigerungen auch in der Rezession fortsetzen, also mit Arbeitslosigkeit und wirtschaftlicher Stagnation oder gar schrumpfendem Sozialprodukt einhergehen.
Eine Rolle spielt zweifellos das unternehmerische Preisverhalten auf zunehmend vermachteten Märkten, auf denen die Großunternehmen ihre Gewinnspannen selbst bei rückläufiger Nachfrage durch Preiserhöhungen zu verteidigen versuchen, die wiederum die Gewerkschaften zu entsprechenden Lohnforderungen zwingen. Die herkömmlichen, auf Nachfragedämpfung abzielenden Mittel der geld- und finanzpoliti-

schen Globalsteuerung reichen gegenüber der Inflation neuen Typs nicht aus.

Die Analyse der Ursachen dieses neuen Inflationstyps und die Entwicklung von wirksamen Instrumenten zu ihrer Bekämpfung gehören zu den vordringlichen Aufgaben der Wirtschaftsforschung und der Wirtschaftspolitik.

In überwiegend marktwirtschaftlichen Volkswirtschaften finden inflationäre Entwicklungen im Anstieg des Preisniveaus ihren unmittelbaren Ausdruck. In planwirtschaftlich organisierten Volkswirtschaften ergeben sich auch bei Preisstopp partielle Mangelerscheinungen, steigende Subventionskosten, rapide Kostensteigerungen der Investitionen und verdeckte Preiserhöhungen in Gestalt von Qualitätsveränderungen sowie ein allgemeiner Kaufkraftüberhang, also ein für die Nachfrage nicht ausreichendes Angebot an Konsumgütern.

— Probleme eines quantitativ und qualitativ ausgewogenen Wachstums und die Möglichkeiten seiner Beeinflussung kennzeichnen zunehmend die wirtschaftspolitische Diskussion. Unabhängig von der Art des Wirtschaftssystems zeigt sich, daß die Wirkung politischer Maßnahmen auf das Tempo des Wachstums kaum abzuschätzen ist. Strukturelle Veränderungen im Bereich von Produktionstechnik oder Nachfrage wie z.B. die zunehmende Bedeutung des Dienstleistungssektors, der wachsende Bedarf an Infrastrukturvorleistungen, Begrenzung der Umweltbelastung können Einfluß auf Höhe und Zusammensetzung des Wachstums haben.

Wachstumspolitik kann nicht vorrangig darin bestehen, bestimmte festgelegte Wachstumsraten anzustreben, sondern sie muß zunächst die Bedingungen feststellen, unter denen dieses Wachstum erreicht werden soll. Das beinhaltet auch Entscheidungen über die Aufteilung des Volkseinkommens für Verbrauch und Investitionen.

Bei geringer werdendem Wachstum treten Verteilungsfragen verstärkt in den Vordergrund, da konkurrierende Ansprüche nicht mehr im bisherigen Umfang aus den Zuwächsen befriedigt werden können. Gerade in einer solchen Situation ist es notwendig, daß sich die Einkommens- und Vermögenspolitik und die Ausgestaltung der staatlichen Leistungen stärker am Ziel der Verteilungsgerechtigkeit orientieren. Der Grundsatz der Verteilungsgerechtigkeit gilt auch international, vor allem bezogen auf die sich zunehmend verschlechternde Situation der Entwicklungsländer, die keine Rohstoffe besitzen. Hier sind neue Finanzierungsformen der Entwicklungshilfe zu erarbeiten (die Mobilisierung der Goldreserven des Internationalen Währungsfonds ist hierzu ein erster Schritt).

— Die Steuerbarkeit ökonomischer und politischer Systeme hängt in entwickelten Industriegesellschaften entscheidend vom Grad der Konzentration wirtschaftlicher Macht und der damit verbundenen politischen Macht ab. Die Kontrolle wirtschaftlicher und politischer Macht mit dem Ziel der Verhinderung ökonomisch unerwünschter und demokratiegefährdender „Ballungen" bleibt ein Problem, unabhängig von der Eigentumsordnung.
Diese Aufgabe stellt sich heute mit besonderer Dringlichkeit bezüglich multinationaler Organisationsformen der Wirtschaft.

Für die Bundesrepublik stellen sich in diesem Zusammenhang zwei Probleme mit besonderer Schärfe:

— Mehr als 20 Prozent der bei uns produzierten Güter und Dienstleistungen — in wichtigen Industriezweigen sogar mehr als 50 Prozent — gehen heute in den Export. Hohe und anhaltende Exportüberschüsse führen bei anderen Ländern zu fortgesetzten Defiziten. Wenn diese Handelspartner deshalb den freien Warenverkehr einschränken müssen, kann dies die Funktionsfähigkeit des europäischen Marktes und über diesen die Sicherheit unserer Arbeitsplätze nachhaltig beeinträchtigen.

— Die wirtschaftlichen und sozialen Ungleichgewichte in Europa haben zu einer Wanderung von Arbeitskräften in die Bundesrepublik geführt, die vordergründig sowohl ihr als auch den Auswandererländern zu nützen schien. Langfristig würde eine solche Wanderung aber erhebliche Strukturprobleme zur Folge haben und hat dies teilweise auch schon: mangelnde Strukturentwicklung in den Auswandererländern, weitere Konzentrationen der Produktion und der Menschen in unseren industriellen Ballungsgebieten mit der Folge einer weiteren Konzentration besonders kostenintensiver, öffentlicher Infrastrukturinvestitionen auf diese Gebiete, Gefahr der Entstehung eines Ausländerproletariats minderer sozialer Stellung in der Bundesrepublik.

2.3 *Bedingungen und Aufgaben der Reformpolitik in der Bundesrepublik*

2.3.1 Bei der Erfüllung des Verfassungsauftrags zum Ausbau des sozialen Rechtsstaates und unter den Bedingungen einer modernen arbeitsteiligen Volkswirtschaft kann der Staat die Wirtschaft nicht sich selbst überlassen oder sich auf die Beseitigung der Folgen wirtschaftlicher Fehlentscheidungen beschränken.

Trotzdem ist die bewußte Gestaltung der Wirtschafts- und Gesellschaftsordnung nach den Interessen der Mehrheit der Bevölkerung nach dem Kriege bis zum Ende der sechziger Jahre nur zögernd oder gar nicht in Angriff genommen worden. Die Sozialdemokratie stand vor einer schwierigen Aufgabe, zumal das Ausbleiben von Reformen bereits zu ernsthaften strukturellen Ungerechtigkeiten und Problemen geführt hatte.

Heute ist in vielen Bereichen Beachtliches erreicht worden. Gerade die verstärkten ökonomischen Belastungen, denen sich die Bundesrepublik — wie die anderen westlichen Industrieländer — gegenwärtig ausgesetzt sieht, machen jedoch die Notwendigkeit einer konsequenten Fortsetzung der Reformpolitik erneut deutlich. Die „Globalsteuerung", die von der SPD in die deutsche Politik eingeführt wurde, als mit der Rezession von 1966 die Nachkriegsjahre eines scheinbar ebenso stetigen wie unproblematischen Wachstums ihr Ende fanden, bietet ebensowenig ausreichende Antwort auf die Strukturprobleme der kommenden Jahre wie irgendeine Form einer zentral verwalteten Wirtschaft. In vielen Industriestaaten werden darum gegenwärtig neue Möglichkeiten einer gemischten Wirtschaftsordnung diskutiert und teilweise schon angewendet.

Für eine erfolgreiche Gesellschaftspolitik müssen Sozialdemokraten hinwirken auf

— stetiges, qualitativ sinnvolles Wirtschaftswachstum
— Modernisierung der Wirtschaft durch langfristige Strukturpolitik
— wirksame demokratische Kontrolle wirtschaftlicher Verfügungsgewalt und
— wirksame parlamentarische Kontrolle der öffentlichen Planungsträger.

Eine solche Wirtschaftspolitik muß mit inneren Reformen im Sinne des demokratischen Sozialismus Hand in Hand gehen.

Qualifiziertes Wirtschaftswachstum liefert eine wichtige Voraussetzung für erfolgreiche Reformpolitik und umgekehrt. Wir dürfen die Menschen nicht der Unmenschlichkeit technischer oder wirtschaftlicher Sachzwänge ausliefern, sondern müssen Technik und Wirtschaft in den Dienst einer humanen Gesellschaft stellen.

2.3.2 Aus den Grundwerten des Godesberger Programms ergibt sich die Verpflichtung, Demokratie nicht nur als Staatsform, sondern als Lebensform für alle Bereiche der Gesellschaft, einschließlich des Arbeitslebens, durchzusetzen.

— Bei der hochgradigen zunehmenden Arbeitsteilung und Spezialisierung in allen Bereichen unseres wirtschaftlichen und sozialen Lebens nimmt auch die Gefahr zu, daß der einzelne sich immer weniger mit dem Inhalt seiner Arbeit identifizieren und über den Arbeitsprozeß mitbestimmen kann.

  Die Forderung nach Mitbestimmung ist der Ausdruck des Strebens der Menschen nach mehr Freiheit und Selbstverantwortung. Durch die Mitbestimmung sollen überall dort, wo Herrschaft über Menschen ausgeübt wird, die Betroffenen an der Ausübung und Kontrolle dieser Herrschaft in sinnvoller Weise beteiligt werden. Dieses Prinzip gilt auch und vor allem für das Arbeitsleben. Es konkretisiert sich hier in doppelter Weise: Einmal erhalten die Arbeitnehmer oder ihre Repräsentanten Mitberatungs- und Mitgestaltungsrechte am Arbeitsplatz und in den sonstigen Fragen des betrieblichen Alltags, und zum anderen werden die Arbeitnehmer gleichberechtigt neben den Kapitaleignern an der Legitimation und Kontrolle der Unternehmensleitung beteiligt.

  Arbeitnehmer und Anteilseigner sind gleichermaßen daran interessiert, die Stellung ihres Unternehmens am Markt zu erhalten und zu verbessern. Trotzdem gibt es in unternehmenspolitischen Fragen Interessengegensätze. Diese sollen weder geleugnet noch unterdrückt werden. Die Mitbestimmung will jedoch erreichen, daß die gegensätzlichen Interessen offen und fair ausgetragen werden. Eine so verstandene Mitbestimmung wird die wirtschaftliche Leistungsfähigkeit der Unternehmen nicht beeinträchtigen, sondern kann sie durch die Verminderung innerer Widerstände erhöhen.

  Die SPD tritt für eine Verwirklichung der paritätischen Mitbestimmung ein. Sie hat nachdrücklich die Reform des Betriebsverfassungs- und des Personalvertretungsrechts vorangetrieben; diese Fortschritte haben jedoch die Unternehmensverfassung mit Ausnahme des Montanbereichs noch nicht erreicht. Die Erfahrungen mit der Montan-Mitbestimmung zeigen, daß zur vollen Anwendung des Betriebsverfassungsgesetzes die gleichberechtigte und gleichgewichtige Mitbestimmung auf Unternehmensebene notwendig ist.

Die Unternehmensverfassung durch Gesetze umzugestalten, ist unser Ziel. Dabei geht es darum, in der Unternehmensordnung die Arbeitnehmer neben den Anteilseignern gleichberechtigt zu beteiligen. Zu diesem Zweck sind die Aufsichtsräte, durch die die Unternehmensleitungen eingesetzt, kontrolliert und abberufen werden, paritätisch mit Arbeitnehmern und Arbeitgebern zu besetzen. Darüber hinaus muß in den Unternehmensleitungen das Sozial- und Personalressort seiner Bedeutung entsprechend eigenständig vertreten sein.

Der Verbund von Arbeitsplatz, Betrieb und Unternehmen erfordert einen möglichst gleichzeitigen Ausbau der Mitbestimmung auf allen Ebenen. Zugleich wird daraus die zentrale Bedeutung der Mitbestimmung auf Unternehmensebene deutlich.

Mitbestimmung im Unternehmen bedeutet, die alleinige Kapitalorientierung unternehmerischer Entscheidungen abzulösen durch die gleichberechtigte Einbeziehung von Arbeitnehmerinteressen in die Unternehmenspolitik. Die Unternehmerfunktion wird dadurch keinesfalls abgeschafft; sie wird nunmehr durch Kapital und Arbeit gleicherweise legitimiert und kontrolliert und hat personelle und soziale Probleme in die Unternehmensplanung einzubeziehen.

Institutionell findet diese Auffassung vom Unternehmen als einem gleicherweise ökonomischen und sozialen Gebilde ihren Ausdruck in der paritätischen Besetzung der Aufsichtsräte mit Arbeitnehmer- und Anteilseignervertretern. Die Einheitlichkeit der Arbeitnehmervertretung und die ausgewogene Berücksichtigung betrieblicher und außerbetrieblicher Vertreter sind dabei entscheidende Elemente einer wirksamen Interessenvertretung der Arbeitnehmer.

In die Mitbestimmung sind die gewerkschaftlichen Organisationen einzubeziehen. Sie haben als die Interessenvertretung der abhängig Beschäftigten infolge ihrer Unabhängigkeit von unternehmensbezogenen Einzelinteressen und vor allem wegen der Verbindung von Mitbestimmung im einzelnen

Unternehmen mit der Gesamtsolidarität der Arbeitnehmer eine zentrale Aufgabe in der Mitbestimmung zu erfüllen. Die außerbetrieblichen Arbeitnehmervertreter in den Aufsichtsräten müssen — ebenso wie die betrieblichen Arbeitnehmervertreter — das Vertrauen der Belegschaft haben.
Die Forderung nach Mitbestimmung in den Unternehmensorganen erstreckt sich auf alle Wirtschaftsunternehmen von einer bestimmten Größe an. Diese Mitbestimmung ist nicht geeignet für kleine und mittlere Unternehmen.

— Das Godesberger Programm sagt, es sei „der Widerspruch unserer Zeit, daß der Mensch die Produktivkräfte aufs Höchste entwickelte, ungeheure Reichtümer ansammelte, ohne allen einen gerechten Anteil an dieser gemeinsamen Leistung zu verschaffen".
Die Verteilung von Einkommen und Vermögen sowie die teilweise damit verbundene Verteilung von Lebenschancen führen noch immer zu krassen Ungerechtigkeiten. Dies gilt auch immer noch für die Bewertung von Erziehungs- und Pflegeleistungen in Familien. Die außerordentlich unterschiedliche Bewertung von Arbeit in unserer Gesellschaft schafft ständig neue Konflikte, beeinträchtigt Verantwortungsbereitschaft und fördert den Einzel- und Gruppenegoismus. Je größer die Ungleichheit in der Teilhabe der Bürger an den Gütern und Leistungen unserer Gesellschaft und an der ökonomischen Verfügungsmacht ist, desto größere Interessengegensätze trennen sie und desto weniger Verständnis und Solidarität ist ihnen möglich. In diesem Sinne ist die Bundesrepublik eine Klassengesellschaft geblieben. Ohne Solidarität wird die Möglichkeit der Selbstbestimmung denen vorbehalten bleiben, die sie gegen andere durchsetzen, indem sie deren Chancen der Selbstbestimmung vereiteln.
In diesem Zusammenhang ist besonders die enge Verbindung zwischen der Verteilung der Einkommen und Vermögen zu beachten. Die ungleiche Einkommensverteilung verstärkt noch die Ungleichheit in der Vermögensverteilung, und diese wiederum ist die Quelle neuer Unterschiede in der Einkommensverteilung.
Der vermögenspolitische Beschluß des Parteitags von Hannover zeigt einen Weg, schrittweise mehr Verteilungsgerechtigkeit zu erreichen und gleichzeitig zur Verstetigung der wirtschaftlichen Entwicklung beizutragen. Seine Verwirklichung

würde die Rahmenbedingungen sozialdemokratischer Wirtschaftspolitik entscheidend verbessern.

— Ähnliches wie für die Einkommensverteilung gilt für die nicht in erster Linie vom Geldeinkommen abhängigen, für die Lebensqualität des einzelnen jedoch nicht minder wichtigen Chancen des Zugangs zu Ausbildungsmöglichkeiten und kulturellen Gütern, der Gesundheitssicherung und medizinischen Versorgung und der erreichbaren Befriedigung im Arbeitsleben. Tatsächlich kommen heute auch die öffentlichen Leistungen, die dem Ausgleich bestehender Unterschiede im Geldeinkommen dienen könnten, vielfach nicht den einkommensschwachen Schichten zugute. Deswegen müssen die Aufklärung verbessert und die der angemessenen Nutzung entgegenstehenden Hemmnisse abgebaut werden.

Größere Verteilungsgerechtigkeit ist nicht nur ein Wert in sich selbst, sie trägt auch zu größerer sozialer Stabilität und einer besseren demokratischen Entwicklung bei und schafft damit notwendige Bedingungen für eine erfolgreiche Wirtschafts- und Gesellschaftspolitik. Dies gilt insbesondere in Zeiten verminderten Wirtschaftswachstums.

Soziale Sicherheit ist eine Grundvoraussetzung für Selbstbestimmung und Selbstverwirklichung. Auf diesem Gebiet sind wir in den vergangenen Jahren ein gutes Stück vorangekommen. Umfassende soziale Sicherung gehört zur solidarischen Gesellschaft. Ein freies und lebenswertes Leben darf auch denen nicht vorenthalten werden, die noch nicht oder nicht mehr im Arbeitsleben stehen. Gesellschaftliche Solidarität muß sich nicht nur im Arbeitsleben bewähren, sondern vor allem auch gegenüber den Kindern, den Kranken, den Alten und den Behinderten.

2.3.3 Vollbeschäftigung ist vorrangiges Ziel sozialdemokratischer Politik.

Vollbeschäftigung bedeutet in einer dynamischen Wirtschaft für den einzelnen Arbeitnehmer im Rahmen einer vorausschauenden Strukturpolitik die Sicherung eines, aber nicht immer eines bestimmten Arbeitsplatzes. Dies setzt eine zukunftsorientierte Arbeitsmarktpolitik voraus, die nicht nur auf Fehlentwicklungen reagiert, sondern bewußt den sozialen und ökonomischen Wandel mitgestaltet. Arbeitsmarktpolitik muß deshalb hinsichtlich

längerfristiger Planung und gezielter finanzieller Förderung einen hohen Stellenwert erhalten.
Die Stärkung der Stellung des einzelnen Arbeitnehmers durch Ausbau der Mitbestimmung und des Arbeitsrechts ist gerade im Prozeß der wirtschaftlichen Umstrukturierung von besonderer Bedeutung.
Die Politik der Arbeitsplatzsicherung darf sich nicht diskriminierend auf die bei uns beschäftigten ausländischen Arbeitnehmer auswirken. Wir sehen in ihnen Mitbürger und Partner, für die wir auch in schlechteren Zeiten solidarisch einzustehen haben.

2.3.4 Die sich aus der geschilderten Situation unserer Gesellschaft ergebenden Veränderungsbestrebungen stoßen auf den Widerstand von Gruppen, die um ihre gesellschaftliche Stellung fürchten und nun mit der verstärkten Ausnutzung ihrer Machtpositionen in Wirtschaft, Politik und Meinungsbildung antworten. Sie suchen und finden Unterstützung in Teilen der mittleren Gesellschaftsschichten, die objektiv ohne Grund ihre Freiheit, ihr Eigentum oder Recht und Ordnung bedroht sehen. Diese Abwehrhaltung reicht auch in die Reihen der Arbeitnehmer hinein. Aber auch diejenigen, die ihre wirtschaftlich beengte und sozial abhängige Stellung erkannt haben, zweifeln oft an den Durchsetzungsmöglichkeiten der auch von ihnen gewünschten Reformen und helfen so denen, die den bestehenden Zustand verteidigen. Um so wichtiger ist es, daß sozialdemokratische Reformpolitik nüchtern unter Vermeidung von Verbalradikalismus und in Anknüpfung an die konkreten Bedürfnisse der Bürger vertreten wird.

2.3.5 Die Sozialdemokraten bemühen sich um eine auf vernünftiger Auseinandersetzung beruhende Übereinstimmung über die relative Berechtigung konkurrierender Ansprüche an das Sozialprodukt. Für dieses Bemühen haben sie 1969 und 1972 zusammen mit ihrem Koalitionspartner die Mehrheit der Wähler gewonnen.
Die konservativen und reaktionären Kräfte in der Bundesrepublik versuchen mit ihren publizistischen Möglichkeiten, an die Eigensucht und die begrenzten Interessen der verschiedenen gesellschaftlich bevorrechteten oder sich zumindest bedroht fühlenden Gruppen zu appellieren. Die objektive Unvereinbarkeit der unterschiedlichen Gruppenwünsche im Lager der Reformgegner

wird hinter irrationalen, aber den gefühlsmäßigen Vorurteilen der Zielgruppen entsprechenden Kampfideologien verborgen.
So versuchen die konservativen und reaktionären Kräfte eine auf mehr soziale Gerechtigkeit und mehr Demokratie in unserer Gesellschaft zielende Politik dadurch zu verdächtigen, daß sie sie für undurchführbar, politisch gefährlich oder gar rechtlich unerlaubt erklären. So behaupten sie, eine sozialdemokratische Reformpolitik gefährde das wirtschaftliche Wachstum, die Stabilität und die Arbeitsplätze, oder sie behaupten, die Korrektur unsozialer Folgen der Marktwirtschaft durch planmäßige staatliche Wirtschaftspolitik gefährde die Freiheit, sei undemokratisch oder gar verfassungswidrig.
Diese falschen Behauptungen zielen darauf, Reformpolitik im Ansatz zu verhindern. Dagegen ist festzuhalten: Sicherheit und Stabilität können nur durch eine Politik bewußter Veränderungen gewährleistet werden.

2.4 Die Rolle des Staates

2.4.1 Der Staat hat seit dem vergangenen Jahrhundert auch in kapitalistisch organisierten Ordnungen über die traditionellen Gebiete des Schutzes von Frieden und Sicherheit im Innern und nach außen hinaus in immer weiteren, zuvor privaten Bereichen Verantwortung übernehmen müssen. Gleichzeitig ist die Bedeutung und der Einfluß gesellschaftlicher Gruppen und organisierter Interessen gewachsen und wächst weiter. Ihre gegenseitige Konkurrenz und ihre Konflikte prägen und beeinflussen staatliches Handeln. Neue staatliche Aufgaben entstehen, wo die zunehmend komplizierte Struktur der Industriegesellschaft es notwendig macht, einzelnen oder Gruppen Verpflichtungen aufzuerlegen, die nicht freiwillig eingegangen würden, oder wo nur durch staatliche Aktivitäten die für die Wohlfahrt des Gemeinwesens notwendigen Leistungen erbracht werden können.
Staatliche Entscheidungen sind vielfach notwendig mit öffentlichem Zwang verbunden und können sich insofern vom Standpunkt des einzelnen als Fremdbestimmung darstellen. Diese Art von Fremdbestimmung ist prinzipiell nicht aufhebbar. Sie kann und muß aber dadurch legitimiert werden, daß die staatlichen Entscheidungen nach dem Mehrheitsprinzip, unter Sicherung von Minderheitsrechten und unter Kontrolle durch die Parlamente sowie die Öffentlichkeit getroffen werden. Um dies sicher-

zustellen, muß die öffentliche und parlamentarische Kontrolle parallel mit den neuen Aufgaben und Zuständigkeiten erweitert werden.
Das Bekenntnis der Sozialdemokraten zum demokratischen Rechts- und Sozialstaat als menschenwürdiger Ordnung umfaßt die Bejahung der aktiven Rolle des Staates in der Gestaltung der gesellschaftlichen Verhältnisse zum Wohle des Bürgers. Für uns Sozialdemokraten ist — über die Einschränkung und Kontrolle „privater" wirtschaftlicher Macht hinaus — die Entwicklung der gesellschaftlichen Ordnung in Richtung auf mehr Freiheit, Gerechtigkeit und Solidarität eine, wenn auch nicht die alleinige Aufgabe des demokratischen Staates. Wir haben deshalb die Zunahme der öffentlichen Verantwortung in Bereichen wie Bildung, Gesundheitsvorsorge, Umweltschutz, vor allem aber in Fragen der sozialen Sicherheit und der Gesamtentwicklung der Wirtschaft von jeher gefördert und begrüßt.
Mit der zunehmenden Verantwortung des Staates für gesellschaftliche und wirtschaftliche Probleme, einschließlich der Verteilungskämpfe, haben die Möglichkeiten politischer Steuerung allerdings oft nicht Schritt gehalten. Es gibt heute kaum einen wichtigen gesellschaftlichen Bereich mehr, für den der Staat nicht zuständig geworden wäre oder zumindest verantwortlich gemacht würde. Dies gilt auch für Inflation und Rezession, für Arbeitslosigkeit und Strukturkrisen. Die Möglichkeiten staatlicher Politik, gesellschaftliche, insbesondere wirtschaftliche Abläufe zu beeinflussen und zu steuern, sind dagegen — gemessen an der Verantwortung des Staates in der modernen Industriegesellschaft — in einer Reihe von Bereichen zu spät, nicht hinreichend oder überhaupt nicht entwickelt bzw. nicht genutzt worden.
Neben dem Problem der Abhängigkeit staatlicher Politik von den Entscheidungen der privaten Wirtschaft kommen für die Bundesrepublik Probleme hinzu, die sich aus ihren besonderen internationalen Abhängigkeiten ergeben.
Bei hoher Exportquote und großer Abhängigkeit von Rohstoff- und Energieimporten, bei zunehmender internationaler Verflechtung auf den Waren- und Kapitalmärkten, bei übernationaler Mobilität der Arbeitskräfte, bei zunehmendem Gewicht der multinationalen Unternehmen, die ihre Investitionsentscheidungen ohne Rücksicht auf die Zielsetzungen nationaler Regierungen weltweit planen und verwirklichen können, und bei zunehmen-

der Inanspruchnahme wirtschaftspolitischer Entscheidungskompetenzen durch internationale, insbesondere aber durch europäische Institutionen muß der Versuch einer bloßen „Globalsteuerung“ des Wirtschaftsablaufs im nationalen Rahmen immer problematischer, wenn nicht undurchführbar werden.

2.4.2 Angesichts dieser Probleme ist die Vorstellung von einem neutralen, über allen Interessengegensätzen schwebenden autonomen Staat, der verfassungsmäßig aufgegebene oder politisch frei gesetzte Ziele unabhängig verwirklicht, mit der staatlichen Wirklichkeit der Bundesrepublik unvereinbar.
Die Auseinandersetzungen der organisierten gesellschaftlichen Gruppen um den Inhalt der staatlichen Entscheidungen und die Schwierigkeit ihrer praktischen Durchsetzung zeigen deutlich, daß der Staat kein unabhängig über der Gesellschaft stehender neutraler Schiedsrichter, kein Vertreter eines „objektiven“ Gemeinwohls gegenüber den Interessen der konkreten gesellschaftlichen Gruppen ist, wie es in bürgerlich-idealistischen Staatstheorien besonders in Deutschland oft dargestellt wird. Er ist vielmehr von den Interessen und dem Durchsetzungskampf dieser Gruppen abhängig — einmal weil sie den Ausgang der Wahlkämpfe mitbestimmen und über die Parteien der Regierung Aufträge zu erteilen suchen, zum anderen, weil der direkte Druck solcher Gruppen den Plänen der Regierung Grenzen setzen oder deren Durchführung verhindern kann. Dennoch ist staatliche Politik niemals nur ein Ergebnis des Drucks entgegengesetzter Teilinteressen: Vielmehr entwickeln die großen politischen Parteien, und insbesondere die Sozialdemokratie, auf der Grundlage von Überzeugungen und Interessen, auf die sie sich zu stützen und die sie zu mobilisieren suchen, alternative Konzepte vom Gemeinwohl oder Gesamtinteresse der Gesellschaft. Entsprechend steht jede demokratische Regierung vor der Aufgabe, ihr eigenes Konzept von dem, was das Gemeinwohl erfordert, zu formulieren und es, soweit mit demokratischen und rechtsstaatlichen Mitteln möglich, gegen alle entgegenstehenden Teilinteressen durchzusetzen.
Die bürgerlich-idealistische Theorie vom freischwebenden Staat als dem Schiedsrichter zwischen und über den gesellschaftlichen Interessen, wie sie heute vor allem von Verfechtern des Konservatismus vertreten wird, läßt aber auch die bestehenden Abhängigkeiten staatlicher Handlungsmöglichkeiten von den Strukturen

und Leistungen des Wirtschaftssektors außer acht. Der überwiegende Teil des Sozialprodukts, von dem das Steueraufkommen und damit die Leistungsfähigkeit der öffentlichen Haushalte abhängt, wird im privatwirtschaftlichen Sektor erzeugt. Dieser stellt die Mehrheit der Arbeitsplätze. Privatwirtschaftliche Forschungs- und Entwicklungsentscheidungen bestimmen weitgehend die Richtung und das Tempo des technischen Fortschritts. Privatwirtschaftliche Investitions- und Preisentscheidungen sowie die Lohn- und Gehaltsentscheidungen der Arbeitgeberverbände und Gewerkschaften sind wesentliche Bestimmungsfaktoren für regionales und gesamtwirtschaftliches Wachstum, für Konjunkturschwankungen und für Preissteigerungen. Zwar können privatwirtschaftliche Entscheidungen durch staatliche Infrastrukturleistungen, Subventionen, Steuern, Direktregulierungen und durch die Instrumente der Konjunktursteuerung auch heute schon in erheblichem Maße beeinflußt werden. Die staatlichen Handlungsmöglichkeiten erschöpfen sich aber noch zu sehr in der nachträglichen Korrektur von Folgen privater Entscheidungen.

2.4.3 Die Arbeiterbewegung, die politischen, gewerkschaftlichen und genossenschaftlichen Selbstorganisationen haben große Erfolge erzielt. Zu Recht sagt das Godesberger Programm, der Arbeitnehmer, „der einst das bloße Ausbeutungsobjekt der herrschenden Klasse war, nimmt jetzt seinen Platz ein als Staatsbürger mit anerkannten gleichen Rechten und Pflichten". Wir sind durch das Arbeitsrecht, durch eine Politik, die dem Ziel der Vollbeschäftigung hohe Priorität einräumt, sowie durch Mitbestimmung auf dem Weg zur Einschränkung wirtschaftlicher Macht ein Stück vorangekommen.

Eine demokratische Bestimmung der gesamtwirtschaftlichen Entwicklung wird aber auch heute noch durch privatwirtschaftliche Macht vielfach durchkreuzt.

Dies gilt nicht nur für die multinationalen Unternehmen. Aufgrund eines kaum aufhaltbaren und vielfach ökonomisch notwendigen Konzentrationsprozesses wächst allgemein die Vermachtung der Märkte. Hierdurch wird es den Unternehmen möglich, ihre Preispolitik entgegen den Interessen der Verbraucher von der Entwicklung der Nachfrage zumindest teilweise unabhängig zu machen.

Die reformbedürftige Struktur des deutschen Bankensystems

begünstigt gleichfalls eine Konzentration wirtschaftlicher Macht. Schließlich nehmen finanzkräftige konservative Interessengruppen durch gezielte Beeinflussung der öffentlichen Meinung Einfluß auf die demokratische Willensbildung des Volkes. Politischer Einsatz der Werbemittel der Großindustrie und die Existenz von Pressemonopolen bewirken faktisch eine Einschränkung der Pressefreiheit und sind mit einer freien öffentlichen Meinungsbildung nicht vereinbar.
Es gelten heute also nach wie vor die Aussagen des Godesberger Programms: „Wer in den Großorganisationen der Wirtschaft die Verfügung über Millionenwerte und über Zehntausende von Arbeitnehmern hat, der wirtschaftet nicht nur, er übt Herrschaftsmacht über Menschen aus; die Abhängigkeit der Arbeiter und Angestellten geht weit über das Ökonomisch-Materielle hinaus." Und weiter: „Mit ihrer durch Kartelle und Verbände noch gesteigerten Macht gewinnen die führenden Männer der Großwirtschaft einen Einfluß auf Staat und Politik, der mit demokratischen Grundsätzen nicht vereinbar ist. Sie usurpieren Staatsgewalt. Wirtschaftliche Macht wird zur politischen Macht."

2.4.4 Aus den geschilderten Tatsachen leiten einige im Gegensatz zur bürgerlich-idealistischen Staatsauffassung die Behauptung ab, daß der Staat entweder nur als unbewußt funktionierendes „Vollzugsorgan der nach wie vor spontan wirksamen Gesetze des Kapitalismus" oder aber als planmäßig handelnder „Agent der vereinigten Monopolkapitalisten" begriffen werden könne. Im ersten Fall wäre der Versuch, über den Staat eine Reformpolitik friedlicher schrittweiser Demokratisierung der Gesellschaft zu verwirklichen, prinzipiell illusionär und daher sinnlos. Im zweiten Fall würde eine Politik gesellschaftlicher Veränderungen einen Frontalangriff auf den sogenannten „Staat der Monopole" und umfassende schlagartige Eingriffe in die private Wirtschaft erfordern.
Diese Behauptungen widersprechen einmal der Tatsache, daß in der Demokratie staatliche Entscheidungen in erheblichem Maße vom Wählerwillen und damit vom Willen der arbeitenden Mehrheit abhängig sind: Keine demokratische Regierung kann auf die Dauer Politik gegen die vitalen Interessen der Bevölkerungsmehrheit, insbesondere nicht der gewerkschaftlich organisierten Arbeitnehmerschaft, betreiben. Zum anderen übersehen sie das Ausmaß, in dem die privatkapitalistische Wirtschaft ihrerseits

heute von staatlichen Entscheidungen abhängig ist: Der Staat schafft und erhält die wirtschaftlichen, sozialen und politischen Existenzbedingungen der privaten Unternehmen, sorgt für die Einrichtungen der Infrastruktur und der sozialen Versorgung und verringert das konjunkturelle Risiko durch seine auf Vollbeschäftigung und stetiges Wachstum gerichtete Steuerungspolitik. Ausdruck dieses Sachverhalts ist u. a. die Tatsache, daß rund 40 Prozent des Sozialprodukts durch die Haushalte der öffentlichen Hand gehen. Damit wird die Abhängigkeit von Staat und Privatwirtschaft eine gegenseitige, in der die am Wählerauftrag orientierte Regierung und Parlamentsmehrheit als selbständig aktiver Faktor auftreten kann.

2.4.5 Nach sozialdemokratischer Auffassung kommt es darauf an, daß Staat und Gesellschaft „nicht zur Beute mächtiger Interessengruppen werden" (Godesberger Programm). Die Unabhängigkeit des Staates von den Interessen der Großwirtschaft muß erstritten, seine Handlungsfähigkeit im Interesse der freien, gerechten und solidarischen Gestaltung unserer Gesellschaft verstärkt werden. Die Politik des demokratischen Sozialismus muß daher zugleich die Mitwirkungs- und Mitbestimmungsrechte der Arbeitnehmer verstärken, die „Gegenmacht" der Gewerkschaften gegenüber der Kapitalseite sichern und den Handlungsspielraum des Staates gegenüber privater Wirtschaftsmacht erweitern.
Sozialdemokratische Politik für eine demokratische und sozial gerechte Gesellschaftsordnung braucht das Vertrauen der Bevölkerungsmehrheit. Sie muß Vollbeschäftigung und stabile Wirtschaftsentwicklung sichern und gleichzeitig Reformen zügig vorantreiben. Die demokratische Vertrauensgrundlage für eine solche Politik kann ebenso durch die Enttäuschung über das Ausbleiben der versprochenen Reformen wie über die Gefährdung des wirtschaftlichen Fortschritts erschüttert werden. Zu dieser Vertrauensgrundlage gehört auch die Erhaltung des sozialstaatlichen Schutzes, vor allem der wirtschaftlich und sozial Schwachen.
Um die Strategie einer solchen Politik und um die dafür erforderlichen wirtschafts- und gesellschaftspolitischen Instrumente geht es. Wenn sie fehlen, besteht die Gefahr, daß sich die Schere zwischen den politischen Notwendigkeiten und den staatlichen Handlungsmöglichkeiten immer weiter öffnet.

2.4.6 In der Bundesrepublik schöpfen die staatlichen Institutionen die vorhandenen Steuerungs- und Handlungsmöglichkeiten gegenüber dem wirtschaftlichen Bereich nicht aus. Die Ursache dafür liegt u. a. in der Zersplitterung staatlicher Zuständigkeiten.
Die verfügbaren Einfluß- und Steuerungsinstrumente sind auf eine Vielzahl von verfassungsrechtlich oder faktisch selbständigen Institutionen verteilt: z. B. die einzelnen Bundesressorts mit ihren speziellen Zielsetzungen, die Bundesländer, die Gemeinden, die Kammern, die Sozialversicherungsträger, die Bundesanstalt für Arbeit, die Bundesbank, die öffentlichen Kreditanstalten und die öffentlichen Unternehmen. Die Wahrscheinlichkeit, daß zwischen diesen Trägern gegenüber der Wirtschaft die gleiche oder wenigstens eine inhaltlich abgestimmte Politik verfolgt wird, ist selbst im Bereich der fiskalischen und monetären Konjunktursteuerung gering. Bei der Wissenschafts- und Technologiepolitik, der regionalen und sektoralen Strukturpolitik, der Arbeitsmarkt- und Berufsbildungspolitik, der Wettbewerbspolitik und der Außenwirtschaftspolitik sind die Koordinierungsprobleme noch erheblich größer.
Nicht koordinierte und darum auch oft nicht wirksame staatliche Lenkungsmaßnahmen sind dabei zugleich eine Quelle zunehmender Klagen über die Verbürokratisierung und Verplanung unseres Lebens.
Angesichts der Bedeutung der Staatsfunktionen in der hochindustrialisierten Gesellschaft und der Probleme der Koordinierung und Verbesserung staatlichen Handelns müssen Sozialdemokraten Regierungsverantwortung in Bund, Ländern und Gemeinden erringen und erhalten. Dies ist Voraussetzung einer wirksamen sozialdemokratischen Strategie. Sie allein schafft jedoch noch keineswegs jene Handlungsmöglichkeiten, die den Erfolg sozialdemokratischer Politik sichern können. Verstärkte internationale Zusammenarbeit, Zusammenarbeit des Staates mit den gesellschaftlichen Kräften und Gruppen und eine breite Vertrauensarbeit der Partei in der Bevölkerung müssen hinzutreten.

2.4.7 Bei dem hohen Grad der internationalen Wirtschaftsverflechtung lassen sich die Probleme der ökonomischen Entwicklung durch Maßnahmen allein auf nationalstaatlicher Ebene nicht mehr lösen. Ein Verzicht auf die internationale Verflechtung würde verheerende wirtschaftliche Folgen nach sich ziehen.

Deshalb muß die Einflußmöglichkeit der Politik gegenüber der Wirtschaft vor allem auch durch eine Stärkung der europäischen Entscheidungsinstanzen, der zwischenstaatlichen Zusammenarbeit und durch Internationalisierung der Steuerungsinstrumente gesteigert werden.
Dies setzt unter anderem eine verstärkte Zusammenarbeit der Parteien des demokratischen Sozialismus und der Gewerkschaften voraus. Eine Internationalisierung von Steuerungsinstrumenten ist dann positiv zu beurteilen, wenn sie das der Bundesrepublik mögliche Niveau der Durchsetzung wirtschaftspolitischer Zielsetzungen nicht unterschreitet und die Abhängigkeit der demokratischen Staaten von internationaler Wirtschaftsmacht schrittweise abbaut. In jedem Fall können staatliche Handlungsmöglichkeiten nur über schwierige Prozesse der Zusammenarbeit und Koordination nach außen und im Innern wahrgenommen werden.

2.4.8 Die Durchsetzung sozialdemokratischer Politik hängt nicht nur von der Koordinierung und dem Ausbau des staatlichen Instrumentariums ab. Die Zusammenarbeit des Staates mit den gesellschaftlichen Gruppen und Kräften muß hinzutreten.
Gruppen und Verbände sind eine notwendige vermittelnde Instanz zwischen dem einzelnen und der Gesellschaft, die ihm zugleich seinen besonderen Standort in dieser verdeutlicht, ihm den Rückhalt der Gruppe gibt und ihn in die Ordnung der gesamten Gesellschaft einbezieht. Der einzelne Staatsbürger hat oft nur als Mitglied eines Verbandes eine reale Chance, seine verschiedenen Interessen wirksam zu vertreten. Gerade darum darf er Gruppen und Verbänden aber auch nicht ausgeliefert werden. Deren wachsende Bedeutung macht die Demokratisierung — Mehrheitsprinzip, Minderheitenschutz, öffentliche Kontrolle — ihrer inneren Ordnung notwendig. Dies gilt um so mehr, je mehr wir begreifen, daß wir über eine bloße Gegenüberstellung von gesellschaftlichen Kräften und Staat hinaus zu einer neuen kooperativen Aufgabenverteilung finden müssen.
Die wachsenden Anforderungen der Gesellschaft an den Staat bergen die Gefahr in sich, die Leistungsfähigkeit des Staates zu überfordern und eine bürokratische Ausweitung des Staatsapparates zu erzeugen, dessen Kosten unerträglich wachsen und dessen Effektivität doch immer weit hinter den gesellschaftlichen Anforderungen zurückbleibt. Die verbreitete These, der Druck

der gesellschaftlichen Probleme wachse stärker als unsere Fähigkeiten, sie zu meistern, trifft dann sicherlich zu, wenn die Lösung dieser Probleme immer mehr der staatlichen Bürokratie zugemutet wird.

Ohne gesellschaftliche Strukturreformen, die die Fähigkeiten und Bereitschaft der Gesellschaft zur Selbstregulierung und zur Selbsthilfe nutzen und stärken, droht uns eine Entwicklung, in der wachsende, lähmende soziale Konflikte nur noch durch den Staat reguliert werden können, der zur Durchsetzung seiner Ziele eines wachsenden Apparats bedarf. Einem zunehmenden Versorgungsdenken und abnehmender Fähigkeit und Bereitschaft zu solidarischer Selbsthilfe stünde eine abnehmende Leistungsfähigkeit des Staatsapparates gegenüber. Sozialdemokratische Gesellschaftspolitik bejaht auch in dieser Hinsicht die aktive Rolle des Staates in der Gestaltung unserer gesellschaftlichen Ordnung. Sie lehnt aber jede „Verstaatlichung" der Gesellschaft mit Nachdruck ab.

Das Verhältnis von Staat und gesellschaftlichen Gruppen muß auch in seinen möglichen negativen Aspekten gesehen werden. Die Aktionen verschiedener Interessenverbände der Wirtschaft gegen eine längst überfällige Reform der beruflichen Bildung zeigen zum Beispiel, wie unerträglich ein Verhalten ist, das sich allein an den egoistischen Gruppenzielen orientiert und aus Engstirnigkeit die gesamtgesellschaftlichen Interessen mißachtet.

Die Aktion der Fluglotsen zum Beispiel hat darüber hinaus nicht nur die Gefahr deutlich gemacht, daß die integrative Kraft der Gewerkschaften von derartigen berufsständischen Interessengruppen ausgehöhlt wird, sondern hat auch aufgezeigt, in welchem Ausmaß mit der Komplexität unserer Industriegesellschaft auch deren Störanfälligkeit gegenüber der Leistungsverweigerung selbst kleiner Gruppen gewachsen ist.

Von daher gewinnt der Grundwert der Solidarität besondere Bedeutung. Staatliches und ganz allgemein politisches Handeln erhalten ihre tiefere Rechtfertigung erst dann, wenn die demokratische Zustimmung vom Geist solidarischer Verpflichtung erfüllt ist. Erst auf einer solchen Vertrauensgrundlage gewinnt eine Regierung die Autorität, gruppenegoistischen Erpressungsversuchen kraftvoll zu begegnen und ohne Einbuße an moralischer Glaubwürdigkeit — Sicherheit statt Härte zeigend — auch im Detail harte Maßnahmen zu ergreifen.

2.4.9 Die traditionellen Autoritätsansprüche bürokratischer Obrigkeiten oder auch nationalistischer Gemeinschaftsideologien können von kritischen und mündigen Bürgern einer Demokratie freilich nicht akzeptiert werden. Die Bereitschaft des Bürgers, getroffene Entscheidungen solidarisch zu tragen, wird um so größer sein, je durchsichtiger die Prozesse der Willensbildung und Entscheidung für ihn sind und je mehr Möglichkeiten der Mitwirkung er am Zustandekommen der Entscheidung hat. Eine solche Mitwirkung ist aber ihrerseits eine Frage der Erziehung und der praktischen Erfahrung. Nur durch bewußte soziale Erziehung und freiwillig gewonnene praktische Erfahrungen können solidarisches Verhalten und nicht auf Zwang beruhende Autorität neu entstehen. Ohne beide kann eine bessere Gesellschaftsordnung nicht geschaffen werden. Hierin wurzelt die Notwendigkeit einer Erziehungs- und Bildungsreform ebenso wie die einer breit und langfristig angelegten Vertrauensarbeit der Partei in der Bevölkerung (dazu unten unter 3.).

2.5 Wachstum und Reformen

2.5.1 Wir können uns künftig nicht mehr an einem Wachstum ausrichten, das nur in seiner globalen Veränderung betrachtet wird, ohne Rücksicht darauf, wie es sich zusammensetzt und unter welchen Bedingungen es zustande kommt. Unser Ziel muß ein gesamtwirtschaftlich sinnvoll differenziertes, auch an qualitativen Maßstäben ausgerichtetes Wachstum sein.
Aufgrund der Unvollkommenheit des einseitigen Wachstumsmaßstabes und der vielen Verzerrungen in der statistischen Messung des Wachstums geht es darum, mit Hilfe von Sozialindikatoren der Lebensqualität differenzierte Maßstäbe zu entwickeln, die es erlauben, wirkliches Wachstum von jenem Scheinwachstum zu unterscheiden, das mehr Werte vernichtet, als es schafft, und die unsere globalen Maßgrößen ergänzen können. An dieser schwierigen Aufgabe wird an vielen Stellen der Welt gearbeitet. Unser Ziel: Ein gesamtwirtschaftlich sinnvoll differenziertes, auch an qualitativen Maßstäben ausgerichtetes Wachstum soll an die Stelle einer wildwüchsigen Entwicklung treten.
Neue Techniken der Produktion, Verbesserung der Vorschriften für den Umweltschutz, gezielte Veränderungen der Wirtschaftsstruktur bieten auch bei geringer werdenden Zuwachsraten

Ansatzpunkte, um die Qualität des Wachstumsprozesses und die Struktur des Wirtschaftsergebnisses zu gestalten. Diesen Spielraum für Reformpolitik müssen wir nutzen.
Qualifiziertes Wirtschaftswachstum dient nicht nur der Erhaltung und Steigerung des allgemeinen materiellen Lebensniveaus, es ist auch mitbestimmend für Art und Umfang gesellschaftlicher Reformen. Deshalb muß es gefördert werden.
Es können jedoch Situationen eintreten, die einen ernsthaften Rückgang des wirtschaftlichen Wachstums befürchten lassen. Sozialdemokratische Politik ist darauf gerichtet, dies zu verhindern. Trotzdem müssen wir auch auf solche Situationen vorbereitet sein.
Verringertes Wirtschaftswachstum ändert die Bedingungen für Reformpolitik:

— Der langsamer wachsende materielle Spielraum erschwert Reformen, die zusätzliche materielle Mittel erfordern, und verzögert sie unter Umständen.
— Gleichzeitig wächst die Notwendigkeit struktureller Reformen, weil die verfügbaren Mittel sparsamer und gezielter eingesetzt und u. U. einschneidendere Prioritäten gesetzt werden müssen, um das Erreichte in seiner Substanz zu bewahren und gleichzeitig die Bedingungen für den künftigen wirtschaftlichen und gesellschaftlichen Fortschritt zu verbessern.

Bei verringertem Wirtschaftswachstum, das mit Beschäftigungseinbußen und einem Rückgang der Nachfrage verbunden ist, bieten die dann notwendigen staatlichen Maßnahmen, vor allem die Verstärkung und Erweiterung der öffentlichen Investitionen, die Chance, stärkeren Einfluß auf die Auswahl der zu fördernden Objekte und Maßnahmen unter dem Gesichtspunkt der Reformpolitik zu nehmen.
Dabei können Probleme der Durchsetzung entstehen. Der Widerstand der Privilegierten wird um so erbitterter sein, je weniger Maßnahmen aus einer Neuverteilung von Zuwächsen finanziert werden können, je mehr sie also aus einer Umverteilung von Besitzständen finanziert werden müssen.

2.5.2 Das künftige Wachstum des Sozialprodukts wurde bis 1973 in allen Industrieländern recht optimistisch eingeschätzt. Aus der Entwicklung von Wachstum und Produktivität in der Vergangenheit konnte in der Tat auf ein künftig geringeres Wachstum nicht geschlossen werden. Angesichts der Auswirkungen der seit 1973 eingetretenen weltwirtschaftlichen Entwicklung werden wir jedoch zunächst mit einem geringeren Wachstum rechnen müssen als bisher. Eine zuverlässige Projektion ist vor allem aufgrund der in der Weltwirtschaft bestehenden Unsicherheit im gegenwärtigen Zeitpunkt nicht möglich.

Auf der binnenwirtschaftlichen Seite bestimmen insbesondere die folgenden Faktoren das künftige Wachstum:

— Entscheidend für die mittel- bis langfristigen Wachstumsaussichten ist die Entwicklung der gewerblichen Investitionen und der öffentlichen Infrastrukturausstattung. Eine angemessene Wachstumsrate verlangt ausreichende Mittel für die Modernisierung und Erweiterung der Produktionsanlagen. Dies gewinnt in den nächsten Jahren besondere Bedeutung, weil sich nach Abschluß der Aufbauphase unserer Wirtschaft naturgemäß die Altersstruktur unseres Kapitalstocks verschlechtert und damit Ersatzinvestitionen, die das Produktionspotential der Wirtschaft nicht erhöhen, bedeutsamer werden. Dabei ist zu berücksichtigen, daß durch die dringend notwendigen Investitionen für Umweltschutz und zur Verbesserung der Arbeitsbedingungen der Spielraum für Investitionen, die unmittelbar die Produktionskapazitäten erweitern, zusätzlich begrenzt wird.

  Um eine angemessene Wachstumsrate zu sichern, ist in den nächsten Jahren eine überdurchschnittliche Zunahme der realen gewerblichen Bruttoanlageinvestitionen erforderlich. Wirtschaftspolitische Maßnahmen müssen verhindern, daß dabei sektorale und regionale Ungleichgewichte verstärkt werden, die überstarke Exportorientierung unsere außenwirtschaftliche Abhängigkeit noch erhöht und die Konzentration der Verfügungsgewalt über das Produktivvermögen weiter fortschreitet.

— Das gesamtwirtschaftliche Arbeitsvolumen (Gesamtzahl der geleisteten Arbeitsstunden) wird, wie auch in den sechziger Jahren, weiterhin leicht sinken. Ein leichter Anstieg der Anzahl der deutschen Erwerbspersonen, bedingt durch den Eintritt geburtenstarker Jahrgänge in das Erwerbsleben, wird voraussichtlich durch einen entsprechenden Rückgang der Anzahl der ausländischen Erwerbspersonen in der Bundesrepublik kompensiert werden, so daß das Ausmaß im Rückgang des Arbeitsvolumens von den zu erwartenden weiteren Verkürzungen der Arbeitszeit abhängt.

— Zureichendes Wachstum wird nur möglich sein, wenn wir in Zukunft den Prozeß der wirtschaftlichen Entwicklung von unkontrollierbaren Störungen, insbesondere auch von Einbrüchen oder Übersteigerungen in der inländischen Nachfrage, freihalten können.

Das künftige Wachstum ist zumindest teilweise „machbar" und damit Gegenstand politischer Entscheidungen. Andererseits ist Wachstum auch das Resultat anderer politisch nur schwer oder gar nicht beeinflußbarer Faktoren. Hier sind insbesondere die technologische und weltwirtschaftliche Entwicklung von Bedeutung, die gegenwärtig nur unter großer Unsicherheit prognostizierbar sind. Ein ausreichendes Wirtschaftswachstum hängt insbesondere von den folgenden weltwirtschaftlichen Bedingungen ab:

— Es treten keine weiteren abrupten Preissteigerungen und Versorgungskrisen bei Öl und anderen Rohstoffen ein, die die kurzfristige strukturelle Anpassungsfähigkeit einer jeden stark in die Weltwirtschaft verflochtenen Volkswirtschaft überfordern würden. Langfristige allmähliche Verschiebungen in den realen Austauschverhältnissen (Terms of Trade) zwischen Rohstoffen und industriellen Produkten müssen dagegen keineswegs wachstumsmindernde Wirkungen haben.

— Unsere wichtigen Handelspartner verzichten auf handelseinschränkende Maßnahmen zur Bereinigung ihrer defizitären Handelsbilanzen. Ein „Handelskrieg" hätte auf unsere Volkswirtschaft unvorhersehbare Auswirkungen.

— Eine Reform des Weltwährungssystems stützt auf mittlere Sicht den Ausgleich der Zahlungsbilanzen. Es muß bei einer solchen Reform gelingen, die Anpassungsfähigkeit der Wechselkurse zu gewährleisten, ohne daß ständig starke Kursschwankungen auftreten. Hierzu ist auch die Bewältigung und wirksame Kontrolle der internationalen Liquiditätsüberschüsse nötig, deren Entstehung künftig weitgehend schon im Ansatz verhindert werden sollte.

— Es gelingt, die hohen Handelsbilanzüberschüsse der Bundesrepublik Deutschland, die für die Defizite unserer Handelspartner mitverantwortlich sind, abzubauen. Die Verringerung unseres Außenbeitrages ist allerdings nur mittelfristig möglich und muß mit einer allmählichen Veränderung unserer Produktionsstruktur Hand in Hand gehen.

— Es gelingt, die internationale Inflation einzudämmen. Das

hängt ursächlich zusammen mit der Lösung der oben angeführten Probleme. Neben politischen Faktoren (z. B. künftige Entwicklung der Rohstoff-, insbesondere der Ölpreise) spielt die Begrenzung des internationalen Liquiditätszuwachses hier eine wichtige Rolle.

Es ist zwar nicht möglich, die Entwicklung entscheidender Rahmenbedingungen, die durch die Weltwirtschaft gesetzt werden, zuverlässig vorauszusehen, aber geplante Handlungsalternativen verbessern die wirtschaftspolitische Aktionsfähigkeit.

2.5.3 Das voraussichtlich geringere Wachstum begrenzt zwar den finanziellen Spielraum für staatliche Reformen sowie für die öffentlichen Investitionen und damit für eine kontinuierliche Verbesserung des öffentlichen Leistungsangebots. Im Interesse sozialdemokratischer Reformpolitik, eines qualifizierten Wirtschaftswachstums und der Verstetigung der konjunkturellen Entwicklung ist aber eine weitere Steigerung der öffentlichen Investitionen und eine Verbesserung und Umstrukturierung der öffentlichen Leistungen erforderlich. Dabei ist zu beachten:

— Der seit einigen Jahren zu beobachtende Geburtenrückgang führt zu einer stagnierenden Bevölkerungszahl und infolgedessen langfristig auch zu einer verringerten Zunahme des Bedarfs an öffentlichen Gütern und Dienstleistungen für die verschiedenen Altersgruppen der Bevölkerung.
— Von unzureichender Infrastrukturausstattung kann nicht mehr allgemein gesprochen werden. Der Nachholbedarf an öffentlicher Infrastruktur ist vielmehr inzwischen in einigen Bereichen und Regionen abgebaut worden oder wird in absehbarer Zeit weiter abgebaut werden.
  In den Vordergrund tritt jetzt zunehmend die Notwendigkeit, die vorhandenen öffentlichen Einrichtungen auch umfassend zu nutzen und die hier noch vorhandenen großen Kapazitätsreserven zu erschließen.
— Da künftig bestimmte Bereiche öffentlicher Investitionen zumindest mittelfristig nur noch unterdurchschnittliche reale Wachstumsraten aufweisen müssen, werden bei angemessenem Wachstum der realen Gesamtleistung Mittel für eine überdurchschnittliche reale Steigerung der investiven Ausgaben in anderen Bereichen frei, vor allem für Energieversorgung und Umweltschutz.

2.5.4 Für unsere Politik ergibt sich als dringlichste Forderung aus dem enger gewordenen finanziellen Spielraum, daß die zur Verfügung stehenden Mittel künftig sparsamer und gezielter eingesetzt werden. Dabei müssen alle Arten von Staatsausgaben einbezogen werden. Dies setzt voraus, daß die öffentlichen Aufgaben daraufhin überprüft werden, ob ihnen noch ein gültiger sozialer Anspruch zugrunde liegt.
Der Staatsverbrauch umfaßt in seiner statistischen Abgrenzung keineswegs nur konsumtive Ausgaben. Vielmehr haben viele laufende Ausgaben des Staates investiven Charakter (z.B. Bildungsausgaben, Forschungsförderung usw.). Man muß künftig öffentliche Aufwendungen — unabhängig von der statistischen Zuordnung — stärker als bisher auf die investiven Wirkungen hin ausrichten.
Den weitaus größten Teil der konsumtiven Staatsausgaben beanspruchen die Personalkosten im Öffentlichen Dienst, deren Anteil an den gesamten Staatsausgaben in der Vergangenheit ständig gestiegen ist. Diese Steigerung steht allerdings häufig in unmittelbarem Zusammenhang mit der laufenden Zunahme öffentlicher Aufgaben. Notwendige neue Leistungen des Staates werden gesetzlich verankert, bestehende Aufgaben aber nicht abgebaut, und die Einnahmen des Staates wachsen nicht entsprechend mit. Eine Stabilisierung des Anteils der Personalkosten an den gesamten Staatsausgaben hat für die Sicherung des künftigen finanziellen Reformspielraums höchste Priorität. Mittelfristig müssen die gesamten Personalausgaben des Staates deutlich langsamer steigen als bisher. Dies setzt der Personalvermehrung und der Einkommensentwicklung im Öffentlichen Dienst Grenzen und verstärkt die Notwendigkeit, die im Öffentlichen Dienst vorhandenen Produktivitätsreserven auszuschöpfen. Eine wichtige Voraussetzung ist hierfür die immer dringlicher werdende Reform des Öffentlichen Dienstes.
Die der Umverteilung dienenden öffentlichen Sozialleistungen sind künftig konsequenter auf die Personenkreise zu beschränken, denen sie im Interesse sozialer Gerechtigkeit tatsächlich zugute kommen sollen. Dabei wird der Umfang der staatlichen Umverteilungsleistungen um so geringer sein, je mehr es gelingt, die Ungerechtigkeiten der primären Einkommensverteilung zwischen sozialen Gruppen abzubauen und schwerwiegende Unterschiede in der Einkommensverteilung innerhalb sozialer Gruppen zu vermindern. In der Nachkriegszeit wurde zwar das allgemeine

Einkommensniveau angehoben — bis vor kurzem ist jedoch nicht genügend geschehen, um Ungerechtigkeiten in der Einkommensverteilung und in der Ansammlung von Produktivvermögen zu verringern. Solche nicht zu rechtfertigenden Unterschiede gibt es nicht nur zwischen Beziehern von Kapitaleinkommen und abhängigen Lohn- und Einkommensbeziehern sowie zwischen Mann und Frau, sondern z. B. auch zwischen akademisch ausgebildeten und allgemein ausgebildeten Arbeitnehmern, innerhalb der industriellen Arbeitnehmerschaft und innerhalb des Öffentlichen Dienstes. Deshalb wird künftig neben der weiteren Anhebung des allgemeinen Einkommensniveaus vor allem die Verminderung dieser schwerwiegenden Unterschiede wichtig sein. Erste Schritte in diese Richtung müssen im Öffentlichen Dienst unternommen werden. Durch solche Förderung unmittelbarer sozialer Gerechtigkeit könnte der Staat von Anforderungen der Umverteilungspolitik zugunsten struktureller Reformpolitik in wachsendem Maße entlastet werden. Das Maß sozialdemokratischer Reformpolitik bestimmt sich nicht einfach nach dem Umfang der Staatsausgaben, sondern zugleich am jeweils erforderlichen Maß der Umverteilungsleistungen. Entsprechend haben Reformen, die zum Abbau der Ungerechtigkeiten bei der Verteilung der Primäreinkommen beitragen, Vorrang vor staatlichen Umverteilungsmaßnahmen, die den öffentlichen Haushalt belasten.

Soweit dies gesellschaftspolitisch und ökonomisch sinnvoll ist, sind die laufenden Kosten von Gemeinschaftsleistungen vorrangig durch Gebühren und Abgaben aufzubringen. Bei der Gestaltung der Tarife müssen sozialpolitische Gesichtspunkte berücksichtigt werden. Ebenso ist in Zukunft mehr als bisher darauf zu achten, daß der gesamte Katalog an staatlichen Hilfen für die private Wirtschaft ständig auf seine Berechtigung und Effizienz hin überprüft wird. Insbesondere soll die indirekte Förderung zugunsten direkter und damit besser kontrollierbarer Zuschüsse abgebaut werden. Schließlich sollen geeignete Verfahren entwikkelt werden, die den Staat stärker als bisher an den Erfolgen der von ihm geförderten Projekte teilhaben lassen.

Infrastrukturinvestitionen müssen auch künftig über den Kapitalmarkt mitfinanziert werden. Dies ist insbesondere dann sinnvoll, wenn Kapitaldienst und Unterhaltungskosten durch Gebühren und Beiträge aufgebracht werden können.

2.6 *Markt und Lenkung*

2.6.1 Unsere Wirtschaftsordnung ist — wie die aller westlichen Industrieländer — eine gemischte Wirtschaftsordnung, in der sowohl autonome Marktmechanismen als auch staatliche Planung und Lenkung ihren Platz haben. Die einzelwirtschaftliche Verfügung über die Produktionsmittel und die Marktkonkurrenz sind weitgehend unentbehrlich. Gleichzeitig bedarf es aber geeigneter Instrumente staatlicher Beeinflussung und Förderung, Planung und Lenkung des Wirtschaftsprozesses, um die Ziele sozialdemokratischer Wirtschaftspolitik zu erreichen.
Es sind besonders folgende Probleme und Bereiche, für die das Steuerungsinstrument „Markt" ohne Planung und Lenkung national wie international nicht ausreicht:

— Der sich selbst überlassene Markt neigt zur Aufhebung des Wettbewerbs, wie die zunehmende Vermachtung zahlreicher Märkte durch Konzerne und Kartelle zeigt.
— Der Markt kann nur Bedürfnisse befriedigen, die sich in kaufkräftiger Nachfrage ausdrücken. Die Verteilung der Güter durch den Markt ist nur insoweit gerecht, als die Einkommensverteilung gerecht ist.
— Der Markt versagt bei der Bereitstellung von Infrastrukturleistungen, denen heute eine steigende Bedeutung zur Befriedigung gesellschaftlicher Bedürfnisse zukommt.
— Der Markt verstärkt vorhandene regionale Ungleichgewichte. Hier bedarf es des koordinierten Eingriffs der staatlichen Regionalpolitik, insbesondere durch entsprechenden Ausbau der regionalen Infrastruktur.
— Oft kann eine ökonomisch sinnvolle Produktion aus technischen Gründen nicht in konkurrierenden Unternehmen hergestellt werden. In anderen Fällen führt ein ungesteuerter Wettbewerb zu instabilen oder ruinösen Marktverhältnissen.
— Der Markt ist ein gegenwartsbezogenes Instrument der Produktionsabstimmung; auf zukünftige Entwicklungen stellt er sich nur insofern ein, als sich diese schon in der absehbaren Nachfrageentwicklung niederschlagen. Deshalb kann die Entwicklung zukunftsträchtiger Branchen oder die Schrumpfung bestimmter Produktionen nicht allein den Marktkräften überlassen bleiben.
— Der Markt löst von sich aus gesellschaftlich wichtigere Aufgaben wie die Sicherung von Vollbeschäftigung, Geldwertstabi-

lität und stetiges Wachstum, die Sicherung des sozialen Ausgleichs oder den Schutz unserer Umwelt nicht.

Unbestreitbar gibt es in der BRD und den übrigen westlichen Industriestaaten seit Kriegsende eine sich stets verstärkende Unternehmens- und Vermögenskonzentration mit der Folge, daß in weiten Bereichen der Wirtschaft von einem auch nur leidlich funktionierenden Wettbewerb nicht mehr gesprochen werden kann. Dabei wird der Konkurrenzmechanismus nicht nur durch Fusionen und Kartellbildung, sondern auch durch verbandsmäßige Absprachen über Muster-, Mischkalkulationen, Preisempfehlungen, abgestimmtes Preisverhalten usw. ausgeschaltet.

Die Unvollkommenheit der Marktwirtschaft erfordert nicht ihre Ersetzung, wohl aber eine Ergänzung und Korrektur durch staatliche Lenkungsmaßnahmen.

Das Prinzip der Marktkonkurrenz steht und fällt mit der Antwort auf die Frage, ob, wie und in welchem Umfang es gelingen kann, durch Wettbewerbsförderung und durch die Kontrolle vermachteter Märkte den Vorrang der Nachfrage bei der Bestimmung der einzelwirtschaftlichen Entscheidungen durchzusetzen.

Die Sozialdemokratische Partei „bejaht ... den freien Markt, wo immer wirklich Wettbewerb herrscht. Wo aber Märkte unter die Vorherrschaft von einzelnen oder von Gruppen geraten, bedarf es vielfältiger Maßnahmen, um die Freiheit in der Wirtschaft zu erhalten." (Godesberger Programm). Mittel sozialdemokratischer Wirtschaftspolitik ist daher marktwirtschaftliche Ordnung mit rigoroser gesetzlicher Regelung des Wettbewerbs und strikter Sozialbindung. Wieweit dies gelingen kann, läßt sich gegenwärtig nicht mit genügender Sicherheit beantworten, auch deshalb nicht, weil die Bundesrepublik von einem konsequenten Einsatz der möglichen Instrumente staatlicher Wettbewerbspolitik und Monopolkontrollen noch weit entfernt ist.

Mit der Beantwortung dieser Frage nach der Durchsetzbarkeit ausreichenden Wettbewerbs entscheidet sich zugleich die Frage, in welchem Maße die öffentliche Wirtschaftspolitik sich auf die Mittel einer Marktbeeinflussung beschränken kann. Je mehr sich die Entwicklung des Sozialprodukts nach den Interessen der privaten und der staatlichen Endnachfrage richtet, desto mehr reicht eine Globalsteuerung, verbunden mit einer mittel- und langfristig orientierten Strukturpolitik, aus. Je mehr dagegen das Prinzip des Wettbewerbs an Boden verliert, desto mehr wird die staatliche Wirtschaftspolitik gezwungen sein, die Steuerung über die Nachfrage durch unmittelbare Einflußnahme auf die wirtschaftlichen Entscheidungen großer Unternehmen zu ergänzen. Da der gegenwärtige Erkenntnisstand eine ausreichende Urteilssicherheit nicht zuläßt, verbietet es sich, die richtigen Formen und Dimensionen öffentlicher Wirtschaftslenkung abschließend zu bestimmen. Der angemessene Weg zur Klärung dieser Frage sozialdemokratischer Politik ist vielmehr eine politische Praxis als gemeinsamer Lernprozeß, die sich unter konsequenter Nutzung aller geeigneten Instrumente auf die Bekämpfung unternehmerischer Marktbeherrschung konzentriert, zugleich das System mittelbarer Wirtschaftslenkung ausbaut und die planerische Kapazität des Staates verbessert.

2.6.2 Die Steuerung der Produktion nach der Rentabilität des eingesetzten Kapitals führt vielfach zu Ergebnissen, die gesellschaftlich nicht hingenommen werden können. Hier muß ein gewandelter Rentabilitätsbegriff angewendet werden, der die gesellschaftlichen Wirkungen und Interessen angemessen berücksichtigt. Das bedeutet, daß auf der einen Seite das Prinzip der Produktion unter Minimalkosten auf jeden Fall gesichert wird, daß andererseits aber die vom Staat zu setzenden Rahmenbedingungen privater Produktion die sozialen Kosten berücksichtigen müssen. Gleichzeitig muß durch wirksamen Wettbewerb deren Überwälzbarkeit in Grenzen gehalten werden.
Öffentliche und gemeinwirtschaftliche Unternehmen sollen dort tätig werden, wo die Prinzipien der Gegenmacht oder der Gemeinwirtschaftlichkeit dies gebieten, private Initiative fehlt oder übergroße Risiken bei anerkanntem gesellschaftlichen Bedarf vorliegen. Ihre Aktivitäten sollen nicht auf unprofitable Unternehmen und Branchen beschränkt werden, sie sollen sich vielmehr am gesellschaftlichen Bedarf orientieren. Dabei sind die Ziele eindeutig festzulegen. Auch wenn auf Gewinnerzielung verzichtet wird, muß das Prinzip der Kostenminimierung gelten.

2.6.3 Wie das Godesberger Programm sagt, kann die Überführung von Produktionsmitteln in Gemeineigentum ein notwendiges Mittel zur Durchsetzung gesellschaftlicher Interessen sein. „Wo mit anderen Mitteln eine gesunde Ordnung der wirtschaftlichen Machtverhältnisse nicht gewährleistet werden kann, ist Gemeineigentum zweckmäßig und notwendig."
Gleichzeitig aber gilt die Feststellung des Godesberger Pro-

gramms: „Jede Zusammenballung wirtschaftlicher Macht, auch die in Staatshand, birgt Gefahren in sich. Deshalb soll das Gemeineigentum nach den Grundsätzen der Selbstverwaltung und der Dezentralisierung geordnet werden.“ Wir dürfen aber nicht der Selbsttäuschung erliegen, daß mit der bloßen Überführung bestimmter Unternehmen oder Unternehmensbereiche in Gemeineigentum die Fragen einer dem gesamtgesellschaftlichen Interesse dienenden Politik gelöst würden. Durch Änderung des Eigentumstitels wird an dem Problem der mangelnden Übereinstimmung zwischen gesellschaftlichen Bedürfnissen und autonomen Entscheidungen der einzelnen Wirtschaftseinheiten nichts geändert, wie die Erfahrungen anderer Wirtschaftsordnungen zeigen. Die Konkurrenz oder aber die Kartellierung vergesellschafteter Wirtschaftseinheiten würde ebensowenig gesellschaftliche Rationalität erzeugen, wie die Eigendynamik der privaten Marktkräfte in ihrer internationalen Verflechtung sie bisher erzeugt hat.
Das gilt auch für mitbestimmte Unternehmen. Die Mitwirkung von Arbeitnehmervertretern, insbesondere auch von nichtunternehmensangehörigen Arbeitnehmervertretern im Aufsichtsrat, wird zwar zu einer Einschränkung des Mißbrauchs wirtschaftlicher Macht beitragen. Sie kann aber nicht die Funktion wirtschaftspolitischer Koordinierung und Lenkung durch den Staat überflüssig machen.

2.6.4 Die Mitbestimmung im Unternehmen sowie darüber hinaus das Gemeineigentum an Unternehmen — wenn nach den Kriterien des Grundsatzprogramms „zweckmäßig und notwendig“ — können jedoch das Problem einer vernünftigen Koordinierung und Lenkung der Volkswirtschaft vereinfachen. Außerdem kann durch diese Veränderungen in den einzelnen Wirtschaftseinheiten ein gewandelter Rentabilitätsbegriff als Erfolgskriterium wirksam werden. Hierdurch kann das Verhalten der einzelnen Wirtschaftseinheiten leichter und ohne ein Übermaß an Geboten und Verboten mit dem Interesse an einer vernünftigen Abstimmung der volkswirtschaftlichen Gesamtentwicklung in Übereinstimmung gebracht werden. Die Bedeutung der Mitbestimmung für die Demokratisierung der Entscheidungsstrukturen im Unternehmen und im Betrieb im Sinne der Selbstbestimmung der in Betrieb und Unternehmen arbeitenden Menschen bleibt von diesen Feststellungen unberührt.

2.6.5 Unter dem Stichwort „Investitionslenkung" werden mit zunehmender Intensität Möglichkeiten diskutiert, die Investitionsentscheidungen der Unternehmen zum Zwecke der gesamtwirtschaftlich erwünschten Steuerung stärker als bisher zu beeinflussen. Für alle in diese Richtung zielenden Maßnahmen gelten die Aussagen des Godesberger Programms:
„Es ist ... nicht die Frage, ob in der Wirtschaft Disposition und Planung zweckmäßig sind, sondern wer diese Disposition trifft und zu wessen Gunsten sie wirkt. Dieser Verantwortung für den Wirtschaftsablauf kann sich der Staat nicht entziehen. Er ist verantwortlich für eine vorausschauende Konjunkturpolitik und soll sich im wesentlichen auf Methoden der mittelbaren Beeinflussung der Wirtschaft beschränken.
Freie Konsumwahl und freie Arbeitsplatzwahl sind entscheidende Grundlagen, freier Wettbewerb und freie Unternehmerinitiative sind wichtige Elemente sozialdemokratischer Wirtschaftspolitik. Die Autonomie der Arbeitnehmer- und Arbeitgeberverbände bei Abschluß von Tarifverträgen ist ein wesentlicher Bestandteil freiheitlicher Ordnung. Totalitäre Zwangswirtschaft zerstört die Freiheit."
Außerdem sagt das Godesberger Programm: „Wirksame öffentliche Kontrolle muß Machtmißbrauch der Wirtschaft verhindern. Ihre wichtigsten Mittel sind Investitionskontrolle und Kontrolle marktbeherrschender Kräfte."
Die realistische Beurteilung der staatlichen Handlungsmöglichkeiten und Handlungskapazitäten zwingt uns dazu, beim Ausbau des staatlichen Steuerungspotentials ebenso realistisch vorzugehen, d. h. uns auf das Notwendige und Machbare zu beschränken, aber auch die Grenzen des Machbaren durch politische Aufklärungsarbeit und strukturelle Reformen zu erweitern.
Die bislang sehr beschränkte Fähigkeit von Politik und Verwaltung zur Informations- und Problemverarbeitung und die Unsicherheiten der Diagnose und Prognose haben dazu geführt, daß das bereits vorhandene Instrumentarium nur in oft unzureichender Weise eingesetzt wurde und daß die öffentlichen Planungsträger mit den ihnen übertragenen Aufgaben häufig überfordert sind (mittelfristige Finanzplanung, langfristige Infrastrukturplanung).
Es ist daher eine vordringliche Aufgabe sozialdemokratischer Politik, durch Verbesserung von Organisation, Verfahren und Koordination die Planungsfähigkeit des Staates systematisch zu erhöhen. Fachübergreifende Aufgaben (Umwelt, Raumordnung,

Wirtschaftsstruktur, Einkommensverteilung usw.) sollen dabei stärker berücksichtigt werden. Die Verwaltung braucht dafür vorrangig eine bessere — und zum Teil neue — Qualifizierung der Mitarbeiter.
Die wichtigste Voraussetzung für eine Verbesserung der staatlichen Planungsfähigkeit ist ein systematischer Ausbau des Instrumentariums zur wirtschaftlichen Diagnose und Prognose. Mit Hilfe besserer und stark differenzierter Prognosen der mittel- und langfristigen Entwicklung werden das schon bestehende Instrumentarium erfolgreicher eingesetzt und Voraussetzungen für den sinnvollen Einsatz neuer Instrumente geschaffen.
Besonders wichtig — sowohl als Grundlage für fundierte Prognosen wie als aktuelle Entscheidungshilfe — ist ein differenzierter Überblick über die geplanten gesamtwirtschaftlichen Investitionen. Künftige Angebots- und Nachfragelücken und drohende regionale oder sektorale Ungleichgewichte könnten eher erkannt und abgeschätzt werden. Ausgleichende wirtschaftspolitische Maßnahmen hätten bessere Erfolgschancen; fehlgeleitete Eingriffe könnten vermieden werden. Aus diesem Grunde ist die Einführung einer Meldepflicht für geplante gewerbliche und öffentliche Investitionen von einer bestimmten Größenordnung an zu befürworten. Mit der Durchführung einer entsprechenden Statistik sollte eine bereits bestehende Einrichtung betraut werden. Um Wettbewerbsverzerrungen und Kartellierungstendenzen zu verhindern, darf diese Statistik, soweit veröffentlicht, keine Rückschlüsse auf die Investitionsplanungen einzelner Unternehmen zulassen.
Zugleich müssen wir uns darauf konzentrieren — nicht zuletzt im Interesse unserer Glaubwürdigkeit —, praktikable Anwendungskriterien und -maximen für den Einsatz vorhandener Instrumente zu entwickeln und auf deren Anwendung zu achten. Hierbei muß berücksichtigt werden, daß die Unternehmen selbst den Datenrahmen beeinflussen und staatlichem Handeln Daten vorgeben können.
Bei der häufig verwandten Unterscheidung zwischen „indirekter“ und „direkter“ Investitionslenkung handelt es sich um eine Scheinalternative. In Wahrheit geht es um eine abgestufte Skala von Instrumenten, deren dosierter Einsatz zeitlich, sachlich und in der Eingriffstiefe in jedem Einzelfall sorgfältig geprüft werden muß. Im Rahmen einer so verstandenen zielorientierten Wirtschaftspolitik werden den einzelwirtschaftlichen Entscheidungen

Daten gesetzt durch Steuern, Anreize, Bereitstellung oder Verweigerung öffentlicher Leistungen, wobei diese Datensetzung den einzelwirtschaftlichen Entscheidungsspielraum u. U. erheblich einengen kann (etwa Investitionsverbote in Form von Ansiedlungsverboten, Produktionsverboten, Umweltschutzauflagen, Qualitätsnormen usw.). Die letztverantwortliche Investitionsentscheidung innerhalb des gesetzten Rahmens verbleibt aber beim Unternehmen.

Besondere Bedeutung hat in diesem Zusammenhang der Ausbau der Landesentwicklungspläne und des Bundesraumordnungsprogramms zu einem langfristigen staatlichen Infrastrukturkonzept. Die Beeinflussung der privaten Investitionen in der gesamtwirtschaftlich erwünschten Richtung erfordert vorweg eine planvolle und umfassend koordinierte Ausrichtung der öffentlichen Investitionen. Die Zusammenfassung aller Anstrengungen zum Ausbau der Infrastruktur in einem langfristigen Infrastrukturkonzept, das die einzelnen Sektoren der Infrastruktur miteinander verzahnt und Rück- und Wechselwirkungen aufzeigt, ist eine vordringliche Aufgabe der Wirtschaftspolitik.

Von einem solchen — zwischen Bund, Ländern und Gemeinden abgestimmten — Infrastrukturkonzept würden zahlreiche Orientierungshilfen für die einzelwirtschaftlichen Investitionsentscheidungen ausgehen. Ein so erarbeitetes langfristiges Infrastrukturkonzept wäre das Kernstück einer mittelfristigen gesamtwirtschaftlichen Projektion, deren Globalgrößen für die öffentlichen Hände verbindlich, für die gewerblichen Investitionsentscheidungen aber orientierende Richtgrößen wären. Diese Zielprojektion wäre gleichzeitig die Grundlage für

— die Anwendung des zu komplettierenden konjunkturpolitischen Instrumentariums, das über die Globalsteuerung hinaus sektorale und regionale Differenzierungen ebenso ermöglichen muß wie die kontinuierliche Durchführung der öffentlichen Investitionen,
— ein vorausschauendes, die individuellen Berufswünsche mit den arbeitsmarktpolitischen Notwendigkeiten verbindendes Konzept zukunftsorientierter Arbeitsmarktpolitik und
— Maßnahmen der regionalen und sektoralen Strukturpolitik einschließlich der Forschungs-, Innovations-, Berufsbildungs-, Rohstoff- und Energiepolitik.

Im übrigen kann der Staat mit entsprechenden Veränderungen des Datenkranzes Richtung und Qualität der gewerblichen Produktion beeinflussen (von Umweltschutz- und Standortauflagen bis zur Arbeitsschutzgesetzgebung). Werden z. B. Umweltschutzauflagen mit gezielter Zurechnung der sozialen Folgekosten kombiniert, ergibt sich hieraus über die Qualitätsverbesserung der einzelnen Produktionsbedingungen hinaus ein regulierendes Element für die regionale Verteilung der Produktionsstätten.

Der an einer gesamtwirtschaftlichen Projektion orientierte konjunktur- und strukturpolitische Maßnahmenkatalog wäre generell auch für eine Verstetigung des Wirtschaftswachstums und die Abstimmung zwischen öffentlichen und privaten Investitionen einzusetzen. Das langfristige Infrastrukturkonzept würde damit zu einem Bundesentwicklungsplan erweitert, der auch Daten für die gewerblichen Investitionen enthalten würde. Dieser gesamtwirtschaftliche Rahmen, an dessen Erarbeitung auch die Gewerkschaften und die Unternehmensverbände zu beteiligen wären, würde Umfang, Richtung und Qualität der Produktionsströme beeinflussen, der einzelwirtschaftlichen Entscheidung aber den für die wirtschaftliche Dynamik unentbehrlichen Freiheitsspielraum belassen. Anders ausgedrückt: Es würde dem Markt überlassen, was er besser leisten kann als staatliche Planung, gleichzeitig aber die Grundrichtung der Produktion im erwünschten Sinne beeinflußt. „Wettbewerb soweit wie möglich — Planung soweit wie nötig!" (Godesberger Programm).

Die Abstimmung von öffentlicher und privater Investitionstätigkeit in einer solchen langfristigen Projektion könnte verhindern, daß die öffentlichen Investitionen lediglich reaktiv und ausgleichend zu den privaten Investitionen erfolgen.

Gleichzeitig gibt ein solches Konzept die Möglichkeit, die Verklammerung zwischen (kurzfristigen) konjunkturpolitischen Maßnahmen und (langfristigen) strukturpolitischen Notwendigkeiten wesentlich zu verbessern. Der Bundesentwicklungsplan würde Kriterien für die Auswahl konjunkturpolitischer Maßnahmen unter strukturpolitischen Gesichtspunkten bieten.

Wir müssen beachten, daß bei einer mit Anreizen arbeitenden Investitionslenkung mit großer Wahrscheinlichkeit zwei Zielkonflikte auftreten: Einmal engt eine finanzielle Förderung privater Investitionen den Spielraum öffentlicher Haushalte für die anderen wichtigen gesellschaftlichen Ziele finanziell ein; zum anderen fördert sie in der Regel die Konzentration der Einkommen und Vermögen.

Die wirtschaftspolitische Rahmensetzung kann strukturelle Fehlentwicklungen und unerwünschte Wirkungen nicht völlig verhindern; auch dann nicht, wenn sie konsequent angewandt wird und auf systematischer Diagnose der wirtschaftlichen Abläufe beruht. In diesem Fall ist der Einsatz weiterer Instrumente zu erproben. Eine Reihe von Instrumenten steht bereits zur Verfügung:

— Anzeigepflicht für Investitionen bestimmten Umfangs, bestimmter Art oder an bestimmten Standorten (wie z. B. im Baurecht);
— Feststellungen autorisierter öffentlicher Planungsträger gegenüber einzelnen privaten Unternehmungen, ob und inwieweit Investitionen unerwünschte oder schädliche Folgen hervorrufen könnten;
— Investitionsauflagen als einschränkende Bedingungen, ohne deren Beachtung eine Investition nicht zugelassen wird (bau-, gemeinde- und umweltrechtliche Genehmigungsvorbehalte);
— Investitionsverbote (etwa in Form von Ansiedlungsverboten, Produktionsverboten, Umweltschutzauflagen, Qualitätsnormen usw.).

Sollen Instrumente dieser Art in einer konkreten Situation angewendet werden, muß eine eingehende Analyse vorausgehen, die die Ausrichtung der jeweiligen Maßnahmen vor allem an folgenden Grundsätzen gewährleistet:

— Ersatzlösungen für bisher dezentrale, insbesondere marktmäßig organisierte Regelsteuerungen dürfen nicht nur theoretisch entworfen und ihre Anwendung gefordert werden. Wir müssen auch dafür sorgen, daß sie mit unseren organisatorischen Kapazitäten nach operationalen Zielsetzungen tatsächlich politisch gesteuert werden können. Andererseits müssen wir uns Instrumente schaffen und anwenden, um dezentrale Prozesse neu zu organisieren und ihren Ablauf innerhalb des gewünschten Rahmens zu sichern. Zu diesem Zweck muß die bislang beschränkte Handlungsfähigkeit der schwerfälligen staatlichen Verwaltung verbessert werden.
— Ausgehend von der beschränkten Handlungsfähigkeit der staatlichen Verwaltung müssen wir uns auf die Probleme konzentrieren, die mit überschaubarem Einsatz der Mittel in überschaubaren Zeiträumen sinnvoll in Angriff genommen werden können.
— Nur solche dezentralen Regelungsmechanismen dürfen ersetzt

werden, die sich eindeutig nicht bewährt haben, die zu nicht annehmbaren Ergebnissen führen und auch durch Veränderung der Rahmenbedingungen und indirekte Kontrolle nicht wirksam gesteuert werden können. Umgekehrt muß ebenso gelten, daß auch zentral gesteuerte Prozesse nicht ohne den Nachweis ihrer Funktionsuntüchtigkeit und der Ersetzbarkeit durch zweckmäßigere Lenkungsinstrumente dezentralisiert werden.

Die begrenzten Steuerungskapazitäten unserer staatlichen und gesellschaftlichen Ordnung zwingen uns dazu, über den Einsatz von Instrumenten zur Beeinflussung privater Investitionstätigkeit nach nüchterner Zweckmäßigkeit zu entscheiden. Dies unterstreicht auch den instrumentellen Charakter der marktwirtschaftlichen Steuerung.

Instrumente kann man nicht als Glaubensbekenntnis behandeln, sie müssen vielmehr nüchtern ausgelotet, erprobt und gegeneinander abgewogen werden.

Wir müssen uns darum bemühen, die Steuerungsmechanismen schrittweise fortzuentwickeln.

2.6.6 In hochentwickelten Wirtschaftssystemen, wie dem der Bundesrepublik Deutschland, besitzt das Bankenwesen wesentliche Bedeutung für die Durchsetzung wirtschaftspolitischer Ziele. Eine den Zielen sozialdemokratischer Wirtschaftspolitik verpflichtete Konjunkturpolitik kann nur in dem Maße erfolgreich sein, wie die staatliche Geld- und Währungspolitik in den Bankgeschäften sich rasch fortsetzt. Die staatliche Geld- und Währungspolitik darf durch die Banken nicht unterlaufen werden. Es bedarf deshalb einer Neuordnung des Bankenwesens:

— Die Bundesbank ist gesetzlich auf alle Ziele des Stabilitäts- und Wachstumsgesetzes festzulegen. In diesem gesetzlichen Rahmen bleibt sie autonom.
— Die Bankaufsicht ist wesentlich zu verschärfen. Dies gilt insbesondere für spekulative Anlagegeschäfte wie den Devisenterminhandel. Das System der Universalbank sollte abgeschafft werden. Die Neugliederung des Bankensektors erfolgt nach Funktionen, wobei besonders auf die Trennung von Kredit- und Anlagegeschäft zu achten ist.
— Künftig soll die Haltung oder der Erwerb von Schachtelbeteiligungen an Unternehmen melde- und genehmigungspflichtig sein, wobei die Genehmigung widerruflich ist.

— Banken darf es nicht gestattet sein, einzeln oder gemeinsam mit Hilfe des Depotstimmrechts und eigenem Aktienbesitz ein Unternehmen zu beherrschen.
— Öffentlich-rechtliche Kreditinstitute, gemeinwirtschaftliche und genossenschaftliche Unternehmen haben heute bereits 60 Prozent des Geschäftsvolumens der deutschen Banken. Hier sind die Steuerungsmöglichkeiten auszubauen und konsequenter als bisher wahrzunehmen.

2.6.7 Eine vorausschauende und mit Maßnahmen der Investitionslenkung verbundene Strukturpolitik muß durch eine Konjunktursteuerung vornehmlich über die Einnahmen- und nicht nur über die Ausgabenseite wirtschaftlich und finanziell abgesichert werden.
Eine Konjunktursteuerung über die Ausgaben hat in der aufsteigenden Phase von Konjunkturzyklen nur begrenzte Wirkung, vor allem aber verhindert oder beeinträchtigt sie ausgerechnet jene öffentlichen Investitionen (z. B. Infrastrukturinvestitionen), die für die längerfristige Zukunftssicherung ausschlaggebend sind.
Die Verstetigung des wirtschaftlichen Wachstums und die Sicherung der Vollbeschäftigung durch globale Wirtschaftspolitik und differenzierte Strukturpolitik setzen eine erfolgreiche Bewältigung des Inflationsproblems durch konsequente Bekämpfung seiner Ursachen voraus. Dabei ist die Bekämpfung von Wettbewerbsbeschränkungen von entscheidender Bedeutung.
Zugleich erfordert eine solche Politik eine verbundene Aufgaben- und Finanzplanung von Bund, Ländern und Gemeinden. Dieser Ausbau der Planungs-, Lenkungs- und Koordinierungs- sowie Kooperations-Kapazität muß aber begleitet sein von einer Reform überholter Strukturen im Staatsapparat und im Öffentlichen Dienst und von einem Ausbau der demokratischen Planungskontrolle, die eine Verselbständigung der Planungsapparaturen gegenüber der Politik verhindert.

3. Die Durchsetzung einer Politik des demokratischen Sozialismus als Aufgabe der Sozialdemokratischen Partei

3.1 Das Bewußtsein der Bürger

3.1.1 Für die Durchsetzung einer Politik des demokratischen Sozialismus ist von zentraler Bedeutung, wie der Bürger seine Stellung in Staat und Gesellschaft einschätzt. Es ist ein gemeinsamer Erfolg der demokratischen Parteien, daß in den 25 Jahren seit Bestehen des Grundgesetzes die Bürger dieses Landes zu ihrem demokratischen Staat ein weit positiveres Verhältnis gefunden haben, als es in der Weimarer Zeit der Fall war. Im Gegensatz zu Weimar kann heute festgestellt werden, daß die große Mehrheit der Wähler das parlamentarische Regierungssystem bejaht. Diese Entwicklung demokratischen Bewußtseins ist vor allem auf die bitteren Erfahrungen mit der faschistischen Diktatur, den Anschauungsunterricht der kommunistischen Systeme Osteuropas, die Gewinnung eines relativ hohen materiellen Lebensstandards und den Ausbau eines beachtlichen Systems sozialer Leistungen sowie die Aufklärungsarbeit staatlicher und gesellschaftlicher Einrichtungen, besonders der demokratischen Parteien und Gewerkschaften, zurückzuführen.

Die heutigen politischen Zustände werden von der älteren Generation, verglichen mit dem, was sie in ihrem Leben schon durchgemacht hat, grundsätzlich positiv bewertet. Die junge Generation, die Unfreiheit, Krieg und Hunger nicht erlebt hat, vergleicht das Bestehende weniger mit der Vergangenheit als mit den Forderungen des Grundgesetzes und kommt dabei zu einem weit kritischeren Urteil. In unserer Gesellschaft verbindet sich der Wunsch, das Erreichte zu bewahren, mit einer beträchtlichen Reformbereitschaft. In Minderheiten der Bevölkerung lebt allerdings eine autoritäre und undemokratische Tradition fort, die reaktionäre Kräfte heute zu reaktivieren suchen.

Das Bewußtsein der Bevölkerung wird nicht nur durch die unmittelbare politische Erfahrung geprägt, sondern auch und besonders durch die Erfahrungen im Arbeitsleben und im Wohn- und Freizeitbereich. In diesem Zusammenhang ist z. B. wichtig, daß heute rund 85 Prozent der Erwerbstätigen in unselbständiger Arbeit stehen, daß der Bereich unselbständiger Arbeit stark diffe-

renziert ist und auch die Menschen, die nicht mehr im Arbeitsprozeß stehen, wirtschaftlich weitgehend von dessen Entwicklung abhängig sind.
In allen gesellschaftlichen Beziehungen ist der einzelne durch persönliche Erfolge oder Rückschläge ebenso geprägt wie durch gesellschaftliche Erfahrungen und Erwartungen. Demokratisches Bewußtsein ist in der Bevölkerung so lange nicht gesichert, wie nur die Prozesse und Institutionen des Staates, nicht aber auch diejenigen von Wirtschaft und Gesellschaft demokratisch gestaltet werden. Denn nach wie vor gilt die Aussage des Godesberger Programms, daß „in der von Gewinn- und Machtstreben bestimmten Wirtschaft und Gesellschaft Demokratie, soziale Sicherheit und freie Persönlichkeit gefährdet" sind. Gesellschaftliche Realität und gesellschaftliches Bewußtsein stehen in einer Wechselwirkung. Sozialdemokratische Politik muß an dem vorhandenen Bewußtseinsstand anknüpfen, wenn sie Notwendigkeit und Möglichkeit der Veränderung unserer Gesellschaft einsichtig machen, gesellschaftliches Bewußtsein schärfen will. Für das gesellschaftliche Bewußtsein der Bürger haben auch folgende Probleme unserer Gesellschaft an Bedeutung gewonnen:
Ein Großteil der Bedürfnisse der Bürger kann nur gesellschaftlich befriedigt werden. Der Markt als ein Mechanismus der Vermittlung zwischen individuellen Bedürfnissen und wirtschaftlich-gesellschaftlichen Leistungen hat seine Leistungsfähigkeit nicht in dem Maße steigern können, wie es angesichts gestiegener Erwartungen und zunehmender quantitativer und qualitativer Anforderungen der Bürger nötig wäre. Lebensqualität für die Bürger hängt außerdem in zunehmendem Maße von der Bereitstellung öffentlicher Einrichtungen und Dienstleistungen ab, die nicht über den Markt erfolgen kann. Mit der Verlagerung vom Markt nicht zu lösender Probleme in den politischen Bereich gewinnen staatliche Planung, demokratische Meinungsbildung und Entscheidung zusätzliche Bedeutung. Eine vorausschauende Politik ist nicht nur zur Lösung der bestehenden Probleme erforderlich, sondern sie ist auch geeignet, das Gefühl von Ungewißheit und Unsicherheit abzubauen. Jedoch können bei der Vervielfachung der staatlichen Aufgaben, der inneren Differenzierung der Staatsfunktionen, der Kompliziertheit der Planungen und dem Auseinanderfallen von Planungs- und Wahlzeiträumen Wählerbedürfnisse durch allgemeine Wahl nicht in allen Einzelheiten vermittelt werden.

Der Bürger erfährt daher seine Lage zunehmend als die einer umfassenden, aber weitgehend undurchsichtigen Abhängigkeit von den Leistungen wirtschaftlicher, gesellschaftlicher und politischer Organisationen. Die dem Bürger zur Verfügung stehenden politischen Wahlmöglichkeiten bestimmen zwar die allgemeine Richtung der gesellschaftlichen Entwicklung; der Einfluß dieser Wahlmöglichkeiten auf die tatsächliche Lage des Bürgers im einzelnen bleibt (ihm) aber nicht selten unklar. Die Bürger erkennen zwar zunehmend, wie stark ihre persönliche Lebens- und Arbeitssituation von den wirtschaftlichen und sozialen Strukturen unserer Gesellschaft abhängt, gleichzeitig wird aber bei dem Bürger das Gefühl der Einflußlosigkeit, wenn nicht des Ausgeliefertseins verstärkt durch den Mangel an Möglichkeiten, die gesellschaftlichen und wirtschaftlichen Prozesse mitzubestimmen, von denen sie unmittelbar oder mittelbar betroffen werden.
In Zeiten krisenhafter Entwicklungen in der Weltwirtschaft kann ein solches Gefühl der Abhängigkeit und des Ausgeliefertseins erhebliche politische Bedeutung erlangen. Die Anfälligkeit für scheinrationale Orientierungshilfen der Schlagworte und der Meinungsindustrie wächst ebenso wie die Anfälligkeit für rechte Angstkampagnen und linke Heilslehren. Konservative und reaktionäre Kräfte versuchen heute, im Rahmen eines „Klassenkampfes von oben“ diese Anfälligkeit für ihren Kampf gegen die Demokratisierung von Wirtschaft und Gesellschaft und die Verstärkung demokratischen Bewußtseins auszunutzen. Ebenso versuchen Kräfte „links“ von der SPD aus dieser Situation Vorteile zu ziehen.
Auch eine von Sozialdemokraten bestimmte staatliche Politik bedarf, um dieser Herausforderung erfolgreich zu begegnen, einer festen Verankerung in der Bevölkerung.

3.1.2 Die zur Durchsetzung einer langfristigen sozialdemokratischen Politik erforderlichen parlamentarischen Mehrheiten können nur gewonnen und auch gegenüber kurzfristigen Enttäuschungsreaktionen behauptet werden, wenn es gelingt, die Grundwerte und Grundforderungen des demokratischen Sozialismus — durch solidarisches Eintreten für die gemeinsamen Interessen der breiten Schichten unseres Volkes, durch Ausbau von gesellschaftlichen Mitbestimmungs- und Mitwirkungsrechten, durch konsequente demokratische Aufklärungs- und Über-

zeugungsarbeit — fest im Bewußtsein unseres Volkes zu verankern.
Für eine sozialdemokratische Strategie reicht es also nicht aus, Regierungsverantwortung in Bund, Ländern und Gemeinden zu erringen, besser als bisher zu koordinieren und zu behaupten. Auf mittlere und längere Sicht hat sozialdemokratische Politik auch auf der staatlichen Ebene nur dann Erfolgschancen, wenn sie mit einer breit und langfristig angelegten Vertrauensarbeit unserer Partei in der Bevölkerung einhergeht. Bei diesem Sachverhalt — der mit dem oft mißverstandenen Begriff „Doppelstrategie" belegt worden ist — handelt es sich um zwei Seiten einer einheitlichen sozialdemokratischen Strategie. Eine Strategie dagegen, die den Konflikt zwischen der Basis der Partei und deren Mandatsträgern zum Prinzip erhebt, muß zur Handlungsunfähigkeit der Partei führen und kann nicht mit dem Begriff der „Doppelstrategie" in Übereinstimmung gebracht werden.

3.2 Die Vertrauensarbeit der Partei

3.2.1 Sozialdemokratische Politik für die Menschen unseres Landes kann nur mit diesen Menschen gemacht werden. Sie darf ihnen weder besserwisserisch noch herablassend gegenübertreten. Sie setzt die Offenheit der Partei in der inneren Diskussion ebenso voraus wie die Geschlossenheit der Partei im Auftreten nach außen.
Gerade weil die politischen Probleme ständig komplexer werden, kann die Sozialdemokratie gesellschaftliche Breitenwirkung nur entfalten, wenn sie die Grundwerte und Grundforderungen des demokratischen Sozialismus nachhaltig und offensiv vertritt. Sozialdemokraten müssen ihren Mitbürgern immer wieder deutlich machen, aus welcher menschlichen Grundhaltung und welchen Wertentscheidungen heraus sozialdemokratische Politik konkret gestaltet wird. Dabei ist von entscheidender Bedeutung, daß Sozialdemokraten überall, insbesondere aber dort, wo sie die politische Verantwortung tragen, in ihrer täglichen Praxis, in ihrem Umgang miteinander und in ihrem Verhalten gegenüber denen, in deren Interesse sie tätig sein wollen, die Übereinstimmung ihres Handelns mit ihren eigenen Ansprüchen deutlich werden lassen.
Von der Vertrauensarbeit der Partei sind im wesentlichen fünf

Aufgaben zu erfüllen, in denen jeweils eine komplizierte Verschränkung der Kommunikation „von oben" und „von unten" zu leisten ist. Diese Vorstellung ist von einem blinden Glauben an spontane Basisbewegungen genauso weit entfernt wie von einem manipulativen Konzept des „demokratischen Zentralismus" im kommunistischen Sinne.

— Die erste Aufgabe sozialdemokratischer Vertrauensarbeit ist es, die Probleme und Bedürfnisse der Bevölkerung, insbesondere der Arbeitnehmer, zu ermitteln und sie in die politische Diskussion und Entscheidung einzuführen. Nur wenn es uns gelingt, einer ständig wachsenden Zahl von Bürgern den Prozeß der praktischen Umsetzung ihrer Bedürfnisse in politisches Handeln deutlich zu machen und sie hieran zu beteiligen, werden wir das gerade in großen Teilen der Arbeitnehmerschaft verbreitete Gefühl der Einflußlosigkeit abbauen können. Erst wenn wir die tatsächlichen Ursachen für das Zustandekommen dieses Gefühls aufzeigen, wird unsere Antwort glaubwürdig, daß gesellschaftliche Ohnmacht durch gemeinsames politisches Handeln überwindbar ist.

— Zweitens hat die Vertrauensarbeit die Aufgabe, eine längerfristige politische Orientierung anzubieten, die es allen Mitgliedern und Wählern unserer Partei erlaubt, einen Maßstab für die Beurteilung tagespolitischer Kompromisse zu gewinnen. Nur wenn hinreichende Klarheit über die Ziele einer Politik des demokratischen Sozialismus besteht, können Erfolge, Zwischenschritte und Rückschläge auf dem Weg zu diesen Zielen zutreffend beurteilt werden. Erst eine solche Orientierung, in deren weiterreichender Perspektive auch Enttäuschungen und Rückschläge sozialdemokratischer Regierungs- und Parteipolitik verarbeitet werden können, kann die verläßliche Vertrauensgrundlage schaffen, die sozialdemokratische Politik in die Lage versetzt, tagespolitische Notwendigkeiten mit langfristiger Strategie zu verbinden. Eine Beschränkung auf von politischen Grundüberzeugungen losgelöste Sympathiewerbung würde die SPD dagegen letztlich zu einem austauschbaren Objekt auf dem Markt der politischen Parteien werden lassen.

— Drittens hat eine sozialdemokratische Vertrauensarbeit die Aufgabe, die vielfältige Zusammenarbeit von Sozialdemokraten mit anderen demokratischen Kräften zu stützen. Je mehr Bürger unseres Landes im Sinne sozialdemokratischer Politik motiviert sind, um so geringer werden die Abstriche von den eigenen politischen Zielvorstellungen sein müssen, die eine Zusammenarbeit mit anderen politischen Kräften nun einmal erfordert. Die Vertrauensarbeit der Partei kann also die Bedingungen der unumgänglichen politischen und institutionellen Kooperation verschieben und damit die Erfolgschancen sozialdemokratischer Politik verbessern. Dabei müssen Hindernisse und grundsätzliche Gegner sozialdemokratischer Reformpolitik aufgezeigt und beim Namen genannt werden. Zugleich muß offengelegt werden, aus welchen wirtschaftlichen und politischen Interessen heraus sozialdemokratische Politik bekämpft wird und wie die Alternativen des politischen Gegners sich auf die Interessen der Bürger auswirken.

— Viertens hat die Vertrauensarbeit in der Bevölkerung die Aufgabe, die Fähigkeit der Bürger zur selbstverantwortlichen Lösung gesellschaftlicher Probleme in ihrem eigenen Lebens- und Arbeitsbereich zu verbessern. Der Bürger muß die Möglichkeit haben, sich über eine Beteiligung an Wahlen hinaus und über eine Parteimitgliedschaft hinaus an gesellschaftlichen Prozessen zu beteiligen. Kann der Bürger an der Gestaltung gesellschaftlicher Verhältnisse selbst aktiv teilnehmen, wächst sein Verständnis dafür und steigt seine Bereitschaft zu weiterer politischer Tätigkeit. Mitbestimmung am Arbeitsplatz, in Unternehmen und Verwaltung, Gemeinschaftsprojekte, Gruppenbildung und Bürgerinitiativen können — jedenfalls im engeren Lebens- und Arbeitsbereich — den Einfluß des Bürgers erhöhen.

— Fünftens hat die Vertrauensarbeit die Aufgabe, politische Entscheidungen sozialdemokratisch geführter Regierungen vor dem Bürger zu begründen. Politische Entscheidungen, auch notwendige Kompromisse, müssen im Zusammenhang mit den Zielen des demokratischen Sozialismus erläutert werden. Vertrauensarbeit muß im übrigen nicht nur dazu beitragen, daß sozialdemokratische Politik von den Betroffenen verstanden wird, sondern auch dazu, daß die durch diese Politik geschaffenen Möglichkeiten auch wirklich von denen genutzt werden, in deren Interesse die Politik betrieben wird.

3.2.2 Die Entwicklung einer politischen Strategie ist von der Vertrauensarbeit der Partei abhängig. Wer politische Ziele fest-

legen will, muß wissen, wie die Dinge sind und was die Menschen wollen.
Diese Ziele können weder idealistisch-abstrakt noch in einer von den Menschen losgelösten normativ-autoritären Weise festgelegt werden. Ebensowenig kann die Zielsetzung der Partei jedoch aus einer unverarbeiteten Addition spontaner „Basisforderungen" gewonnen werden. In den erforderlichen vielfältigen Vermittlungs- und Diskussionsprozessen auf allen Ebenen der Parteiorganisation liegt die wichtigste und zugleich die schwierigste Funktion, die von der Partei zu erfüllen ist.

3.2.3 In diesem Vermittlungsprozeß liegt zugleich ein wichtiger Beitrag zur längerfristigen Orientierung der Bevölkerung über die derzeitigen Grenzen staatlicher Handlungsmöglichkeiten und damit zum Abbau unrealistischer Erwartungen und irrational gesteigerter Reaktionen bei der Enttäuschung solcher Erwartungen. Auf der Grundlage eines derartigen Meinungsaustauschs zwischen der Partei und der Bevölkerung ist auch eine gefestigte Zustimmung der Bürger zu der in ihrem Interesse notwendigen Erweiterung der staatlichen Handlungsmöglichkeiten erreichbar.

3.2.4 Die Entwicklung einer langfristigen Zielorientierung ist aber nicht nur für die Vertrauensarbeit, sondern auch für die praktische Durchsetzung sozialdemokratischer Politik von großer Bedeutung. In einer politischen Strategie dürfen und können staatliche und kommunale Amtsträger nicht im Sinne eines imperativen Mandats in Einzelentscheidungen festgelegt werden. Aber sie muß die Richtung der Entscheidungen sozialdemokratischer Amts- und Mandatsträger bestimmen, wenn sie wirksam sein soll. Nur aus einer solchen Disziplin und Geschlossenheit im Auftreten nach außen erwachsen praktische Erfolge.
Diese Richtungsbestimmung hat auch für den Staat Bedeutung: Sie vergrößert die Chance, die Eigenständigkeit der Politik gegenüber dem Gewicht des Staatsapparates durchzusetzen, und trägt wesentlich dazu bei, die notwendige Zusammenarbeit zwischen den staatlichen Entscheidungsinstitutionen sicherzustellen. Die Orientierung sozialdemokratisch geführter Ressorts in Bund, Ländern und Gemeinden an gemeinsamen politischen Zielen kann die Handlungsfähigkeit und damit die Leistungsfähigkeit des Staates bedeutend steigern.

In ähnlicher Weise kann die Sozialistische Internationale — vor allem eine besser organisierte und lebendigere Sozialistische Internationale — die Zusammenarbeit zwischen sozialdemokratisch geführten Regierungen und zwischen den Parteien des demokratischen Sozialismus in Europa und in der Welt erleichtern.

3.3 Folgerungen für die Sozialdemokratische Partei und ihre Zusammenarbeit mit gesellschaftlichen Gruppen und befreundeten Organisationen, vor allem mit den Gewerkschaften

3.3.1 Die Vertrauensarbeit in der Bevölkerung als Bestandteil einer einheitlichen sozialdemokratischen Strategie erfordert eine große neue Anstrengung der Partei, bei der sie organisatorisch, methodisch und im personellen Engagement neue Wege betreten muß. Die Arbeitsformen einer vorwiegend auf die innerparteiliche Willensbildung und die parlamentarische Arbeit hin orientierten Partei reichen für eine wirkungsvolle Vertrauensarbeit nicht aus.

Erste Voraussetzung einer wirksamen Vertrauensarbeit ist der konsequente Ausbau der innerparteilichen Demokratie im Sinne der offenen Diskussion und der Aktivierung möglichst vieler Mitglieder für unsere politischen Ziele. Beides kann nur erreicht werden durch die weitere Verbesserung unseres Informationswesens, damit für eine größere Zahl von Sozialdemokraten politische Information verfügbar und anwendbar wird, und über den Ausbau unserer Schulungsarbeit, deren wesentliche Aufgabe in der Vertiefung von Kenntnissen und in der Mitarbeit an der längerfristigen politischen Orientierung der Partei liegt. Zugleich müssen Teile der Parteiarbeit — gerade auch der Schulungsarbeit — in Fortentwicklung schon vorhandener „offener" Formen verstärkt für Bürger geöffnet werden, die nicht Mitglieder der Partei sind, sich aber für deren Arbeit interessieren.

Weitere Voraussetzung ist, daß die Partei sich auch außerhalb von Wahlkampfzeiten verstärkt nicht nur um ihre eigenen Probleme, sondern um die der Bürger kümmert. Dazu gehört u. a.:

— Unterstützung der Arbeit von Initiativgruppen zur Lösung unmittelbarer sozialer Probleme wie Nachbarschaftshilfe, Seniorenhilfe, Kinderspielplatzinitiativen u. a.

— Verstärkung der Zielgruppenarbeit in der Bevölkerung.
— Aktivierung der bereits aus dem Arbeitsleben ausgeschiedenen Parteimitglieder, die über viel Erfahrung und oft auch über viel Zeit verfügen, für die Nachbarschafts- und Zielgruppenarbeit, vor allem auch unter alten Menschen.
— Unterstützung der Ortsvereine bei der Herausgabe von Stadtteilzeitungen.
— Verbesserung der Betriebsgruppenarbeit durch Unterstützung von Betriebszeitungen und durch Verbesserung der Mitwirkungsrechte der Betriebsgruppen durch Entwicklung von Modellen, die prüfen, wie Betriebsgruppenarbeit und Ortsvereinsarbeit besser verzahnt werden können.
— Eine bessere Verzahnung der parlamentarischen Arbeit mit der Parteiarbeit auf allen Ebenen in der Diskussion grundsätzlicher politischer Themen mit dem Bürger.

3.3.2 Zur Vertrauensarbeit gehören ferner das offene Gespräch und die Zusammenarbeit mit den gesellschaftlichen Gruppen, vor allem auch den Kirchen und religiösen Verbänden. Darin dürfen wir uns durch die Konfrontationspolitik der Konservativen nicht beirren lassen.
Nachdem sich das soziale, kulturelle und wirtschaftliche Umfeld der alten Arbeiterbewegung, in dem die SPD fest verankert war, grundlegend gewandelt hat, ist zur breiten Verankerung der Partei in der heutigen Gesellschaft die Mitarbeit in und die enge Zusammenarbeit mit den vielfältigen gesellschaftlichen Gruppen erforderlich, in denen sich Bürger für religiöse und kulturelle Zwecke, für soziale Aufgaben, für Kunst und Bildung, für Sport und Spiel, für Geselligkeit und Unterhaltung zusammenfinden. Sozialdemokraten müssen auch mit dafür sorgen, daß diese gesellschaftlichen Gruppen ohne behördliche Bevormundung unterstützt werden.
Die Tätigkeit von Sozialdemokraten in solchen Gruppen trägt wesentlich dazu bei, unsere Politik verständlich zu machen und durchzusetzen. Sie kann zugleich dazu beitragen, zu einer neuen kooperativen Aufgabenverteilung zwischen Staat und gesellschaftlichen Gruppen zu gelangen (s. oben 2.4.8).

3.3.3 Die einheitliche Strategie des demokratischen Sozialismus kann nicht allein von der Partei getragen werden. Dafür reicht die im Verhältnis zur Anhängerschaft immer noch zu

geringe Mitgliedschaft unserer Partei nicht aus. Die Vermittlung sozialdemokratischer Politik wird außerdem dadurch behindert, daß nicht alle Schichten unserer Anhängerschaft gleichmäßig an der politischen Arbeit unserer Partei teilnehmen. Schon deshalb kommt den befreundeten Organisationen, in erster Linie den Gewerkschaften, ein besonderer Stellenwert zu. Die Zusammenarbeit mit ihnen muß deshalb noch enger werden.
Die Zusammenarbeit von SPD und Gewerkschaften ist im gemeinsamen Kampf der Arbeiterbewegung begründet. Grunderfahrungen dieses Kampfes sind, daß Partei und Gewerkschaften aufeinander angewiesen sind und daß die Arbeitnehmer zur Wahrnehmung ihrer Interessen einheitlicher gewerkschaftlicher Organisation bedürfen. Gemeinsames Ziel von Partei und Gewerkschaften ist eine Wirtschafts- und Sozialordnung, in der Freiheit und Gleichheit für alle Menschen und Bevölkerungsschichten verwirklicht werden. Der Weg hierzu führt über Reformen, wie z. B. die Sicherung und Humanisierung der Arbeitsplätze, die Ausdehnung gesellschaftlicher Mitbestimmung und die Reform der Berufsbildung, die Verbesserung des Gesundheitswesens und die menschenwürdige Gestaltung unserer Städte und Gemeinden. Viele dieser Reformen liegen im Spannungsfeld von Kapital und Arbeit und müssen gegen den Widerstand sowohl der konservativen Parteien als auch der Unternehmensverbände durchgesetzt werden.

3.3.4 Die Gewerkschaften und die sozialdemokratische Partei müssen die Selbständigkeit ihrer Organisation und Aufgabenstellung wechselseitig respektieren. Die Gewerkschaften können der Partei weder die Aufgaben der politischen Führung noch die der Aktivierung und Mobilisierung der Mitglieder, Anhänger oder der Bevölkerung insgesamt abnehmen. Das gleiche gilt für die Fortentwicklung unseres Sozialstaates durch Gesetzgebung und Regierungshandeln.
Die SPD bejaht die Organisationsform der Einheitsgewerkschaft, die ohne Unterschied der parteipolitischen und religiösen Auffassungen alle Arbeiter, Angestellten und Beamten vereinigt, und sie bejaht ihre Unabhängigkeit. Die Aufgabe der Gewerkschaften ist schon lange nicht mehr auf die Lohn- und Einkommenspolitik und die Verbesserung der unmittelbaren Arbeitsbedingungen beschränkt, auch wenn diese nach wie vor im Zentrum der gewerkschaftlichen Aktivitäten stehen. Sie liegt heute in der

umfassenden, an der verantwortlichen Mitgestaltung unseres Gemeinwesens orientierten Vertretung der Arbeitnehmerinteressen auf gesellschaftlichem, wirtschaftlichem, sozialem und kulturellem Gebiet. Die Bedeutung der Gewerkschaften nimmt aufgrund des ständigen Konzentrationsprozesses in der Wirtschaft, der wachsenden Macht der Unternehmerverbände und der gewerkschaftsfeindlichen Aktivitäten von großen Teilen der CDU/CSU und gewisser Presseorgane zu. Diese versuchen mit der Parole vom „drohenden Gewerkschaftsstaat", politische und gewerkschaftliche Rechte und Freiheiten zu beschneiden. Demgegenüber betont schon das Godesberger Grundsatzprogramm: „In der heutigen Wirtschaft sind die Arbeitnehmer denen ausgeliefert, die die Kommandostellen der Unternehmen und ihrer Verbände besetzen, wenn sie ihnen nicht in unabhängigen Gewerkschaften ihre solidarische, demokratisch geordnete Kraft entgegenstellen, um die Arbeitsbedingungen frei vereinbaren zu können." Die Sozialdemokratie verteidigt daher die Tarifautonomie und das Streikrecht. Sie tritt für das Verbot der vertragslösenden Aussperrung ein.

3.3.5 Das Godesberger Grundsatzprogramm bezeichnet die Gewerkschaften auch als „wesentliche Träger des ständigen Demokratisierungsprozesses". Die gewerkschaftliche Arbeit in den Betrieben und Behörden ist von ausschlaggebender Bedeutung für die politische Erkenntnis der Arbeitnehmer, daß die Verbesserung unserer gesellschaftlichen Ordnung notwendig und möglich ist. Diese Arbeit schafft — zusammen mit der Vertrauensarbeit der Partei — das politische Klima, das für eine erfolgreiche Reformpolitik notwendig ist.
Die Gewerkschaften stehen vor ähnlichen Aufgaben wie die SPD: Die Arbeit der Vertrauensleute, der Ausbau der Mitbestimmung auch am Arbeitsplatz, die Ausgestaltung der innergewerkschaftlichen Demokratie können Wesentliches zur Entwicklung unserer gesellschaftlichen Ordnung im Sinne des demokratischen Sozialismus leisten. Die SPD fordert daher alle Mitglieder auf, die gewerkschaftliche Arbeit an ihrem jeweiligen Arbeitsplatz in Betrieben und Behörden aktiv mitzutragen.

4. Schwerpunktbereiche

Im folgenden sollen die allgemeinen Darlegungen der Abschnitte 1 bis 3 zu den Grundforderungen des demokratischen Sozialismus, zur Situation und zu den inneren Problemen der Bundesrepublik, zur Politik der Sozialdemokratie und ihren Durchsetzungschancen durch das Eingehen auf sechs konkrete politische Bereiche ergänzt werden:

— Modernisierung unserer Wirtschaft als Grundvoraussetzung langfristiger Arbeitsplatzsicherung,
— Reform der Berufsbildung,
— Humanisierung der Arbeitswelt,
— Reform des Gesundheitswesens,
— Städteplanung und Stadtentwicklung,
— Gleichstellung der Frauen.

Diesen Bereichen kommt in den Jahren bis 1985 für die Politik der deutschen Sozialdemokratie besondere Bedeutung zu. Damit ist nicht gemeint, daß wir die Masse der Finanzmittel auf diese Bereiche konzentrieren könnten oder sollten, wenn die sachliche Bedeutung dieser sechs Schwerpunkte sicher auch in der Haushalts- und Finanzpolitik ihren Niederschlag finden muß. Gemeint ist vielmehr, daß wir die Diskussion und die Arbeit der Partei auf diese Schwerpunkte konzentrieren sollten, weil ihnen für die in den Abschnitten 1 bis 3 analysierten Probleme beispielhafte Bedeutung zukommt.

Die Konzentration auf die Modernisierung unserer Wirtschaft, auf die langfristige Sicherung international wettbewerbsfähiger Arbeitsplätze trägt den Veränderungen in der Weltwirtschaft und deren Auswirkungen auf die Wirtschafts- und Beschäftigungsstruktur der Bundesrepublik Rechnung. Die Politik der Sozialdemokraten muß in einer schwierigen Periode der Welt- und der Weltwirtschaftspolitik die Position der Bundesrepublik in der Welt neu sichern. Das ist die Basis für unsere Politik mit dem Ziel einer gerechteren Verteilung von Lebenschancen, Einkommen und Vermögen und für eine bessere Ordnung im Innern.

Die Reform der Berufsbildung ist beispielhaft für den engen Zusammenhang von sozialdemokratischer Reformpolitik und Leistungsfähigkeit unserer Wirtschaft. Sie soll dem einzelnen die Entfaltung seiner Talente und Fähigkeiten und einen seinen Leistungen entsprechenden Aufstieg im Berufsleben ermöglichen.

Zugleich trägt eine bessere Berufsausbildung wesentlich zur internationalen Wettbewerbsfähigkeit unserer Wirtschaft und damit zur langfristigen Sicherung moderner Arbeitsplätze bei.
Die Bemühungen um die Humanisierung der Arbeitswelt, um menschengerechte Arbeitsplätze und eine menschenwürdige Arbeitsorganisation, entspringen der Einsicht, daß die Steigerung der Leistungsfähigkeit unserer Wirtschaft ein zweifelhaftes Ziel wäre, wenn sie auf Kosten der arbeitenden Menschen ginge. Wir dürfen den Menschen nicht der Eigengesetzlichkeit technischer und wirtschaftlicher Zwänge aussetzen, wir müssen Technik und Wirtschaft in den Dienst des Menschen stellen. Auch in der Arbeitswelt muß der Mensch zugleich als politisches Wesen ernstgenommen werden, d. h., er muß am Arbeitsplatz, im Betrieb und im Unternehmen in Solidarität mit seinen Arbeitskollegen über sein eigenes Leben mitbestimmen können.
Die Reform des Gesundheitswesens ist mit der Humanisierung des Arbeitslebens eng verbunden, geht aber weit über sie hinaus. Vorkehrungen zur Erhaltung und Wiederherstellung der Gesundheit sind von existentieller Bedeutung für jeden von uns. Die Verantwortung für sie liegt sowohl beim einzelnen wie bei der Gesellschaft. Unser Gesundheitswesen, das sich, bezogen auf den individual-medizinischen Standard, in der Welt durchaus sehen lassen kann, weist in den arbeits- und sozialmedizinischen Bereichen einschließlich der Vorsorge Mängel auf. Es ist überdies von verschiedenen Faktoren bedroht, die vor allem eine gefährliche Steigerung der Kosten bewirken: Unvernunft vieler Menschen im Umgang mit ihrer Gesundheit, die durch Umweltdruck einschließlich gesundheitsschädlicher Werbung bestärkt wird; ein unübersichtlicher Markt mit überteuerten Arzneimitteln; ein von finanziellen Eigeninteressen bestimmtes Verhalten zahnärztlicher und auch ärztlicher Berufsverbände; ein zur Selbstkostenmaximierung neigendes Krankenhauswesen und ein Krankenkassensystem, das dies alles eher honoriert als verhindert. Mangelnde Koordinierung der im Gesundheitswesen tätigen Personen und Einrichtungen, vor allem zwischen dem privaten und dem öffentlichen Sektor, und Widerstand der durch das bestehende System Privilegierten gegen eine Reform kommen hinzu. So offensichtlich daher auch die Notwendigkeit einer Reform des Gesundheitswesens ist, sie begegnet massiven Widerständen und Schwierigkeiten und bedarf daher einer gut durchdachten politischen Strategie.

Der fünfte Schwerpunkt, Städteplanung und Stadtentwicklung, faßt im Querschnitt die vorhergehenden Schwerpunktbereiche zusammen. Denn unsere Städte sind zugleich Stätten der Politik wie der Wirtschaft, des Berufs- wie des Familien- und Privatlebens, der Arbeit wie der Freizeit. Und immer mehr Menschen unseres Landes wohnen in Städten. Fast alle Reformvorhaben — von einer verbesserten Infrastruktur über die Reform des Bodenrechts, den sozialen Wohnungsbau und den Ausbau des öffentlichen Nahverkehrs bis hin zur Reform des Bildungs- und Schulwesens — müssen überwiegend in den Gemeinden in die Tat umgesetzt werden, werden dort praktisch. Städteplanung und Stadtentwicklung sind daher von entscheidender Bedeutung für die Lebensqualität in unserem Lande.

Die Gleichstellung der Frauen schließlich ist eine alte, aber immer noch nicht voll verwirklichte Forderung der Sozialdemokratie. Gerade hier zeigt sich, wie schwer es ist, gesellschaftliche Verhältnisse zu verändern. Um so wichtiger ist eine neue Anstrengung in diesem Bereich.

4.1 Modernisierung unserer Wirtschaft als Grundvoraussetzung langfristiger Arbeitsplatzsicherung

4.1.1 Es ist die Aufgabe der Sozialdemokratie, die auf die Gestaltung der Wirtschaft gerichteten Interessen der großen Mehrheit unseres Volkes zu vertreten, insbesondere dann, wenn sie bislang nicht oder nur ungenügend beachtet worden sind. Dementsprechend verfolgen wir vorrangig folgende Ziele:

— Vollbeschäftigung in allen Regionen unseres Landes zu sichern, ist die Grundforderung unserer Wirtschaftspolitik. Darüber hinaus geht es um die stetige Verbesserung der Qualität der Arbeitsplätze.

— Es gilt, eine stetige wirtschaftliche Entwicklung zu gewährleisten, wobei gerade angesichts begrenzter Wachstumspotentiale in wesentlich stärkerem Maße als bisher aus der Sicht der Verbraucher wie der Allgemeinheit Qualität und Nebenwirkungen der wirtschaftlichen Entwicklung Beachtung finden müssen.

— Gerechte Verteilung der Einkommen ist die wichtigste Voraussetzung dafür, daß die Leistungen der Volkswirtschaft allen Bürgern zugute kommen.

— Relative Stabilität des Preisniveaus ist eine Voraussetzung sowohl für eine planvolle Gestaltung der wirtschaftlichen Entwicklung als auch eine rationale Auseinandersetzung zwischen den Gruppen um die Verteilung des Sozialproduktes. Allgemeine Preissteigerungen gehen vor allem zu Lasten der wirtschaftlich Schwachen.
— Eine Vielfalt von kleinen und mittleren selbständigen Unternehmen ist unerläßlich für ein differenziertes und anpassungsfähiges Angebot von Gütern und Leistungen und für einen wirksamen Wettbewerb.
— Über die Lösung unserer eigenen unmittelbaren Probleme hinaus wollen wir unseren wirtschaftlichen Beitrag zur Entwicklung der weniger industrialisierten Staaten verstärken. Ohne internationale Solidarität ist auf die Dauer auch der wirtschaftliche Fortschritt unseres Volkes nicht zu sichern.

Diese Ziele unserer Wirtschaftspolitik stehen so lange in Widerspruch zueinander, wie die Struktur der Wirtschaft selbst mangelhaft ist. Um sie gleichmäßig und gleichzeitig in hinreichendem Maße verwirklichen zu können, ist eine Beeinflussung und Steuerung der wirtschaftlichen Entwicklung erforderlich, die wesentlich intensiver und besser koordiniert sein muß als die bisherige Wirtschaftspolitik. Modernisierung der Wirtschaft setzt darum Modernisierung der Wirtschaftspolitik voraus.

4.1.2 Die Verwirklichung unserer wirtschaftspolitischen Ziele stößt auf besondere Schwierigkeiten angesichts unserer intensiven Verflechtung mit der Weltwirtschaft, die zwar Voraussetzung unseres Wohlstands ist, besonders in Zeiten instabiler weltwirtschaftlicher Entwicklung, aber immer neue, unvorhersehbare Probleme mit sich bringt und den Spielraum unserer nationalen Entscheidungen erheblich einengt:
— Die lange betriebene Politik der festen Wechselkurse hat über eine ausgeprägte Unterbewertung der DM zu nicht unerheblichen Verzerrungen und Fehlentwicklungen in unserer Wirtschaftsstruktur geführt, deren Folgen wir heute spüren. Der Anteil der Industrie am Sozialprodukt ist in der Bundesrepublik weit höher als in vergleichbaren Staaten. Weiterhin sind teilweise die Industriezweige überstark gewachsen oder ungenügend abgebaut worden, die in der internationalen Konkurrenz lediglich aufgrund von Preisvorteilen bestehen konnten,

die bei richtigen Wechselkursen nie entstanden wären. Hierdurch wurde die Umstellung auf technologisch höherwertige Produkte nicht so schnell und nachhaltig betrieben, wie es wünschenswert gewesen wäre.

— Der ungesteuerte Zustrom ausländischer Arbeitnehmer hat in der Bundesrepublik zu einer Konservierung überholter wirtschaftlicher Strukturen beigetragen: Die ständige Ausweitung des Angebots von Arbeitskräften für minderqualifizierte Arbeitsplätze hat den Abbau von Ungerechtigkeiten der Einkommensverteilung behindert und die Konzentration der industriellen Investitionen auf die Schaffung von Arbeitsplätzen mit höheren Qualifikationsanforderungen beeinträchtigt. Darüber hinaus hat der Zustrom ausländischer Arbeitnehmer auch für die Herkunftsländer neben Vorteilen auch Nachteile zur Folge gehabt, da er die Auslagerung lohnintensiver Massenfertigungen in diese Länder weitgehend überflüssig gemacht hat.

— Der durch falsche Währungsrelationen erzeugte zu hohe Außenhandelsüberschuß hat das Wachstum unseres Wohlstands verlangsamt, weil das binnenwirtschaftliche Angebot an Gütern verringert wurde, und hat damit erheblich zu den Preissteigerungen beigetragen. Die mit diesem Außenhandelsüberschuß verbundenen Defizite unserer Handelspartner beeinträchtigen zugleich deren wirtschaftliche, soziale und politische Stabilität und vergrößern die Gefahr des Zusammenbruchs unserer Exportmöglichkeiten. (Die im Frühjahr 1975 ruckartig erfolgten Rückgänge der Exportaufträge haben diese Gefahr drastisch bestätigt.)

— Die künftige Entwicklung der Rohstoffpreise ist heute unabsehbar. Wesentliche Verteuerungen der Rohstoffe wirken in der Bundesrepublik zwar kurzfristig wachstumsmindernd. Es darf aber nicht übersehen werden, daß sie mittelfristig einen wichtigen Impuls zu technologischer Entwicklung darstellen. Im übrigen sichert der durch die gestiegenen rohstoffpreise bewirkte Wohlstandstransfer insofern mittel- und längerfristig bei uns auch Arbeitsplätze, als durch die Umverteilung der internationalen Liquidität die Nachfrage der rohstofferzeugenden Länder nach Industrieprodukten gestärkt wird. Die weniger entwickelten Länder, die keine Rohstoffe besitzen, sind die eigentlich Betroffenen der Rohstoffverteuerung, da sie nicht das technologische Potential haben, um auf diese Herausforderung mit technischen Innovationen zu antworten.

Unsere wirtschaftspolitischen Ziele können unter den gegebenen internationalen Verhältnissen durch Einflüsse von außen gefährdet werden. Dieser Gefährdung kann mit den Mitteln nationalstaatlicher Politik nur begrenzt entgegengewirkt werden. Nur eine internationale Politik, die allen Völkern eine gerechte Teilhabe am Wohlstand der Welt zu sichern vermöchte, würde diese Probleme an ihrer Wurzel lösen können. Gleichwohl läßt sich auch unter den gegenwärtigen Bedingungen ein erhebliches Maß an außenwirtschaftlichen Beeinträchtigungen unserer wirtschaftlichen Entwicklung vermeiden, wenn folgende Grundsätze beachtet werden:

— Ein System kontinuierlicher Wechselkursanpassung muß dafür Sorge tragen, daß die Außenhandelsüberschüsse sich langfristig auf jene Größenordnung einpendeln, die zum Ausgleich der Leistungsbilanz und der langfristigen, nicht spekulativen Kapitalverkehrsbilanz notwendig ist.

— Auch in der nächsten Hochkonjunktur muß ein Wiederanwachsen der Zahl der ausländischen Arbeitnehmer vermieden werden. Wenn jene lohnkostenintensiven Massenfertigungen, die ihre Konkurrenzfähigkeit bislang in hohem Maße der DM-Unterbewertung und dem Zustrom ausländischer Arbeitnehmer zu verdanken haben, allmählich in die Herkunftsländer sowie ganz allgemein in Entwicklungsländer verlagert werden, muß eine entsprechende Struktur- und Arbeitsmarktpolitik im eigenen Lande dafür sorgen, daß diese Verlagerungen nicht zu regionaler und sektoraler Arbeitslosigkeit führen. Die notwendigen strukturellen Anpassungen dürfen jedoch nicht einseitig zu Lasten der bei uns bereits beschäftigten ausländischen Arbeitnehmer durchgeführt werden.

— Mit einer Industrialisierung von wenig industrialisierten Ländern werden sich Veränderungen der internationalen Arbeitsteilung ergeben, denen sich unsere Wirtschaftspolitik weder entgegenstellen kann noch darf. Allerdings muß eine konsequente Öffnung unserer Binnenmärkte für die Industrieerzeugung der Entwicklungsländer begleitet sein von einer vorausschauenden sektoralen Strukturpolitik, welche sich auf gezielte Hilfen zur krisenfreien Schrumpfung der strukturbedrohten Wirtschaftszweige und auf die Förderung der auf lange Sicht konkurrenzfähigen Sektoren konzentriert.

— Die weltweite Rohstoffverteuerung hat die Notwendigkeit einer vorausschauenden Rohstoff- und Energiepolitik des Staates deutlich werden lassen, die den erforderlichen Import langfristig zu sichern sucht und den inländischen Verbrauch reguliert. Hier ist eine Vorfinanzierung der Lagerhaltung von Rohstoffen aus den Devisenbeständen der Zentralbanken möglich, womit zusätzliche Belastungen für die öffentlichen Haushalte vermieden und die Überschüsse aus der Handelsbilanz sinnvoll angelegt würden. Die Entwicklung von rohstoff- und energiesparenden Technologien bedarf besonders intensiver Förderung.

Auf allen Ebenen der internationalen Politik muß sich die Bundesrepublik darum bemühen, das Abgleiten der Weltwirtschaft in einen neuen Protektionismus zu verhindern. Hierfür gibt es keine Rezepte. Sicher aber ist, daß ohne internationale Solidarität und Hilfsbereitschaft auf die Dauer auch kein freier Welthandel gedeihen kann. Daher müssen insbesondere die Forderungen der Entwicklungsländer nach einer neuen internationalen Wirtschaftsordnung ernsthaft geprüft werden.

4.1.3 Stetigkeit der wirtschaftlichen Entwicklung und längerfristige Sicherung der Vollbeschäftigung bedingen eine Überwindung jener wirtschaftlichen und politischen Verhältnisse, die immer wieder die kreditpolitische Drosselung der wirtschaftlichen Entwicklung zum Zwecke der Preisstabilisierung erzwingen. Demgemäß gilt es, die Preisstabilisierungspolitik auf die Bekämpfung der Inflationsursachen zu konzentrieren.

Wichtige Komponenten einer solchen Politik sind:

— Sicherstellung eines stabilen außenwirtschaftlichen Gleichgewichts.

— Konsequente Bekämpfung aller Wettbewerbsbeschränkungen und Marktvermachtungen in der Wirtschaft, um zu verhindern, daß eine wachsende Nachfrage statt mit Angebotsvermehrung mit Preiserhöhungen beantwortet wird und daß auch bei einem Rückgang der Nachfrage Preiserhöhungen durchsetzbar bleiben.

— Weiterentwicklung und Stärkung des rechtlichen Instrumentariums der Wettbewerbsförderung (z. B. Wettbewerbsaufsicht, Konzentrationskontrolle). Dazu gehören insbesondere rechtliche Vorschriften, die mit dem Ziel einer öffentlichen Kontrolle marktbeherrschender und die Marktmacht miß-

brauchender Großunternehmen die Kalkulationsweisen der Unternehmen regeln.
— Erhöhung der Importe, insbesondere auch von Halb- und Fertigwaren aus Entwicklungsländern.
— Ausbau eines gemeinwirtschaftlichen Anteils an Märkten, in denen der Wettbewerb gefährdet ist, um gezielte marktregulierende Eingriffe zu ermöglichen.

Zur Stärkung der Position der Nachfrage ist eine Verbraucherpolitik notwendig, die vor allem
— die Transparenz der Märkte erhöht;
— durch öffentliche Verbraucheraufklärung den Konsumenten alle für Kaufentscheidungen relevanten Informationen zugänglich macht;
— durch technische Vorschriften, Qualitätsnormen, Neugestaltung des Vertragsrechts usw. den Verbraucherschutz verbessert;
— die Möglichkeiten mißbräuchlicher Werbung einschränkt.

4.1.4 Eine globale, an stetigem Wachstum und Stabilität orientierte Wirtschaftspolitik läßt sich nicht konsequent durchhalten, solange infolge struktureller Ungleichgewichte und Verzerrungen ihre Wirkungen übermäßig auf strukturschwache Sektoren und Gebiete abgewälzt werden. Damit die globale Wirtschaftspolitik ihre Ziele tatsächlich verfolgen kann, muß eine abgestimmte sektorale und regionale Strukturpolitik solchen strukturellen Verzerrungen der konjunkturellen Entwicklung entgegenwirken. In diesem Sinne hat die Strukturpolitik auch die Aufgabe, durch eine angemessene regionale und sektorale Verteilung konjunkturpolitischer Wirkungen den politischen Spielraum der globalen Wirtschaftspolitik zu erhöhen.

Die wirtschaftliche Entwicklung in der Bundesrepublik hat zu Strukturproblemen geführt, die sich bei nachlassendem wirtschaftlichen Wachstum krisenhaft zuspitzen. Noch immer sind viele Erwerbstätige in relativ unproduktiven Bereichen der gewerblichen Wirtschaft beschäftigt. Unter den genannten Bedingungen führt das in diesen Bereichen dazu, daß Ersatzinvestitionen verstärkt als Rationalisierungsinvestitionen durchgeführt werden, bei denen kurzfristig Arbeitsplätze verlorengehen. Eine vorausplanende öffentliche Struktur- und Modernisierungspolitik mit vermehrten Kompetenzen ist daher unumgänglich,

um eine Weiterbeschäftigung der betroffenen Arbeitnehmer auf anderen Arbeitsplätzen zu gewährleisten.
Noch immer ist der Wohlstand regional ungleich verteilt, stehen Gebiete mit unerwünscht hoher Verdichtung und entsprechend überhöhten sozialen Kosten der Produktion anderen Gebieten gegenüber, die zu veröden drohen. Zu spät erkennt unsere Gesellschaft das Ausmaß wirtschaftlich verursachter Umweltschäden, deren Beseitigung übergroße Kosten erfordert. Das Defizit an öffentlicher Infrastruktur, das für die ungleiche regionale Wirtschaftsentwicklung von großer Bedeutung gewesen ist, konnte zwar in den letzten Jahren teilweise abgebaut werden, ist aber in einigen Gebieten noch immer erheblich.
Im Interesse eines qualitativ sinnvollen wirtschaftlichen Wachstums soll die sektorale Entwicklung von Investitionen und Arbeitsplätzen künftig stärker in den Mittelpunkt der Strukturpolitik rücken.

— Sektoral differenzierte Status-quo-Prognosen sollen unter Einbeziehung der voraussichtlichen Entwicklung der internationalen Arbeitsteilung über die Entwicklungschancen der einzelnen Sektoren und über evtl. drohende strukturelle Schwierigkeiten Auskunft geben.
— Auf dieser Grundlage entwickelte Prognosen können Voraussetzungen für einen Orientierungsrahmen der privaten Wirtschaft und für eine Programmierung der Strukturpolitik liefern.
— In strukturbedrohte Wirtschaftszweige greift die Strukturpolitik vor allem ein, um bei unvermeidlich notwendigen Umstellungs- und Schrumpfungsprozessen gleichzeitig neue Arbeitsplätze zu schaffen und unerwünschte soziale Folgen zu mildern.
— Wenn allerdings gesellschaftlich unentbehrliche Wirtschaftszweige oder -unternehmen unter Marktbedingungen nicht mehr bestehen können, sind staatliche Stützungsmaßnahmen bis hin zur Übernahme in öffentliche Verantwortung erforderlich.
— Sektoren mit guten Entwicklungschancen sind insoweit zu fördern, als erwünschte Entwicklungsimpulse sich nicht oder nicht hinreichend aus eigener Kraft entfalten können.

Sektorale Strukturpolitik kann nur in enger Verzahnung mit regionaler Strukturpolitik betrieben werden, insbesondere deshalb, weil die strukturbedrohten Wirtschaftszweige häufig in wirtschaftlich schwachen Regionen konzentriert sind. Die drei Schwerpunkte regionaler Strukturpolitik, die als Verteilungspolitik wie im Interesse krisenfreierer stetiger Wirtschaftsentwicklung den Abbau regionaler Ungleichheiten von Einkommen, Beschäftigung und Entfaltungsmöglichkeiten der Bürger anstrebt, sind:

— Angleichung regionaler Standortqualitäten durch entsprechenden Ausbau der Infrastruktur unter Förderung des notwendigen Mindestmaßes an regionaler Verdichtung,
— direkte Förderung von Industrieansiedlungen durch Investitionszuschüsse, Bürgschaften und Geländeerschließungen,
— Zurechnung sozialer Folgekosten der Produktion in Gebieten überstarker Ballung entsprechend dem Verursacherprinzip.

Bei der direkten Förderung von Industrieansiedlungen müssen verstärkt die Erfordernisse der sektoralen Strukturpolitik beachtet werden, um die Neuansiedlung strukturbedrohter Wirtschaftszweige in strukturschwachen Gebieten zu verhindern. Auflagen sollen die sozial erwünschte Verwendung der öffentlichen Gelder sicherstellen. Es ist zu prüfen, unter welchen Bedingungen die öffentliche Hand für ihre Zuwendungen Gesellschaftsanteile übernehmen kann und soll.

Im Vergleich zur direkten Förderung ist größeres Gewicht auf den regional gezielten Ausbau der Infrastruktur zu legen. In Verbindung mit der Anlastung sozialer Folgekosten in Ballungsgebieten liegt hier ein vielversprechender Ansatzpunkt zur Beseitigung regionaler Ungleichgewichte.

Dem Schutz der Umwelt muß die Strukturpolitik künftig besondere Beachtung schenken, indem

— verbindliche, zugleich praktikable und wirkungsvolle Belastungsgrenzen systematischer als bisher entwickelt und beachtet werden. Präzise Bestimmungen müssen sicherstellen, daß Genehmigungsbehörden und Verwaltungsgerichte von den gleichen Beurteilungsmaßstäben ausgehen,
— die Kosten umweltbelastender Produktionen voll den Verursachern angelastet werden, um den Wettbewerbsvorteil schädlicher Produktionsweisen zu verringern,
— die regionale Ballung umweltbelastender Industrien verhindert oder abgebaut wird,
— die Entwicklung umweltfreundlicher Technologien bevorzugt gefördert wird.

4.1.5 Bei der Überwindung der zentralen Mängel der bisherigen Wirtschaftspolitik geht es in erster Linie um die planvolle Koordination aller wirtschaftspolitisch relevanten Aktivitäten der öffentlichen Hände.

Nach wie vor bleibt eine wohlabgestimmte, antizyklische Haushaltspolitik ein wichtiges Instrument zur Beseitigung gesamtwirtschaftlicher Ungleichgewichte und zur Verstetigung der wirtschaftlichen Entwicklung. Allerdings setzt eine planvolle Struktur- und Reformpolitik neben einer stetigen, wachstumsfördernden Kreditpolitik eine stetige, mittel- und langfristig geplante Entwicklung der öffentlichen Ausgaben voraus. Der Beitrag der öffentlichen Haushaltspolitik zur globalen antizyklischen Wirtschaftslenkung kann und muß sich deshalb mehr als bisher auf die kurzfristige Veränderung der öffentlichen Einnahmen und der Haushaltsreserven beschränken. Dazu eignet sich die Variation von Stabilitätssteuern für überdurchschnittliche Einkommen, vor allem aber von Investitionssteuern und Absetzungsvorschriften, die im Rahmen der Strukturpolitik regional und sektoral differenziert werden können.

Die strukturpolitische Koordination der öffentlichen Hände im Rahmen mittelfristiger Ausgabenplanung setzt eine Verstetigung der öffentlichen Investitionen voraus. Diese kann ebenfalls nur erreicht werden, wenn die fiskalische Konjunkturpolitik in der Aufschwungphase im Schwerpunkt auf die Einnahmeseite der öffentlichen Haushalte verlagert wird, so daß die Infrastrukturinvestitionen nicht mehr als das hauptsächliche Mittel der Konjunktursteuerung dienen müssen (vgl. auch Ziffer 2.6.7).

Um die Entwicklung der öffentlichen Wirtschaftspolitik an längerfristigen Entwicklungskonzeptionen zu gewährleisten, müssen auf Bundesebene verbindliche Rahmendaten gesetzt werden, innerhalb deren die dezentralen Instanzen — Länder, Gemeinden und Planungsverbände — ihre regionale Strukturpolitik festlegen und koordinieren können. Dementsprechend muß auch die regionale Verteilung der strukturpolitisch relevanten Haushaltsmittel koordiniert werden.

Gemäß der zentralen Bedeutung der Infrastruktur (Verkehrsnetz, Bildungswesen, Energieversorgung, Gesundheit, Erholung, Umweltschutz usw.) für die regionale wirtschaftliche Entwicklung streben wir den Ausbau der Landesentwicklungspläne und des Bundesraumordnungsprogramms zu einem langfristigen Infrastrukturkonzept an, welches die Zusammenführung und

Koordinierung der Infrastrukturpläne der Ressorts in Bund, Ländern und Gemeinden bewirkt.
Darüber hinaus sind Status-quo-Prognosen und Zielprojektionen der sektoralen Wirtschaftsentwicklung in die regional differenzierte Entwicklungsplanung einzubeziehen, an denen sich insbesondere die regionalen Wirtschaftsförderungsmaßnahmen zu orientieren haben. In diese Koordination der öffentlichen Hände, deren weitgehendes Fehlen bislang Wirksamkeit und Erfolg öffentlicher Wirtschaftspolitik beeinträchtigt hat, sind im Sinne einer Richtlinienabstimmung die öffentlichen Wirtschaftsunternehmen sowie das öffentliche bzw. gemeinwirtschaftliche Bankwesen einzubeziehen. Weiterhin sind die Maßnahmen der Forschungs-, Innovations-, Berufsbildungs-, Arbeitsmarkt-, Rohstoff- und Energiepolitik in diese Koordination einzubeziehen, und die antizyklische Konjunkturpolitik ist mit darauf auszurichten. Auf diese Weise wird das Infrastrukturkonzept zu einem Bundesentwicklungsplan erweitert, der als Rahmenkonzept alle Investitionen und wirtschaftspolitischen Aktivitäten der öffentlichen Hand aufeinander abstimmt. Dabei sind bereits bestehende gesamtstaatliche Planungen — wie der Bildungsgesamtplan — einzuarbeiten.
Mit Hilfe dieses Rahmenkonzepts wären auch andere Schwerpunktbereiche der Gesellschaftspolitik in die Koordination einzubeziehen:
— Zielbewußte Berufsausbildungspolitik trägt zur Modernisierung der Wirtschaft, zur Erhaltung sicherer Arbeitsmöglichkeiten sowie zur Verbesserung der Wirtschaftsstruktur bei.
— Soziale Sicherheit, Gesundheitssicherung und fortschreitende Humanisierung der Arbeitswelt schaffen jene gesellschaftlichen Voraussetzungen, die eine planmäßige Wirtschaftspolitik erst ermöglichen, und werden ihrerseits durch diese ermöglicht.
— Planvolle Entwicklung der Städte und Verdichtungsräume bedarf einer überlegten sektoralen und regionalen Strukturpolitik und setzt dieser zugleich wesentliche Bedingungen.

4.1.6 Bei der Entwicklung der Zielsetzungen, des Gesamtplans und der einzelnen Instrumente einer langfristigen Wirtschaftspolitik geht es jedoch nicht nur darum, den politisch Verantwortlichen, d.h. den öffentlichen Händen, fest umrissene, greifbare und praktikable Handlungsanweisungen vorzuzeich-

nen. Eine Politik, wie wir Sozialdemokraten sie führen, bedarf der Unterstützung durch die Wähler und der Kooperationsbereitschaft der gesellschaftlichen Gruppen.
Bei der Darlegung und Begründung unseres Programms geht es also zugleich darum, die Notwendigkeit unserer Forderungen zu begründen und ihre Durchsetzbarkeit einsichtig zu machen. Es ist daher wichtig, der Öffentlichkeit ein klares Bild von den Zusammenhängen und Bedingungen der wirtschaftlichen Entwicklung zu geben und insbesondere gegenüber den Unternehmen klarzumachen, welche Entwicklungen und einzelwirtschaftliche Maßnahmen von seiten der Parlamente und Regierungen als unerwünscht oder schädlich gekennzeichnet werden.
Eine Beseitigung der Unternehmensautonomie durch eine zentrale staatliche Wirtschaftsplanung kommt wegen ihrer vielfältigen schädlichen und unerträglichen Folgen nicht in Frage.
Aber auch die unkoordinierte Wirtschaftsentwicklung bringt für den einzelnen wie für die Allgemeinheit unerträgliche Auswirkungen mit sich. Daraus wird deutlich, wie wichtig ein intensives, umfassendes und vielseitiges Bemühen des Staates um die Koordination der einzelwirtschaftlichen Entscheidungen zwischen den Unternehmen und um ihre Abstimmung mit den öffentlichen Zielsetzungen ist. Nicht nur auf zentraler Ebene, sondern ebenso auf der Ebene regionaler Strukturpolitik sind neue Formen der zwanglosen Kooperation zwischen staatlichen Instanzen, Unternehmen und Gewerkschaften zu entwickeln. Dabei sollte für uns die Einsicht maßgebend sein, daß gegenüber einem Staat, der seine Koordinationsmängel überwindet, der weiß, was er wirtschaftspolitisch will und der sein Instrumentarium konsequent und wirksam einzusetzen vermag, nur wenige Unternehmen noch geneigt sein werden, Kooperation und Verständigung zu verweigern.
Da große — meist multinational organisierte — Unternehmen durch ihre Investitionsentscheidungen und Absatzstrategien für die gesamtwirtschaftliche Entwicklung wichtige Daten setzen, bleibt auch unter dem Gesichtspunkt der Strukturpolitik die „Bändigung der Großwirtschaft“ (Godesberger Programm) eine wesentliche Aufgabe, für deren Lösung die paritätische Mitbestimmung die Voraussetzungen entscheidend zu verbessern vermag. Außerdem kann die Überführung von Unternehmen in Gemeineigentum weiterhin ein Beitrag zur Lösung dieses Problems sein, denn „wo mit anderen Mitteln eine gesunde Ordnung

der wirtschaftlichen Machtverhältnisse nicht gewährleistet werden kann, ist Gemeineigentum zweckmäßig und notwendig" (Godesberger Programm).
Entscheidend wird sein, daß es gelingt, der Öffentlichkeit deutlich zu machen, daß „Modernisierung der Wirtschaft" keine einmalige Aufgabe ist, sondern eine dauernde Anstrengung erfordert, um durch planvolle Gestaltung und Erleichterung des Wandels die unvermeidlichen wie die wünschenswerten Änderungen durchzusetzen. Im Verlauf dieses ständigen Prozesses müssen die konkreten Ziele und die strategischen Ansatzpunkte stets neu definiert werden.

4.2 Reform der Berufsbildung

4.2.1 In einer demokratischen Industriegesellschaft wie der Bundesrepublik Deutschland hat jeder das Recht auf eine qualifizierte Ausbildung. Entsprechend der Grundforderung nach Selbstbestimmung und Selbstgestaltung des eigenen Lebens muß auch die berufliche Bildung dazu beitragen, die Fähigkeiten und Neigungen des einzelnen voll zu entfalten. Eine qualifizierte Ausbildung schließt allgemeine Bildungsziele ein und befähigt den Auszubildenden, seine ökonomischen, kulturellen und politischen Interessen wahrzunehmen und sich aktiv am Ausbau der sozialen Demokratie zu beteiligen. Die Verwirklichung individueller Bildungsansprüche ist wesentliche Voraussetzung für die Erfüllung der gesellschaftlichen und wirtschaftlichen Anforderungen.

4.2.2 Für die berufliche Bildung notwendige Investitionen sind zugleich Investitionen in die gesellschaftliche, soziale und wirtschaftliche Leistungsfähigkeit unseres Gemeinwesens. Die gesellschaftliche Bedeutung dieser Anstrengungen wird auch dadurch deutlich, daß Schüler und Auszubildende von heute das Sozialprodukt der folgenden Jahre erwirtschaften und damit eine Grundvoraussetzung für die soziale Stabilität gewährleisten.
In vielen Berufen und Wirtschaftsbereichen besteht die Tendenz, daß sich die sozialen, wirtschaftlichen und menschlichen Probleme wegen des vorhandenen Ungleichgewichts zwischen qualifiziert ausgebildeten Arbeitnehmern und ungelernten Arbeitskräften weiter verstärken. Zwischen dem immer breiteren Ange-

bot von Hochschulabsolventen einerseits und der Gruppe der Ungelernten andererseits entsteht eine zunehmend größere Kluft, wenn nicht eine ausreichende Zahl von qualifizierten Ausbildungsplätzen gesichert werden kann und die beruflichen Schulen ausgebaut werden. Hinzu kommt, daß allein zwischen 1965 und 1974 das Angebot an betrieblichen Ausbildungsplätzen von rd. 750 000 Stellen auf 460 000 zurückgegangen ist. Außerdem wird die Nachfrage nach Ausbildungsstellen in den nächsten Jahren vor allem aufgrund einer steigenden Zahl von Schulabgängern erheblich anwachsen. Während 1974 rd. 630 000 Abgänger allein aus Haupt-, Real- und Sonderschulen zu verzeichnen waren, werden es 1979 bereits 710 000 sein.

Die Berufsbildung qualitativ und quantitativ zu verstärken, ist nicht nur aus menschlichen und sozialen Gründen, sondern auch ökonomisch notwendig. Neue Formen der internationalen Arbeitsteilung und die Produktionsbedingungen in den hochindustrialisierten Ländern erfordern mehr und neue Tätigkeiten, für die eine differenzierte Produktionsteilung und eine entsprechende Qualifizierung und Spezialisierung der Arbeitskräfte Voraussetzungen sind.

Ein hohes Ausbildungsniveau gewährleistet berufliche Mobilität und Flexibilität sowie die Weiterbildungsbereitschaft und trägt damit zur sozialen Sicherung und Stabilisierung bei. Internationale Erfahrungen zeigen, daß das Risiko einer Arbeitslosigkeit Jugendlicher immer dann eintritt, wenn nicht allen Jugendlichen im Anschluß an die allgemeine Schulbildung ein zeitlich und inhaltlich geordneter Abschnitt der Berufsausbildung angeboten wird.

Konjunkturelle Schwankungen und strukturelle Veränderungen in der Wirtschaft wirken sich unmittelbar auf die Betriebe als Ausbildungsstätten und als Nachfrager nach qualifizierten Arbeitskräften aus. Im Zuge dieser Veränderungen wandelt sich auch die Ausbildungseignung der Betriebe und sind neue Formen der Ausbildung notwendig. Häufig kann Berufsausbildung nicht unmittelbar in der Praxis durchgeführt werden. Immer mehr Betriebe müssen besondere Ausbildungseinrichtungen wie Lehrwerkstätten, Lehrbüros usw. nutzen. Überbetriebliche Ausbildungsstätten werden in Zukunft immer wichtiger werden zur Ergänzung einer beruflichen Ausbildung in den sich spezialisierenden Betrieben. Dies gilt namentlich für Klein- und Mittelbetriebe. In besonderen Fällen — vor allem in strukturschwachen

Gebieten — müssen die überbetrieblichen Ausbildungsstätten auch die zur Ausbildung der Jugendlichen erforderlichen qualifizierten Ausbildungsplätze bereitstellen.
Eine Einsicht muß alle Anstrengungen zur Reform der Berufsausbildung durchziehen: Ein Abbau von Ausbildungsqualität, um dadurch eine höhere Anzahl von Stellen zu ermöglichen, ist keine Lösung. Im Gegenteil: Dort, wo die Qualität zugunsten der Quantität abgebaut wird, findet ein schleichender Übergang von qualifizierter Berufsausbildung zum bloßen Anlernen statt, der weder den menschlichen und sozialen noch den wirtschaftlichen Interessen unserer Bürger entspricht.

4.2.3 Die Anzahl der Arbeitnehmer, die ihre berufliche Ausbildung ganz oder teilweise in Schulen oder Hochschulen erhalten, hat ständig zugenommen. Aber nach wie vor ist mehr als die Hälfte aller Jugendlichen in einer betrieblichen Berufsausbildung, an der sich freilich nur eine Minderheit aller Betriebe beteiligt. Die Mehrzahl aller Auszubildenden befindet sich in Klein- und Mittelbetrieben. Im Jahre 1974 waren von 1,3 Millionen Auszubildenden über 700 000 in Betrieben unter 50 Beschäftigten, darunter 400 000 in Betrieben unter 10 Beschäftigten tätig. Diese Zahlen belegen die Notwendigkeit ergänzender überbetrieblicher Ausbildung. Der Anteil der Mädchen an der Gesamtzahl der Auszubildenden ist wesentlich geringer als der der Jungen; von den ohne Berufsausbildung unmittelbar in die Beschäftigung überwechselnden Schulabgängern dagegen sind zwei Drittel Mädchen.
Bisher wurde Berufsausbildung im Betrieb als ein Bereich angesehen, der überwiegend durch Aktivitäten der Wirtschaft gestaltet worden ist. Der Staat beschränkte sich im wesentlichen auf die Anerkennung von Regeln, z. B. Ausbildungsordnungen und Prüfungsanforderungen. Die öffentliche Verantwortung wurde nicht unmittelbar wirksam.
Soweit dagegen eine Berufsausbildung in öffentlichen Bildungseinrichtungen, vorwiegend also in Schulen und Hochschulen stattfindet, steht sie weitgehend beziehungslos neben der betrieblichen Berufsausbildung. Weder die inhaltlichen Anforderungen noch die Beschäftigungs- und Aufstiegsmöglichkeiten sind vergleichbar. Der Weg über Gymnasium und Hochschule ist gegenüber dem Weg über die Berufsausbildung im Betrieb in vielerlei Hinsicht immer noch privilegiert.

Da die qualifizierten betrieblichen Ausbildungsstätten ebenfalls unter den Bewerbern auslesen, bleiben für Jugendliche mit unzureichender Vorbildung die weniger qualifizierten Ausbildungsstätten. So erfährt gerade die unterstützungsbedürftigste Gruppe keine ausreichende Förderung.
Gestiegene Qualifikationsanforderungen in allen Wirtschaftsbereichen führten zu einer vermehrten Nachfrage nach Hochschulabsolventen, und die quantitative Ausdehnung des Hochschulbereichs lenkte Hochschulabsolventen in Tätigkeiten, die früher überwiegend über eine betriebliche Berufsausbildung mit anschließender Berufspraxis und Fortbildung erreichbar waren. Sie belegen diese Plätze und erschweren Durchlässigkeit und Aufstiegsmöglichkeiten. Damit verstärken sich die Chancenungleichheiten zwischen denen, die in die Berufsausbildung, und denen, die in weiterführende Schulen und Hochschulen gehen.

4.2.4 Berufliche Bildung muß deshalb gleichwertiger und gleichberechtigter, integrierter Bestandteil des gesamten Bildungswesens werden. Der demokratische Staat muß für die Berufsausbildung ebenso Verantwortung wie für die übrigen Bereiche des Bildungswesens übernehmen.
Gleichwertigkeit der beruflichen Bildung bedeutet, daß durch sie gleiche Berufs- und Lebenschancen ermöglicht werden wie über sogenannte allgemeine Bildung. Deshalb muß die Berufsausbildung ein Bestandteil der Oberstufe des Bildungssystems sein.
Das Bildungswesen darf nicht zu einem System von voneinander abgeschotteten Bildungsgängen werden. Einerseits ist darauf zu achten, daß die schulische Oberstufe nicht einseitig auf ein Hochschulstudium vorbereitet, sondern auch Inhalte vermittelt, die ebenfalls in eine qualifizierte Berufsausbildung Eingang finden. Andererseits ist zu erreichen, daß eine qualifizierte Berufsausbildung die Möglichkeit eröffnet, in anderen Bildungsgängen voranzukommen. Das gehört zur Durchlässigkeit im Bildungswesen. Dazu sind in der Oberstufe verstärkt auch Bildungsgänge zu entwickeln, in denen sowohl die Qualifikationen für die unmittelbare Aufnahme einer anspruchsvollen beruflichen Tätigkeit als auch die Voraussetzungen für ein Hochschulstudium vermittelt werden.
Grundsätzlich muß für alle Bildungsgänge gesichert sein, daß neben fachlicher Qualifizierung auch gesellschaftlich-politische Befähigungen erworben werden, mit dem Ziel, gesellschaftliche

Zusammenhänge und Abhängigkeiten zu erkennen und Probleme durch gemeinsames, solidarisches Handeln zu lösen.
Auch bei verbesserter Durchlässigkeit des Bildungswesens und größerer beruflicher Mobilität sind Berufswahlentscheidungen für den einzelnen schwer korrigierbare Entscheidungen für seinen späteren beruflichen Lebensweg. Sie sollen deshalb nicht vorzeitig und unumstößlich, sondern auf der Grundlage intensiver Beratungen und Erfahrungen getroffen werden. Dabei ist aber zu berücksichtigen, daß sich für viele Jugendliche zu lange ausgedehnte Phasen traditioneller allgemeinbildender Schulen eher nachteilig auswirken. Sie brauchen im Jugendalter veränderte, jugendgemäße Lernsituationen, Entscheidungs- und Erprobungsmöglichkeiten. Darum hat vorberufliche Bildung im Sinne einer technisch-ökonomischen Bildung besondere Bedeutung. Sie muß für alle Schüler der Mittelstufe verbindlich sein. Sie soll eine Einführung in die Arbeitswelt ermöglichen und die Berufs- und Schullaufbahnentscheidungen für die Oberstufe erleichtern. Bildungsinformation, Bildungs- und Berufsberatung sind dabei wesentliche Elemente beim Abbau von Hindernissen, Sackgassen und Entmutigung im Bildungswesen. Entscheidend ist, daß die Maßnahmen der Beratung und Information entsprechend frühzeitig einsetzen und auch an die Gruppen herangetragen werden, die von sich aus den Weg zur Beratung nicht ohne weiteres finden.
Berufliche Grundbildung soll über Vermittlung beruflicher Grundkenntnisse und -fertigkeiten die Basis für die konkrete Berufsentscheidung sein. Aus diesem Grund darf sie nicht auf Einzelberufe ausgerichtet sein, sondern muß auf der Grundlage von Berufsfeldern entwickelt werden. Dies auch deshalb, weil eine breit angelegte berufliche Grundbildung die Beweglichkeit in der späteren beruflichen Fachbildung und im Beruf erheblich vergrößert. Deshalb muß dem stufenweisen Ausbau beruflicher Grundbildung Vorrang gegeben werden.
Gesellschaftlicher, wirtschaftlicher und technischer Fortschritt erfordert ferner eine voll ausgebaute berufliche Weiterbildung, die es den einzelnen ermöglicht, ihre Kenntnisse, Fähigkeiten und Fertigkeiten zu erweitern oder zu erneuern. Berufliche Weiterbildung ist daher im Sinne lebenslangen Lernens wesentlicher Bestandteil einer fortdauernden Qualifizierung insbesondere der Arbeitnehmer zur Sicherung von beruflicher Mobilität und Beschäftigungschancen.

Für einen großen Teil der Jugendlichen wird sich auch zukünftig die berufliche Bildung in Betrieb und Schule vollziehen. Darum müssen hier vor allem Verbesserungen ansetzen. Für die betriebliche Berufsausbildung müssen konkrete Qualitätsanforderungen an Ausbildungsstätten und Ausbilder entwickelt werden. Zugleich ist eine stärkere Beratung und Kontrolle der Ausbildungsbetriebe erforderlich. Eine wichtige Voraussetzung und ein Bewährungsfeld für staatliche Verantwortung ist der Ausbau der beruflichen Schulen und die Verbesserung ihres Lernangebots. Dazu gehören insbesondere auch die Beseitigung des Berufsschullehrermangels und der Ausbau der Berufsschulen, damit der gesetzlich vorgeschriebene Unterricht erteilt und ausgedehnt werden kann. Ausbildungsordnungen und Rahmenlehrpläne müssen aufeinander abgestimmt werden. In Bund und Ländern müssen die Zuständigkeiten bei den für Bildung zuständigen Ministerien zusammengefaßt werden.

Die Weiterentwicklung der Wirtschaft schafft zunehmend Tätigkeiten und Funktionen, für die eine Berufsausbildung herkömmlicher Art keine ausreichende Qualifikation bietet, für die aber auch eine Hochschulausbildung unzureichend ist. Hierfür sind neue Bildungsgänge zu entwickeln. Der Ausbau der Berufsfachschulen ist eine wichtige Ergänzung des Gesamtangebots an Ausbildungsplätzen in solchen Bereichen, in denen entsprechende betriebliche Angebote nicht möglich sind. Dies gilt in verstärktem Maße für Wirtschaftsbereiche und Regionen, in denen betriebliche Ausbildungsmöglichkeiten fehlen.

Darüber hinaus sind für sozial benachteiligte und behinderte Jugendliche Bildungsangebote zu entwickeln, die zu einer beruflichen Qualifikation führen. Hierfür besteht ein besonderes Bedürfnis bei solchen Jugendlichen, die keinen oder keinen ihren Fähigkeiten entsprechenden Schulabschluß erreicht haben oder die — bzw. deren Eltern — nicht willens sind, eine geordnete Berufsausbildung aufzunehmen. Wenn wir bedenken, daß heute noch bis zu 30 Prozent der Hauptschulabgänger den vorgesehenen Abschluß dieser Schulform nicht erreichen, wird die Dringlichkeit deutlich, mit der dieses Problem gelöst werden muß.

Denn die Hauptschule darf sich nicht zur Restschule für benachteiligte Kinder und Jugendliche entwickeln. Darüber hinaus müssen auch die Grundschule, die Orientierungsstufe und die Mittelstufe bis zum ersten Schulabschluß mit dem Ziel größerer Durchlässigkeit und Chancengleichheit verändert und schrittweise zur Gesamtschule werden.

4.2.5 Die berufliche Bildung muß, wie das gesamte Bildungssystem, im Zusammenhang mit der Wirtschafts- und Gesellschaftsentwicklung gesehen werden. Eine zielbewußte Berufsbildungspolitik dient einer Verbesserung der Lebenschancen des einzelnen arbeitenden Menschen. Sie fördert die Modernisierung der Wirtschaft, die Sicherung der Arbeitsplätze und die Verbesserung der sektoralen und regionalen Wirtschaftsstruktur. Sie verstärkt auch die Notwendigkeit zur Humanisierung der Arbeitswelt und fördert diese zugleich: denn qualifizierte Ausgebildete werden die Organisation und die Bedingungen ihrer Arbeit zu verbessern trachten und bei entsprechender Motivation und Solidarität dazu auch eher in der Lage sein. Aus den Arbeits- und Berufserfahrungen einer humanisierten Arbeitswelt werden sich ihrerseits Rückwirkungen auf die Anforderungen an die Berufsausbildung ergeben.
Die betriebliche Berufsausbildung ist in besonderem Maße von konjunkturellen und strukturellen Einflüssen der Wirtschaft abhängig. Wirtschaftlicher Rückgang und Strukturveränderungen dürfen nicht automatisch zur Verunsicherung der Berufsbildung und zu einem Rückgang der Ausbildungsstellen führen. Deshalb ist zur Sicherstellung des Angebots im Interesse der Jugendlichen wie der Gesamtwirtschaft eine Umlagefinanzierung für die betriebliche und überbetriebliche Berufsausbildung notwendig. Sie muß es ermöglichen, die Anforderungen an die Berufsausbildung auch finanziell abzusichern, Ausbildungsmöglichkeiten zu erhalten und neue zusätzliche Angebote zu schaffen sowie Wettbewerbsverzerrungen zwischen ausbildenden und nicht ausbildenden Betrieben abzubauen.
Ohne eine überbetriebliche Finanzierung der beruflichen Bildung ist auf Dauer gesehen das System der kooperativen Ausbildung in Betrieb und Schule und nicht allein die Anzahl der Ausbildungsplätze gefährdet.

4.2.6 Es ist wichtig, den gesellschaftlich-politischen Gesamtzusammenhang, in dem Berufsbildung steht, deutlich zu machen. Die künftige Gestaltung der Berufsbildung muß unter Mitarbeit von Ausbildern, Lehrern und Auszubildenden formuliert werden.

Berufsbildung steht mehr als jeder andere Bereich des Bildungswesens im Spannungsfeld technologischer Entwicklungen, wirtschaftlicher Anforderungen, pädagogischer Möglichkeiten sowie sozialer und individueller Bedürfnisse. Dies erfordert die gemeinsame Verantwortung und Mitbestimmung von Staat, Arbeitgebern und Gewerkschaften bei der Planung, Durchführung und Kontrolle der Berufsbildung auf allen Ebenen. Die Arbeitnehmer müssen in diesem Bereich mitbestimmen, der wie kaum ein anderer über ihren Berufsweg, ihre Arbeitsplatzsicherheit und damit ihren Lebensweg mitentscheidet. Darin spiegelt sich der gesellschaftspolitische Zusammenhang dieser Reform.

4.2.7 Eine zielbewußte Berufsbildungspolitik muß gegen den Widerstand gesellschaftlicher Gruppen, die teils aus engen ökonomischen, teils aus ideologisch-politischen Gründen an der Aufrechterhaltung des gegenwärtigen Zustands interessiert sind, durchgesetzt werden. Diese gesellschaftlichen Gruppen lehnen deshalb auch gesetzliche Regelungen ab, die eine inhaltliche, organisatorische und finanzielle Weiterentwicklung der Berufsbildung zum Ziele haben. Die Reform der Berufsbildung verlangt deshalb eine Solidarität über die betroffenen Jugendlichen hinaus. Die Reform der Berufsausbildung ist ein Schwerpunkt sozialdemokratischer Reformpolitik mit dem Ziel, die Gleichwertigkeit der beruflichen Bildung im Gesamtbildungssystem zu erreichen. Mehr Chancengleichheit wird aber nur dann Wirklichkeit, wenn überbetriebliche Finanzierung, Planung und Statistik eine vorausschauende Bildungspolitik ermöglichen, die sowohl die Qualität als auch das Angebot an Ausbildungsplätzen abzusichern vermag.

4.3 Humanisierung der Arbeitswelt

4.3.1 Der Anspruch der Arbeitnehmer auf menschenwürdige Arbeitsbedingungen, das heißt auf den Schutz ihrer Gesundheit, auf sichere Arbeitsplätze und verbesserte Arbeitsumwelt, auf befriedigende Arbeitsinhalte, eine soziale Arbeitsorganisation und auf Mitbestimmung steht im Mittelpunkt sozialdemokratischer Gesellschaftspolitik.
Für die Mehrheit der erwerbstätigen Bevölkerung, die Arbeitnehmer und ihre Familien, ist die abhängig verrichtete Arbeit der in vielerlei Hinsicht bestimmende Faktor in ihrem Leben: materielle

Existenzsicherung, zeitliche Einteilung des Lebens, Weisungsgebundenheit und Unterordnung, Anerkennung und Sozialprestige, Prägung der Verhaltensweisen und Einstellungen.
Nicht nur bezogen auf die Lebenschancen und Entfaltungsmöglichkeiten des einzelnen, sondern ebenso für die weitere Entwicklung unserer Gesellschaft insgesamt ist die Qualität der Verhältnisse und Bedingungen der Arbeit von zentraler Bedeutung. Persönliche Entfaltung des einzelnen und demokratische Entwicklung der Gesellschaft hängen direkt von den Bedingungen am Arbeitsplatz ab. Für die menschengerechte Gestaltung der Arbeitsplätze haben steuerliche Normen und Maßnahmen, das Tarifvertragsrecht der Gewerkschaften und die Mitbestimmung der Arbeitnehmer auf allen Ebenen gleichermaßen Bedeutung.
Humanisierung der Arbeitswelt steht in enger Wechselbeziehung zu anderen Schwerpunkten sozialdemokratischer Politik: Die Modernisierung der Wirtschaft hat das Ziel, die Vollbeschäftigung zu sichern. Wo Arbeitnehmern mit dem Verlust ihres Arbeitsplatzes gedroht werden kann, werden die berechtigten Ansprüche auf menschengerechte Arbeitsbedingungen erstickt. Durch eine grundlegende Reform des Bildungswesens, insbesondere der beruflichen Bildung, werden wichtige Voraussetzungen für eine menschengerechte Gestaltung der Arbeitswelt geschaffen. Angesichts der vom Arbeitsplatz ausgehenden Gefährdung der Gesundheit ist der Zusammenhang zwischen Gesundheitsvorsorge und humaner Arbeitswelt offensichtlich.
Von der Qualität der Arbeitsplätze hängt es ab, ob der Mensch seine Talente und Fähigkeiten optimal entwickeln und sich mit seiner Arbeit identifizieren kann. Die individuellen Folgen und die sozialen Kosten von inhumanen, nicht an den Bedürfnissen des Menschen orientierten Arbeitsbedingungen und Arbeitsbeziehungen sind nicht durch mehr Freizeit auszugleichen. Denn die so wichtige Freizeit ist in ihrem Ausmaß und ihren Verwendungsmöglichkeiten weitgehend von den Arbeitsbedingungen bestimmt.
Wenn auch die Politik zur Humanisierung der Arbeitswelt von der Lebenslage und den Interessen der Arbeitnehmer ausgeht, so bedürfen die Arbeitsbedingungen vieler Selbständiger in Gewerbe, Dienstleistung und Landwirtschaft doch ebenfalls durchgreifender Verbesserung. Die sozialdemokratische Gesellschaftspolitik bezieht die berechtigten Forderungen dieser Gruppen mit ein.

4.3.2 Die technische und soziale Entwicklung der Arbeitswelt ist hinter dem zurückgeblieben, was in unserer Gesellschaft möglich wäre.

Die Arbeitsbedingungen in unserem Land entsprechen nicht den berechtigten Ansprüchen der Arbeitnehmer. Zwar hat sich ihre Lebens- und Arbeitssituation seit Beginn der Industrialisierung durch den erfolgreichen Kampf der Arbeiterbewegung grundlegend verbessert. Es darf aber nicht verkannt werden, daß Schlüsselprobleme noch immer ungelöst sind und als Folge der wirtschaftlichen und technischen Entwicklung neue Probleme entstehen.

Bestimmte Formen der hochtechnisierten arbeitsteiligen Produktion isolieren den arbeitenden Menschen in einem erheblichen Umfang von seinem Arbeitsergebnis und seinen Arbeitskollegen. Dort wo sich Kostenminimierung ohne Rücksicht auf die sozialen Kosten nur am Gewinn des einzelnen Unternehmens orientiert und Sozialinvestitionen sich deshalb auf ein Minimum beschränken, führt sie dazu, den arbeitenden Menschen als bloßen Produktionsfaktor zu betrachten.

Im einzelnen bestehen folgende Probleme:

— Auffallend ist der Mangel an sozialen Einrichtungen, die die Arbeitsbedingungen berufstätiger Frauen sowie alleinstehender Mütter und Väter erleichtern.
— Unbefriedigende und belastende Arbeitsbedingungen (z. B. sich ständig wiederholende Teilarbeit, Fließband, Nacht- und Wechselschicht und gefährliche Arbeitsplätze) beeinträchtigen Gesundheit und Entfaltungsmöglichkeiten der Menschen. Gleichzeitig entstehen soziale Kosten für die Gesellschaft, die mit einer humaneren Gestaltung der Arbeitswelt vermieden werden könnten.
— Die Organisation der Arbeit läßt großen Teilen der Arbeitnehmerschaft in der Industrie, aber auch in Verwaltung und Dienstleistungsbetrieben nur begrenzte Verhaltens- und Entscheidungsspielräume.
— Der ständige Wandel der Ausbildungs- und Arbeitsbedingungen kann die berufliche Deklassierung durch Entwertung der bisherigen Qualifikation zur Folge haben.

Die Notwendigkeit, diese Situation zu ändern, wird heute den Menschen zunehmend bewußt. Die Arbeitnehmer verlangen deshalb gerade von den Sozialdemokraten eine konsequente Politik zur Humanisierung der Arbeitswelt.

4.3.3 Sozialdemokraten haben in den letzten Jahren eine Reihe wichtiger Maßnahmen zur Humanisierung der Arbeitswelt durchgesetzt. Zu nennen sind besonders: die Reform des Betriebsverfassungsgesetzes und des Personalvertretungsgesetzes, das Schwerbehindertengesetz, das Arbeitssicherheits- und Betriebsärztegesetz, die Arbeitsstättenverordnung.
Diese Regelungen sind erst ein Anfang. Notwendig ist ihre Ausfüllung, Ausgestaltung und Weiterentwicklung sowie die Entwicklung und Durchsetzung neuer Maßnahmen.
Eine Politik der Sozialdemokraten zur Humanisierung der Arbeitswelt hat folgende Schwerpunkte:

— Durch soziale Beschäftigungspolitik ist für ein ausgewogenes Angebot an Arbeitsplätzen zu sorgen, durch das die Vollbeschäftigung langfristig gesichert wird. Sie soll berufliche Mobilität, soziale Sicherheit und Leistungsfähigkeit der Arbeitnehmer fördern;
— durch Mitbestimmung auf Betriebs-, Unternehmens- und gesamtwirtschaftlicher Ebene müssen Betriebs- und Unternehmenspolitik von den Vertretern der Arbeitnehmer mitentschieden werden;
— durch Mitbestimmung am Arbeitsplatz sollen Arbeitsablauf und Arbeitsorganisation durch den betroffenen Arbeitnehmer mitgestaltet werden.
  Dabei muß jede Tätigkeit grundsätzlich mit einem Mindestmaß an Abwechslung, Lernmöglichkeit und Entscheidungsfreiraum verbunden sein. Systeme der Arbeitsvorbereitung und Leistungsentlohnung, die den Menschen zur Maschine degradieren (z. B. gewisse Systeme vorbestimmter Zeiten), sind abzuschaffen;
— durch den Ausbau von Gesundheitsschutz und Unfallverhütung in den Betrieben, durch die Weiterentwicklung des sozialen Arbeitsschutzes (z. B. Mutterschutz, Jugendarbeitsschutz und Altersarbeitsschutz) und durch die wirksame Kontrolle der Schutzvorschriften ist dafür zu sorgen, daß die Arbeitsinhalte und Arbeitsformen sowie die Arbeitsplätze und Arbeitsabläufe den physischen, psychischen und sozialen Gegebenheiten und Ansprüchen der Menschen entsprechen und dem jeweiligen wissenschaftlich-technologischen Standard angepaßt werden;
— durch staatliche Wissenschafts-, Forschungs- und Technologiepolitik muß die Erforschung, Entwicklung und Erprobung

neuer, humaner Produktionstechnologien intensiv gefördert werden. Dabei darf die Forschung und Entwicklung nicht auf technische Verbesserungen beschränkt werden, sondern muß gleichzeitig neue Organisationsformen der Produktion, der Arbeitsstruktur und der Arbeitsabläufe mit einbeziehen. Forschungsergebnisse aus dem Bereich der Humanisierung der Arbeitswelt müssen ohne zeitliche Verzögerung offengelegt werden und Zug um Zug in Schutzregelungen (Gesetze, Verordnungen, Richtlinien) Eingang finden;

— ein Schwerpunkt muß die Entwicklung solcher Organisationsformen sein, die eine tatsächliche Gleichstellung berufstätiger Frauen ermöglichen. Es kommt nicht nur auf die Erfüllung der alten Forderung „gleicher Lohn für gleichwertige Arbeit" an, sondern auf die Herstellung von Arbeitsbedingungen, die der Frau eine tatsächliche berufliche Gleichberechtigung geben, z. B. sollte Halbtagsarbeit sowohl für Frauen als auch für Männer möglich gemacht werden;
— durch Verbesserungen der Arbeitsbedingungen für besonders benachteiligte Gruppen ist dafür zu sorgen, daß eine bessere Integration dieser Personengruppen in die Arbeitswelt ermöglicht wird;
— die Arbeitnehmer müssen die Chance erhalten, sich durch Weiterbildung auf die Anforderungen der Mitbestimmung des technischen, ökonomischen und sozialen Wandels hin zu qualifizieren, sich in verschiedenen gesellschaftspolitischen Bereichen nach ihren Interessen zu engagieren und ihre Talente und Fähigkeiten auch außerhalb ihrer Arbeitsrolle zu entwickeln.

4.3.4 Große Teile einer Gesamtstrategie zur Humanisierung der Arbeit sind dem direkten staatlichen Einfluß entzogen. Hier haben die Gewerkschaften eine besondere Verantwortung: Viele Unzulänglichkeiten in der Arbeitswelt lassen sich sinnvoller und effektiver als durch staatliche Maßnahmen durch das Zusammenwirken von Arbeitnehmern und Arbeitgebern auf betrieblicher Ebene und durch Tarifverträge lösen.
Vereinbarten Modellversuchen humaner und freierer Arbeitsgestaltung, in denen neue Formen der betrieblichen Zusammenarbeit erprobt werden, kommt im Rahmen einer Gesamtstrategie der Humanisierung der Arbeit ebenfalls große Bedeutung zu.

4.3.5 Eine Politik zur Humanisierung der Arbeitswelt muß mit zahlreichen Widerständen rechnen. Unter dem Vorwand, die Forderung nach einer humaneren Gestaltung der Arbeitswelt gefährde die Wettbewerbsfähigkeit der Wirtschaft und schränke die Rechte der Kapitaleigentümer unzulässig ein, versuchen manche Unternehmer und ihre Verbände zu erreichen, daß weiterhin Entscheidungen über Qualität der Arbeit unter dem verengten Blickwinkel kurzfristiger Gewinninteressen gefällt werden.

Die Humanisierung der Arbeitswelt muß aber nicht, wie sich bei den bisher durchgeführten Maßnahmen zeigt, auf Kosten der Produktivität gehen.

Das primäre Ziel ist es, die Entfremdung der arbeitenden Menschen so weit wie möglich dadurch einzuschränken, daß der Arbeitsprozeß von ihren individuellen und solidarischen Bedürfnissen mitbestimmt wird.

Ein weiterer Widerstand, der nur langsam beseitigt werden wird, ist in dem falsch verstandenen Leistungsbegriff begründet, der in zahlreichen meinungsbildenden Medien verbreitet und von vielen Arbeitnehmern und Arbeitgebern kritiklos vertreten wird. Leistung wird dabei oft nur als bloß handwerklich-technische und als Intelligenzleistung verstanden und darüber hinaus vorwiegend isoliert auf den einzelnen bezogen. Schöpferische Phantasie, Eigeninitiative, soziales Verantwortungsgefühl und Fähigkeit zur Kooperation werden im Namen eines verengten Leistungsbegriffs häufig unterbewertet. Die wirtschaftlichen und sozialen, die politischen und kulturellen, d. h. die gesellschaftlichen Bedingungen wirklich produktiver Leistung werden oft übersehen.

Damit verbunden ist auch eine gegen die eigentlichen Interessen gerichtete Mentalität bei den Arbeitnehmern, sich die Belastung inhumaner Arbeitsbedingungen durch „Erschwerniszulagen" scheinbar abkaufen zu lassen. Diese für die Arbeitgeber so willkommene Mentalität ist allerdings in den letzten Jahren erheblich aufgeweicht, wie z. B. der Streik der Metallarbeiter in Baden-Württemberg für bessere Arbeitsverhältnisse gezeigt hat.

Gegen all diese Widerstände haben schon bisher insbesondere die Gewerkschaften, aber auch der Staat, mit einzelnen Maßnahmen erhebliche Erfolge erzielt. Einer umfassenden Lösung des Problems kann jedoch nur nähergekommen werden durch eine

Gesamtstrategie, die von Sozialdemokratischer Partei und Gewerkschaften getragen wird.

4.4 Reform des Gesundheitswesens

4.4.1 Ziel sozialdemokratischer Gesundheitspolitik ist eine chancengleiche, optimale Gesundheitssicherung und medizinische Versorgung für alle Bürger ohne Rücksicht auf ihre wirtschaftlichen Verhältnisse. Zur Verwirklichung dieses Zieles ist die Gesellschaft verpflichtet, Voraussetzungen für gesundheitsgerechte Lebensbedingungen zu schaffen und dem einzelnen entsprechende Hilfen zur Verfügung zu stellen. Dadurch soll die Verantwortungsbereitschaft des einzelnen für seine Gesundheit nicht gemindert werden. Sie ist vielmehr durch Anreize und Beratung so zu stärken, daß jeder im Rahmen der ihm gegebenen Möglichkeiten zur Erhaltung und Wiederherstellung seiner Gesundheit beitragen kann.
Die sozialen Rechte sind in der Bundesrepublik Deutschland weit ausgebaut. Die Leistungen der Sozialversicherung umfassen u. a. Vorsorge, Schwangerenberatung, medizinische Sach- und Dienstleistungen, unbegrenzten Krankenhausaufenthalt, Haushaltshilfe und Arzneimittelversorgung. Wichtige Verbesserungen haben Sozialdemokraten für den Gesundheitsschutz am Arbeitsplatz, im Umweltbereich und bei Lebens- und Arzneimitteln erzielt. Dazu gehört auch das Recht des kranken Arbeitnehmers auf Lohnfortzahlung.
Die fortschreitende technisch-wissenschaftliche Entwicklung unserer hochindustrialisierten Gesellschaft eröffnet gerade im Bereich der Erhaltung und Wiederherstellung der Gesundheit wachsende Möglichkeiten zur Verbesserung der Lebenssituation aller Bürger. Die in den letzten Jahrzehnten in den Vordergrund getretenen Volkskrankheiten können mit den heutigen medizinischen Möglichkeiten fast ausnahmslos wirksam bekämpft werden.

4.4.2 Gleichzeitig entstehen aus dem fortschreitenden Industrialisierungsprozeß für den einzelnen und ganze Gruppen der Gesellschaft zunehmende Gefahren. Aus den Bedingungen der industriellen Arbeitswelt ergeben sich akute Gesundheitsgefähr-

dungen. Arbeits- und Verkehrsunfälle verursachen den größten Teil aller bleibenden körperlichen Schäden. Hohe Fließbandgeschwindigkeiten, Taktzeiten, zu kurze Pausen und Akkordsysteme bestimmen den Lebensrhythmus vieler Menschen. Betriebssicherheit und Betriebshygiene werden entgegen bestehenden Gesetzen noch häufig vernachlässigt. Auch der Zwang zu fremdbestimmten und oft eintönigen Arbeitsleistungen führt nicht selten zu seelischen und körperlichen Störungen. Neue Gefahren für die Gesundheit gehen mit einer durch technische Entwicklung zunehmenden Umweltbelastung einher.
Die Technisierung wirkt auch auf Lebensweise und Verhaltensgewohnheiten der Menschen nachhaltig ein. Ein vor allem auf Gewinn und wirtschaftliche Macht orientiertes Wirtschafts- und Gesellschaftssystem, das auf bloße Steigerung des privaten Konsums ausgerichtet ist, verstärkt die durch die technische Entwicklung ohnehin gegebene Gefährdung der Gesundheit. Das von wirtschaftlichen Interessen bestimmte Angebot an Gütern und das von diesen Kräften geweckte Konsumverhalten der Bevölkerung stehen oft der nach dem wissenschaftlichen Erkenntnisstand notwendigen gesundheitlichen Anpassung der Lebensweise an geänderte Verhältnisse entgegen.

4.4.3 Das bestehende Gesundheitswesen ist zwar der medizinisch-wissenschaftlichen Entwicklung weitgehend gefolgt, es ist aber dem naturwissenschaftlichen Denken verhaftet geblieben und hat Einsichten in die psychischen und gesellschaftlichen Wechselwirkungen von Gesundheit und Krankheit nicht berücksichtigt. Es ist ausgerichtet an der Behandlung von Krankheitszuständen, nicht aber an deren Verhütung. Auf die Abwehr von Gesundheitsgefahren, die unsere industrielle und wirtschaftliche Entwicklung mit sich bringt, ist unser Gesundheitswesen nicht vorbereitet. Der niedrige Stand unserer Gesundheitsbildung und Gesundheitsberatung führt leicht zu einem Verhalten der Bürger, das den gesundheitlichen Erfordernissen entgegensteht. Andererseits bleibt dem Arzt zu wenig Zeit für eingehende Beratung und Betreuung. Er setzt häufig aus ökonomischen Gründen einen eigenen technischen Laborapparat für Diagnostik und Therapie ein mit kostspieligen Folgen für die Zahlungsverpflichteten. Solcher Technisierung der Einzelpraxis stehen das Absinken spezifisch ärztlicher Leistungen und die Sorge um einen funktionsfähigen Bereitschafts- und Notfalldienst gegenüber.

4.4.4 Die Säuglings- und Müttersterblichkeit ist in der Bundesrepublik Deutschland gegenüber vergleichbaren Ländern unnötig hoch. Eine wirksame vorsorgende Gesundheitsbetreuung im Kindes- und Jugendalter fehlt weitgehend. Die Lebenserwartung von Männern über 50 Jahren sinkt weiter ab. Das vorzeitige Ausscheiden aus dem Erwerbsleben aus Krankheitsgründen ist unverändert hoch. Ergänzende Betreuungs- und Pflegedienste im ambulanten und stationären Bereich für pflegebedürftige und alte Menschen fehlen weitgehend. Die psychisch Kranken werden unzureichend versorgt. Es fehlt vor allem eine dem Stand der wissenschaftlichen Erkenntnis entsprechende, vorwiegend auf ambulante und teilstationäre Behandlung abzielende gemeindenahe Versorgung. Die Behandlung und Verwahrung in Großkrankenhäusern verletzt häufig die Menschenwürde.

4.4.5 Ein erheblicher Teil dieser Mängel in der Gesundheitsversorgung der Bevölkerung ist auf das Fehlen von Planung und Koordination der Einrichtungen und Leistungen sowie auf den Mangel an Zusammenarbeit zurückzuführen. So gibt es in unserem Land — bezogen auf die Einwohnerzahl — zwar mehr Ärzte und Krankenhausbetten als in den meisten vergleichbaren westlichen Ländern, aber Fachkräfte und Einrichtungen sind ungleich verteilt. Die Bevölkerung weiter Gebiete ist ärztlich unterversorgt. Das ist die Folge eines Kassenarztrechts ohne Steuerungselemente, das zusammentrifft mit fehlerhaften Strukturen der ärztlichen Einrichtungen. Ambulante und stationäre medizinische Versorgung sind starr voneinander getrennt. Das mindert ihre Leistungsfähigkeit und erhöht die Kosten — z. B. durch überlange Krankenhausverweildauer — erheblich.
Der Grundsatz, daß sich Aufnahme sowie Art und Umfang der Versorgung im Krankenhaus ausschließlich nach Art und Schwere der Erkrankung und nicht nach der wirtschaftlichen und sozialen Stellung des Patienten zu richten haben, findet immer noch ungenügend Berücksichtigung. Sowohl im ambulanten als auch im stationären Bereich gibt es noch deutliche Beispiele für die Benachteiligung von Sozialversicherten gegenüber Privatpatienten.
Der öffentliche Gesundheitsdienst, sozialmedizinischer und betriebsmedizinischer Dienst stehen ohne Beziehungen neben der ambulanten und stationären Versorgung. Unbefriedigende Aufgabenstellung und Arbeitsbedingungen sowie erheblich niedri-

gere Einkünfte der Amtsärzte gegenüber den Ärzten der freien Praxis haben die Funktionsfähigkeit des öffentlichen Gesundheitsdienstes erheblich beeinträchtigt.

4.4.6 Unser bestehendes Gesundheitswesen ist gemessen an seiner Leistungsfähigkeit zu teuer. Veralterte Struktur und fehlende Verflechtung beschränken die Möglichkeit der Rationalisierung. Mangelhafte Steuerungs- und Kontrollelemente führen zu gesamtwirtschaftlich nicht vertretbaren Beitragsbelastungen der Sozialversicherten.
Die unvertretbar hohen Kostensteigerungen werden vor allem durch die Ausgaben für Krankenhäuser, ärztliche und zahnärztliche Vergütungen sowie für Arzneimittel verursacht. Eine zu geringe Differenzierung des Krankenhausangebots, überlange Krankenhausverweildauer infolge Fehlbelegungen und das Fehlen ambulanter Nachbehandlungsmöglichkeiten und Hauskrankenpflege, insbesondere unrationelle Krankenhausorganisation tragen zu diesem Kostendruck bei. Eine die technischen Einzelleistungen begünstigende und dadurch den Leistungsumfang hochtreibende ärztliche Gebührenordnung sowie eine schwache und zersplitterte Position der Sozialversicherungsträger bei Honorarverhandlungen stellen einen weiteren erheblichen kostensteigernden Faktor dar. Auch ist hierdurch das Einkommen der niedergelassenen Ärzte stärker gestiegen als das der Beitragszahler. In der Arzneimittelversorgung wirken unnötige Medikamentenvielfalt, eine unkritische Bevorzugung medikamentöser Therapie vor anderen, nicht weniger wirksamen Heilmaßnahmen, eine undurchsichtige Preisbildung sowie zu hohe Handelsspannen in Großhandel und Apotheke kostensteigernd.

4.4.7 Sozialdemokraten müssen daher zum Ausbau, zur Erweiterung und zur Erhaltung der Funktionsfähigkeit unserer Gesundheitssicherung eine Reform des Gesundheitswesens durchführen. Vor allem müssen die Teilbereiche des Gesundheitswesens zu einem integrierten System der medizinischen Versorgung zusammengefaßt werden. Die angewandte Medizin muß die ausschließlich naturwissenschaftliche Orientierung überwinden und die Ergebnisse sozialwissenschaftlicher und psychologischer Forschung aufnehmen, damit die in den Arbeits- und Lebensbedingungen begründeten krankmachenden Faktoren und

gesellschaftliche und wirtschaftliche Einflüsse erkannt und ausgeschaltet werden können. Neue Formen der Zusammenarbeit zwischen Ärzten und den anderen medizinischen und sozialen Fachberufen sind zu entwickeln.
Unser Gesundheitssystem muß rationell gestaltet werden. Teilbereiche müssen organisatorisch und technisch miteinander verzahnt und durch gemeinsame Einrichtungen wie medizintechnische Zentren und zentrale Informationssysteme miteinander verbunden werden. Neue Fachberufe für medizinische und soziale Tätigkeit müssen entwickelt und zu verantwortlicher Mitarbeit gewonnen werden.

4.4.8 In einem integrierten System der medizinischen Versorgung ist der Ausbau von Gesundheitsbildung und Gesundheitsberatung mit individuellen Hilfen für eine gesundheitsgerechte Lebensführung notwendig. Zur erfolgreichen Verbesserung der Gesundheitsversorgung gehören insbesondere eine gesundheitsgerechte Umwelt, Schaffung gesundheitsgerechter Wohnungen sowie Maßnahmen von Arbeitssicherheit und Arbeitsschutz in einer humanisierten Arbeitswelt.
Im Krankheitsfalle müssen alle Bürger Anspruch auf ein umfassendes Angebot von Maßnahmen der ambulanten und stationären Behandlung ohne Unterbrechung und bis zum bestmöglichen Behandlungserfolg haben. Soweit erforderlich, gehören zu dieser Behandlungskette auch Maßnahmen zur Wiedereingliederung in die gesellschaftlichen Beziehungen. Jeder Bürger hat Anspruch auf Rehabilitationsleistungen unabhängig von der Ursache der Schädigung. Dies erfordert qualitativ und quantitativ angemessene und bedarfsorientierte Einrichtungen der Rehabilitation. Wiedereingliederungsmaßnahmen müssen frühzeitig eingeleitet und koordiniert werden.

4.4.9 Die Verantwortung für die Ordnung der medizinischen Versorgung liegt beim Staat. Jedoch sollen die Aufgaben der medizinischen Versorgung nicht von den Staatsorganen selbst, sondern so weit wie möglich im Wege der Selbstverwaltung und der gesellschaftlichen Mitbestimmung durch die betroffenen Gruppen (Vertreter der Versicherten, der im Gesundheitswesen Tätigen und der Gebietskörperschaften) wahrgenommen werden, wie dies dem Prinzip einer freiheitlich-demokratischen Gesellschaft entspricht.

4.4.10 Die soziale Krankenversicherung muß für die gesamte Bevölkerung offenstehen. Mit Hilfe des Sachleistungssystems, das für alle Personen gleiche Leistungen unabhängig von deren wirtschaftlicher Situation ermöglicht, läßt sich eine für alle Bürger optimale und gleichmäßige medizinische Versorgung bei freier Arztwahl gewährleisten.
Die soziale Krankenversicherung ist zur Verbesserung ihrer Stellung gegenüber ihren Vertragspartnern und der Pharmaindustrie durch Entwicklung leistungsfähiger Organisations- und Kooperationsformen zu stärken. Sie wird allein durch Vertreter der Versicherten verwaltet.

4.4.11 Die Integration der medizinischen Versorgung erfordert weder die institutionelle Einheitlichkeit noch die Auflösung historisch gewachsener Formen medizinischer Versorgung und freiberuflicher ärztlicher Tätigkeit. Sie können in diese Struktur funktional eingeordnet werden. Die im Gesundheitswesen Tätigen, insbesondere die freiberuflichen Ärzte, wollen wir für eine fortschrittliche Gesundheitspolitik gewinnen. Das wird durch eine steigende Zahl medizinischer Hochschulabsolventen erleichtert, deren Wunsch nach mehr ärztlicher Zusammenarbeit und eigener Freizeit einem integrierten System durchaus entspricht.
Für die Schaffung neuer Strukturen im Gesundheitswesen und die Ausweitung der Aufgaben ist eine enge Zusammenarbeit mit den Gewerkschaften und den Verbänden der Sozialversicherung herzustellen. Wir müssen auch den vielen Organvertretern in Sozialversicherungsträgern, ärztlichen Vereinigungen, Kirchen, Krankenhäusern, kommunalen Gesundheitsausschüssen und Gesundheitsbeiräten aller Ebenen verdeutlichen, daß das integrierte System, an dem sie teilhaben sollen, erstmals eine sinnvolle und wirksame Gestaltung der gesundheitlichen Bedürfnisse der Bevölkerung gestattet.
Schließlich setzt verantwortliches Handeln in der Gesundheitssicherung eine umfassende Information des Bürgers voraus. Um die Bevölkerung für uns zu gewinnen, dürfen wir Gesundheitspolitik nicht als spezielle Fachpolitik betrachten. Die körperliche und geistig-seelische Gesundheit ist eine wesentliche Voraussetzung für die sinnvolle Lebensführung des einzelnen in seinem privaten Bereich und für sein Engagement in der Gesellschaft. Die gesellschaftlichen Voraussetzungen für Vorbeugen, Heilen und Rehabilitieren können deshalb jedem verständlich gemacht

werden. Es gilt, Gesundheitspolitik als integralen Bestandteil sozialdemokratischer Gesellschaftspolitik zu verstehen und öffentlich zu verfechten.

4.5 Städteplanung und Stadtentwicklung

4.5.1 Ein ständig größer werdender Teil der Bevölkerung wohnt in den sogenannten Ballungs- und Verdichtungsräumen. Die Ursache dafür ist das in diesen Räumen relativ größere und attraktivere Arbeitsplatzangebot.
Die Konzentrationsprozesse in der Wirtschaft und Standortvorteile (kurze Absatzwege = geringe Transportkosten) und die Zunahme des Dienstleistungsbereichs führten zu einer Massierung der Arbeitsplätze, die die Bevölkerung nachzog.
Die Entwicklung des Arbeitsplatzangebots war und ist gekennzeichnet von einem starken Rückgang der Arbeitsplätze in der Landwirtschaft, von einem Rückgang in der standortabhängigen Industrie und einer starken Zunahme im Dienstleistungsbereich.

4.5.2 In den Verdichtungsräumen nähern sich die Umweltbedingungen kritischen Grenzen und drohen die qualitativen Lebensbedingungen zu verschlechtern. Zersiedlung der Landschaft, Verödung mancher Stadtkerne, Überbeanspruchung der Infrastruktur, Luftverschmutzung und Lärmbelästigung u. a. führen zu hohen sozialen Kosten für die Gemeinschaft und unzumutbaren psychischen und physischen Belastungen für den einzelnen. In jüngster Zeit hat die Abwanderung aus den Innenstadtbereichen der Großstädte ein alarmierendes Ausmaß erreicht. Da die Ursachen auch in den Wohnverhältnissen zu suchen sind, müssen wirksame Maßnahmen ergriffen werden, um die Lebensbedingungen in den betroffenen Großstadtbezirken zu verbessern.
Diese Tendenz wird so lange verstärkt, wie es nicht gelingt, die einseitige Orientierung unserer Gesellschaft am wirtschaftlichen Wachstum einzuschränken. Die Konflikte zwischen wirtschaftlichen Zielen und gesellschaftlichen Erfordernissen werden zur Zeit noch in der Regel zugunsten der ersteren entschieden.
Angesichts der lebenswichtigen Funktionen, die der ländliche Raum für die Gesellschaft zu erbringen hat, und der veränderten

gesellschaftlich-ökonomischen Rahmenbedingungen, die die Entwicklungschancen in Teilgebieten des ländlichen Raumes mindern, ist eine Überprüfung und Weiterentwicklung räumlicher Entwicklungskonzeptionen erforderlich.
Im ländlichen Raum hat der land- und forstwirtschaftliche Grund und Boden neben privatwirtschaftlichen Funktionen zunehmende gesellschaftliche Funktionen zu erfüllen, die sich aus dem wachsenden Landbedarf für Zwecke der Allgemeinheit und aus dem entscheidenden Einfluß von Boden und Landschaft auf unsere Umwelt ergeben. Mit geeigneten Maßnahmen der Bodenordnung, des Naturschutzes und der Landschaftsplanung muß die Erfüllung dieser Funktionen gesichert werden.

4.5.3 In den Verdichtungsgebieten, insbesondere aber in den Kernstädten, klafft zwischen den von Politikern und Bürgern erkannten gesellschaftspolitischen Notwendigkeiten auf dem Gebiet
— der Infrastruktur-Investitionen,
— der sozialen Dienstleistungen sowie
— des Umweltschutzes
und dem tatsächlich Möglichen und Durchsetzbaren eine immer größer werdende Lücke.
Diese Lücke wird verursacht durch
— das unzureichende Planungs- und Lenkungsinstrumentarium und
— die völlig unzulängliche Finanzausstattung der Großstädte.
Dieser Tatbestand führt zu Spannungen und Unzufriedenheit in der Bevölkerung und den gesellschaftlichen Gruppierungen, außerdem auch zu Glaubwürdigkeitsverlusten der dort überwiegend regierenden SPD und zu Zweifeln an der tatsächlichen Durchsetzbarkeit sozialdemokratischer Reformpolitik.
Veränderungen im Planungs- und Bodenrecht, die Aufstellung von Raumordnungsplänen, das Programm für die großräumige Entwicklung des Bundesgebietes, die Instrumente der Wirtschaftsstrukturpolitik, geschärftes Bewußtsein und zunehmende Anteilnahme der Bürger haben die Voraussetzungen für eine bewußte Gestaltung im Interesse einer humaneren Gesellschaftsordnung nur geringfügig verbessert.
Negative Erfahrungen bei dem Bemühen um die Durchsetzung sozialdemokratischer Ziele sind auch der Hauptgrund für eine große Anzahl innerparteilicher Streitigkeiten.

Die Entstehung von Problemen in den Verdichtungsgebieten und ihre Beseitigung sind wesentlich abhängig von der Beeinflussung der wirtschaftlichen Entwicklung. Voraussetzungen für die Bewältigung der großstädtischen Probleme sind vor allem:

- eine grundlegende Verbesserung des Planungs- und Bodenrechts,
- eine verbesserte Beteiligung der Bürger an den kommunalen Planungen,
- eine erhebliche Verbesserung der Finanzausstattung der Großstädte, die mit einer spürbaren Erweiterung des eigenen Handlungsspielraums zu verbinden ist,
- ein verstärkter Einfluß auf die wirtschaftliche Entwicklung.

Ohne die Instrumente der Investitionsbeeinflussung, vor allem bei der Standortwahl, kann der weiteren Verdichtung der Arbeitsplätze und damit der Bevölkerung nicht entgegengewirkt werden. Zusätzliche Überbeanspruchung der Infrastruktur hier und Minderauslastung in ländlichen Gebieten wären die unerwünschten Folgen.

Stadtplanung und Stadtentwicklung erfordern deshalb, daß das ökonomische Prinzip seine Vorrangstellung verliert und in die Zielsetzung für eine sozialdemokratische Kommunalpolitik eingeordnet wird. Das bedeutet, daß

- die Interessen der Mehrheit der Gemeindebürger den Vorrang vor dem privaten Vorteil einer Minderheit haben,
- die Bedürfnisse der Gruppen, die sich nicht genügend artikulieren können, mehr als bisher berücksichtigt werden,
- die Nutzung des gesamten innerstädtischen Bodens den Anforderungen der Gemeinschaft entspricht und nicht die wirtschaftlichen Vorteile einzelner den Vorrang haben,
- umweltschützende Maßnahmen organisiert und umweltfreundliche Techniken entwickelt werden, damit unkontrollierte Emissionen und ungeordnete Ablagerungen, die unbehebbare Schäden oder unnötige Kosten verursachen, vermieden werden,
- die Technik dem Menschen dient und nicht über den Menschen herrscht.

4.5.4 Trotz der vordergründig lokalen Bedeutung kommunaler Probleme sind internationale Bezüge unverkennbar. Zum Beispiel:

- Regionalpolitik ist heute nationalstaatlich nicht immer durchführbar, der hohe Prozentsatz von Ausländern, insbesondere in den industriellen Schwerpunkträumen, macht dies deutlich.

— Die Abhängigkeit vom Rohstoffimport hat insbesondere die Energieversorgung zu einem kommunalpolitisch wichtigen Thema gemacht.
— Eine große Zahl der Arbeitsplätze in den Verdichtungsräumen wird von multinational disponierenden Konzernen bereitgestellt.

Die Zukunft der Städte und Gemeinden hängt damit auch von der Lösung weltweiter wirtschaftlicher Probleme und der Erweiterung des staatlichen Handlungsspielraums ab.

4.5.5 Für die Durchsetzung sozialdemokratischer Politik kommt der Problembewältigung in den Großstädten besondere Bedeutung zu. Die relativ höhere Mobilität und die engeren Kommunikationsbeziehungen, verbunden mit dem ständigen Erleben ungelöster Probleme (Verkehr, Wohnen, Kriminalität usw.), führen zu einer stärkeren Politisierung; sozialdemokratische Stadtentwicklung muß die Mitwirkung der Bürger gewährleisten. Das bedeutet die stärkere Heranführung der Bürger an die Aufgaben und Probleme ihrer Gemeinde durch mehr Information und die Möglichkeit der Mitberatung der gemeindlichen Angelegenheiten.
Die engen Verflechtungen verschiedener Politikbereiche werden nirgends so deutlich wie in den Kommunen. Die Modernisierung der Volkswirtschaft zur langfristigen Sicherung der Arbeitsplätze muß in den Kommunen, vor allem durch entsprechende Planungs- und Erschließungsmaßnahmen, konkret vorbereitet und unterstützt werden. Neubau, Ausbau und Erhaltung von Bildungseinrichtungen, insbesondere überbetrieblichen Einrichtungen der beruflichen Bildung, werden auch in Zukunft von den Gemeinden große finanzielle Anstrengungen verlangen. Durch eine vernünftige gegenseitige Zuordnung von Wohn- und Gewerbegebieten, kulturellen Einrichtungen und Freizeiteinrichtungen können wichtige Voraussetzungen für eine humanere städtische Umwelt geschaffen werden. Und schließlich müssen gerade die Kommunen künftig verstärkt am Schutz sowie der bestmöglichen Wiederherstellung der Gesundheit der Bürger durch kommunale Investitionen mitwirken.

4.5.6 Als Träger vieler öffentlicher Einrichtungen und kommunaler Planungen schaffen die Kommunen die Voraussetzung für eine Verbesserung der Lebensqualität und mehr Chancengleichheit. Dabei sind besondere Schwerpunkte sozialdemokratischer Stadtentwicklungspolitik:

— Wohnen

Wohnungen müssen am richtigen Standort mit guten Verkehrsverbindungen und angemessener Versorgung mit öffentlichen und privaten Dienstleistungen zur Verfügung stehen. Der Bürger muß eine Wohnumgebung vorfinden, in der er seine Individualität entfalten und sich zu Hause fühlen kann, die zu sozialen Kontakten und bürgerschaftlichem Handeln anregt und weitmöglich frei von Gefährdungen und Belästigungen ist.

— Arbeiten

Wirtschaftsunternehmen und ihre Neuansiedlung müssen den anderen Lebensbereichen sinnvoll zugeordnet werden. Neuplanungen und wesentlichen Erweiterungen sollte eine Analyse der aus ihnen folgenden gesellschaftlichen Kosten und Nutzen vorausgehen. Kommunale Wirtschaftsförderung muß dazu beitragen, daß ein Arbeitsmarkt mit sicheren Arbeitsplätzen, einem vielfältigen Angebot und guten Zugangsmöglichkeiten geschaffen und gesichert wird.

— Verkehr

Die Maßnahmen zur Gestaltung des Personennahverkehrs müssen darauf ausgerichtet sein, den Anteil des öffentlichen Personennahverkehrs am Berufsverkehr wesentlich zu erhöhen und einen attraktiven Einkaufs-, Freizeit- und Erholungsverkehr anzubieten.

Das bedeutet im einzelnen:

a) der öffentliche Nahverkehr darf nur so wenig wie möglich vom Individualverkehr behindert werden,
b) an den Endpunkten leistungsfähiger Strecken des Personennahverkehrs sind Park-and-ride-Anlagen einzurichten.
c) die radial auf das Stadtzentrum ausgerichteten öffentlichen Verkehrsmittel sind durch Querverbindungen zu ergänzen,
d) Orientierungspunkt für die Tarifbildung ist der verkehrspolitische, planungs- und umweltrelevante sowie der volkswirtschaftliche Nutzen. In diesem Rahmen müssen auch die Leistungen der Benutzer in verkehrs- und sozialpolitisch vertretbarer Weise erhöht werden,
e) durch Bildung von Verkehrsgemeinschaften und Verkehrs-

verbünden sowie die Fusion zwischen Trägern des öffentlichen Personennahverkehrs ist die Planung und Bedienung zusammenhängender Verkehrsgebiete sicherzustellen.

— Umwelt
Den umweltpolitischen Zielen gleichen Rang wie anderen Zielen einzuräumen bedeutet, der Stadtentwicklung umweltpolitische Rahmenbedingungen zu setzen, da die Verminderung von unzumutbaren Belastungen und Schädigungen die Korrektur eingetretener Schäden überflüssig macht. Beim Abwägen der Umweltfolgen ist die Grenze dort, wo durch öffentliche oder private Vorhaben mit Sicherheit die Gesundheit der Bürger stärker gefährdet wird und nicht mehr wiedergutzumachende Dauerschäden der Stadt mehr drohen als durch die Nichtdurchführung.

— Bildung, Kultur, Freizeit, Sport
Es ist ein Konzept zu entwickeln, das ein vielfältiges soziales Beziehungsgeflecht von Bildung, Kultur, Geselligkeit, Sport und Freizeit gewährleistet. Das bedeutet die Verzahnung der Schulentwicklungsplanung mit der Planung der Volkshochschulen, der Museen, der Bibliotheken, der Jugendeinrichtungen und der Einrichtungen für Freizeit und Sport. Dieses Konzept muß aber auch berücksichtigen, daß Wohn- und Freizeitbereiche von den anderen Lebensbereichen nicht getrennt werden und die Anbindung durch den öffentlichen Personennahverkehr gewährleistet ist.

— Soziale Sicherung und Integration
Einrichtungen für Alte (Altenwohnungen, Altenheime, Altenwohnheime, Altenklubs, Altenbetreuung), für Behinderte (Wohnungen, Arbeitsplätze, Bildungsstätten), im Gesundheitswesen (Krankenhäuser, Rehabilitationseinrichtungen, Ärztehäuser, öffentlicher Gesundheitsdienst) können nicht isoliert betrachtet werden. Altenheime und Altenklubs dürfen die Senioren nicht aus der Umwelt reißen, in der sie ihr ganzes Leben verbrachten; beim Bau und Ausbau von Gemeinschaftseinrichtungen sind die Bedürfnisse der Behinderten zu berücksichtigen; die Entwicklung und Anwendung eines integrierten Systems gesundheitlicher Versorgung muß eine enge Zusammenarbeit zwischen niedergelassenen Ärzten, Krankenhäusern und öffentlichem Gesundheitsdienst ermöglichen und ambulante und stationäre Versorgung besser miteinander verbinden.

4.5.7 Planungen und Maßnahmen von Bund und Ländern müssen — im Sinne der im Abschnitt 2. entwickelten Vorschläge — den Gemeinden so viel Raum lassen, daß sie durch Nutzung aller ihnen gegebenen Möglichkeiten, Spielräume und Instrumente auf örtlicher Ebene selbst aktive Stadtentwicklung betreiben können. Stadtentwicklungsplanung muß dafür sorgen, daß die einzelnen Fachplanungen (Wohnen, Arbeiten, Verkehr, Umwelt, Bildung, Kultur, Freizeit, Sport, soziale Sicherung) zusammengefaßt, aufeinander abgestimmt und Prioritätsentscheidungen getroffen werden. Dazu gehört die Finanzplanung mit den laufenden Ausgaben, den Investitions- und Folgekosten, die Personalplanung mit der Absicherung der personell ausreichenden Ausstattung der kommunalen Einrichtungen und die Flächenvorsorge und -planung für diese Einrichtungen. Stadtentwicklungsplanung bedeutet die Aufstellung eines Programms, das alle Planungen miteinander integriert und unter Berücksichtigung der politischen Gegebenheiten den bestmöglichen Einsatz der kommunalen Maßnahmen ermittelt.
Bürgerinitiativen, Bürgerbegehren, Einwohner- und Bürgerversammlungen und Bürgerberatungen können bessere Voraussetzungen für eine stärkere Heranführung der Bürger an die Aufgaben und Probleme ihrer Gemeinde schaffen.

4.5.8 Da die Städte und Verdichtungsgebiete fast alle Strukturprobleme unserer Gesellschaft wie mit einem Brennspiegel zusammenfassen, wirft der Versuch zur Lösung dieser Probleme auch sämtliche Fragen der Strategie sozialdemokratischer Politik auf. Die Ermittlung der konkreten Bedürfnisse der Bürger, der einander entgegenstehenden Interessen, die Gewinnung der in den Verdichtungsgebieten besonders zahlreichen gesellschaftlichen Zwischenschichten, die Formulierung und überzeugende Vertretung eines sowohl umfassenden als auch konkreten Programms realistischer Reformen — alle diese Probleme sind in den Verdichtungsgebieten noch schwieriger zu lösen als in der übrigen Gesellschaft. Allzu einfache gesellschaftliche Erklärungsversuche („Kapital" gegen „Arbeiterklasse") versagen hier ebenso wie vereinfachte politisch-strategische Alternativen (Wohlfahrtspolitik von oben oder „Massenmobilisierung"). Das durch die gesellschaftlichen Verhältnisse geprägte, nicht eindeutige, ambivalente Verhalten der meisten Menschen gerade in den Städten und Verdichtungsgebieten, das sowohl von Reformerwartungen und Mitbestimmungsforderungen als auch von Ängsten und Sicherheitsbedürfnissen geprägt wird, verlangt eine sozialdemokratische Politik, die Offenheit und Festigkeit, Kritikfähigkeit und Selbstsicherheit, konkrete Problemlösungen für heute und langfristige Perspektiven glaubwürdig miteinander verbindet.

4.6 Die Gleichstellung der Frauen

4.6.1 Die Ziele des demokratischen Sozialismus — Freiheit, Gerechtigkeit und Solidarität — können nur dann verwirklicht werden, wenn sie auch im Zusammenleben von Mann und Frau bewußt und einschränkungslos akzeptiert werden. Frauen wie Männer können nur dann erfolgreich gegen Unfreiheit und Ungerechtigkeit kämpfen, wenn sie miteinander solidarisch sind, wenn zwischen ihnen Freiheit und Gerechtigkeit herrschen. Freiheit und Gleichheit bedeuten hier konkret, daß Männer und Frauen in Beruf und Familie bewußt und gemeinsam entscheiden, welche Aufgabe sie jeweils zu übernehmen bereit und in der Lage sind. Solidarität heißt, daß Männer und Frauen erstrebenswerte Ziele als gemeinsame erleben und gemeinsam durchsetzen, daß es nicht darum geht, sich voneinander zu emanzipieren, sondern daß es allein darauf ankommt, sich gemeinsam von gesellschaftlichen Zwängen, Herrschaft und überholten Vorstellungen zu befreien.

4.6.2 Frauen sind von dem Widerspruch zwischen den Möglichkeiten der Nutzung gesellschaftlichen Reichtums für alle und der Wirklichkeit der Ungleichheit seiner Verteilung besonders betroffen. Die tatsächliche Benachteiligung der Frauen in unserer Gesellschaft ist offensichtlich:

— Frauen haben faktisch schlechtere Bildungs- und Ausbildungschancen als Männer. Das zeigt sich z. B. im Vergleich der erreichten Schulabschlüsse und in der vergleichsweise geringeren formalen beruflichen Qualifikation.

— Frauen sind benachteiligt in der Entlohnung. Bei gleichwertiger Arbeit ist der durchschnittliche Bruttoverdienst der Arbeitnehmerin erheblich niedriger als der des Arbeitnehmers.

— Bestimmte Berufe und Tätigkeiten, die fast ausschließlich von Frauen ausgeübt werden, bezeichnet man kurzerhand als leichte oder minderqualifizierte Arbeit. Diese wird entsprechend bezahlt, obwohl längst feststeht, daß sie ein Höchstmaß an Fertigkeit und Konzentration erfordert und durch ihre Monotonie besondere Belastungen mit sich bringt. Leichtlohngruppen, bestimmte Dienstleistungsberufe und unterbezahlte Heimarbeit sind Beispiele hierfür.

— Frauen sind benachteiligt im beruflichen Aufstieg. Beruflicher Aufstieg hängt von entsprechender Aus- und Fortbildung, von der Bereitschaft und Möglichkeit ab, berufliche Mehrbelastung zu übernehmen. Außerdem sind Vorurteile gegenüber den Frauen und der Frauen selbst häufig Grund dafür, Frauen nicht für Aufstiegspositionen zu beachten.

— Frauen sind benachteiligt in ihrer sozialen Sicherung. Nichterwerbstätige Frauen z. B. sind hinsichtlich ihrer Kranken- und Rentenversicherung benachteiligt, soweit sie nur abgeleitete Ansprüche haben.

— Frauen sind benachteiligt in der Wahrnehmung politischer Ämter. Mehrfachbelastung und Vorurteile stehen auch hier im Wege und erschweren es den Frauen erheblich, gleichberechtigt politische Verantwortung zu übernehmen.

— Frauen sind benachteiligt durch Mehrfachbelastung im Alltag. Mit der Versorgung des Haushalts und der Erziehung der Kinder übernehmen die Frauen neben ihrem Beruf gesellschaftlich notwendige Aufgaben, für die sie kein Entgelt erhalten. Geben sie angesichts dieser Mehrfachbelastung ihren Beruf zugunsten der Familie auf, so verzichten sie damit auf eigenes Einkommen und materielle Unabhängigkeit. Sie müssen eine drastische Minderung ihrer Altersversorgung und ihrer Lebenschancen hinnehmen.

— Landfrauen und Frauen, deren Männer selbständig sind, sind von dieser Mehrfachbelastung in besonderem Maße betroffen, da sie im eigenen Betrieb mitarbeiten und auf die Anerkennung durch finanzielle Entlohnung für außerhäusliche Arbeit zusätzlich verzichten müssen.

Vor allem aber sind es Frauen, die aufgrund dieser traditionellen Rollenverteilung und der Erziehung zur Annahme dieser Rolle nicht nur Benachteiligungen für sich selbst widerspruchslos hinnehmen, sondern als Erzieher dieses Selbstverständnis an die Kinder weitergeben.

Solange die Frauen ihre rechtliche und tatsächliche Gleichstellung in der Gesellschaft nicht als Aufgabe begreifen, vermindern sich die Chancen für die Entwicklung unserer Gesellschaft zu mehr Freiheit, Gerechtigkeit und Solidarität.

4.6.3 Das Godesberger Grundsatzprogramm betont zu Recht, daß die Verwirklichung von Gleichberechtigung in unserer Gesellschaft die psychologischen und biologischen Eigenarten der Geschlechter beachten muß. Die konservative Ideologie der „naturgegebenen" Verteilung der gesellschaftlichen Geschlechterrollen verhindert aber die Selbstbestimmung und Entfaltung der individuellen Fähigkeiten der Frau. Sie hat eine große Verschwendung von Begabungen zur Folge. Deshalb will sozialdemokratische Politik die Möglichkeiten zur Überwindung der traditionellen Arbeitsteilung zwischen Mann und Frau erweitern. Die Erziehung der Kinder als gesellschaftlich besonders wichtige Aufgabe muß in der Regel von Mann und Frau gemeinsam getragen werden. Die einseitige Orientierung des Mannes auf die Arbeitswelt hindert ihn daran, Fähigkeiten zu entfalten, die nicht unmittelbar in der Ausübung des Berufes gebraucht werden. Humanere Arbeitsbedingungen und der weitere Abbau der täglichen Arbeitszeit können langfristig die Voraussetzungen dafür verbessern, daß sich Mann und Frau intensiv der Familie widmen. Allen Frauen muß das Recht gesichert werden, durch Bildung, Ausbildung und Weiterbildung, Aufstiegsmöglichkeiten, angemessene Arbeitsbedingungen und gerechte soziale Sicherung ihre Persönlichkeit zu entfalten. Eine Berufstätigkeit der Frau darf nicht als notwendiges Übel angesehen werden, sondern muß als eine Chance zur Selbstverwirklichung verstanden werden. Sie gibt der Frau materielle Unabhängigkeit, soziale Kontakte, Selbstbestätigung, mehr Anerkennung — auch in der Familie — und trägt so wesentlich dazu bei, Diskriminierungen aufzuheben und Gleichberechtigung zu verwirklichen.

Nächste Schritte in diese Richtung müssen sein:

Im Bereich der Arbeitswelt:

- Der Grundsatz „gleicher Lohn für gleichwertige Arbeit" muß verwirklicht werden.
- Gleiche Aufstiegschancen für Frauen und Männer sind zu erreichen. Die Überbewertung von formalen Berechtigungen muß durch eine Bewertung der tatsächlichen Qualifikation

— vor allem der in der Arbeit gewonnenen Erfahrungen — ersetzt werden.

— Arbeitsplätze und Arbeitsleistung müssen neu bewertet werden; dabei muß die physische, aber auch die psychische Belastbarkeit des einzelnen Berücksichtigung finden.

— Der Festlegung von Frauen auf sogenannte spezifische Frauenberufe muß durch rechtzeitig ansetzende, gezielte Berufsberatung entgegengesteuert werden.

— Eigenständige soziale Sicherung für Frauen muß erreicht werden, Zeiten der Kindererziehung und der Betreuung pflegebedürftiger Familienmitglieder sind in begrenztem Umfang bei der Rentenberechnung anzurechnen. Lohndiskriminierungen aus der Vergangenheit sind durch Pauschalbeträge auszugleichen, und andere Ausfallzeiten, wie Zeiten der Ausbildung, sind absolut gleich zu bewerten wie bei Männern.

— Im Steuerrecht noch bestehende Benachteiligungen für erwerbstätige Frauen sind zu beseitigen; dabei muß die Begünstigung der Einverdienerehe durch das Splittingverfahren abgebaut und die steuerliche Gleichstellung der unvollständigen mit der vollständigen Familie erreicht werden.

— Verkürzung der Arbeitszeit, bei gleichzeitiger Verbesserung der Arbeitsbedingungen für alle, ist zu erreichen.

Im Bereich der Bildung:

— Das Recht auf Bildung muß auch für Frauen über den formalen Anspruch hinaus tatsächlich verwirklicht werden. Durchlässigkeit aller Ausbildungseinrichtungen für Mädchen und Buben und die Schaffung eines integrierten Gesamtschulsystems müssen erreicht werden; dies sind unabdingbare Voraussetzungen für gleiche Qualifikation und gleiche Lebenschancen aller Jugendlichen.

— Übergreifendes Ziel aller Bildungseinrichtungen muß die Vermittlung von Fähigkeiten und Kenntnissen zur Beherrschung der Umwelt, d. h. Qualifizierung für einen Beruf und Aneignung von sozialen Fähigkeiten, kritischem Denken und der Fähigkeit zu solidarischem Handeln sein.

— Mädchen und Jungen müssen nach gleichen Lehrplänen in denselben Unterrichtsfächern unterrichtet werden; dabei sind falsche Rollenklischees, die zu Benachteiligungen führen, aus Lehrplänen und Schulbüchern zu beseitigen. Lerninhalte, die an konkreten Lebenserfahrungen der Schüler ansetzen, müssen neu erarbeitet werden.

— Die berufliche Ausbildung muß in öffentlicher Verantwortung und Kontrolle stattfinden; Integration der allgemeinen und der beruflichen Bildung ist durchzusetzen und eine allgemeine Berufsbildungspflicht für alle Jugendlichen anzustreben.
— Die Lernenden müssen das Recht und die Möglichkeit zur Selbstorganisation im Rahmen vorgegebener Lernziele haben. Mitbestimmung von Lehrern, Schülern und Eltern im Bildungsprozeß ist zu verwirklichen.
— Die Schule muß auf lebenslanges Lernen vorbereiten. Die öffentliche Erwachsenenbildung muß ausgeweitet werden. Für Frauen müssen, ausgehend von ihrer sozialen Situation, spezifische Bildungsangebote gemacht werden, die einerseits den Hausfrauen die Möglichkeit bieten, sich weiterzubilden (auch in ihrem Bereich) oder sich neu beruflich zu qualifizieren, und berufstätigen Frauen neue Aufstiegschancen eröffnen, andererseits alle Frauen befähigen, sich gleichberechtigt am gesellschaftlichen und politischen Leben zu beteiligen.

Im Bereich Familie:

— Die Familie ist zu befähigen, ihre Erziehungsaufgaben wahrzunehmen. Dabei ist sie von Aufgaben zu entlasten, die kooperativ oder öffentlich besser erfüllt werden können.
— Erziehungsleistung und die Pflege kranker oder alter Familienmitglieder sind als gesamtgesellschaftlich notwendige Aufgaben anzuerkennen und rentenrechtlich abzusichern.
— Väter sind in gleichem Maße mit der Versorgung und Erziehung der Kinder zu betrauen. Eine allgemeine Arbeitszeitverkürzung soll dies ermöglichen.
— Familienergänzende Erziehung muß durch differenziertes, öffentliches Angebot, wie Tageseinrichtungen für Kleinstkinder, Kindergärten, Kindertagesstätten und Ganztagsschulen, sichergestellt werden. Ihre Organisation (Öffnungszeiten etc.) soll von der Situation berufstätiger Eltern ausgehen. Erzieher, Eltern und Kinder sollen in demokratischer Weise Mitbestimmung ausüben können.
— Es müssen neue Wohnformen entwickelt werden, die dem einzelnen mehr Entfaltungs- und Entspannungsmöglichkeiten bieten und die Kommunikation und Solidarität aller Bewohner fördern, Hausfrauen aus ihrer Isolation lösen und die

Abkapselung der Familie gegenüber der Umwelt überwinden helfen. Dabei sind Frauen, als die von der Unwirtlichkeit unserer Wohngebiete und Städte am stärksten Betroffenen, in besonderem Maße an Planungsprozessen und Initiativen zur Behebung von Mißständen zu beteiligen.

— Über die gegenwärtige Reform des Familien- und Eherechts hinaus müssen Gesetze und Rechtsprechung ständig darauf überprüft werden, ob sie ein Optimum an Entfaltungsmöglichkeiten aller Familienmitglieder — fußend auf gleichen Menschenrechten für Kinder, Frauen und Männer — bieten.

— Die anstehende Reform des Jugendhilferechts muß jedem jungen Menschen ein Grundrecht auf Erziehung und Bildung gewähren und seine Rechtsstellung gegenüber Eltern und Staat durch wirksame Mit- und Selbstbestimmungsrechte verbessern. Jugendhilfe darf den Jugendlichen nicht als Objekt staatlicher und familiärer Maßnahmen sehen.

4.6.4 Die Benachteiligungen und Diskriminierungen der Frauen in unserer Gesellschaft stellen kein isoliertes Problem dar. Frauen sind durch allgemeine Mängel der Gesellschaft, durch die auch andere Gruppen benachteiligt sind, im besonderen Maße betroffen. Letztlich ist sozialdemokratische Politik für die Frauen stets eine Politik für die allgemeine Aufhebung von Benachteiligungen.

Die Gleichstellung der Frau ist ein gesellschaftliches Problem, das nur gemeinsam von Männern und Frauen bewältigt werden kann. Die Benachteiligungen und ihre Ursachen müssen aufgezeigt und begriffen werden. Eine Lösung der Probleme kann nicht allein durch neue Gesetze und materiellen Ausgleich erreicht werden. Der Erfolg wird vielmehr davon abhängen, ob es gelingt, den nötigen Umdenkungsprozeß in Gang zu setzen und damit eine Änderung im gesellschaftlichen Bewußtsein zu erreichen.

Die SPD wird diese Politik nur dann glaubhaft vertreten können und für andere gesellschaftliche Gruppen beispielgebend sein, wenn sie in ihren eigenen Reihen mit der Gleichstellung der Frauen ernst macht.

Quellennachweis

Dokument Nr. I:
Manifest der Kommunistischen Partei, London (Februar) 1848

Dokument Nr. II:
Beschlüsse des Arbeiter-Kongresses zu Berlin. Vom 23. August bis 3. September 1848, Berlin 1848

Dokument Nr. III:
Ferdinand Lassalle, Offnes Antwortschreiben an das Zentralkomitee zur Berufung eines Allgemeinen deutschen Arbeiter-Congresses zu Leipzig, Zürich 1863

Dokument Nr. IV:
Nordstern, Jg. IV, Nr. 215, 6. Juni 1863; Deutsche Allgemeine Zeitung, Nr. 120, 27. Mai 1863, S. 1201 f.

Dokumente Nr. V:
Der Social-Demokrat, Jg. I, Nr. 2 und 3, 21. und 30. Dezember 1864. – Wilhelm Eichhoff : Die Internationale Arbeiterassociation. Ihre Gründung, Organisation, politisch-soziale Thätigkeit und Ausbreitung, Berlin 1868, S. 16–19

Dokument Nr. VI:
Demokratisches Wochenblatt, Nr. 27, 4. Juli 1868

Dokument Nr. VII:
Der Social-Demokrat, Jg. III, Nr. 61, 23. Mai 1867

Dokument Nr. VIII:
Bericht über den Fünften Vereinstag der Deutschen Arbeitervereine am 5., 6. und 7. September 1868 zu Nürnberg, hrsg. vom Vorort Leipzig, 2. Aufl., Leipzig o. J. (1928), S. 18 f.

Dokument Nr. IX:
Demokratisches Wochenblatt, Nr. 33, 14. August 1869

Dokument Nr. X:
Protokoll des Vereinigungs-Congresses der Sozialdemokraten Deutschlands, abgehalten zu Gotha vom 22. bis 27. Mai 1875, Leipzig 1875, S. 54 f., 70–73 (S. 3–8 Abdruck der Entwürfe)

Dokument Nr. XI:
Protokoll über die Verhandlungen des Parteitages der Sozialdemokratischen Partei Deutschlands, abgehalten zu Erfurt vom 14. bis 20. Oktober 1891, S. 3–6

Dokument Nr. XII:
Protokoll über die Verhandlungen des Parteitages der Sozialdemokratischen Partei Deutschlands, abgehalten zu Dresden vom 13. bis 20. September 1903, Berlin 1903, S. 418 f.

Dokument Nr. XIII:
Protokoll über die Verhandlungen des Parteitages der Sozialdemokratischen Partei Deutschlands, abgehalten in Jena vom 14. bis 20. September 1913, Berlin 1913, S. 192 f.

Dokument Nr. XIV:
Protokoll über die Verhandlungen des außerordentlichen Parteitages der Unabhängigen Sozialdemokratischen Partei Deutschlands in Leipzig vom 30. November bis 6. Dezember 1919, Berlin o. J., S. 3–5

Dokument Nr. XV:
Protokoll über die Verhandlungen des Parteitages der Sozialdemokratischen Partei Deutschlands, abgehalten in Görlitz vom 18. bis 24. September 1921, Berlin 1921, S. III–VI

Dokument Nr. XVI:
Sozialdemokratischer Parteitag 1925 in Heidelberg, Protokoll mit dem Bericht der Frauenkonferenz, Berlin 1925, S. 5–10

Dokument Nr. XVII:
Neuer Vorwärts, Sozialdemokratisches Wochenblatt, Nr. 33, 28. Jan. 1934

Dokument Nr. XVIII:
Hektographiertes Exemplar in der Bibliothek des Archivs der Sozialen Demokratie, Bonn-Bad Godesberg, unter dem Titel „Möglichkeiten und Aufgaben einer geeinten sozialistischen Partei in Deutschland, Grundgedanken eines Referates von Erich Ollenhauer in der Mitglieder-Versammlung der ‚Union' am 6. Dezember 1942 in London"

Dokument Nr. XIX:
Hektographiertes undatiertes Exemplar im Archiv der Sozialen Demokratie, Bonn-Bad Godesberg, Bestand Büro der Westzonen, J 29

Dokument Nr. XX:
Jahrbuch der Sozialdemokratischen Partei Deutschlands 1947, o. O. o. J. (1948), S. 113–114

Dokument Nr. XXI:
1. Kongreß der Sozialistischen Internationale (Frankfurt/M., 30. Juni bis 3. Juli 1951), Konferenzdokumente, o. O. o. J., (Sopade-Informationsdienst, Denkschriften, 36), S. 69–75

Dokument Nr. XXII:
Jahrbuch der Sozialdemokratischen Partei Deutschlands 1954/55, Hannover/Bonn o. J. (1956), S. 285–317

Dokument Nr. XXIII:
Protokoll der Verhandlungen des Außerordentlichen Parteitages der Sozialdemokratischen Partei Deutschlands vom 13. bis 15. November 1959 in Bad Godesberg, Hannover/Bonn o. J., S. 11–30

Dokument Nr. XXIV:
Oertzen, Peter v. / Ehmke, Horst / Ehrenberg, Herbert (Hrsg.): Orientierungsrahmen '85. Text und Diskussion. Bearb. von Heiner Lindner, Bonn 1976, 3. Aufl. 1979, S. 1–75

Ausgewählte Literatur zur Programmatik und allgemeinen Parteigeschichte

Dowe, Dieter: Bibliographie zur Geschichte der deutschen Arbeiterbewegung, sozialistischen und kommunistischen Bewegung von den Anfängen bis 1863 unter Berücksichtigung der politischen, wirtschaftlichen und sozialen Rahmenbedingungen. Mit einer Einleitung. Berichtszeitraum 1945–1975, 3., wes. erweit. und verb. Aufl., bearb. von Volker Mettig, Bonn 1981

Eberlein, Alfred (Bearb.): Die Presse der Arbeiterklasse und der sozialen Bewegungen. Von den dreißiger Jahren des 19. Jahrhunderts bis zum Jahre 1967. Bibliographie und Standortverzeichnis..., 4 Bde. und Registerbd., Berlin-DDR 1968–70, Frankfurt/M. 1968–70

Emig, Dieter/Zimmermann, Rüdiger: Arbeiterbewegung in Deutschland. Ein Dissertationsverzeichnis (= IWK, Jg. 13, Sept. 1977, H.3), Berlin 1977

Günther, Klaus/Schmitz, Kurt Thomas: SPD, KPD/DKP, DGB in den Westzonen und in der Bundesrepublik Deutschland 1945–1975. Eine Bibliographie, 2., wes. erweit. und verb. Aufl., bearb. von Volker Mettig, Bonn 1980

Klotzbach, Kurt: Bibliographie zur Geschichte der deutschen Arbeiterbewegung 1914–1945. Sozialdemokratie, Freie Gewerkschaften, Christlich-Soziale Bewegungen, Kommunistische Bewegung und linke Splittergruppen. Mit einer forschungsgeschichtlichen Einleitung, 3., wes. erweit. und verb. Aufl., bearb. von Volker Mettig, Bonn 1981

Koszyk, Kurt/Eisfeld, Gerhard: Die Presse der deutschen Sozialdemokratie. Eine Bibliographie, 2., überarb. und erw. Aufl., Bonn 1980

Osterroth, Franz: Biographisches Lexikon des Sozialismus, Bd. I: Verstorbene Persönlichkeiten, Hannover 1960

Osterroth, Franz/Schuster, Dieter: Chronik der deutschen Sozialdemokratie, 2., neu bearb. und erw. Aufl., 3 Bde., Berlin/Bonn 1975–78

Tenfelde, Klaus/Ritter, Gerhard A. (Hrsg): Bibliographie zur Geschichte der deutschen Arbeiterschaft und Arbeiterbewegung 1863–1914. Berichtszeitraum 1945 bis 1975. Mit einer forschungsgeschichtlichen Einleitung, Bonn 1981

*

Abendroth, Wolfgang: Aufstieg und Krise der deutschen Sozialdemokratie. Das Problem der Zweckentfremdung einer politischen Partei durch die Anpassungstendenz von Institutionen an vorgegebene Machtverhältnisse, Frankfurt/M. 1964, 4., erw. Aufl., Köln 1978

Adolph, Hans J. L.: Otto Wels und die Politik der deutschen Sozialdemokratie 1894–1939. Eine politische Biographie. Mit einem Vorwort von Walter Bussmann, Berlin 1971

Andréas, Bert: Le Manifest Communiste de Marx et Engels. Histoire et Bibliographie 1848–1918, Milano 1963

Argumente 3. Projekt Zukunft. Eine kurze Einführung in den Orientierungsrahmen '85 der SPD. Redaktion: Roland Ermrich, Horst Heidermann, Heiner Lindner, Bonn-Bad Godesberg, März 1976

Balser, Frolinde: Sozial-Demokratie 1848/49–1863. Die erste deutsche Arbeiterorganisation „Allgemeine deutsche Arbeiterverbrüderung" nach der Revolution, 2 Bde., Stuttgart 1962

Baring, Arnulf in Zusammenarbeit mit Manfred Görtemaker: Machtwechsel. Die Ära Brandt-Scheel, Stuttgart 1982

Barsig, Franz: Freiheit und Sozialismus. Der „Lange Marsch" der SPD nach Godesberg, in: Klett, Roderich/Pohl, Wolfgang (Hrsg.): Stationen einer Republik, Stuttgart 1979, S. 93–111

Bartel, Horst u. a.: Revolutionäre Sozialdemokratie und Reichsgründung 1871, Frankfurt/M. 1970

Bartel, Walter: Die Linken in der deutschen Sozialdemokratie im Kampf gegen Militarismus und Krieg, Berlin-DDR 1958

Becker, Gerhard: Karl Marx und Friedrich Engels in Köln 1848–49. Zur Geschichte des Kölner Arbeitervereins, Berlin-DDR 1963

Birker, Karl: Die deutschen Arbeiterbildungsvereine 1840–1870, Berlin 1973

Blänsdorf, Agnes: Die zweite Internationale und der Krieg. Die Diskussion über die internationale Zusammenarbeit der sozialistischen Parteien 1914–1917, Stuttgart 1979

Blumenberg, Werner: Karl Marx in Selbstzeugnissen und Bilddokumenten, Reinbek 1962

Boll, Friedhelm: Frieden ohne Revolution? Friedensstrategien der deutschen Sozialdemokratie vom Erfurter Programm 1891 bis zur Revolution 1918, Bonn 1980

Bouvier, Beatrix W.: Französische Revolution und deutsche Arbeiterbewegung. Die Rezeption des revolutionären Frankreich in der deutschen sozialistischen Arbeiterbewegung von den 1830er Jahren bis 1905, Bonn 1982

Brandt, Willy: Begegnungen und Einsichten. Die Jahre 1960–1975, Hamburg 1976

Brauns, Hans Jochen/Jaeggi, Urs/Kisker, Klaus Peter/Zerdick, Axel/Zimmermann, Burkhard: SPD in der Krise. Die deutsche Sozialdemokratie seit 1945, Frankfurt/M. 1976

Braunthal, Gerard: The West German Social Democrats, 1969–1982. Profile of a Party in Power, Boulder, Colorado 1983

Braunthal, Julius: Geschichte der Internationale, 3 Bde., Hannover 1961–1971, 2. bzw. 3. Aufl., Berlin/Bonn 1978

Der Bund der Kommunisten. Dokumente und Materialien, hrsg. von den IML beim ZK der SED und der KPdSU, Bd. 1: 1836–1849, Berlin-DDR 1970; Bd. 2: 1849–1851, Berlin-DDR 1982
Coletti, Lucio: Bernstein und der Marxismus der Zweiten Internationale, Frankfurt 1971
Conze, Werner: Möglichkeiten und Grenzen der liberalen Arbeiterbewegung in Deutschland. Das Beispiel Schulze-Delitzschs, Heidelberg 1965. Neudruck in: Varain, Heinz Josef (Hrsg.): Interessenverbände in Deutschland, Köln 1973, S. 85–102
Conze, Werner/Groh, Dieter: Die Arbeiterbewegung in der nationalen Bewegung. Die deutsche Sozialdemokratie vor, während und nach der Reichsgründung, Stuttgart 1966
Cornu, Auguste: Karl-Marx und Friedrich Engels. Leben und Werk, 3 Bde., Berlin-DDR 1954–68
Deutschland im ersten Weltkrieg, 3 Bde., 2. durchges. Aufl., Berlin-DDR 1970
Dominick III, Raymond H.: Wilhelm Liebknecht and the Founding of the German Social Democratic Party, Chapel Hill 1982
Dowe, Dieter: Aktion und Organisation. Arbeiterbewegung, sozialistische und kommunistische Bewegung in der preußischen Rheinprovinz 1820–1852, Hannover 1970
Dowe, Dieter (Hrsg.): Berichte über die Verhandlungen der Vereinstage deutscher Arbeitervereine 1863 bis 1869. Nachdrucke. Mit einer Einleitung von Shlomo Na'aman, Berlin/Bonn 1980
Dowe, Dieter (Hrsg.): Protokolle und Materialien des Allgemeinen Deutschen Arbeitervereins (inkl. Splittergruppen). Nachdrucke. Mit einer Einleitung von Cora Stephan, Berlin/Bonn 1980
Dowe, Dieter (Hrsg.): Protokolle der Sitzungen des Parteiausschusses der SPD 1912 bis 1921. Nachdrucke. Mit einer Einleitung von Friedhelm Boll, 2 Bde., Berlin/Bonn 1980
Dowe, Dieter/Offermann, Toni (Hrsg.): Deutsche Handwerker- und Arbeiterkongresse 1848–1852. Protokolle und Materialien. Mit einer Einleitung von Toni Offermann, Berlin/Bonn 1983
Drabkin, J.S.: Die Novemberrevolution 1918 in Deutschland, Berlin-DDR 1968
Drachkovitch, Milorad: Les socialismes français et allemand et le problème de la guerre, 1870–1914, Genève 1953
Edinger, Lewis J.: Kurt Schumacher. Persönlichkeit und politisches Verhalten, Köln/Opladen 1967
Edinger, Lewis J.: Sozialdemokratie und Nationalsozialismus. Der Parteivorstand der SPD im Exil von 1933–1945, Hannover/Frankfurt/M. 1960
Eichler, Willi: Zur Einführung in den demokratischen Sozialismus, Bonn-Bad Godesberg 1972
Emig, Brigitte: Die Veredelung des Arbeiters. Sozialdemokratie als Kulturbewegung, Frankfurt/New York 1980

Engelberg, Ernst: Revolutionäre Politik und Rote Feldpost 1878–1890, Berlin/DDR 1959
Friedrich Engels. Eine Biographie, hrsg. vom IML beim ZK der SED, Berlin-DDR 1970
Feldman, Gerald D.: Army, Industry and Labor in Germany 1914–1918, Princeton (New Jersey) 1966; deutsche, überarb. und erweit. Ausg., Berlin/Bonn 1984/85
Fetscher, Iring: Vom Wohlfahrtsstaat zur neuen Lebensqualität. Die Herausforderungen des demokratischen Sozialismus, Köln 1982
Findeisen, Otto/Lange, Dietrich/Niemann, Heinz: SPD und Hitlerfaschismus. Der Weg der Deutschen Sozialdemokratie vom 30. Januar 1933 bis zum 21. April 1946, Phil. Diss. (MS) Berlin-DDR 1965
Flohr, Heiner/Lompe, Klaus/Neumann, Lothar F. (Hrsg.): Freiheitlicher Sozialismus. Beiträge zu seinem heutigen Selbstverständnis, Bonn-Bad Godesberg 1973
Freymond, Jacques (Ed.): La première Internationale 1864–1872, Vol. I-VI, Genève/Paris 1962/71
Fricke, Dieter: Die deutsche Arbeiterbewegung 1869 bis 1914. Ein Handbuch über ihre Organisation und Tätigkeit im Klassenkampf, Berlin-DDR 1976
Friedemann, Peter (Hrsg.): Materialien zum politischen Richtungsstreit in der deutschen Sozialdemokratie 1890–1917. Mit einer Einleitung von Hans Mommsen, 2 Bde., Frankfurt/M./Berlin/Wien 1977
Fülberth, Georg/Harrer, Jürgen: Die deutsche Sozialdemokratie 1890–1933, Darmstadt/Neuwied 1974
Gay, Peter: Das Dilemma des demokratischen Sozialismus. Eduard Bernsteins Auseinandersetzung mit Marx, Nürnberg 1954
Geschichte der deutschen Arbeiterbewegung, 8 Bde., Berlin-DDR 1966
Godesberg und die Gegenwart. Ein Beitrag zur innerparteilichen Diskussion über Inhalte und Methoden sozialdemokratischer Politik, Bonn-Bad Godesberg 1975
Das Görlitzer Programm, erläutert von Friedrich Stampfer, Berlin 1922
Gottschalch, Wilfried: Strukturveränderungen der Gesellschaft und politisches Handeln in der Lehre von Rudolf Hilferding, Berlin 1962
Grebing, Helga: Geschichte der deutschen Arbeiterbewegung. Ein Überblick, München 1966
Grebing, Helga: Der Revisionismus. Von Bernstein bis zum „Prager Frühling“, München 1977
Groh, Dieter: Negative Integration und revolutionärer Attentismus. Die deutsche Sozialdemokratie am Vorabend des Ersten Weltkriegs, Frankfurt/M./Berlin 1973, Taschenbuchausgabe 1974
Grundwerte und Grundrechte. Vorgelegt von der Grundwerte-Kommission beim SPD-Parteivorstand. 15. Januar 1979, o. O., o. J. (1979)
Grunenberg, Antonia (Hrsg.): Die Massenstreikdebatte, Frankfurt/M. 1970

Gustafsson, Bo: Marxismus und Revisionismus. Eduard Bernsteins Kritik des Marxismus und ihre ideengeschichtlichen Voraussetzungen, 2 Teile, Frankfurt/M. 1972

Guttsman, W(ilhelm) L(eo): The German Social Democratic Party, 1875–1933. From Ghetto to Government, London 1981

Haupt, Georges: Der Kongreß fand nicht statt. Die Sozialistische Internationale 1914, Wien 1967

Haupt, Georges: Programm und Wirklichkeit. Die internationale Sozialdemokratie vor 1914, Neuwied/Berlin 1970

Heimann, Horst: Theoriediskussion in der SPD. Ergebnisse und Perspektiven, Frankfurt/M./Köln 1975

Hellfaier, Karl-Alexander: Die deutsche Sozialdemokratie während des Sozialistengesetzes 1878–1890, Berlin-DDR 1958

Hennis, Wilhelm: Organisierter Sozialismus. Zum „strategischen" Staats- und Politikverständnis der Sozialdemokratie, Stuttgart 1977

Herzig, Arno: Der Allgemeine Deutsche Arbeiterverein in der deutschen Sozialdemokratie. Dargestellt an der Biographie des Funktionärs Carl Wilhelm Tölcke (1817–1893), Berlin 1979

Hesselbarth, Hellmut: Revolutionäre Sozialdemokraten, Opportunisten und die Bauern am Vorabend des Imperialismus, Berlin-DDR 1968

Hoegner, Wilhelm: Flucht vor Hitler. Erinnerungen an die Kapitulation der ersten deutschen Republik 1933. Mit einem Nachwort von Wolfgang Jean Stock, 2. Aufl., München 1978

Holzheuer, Walter: Karl Kautskys Werk als Weltanschauung. Beitrag zur Ideologie der Sozialdemokratie vor dem Ersten Weltkrieg, München 1972

Horn, Hannelore/Schwan, Alexander/Weingartner, Thomas (Hrsg.): Sozialismus in Theorie und Praxis. Festschrift für Richard Löwenthal zum 70. Geburtstag am 15. April 1978, Berlin/New York 1978

Huber, Wolfgang/Schwerdtfeger, Johannes (Hrsg.): Frieden, Gewalt, Sozialismus. Studien zur Geschichte der sozialistischen Arbeiterbewegung, Stuttgart 1976

Hümmler, Heinz: Opposition gegen Lassalle. Die revolutionäre proletarische Opposition im Allgemeinen Deutschen Arbeiterverein 1862/63–1866, Berlin-DDR 1963

Hundt, Martin: Wie das „Manifest" entstand, hrsg. vom IML beim ZK der SED, Berlin-DDR 1973

Hunt, Richard N.: Friedrich Ebert und die deutsche Revolution von 1918, in: Vom Kaiserreich zur Weimarer Republik, hrsg. von Eberhard Kolb, Köln 1972, S. 120–137

Hunt, Richard N.: German Social Democracy 1918–1933, New Haven/London 1964

Jansen, Reinhard: Georg von Vollmar. Eine politische Biographie, Düsseldorf 1958

Kaden, Albrecht: Einheit oder Freiheit. Die Wiedergründung der SPD 1945/46, Hannover 1964, Nachdruck Berlin/Bonn 1980

Kastning, Alfred: Die deutsche Sozialdemokratie zwischen Koalition und Opposition 1919–1923, Paderborn 1970

Kautsky, Karl: Die proletarische Revolution und ihr Programm, 2. Aufl., Berlin/Stuttgart 1922

Klär, Karl-Heinz: Der Zusammenbruch der Zweiten Internationale, Frankfurt/M./New York 1981

Klink, Dieter: Vom Antikapitalismus zur sozialistischen Marktwirtschaft. Die Entwicklung der ordnungspolitischen Konzeption der SPD von Erfurt (1891) bis Bad Godesberg (1959), Hannover 1965

Klönne, Arno: Die deutsche Arbeiterbewegung. Geschichte – Ziele – Wirkungen, unter Mitarbeit von Barbara Klaus und Karl Theodor Stiller, Düsseldorf/Köln 1980

Klotzbach, Kurt: Der Weg zur Staatspartei. Programmatik, praktische Politik und Organisation der deutschen Sozialdemokratie 1945 bis 1965, Berlin/Bonn 1982

Kocka, Jürgen (Hrsg): Europäische Arbeiterbewegungen im 19. Jahrhundert. Deutschland, Österreich, England und Frankreich im Vergleich, Göttingen 1983

Kocka, Jürgen: Klassengesellschaft im Krieg. Deutsche Sozialgeschichte 1914–1918, 2., durchges. und erg. Aufl., Göttingen 1978

Kocka, Jürgen: Lohnarbeit und Klassenbildung. Arbeiter und Arbeiterbewegung in Deutschland 1800–1875, Berlin/Bonn 1983

Köser, Helmut: Die Grundsatzdebatte in der SPD von 1945/46 bis 1958/59. Entwicklung und Wandel der Organisationsstruktur und des ideologisch-typologischen Selbstverständnisses der SPD. Eine empirisch-systematische Untersuchung, Phil. Diss. (Diss. Druck) Freiburg i.Br. 1971

Kolb, Eberhard: Die Arbeiterräte in der deutschen Innenpolitik 1918–1919, Düsseldorf 1962; Taschenbuchausg. Frankfurt/M./Berlin/Wien 1978

Kolb, Eberhard, unter Mitw. von Reinhard Rürup (Bearb.): Der Zentralrat der Deutschen Sozialistischen Republik 19. 12. 1918–8. 4. 1919, vom ersten zum zweiten Rätekongreß, Leiden 1968

Korsch, Karl: Karl Marx, hrsg. von Götz Langkau, Frankfurt/Wien 1967

Kotowski, Georg: Friedrich Ebert. Eine politische Biographie. Bd. 1: Der Aufstieg eines deutschen Arbeiterführers 1871 bis 1917, Wiesbaden 1963

Krause, Hartfrid: USPD. Zur Geschichte der Unabhängigen Sozialdemokratischen Partei Deutschlands, Frankfurt/M./Köln 1975

Kremendahl, Hans: Nur die Volkspartei ist mehrheitsfähig. Zur Lage der SPD nach der Bundestagswahl 1976, Bonn-Bad Godesberg 1977

Kritzer, Peter: Kurze Programmgeschichte der deutschen Arbeiterbewegung, München 1972

Kuczynski, Jürgen: Die Geschichte der Lage der Arbeiter unter dem Kapitalismus, Bd. 1–21, Berlin-DDR 1961 ff.
Küpper, Jost: Die SPD und der Orientierungsrahmen '85, Bonn-Bad Godesberg 1977
Kundel, Erich: Marx und Engels im Kampf um die revolutionäre Arbeitereinheit. Zur Geschichte des Gothaer Vereinigungskongresses von 1875, Berlin-DDR 1962
Laschitza, Annelies/Radzun, Günter: Rosa Luxemburg. Ihr Wirken in der deutschen Arbeiterbewegung, hrsg. vom IML beim ZK der SED, Frankfurt/M. 1971
Lehmann, Hans Georg: Die Agrarfrage in der Theorie und Praxis der deutschen und internationalen Sozialdemokratie. Vom Marxismus zum Revisionismus und Bolschewismus, Tübingen 1970
Lehnert, Detlef: Sozialdemokratie zwischen Protestbewegung und Regierungspartei 1848 bis 1983, Frankfurt/M. 1983
Leidigkeit, Karl Heinz: Wilhelm Liebknecht und August Bebel in der deutschen Arbeiterbewegung 1862–1869, 2. Aufl., Berlin-DDR 1958
Leuschen-Seppel, Rosemarie: Zwischen Staatsverantwortung und Klasseninteresse. Die Wirtschafts- und Finanzpolitik der SPD zur Zeit der Weimarer Republik unter besonderer Berücksichtigung der Mittelphase 1924–1928/29, Bonn 1981
Lidtke, Vernon L.: The Outlawed Party. Social Democracy in Germany, 1878–1890, Princeton, N.J., 1966
Lösche, Peter: Der Bolschewismus im Urteil der deutschen Sozialdemokratie 1903–1920, Berlin 1967
Löwenthal, Richard: Gesellschaftswandel und Kulturkrise. Zukunftsprobleme der westlichen Demokratien. Stark erweit. Neuausg., Frankfurt/M. 1979
Löwenthal, Richard: Sozialismus und aktive Demokratie. Essays zu ihren Voraussetzungen in Deutschland, Frankfurt/M. 1974
Löwenthal, Richard/Mühlen, Patrik von zur (Hrsg.): Widerstand und Verweigerung in Deutschland 1933–1945, Berlin/Bonn 1982
Lompe, Klaus: Zwanzig Jahre Godesberger Programm der SPD, in: aus politik und zeitgeschichte. Beilage zu „Das Parlament", B46/79 vom 17. 11. 1979, S. 3–24
Lompe, Klaus/Neumann, Lothar F. (Hrsg.): Willi Eichlers Beiträge zum demokratischen Sozialismus. Eine Auswahl aus dem Werk, Berlin/Bonn 1979
Lührs, Georg (Hrsg.): Beiträge zur Theoriediskussion, 2 Bde., Berlin/Bonn 1973/74
Maehl, William Harvey: August Bebel. Shadow Emperor of the German Workers, Philadelphia 1980
Mann, Hans-Joachim: Das Godesberger Grundsatzprogramm als Ergebnis innerparteilicher Willensbildung, in: Geist und Tat, 24. Jg., 1969, S. 225–237

Karl Marx. Eine Biographie, hrsg. vom IML beim ZK der SED, Berlin-DDR 1968

Matthias, Erich: Kautsky und der Kautskyanismus. Die Funktion der Ideologie in der deutschen Sozialdemokratie vor dem ersten Weltkriege, in: Marxismus-Studien 2, 1957, S. 151–197

Matthias, Erich (Hrsg.): Mit dem Gesicht nach Deutschland. Eine Dokumentation über die sozialdemokratische Emigration. Aus dem Nachlaß von Friedrich Stampfer, ergänzt durch andere Überlieferungen, bearb. von Werner Link, Düsseldorf 1968

Matthias, Erich: Die Rückwirkungen der russischen Oktoberrevolution auf die deutsche Arbeiterbewegung, in: Neubauer, Helmut (Hrsg.): Deutschland und die Russische Revolution, Stuttgart/Berlin/Köln/Mainz 1968, S. 69–93

Matthias, Erich: Sozialdemokratie und Nation. Ein Beitrag zur Ideengeschichte der sozialdemokratischen Emigration in der Prager Zeit des Parteivorstandes 1933–1938, Stuttgart 1952

Matthias, Erich: Die Sozialdemokratische Partei Deutschlands, in: Matthias, Erich/Morsey, Rudolf (Hrsg.): Das Ende der Parteien 1933, Düsseldorf 1960, S. 101–278

Mayer, Gustav: Arbeiterbewegung und Obrigkeitsstaat, hrsg. von Hans-Ulrich Wehler, Bonn-Bad Godesberg 1972

Mayer, Gustav: Friedrich Engels, Bd. 1 (2. Aufl.) und Bd. 2, Den Haag 1934

Mayer, Gustav: Johann Baptist von Schweitzer und die Sozialdemokratie, Jena 1909, Neudruck Frankfurt/M. 1969

Mayer, Gustav: Die Trennung der proletarischen von der bürgerlichen Demokratie in Deutschland 1863–1870, in: Archiv für Geschichte des Sozialismus und der Arbeiterbewegung 2, 1911, S. 1–67. Neudruck in: G. Mayer: Radikalismus, Sozialismus und bürgerliche Demokratie, hrsg. von Hans-Ulrich Wehler, Frankfurt/M. 1968, S. 108–194

Mehring, Franz: Geschichte der deutschen Sozialdemokratie, 2 Bde., (Neudruck), Berlin-DDR 1960

Mehring, Franz: Karl Marx. Geschichte seines Lebens (Neuausgabe), 2. Aufl., Berlin-DDR 1964

Meyer, Thomas: Bernsteins konstruktiver Sozialismus. Eduard Bernsteins Beitrag zur Theorie des Sozialismus, Berlin/Bonn-Bad Godesberg 1977

Meyer, Thomas (Hrsg.): Demokratischer Sozialismus – Geistige Grundlagen und Wege in die Zukunft, München 1980

Meyer, Thomas (Hrsg.): Grundwerte und Gesellschaftsreform, Frankfurt/M. 1981

Miller, Susanne: Burgfrieden und Klassenkampf. Die deutsche Sozialdemokratie im Ersten Weltkrieg, Düsseldorf 1974

Miller, Susanne: Die Bürde der Macht. Die deutsche Sozialdemokratie 1918–1920, Düsseldorf 1978

Miller, Susanne: Grundwerte in der Geschichte der deutschen Sozialdemokratie, in: aus politik und zeitgeschichte. Beilage zu „Das Parlament“, B11/76 vom 13. 3. 1976, S. 16–31

Miller, Susanne: Das Problem der Freiheit im Sozialismus. Freiheit, Staat und Revolution in der Programmatik der Sozialdemokratie von Lassalle bis zum Revisionismusstreit, Frankfurt/M. 1964, Neudruck Berlin/Bonn-Bad Godesberg 1974

Miller, Susanne, in Verb. mit Matthias, Erich (Bearb.): Das Kriegstagebuch des Reichstagsabgeordneten Eduard David 1914 bis 1918, Düsseldorf 1966

Miller, Susanne, unter Mitw. von Heinrich Potthoff (Bearb.): Die Regierung der Volksbeauftragten 1918/19. Mit einer Einleitung von Erich Matthias, 2 Teile, Düsseldorf 1969

Miller, Susanne/Potthoff, Heinrich: Kleine Geschichte der SPD. Darstellung und Dokumentation 1848–1983, 5., überarb. und erw. Aufl., Bonn 1983

Mommsen, Hans (Hrsg.): Sozialdemokratie zwischen Klassenbewegung und Volkspartei, Frankfurt/M. 1974

Mommsen, Wolfgang J.: Die deutsche Revolution 1918–1920. Politische Revolution und soziale Protestbewegung, in: Geschichte und Gesellschaft, Jg. 4, 1978, S. 362–391

Moraw, Frank: Die Parole der „Einheit“ und die Sozialdemokratie. Zur parteiorganisatorischen und gesellschaftspolitischen Orientierung der SPD in der Periode der Illegalität und in der ersten Phase der Nachkriegszeit 1933–1948, Bonn-Bad Godesberg 1973

Morgan, David M.: The Socialist Left and the German Revolution. A History of the German Independent Social Democratic Party, 1917–1922, Ithaca/London 1975

Morgan, Roger P.: The German Social Democrats and the First International 1864–1872, Cambridge 1965

Müller, Dirk H.: Idealismus und Revolution. Zur Opposition der Jungen gegen den Sozialdemokratischen Parteivorstand 1890 bis 1894, Berlin 1975

Müller, Hans: Ursprung und Geschichte des Wortes „Sozialismus“ und seiner Verwandten, Hannover 1967

Na'aman, Shlomo: Demokratische und soziale Impulse in der Frühgeschichte der deutschen Arbeiterbewegung der Jahre 1862/63, Wiesbaden 1969

Na'aman, Shlomo, unter Mitwirkung von H. P. Harstick: Die Konstituierung der deutschen Arbeiterbewegung 1862/63. Darstellung und Dokumentation, Assen 1975

Na'aman, Shlomo: Lassalle, Hannover 1970

Narr, Wolf-Dieter: CDU-SPD. Programm und Praxis seit 1945, Stuttgart/Berlin/Köln/Mainz 1966

Nettl, J. Peter: Rosa Luxemburg, 2. Aufl., Köln/Berlin 1968

Noyes, P.H.: Organization and Revolution. Working-Class Associations in the German Revolutions of 1848–1849, Princeton, N.J., 1966
Oertzen, Peter von: Betriebsräte in der Novemberrevolution. Eine politikwissenschaftliche Untersuchung über Ideengehalt und Struktur der betrieblichen und wirtschaftlichen Arbeiterräte in der deutschen Revolution 1918/19, 2., erw. Aufl., Bonn-Bad Godesberg 1976
Oertzen, Peter v./Ehmke, Horst/Ehrenberg, Herbert (Hrsg.): Orientierungsrahmen '85. Text und Diskussion. Bearb. von Heiner Lindner, Bonn 1976
Offermann, Toni: Arbeiterbewegung und liberales Bürgertum in Deutschland 1850–1863, Bonn 1979
Pack, Wolfgang: Das parlamentarische Ringen um das Sozialistengesetz Bismarcks 1878–1890, Düsseldorf 1961
Pirker, Theo: Die SPD nach Hitler. Die Geschichte der Sozialdemokratischen Partei Deutschlands 1945–1964, München 1965, Neuherausgabe mit einer Vorbemerkung des Autors, Berlin 1977
Pistorius, Peter: Rudolf Breitscheid 1874–1944. Ein biopraphischer Beitrag zur deutschen Parteiengeschichte, Nürnberg 1970
Prager, Eugen: Geschichte der USPD. Entstehung und Entwicklung der Unabhängigen Sozialdemokratischen Partei Deutschlands, Berlin 1922; Neudruck Berlin/Bonn 1978
Quarck, Max: Die erste deutsche Arbeiterbewegung. Geschichte der Arbeiterverbrüderung 1848/49, Leipzig 1924; Neudruck Glashütten im Taunus 1970
Ritter, Franz: Theorie und Praxis des Demokratischen Sozialismus in der Weimarer Republik, Frankfurt/M./New York 1981
Ritter, Gerhard A.: Die Arbeiterbewegung im Wilhelminischen Reich 1890–1900, 2. Aufl., Berlin 1963
Ritter, Gerhard A.: Staat, Arbeiterschaft und Arbeiterbewegung in Deutschland. Vom Vormärz bis zum Ende der Weimarer Republik, Berlin/Bonn 1980
Röder, Werner: Die deutschen sozialistischen Exilgruppen in Großbritannien. Ein Beitrag zur Geschichte des Widerstandes gegen den Nationalsozialismus, Hannover 1968, 2., verb. Aufl., Bonn-Bad Godesberg 1973
Rosenberg, Arthur: Entstehung und Geschichte der Weimarer Republik, hrsg. von Kurt Kersten, Frankfurt/M. 1955
Roth, Guenther: The Social Democrats in Imperial Germany. A study in working-class isolation and national integration, Englewood Cliffs, N.J., 1963
Rovan, Joseph: Geschichte der deutschen Sozialdemokratie, überarb. und erw. deutsche Erstausg. (1. Aufl. Paris 1978), Frankfurt/M. 1980
Rürup, Reinhard: Demokratische Revolution und „dritter Weg". Die deutsche Revolution von 1918/19 in der neueren wissenschaftlichen Diskussion, in: Wolfgang J. Mommsen (Hrsg.), Die Organisierung

des Friedens. Demobilmachung 1918–1920 = Geschichte und Gesellschaft, Jg. 9, 1983, H. 2, S. 278–301
Sänger, Fritz: Soziale Demokratie. Bemerkungen zum Grundsatzprogramm der SPD, 3. erweit. Aufl., Hannover 1960
Sarcinelli, Ulrich: Das Staatsverständnis der SPD. Ein Beitrag zur Analyse des sozialdemokratischen Staatsverständnisses auf der Grundlage der SPD-Programm- und Grundsatzdiskussion in den Jahren 1969 bis 1975, Meisenheim/Gl. 1979
Schieder, Wolfgang: Anfänge der deutschen Arbeiterbewegung. Die Auslandsvereine im Jahrzehnt nach der Julirevolution von 1830, Stuttgart 1963
Schlechte, Horst (Hrsg.): Die Allgemeine Deutsche Arbeiterverbrüderung 1848–1850. Dokumente des Zentralkomitees für die deutschen Arbeiter in Leipzig, Weimar 1979
Schlei, Marie/Wagner, Joachim: Freiheit – Gerechtigkeit – Solidarität. Grundwerte und praktische Politik. Mit einem Vorwort von Helmut Schmidt, Bonn-Bad Godesberg 1976
Schorske, Carl E.: Die große Spaltung. Die deutsche Sozialdemokratie 1905–1917, Berlin 1981 (amerik. Erstausgabe 1955)
Schraepler, Ernst: Handwerkerbünde und Arbeitervereine 1830–1853. Die politische Tätigkeit deutscher Sozialisten von Wilhelm Weitling bis Karl Marx, Berlin/New York 1972
Schröder, Hans-Christoph: Sozialismus und Imperialismus. Die Auseinandersetzung der deutschen Sozialdemokraten mit dem Imperialismusproblem und der „Weltpolitik" vor 1914, Teil I, Hannover 1968
Schütz, Klaus: Die Sozialdemokratie im Nachkriegsdeutschland, in: Parteien in der Bundesrepublik. Studien zur Entwicklung der deutschen Parteien bis zur Bundestagswahl 1953, Stuttgart/Düsseldorf 1955, S. 157–271
Schulze, Hagen: Otto Braun oder Preußens demokratische Sendung. Eine Biographie, Frankfurt/M./Berlin/Wien 1977
Schwan, Alexander/Schwan, Gesine: Sozialdemokratie und Marxismus. Zum Spannungsverhältnis von Godesberger Programm und marxistischer Theorie, Hamburg 1974
Soell, Hartmut: Fritz Erler – Eine politische Biographie, 2 Bde., Berlin/Bonn-Bad Godesberg 1976
Stampfer, Friedrich: Die vierzehn Jahre der Ersten Deutschen Republik, 3. Aufl., Hamburg o.J. (1953)
Steenson, Gary P.: Karl Kautsky 1854–1938: Marxism in the Classical Years, Pittsburgh 1978
Steinberg, Hans-Josef: Sozialismus und deutsche Sozialdemokratie. Zur Ideologie der Partei vor dem I. Weltkrieg, Hannover 1967, 5., erw. Aufl., Berlin/Bonn 1979
Stephan, Cora: „Genossen, wir dürfen uns nicht von der Geduld hinreißen lassen!" Aus der Urgeschichte der Sozialdemokratie 1862–1878, Frankfurt 1977

Stürmer, Michael: Koalition und Opposition in der Weimarer Republik 1924–1928, Düsseldorf 1967

Timm, Helga: Die deutsche Sozialpolitik und der Bruch der großen Koalition im März 1930, Düsseldorf 1952; Neudruck Düsseldorf 1982

Wachenheim, Hedwig: Die deutsche Arbeiterbewegung 1844–1914, Köln/Opladen 1970

Wehler, Hans-Ulrich: Sozialdemokratie und Nationalstaat, 2. Aufl., Göttingen 1971

Wheeler, Robert F.: USPD und Internationale. Sozialistischer Internationalismus in der Zeit der Revolution, Frankfurt/M./Berlin/Wien 1975

Winkler, Heinrich August: Klassenbewegung oder Volkspartei? Zur Programmdiskussion in der Weimarer Sozialdemokratie 1920–1925, in: Ders. (Hrsg.), Die Arbeiterbewegung im gesellschaftlichen System der Weimarer Republik = Geschichte und Gesellschaft, Jg. 8, 1982, H. 1, S. 9–54

Winkler, Heinrich August: Die Sozialdemokratie und die Revolution von 1918/19. Ein Rückblick nach sechzig Jahren, Berlin/Bonn 1979

Winkler, Heinrich August: Von der Revolution zur Stabilisierung. Arbeiter und Arbeiterbewegung in der Weimarer Republik. 1918–1924, Berlin/Bonn 1984

Wunderer, Hartmann: Arbeitervereine und Arbeiterparteien. Kultur- und Massenorganisationen in der Arbeiterbewegung (1890–1933), Frankfurt/M./New York 1980

Zur politischen Kultur in der Demokratie. Ein Diskussionspapier der Kommission Grundwerte beim SPD-Parteivorstand. Januar 1980, o. O., o. J. (1980)

Zwahr, Hartmut: Zur Konstituierung des Proletariats als Klasse. Strukturuntersuchung über das Leipziger Proletariat während der industriellen Revolution, Berlin-DDR 1978, München 1982

Kurzbiographien von Dieter Dowe und Kurt Klotzbach

Dieter Dowe, geb. 1943, Studium von Geschichte, Latein, Philosophie und Germanistik, Promotion zum Dr. phil. 1969 in Bonn, seitdem wissenschaftlicher Referent in der Abteilung Sozial- und Zeitgeschichte des Forschungsinstituts der Friedrich-Ebert-Stiftung, seit 1970 Redaktionssekretär, seit 1974 Schriftleiter und Redakteur des „Archivs für Sozialgeschichte", Herausgeber der „Reprints zur Sozialgeschichte bei J. H. W. Dietz Nachf.". Veröffentlichungen zur Geschichte der Arbeiterbewegung und zur deutschen Sozialgeschichte, vorwiegend im 19. Jahrhundert; u.a.: Aktion und Organisation. Arbeiterbewegung, sozialistische und kommunistische Bewegung in der preußischen Rheinprovinz 1820–1852, Hannover 1970; Bibliographie zur Geschichte der deutschen Arbeiterbewegung, sozialistischen und kommunistischen Bewegung von den Anfängen bis 1863 unter Berücksichtigung der politischen, wirtschaftlichen und sozialen Rahmenbedingungen, Bonn 1976 (3., wes. erw. und verb. Aufl., bearb. von Volker Mettig, 1981); Herausgeber von: Berichte über die Verhandlungen der Vereinstage deutscher Arbeitervereine 1863–1869, Berlin/Bonn 1980; Protokolle und Materialien des Allgemeinen Deutschen Arbeitervereins (inkl. Splittergruppen), Berlin/Bonn 1980; Protokolle der Sitzungen des Parteiausschusses der SPD 1912–1921, Berlin/Bonn 1980; (zus. mit Toni Offermann) Deutsche Handwerker- und Arbeiterkongresse 1848–1852. Protokolle und Materialien, Berlin/Bonn 1983.

Kurt Klotzbach, geb. 1940, Studium der Politikwissenschaft, Mittleren und Neueren Geschichte, Verfassungs-, Sozial- und Wirtschaftsgeschichte und Philosophie, Promotion zum Dr. phil. 1965 in Bonn, seit 1966 wissenschaftlicher Referent im Forschungsinstitut der Friedrich-Ebert-Stiftung, dort seit 1968 Leiter der Abteilung Sozial- und Zeitgeschichte, 1969/70 auch Leiter des „Archivs der sozialen Demokratie", seit 1974 auch Leiter des Instituts für Sozialgeschichte Braunschweig–Bonn, seit 1970 Redakteur des „Archivs für Sozialgeschichte", Herausgeber der Reihe „Politik- und Gesellschaftsgeschichte" des Forschungsinstituts der Friedrich-Ebert-Stiftung. Veröffentlichungen zur deutschen Ideen- und Parteiengeschichte im 19. und 20. Jahrhundert, u.a.: Das Eliteproblem im politischen Liberalismus. Ein Beitrag zum Staats- und Gesellschaftsbild des 19. Jahrhunderts, Köln/Opladen 1966; Gegen den Nationalsozialismus. Widerstand und Verfolgung in Dortmund 1930– 1945, Hannover 1969; Bibliographie zur Geschichte der deutschen Arbeiterbewegung 1914–1945. Sozialdemokratie, Freie Gewerkschaften, Christlich-Soziale Bewegungen, Kommunistische Bewegung und linke Splittergruppen, Bonn 1974 (3., wes. erw. und verb. Aufl., bearb. von Volker Mettig, 1981); Der Weg zur Staatspartei. Programmatik, praktische Politik und Organisation der deutschen Sozialdemokratie 1945 bis 1965, Berlin/Bonn 1982.